PARIS ET SES ENVIRONS.

IMP. ET FOND. DE FÉLIX LOCQUIN, ET C°.
Rue N.-D.-des-Victoires, n° 16.

PARIS
ET SES ENVIRONS

Description

HISTORIQUE, STATISTIQUE ET MONUMENTALE

CONTENANT

UN APERÇU DE L'ÉTAT ANCIEN ET DE L'ÉTAT ACTUEL DE PARIS; LA DESCRIPTION DÉTAILLÉE DE TOUTES LES COMMUNES SITUÉES AUTOUR DE LA CAPITALE DANS UNE CIRCONFÉRENCE DE QUATRE LIEUES ET DEMIE DE RAYON; UNE CARTE SPÉCIALE DES ENVIRONS DÉCRITS

PAR M. LEBLANC DE FERRIÈRE.

OUVRAGE

Honoré des suffrages de **MM**. les **M**inistres de l'**I**ntérieur et de l'**I**nstruction publique, des **P**réfets de la **S**eine, de **S**eine-et-**O**ise, de **P**olice, etc., etc.

PARIS
MAISON, SUCCESSEUR DE M. AUDIN,
QUAI DES AUGUSTINS, 29,

Éditeur de la Collection des Guides Richard ;

ET CHEZ BONNOTE, COMMISSIONNAIRE,

RUE DU FOUARRE, 13.

1838.

AVANT-PROPOS.

Le sujet de cet ouvrage est riche et varié. Il excite la curiosité et l'intérêt. Mais les ouvrages publiés jusqu'à ce jour sur les environs de la Capitale sont d'une insuffisance qui frappe les lecteurs. Cette insuffisance provient à la fois de l'accroissement général des lumières et du mouvement progressif qui porte les esprits vers les études positives et approfondies. On ne se contente plus aujourd'hui d'une instruction superficielle ou fractionnée ; on veut savoir complètement et bien.

Or, il n'existe aucun ouvrage complet sur les environs de Paris. Les uns n'explorent que les origines et l'histoire ; les autres se bornent à décrire les monumens des arts et les antiquités ; quelques uns sont moins exclusifs, mais ils n'embrassent que des localités partielles d'une faible étendue ; le plus grand nombre se compose d'opuscules, indicateurs sommaires qui éveillent la curiosité sans la satisfaire, fragmens sans ensemble qui ne se rattachent à aucun plan combiné, et laissent entre eux d'immenses lacunes à combler.

L'ouvrage que je publie a été exécuté d'après un plan général qui en lie toutes les parties, les harmonise entre elles, et en forme, sans les confondre, un ensemble dont il est facile de déduire et de comparer les divers résultats. Histoire, usages, institutions, fêtes, monumens d'arts publics ou particuliers, renseignemens statistiques sur la population, l'agriculture, l'industrie, le commerce, etc., il renferme tous les détails propres à faire connaître, sous tous les rapports et à fond, les environs de Paris compris dans un cercle de cinq lieues de rayon. Il embrasse l'universalité des lieux et présente le tableau complet de leur état actuel. Enfin, il mérite la confiance entière du lecteur, car il n'a pas été emprunté à d'autres ouvrages. Fruit d'un travail long et consciencieux, ses documens ont été puisés au sein même des localités, aux sources les plus directes et les plus pures. Il ne contient pas un fait, pas une assertion, qui ne soit justifiée par des autorités irrécusables, au premier rang desquelles viennent se placer les administrations et les personnes les plus instruites des communes dont il parle.

L'utilité de cet ouvrage et le soin véridique qui a présidé à son exécution lui ont valu les suffrages les plus honorables de la part des hommes éclairés, que leur haute position sociale rendait ses juges les plus compétens. Les Ministres de l'intérieur et de l'instruction publique, les Préfets de la Seine, de Seine-et-Oise et de la police de Paris ont bien voulu confirmer, par leurs témoignages en sa faveur, l'estime et l'intérêt que lui ont accordés partout les sous-préfets et les maires des communes décrites. Ces heureux auspices font espérer à l'auteur que son œuvre ne sera pas moins bien accueillie du public, aux besoins et à l'agrément duquel il l'a consacrée.

A MONSIEUR

LIBERT FILS AINÉ,

Chevalier de la Légion-d'Honneur, Membre du Conseil-Général du département de la Seine, Maire de Bercy, etc.

Monsieur,

Cet ouvrage vous doit tout. Votre suffrage l'a encouragé ; vos conseils l'ont amélioré ; votre amitié a levé les obstacles matériels qui s'opposaient à sa publication ; et ces éminens services, vous les lui avez rendus avec une générosité, une délicatesse, qu'il est difficile de bien exprimer. Souffrez qu'il paraisse aujourd'hui sous vos auspices. L'attachement profond que je vous ai voué me fait trouver un grand charme à vous offrir cet hommage ; la reconnaissance me le dicte comme un devoir, et ce devoir est encore un plaisir.

Votre dévoué serviteur,

LEBLANC DE FERRIÈRE.

CARTE
DE
L'ANNUAIRE DE PARIS ET DE SES ENVIRONS,
POUR 1857,

Embrassant une étendue de quatre lieues autour de la Capitale.

NVIRONS,

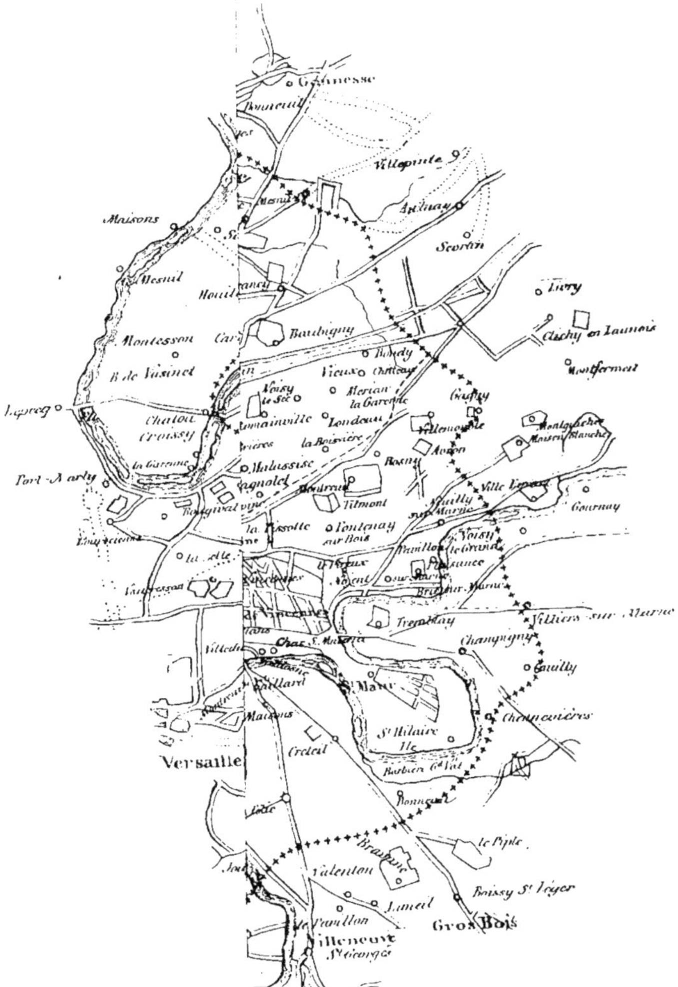

Villepinte
Sevran
Livry
Clichy en Launois
Maisons
Montesson
Chatou
Croissy
Baubigny
Bondy
Malassise
Tilmont
Fontenay sur Bois
Avron
Gournay
Villiers sur Marne
Tremblay
Champigny
Chennevières
Créteil
Valenton
Boissy S.t Léger
Gros Bois

ANNUAIRE

DE

PARIS ET DE SES ENVIRONS.

PREMIÈRE PARTIE.

DÉPARTEMENT DE LA SEINE.

Le département de la Seine, composé d'une partie de l'ancienne province qui portait le nom d'*Isle de France*, est environné de tous côtés par trois arrondissemens du département de Seine-et-Oise, ceux de Versailles, de Corbeil et de Pontoise.

Il se divise en quatorze arrondissemens électoraux. Paris en renferme douze ; le treizième est celui de Sceaux ; le quatorzième celui de Saint-Denis.

Paris est le chef-lieu de la préfecture ; mais soumis à une organisation particulière, il n'a ni sous-préfecture ni cantons. Chacun de ses arrondissemens est administré par un maire.

La sous-préfecture du treizième arrondissement est à Sceaux ; celle du quatorzième à Saint-Denis.

Le treizième arrondissement est partagé en quatre cantons : *Sceaux*, *Villejuif*, *Charenton-le-Pont* et *Vincennes* ; le quatorzième arrondissement compte aussi quatre cantons : *Saint-Denis*, *Pantin*, *Neuilly-sur-Seine* et *Courbevoie*.

Ces huit cantons sont formés par soixante-dix-neuf communes ; quarante-trois dans l'arrondissement de Sceaux, trente-six dans celui de Saint-Denis. Une commune embrasse quelquefois deux villages voisins l'un de l'autre.

Le département est arrosé : 1° par la Seine et par la Marne, qui se réunissent à peu de distance au-dessus de Paris, en face du village des Carrières-Charenton ; 2° par la petite rivière de Bièvre, qui se jette dans la Seine à Paris, où elle est plus connue sous le nom de *rivière des Gobelins* ; 3° par quelques autres petits cours d'eau, tels que le Rouillon, le Crould, le Rû de Montfort, etc., dont l'agriculture et l'industrie savent tirer parti.

Toutes les routes royales, qui de la capitale se dirigent vers les provinces, couvrent de leurs nombreuses ramifications le territoire du département, que sillonnent en outre une foule de routes départementales et de chemins communaux. Couvertes sans cesse d'une immense circulation qui s'accroît avec elles et les vivifie de son activité, ces communications portent dans tous les lieux l'instruction, l'industrie, le travail et l'aisance.

Le chemin de fer de Paris à Saint-Germain-en-Laye, actuellement en construction, joindra bientôt à ces avantages ceux de la rapidité et de l'économie de ses transports.

Quatre canaux artificiels, de l'*Ourcq*, de *Saint-Denis*, *Saint-Martin* et de *Saint-Maur*, rendent plus facile et plus prompte la navigation de la Seine et de la Marne, dont Paris est surtout l'objet et le centre.

Des gares ont été construites, sur la Seine, à Choisy-le-Roi, à Grenelle, à Saint-Ouen; et, sur la Marne, à Charenton-le-Pont. Elles offrent aux bateaux un refuge assuré contre les glaces et les hautes eaux.

Le département n'a guère que 47 à 48,000 hectares de territoire (environ 145,000 arpens). Mais sur une surface aussi étroite est agglomérée une population immense, dont voici le chiffre d'après le recensement de 1836.

Paris. 1er arrondiss.	82,758
2e id.	90,292
3e id.	57,059
4e id.	50,123
5e id.	82,234
6e id.	94,108
7e id.	68,407
8e id.	82,094
9e id.	71,750
A reporter.	678,825
Report.	678,825
10e id.	89,173
11e id.	58,767
12e id.	82,360
Ensemble.	909,125
13e arrond. de Sceaux.	87,708
14e id. de Saint-Denis.	110,057
Total pour le département.	1,106,890

La population est augmentée, depuis le recensement de 1831, à Paris, de 134,798, et dans les deux autres arrondissemens de 37,003. Aussi les villes, les bourgs, les villages, les châteaux, les maisons de plaisance, les habitations isolées couvrent-ils le sol d'un réseau, dont les mailles sont tellement pressées, que le voyageur passe à chaque instant d'une commune dans une autre sans avoir franchi plus d'espace que l'intervalle d'un chemin ou d'une rue.

Le sol, naturellement fertile, est encore fécondé par une culture habile et par les soins donnés à l'engrais des terres. Ses belles plaines, entrecoupées de côteaux peu élevés, n'opposent aux travaux du cultivateur aucun obstacle insurmontable, aucune difficulté trop coûteuse. Tout le terrain est employé et mis en valeur chaque année. Il ne se repose que dans la variété de ses produits.

On extrait aussi du sein de la terre, sur un grand nombre de points, des pierres propres à tous les genres de construction, ainsi qu'à la fabrication de chaux et de plâtre très-estimés.

Le voisinage de la capitale exerce une heureuse influence sur l'instruction, l'industrie et le commerce. De toutes parts s'ouvrent des écoles publiques pour l'enfance; des institutions spéciales pour l'étude des arts et des métiers ; des fabriques nouvelles ou perfectionnées dans leurs produits et dans leurs moyens de les obtenir ; enfin des débouchés et des relations qui naguère encore n'existaient pas. Des idées plus rationnelles succèdent aux vieux préjugés. Les classes les plus élevées et les plus opulentes commencent à se faire honneur d'utiles spéculations. Les capitaux immenses dont Paris dispose prennent cette direction ; des châteaux sont convertis en manufactures et partout le luxe fécond du travail remplace le luxe stérile de l'oisiveté.

Le département de la Seine envoie quatorze représentans à la chambre des députés. Les personnes revêtues aujourd'hui de ces nobles fonctions, sont, pour Paris, MM. *Odier, Ganneron, François Delessert, le baron de Schoonen, le baron Charles Dupin, Panis, Paturle, Jacques Lefebvre, Jacqueminot, Démonts, Eusèbe Salverte* et *Moreau*. Le député du treizième arrondissement est M. *Garnon*, maire de Sceaux ; le député du quatorzième arrondissement est M. *Frémicourt*, maire de la Villette.

La haute administration du département de la Seine se compose comme il suit :

Préfet du département : le comte de Rambuteau, conseiller d'État.

Secrétaire-général : M. Laurent de Jussieu, maître des requêtes.

Conseil de Préfecture : MM. le marquis de la Morélie, A. Fain, Ed. Laffon de Ladebat, de Maupas, Lucas Montigny.

Conseil général du département :

1er Arr. MM. Marcellet aîné, Herard, L. Lafaulotte.

2e Arr. MM. Ganneron, J. Laffitte, E. Thayer.

3e Arr. MM. Besson, Ch. Legentil, Girard.

4e Arr. MM. Lahure, Lehon, Parquin.

5e Arr. MM. Ferron, Vincent, Grillon.

6e Arr. MM. Aubé, Husson, Arago.

7e Arr. MM. David Michau, Jouet aîné, Périer.

8e Arr. MM. F. Moreau, Perret, Bouvattier.

9e Arr. MM. Lambert de Sainte-Croix, Galis, Lanquetin.

10e Arr. MM. Gatteaux, Cambacérès, Alexis Beau.

11e Arr. MM. Lebeau, Orfila, H. Boulay.

12e Arr. MM. Cochin fils, Preschez, Lavocat.

Arrondissement de Saint-Denis. MM. Boucher, Riant, Possoz, Benoist.

Arrondissement de Sceaux. MM. Lejemptel, Darblay, marquis de Châteaugiron, Libert fils aîné.

Préfet de police, M. Gabriel Delessert.

Ingénieur en chef directeur des ponts-et-chaussées du département. M. Jollois, rue Louis-le-Grand, n. 35.

Ingénieur en chef directeur de la distribution des eaux dans Paris. M. Emmery, boulevart Bonne-Nouvelle, n. 31.

Inspection générale et bureau central du poids public et des perceptions municipales établies dans les halles et marchés : inspecteur-général, M. Daubanton, rue Bourtibourg, n. 21.

Directeur des contributions directes du département. M. Baudouin, rue de la Verrerie, n. 55.

Recette centrale des finances du département de la Seine. M. Truelle, receveur central, rue Saint-Honoré, n. 337.

Administration de l'octroi de Paris et direction des droits d'entrée, rue Pinon, n. 2 : Directeur, M. Gauthier de Hauteserve.

Direction des contributions indirectes du département de la Seine, rue Duphot, n. 10 : Directeur, M. Gueau de Reverseaux.

Inspecteur-général de la navigation. M. Dumoulin, rue de Jérusalem, n. 5.

Les autres détails, qui doivent compléter le tableau de l'administration dans toutes ses parties, se trouveront successivement exposés, dans la suite de cet ouvrage, aux différens articles où leur place est nécessairement assignée par leurs rapports immédiats avec la matière de chacun de ces articles.

Le département de la Seine est le sujet de la première partie de l'*Annuaire de Paris et de ses Environs*. Il se divise naturellement en deux chapitres, dont le premier embrasse tout ce qui concerne Paris ; et le second, tout ce qui est relatif aux communes des treizième et quatorzième arrondissemens.

Il faudrait des volumes pour une description complète et approfondie de la *Grande Cité*. Le but de l'Annuaire est surtout de servir les intérêts réciproques de Paris et de ses environs, en multipliant et en facilitant leurs relations journalières. Ce but est la pensée dominante et presque exclusive qui a présidé à la rédaction de l'*aperçu* suivant sur Paris; aperçu où rien n'a été omis de ce qui peut être nécessaire ou utile de savoir à l'égard de la capitale.

CHAPITRE PREMIER.

PARIS.

§ — HISTOIRE.

L'immense cité, aux six lieues de circonférence, fut, à son origine, bornée à l'espace d'une quarantaine d'arpens, entourés par la Seine, qu'aujourd'hui elle tient captive dans son sein entre des quais magnifiques de plus de deux lieues d'étendue. Certes, le farouche habitant de l'*Isle de Lutèce* chercherait en vain à reconnaître dans la ville actuelle quelques traits de sa fangeuse bourgade; c'est que vingt siècles bientôt se sont écoulés depuis ces temps presque fabuleux où le sang humain arrosait l'autel des druides.

Trente ans plus tard, déjà une civilisation encore peu avancée fit sentir aux pêcheurs de Lutèce sa bienfaisante influence. Ce fut, il est vrai, le fléau de la guerre qui l'introduisit parmi eux. Leurs chaumières furent la proie des flammes; mais, sur les ruines encore fumantes de l'ancienne patrie, les vaincus virent s'élever, par les mains de leurs vainqueurs, une patrie nouvelle, entourée de murailles et défendue par des forts. Des dieux plus indulgens remplacèrent de féroces divinités et la législation romaine tempéra la barbarie des coutumes par de sages institutions.

Cinq siècles se passèrent ainsi. Pendant ce temps, Lutèce resta cité romaine. Mais que de bienfaits résultèrent pour elle de ce long esclavage! Elle fut embellie de temples pour ses dieux et de palais pour ses empereurs. La culture défricha au loin les marais autrefois ses limites; et dans ses murs commencèrent à fleurir les sciences, les arts et le commerce, dont les Romains lui donnèrent les premières notions.

Ce fut donc, déjà florissante et civilisée, épurée d'ailleurs par une religion nouvelle qui l'avait régénérée dans un baptême de sang versé pour le triomphe de la foi chrétienne, que Lutèce passa, vers 420, du joug des Romains sous celui des Francs, venus de la Germanie, et fut érigée en capitale par ces derniers. Clovis, devenu chrétien et chef d'une dynastie nouvelle, y établit le siége de son empire. Le sang des martyrs avait coulé; les temples des faux dieux furent détruits et des basiliques élevées sur leurs ruines. Le dialecte des Celtes et les coutumes saliques firent oublier la langue et la législation romaines. Les bourgeois de Paris, sous une administration municipale chargée de veiller au maintien de leurs priviléges et aux intérêts de leur territoire, virent le commerce prospérer au sein de leur ville, qui fut pendant trois siècles le domaine exclusif de leurs rois.

Ce n'est pas que Paris, dans cet intervalle de temps, n'ait eu à gémir de la fainéantise de ses princes. Un ennemi, plus redoutable encore que les Romains et le paganisme, y exerça ses ravages. Pharamond, païen conquérant, l'avait affranchie de l'esclavage romain; Clovis, conquérant chrétien, l'avait purgée de la souillure du paganisme; un homme, conquérant comme Pharamond et chrétien comme Clovis, triompha de l'ignorance, dont avait été trop longtemps tributaire une ville déjà libre et chrétienne. En vain chercherait-on cet homme parmi les princes indolens, qui pendant trois siècles occupèrent le trône de Clovis. Non, il n'eut pas à rougir d'être issu d'une race tombée dans le mépris. Si ses ancêtres ne briguèrent pas le titre de roi, ils prouvèrent, sous le nom de *maires du palais*, qu'ils étaient dignes de la couronne; et, dans les fondateurs de la deuxième et de la troisième dynasties, on reconnaît les descendans de Pépin d'Héristal et de Charles-Martel.

Au fils de Pépin-le-Bref était réservée la tâche sublime de faire fleurir les sciences et les lettres dans la capitale de l'empire français; et cette tâche, il la remplit avec cette ardeur, cet amour des nobles entreprises, qui lui ont mérité le surnom de Grand. Pour ce génie avide de gloire, les conquêtes n'étaient rien, si elles n'avaient pour effet que de reculer les limites de l'empire et de porter chez les vaincus les lumières du christianisme. Il voulut que, par un échange forcé, ces vaincus vinssent dans Paris importer les bienfaits de leur civilisation. Ce fut Rome encore, mais Rome chrétienne et tributaire, que Charlemagne chargea de propager l'instruction dans sa capitale. Le corps enseignant se recruta bientôt de savans et de *chanoines*, institution nouvelle, *alors entièrement adonnée aux sciences*. Fier de ses triomphes à l'étranger, Paris, enrichi de ses écoles, s'enorgueillit de sa double victoire remportée au dehors sur les ennemis de la France, au dedans sur l'ignorance.

Mais la mort de Charlemagne fut pour Paris le signal de nouveaux désastres. Le luxe et l'abondance qui y régnaient, les richesses enfouies dans ses nombreux monastères, et les ornemens qui décoraient ses églises, étaient pour les peuples voisins un objet d'envie et de convoitise. Les *débonnaires et simples* successeurs du grand prince, qui seul aurait su conjurer le danger, ne purent préserver la capitale des fléaux qui la menaçaient. La France, divisée alors en provinces soumises à des ducs héréditaires, n'était pas encore ce grand empire borné, plus tard, par le Rhin et les Pyrénées. Les Français de ces différens duchés, vassaux pour la plupart de l'étranger, n'obéissaient pas encore, sous l'empire d'institutions uniformes et d'une même législation, à l'autorité d'un seul chef. Aussi, trois invasions successives vinrent, dans l'espace de trente années, détruire au sein de Paris l'ouvrage de dix siècles. Mais instruits par le malheur, réduits à leurs propres forces par l'impuissance de leurs rois, les habitans de la capitale opposèrent enfin aux ravages de l'invasion des barrières insurmontables, dans les fortifications qu'ils élevèrent pour la défense de leur ville ; et deux années d'un blocus inutile attestèrent et le courage des Parisiens, soutenu par la vaillance de leurs comtes, et l'abandon coupable de leurs rois, dont au surplus ils avaient appris à se passer.

Si parmi la tourbe inutile des rois des deux premières races, on ne peut signaler que peu d'hommes remarquables et trop rares, dont le génie ait exercé sur Paris une heureuse influence, on arrive, dès le commencement de la troisième dynastie, aux immenses progrès de la capitale, devenue de nouveau, et presque toujours depuis, la résidence de ses rois, sous des princes plus dignes pour la plupart de porter ce nom. Déjà la noblesse et le clergé, la bourgeoisie et le peuple y formaient quatre grandes catégories distinctes, qui obéissaient à un *prevôt*, préposé par le roi au maintien des priviléges et à la répression des abus. Un *prevôt des marchands* était chargé de l'administration des établissemens et des revenus municipaux. Il surveillait les actions des six corporations marchandes, dont il protégeait le commerce. Enfin, plus de trente mille écoliers, investis du privilége de la cléricature, accouraient de tous côtés s'instruire dans l'université de la montagne Sainte-Geneviève, sous l'inspection d'un recteur, aux savantes leçons des maîtres-ès-arts et des docteurs chargés de leur enseigner la théologie, la médecine et le droit.

Paris n'était plus cette île étroite embrassée par la Seine. Déjà, dans une circonférence de plus de 70 arpens, il s'étendait sur la rive droite du fleuve, depuis le Fort-l'Évêque jusqu'au port de la Grève, en comprenant dans son enceinte les églises de Sainte-Opportune, de Saint-Méry et de Saint-Jean-en-Grève, entourées de nombreuses habitations. Au midi, non loin du palais des Thermes, s'élevait un faubourg qui, s'étendant jusqu'à Saint-Benoît, renfermait les églises de Saint-Séverin et de Saint-Julien-le-Pauvre. Enfin, à l'extérieur, la capitale était entourée, au nord, par les faubourgs Saint-Germain-l'Auxerrois et Saint-Eustache, la ville l'Évêque, le Beaubourg, le Bourg-Thiboust et Saint-Paul ; au midi, par de nombreux bourgs, enrichis d'abbayes, d'où ils tiraient les noms de Saint-Marcel, Saint-Victor, Sainte-Geneviève et Saint-Germain-des-Prés. Des ponts joignaient les rives de la Seine et les trois grandes divisions de Paris, qui s'appelaient, au centre, *la cité* ; au nord, *la ville* ; et au midi, le *pays-latin*.

Au douzième siècle, Philippe-Auguste construisit la tour du Louvre et jeta les fondemens de Notre-Dame et de plusieurs autres églises. Les halles et le cimetière des Innocens furent entourés de murs ; et Paris, assaini par le pavage de ses rues, se vit enfin délivré de la fange qui lui avait valu son premier nom. Une muraille épaisse, défendue par des forts nombreux et des fossés profonds, environna la ville accrue des faubourgs environnans, en ménageant l'entrée par seize portes que protégeaient des tours fortifiées.

A un prince conquérant succéda presqu'immédiatement un roi, à qui sa piété a valu les honneurs de la canonisation. Mais la sollicitude de saint Louis ne se restreignit pas aux intérêts du clergé et à la gloire du christianisme, elle s'étendit aux besoins du peuple, en allégeant ses souffrances, en réformant les abus, en protégeant l'industrie. Si, dans sa Sainte-Chapelle, il demanda au ciel la réussite de ses entreprises contre les infidèles, dans son palais il réforma les vieilles coutumes; et fondateur d'une législation nouvelle, il jugea lui-même, *au Châtelet*, les justiciables, en faveur desquels il fit *un Code d'établissemens*. Des magistrats, constitués en parlement, rendirent aussi la justice en son nom; et par l'institution nouvelle des *tabellions*, les conventions entre les citoyens se trouvèrent établies d'une manière durable et authentique.

La capitale dut aussi à ce bon prince l'établissement de l'école de chirurgie, la fondation de l'hospice des Quinze-Vingts et la dotation de l'Hôtel-Dieu, agrandi et amélioré par ses soins. Enfin, sous le règne de ce juste, Paris trouva, dans la police *du guet*, confiée à ses bourgeois, la garantie de sa tranquillité; dans l'abolition du fermage prévôtal, la fin des vexations et des injustices dont il était la source; et dans l'institution des communautés des arts et métiers, régies par de sages réglemens, la base de sa prospérité commerciale.

Sous le successeur immédiat de saint Louis, d'utiles institutions vinrent encore ajouter à l'importance de Paris, devenu par les nombreuses victoires des rois précédens, la capitale d'un royaume accru de plusieurs provinces conquises sur l'ennemi. Jusqu'alors les Juifs et les Lombards, successivement chassés avec ignominie et rappelés avec empressement, avaient exercé presqu'exclusivement le monopole usuraire des monnaies. Les privilèges attachés à chaque corporation avaient été vendus chèrement aux membres qui la composaient. Des impôts onéreux, des dîmes levées pour la guerre arrachaient au peuple le prix de ses pénibles labeurs; et les *serfs* des domaines royaux s'étaient même vus contraints d'acheter leur affranchissement au poids de l'or. Aussi, la sédition avait-elle souvent grondé dans Paris: hostile au clergé, à la noblesse, elle avait souvent exigé la prompte répression des abus. L'institution d'une cour spéciale, en effectuant l'émission des monnaies, qui la plupart du temps ne valaient pas, il est vrai, le septième de leur dénomination, remédia cependant en partie aux maux qui étaient le résultat des exactions passées. Trois siècles après, ces maux cessèrent quand de hardis navigateurs eurent enrichi l'Europe des trésors du Nouveau-Monde. *La chambre des comptes* et *la cour des aides* réglèrent et assurèrent les dépenses de l'État. Dans les finances, jusque-là mal administrées, régnèrent enfin l'ordre et l'économie, sous un habile et intègre ministre, *Enguerrand de Marigny*, qui, pour prix de ses services, termina au gibet de Montfaucon une carrière exempte de reproches et trop tard hautement reconnue telle par ses coupables accusateurs.

A quelques séditions près, que l'excès des impôts fit parfois germer dans son sein, Paris, sous les *Capétiens directs*, a joui du repos si nécessaire à la prospérité publique; mais, sous la première branche des *Valois*, commença une longue série de malheurs, interrompue de loin en loin par l'avénement au trône de quelques rois aussi jaloux du bonheur de leurs sujets que de la gloire de leurs armes. La guerre, qui depuis plusieurs siècles n'avait cessé de désoler la France, porta ses ravages au cœur de Paris, en traînant à sa suite la famine et la peste ; et pour comble de maux, Paris, à peine affranchi de la guerre étrangère, fut déchiré par la discorde civile et les guerres de religion.

Déjà, sous Philippe VI, une affreuse disette, triste avant-coureur d'autres calamités plus affreuses encore, avait exercé dans la capitale ses horribles ravages ; et cependant la cour de ce roi, comme pour insulter à la misère publique, n'offrait que fêtes splendides et brillans tournois.

Le règne suivant devint pour Paris le signal de nouveaux malheurs. L'invasion étrangère et les dissentions intestines vinrent ajouter aux maux qui l'accablaient ; et tandis que les Anglais, vainqueurs d'un roi tombé dans les fers, ravageaient les environs et incendiaient les faubourgs, la capitale, livrée aux *Navarrois* par la trahison du prévôt des marchands, se vit transformée en un vaste champ de carnage, où la famine et la peste décimèrent encore les malheureux que le fer avait épargnés.

Un traité onéreux fit cependant renaître le calme. Les lettres et les arts, l'industrie et le commerce, refleurirent bientôt sous le règne d'un sage ; et tandis que ses armées victorieuses sous les ordres de Bertrand, chassaient l'ennemi du territoire, la création d'utiles restitutions, le rétablissement des édifices saccagés par l'invasion et la construction de fortifications nouvelles firent chérir aux Parisiens la paternelle administration de Charles V. Il éleva *la Bastille*; mais ce n'était alors qu'une forteresse destinée à protéger la capitale et à garder le trésor de la couronne.

L'avénement au trône d'un prince, dont la faiblesse devint plus tard de la démence, fit succéder aux bienfaits d'une paix peu durable tous les maux qui avaient déjà existé. Sous la régence d'Isabeau de Bavière, femme ambitieuse et galante, Paris, accablé d'impôts, déchiré par des factions, miné par les épidémies et la famine, Paris fut envahi par les Anglais, ces éternels ennemis de la France.

Une femme fut la cause première de l'invasion des étrangers ; une femme aussi fut la cause première de leur expulsion. L'une, épouse méprisable, avait déposé le roi pour régner à sa place; l'autre, sujette dévouée, alla chercher son roi dans l'exil pour le replacer sur le trône. Jeanne-d'Arc, simple paysanne, timide et valeureuse à la fois, répara les maux causés par une reine cruelle et débauchée. Paris eut encore cette fois à soutenir un siége; mais ce siége était dirigé contre l'ennemi qui en occupait les murs ; et Paris voyait, au milieu des assiégeans, flotter la bannière de son roi légitime. Il n'hésita pas à secouer le joug de l'étranger, qui pendant quinze années avait pesé sur lui.

Cependant, le départ des Anglais ne délivra pas la capitale de tous les autres fléaux qui la ravagèrent encore. Des dissentions intestines la déchiraient depuis long-temps. Des impôts onéreux, impatiemment supportés, enfantèrent des séditions difficilement réprimées et toujours sévèrement punies. D'un autre côté, la noblesse, souvent hostile au clergé, toujours pressurant le peuple, s'était portée à d'horribles excès. Le clergé, toujours désireux de nouveaux priviléges, avait sourdement travaillé à les obtenir, et de nombreuses exactions, dont le peuple était victime, avaient ajouté à ses malheurs, en aigrissant les esprits. Enfin, la corporation turbulente des écoliers avait constamment jeté le trouble et le désordre dans la capitale, déjà exposée aux plus rudes calamités.

A Charles VII, roi faible et voluptueux, n'était pas réservée la tâche difficile de réformer ces nombreux et formidables abus. Il fallait un prince qui, digne continuateur de Philippe-le-Bel, vînt saper les fondemens de la vieille féodalité, cause originaire, dans tous les temps, chez toutes les nations, des maux qui accablent le peuple. Mais l'intérêt du prince fut le seul mobile des réformes jugées nécessaires ; et la France, en recueillant les fruits de l'égoïsme raisonné du politique Louis XI, ne fut pas tenue envers lui à la reconnaissance. Sous le règne de ce despote cruel, la servitude fut cependant diminuée par l'abaissement des princes et des nobles. Les prêtres mêmes virent leurs priviléges restreints par ce roi, d'ailleurs bigot et timoré ; les échafauds et les tourmens allèrent chercher leurs victimes jusque dans la noblesse et le clergé. Malgré l'accroissement des impôts, Paris ne fut plus agité par des séditions. Le calme y fit refleurir les sciences et les lettres ; et tandis que de hardis praticiens enrichissaient la médecine d'une expérience utile à l'humanité et aux progrès de la science (la taille de la pierre), d'heureux novateurs, établis à *la Sorbonne*, reproduisirent par l'impression, aussi rapidement qu'à peu de frais, les manuscrits lentement copiés et chèrement vendus par les écrivains de l'Université. Grâce au génie de Guttemberg, inventeur de l'imprimerie, le riche et le pauvre purent puiser dans la Bible, l'un d'utiles enseignemens, l'autre de douces consolations.

De longues guerres avec l'Italie, des provinces conquises et perdues presqu'aussitôt, signalèrent principalement le règne de Charles VIII. Cependant, *le grand conseil du Roi* fut érigé par lui en corps souverain, composé de conseillers et de maîtres des requêtes, présidé par un chancelier. Mais, sous ce prince, Paris, chargé d'impôts nouveaux, nécessités par des guerres désastreuses, eut encore à gémir de l'invasion d'un fléau, inconnu jusqu'alors, dont le Nouveau-Monde affligea l'Europe et dont une prostitution effrénée favorisa et développa dans Paris les effroyables progrès.

Malgré tant de maux, trois cent mille habitans composaient déjà la population parisienne, et cet immense accroissement avait nécessité l'agrandissement de la capitale, qui, sous Louis XI, embrassa, dans son enceinte, un espace de plus de 1,300 arpens.

L'avénement au trône d'un prince que ses vertus éminentes et son amour du bien ont fait, à juste titre, appeler *le Père du peuple*, ramena de beaux jours pour Paris. Le bonheur de ses sujets fut l'unique mobile des actions du roi, qui aima mieux *voir ses courtisans rire d'une parcimonie bien entendue, que faire gémir son peuple d'une folle prodigalité.* Si quelques erreurs, quelques fautes peuvent être reprochées à Louis XII, elles sont effacées du reste par une magnanimité sans orgueil, une bonté sans faiblesse, une fermeté sans rigueur. La moralité, vertu inconnue à ses prédécesseurs, fut chez lui le résultat d'une piété douce et éclairée. Aussi la réduction des impôts fut-elle le premier acte de son administration. Vinrent ensuite, et toujours dans l'intérêt du peuple, la restriction des priviléges, dont abusaient la noblesse et l'Université; la répression de la licence, qui avait envahi jusqu'aux cloîtres; et la révision de l'ancienne coutume de Paris, source long-temps féconde de procès et de chicanes. La capitale, d'ailleurs, assainie par des fontaines et des égoûts, s'embellit, sous ce règne, de ponts et de théâtres. Le prince, éclairé et savant, favorisa la marche progressive des sciences et des lettres; et tandis que l'imprimerie reproduisait les chefs-d'œuvre des Grecs et des Latins, et que la Sorbonne faisait chaque jour de nouvelles conquêtes sur l'ignorance, la peinture, la sculpture et l'architecture s'enrichirent des traditions laissées par les anciens.

Tout fut ainsi disposé pour une heureuse révolution qui s'opéra dans les sciences, les lettres et les arts. D'un autre côté, de vaillans capitaines et des armées florissantes semblaient présager à la France ses glorieuses destinées! Et pourtant, de désastreuses victoires, de nombreuses défaites accompagnèrent le règne de François Ier. L'intolérance religieuse décima, dans Paris, les savans et les artistes. L'imprimerie, d'abord abolie par ordonnance, ne fut rétablie plus tard que pour se voir soumise à une odieuse censure. Le Parlement même et la Sorbonne, ces foyers de lumières, concoururent par d'injustes persécutions à détruire l'instruction qu'ils avaient jusqu'alors propagée. Sous ce règne, la noblesse et le clergé ressaisirent les priviléges que le roi, *Père du peuple*, leur avait enlevés; et ce peuple, accablé d'impôts pour subvenir aux prodigalités du prince, se vit de nouveau en proie aux maux qui l'avaient tourmenté sous les prédécesseurs de Louis XII. Cependant, sous ce règne aussi, la capitale s'embellit de nouveaux édifices. La création du collége de France, où fut établie pour la première fois une chaire de grec; la reconstruction de l'hôtel de Ville et de plusieurs églises; enfin, les palais ornés par le ciseau de Jean Goujon et enrichis des tableaux conquis sur l'Italie, témoignèrent de la magnificence de ce roi, indigne du reste du nom de *Père des lettres*, qu'il dut à son esprit peut-être, mais non à son cœur.

La persécution religieuse ne pouvait s'en tenir aux savans qui avaient embrassé les opinions de Luther. Leur supplice ne fut que le prélude de plus affreux massacres, sous les princes bigots et cruels, successeurs de François Ier. Le fanatisme comprit, dans une proscription mortelle, tout ce qui portait le nom de protestant. Deux partis se formèrent, ayant à leur tête des princes puissans; et Paris fut le théâtre des guerres civiles, qu'allumèrent dans son sein les *catholiques* et les *huguenots*. Le peuple, toujours victime, mourait de faim et de misère, tandis que la noblesse et la bourgeoisie regorgeaient de l'or corrupteur que l'Espagne semait pour fomenter la discorde. Au milieu des convulsions politiques, la Sorbonne et l'Université, privées de leurs membres, appelés à jouer un rôle comme assassins ou comme victimes, ne pouvaient faire entendre la voix de la science; et pendant ces temps désastreux, les lettres et les arts furent contraints d'arrêter leur élan progressif. Néanmoins, la construction du palais des Tuileries et la création de l'*hospice des Enfans-Trouvés* datent de ce siècle presque barbare. Même une révolution utile aux lettres affranchit le théâtre des sottes parades et des mystères indécens qui jusqu'alors y avaient été représentés. Enfin, de savans chroniqueurs et d'habiles critiques dotèrent cette époque d'œuvres qui ont mérité de passer à la postérité.

Après trente années de discordes civiles, Paris, rentré sous l'obéissance de Henri IV, n'eut plus à gémir du joug de l'Espagnol et des fureurs de la Ligue. Le parlement lança ses foudres sur les nobles et sur les jésuites, dont plus tard les ressentimens plongèrent au cœur du bon prince le fer des assassins. Le peuple commença à respirer sous le règne paternel de Henri IV. Les finances, appauvries par la guerre étrangère et par la guerre civile, dilapidées, d'ailleurs, par d'avides intrigans, s'enrichirent bientôt, sous le ministère habile et intègre de Sully, d'un or qui ne coûta au peuple ni larmes, ni sueurs. La diminution des impôts qui l'écrasaient, la répression des abus dans l'administration, ne furent pas les seuls bienfaits auxquels Henri borna sa touchante sollicitude. Sous un louable *incognito*, il allait lui-même, dans la cabane du pauvre, juger des besoins du peuple dont il soulageait les maux. Par ses soins s'ouvrit, sous l'invocation de saint Louis, un nouvel hospice pour l'indigence.

Cet intervalle de bonheur fut de bien courte durée. A ce grand et bon roi succéda un prince sans vertus et sans vices. Onze années d'une régence confiée à une femme donnent de nouveau carrière aux excès de la féodalité, dont les racines, quoique moins profondes, couvraient encore le sol de la France. La naissance et la richesse tenaient lieu de vertus et de talens. Le rapt et le viol, le vol et le meurtre jouissaient de l'impunité. Des lois de finances vinrent accabler le peuple de nouveaux impôts que nécessitaient les prodigalités d'une cour corrompue. Pendant ce règne, agité dès son commencement par l'anarchie et la guerre civile, dix-huit ans de la tyrannie d'un ministre prêtre, du cardinal de Richelieu, ne font qu'aggraver encore les maux qui dévorent la France. Un despotisme absolu remplace la féodalité. Un régime de terreur remplit les prisons et couvre les échafauds de victimes que le farouche ministre immole à son inquiète ambition. La vénalité ne s'étend pas seulement aux emplois, aux dignités; elle envahit et corrompt toutes les classes. La magistrature elle-même en est infectée; et la presse, vendue au pouvoir, fournit pour la première fois le triste exemple, devenu si contagieux dans la suite, d'écrivains assez vils pour donner à un gouvernement détesté des éloges mercenaires. Comment ces temps de barbarie ont-ils pu favoriser les progrès de la civilisation? Comment dans un siècle d'ignorance les lettres ont-elles pu prendre un noble essor? Et pourtant de ce règne date l'Académie française; et sous ce règne de sang, un poète courageux osa représenter sur la scène un prince qui pardonne. Les sciences retrouvèrent également de dignes organes dans des professeurs émérites; et le commerce et les arts, malgré les obstacles qu'ils éprouvèrent, suivirent également une marche progressive que le règne de Louis XIV était destiné à leur imprimer avec plus d'énergie et de rapidité.

Le long règne de ce prince s'annonça

aussi sous de funestes auspices. Pendant sa minorité, la régence, confiée aux mains d'une femme, fut bientôt troublée par la guerre civile qu'alluma dans Paris la politique cauteleuse du cardinal Mazarin et l'ambition effrénée de la noblesse, toujours avide d'honneurs et de priviléges. Le parlement lui-même et la bourgeoisie prirent part à ces dissentions intestines, dans lesquelles deux habiles capitaines, Turenne et Condé, acquirent une triste célébrité, que, pour l'honneur de leur nom, plus tard ils surent faire oublier par de plus glorieux triomphes. Mais avec la majorité du grand roi commença une ère de gloire et de prospérité. Les finances furent rétablies par Colbert. Des hommes de génie s'illustrèrent dans les sciences, les lettres, les arts et le commerce par des chefs-d'œuvre et des découvertes ; et sous ce règne utile et mémorable, la capitale, enrichie d'édifices majestueux et d'utiles institutions, embellie de promenades spacieuses et de ponts nombreux, accrue des faubourgs et des villages qui l'entouraient autrefois, comprend déjà dans son enceinte un espace de plus de 3,000 arpens.

L'avénement d'un roi enfant ne put arrêter les rapides progrès de la civilisation. Les lettres, en répandant l'instruction, opposèrent une digue victorieuse au débordement de la corruption affreuse qui, sous la régence du duc d'Orléans, n'infecta de ses poisons qu'un clergé licencieux et une noblesse *rouée*. La révolution, commencée sous Louis XIV, continua sa marche. Des musées s'enrichirent de chefs-d'œuvre dus à la noble émulation, dont *une exposition publique* enflamma le génie de nos peintres et de nos sculpteurs. La science eut aussi ses temples et ses illustrations. Enfin, le commerce put désormais trafiquer de ses produits dans des édifices qui lui furent consacrés. D'un autre côté, des améliorations et des embellissemens vinrent ajouter à l'importance de la capitale, dont l'enceinte comprenait près de 4,000 arpens. De somptueux hôtels décorèrent les nouveaux faubourgs de la Chaussée-d'Antin, de Saint-Germain et de Saint-Honoré. Le palais Bourbon, l'École-Militaire, la place de la Concorde et sa colonnade, l'église Sainte-Geneviève, les écoles de droit et de chirurgie, l'hôtel des Monnaies décorèrent, sous le règne de Louis XV, Paris que de nombreux *réverbères* et des *rondes nocturnes* protégèrent désormais contre les audacieux attentats qui, sous les règnes précédens, avaient attesté l'incurie d'une police mal administrée. (Louis XI, égoïste même dans les plus petits détails, avait établi des relais pour les dépêches de la cour), une poste aux lettres établit; entre Paris et toutes les villes du royaume, des relations régulières et des communications peu coûteuses. Mais aussi que de maux sous Louis XV affligèrent la capitale ! Les rênes de l'État, confiées d'abord à un régent insouciant et voluptueux, passent ensuite entre les mains d'indignes maîtresses, qu'un roi débauché ose élever jusqu'au trône. Les finances, laissées par Louis XIV dans un état déplorable, ont encore à éprouver les désastreux effets du système de Law ; et Sully et Colbert ne sont pas remplacés ! *Les lettres de cachet* et la tyrannie des billets de confession attestent la funeste influence exercée sur un roi timide et dévot par les jésuites, ces éternels ennemis du bien public, tour à tour bannis et rappelés ; qui, toujours dans l'ombre, ont dirigé les poignards des assassins de nos rois. De nouveaux fléaux viennent encore fondre sur la capitale; et tandis que la prostitution, enhardie par une coupable tolérance, marche la tête levée, la loterie et les maisons de jeu engloutissent avec privilége et au profit du gouvernement la fortune du riche et le denier du pauvre.

Les progrès des lumières portaient cependant au sein de toutes les classes le flambeau de la civilisation. L'instruction propagée éclairait le peuple sur ses droits; il avait compris que tous les hommes sont égaux devant une loi sage, la seule qui puisse imprimer de la durée aux organisations politiques : il avait reconnu que les titres de noblesse et la fortune ne sont pas des preuves de génie et de vertus. Des séditions, des révoltes même révélaient l'excès de ses souffrances ; mais elles démontrèrent encore l'impuissance de ses efforts et la tyrannie victorieuse de ses oppresseurs.

Le temps vint enfin où, secouant les fers de la féodalité et du despotisme, il fit triompher ses droits jusqu'alors méconnus. La Bastille, cette prison d'Etat où gémirent pendant si long-temps de si nombreuses victimes, tomba sous les coups vengeurs d'un peuple armé pour la liberté ! Pourquoi faut-il qu'une si belle cause ait été souillée par le meurtre et le pillage? Pourquoi d'atroces et abominables représailles ont-elles couvert des milliers d'échafauds de victimes, qui n'étaient coupables que d'appartenir aux castes proscrites des nobles et des prêtres? Ce fut en vain que des hommes, pourtant sortis des rangs de ce peuple devenu sanguinaire, firent entendre au milieu des cris de vengeance et de mort la voix de la modération. Les *Girondins* expièrent leur sagesse et leur vertu sur l'échafaud, où les avaient précédés une reine innocente et un roi *qui voulut le bien et ne put le faire*.

Pendant deux ans, le système de la *terreur* pesa sur la France; et Paris, décimé par la hache révolutionnaire, vit ses habitans chercher dans l'émigration un refuge contre la fureur de leurs assassins. Enfin, après une horrible lutte, où périrent presque tous ceux qui l'avaient engagée, cessa le règne de la *Convention nationale*, et les hommes affreux qui survécurent à leurs crimes et à leur infamie, disparurent dans l'exil, la honte et le mépris.

Tandis qu'une populace effrénée tendait à faire rétrograder la civilisation vers la barbarie, *le peuple*, cette classe nouvelle de citoyens que la liberté venait de faire passer sous le niveau de l'égalité politique, n'avait pas cessé, même au milieu de la tourmente révolutionnaire, de marcher dans la voie du progrès. Le commerce, l'agriculture même, cette source première de la richesse des nations, se ressentirent promptement des bienfaits d'une révolution, juste et utile dans son principe. Des savans, des littérateurs, des artistes échappés à la faulx révolutionnaire, dissipèrent la nuit d'ignorance qui menaçait la France ; et dans le sein des assemblées politiques, se révélèrent des génies et des vertus qui, dans des temps plus heureux, auraient rendu les plus éminens services à leur patrie.

La chute de la féodalité et du despotisme amena la réforme de l'ancienne administration civile et judiciaire de la capitale. Un *maire* et des *administrateurs municipaux* remplacèrent *le prevôt des marchands* et les *échevins*. Aux cours souveraines furent substitués des *tribunaux de district* ; et des *justices de paix* offrirent aux justiciables le moyen peu coûteux de terminer ou de prévenir de longs et désastreux procès.

Paris, à cette époque, comprenait dans son enceinte près de 10,000 arpens divisés d'abord en soixante districts, et depuis en quarante-huit sections. De ces temps de vandalisme datent cependant l'institution de l'*École Polytechnique*, ce foyer des sciences mathématiques, qu'illustrèrent, dès son origine, des hommes de génie et de talent ; la création d'un *Institut de France*, lieu de réunion des savans les plus renommés ; et la fondation d'un *Conservatoire des arts et métiers*, dépôt des découvertes de l'industrie et des inventions importées de l'étranger. Enfin, l'indigence malade, dans de vastes hôpitaux, dans des salles plus spacieuses et plus saines, fut assurée d'une guérison, garantie d'ailleurs par l'habileté des plus célèbres praticiens.

Un long interrègne, dont les commencemens avaient été signalés par tant de calamités, se termina sous de moins funestes auspices. A dater du *Directoire*, Paris rentra dans le calme si nécessaire à sa prospérité. Peu d'améliorations eurent lieu à cette époque, où régnaient encore le désordre et l'anarchie, conséquences inévitables d'une longue et sanglante révolution.

Enfin, apparut sur la grande scène du monde un de ces hommes extraordinaires, astre lumineux, dont la période embrasse plusieurs siècles. Le génie de César a plané sur la Gaule ; dix siècles après, Charlemagne a brillé ; dix siècles plus tard encore, vient Napoléon-le-Grand. Général en Italie, sultan en Égypte, consul en France, il a déjà fait l'essai du sceptre et préludé aux grandes destinées qui lui sont réservées ; mais le titre de roi rappelait la féodalité et les malheurs des temps passés. Napoléon fut empereur ! La cause de la liberté ne pouvait animer un cœur dévoré par l'ambition, ce génie malfaisant des grands hommes. Tandis que des triomphes inouïs asservirent pendant quinze ans l'Europe entière, la France eut à gémir d'un despotisme absolu, mais entouré du moins des prestiges de toutes les sortes de gloire! La guerre coûta des trésors à la patrie ; mais la patrie s'enrichit des dépouilles des vaincus. La *conscription* lui enleva de nombreux enfans ; mais le juste sentiment de ce qu'ils valaient, de ce qu'ils pouvaient, s'implanta fortement au cœur de tous, et, plus tard, ce noble sentiment les garantit de la perte de leurs droits et de la liberté ! Une noblesse nouvelle fut créée ; mais cette fois du moins le blason fut la récompense des services personnels, rendus dans toutes les classes de la société.

Le règne de Napoléon n'est pas seulement signalé par des victoires et des conquêtes ; de riches édifices, d'utiles institutions viennent en foule embellir la capitale : les canons pris à l'ennemi s'érigent, sur la place Vendôme, en colonne triomphale ; un monument colossal, élevé à la barrière de l'Étoile, est destiné à immortaliser les victoires de la république et de l'empire. De ce règne datent l'érection d'un palais pour la Bourse et pour le tribunal de commerce ; l'établissement de la banque de France ; la construction de vastes abattoirs, de halles, de marchés nombreux, etc., etc.

Une expédition désastreuse rompit tout-à-coup le cours de tant de gloire! une armée, naguère florissante et victorieuse, fut détruite sans combat! L'abdication de l'empereur ramena Louis XVIII dans sa *bonne ville* de Paris, et l'invasion étrangère lui en fraya seule le chemin. Une charte constitutionnelle, *octroyée*, fut pour le peuple français l'unique garantie de sa liberté et de ses droits. Cependant, une paix honteuse ; d'énormes impôts pour acquitter les services d'*alliés* qui traitent la France en pays conquis ; les emplois publics, et surtout l'armée, livrés à une aveugle réaction ; l'avilissement de la noble institution de la Légion-d'Honneur, tels furent quelques-uns des actes qui caractérisèrent l'avènement d'un prince, auquel sa longue Odyssée *n'avait rien appris et rien fait oublier.*

Bientôt l'enthousiasme comprimé éclata : les côtes de France revirent Napoléon et sa fortune. Une poignée de braves l'avait suivi dans l'exil, une armée entière le rétablit sans coup férir sur le trône, laissé vacant par la fuite de Louis XVIII.

De nombreux revers ne tardèrent pas à ravir au grand homme le fruit de ses triomphes, et à terminer la carrière d'un héros qui rendit les rois tributaires. Ce fut en vain qu'il alla avec confiance s'asseoir au foyer de l'Angleterre. Un lointain exil, des tortures morales, une mort prématurée, tels furent les résultats d'une pensée généreuse, qui, en honorant son cœur, imprima une tache ineffaçable au front de ses impitoyables ennemis.

Louis XVIII rentra dans Paris pour la seconde fois ; quelques serviteurs dévoués l'avaient accompagné dans sa fuite, une multitude innombrable de *royalistes fidèles* formait son escorte au retour. L'invasion étrangère désola de nouveau la France et la capitale. Bientôt la découverte de conspirations *bonapartistes* et républicaines devint le prétexte de réactions sanglantes par lesquelles la restauration préludait aux *dragonades* et aux coups-d'état qui finirent par nécessiter de justes représailles. La presse fut enchaînée par la censure ; les prisons se remplirent d'écrivains politiques. Des députés, dont la voix courageuse osa fronder à la tribune les abus et les excès du *bon plaisir,* furent en butte à d'odieuses persécutions. Les jésuites reparurent avec leur influence et leurs intrigues. La féodalité s'agita de toutes parts pour reprendre ses priviléges.

Charles X, parvenu au trône, suivit les erremens que lui tracèrent d'inhabiles et funestes conseillers. Les séditions, qui furent toujours pour Louis XVIII des avertissemens dont il sut profiter, ne servirent pas de leçon à son frère, que la France, fatiguée enfin, a, sans haine et sans vengeance, renvoyé à l'étranger.

Cependant, des embellissemens et des améliorations ont eu lieu, dans la capitale, pendant ces deux règnes : des canaux navigables ont porté dans ses diverses parties l'abondance et la salubrité ; de nouveaux quartiers, nécessités par l'accroissement de la population, se sont élevés dans des lieux infertiles, et sont venus, en reculant ses limites, ajouter à son importance. Des entrepôts, des halles et des marchés ont ouvert au commerce des débouchés faciles et avantageux. La munificence des princes a favorisé les progrès des sciences et des arts. Le régime des prisons, l'administration des hôpitaux, la direction des bureaux de bienfaisance, ont subi d'heureuses modifications. La fondation de *bourses*, dans les colléges, a procuré à l'enfant du pauvre les bienfaits de l'éducation. Enfin Paris doit à la restauration la construction de plusieurs églises, de ponts nombreux et de places spacieuses que décorent les chefs-d'œuvre de la sculpture. La capitale compte aujourd'hui 23,753 mètres 56 centimètres ou 6 lieues et un dixième de circonférence, la lieue étant de 2,000 toises. Son diamètre est d'environ 2 lieues.

La municipalité a, dès le commencement de la révolution, remplacé la prevôté des marchands. Un seul magistrat en dirigeait alors les opérations; mais, plus tard, l'accroissement de Paris nécessita des modifications à cette organisation trop centralisée; et la capitale est maintenant administrée par douze *maires*, auxquels sont adjoints des suppléans et des conseillers municipaux.

§. ADMINISTRATION.

Il est à propos de tracer ici la démarcation des douze arrondissemens dont Paris se compose, en indiquant la situation des mairies qui y sont attachées.

Le premier arrondissement, dont la mairie est située rue d'Anjou-Saint-Honoré, n° 9, est composé, comme les autres arrondissemens, de quatre quartiers : ceux des Tuileries, des Champs-Élysées, du Roule et de la place Vendôme.

Le deuxième arrondissement, dont la mairie est située rue Pinon, n° 2, se compose des quartiers de la Chaussée-d'Antin, du Palais-Royal, de Feydeau et du Faubourg-Montmartre.

Le troisième arrondissement, dont la mairie est située place et bâtiment des Petits-Pères, est composé des quartiers du Faubourg-Poissonnière, de Montmartre, de Saint-Eustache et du Mail.

Le quatrième arrondissement, dont la mairie est située place du Chevalier-du-Guet, n° 4, se compose des quartiers Saint-Honoré, du Louvre, de la Banque et des Marchés.

Le cinquième arrondissement, dont la mairie est située rue de Bondy, n° 20, se compose des quartiers du Faubourg-Saint-Denis, du Faubourg-Saint-Martin, de Bonne-Nouvelle et de Montorgueil.

Le sixième arrondissement, dont la mairie est située rue Saint-Martin, à l'abbaye, n°s 208 et 210, se compose des quartiers de la Porte-Saint-Denis, de Saint-Martin-des-Champs, des Lombards et du Temple.

Le septième arrondissement, dont la mairie est située rue des Francs-Bourgeois, n° 11, au Marais, se compose des quartiers Sainte-Avoye, du Mont-de-Piété, des Arcis et des Marchés-Saint-Jean.

Le huitième arrondissement, dont la mairie est située Place-Royale, n°14, au Marais, se compose des quartiers du Marais, de Popincourt, du Faubourg-Saint-Antoine et des Quinze-Vingts.

Le neuvième arrondissement, dont la mairie est située rue Geoffroy-l'Asnier, n° 25, se compose des quartiers de l'Ile-Saint-Louis, de l'Hôtel-de-Ville, de la Cité et de l'Arsenal.

Le dixième arrondissement, dont la mairie est située rue de Grenelle-Saint-Germain, n° 7, se compose des quartiers de la Monnaie, de Saint-Thomas-d'Aquin, des Invalides et de Saint-Germain.

Le onzième arrondissement, dont la mairie est située rue Garancière, n° 10, se compose des quartiers du Luxembourg, du Palais-de-Justice, de l'École de Médecine et de la Sorbonne.

Enfin, le douzième arrondissement, dont la mairie est située rue Saint-Jacques, n° 262, se compose des quartiers Saint-Jacques, Saint-Marcel, du Jardin-du-Roi et de l'Observatoire.

Les maires et adjoints de ces douze arrondissemens sont :

Premier arrondissement. Maire, M. Lefort ; adjoints, MM. Gabillot et Marcellot.

Deuxième arrondissement. Maire, M. Berger ; adjoints, MM. Châtelet et Mongalvy.

Troisième arrondissement. Maire, M. Rousseau ; adjoints, MM. Drouot et Decan de Chatouville.

Quatrième arrondissement. Maire, M. Legros ; adjoints, MM. Tranchant et Boulanger.

Cinquième arrondissement. Maire, M. D'Hubert ; adjoints, MM. Thomas et Viée.

Sixième arrondissement. Maire, M. Cotelle ; adjoints, MM. Robilliard et Groudard.

Septième arrondissement. Maire, M. Moreau ; adjoints, MM. Levillain et Lecoq.

Huitième arrondissement. Maire, M. Got ; adjoints, MM. Bayvet et Nast.

Neuvième arrondissement. Maire, M. Locquet ; adjoints, MM. Baratin et Lesecq.

Dixième arrondissement. Maire, M. Bessas Lamegie ; adjoints, MM. Brian et Tourin.

Onzième arrondissement. Maire, M. Démonts ; adjoints, MM. Gillet et Desgranges.

Douzième arrondissement. Maire, M. de Lanneau ; adjoints, MM. Boissel et Pelascy De L'Ousle.

Nota. Les bureaux de chaque mairie sont ouverts de neuf heures du matin à quatre heures de l'après-midi. Les maires, et, à leur défaut, les adjoints, donnent audience, à la mairie de chaque arrondissement, tous les jours non fériés, de dix heures à midi.

Dans chacun des quarante-huit quartiers de Paris, est établi un commissaire de police chargé spécialement de la surveillance du quartier auquel il est attaché.

Administré par des magistrats dont les fonctions sont restreintes aux arrondissemens et aux quartiers dans lesquels ils se trouvent établis, Paris est soumis, dans son ensemble, à une administration que composent le préfet du département de la Seine, le conseil de préfecture, le conseil municipal et le préfet de police.

Un mot sur leurs diverses attributions.

Le préfet du département de la Seine a la direction des travaux d'utilité publique ; il est chargé, en outre, de la conservation des propriétés particulières, de l'emploi des fonds destinés à l'encouragement de l'agriculture et de l'industrie, de l'inspection des hôpitaux et établissemens de charité, etc.

Le conseil de préfecture, composé de cinq membres, s'occupe, sous la présidence du préfet, des affaires contentieuses administratives qui sont dans les attributions de ce dernier.

Le conseil municipal, composé de 36 membres, est chargé de l'administration en ce qui concerne les recettes et les dépenses. Il s'assemble les vendredis sous la présidence d'un de ses membres. Chaque année, pendant quinze jours, il se réunit avec les huit membres nommés par les 13e et 14e arrondissemens, et forme alors le conseil-général du département, qui s'occupe de tous les intérêts et vote le budget particulier de ce département.

Le préfet de police a sous ses ordres les commissaires de police et de nombreux officiers de paix, sergens de ville et autres agens; enfin la garde municipale et les sapeurs-pompiers. Il a sous son inspection les prisons, maisons d'arrêt et de détention, les halles et marchés, les hôtels garnis et tous les lieux publics. Il est en outre chargé de tout ce qui concerne la sécurité des citoyens et la tranquillité publique. Enfin il embrasse encore dans ses attributions la salubrité de la ville, les secours contre l'incendie et la police de la petite voirie.

Vingt-quatre fonctionnaires sont préposés à la perception des contributions directes. Leurs bureaux, ouverts tous les jours non fériés, de neuf à deux heures, sont établis, savoir :

1er. Pour le premier arrondissement : Quartiers du Roule et des Champs-Élysées, rue du Faubourg-Saint-Honoré, n° 3.

Quartiers des Tuileries et de la Place Vendôme, rue Neuve-du-Luxembourg, n° 35.

2me. Pour le deuxième arrondissement : Quartiers de la Chaussée-d'Antin et du Faubourg-Montmartre, rue du Faubourg-Montmartre, n° 7.

Quartiers Feydeau et du Palais-Royal, rue de Hanovre, n° 1.

3me. Pour le troisième arrondissement : Quartiers Montmartre et du Faubourg-Poissonnière, rue Martel, n° 16.

Quartiers Saint-Eustache et du Mail, rue du Mail, n° 24.

4me. Pour le quatrième arrondissement : Quartiers du Louvre et Saint-Honoré, quai de l'École, n° 10.

Quartiers des Marchés et de la Banque de France, rue des Deux-Écus, n° 36.

5me. Pour le cinquième arrondissement : Quartiers du Faubourg-Saint-Denis et du Faubourg-Saint-Martin, rue de la Fidélité, n° 11.

Quartiers de Bonne-Nouvelle et Montorgueil, rue Saint-Sauveur, n° 12.

6me. Pour le sixième arrondissement : Quartiers de Saint-Martin-des-Champs et des Lombards, rue Neuve-Saint-Martin, n° 19.

Quartiers de la Porte-Saint-Denis et du Temple, quai de Valmy, n° 30.

7me. Pour le septième arrondissement : Quartiers Saint-Avoye et du Mont-de-Piété, rue Michel-le-Comte, n° 21.

Quartiers du Marché-Saint-Jean et des Arcis, rue Bourtibourg, n° 16.

8me. Pour le huitième arrondissement : Quartiers du Marais et Popincourt, rue Neuve-de-Ménilmontant, n° 5.

Quartiers du Faubourg-Saint-Antoine et des Quinze-Vingts, place Saint-Antoine, n° 5.

9me. Pour le neuvième arrondissement : Quartiers de la Cité et de l'Ile-Saint-Louis, rue Chanoinesse, n° 12.

Quartiers de l'Hôtel-de-Ville et de l'Arsenal, rue des Prêtres-Saint-Paul, n° 22.

10me. Pour le dixième arrondissement :

Quartiers de la Monnaie et Saint-

Thomas-d'Aquin, rue Taranne, n° 15.

Quartiers des Invalides et du faubourg Saint-Germain, rue de Bourgogne, n° 21.

11ᵐᵉ. Pour le onzième arrondissement :

Quartiers de la Sorbonne et du Luxembourg, rue Sainte-Hyacinthe-Saint-Michel, n° 25.

Quartiers de l'École-de-Médecine et du Palais-de-Justice, quai des Augustins, n° 25.

12ᵐᵉ. Pour le douzième arrondissement :

Quartiers Saint-Jacques et du Jardin-du-Roi, rue des Noyers, n° 25.

Quartiers de l'Observatoire et Saint-Marcel, rue Saint-Dominique-d'Enfer, n° 21.

A ces détails il est utile de joindre la nomenclature des administrations publiques qui sont spéciales à la capitale.

La direction de l'Enregistrement et des Domaines, rue de la Paix, n° 3, hôtel du Timbre-Royal, a été établie pour la perception des droits de succession et d'enregistrement d'actes authentiques et privés.

Dans le même hôtel est établie la direction du timbre. Tous titres ou papiers destinés à la publicité ou à l'enregistrement doivent être timbrés ; si cette formalité n'a pas eu lieu, il est toujours temps de l'accomplir, en payant toutefois une amende.

Cette formalité du timbre, exigée surtout pour les actes judiciaires, a nécessité l'établissement dans Paris de quarante-six bureaux, destinés à la distribution du papier timbré ; répartis dans les différens quartiers de la capitale, ils sont ouverts de dix heures du matin à quatre heures du soir.

La promulgation du titre qui, dans le Code civil, a trait aux hypothèques, a exigé l'établissement, dans Paris comme dans tous les chefs-lieux d'arrondissement, d'un bureau ayant pour objet la conservation des hypothèques, par suite de prise d'inscriptions sur les immeubles affectés au paiement de créances. La direction, sise rue du Cadran, n° 7, tient ses bureaux ouverts depuis dix heures du matin jusqu'à quatre heures du soir, tous les jours non fériés.

La manufacture royale des tabacs, sise quai des Invalides, n° 29, a pour débouchés quatre cent trente bureaux de distribution, répartis dans les différens quartiers de la capitale.

La direction du Mont-de-Piété, rue des Blancs-Manteaux, n° 18. Cet établissement, créé en 1777, a seul le privilége de prêter sur nantissement d'effets mobiliers les 4/5 de la valeur du poids des matières d'argent, et les 2/3 de celle des autres objets. Le bénéfice annuel de cette institution, s'élevant à près de 500,000 francs, est affecté aux hospices. Les dépendances de cet établissement ont une succursale située rue des Petits-Augustins, n° 20 ; et 21 bureaux répartis dans les différens quartiers de la capitale, et dirigés par des employés de cette administration, qui prennent le nom de commissionnaires du Mont-de-Piété.

La direction-générale de la poste aux lettres, rue Jean-Jacques Rousseau. Cette administration se charge du départ et de l'arrivée des lettres pour Paris, la France et l'étranger ; de l'envoi d'argent, de journaux et feuilles périodiques dans les départemens, moyennant un droit fixe. De cet établissement dépendent douze bureaux placés dans les douze arrondissemens de Paris, et un grand nombre de petits bureaux consacrés à la distribution des lettres dans la capitale. Les 12 bureaux d'arrondissement, désignés par des lettres, sont : 1° Bureau A, rue Lenoir-Saint-Honoré, pour les quartiers Saint-Eustache, des Halles, du Louvre, du Palais de Justice et de la Cité ; 25 boîtes aux lettres dépendent de ce bureau. 2° Bureau B, rue Saint-Louis, au Marais, pour les quartiers de la Grève, du Marais et de l'Arsenal ; 24 boîtes dépendent de ce bureau. 3° Bureau C, rue des Vieilles-Audriettes, pour les quartiers Saint-Martin, du Temple, et une partie du Marais ; 30 boîtes dépendent de ce bureau. 4° Bureau D, rue de l'Échiquier, pour les quartiers de la Chaussée-d'Antin, des faubourgs Montmartre, Poissonnière, Saint-Denis et Saint-Martin ; 20 boîtes dépendent de ce bureau. 5° Bureau E, rue de Sèze, pour les quartiers Saint-Honoré, de la place Vendôme, des Champs-Elysées, du Roule et des Tuileries ; 21 boîtes dépendent de ce bureau. 6° Bureau F, rue de Verneuil, pour le faubourg Saint-Germain ; 22 boîtes dépendent de ce bureau. 7° Bureau G, rue Saint-André-des-Arts, pour les quartiers de l'École-de-Médecine, du Luxembourg, Saint-Jacques et de l'Observatoire ; 25 boîtes dépendent de ce bureau. 8° Bureau H, rue des Fossés-Saint-Victor, pour les quartiers de l'île Saint-Louis, du Jardin-du-Roi et Saint-Marcel ; 16 boîtes dépendent de ce bureau. 9° Bureau J, place de la Bourse, pour les quartiers Montmartre, du Mail, Feydeau et du Palais-Royal ; 26 boîtes dépendent de ce bureau. 10° Bureau près la Cour, place du Carrousel. 11° Bureau près la Chambre des Députés, au Palais-Bourbon. 12° Bureau près la Chambre des Pairs, rue de Vaugirard, palais du Luxembourg.

La poste aux chevaux, située rue Pigale, n° 2, fournit des chevaux, d'après un tarif, qui varie proportionnellement au nombre des voyageurs et au genre de leurs voitures.

Enfin la direction des douanes est située rue d'Enghien.

MONUMENS, ÉDIFICES, etc.

§. ABATTOIRS.

Les bestiaux, autrefois, étaient tués dans Paris. Le passage des animaux causait souvent de graves accidens ; le sang, ruisselant dans les rues, exhalait, en se corrompant, des miasmes délétères. La salubrité publique et la sécurité des habitans exigeaient donc, dans la tuerie des bestiaux, une réforme qui cependant n'eut lieu que sous l'empire.

Cinq abattoirs, construits à cette époque, sont depuis ce temps consacrés exclusivement à cet usage. Leur distribution commode, de spacieux bâtimens, de nombreux réservoirs, signalent ces édifices, qui sont situés, savoir : l'abattoir de Montmartre, à la barrière Rochechouart ; l'abattoir de Popincourt, à la barrière des Amandiers ; l'abattoir de Villejuif, à la barrière d'Ivry ; l'abattoir de Grenelle, à la barrière de Sèvres ; et l'abattoir de Monceaux, à la barrière du Roule.

§. ACADÉMIES.

La langue française ne fut à sa naissance qu'un hideux mélange de la basse latinité avec les idiomes tudesque et celtique : elle s'appelait alors la *langue romane* ou *romance*, parce que le langage romain y dominait. Aux neuvième et dixième siècles, elle fut mise en œuvre par les *romanciers*, nom générique qui s'appliquait alors, non seulement aux poètes, mais encore aux historiens du temps. Cependant, peu à peu, le latin disparut de l'idiome vulgaire, pour n'être plus employé que dans les formules d'actes et d'argumentations. Ainsi dégagée des liens de la barbarie, la langue française commença dès lors son émancipation, à laquelle contribuèrent Clément Marot, ce célèbre poëte de l'ancien Parnasse français; Amyot, ce naïf prosateur qui a translaté avec tant de fidélité les amours de Daphnis et de Chloé; Montaigne, cet écrivain philosophe et malin, si remarquable par la hardiesse, alors toute nouvelle, de ses tournures de phrases et l'énergique familiarité de ses expressions. Enfin, Malherbe vint, et dès lors la langue française, source de tant de chefs-d'œuvre put atteindre cette correction et cette harmonie que devaient plus tard lui assurer à jamais les Boileau, les Racine, les Voltaire, les Bossuet et les Buffon.

Elle devint bientôt l'objet d'études spéciales, et, au dix-septième siècle, nous voyons des savans contribuer à son épuration, en la délivrant peu à peu des tournures et des expressions vicieuses qu'elle tenait encore des vieilles routines et des anciens dialectes. Ces savans composèrent, dès 1635, une académie, qui, plus tard réunie à d'autres associations de même genre, forma un institut, dont le palais fut désormais l'un des sanctuaires de la science.

Le palais de l'Institut ou des Arts, situé quai Conti, a été construit en 1662, sur les dessins de Levau, pour y placer le collége des Quatre-Nations, que le cardinal Mazarin avait destiné à recevoir soixante gentilshommes de quatre nations différentes. C'est aujourd'hui le lieu de réunion de savans, de littérateurs, d'artistes des quatre académies, savoir: l'Académie Française et celles des Inscriptions et Belles-Lettres, des Sciences et des Beaux-Arts. Deux bibliothèques dépendent du palais de l'Institut: celle dite de l'Institut, ouverte exclusivement aux membres des quatre académies qui le composent, contient plus de 50,000 volumes; l'autre, dite bibliothèque Mazarine, composée de près de 100,000 volumes et manuscrits, est ouverte au public de dix à deux heures, les jours non fériés.

L'observatoire royal, comme monument consacré à l'étude des sciences, trouve ici naturellement sa place. Situé rue Cassini, n° 1, en face du palais du Luxembourg, il fut construit en 1667, sur les dessins de Perrault, par ordre du ministre Colbert. Cet édifice tout en pierre est surmonté d'une plate-forme, à 27 mètres du sol, destinée aux expériences astronomiques qui y sont faites par les membres du bureau des longitudes. Il renferme d'immenses caves consacrées à des expériences de physique; on y arrive par un escalier de près de quatre cents marches.

D'autres sociétés, composées d'hommes remarquables, s'occupent aussi de faire fleurir les sciences et les arts; entre autres, la société des Antiquaires, rue des Petits-Augustins; l'Athénée-Royal, rue de Valois, près le Palais-Royal. Enfin, d'autres sociétés et des cercles concourent à la prospérité du commerce et de l'industrie. Le *Lloyd Français*, place de la Bourse; la société centrale d'Agriculture, à l'Hôtel-de-Ville, et celle d'Horticulture, rue Taranne, n° 12, méritent particulièrement d'être cités.

§. ARCS DE TRIOMPHE.

De tous temps, les peuples ont voulu éterniser leurs triomphes par des monumens. Les Grecs et les Romains ont eu leurs arcs de triomphe et leurs colonnes triomphales. Les dépouilles des vaincus (dépouilles opimes) leur servaient aussi de monumens moins durables. Nous avons suivi les traditions de l'antiquité, et, tandis que nos musées et nos temples s'enrichissent de chefs-d'œuvre des arts et de drapeaux conquis sur l'ennemi, de majestueux édifices viennent témoigner de ses défaites et de notre gloire.

Aujourd'hui quatre arcs de triomphe décorent la capitale.

Pour la description de la colonne nationale, voir ci-après *place Vendôme*.

Un autre monument, destiné à immortaliser la mémoire des journées de juillet 1830, est en construction sur la place de la Bastille et sur l'emplacement de la vieille tour de la féodalité.

La porte Saint-Denis a été érigée en 1672, sur les dessins de Blondel, à la gloire de Louis XIV. Les sculptures, exécutées par Girardon, représentent les victoires de ce grand roi.

La porte Saint-Martin, érigée en 1674, sur les dessins de Bullet, a été également destinée à immortaliser les triomphes de Louis XIV.

L'arc de triomphe du Carrousel a été élevé, en 1806, sur les dessins de Fontaine, par l'empereur, à la gloire des armées françaises. Les bas-reliefs qui représentent les victoires de l'empire ont été momentanément remplacés par d'autres bas-reliefs relatifs à la campagne d'Espagne en 1823. Ils ont été, depuis peu d'années, rendus à leur destination et remis à leur place. Le monument est aujourd'hui couronné par un char attelé de quatre chevaux en bronze, ouvrage dû à M. Bosio, qui a remplacé, sans le faire oublier, le char de triomphe que guidaient la Victoire et la Paix.

L'arc de triomphe de la barrière de l'Étoile a éprouvé dans sa construction de nombreuses vicissitudes. La première pierre en fut posée le 15 avril 1806; destiné d'abord par l'empereur à rappeler le souvenir de nos victoires, ou plutôt à le déifier lui-même, il devait sous la restauration être érigé à la gloire de l'expédition d'Espagne. La révolution de 1830 lui a rendu sa première destination, en le consacrant en même temps à éterniser la mémoire de l'état de choses actuel.

C'est ainsi que, parmi les noms portés par les trente boucliers qui décorent l'attique du monument, figurent Jemmapes et Marengo, Valmy et Austerlitz...... Le monument, du reste, noble et grandiose, manque d'un ornement essentiel, de son couronnement. Eût-il donc été si inconvenant de suivre le projet du grand homme en plaçant sur ce monument, tout napoléonien, un aigle gigantesque aux ailes étendues? Les sculptures et les bas-reliefs qui décorent cet édifice, dus au ciseau de différens artistes, manquent par suite de cette unité, de cet ensemble que leur aurait donné le talent d'un seul homme. Après 30 ans de travaux, souvent suspendus, l'inauguration de l'arc de triomphe a eu lieu aux fêtes de juillet 1836, en présence de nombreux régimens, appelés des garnisons voisines de

§. ARCHIVES.

Dans l'ancien hôtel de Clisson, aujourd'hui hôtel de Soubise, situé rue du Chaume, n. 12, sont établies les archives du royaume, composées d'in-folios manuscrits, contenant les actes des différens rois de France, à partir de Philippe-Auguste. Cet édifice, d'ordre corinthien, orné à l'intérieur de colonnes supportant une terrasse, contient le dépôt topographique du royaume et les archives domaniales.

La Sainte-Chapelle, fondée en 1245, par les soins de Louis IX, d'après les dessins de Montrevel, est aujourd'hui dépositaire des archives judiciaires.

§. BANQUE DE FRANCE.

Cet établissement, si utile au commerce et à l'industrie, sera plus tard l'objet d'un article spécial; il fut fondé en 1803. Il est établi dans l'ancien hôtel de Penthièvre, rue de la Vrillière, et se fait remarquer par sa distribution intérieure et ses nombreux corps-de-logis.

§. BARRIÈRES.

Quand Paris, aujourd'hui cette ville aux six lieues de circonférence et aux deux lieues de diamètre, n'était qu'une petite bourgade, ses issues ne pouvaient nécessairement pas être bien nombreuses. Aussi voit-on que, sous Louis-le-Gros, elle ne possédait encore que deux portes, dont chacune rapportait par an douze livres (environ 200 francs). Dix hommes alors suffisaient pour la perception de l'impôt. Aujourd'hui de nombreux douaniers, établis aux cinquante-huit barrières de la grande ville, suffisent à peine à une surveillance et à une perception qui jadis ne nécessitaient l'emploi que d'une poignée d'hommes.

Les barrières de Paris sont pour la plupart des monumens d'architecture : celles qui méritent particulièrement d'être citées sont la barrière de la Villette, qui termine la rue du Faubourg-Saint-Martin : elle se fait remarquer par un bâtiment circulaire, en face du bassin de la Villette. Cet édifice, composé de quatre péristyles, est orné de vingt arcades, qui forment une galerie circulaire de quarantes colonnes. Il fut élevé en 1788, sur les dessins de Ledoux.

La barrière du Trône, élevée par le même architecte, dans le courant de la même année. Elle est ainsi appelée, parce que, sur son emplacement, Louis XIV fit en 1660 élever un trône.

La barrière de l'Étoile, due également au même architecte. Elle est composée de deux bâtimens carrés, ornée de vingt colonnes et de quatre frontons.

Enfin la barrière de Passy, décorée par deux statues colossales représentant la Bretagne et la Normandie.

§. BIBLIOTHÈQUES.

Pendant les six premiers siècles de la monarchie française, l'instruction ne put percer les ténèbres de la barbarie. Excepté quelques moines qui se livraient à l'étude du latin, l'ignorance avait envahi toutes les classes ; et nos rois eux-mêmes, pendant long-temps, surent à peine signer leur nom. Quelques manuscrits, que possédaient les savans du temps, étaient donc les seuls volumes qui existassent alors.

Au douzième siècle, les manuscrits étaient encore fort chers. L'évêque de Vence légua aux chanoines de Saint-Victor sa bibliothèque, à l'exception d'un bréviaire, dont la valeur devait être employée à l'acquisition de *bonnes terres*. L'abbé de Cluny laissa à sa mort vingt-deux manuscrits, que les moines de son abbaye devaient attacher au mur au moyen d'une chaîne, dans la crainte qu'ils ne fussent dérobés ; enfin les nécrologues des monastères font mention des ouvrages donnés, comme on mentionnerait de nos jours une donation importante.

Cependant peu à peu se forma une collection de manuscrits qui, après la découverte de l'imprimerie, purent composer, avec des livres, une bibliothèque. Déjà sous le roi Jean, il y avait une bibliothèque du roi.

Du temps de ce roi Jean, qui passe pour en être le fondateur, elle ne se composait que d'une cinquantaine de manuscrits. Charles V en porta le nombre à plus de neuf cents, et la plaça dans la tour du Louvre, qui prit le nom de *Tour de la Librairie*. Après s'être vue depuis accrue d'un grand nombres de volumes, tant manuscrits qu'imprimés, elle a été transportée, en 1721, dans l'ancien hôtel de Nevers, rue de Richelieu, n. 58, où elle est établie depuis ce temps. Elle possède aujourd'hui plus de 600,000 volumes et manuscrits, plus de 1,600,000 d'estampes et cartes géographiques, et enfin un cabinet de médailles et antiquités, formant la collection, en ce genre, la plus rare et la plus complète.

Quatre autres bibliothèques existent encore à Paris, ouvertes, ainsi que la bibliothèque du roi, aux lecteurs. tous les jours, excepté les jours fériés et le temps des vacances de dix à trois heures, et aux curieux seulement les mardis et vendredis, aux mêmes heures.

La bibliothèque de l'Arsenal, située rue de Sully, contient 180,000 volumes et manuscrits ; elle appartenait autrefois au marquis de Paulmy, qui la vendit à M. le comte d'Artois.

La bibliothèque de Sainte-Geneviève, place Saint-Etienne-du-Mont et rue de Clovis, n. 1, établie dans l'étage supérieur de l'ancienne abbaye de Sainte-Geneviève, qui fait aujourd'hui partie du collège de Henri IV. Elle se fait remarquer par ses belles galeries et les nombreux bustes des grands hommes qui les décorent. Elle renferme 110,000 volumes et manuscrits.

La bibliothèque de la ville de Paris, située à l'Hôtel-de-Ville. Elle renferme 16,000 volumes de littérature moderne.

La bibliothèque Mazarine, au Palais de l'Institut. (Voyez l'article Académies.)

Paris renferme en outre un grand nombre de bibliothèques dépendantes d'établissemens particuliers, dont l'entrée doit être l'objet d'une demande. Les plus remarquables sont la bibliothèque du roi au Louvre, forte de 40,000 volumes ; et celle de la Cour de Cassation, au Palais-de-Justice, renfermant 30,000 volumes et manuscrits.

§. BOULEVARTS, CHAMPS-ÉLYSÉES.

Les boulevarts intérieurs de Paris sont les promenades les plus à la mode ; et, tandis que le luxe envahit ceux des Italiens et du quartier Montmartre, celui du Temple est le rendez-vous des bourgeois du Marais et de la foule des curieux qui se presse chaque soir aux nombreux spectacles qu'on y trouve.

Les boulevarts extérieurs, formant une ceinture autour de Paris, présentent sans doute un tableau moins animé, mais aussi un lieu de promenade plus tranquille et plus solitaire.

Les Champs-Elysées, plantés d'arbres en quinconces, s'étendent de la place Louis XV, dite de la Concorde, jusqu'au rond-point de l'Etoile, sur une longueur d'environ 1,300 toises et une largeur de 900, y compris l'allée longeant la Seine et portant le nom de *Cours-la-Reine*. Cette dernière promenade a été plantée, en 1616, par Marie de Médicis, et replantée en 1723. Les Champs-Elysées l'ont été pour la première fois, en 1760, par Colbert, sous le nom de *Grand Cours*. Ils ont été replantés en 1770. L'allée principale est ornée, du côté de la place Louis XV, de deux piédestaux soutenant deux chevaux fougueux, dus à Coustou jeune; elle forme l'abord le plus magnifique de Paris.

Indépendamment de ces promenades, il existe à Paris plusieurs jardins publics, parmi lesquels on remarque ceux des Tuileries, du Palais-Royal et du Luxembourg. La place Royale et le jardin Turc sont encore des promenades très-fréquentées par les habitans du Marais.

§. CASERNES.

Dans les premiers temps de la monarchie, toute la nation était militaire. Les *Gaulois* seulement n'étaient point admis dans les armées, qui ne se composaient alors que de *Francs*, de *Bourguignons* et de *Germains*.

Cette exclusion des Gaulois ne subsista que jusqu'au règne de Clotaire I, où l'on voit le service devenir obligatoire pour toutes les classes.

Sous Charlemagne, dont les capitulaires ont apporté diverses modifications dans l'organisation militaire, la levée des troupes se faisait par appel du *ban* et de *l'arrière-ban*; et alors chaque seigneur suzerain était tenu, comme *vassal* du roi de France, de servir dans l'armée, soit en personne, soit par un certain nombre de gens à pied ou à cheval qui le représentaient; et ce nombre était toujours proportionné à ses revenus ou à la qualité de son fief. L'armée, qui jusqu'alors n'était presque composée que d'infanterie, se vit de cette manière bientôt augmentée de la cavalerie, que conduisaient, sous leurs bannières respectives, les seigneurs, les barons, les chevaliers bannerets, etc., etc.

Mais cette milice, astreinte seulement à un service de quelques mois, dont il fallait encore retrancher les temps de jeûne, ne pouvait suffire au maintien de la paix intérieure; d'un autre côté, ces levées de troupes non soldées se faisaient nécessairement avec une lenteur dont plusieurs fois l'ennemi avait su profiter. Ce que Charlemagne n'avait pu faire, faute d'argent, Philippe-Auguste, et plus tard Philippe-le-Bel, le firent au moyen d'impôts; et, en créant une milice à leur solde, ils eurent une armée permanente, indépendamment de l'appel *banal*, qui, sous ce dernier roi, subit des modifications sévères dans la durée du service, dont ne furent désormais exemptés que les vieillards et les infirmes.

L'armée permanente et soldée se composait donc, sous Philippe-le-Bel, de fantassins et de cavaliers, qui prenaient le nom de *gens à pied* et de *gens d'armes royaux*. Ces derniers formaient des compagnies franches de trois à quatre cents maîtres chacune, qui plus tard, sous Charles VII, constituèrent des compagnies d'ordonnance, destinées à remplacer la cavalerie des bannières et des chevaliers bannerets. D'un autre côté, l'infanterie formait sous ce règne des compagnies de *francs archers,* qui, supprimées sous Louis XI, firent place à la milice étrangère des Suisses et des Écossais, dont s'entourait ce roi méfiant. Louis XII et François Ier soudoient ensuite une infanterie allemande; mais ce dernier prince, ayant senti l'inconvénient d'introduire des troupes étrangères dans l'armée française, compose, bientôt après, une infanterie nationale, divisée en sept légions.

Aux légions succèdent les *régimens*, à la tête de chacun desquels Charles IX place un colonel. La cavalerie, sous Henri IV, se divise en *escadrons*, et les escadrons en compagnies.

Enfin Louis XIV a établi, dans les troupes, une organisation qui subsiste encore de nos jours, du moins en grande partie. Sous ce prince, l'armée se compose de cavalerie et d'infanterie, permanente et soldée, partagée en escadrons ou en bataillons, qui sont eux-mêmes formés, dans les deux armes, par des compagnies réglées. Le ban et l'arrière-ban sont supprimés dès le dix-septième siècle. L'âge de la réquisition se trouve invariablement fixé à 21 ans. La durée du service, d'abord réglée à deux ans, est ensuite prolongée pendant quatre autres années; chaque escadron, chaque bataillon comptent une compagnie de vieux soldats, qui, sous le nom de grenadiers, forment l'élite de l'armée,

et donnent aux jeunes miliciens l'exemple d'une discipline sévère et d'un courage fatal aux ennemis de la France.

Les régimens, qui avaient pris successivement les noms des provinces du royaume, furent supprimés en 1792, et remplacés par des demi-brigades, dont l'organisation, d'ailleurs, était la même. A cette époque, la force militaire de la France consistait dans la milice générale, appelée garde nationale, et dans l'armée active, qui se recrutait par des enrôlemens volontaires. En 1793, une réquisition, commandée par les circonstances, frappa sans distinction tous les Français âgés de vingt à vingt-cinq ans. En 1798, une loi régularisa le recrutement de l'armée active en établissant la conscription, mode suivi depuis, à quelques modifications près. Sous l'empire, le nom de régiment fut remis en usage. La restauration lui substitua un moment celui de légion; mais il fut bientôt rétabli, et maintenant encore l'armée de terre se compose de régimens recrutés par la conscription. Elle se divise, d'ailleurs, en *quatre armes* différentes, génie, artillerie, cavalerie et infanterie. Elle a des compagnies sédentaires, un train des équipages, etc. Ces différens corps sont disséminés dans toute la France, et tiennent *garnison* dans les villes de ses départemens. Paris est la plus importante de ces garnisons, en raison du grand nombre de ses habitans et de la résidence qu'y fait le roi.

Aussi existe-t-il, dans la capitale, un grand nombre de bâtimens consacrés au logement des troupes nombreuses, qui s'y succèdent. Ces établissemens ne datent que de la fin du dernier siècle; ils se font remarquer, pour la plupart, par leur distribution vaste et commode. Les principaux sont :

1er arrondissement. Grande rue Verte; rue de la Pépinière.

2e arrondissement. Rue de Clichy.

3e arrondissement. Rue Notre-Dame-des-Victoires; Faubourg Poissonnière.

5e arrondissement. Faubourg Saint-Denis; Faubourg Saint-Martin.

6e arrondissement. Faubourg du Temple.

7e arrondissement. Rue Culture-Sainte-Catherine.

8e arrondissement. Rue de Popincourt; Chaussée des Minimes.

9e arrondissement. Aux Célestins; à l'Ave Maria.

10e arrondissement. Quai d'Orsay, rue de Belle-Chasse, rue de Babylone, rue Plumet, à l'Ecole militaire.

11e arrondissement. Rue de Vaugirard, rue de Tournon.

12e arrondissement. Rue Mouffetard, rue de l'Oursine; à l'Estrapade.

La garnison de Paris, ainsi répartie dans les différentes casernes de la capitale, est forte, en temps ordinaire, de vingt à vingt-cinq mille hommes d'infanterie et de cavalerie; elle relève du ministre de la guerre, du commandant de la 1re division militaire, et du commandant de la place de Paris.

Le ministre de la guerre a dans ses attributions tout ce qui concerne la sûreté de l'État, le mouvement des troupes, la police militaire, les manufactures d'armes, l'habillement et l'armement des troupes, les poudres et les salpêtres, les fortications, les établissemens militaires, etc.

La 1re division militaire, dont le chef-lieu est Paris, et dont le siége est établi rue de Lille, n° 1, renferme dans sa circonscription les départemens de la Seine, de Seine-et-Oise, de Seine-et-Marne, de l'Aisne, de l'Oise, du Loiret et d'Eure-et-Loir.

L'état-major de la place de Paris, qui relève immédiatement de la 1re division militaire, a dans ses attributions spéciales le recrutement de la Seine, les établissemens militaires du département, la gendarmerie départementale, les conseils de guerre et de révision, etc., etc.

§. CATACOMBES.

On a donné ce nom aux vastes carrières qui s'étendent sous la plaine de Montrouge, et sous la partie sud de Paris. Des affaissemens causés par le creusement qui s'y effectuait depuis plusieurs siècles on fait arrêter à temps les travaux d'exploitation. Depuis lors, on y a transporté tous les ossemens accumulés dans les cimetières qui existaient dans l'intérieur de Paris et dans les églises.

Les catacombes ne sont pas seulement un ossuaire, on y remarque aussi une collection minéralogique fort curieuse; un cabinet de pathologie où sont classés par catégories les ossemens déformés par les maladies; enfin la *fontaine de la Samaritaine*, placée dans la salle dite du *Memento*, etc.

§. CIMETIÈRES.

Autrefois, ainsi qu'on vient de le voir dans la section précédente (catacombes), les cimetières étaient placés dans l'intérieur de Paris. Celui des Innocens était au centre de la capitale. Le mode de sépulture adopté alors en faisait des cloaques infects, dans lesquels venaient s'entasser et pourrir à l'air de nombreux cadavres. Rien de plus repoussant que la vue de ces hideux charniers; rien de plus méphitique et de plus délétère que les miasmes qui s'en exhalaient. Ces graves inconvéniens ont enfin fait sentir la nécessité d'un changement, demandé par la décence et la salubrité publique.

Aujourd'hui *trois vastes cimetières*, situés hors de l'enceinte de Paris, sont destinés à recevoir les dépouilles mortelles. Une compagnie, dite des pompes funèbres, est chargée de tous les détails relatifs à la sépulture des morts.

Le cimetière Montmartre, dit *cimetière du Nord*, situé entre la barrière de Clichy et la barrière Blanche, est consacré à la sépulture des habitans des quatre premiers arrondissemens de Paris, et renferme, dans un espace de quarante arpens, les tombeaux du poète Saint-Lambert, du maréchal de Ségur, de Greuse, de madame Dubocage, du sculpteur Pigale, etc., etc.

Le cimetière Mont-Parnasse, dit *cimetière du Sud*, situé dans la plaine de Montrouge, est consacré à la sépulture des habitans des trois derniers arrondissemens de la capitale, et renferme, dans un espace de trente arpens, les restes du chancelier d'Aguesseau, de Henrion de Pensay, de Nicolle, etc.

Le cimetière du Père-Lachaise, dit *cimetière de l'Est*, est situé à la barrière des Amandiers. Sous Louis XIV, le Père Lachaise, confesseur de ce roi, habitait la colline sur laquelle a été depuis établi le cimetière qui porte son nom. Depuis 1804, il renferme, dans une enceinte de quatre-vingt-quatre arpens, les restes des habitans des cinquième, sixième, septième, huitième et neuvième arrondissemens de Paris; il sert encore de sépulture aux personnages les plus éminens. Parmi les trente mille tombeaux et mausolées renfermés dans cet enclos, se font remarquer ceux d'Héloïse et d'Abeilard, de La Fontaine, de Molière, de Talma, de Delille, de Méhul, de Grétry; des maréchaux Masséna, Lefebvre, Kellermann, Serrurier, Davoust, Suchet, du général Foy; de Manuel, de Benjamin-Constant, etc.; enfin le cénotaphe grandiose de madame Demidoff et le tombeau plus humble de madame Cottin.

L'administration des pompes funèbres, rue du faubourg Saint-Denis n. 183, est exclusivement chargée, en vertu d'une décision du préfet de la Seine, des convois et sépultures de Paris. Une succursale, dépendant de cette entreprise, et portant le nom de compagnie générale des sépultures, est établie rue Saint-Marc, n° 18.

§. COLLÉGES ROYAUX ET AUTRES.

L'instruction, qui dans le moyen âge se trouvait restreinte à la connaissance superficielle de quelques sciences, a pris depuis, grâce aux progrès de la civilisation, des développemens rapides.

Aujourd'hui l'instruction est dirigée par le ministre de l'instruction publique, grand maître de l'université, assisté du conseil royal universitaire.

L'académie universitaire de Paris, dont le siége est rue de Sorbonne, n° 14, comprend dans son ressort les départemens de la Seine, de l'Aube, d'Eure-et-Loir, de la Marne, de Seine-et-Marne, de Seine-et-Oise et de l'Yonne. Dans sa juridiction, bornée ici au département de la Seine, sont compris : 1° Les facultés des sciences, des lettres, de théologie, du droit et de médecine ; 2° les colléges royaux et autres ; 3° les institutions et les pensionnats, 4° les écoles normales et primaires.

A ces divers établissemens se joindra la description d'autres institutions qui, bien qu'elles ne relèvent pas de l'académie universitaire de Paris, sont cependant destinées spécialement à l'étude des sciences.

Cinq colléges royaux, deux autres colléges, qui, pour n'être pas royaux, n'en sont pas moins bons, enfin de nombreuses institutions et pensionnats, sont aujourd'hui destinés à l'enseignement des langues anciennes et modernes, de la philosophie, des sciences exactes et naturelles, et même des arts.

Les cinq colléges royaux sont : Le collége de Louis-le-Grand (ancien collége de Clermont), rue Saint-Jacques, n° 123. Il fut fondé en 1582, rebâti en 1628, donné à l'université en 1762. De ce collége dépendent une bibliothèque de 30,000 volumes et un cabinet de physique.

Le collége de Henri IV, rue de Clovis. Il occupe les bâtimens des Génovéfins, et possède un cabinet de physique.

Le collége de Bourbon, rue Neuve-Sainte-Croix-d'Antin, n° 95, dans les bâtimens des Capucins. Il fut construit, en 1781, par Brougniart. Il possède également un cabinet de physique.

Le collége de Charlemagne, rue Saint-Antoine. Il ne reçoit, ainsi que le collége Bourbon, que des externes. Un cabinet de physique dépend aussi de ce collége.

Le collége de Saint-Louis, rue de la Harpe, n° 94. Il a été construit, en 1814, sur l'emplacement de l'ancien collége d'Harcourt. Il a été ouvert en 1820, et vient de subir de nombreux changemens et d'heureuses améliorations.

Deux autres colléges, situés, l'un rue des Postes, n° 34, et appelé *collége Sainte-Barbe*, l'autre rue Notre-Dame-des-Champs, n° 34, et portant le nom de *collége Stanislas*, jouissent des mêmes prérogatives que les colléges royaux. Ils ne reçoivent que des pensionnaires.

Une fois sortis des colléges, les jeunes gens, qui veulent suivre les nombreuses carrières que leur ouvre l'étude des sciences, trouvent dans différentes institutions l'enseignement qui doit être le complément de leurs études.

Parmi ces institutions, se font remarquer : l'école Polytechnique, rue Descartes, fondée en 1795. Elle a pour objet, en propageant l'instruction des sciences exactes et naturelles, transcendantes, et des arts graphiques, de former des élèves pour les ponts-et-chaussées, les mines, le génie de terre et de mer, et l'artillerie. Napoléon l'appelait *sa poule aux œufs d'or*.

L'école royale des Ponts-et-Chaussées, rue Hillerin-Bertin, n° 10. Dans cette institution, des élèves sortis de l'école Polytechnique s'instruisent dans l'art de projeter des ponts, de construire des routes, des canaux et des édifices publics.

L'école royale des Mines, rue d'Enfer, n° 34. Des élèves, également sortis de l'école Polytechnique, s'y consacrent à l'étude spéciale des sciences naturelles, relatives à l'exploitation des mines. Une collection fort ancienne et très-complète de toutes les productions minérales de la France et de l'univers y forme l'un des plus beaux cabinets spéciaux d'histoire naturelle.

La faculté de théologie et des lettres, rue de la Sorbonne, n° 11.

La faculté de Droit, place Sainte-Geneviève ou du Panthéon. L'étude du droit commença dans Paris au XIVe siècle, dans une maison de la rue Saint-Jean-de-Beauvais; en 1771, l'école fut transférée dans l'édifice qu'elle occupe aujourd'hui, et qui a été construit sur les dessins de Soufflot. De savans professeurs y enseignent les élémens du droit français et du droit romain à près de trois mille étudians. Ce monument ne présente rien de remarquable. La construction en est lourde et la distribution incommode. De nouvelles salles, construites récemment, méritent cependant d'être citées.

La faculté de Médecine, rue de l'Ecole-de-Médecine, n° 14, établie dans l'ancienne école de chirurgie. L'édifice est remarquable par deux péristyles, embellis de colonnes d'ordres ionique et corinthien. Une belle cour, de vastes bâtimens, une bibliothèque de 30,000 volumes, un cabinet d'anatomie, un cabinet de physique, des salles de dissection, des hospices de clinique, un musée d'anatomie, dû aux libéralités du célèbre Dupuytren, dont il porte le nom, sont les vastes et riches dépendances de cet établissement, où près de quatre mille étudians viennent s'instruire aux leçons des Orfila, des Andral, etc., etc.

Enfin *l'École Normale*, rue Saint-Jacques. Sa création date de ce siècle. Elle est destinée à former des instituteurs et à devenir la pépinière des professeurs qui dirigent et propagent l'instruction dans les colléges.

Indépendamment de ces grands établissemens et des nombreux pensionnats consacrés à l'instruction de la classe aisée, des écoles d'enseignement mutuel et de charité répandent dans la classe pauvre les bienfaits d'une instruction élémentaire.

Deux institutions philanthropiques ont pour but de rendre à la société les êtres que la nature semblait en avoir séparés : l'institution des *Jeunes Aveugles*, située rue Saint-Victor, n° 68, et celle des *Sourds-et-Muets*, rue Saint-Jacques, n° 254. De nombreux élèves, au moyen de procédés ingénieux, s'y livrent à l'étude des sciences et des arts, sous la direction d'habiles professeurs et de maîtres qui, pour la plupart, ont eux-mêmes été instruits dans l'un ou l'autre de ces établissemens.

§. ÉCOLE MILITAIRE ET CHAMP DE MARS.

L'École Militaire a été fondée sous Louis XV. Les bâtimens furent élevés sur les dessins de Gabriel, au moyen des fonds de la loterie de France. C'était alors une école gratuite destinée à l'éducation de 500 jeunes gentilshommes pauvres, dont les pères étaient morts au service. Supprimée en 1787, ses bâtimens ont servi depuis au logement des troupes de toutes armes ; ils peuvent contenir près de 4,000 hommes, infanterie, cavalerie et artillerie. Ils occupent un parallélogramme de 220 toises de longueur sur 130 de largeur, non compris la vaste surface du Champ de Mars, et se composent d'un grand nombre de corps-de-logis, séparés par quinze cours et embellis de plusieurs jardins ; une galerie magnifique de colonnes ioniques et corinthiennes, un dôme orné d'un cadran supporté par le Temps et l'Astronomie, un observatoire et une chapelle décorent cet édifice, qui est un des plus beaux monumens de ce genre.

Le Champ de Mars s'étend depuis l'École Militaire jusqu'aux rives de la Seine ; il a 450 toises de longueur, sur une largeur de 150 toises ; il a tour à tour servi aux premières expériences aérostatiques, à la fédération de 1792, à l'occasion de laquelle ses talus actuels furent élevés par le concours de toute la population parisienne, à des revues, à des rassemblemens séditieux, à des fêtes publiques et à des exécutions. En 1815, il changea pour peu d'instans sa dénomination contre celle de *Champ de Mai ;* depuis ce temps, on y a fait encore de grandes revues de troupes, des manœuvres et la *petite guerre ;* il sert aussi aux expériences des aéronautes, et aux courses de chevaux.

§. ÉGLISES.

Paris était encore l'île de la Cité, et déjà des évêques dirigeaient son diocèse. Saint Landry, saint Germain, florissaient à Paris aux premiers siècles de l'ère chrétienne. Le siége épiscopal y fut occupé pendant plus de 1400 ans par cent dix prélats, qui, dans le principe, eurent à sceller de leur sang le triomphe de la religion chrétienne. Paris resta, pendant près de dix-sept siècles, évêché suffragant en dernier lieu de l'archevêché de Sens. Ce ne fut qu'en 1694 qu'il fut érigé en archevêché, dont le siége a été occupé successivement, depuis ce temps, par treize archevêques, et dont la circonscription embrasse les évêchés de Chartres, de Meaux, de Cambray, d'Arras, de Blois, de Versailles et d'Orléans.

Cependant, la religion chrétienne, qui dans les premiers temps était uniforme, donna bientôt naissance à des hérésies et à des schismes, dont l'existence fut surtout signalée par les guerres sanglantes que *les protestans ou huguenots* eurent à soutenir pendant près de cent cinquante ans, et par les cruelles persécutions dont les *juifs* furent long-temps les victimes.

De nos jours, le catholicisme a vu s'élever dans son sein un nouveau schisme. L'église *catholique française,* ayant à sa tête un évêque primat des Gaules, a rejeté la suprématie du pape, à laquelle est soumise l'église catholique romaine ; et un autre culte dissident, hérésie entée sur hérésie, a pris le nom d'*église française,* et ne reconnaît que des curés et des prêtres, à l'exclusion des évêques.

Dans cette section, il ne sera question que du culte *catholique romain,* comme offrant seul des monumens remarquables.

Paris, composé de douze arrondissemens municipaux, présente encore, dans son organisation religieuse, une semblable division. Ainsi, dans chacun de ces douze arrondissemens, est une église paroissiale avec une ou plusieurs succursales. On trouvera, par arrondissement, la description sommaire des principales églises qui s'y trouvent.

PREMIER ARRONDISSEMENT.

Paroisse : la Madeleine. Succursales : Saint-Louis-d'Antin ; Saint-Philippe-du-Roule ; Saint-Pierre-de-Chaillot.

La *Madeleine,* l'un des monumens les plus beaux de Paris, fut commencée en 1764 et continuée en 1777. Les travaux, suspendus pendant la révolution, furent repris en 1806. On voulut à cette époque en faire un temple à la Gloire. Dix ans plus tard, l'édifice fut rendu à sa première destination, et les travaux ont depuis été continués d'après les premiers plans. L'extérieur de l'église est achevé; mais l'intérieur n'est point terminé, et ne le sera point encore de quelque temps.

Ce beau monument, formant un quadrilatère de 100 mètres de long sur 42 de large, s'élève sur un soubassement de 12 pieds de hauteur; il est entouré de 52 colonnes cannelées, d'ordre corinthien, et de 60 pieds de hauteur : deux rangées forment le péristyle, auquel on arrive par un perron de 30 marches, divisé par un pallier. Le fronton de l'édifice, qui forme un triangle, représente le Jugement dernier, de la composition de M. Lemaire. La Madeleine, aux pieds du Christ, semble implorer le pardon des pécheurs, qui, placés derrière elle, sont repoussés par un ange armé d'une épée, tandis que, de l'autre côté du Christ, un autre ange, qui vient d'emboucher la trompette de la résurrection, semble appeler les élus au bonheur éternel.

Ce morceau est l'œuvre d'un homme de génie, qui n'a pu échapper au défaut, qu'on lui reproche, d'avoir donné une position gênée à plusieurs de ses personnages; ce défaut provenant de la forme triangulaire du fronton.

Saint-Louis, rue Sainte-Croix, chaussée d'Antin, n° 5, première succursale de la Madeleine, est une petite chapelle qui fut construite par Brouguiart pour un couvent de capucins. Elle est ornée d'un tableau représentant Saint-Louis visitant des soldats malades de la peste, et d'un tombeau surmonté d'un vase où est conservé le cœur de M. de Choiseul-Gouffier.

Saint-Philippe-du-Roule, rue du faubourg du Roule, n° 8, construit par Chalgrin, en 1769, est embelli, à l'extérieur, d'un portique de quatre colonnes d'ordre dorique, couronnées d'un fronton triangulaire, que décore un bas-relief dû au ciseau de Duret : il représente la religion et ses attributs; à l'intérieur, la voûte en bois est peinte à ton de pierre avec tant d'art, que l'œil le plus exercé s'y tromperait.

Saint-Pierre-de-Chaillot, rue de Chaillot, n° 32, Champs-Élysées, n'est remarquable que par sa grande antiquité : cette église était paroissiale dès le onzième siècle. Des recherches historiques ont démontré qu'en 1097 la cure de Chaillot appartenait au prieuré de Saint-Martin-des-Champs. L'église a été rebâtie depuis.

La Madeleine ne pouvant être encore livrée au culte, le service divin se célèbre, jusqu'à nouvel ordre, dans l'église de l'Assomption, rue Saint-Honoré, n° 371, et rue Neuve-du-Luxembourg. Cette église, élevée sur les dessins d'Évrard, en 1670, offre, dans la disposition de son portique, assez de ressemblance avec le *Panthéon* de Rome. Elle s'est vue, en 1822, augmentée d'une chapelle qui a été érigée, sur la droite du portail, sous l'invocation de sainte Hyacinte. Son intérieur est décoré de tableaux, parmi lesquels se fait remarquer l'*Assomption de la Vierge*, par Blondel. A l'extérieur règne une cour qui conduit à l'église par un perron de plusieurs marches, et que borde, sur les rues Saint-Honoré et Neuve-du-Luxembourg, une grille magnifique.

3

DEUXIÈME ARRONDISSEMENT.

Paroisse : Saint-Roch. Succursale : Notre-Dame-de-Lorette.

Saint-Roch, rue Saint-Honoré, entre les n°ˢ 294 et 296, commencé en 1653, ne fut terminé que long-temps après, et encore grâce aux libéralités des habitans de Paris. Son extérieur n'offre rien de remarquable, que l'emplacement élevé sur lequel il a été construit ; ce qui lui donne de la dignité. A l'intérieur, on voit un cénotaphe élevé à la mémoire de P. Corneille, une chaire magnifique, des tableaux et des sculptures dus au talent de nos meilleurs artistes.

Notre-Dame-de-Lorette. Une église sous cette invocation est destinée à remplacer la petite succursale qui, située rue du faubourg Montmartre, entre les n°ˢ 64 et 66, porte le même nom. La nouvelle succursale de Saint-Roch, placée entre les rues du faubourg Montmartre et Olivier, présente un fronton couronné par trois statues. C'est une des plus belles églises modernes de Paris. Il en sera parlé plus tard avec détail.

TROISIÈME ARRONDISSEMENT.

Paroisse : Saint-Eustache. Succursales : Notre-Dame-des-Victoires ou Petits-Pères, et Notre-Dame-de-Bonne-Nouvelle.

Saint-Eustache, rues Traînée et du Jour, est sur un emplacement où s'élevait jadis un temple à Cybèle. Cette église était, au treizième siècle, une petite chapelle sous l'invocation de Sainte-Agnès. L'édifice actuel, commencé en 1532, ne fut terminé qu'en 1642. Le portique fut, en 1654, élevé par Mansard : il se compose d'un fronton triangulaire, soutenu par des colonnes d'ordres ionique et dorique. La hauteur des voûtes et le peu d'épaisseur des colonnes qui les soutiennent sont un sujet d'étonnement et d'admiration. Cette église, du reste, est embellie de vitraux bien conservés, d'un orgue excellent, de tableaux remarquables, et d'une chaire sculptée, en 1771, d'après les dessins de Soufflot. De nombreuses chapelles décorent son intérieur : on y remarque principalement la chapelle de la Vierge, et la statue de la mère du Sauveur, exécutée par Pigal.

Notre-Dame-des-Victoires ou *les Petits-Pères*, passage et place des Petits-Pères, n° 11. Ce dernier nom fut donné à cette église, parce qu'elle fut bâtie, en 1656, pour les Augustins, moines à qui Henri IV avait donné le nom de Petits-Pères. Elle est remarquable par des tableaux représentant la vie de saint Augustin, ainsi que les actes principaux du règne de Louis XIII.

Notre-Dame-de-bonne-Nouvelle, rue de la Lune, est une nouvelle église construite de nos jours, sur les dessins de M. Godde : elle ne présente rien de remarquable.

QUATRIÈME ARRONDISSEMENT.

Paroisse : Saint-Germain-l'Auxerrois, vis-à-vis de la colonnade du Louvre. On attribue la fondation de cette église à saint Germain, évêque de Paris ; on prétend aussi qu'elle fut construite par les soins d'Ultrogothe, femme de Childéric 1ᵉʳ. Quoi qu'il en soit, cette basilique, qui était alors hors de l'enceinte de Paris, renfermé encore dans l'île de la Cité, fut ravagée par les Normands, dans une de leurs invasions. Elle fut rebâtie, au onzième siècle, restaurée en 1345, et rebâtie de nouveau en 1427; l'ordonnance sarrasine de son porche fut conservée jusqu'en 1745, où l'architecture moderne remplaça, par de maladroites innovations, les ogives du chœur par des arcs à pleins cintres, et fit disparaître toutes les traces du genre arabe. Cette église, saccagée en 1831, fut privée des ornemens et des tableaux remarquables qui la décoraient.

CINQUIÈME ARRONDISSEMENT.

Paroisse : Saint-Laurent. Succursale : Saint-Vincent-de-Paule.

Saint-Laurent, place de la Fidélité, faubourg Saint-Martin, n'est remarquable que par un tableau de Greuze, représentant le martyr de saint Laurent, et par son portail, qui date de 1682.

Saint-Vincent-de-Paule, petite chapelle, rue Montholon, n'offre rien à citer. Elle sera bientôt remplacée par une église située sur un sol très-élevé, place de Lafayette, en face de la rue Hauteville; on y arrivera par un perron de 60 marches.

SIXIÈME ARRONDISSEMENT.

Paroisse : Saint-Nicolas-des-Champs. Succursales : Saint-Leu, et Sainte-Élisabeth.

Saint-Nicolas-des-Champs, rue Saint-Martin, entre les n°s 202 et 204, était, dans les premiers siècles de l'ère chrétienne, une petite chapelle placée hors Paris. Elle fut érigée en paroisse au douzième, et agrandie aux quinzième et seizième siècles : elle n'offre rien de remarquable qu'un tableau de Vernet, qui décore le maître-autel.

Saint-Leu, rue Saint-Denis, entre les n°s 182 et 184, bâtie en 1235, et restaurée en 1727. Cette église n'offre de remarquable que le maître-autel, qui est tellement élevé, que cette disposition a permis l'érection d'une chapelle basse dédiée à Jésus-Christ.

Sainte-Élisabeth. Cette église, bâtie en 1626 pour des religieuses de saint François, a servi pendant long-temps de magasin à farine; rendue au culte, elle a été agrandie en 1829. Elle est située rue du Temple, entre les n°s 107 et 109.

SEPTIÈME ARRONDISSEMENT.

Paroisse : Saint-Méry. Succursales : Notre-Dame-des-Blancs-Manteaux, Saint-François-d'Assise, et Saint-Denis.

Saint-Méry, situé rue Saint-Martin, n°s 2 et 4, sur l'emplacement du petit oratoire de Saint-Pierre-des-Bois, près duquel mourut saint Méry, et de la collégiale qu'y fonda en 1010 le chapitre de Notre-Dame, fut d'abord construit en 1200, puis rebâti, dans un style gothique, sous François Ier, et terminé en 1612. Il est remarquable par ses riches ornemens et ses vitraux; des tableaux dus au talent des meilleurs maîtres décorent ses nombreuses chapelles.

Notre-Dame-des-Blancs-Manteaux, située rue des Blancs-Manteaux, entre les n°s 12 et 16, doit son nom aux *Guillemittes*, qui portaient des manteaux blancs : elle n'est remarquable que par quelques tableaux qui décorent son intérieur. Cette église fut fondée en 1687, et devint succursale en 1802.

Saint-François-d'Assise, situé rue du Perche, entre les n°s 13 et 17. Construite en 1622, cette église n'est remarquable que par ses ornemens, ses tableaux et ses statues magnifiques.

Saint-Denis, rue Saint-Louis, au Marais, bâti en 1684, est remplacé aujourd'hui par une église presque terminée, où se célèbre déjà l'office divin.

HUITIÈME ARRONDISSEMENT.

Paroisse : Sainte-Marguerite. Succursales : Saint-Ambroise, et Saint-Antoine.

Sainte-Marguerite, rue Saint-Bernard, entre les n°s 28 et 30, est élevée sur l'emplacement d'une petite chapelle qui existait en 1625, rebâtie en 1712 sur des proportions plus conformes au nombre des habitans du faubourg populeux où elle est située. Cette paroisse se fait remarquer par sa chapelle des Ames du Purgatoire, et par de beaux tableaux et des sculptures dus, au talent de célèbres artistes.

Saint-Ambroise, rue de ce nom, bâti en 1659, n'est remarquable que par quelques statues et tableaux.

Saint-Antoine, rue de Charenton. Le service de cette petite succursale se fait dans la chapelle des Quinze-Vingts.

NEUVIÈME ARRONDISSEMENT.

Paroisse : Notre-Dame, métropole. Succursales : Saint-Louis-en-l'Ile, Saint-Gervais, et Saint-Paul.

Notre-Dame, dans l'île de la Cité, à l'extrémité orientale. Cette basilique, élevée sur l'emplacement d'un temple consacré à Jupiter, ensuite d'une chapelle placée en 520 par Childéric sous l'invocation de saint Étienne, et enfin d'une église dédiée par Childebert en 556 à la sainte Vierge, a commencé à être construite en 1010 par le roi Robert : l'office divin y fut célébré pour la première fois en 1185. Cet édifice, long, à l'extérieur de 415 pieds, et large de 150, se compose 1° d'un portail de 120 pieds de largeur, terminé sous le règne de Philippe-Auguste ; 2° de deux tours carrées, de 200 pieds d'élévation, dans l'une desquelles se trouve la cloche appelée *bourdon*, du poids de 32,000 livres, d'une hauteur et d'un diamètre de 8 pieds, d'une épaisseur de 8 pouces, et dont le battant pèse 976 livres ; 3° d'une plate-forme à laquelle on arrive par un escalier de 400 marches, placé dans la tour septentrionale ; 4° d'une toiture en bois de châtaignier, de 366 pieds de long sur 53 pieds de large et 30 pieds d'élévation, soutenant une couverture en plomb du poids de 424,240 livres ; 5° de trois galeries extérieures unissant les différentes voûtes de cette église, et contribuant par suite à la solidité de l'édifice ; 6° enfin, d'un chevet placé à la partie orientale de l'église. A l'intérieur, de nombreuses colonnes et de monstrueux piliers soutiennent les voûtes ; des galeries placées au-dessus des nefs collatérales permettent de circuler dans le haut de l'édifice et de voir commodément les cérémonies religieuses ; un superbe buffet d'orgues, de 45 pieds de hauteur sur 36 de largeur, est placé au-dessus de la porte principale ; une grille superbe sépare la nef du chœur. Le maître-autel, en marbre blanc, long de plus de 13 pieds, sur une largeur de 3 pieds, s'élève sur trois degrés semi-circulaires, en marbre de Languedoc.

Enfin cette église, l'une des plus anciennes de la capitale, est décorée de tableaux, de bas-reliefs, de statues et de fresques dus au talent des plus célèbres artistes; elle se fait encore remarquer, à l'extérieur, par les sculptures qui ornent son portail et ses côtés.

Saint-Louis, rue et île Saint-Louis, entre les n°s 13 et 15. Cette église, paroisse de l'île Saint-Louis, fut érigée en 1623 et reconstruite en 1664. Elle est remarquable par les tableaux et les statues qui décorent ses chapelles. Son clocher, en pierre et percé à jour, ressemble à un obélisque.

Saint-Gervais, rue du Monceau, existait au sixième siècle, dans le bourg de Grève. Il a été reconstruit en 1212, puis en 1420. Les trois ordres grecs décorent, par un heureux assemblage, son portique, qui date de l'an 1616. L'église est remarquable à l'intérieur par de beaux vitraux dus à Pinaigrier; par sa chaire, ses chapelles et ses tableaux.

Saint-Paul, rue Saint-Antoine, entre les n°s 118 et 120. Cette église, bâtie en 1627, pour les jésuites, fut achevée en 1641. Son portail, haut de 144 pieds, s'élève sur une base de 72 pieds. Des tableaux et des statues remarquables la décorent à l'intérieur.

DIXIÈME ARRONDISSEMENT.

Paroisse : Saint-Thomas-d'Aquin. Succursales : l'Abbaye-aux-Bois, Saint-François-Xavier ou les Missions-Etrangères, et Saint-Pierre-du-Gros-Caillou.

Saint-Thomas-d'Aquin, situé place de ce nom. Cette église, commencée en 1682, a été terminée en 1740 ; elle n'est remarquable que par des fresques de Lemoine, deux statues et quelques tableaux qui décorent ses chapelles.

L'Abbaye-aux-Bois, rue de Sèvres, n° 16, était anciennement l'église d'une abbaye des filles de l'ordre de Citeaux. Elle avait d'abord été fondée en 1207, au diocèse de Noyon, au milieu des bois. Elle a été reconstruite en 1707. Elle n'offre de remarquable que quelques tableaux, parmi lesquels figure le portrait de Mlle de La Vallière sous les traits d'une Madeleine repentante.

Saint-François-Xavier ou *les Missions-Étrangères*, rue du Bac, n° 120. Cette église, double, a été bâtie en 1683. Elle n'est, du reste, remarquable que par quelques tableaux et bas-reliefs. Près de cette église est le séminaire des Missions-Étrangères.

Saint-Pierre-du-Gros-Caillou, rue Saint-Dominique au Gros-Caillou. Église moderne, construite en 1822. Elle n'offre de remarquable qu'une belle simplicité et l'heureux emploi de l'ordre toscan, qui règne dans sa construction.

ONZIÈME ARRONDISSEMENT.

Paroisse : Saint-Sulpice. Succursales : Saint-Germain-des-Prés, et Saint-Severin.

Saint-Sulpice, place de ce nom. Commencé en 1655, sa dédicace n'eut lieu qu'en 1745. Cette église se fait remarquer à l'extérieur par son portique orné de deux rangs de colonnes d'ordres dorique et ionique, et par deux tours hautes de 110 pieds ; à l'intérieur, par son maître-autel en marbre blanc, par sa chapelle de la Vierge, qui reçoit un jour mystérieux, par un orgue excellent, par ses bénitiers, et enfin par ses nombreuses chapelles, que décorent des fresques, des tableaux et des statues d'un mérite supérieur. Cette église est longue de 336 pieds et haute de 99.

Saint-Germain-des-Prés, rue de l'Abbaye-Saint-Germain. Cette église, la plus ancienne de Paris, fut bâtie au cinquième siècle, sur l'emplacement d'un temple consacré à Isis. Brûlée et saccagée trois fois par les Normands, elle fut reconstruite en 1014. Dégradée pendant la révolution, et, depuis ce temps, tombant en ruines, elle a de nos jours été restaurée et consolidée. Indépendamment de son antiquité, elle se fait encore remarquer par ses chapelles, que décorent des tableaux dus au talent de Steuben et autres artistes célèbres, et par les tombeaux de Mabillon, de Descartes, de Boileau, etc.

Saint-Severin, rue de ce nom, élevé en 1347 et reconstruit en 1489, sur l'emplacement d'un oratoire et d'un monastère habités par saint Severin au septième siècle, n'est remarquable que par son antiquité et le peu de tableaux qui décorent son intérieur.

DOUZIÈME ARRONDISSEMENT.

Paroisse : Saint-Étienne-du-Mont. Succursales : Saint-Nicolas-du-Chardonnet, Saint-Jacques-du-Haut-Pas, et Saint-Médard.

Saint-Étienne-du-Mont, rue de la Montagne-Sainte-Geneviève, bâti en 1517, sur l'emplacement d'une église construite du temps de Clovis; se fait remarquer par l'architecture sarrasine. La voûte est soutenue par de minces piliers, partagée à la moitié par une galerie fort étroite. Un jubé, auquel on parvient par des escaliers, sépare la nef du chœur. On remarque encore, dans ses nombreuses chapelles, la châsse de Sainte-Geneviève, les tombeaux de Racine et de Pascal, des tableaux peints par Lebrun, Abel de Pujol, Granier, etc. Enfin la chaire, soutenue par un Samson, et les vitraux magnifiques, font honneur au talent des artistes chargés de l'exécution.

Saint-Nicolas-du-Chardonnet, rue Saint-Victor, entre les n°s 104 et 106. Élevée en 1656, sur l'emplacement d'une chapelle qui, en 1230, occupait un terrain inculte appelé *le clos du Chardonnet*, et terminée en 1709, cette église ne présente de remarquable à l'intérieur que des pilastres composites dont les socles sont, ainsi que le sol du chœur, revêtus de marbre. Ses chapelles sont décorées de tableaux et des tombeaux du peintre Lebrun et du poète Santeul.

Saint-Jacques-du-Haut-Pas, rue Saint-Jacques, entre les n°s 252 et 254, commencé en 1630 et terminé en 1688, sur l'emplacement d'une chapelle d'hospitaliers venus d'Italie. Cette église n'offre rien de remarquable.

Saint-Médard, rue Mouffetard, entre les numéros 161 et 163, élevé et agrandi vers la fin du seizième siècle et le commencement du dix-septième, sur l'emplacement d'une chapelle construite en 1163 par les habitans du bourg Saint-Médard. L'intérieur n'est remarquable que par les tombeaux de Nicole et de Patru.

Indépendamment de ces paroisses et succursales, il existe encore, dans le premier arrondissement, la chapelle expiatoire consacrée par Louis XVIII à la mémoire de Louis XVI et de Marie-Antoinette. Dans le dixième arrondissement, *l'église des Carmélites*, rue de Vaugirard, n° 70, remarquable par son fronton, sa coupole et ses deux chapelles de la Vierge et de sainte Thérèse, que décorent des statues et des tableaux. *L'église des Invalides*, un des plus beaux ouvrages de J.-H. Mansard. Sa coupole a été peinte par Lafosse. Elle renferme les tombeaux de Turenne et des victimes de l'attentat du 28 juillet 1835. Dans le onzième arrondissement, *l'église de la Sorbonne*, bâtie en 1635 par le cardinal de Richelieu, remarquable par sa coupole et le mausolée de ce cardinal. Dans le douzième arrondissement, *l'église du Val-de-Grâce*, rue Saint-Jacques, nouvellement rendue au culte, et remarquable par sa coupole et dix statues qui la décorent.

Les cultes non catholiques ont aussi leurs temples à Paris. Les plus dignes d'attention sont : 1° Les temples des Protestans-Calvinistes des rues Saint-Antoine et Saint-Honoré, dont le premier était autrefois l'église Sainte-Marie, et le second l'église des Oratoriens; 2° le temple des Protestans-Luthériens, rue des Billettes, au Marais; 3° le temple des Israélites, rue Notre-Dame-de-Nazareth.

Le culte catholique français, à peine fondé, faible et contrarié à sa naissance, comme l'ont été tous les cultes, ne possède encore aucune église remarquable.

§. FONTAINES.

Malgré ses fontaines, ses bornes-fontaines et ses égouts, malgré la pente inclinée de ses rues et les mesures prises pour le balayage et l'enlèvement des immondices, Paris est encore bien sale et bien boueux. Mais ce n'est rien en comparaison de l'état où il se trouvait dans les premiers temps de la monarchie. Les immondices amassés dans ses rues étroites, le sang des bestiaux stagnant dans les ruisseaux, les cadavres entassés dans les charniers, en faisaient un cloaque aussi infect qu'insalubre. Ce ne fut qu'en 1184 que les rues de Paris commencèrent à être pavées. Un riche financier, dont l'histoire a conservé le nom (Gérard de Poissy), consacra à cette dépense onze mille marcs d'argent, somme énorme à cette époque. Sous Philippe-le-Hardi, un *voyer* fut chargé de l'alignement des maisons. Au seizième siècle, des conduits d'eau, en utilisant les aqueducs, continuèrent les améliorations que nécessitait la salubrité publique.

Aujourd'hui, plus de trois cents fontaines et bornes-fontaines versent une eau abondante dans tous les quartiers de la capitale, et contribuent à son assainissement. Les fontaines concourent à l'embellir par l'élégance de leur architecture. Elles sont alimentées par trois aqueducs et trois machines hydrauliques, savoir : les aqueducs d'Arcueil, des Prés-Saint-Gervais et de Belleville; les pompes à feu de Chaillot et du Gros-Caillou, et la pompe du pont Notre-Dame.

Les principales sont : la *fontaine des Innocens*, située sur la place de ce nom. Érigée, en 1551, sur les dessins de Pierre Lescot, au coin des rues Saint-Denis et aux Fers, elle avait alors trois arcades. Transportée au milieu de la place, en 1785, elle a été embellie d'une quatrième arcade. Cette translation n'a causé aucune altération aux sculptures de cette fontaine, un des chefs-d'œuvre de Jean Goujon. Ce monument, couronné par une coupole élégante, a 46 pieds de hauteur; il est alimenté par les eaux du canal de l'Ourcq.

La fontaine de Grenelle, rue de Grenelle Saint-Germain, n° 57. Construite, en 1739, par Bouchardon, elle est remarquable par les figures, les bas-reliefs et autres ornemens qui la décorent, et qui sont l'ouvrage de cet habile sculpteur. L'avant-corps, au milieu de la façade, est composé de quatre colonnes d'ordre ionique, que couronne un fronton. Le piédestal supporte la ville de Paris entourée des statues allégoriques de la Seine et de la Marne. Cette fontaine est alimentée par la pompe à feu du Gros-Caillou.

La fontaine du Château-d'Eau, boulevart Bondy. Construite en 1811, sur les dessins de M. Gérard, elle se compose d'un bassin circulaire, au milieu duquel s'élèvent par étages trois autres bassins. Une gerbe magnifique, s'élançant de la vasque supérieure, forme, d'étage en étage, cinq nappes d'eau qui produisent un fort bel effet. Cette fontaine est alimentée par le canal de l'Ourcq, et sert de réservoir aux bornes-fontaines du quartier où elle se trouve.

La fontaine du Palmier, sur la place du Châtelet. Élevée, en 1808, à la gloire des armées françaises, sur les dessins de Bralle, elle porta, jusqu'en 1815, le nom de *fontaine de la Victoire*. La colonne, haute de 52 pieds, ayant la forme d'un palmier, est entourée de banderolles, qui portent les noms des principales victoires de la république et de l'empire. Sur le chapiteau, formé de feuilles de palmier, s'élève une renommée qui semble distribuer des couronnes. Le bassin, d'une forme circulaire, a 20 pieds de diamètre. Il est alimenté par la pompe du pont Notre-Dame.

La fontaine du marché Saint-Martin, située au milieu de ce marché. Elle est remarquable par un groupe gracieux dû au ciseau de Gois fils, représentant trois enfans entourés de roseaux. Du sein de ce groupe s'élève un jet d'eau qui retombe en nappe dans un vaste bassin circulaire. Cette fontaine est alimentée par le canal de l'Ourcq.

La fontaine de Médicis, rue de Viarmes, près la Halle aux Blés. Pratiquée dans le bas de la colonne, haute de 95 pieds, qui fut élevée en 1572 par Catherine de Médicis, et qui faisait alors partie de l'hôtel de Soissons, sur l'emplacement duquel est aujourd'hui construite la Halle aux Blés. Cette fontaine est alimentée par la pompe à feu de Chaillot.

§. HALLES ET MARCHÉS.

La construction de ces établissemens ne date que du dix-huitième siècle. Ils ont remplacé, à Paris, les foires qui s'y étaient tenues jusqu'alors. Celles de Saint-Germain et de Saint-Laurent jouirent long-temps d'une grande vogue. Quant aux Halles aux draps, aux cuirs, etc., leur fondation était inutile à une époque où les marchands exerçant le même commerce étaient classés par catégories et répartis dans des quartiers et même des rues qu'ils occupaient exclusivement. Les rues des Drapiers, des Potiers-d'Étain, des Fourreurs, etc.; celles de la Savonnerie, de la Corderie, de la Friperie, de la Vannerie, etc.; les quais de la Mégisserie, des Orfèvres, etc., viennent attester, encore de nos jours, cette classification marchande. Il y a maintenant même des rues spécialement consacrées à une branche de commerce, comme la rue aux Fers, pour les passementiers; la rue de Lappe, pour les chaudronniers; la rue de la Verrerie, pour les épiciers en gros; la rue des Lombards, pour les confiseurs; la rue Saint-Denis, pour les merciers; les rues du faubourg Saint-Antoine et de Cléry, pour les ébénistes et marchands de meubles; etc., etc.

Halle aux Blés, rue de Viarmes, construite, en 1762, sur l'emplacement de l'hôtel de Soissons, par M. de Viarmes, alors prevôt des marchands. Elle se fait remarquer par sa forme circulaire percée de vingt-cinq arcades. Quarante-cinq colonnes d'ordre toscan soutiennent intérieurement la toiture, exécutée, en 1782, d'après le système de Philibert Delorme. Elle a été recouverte, après un incendie qui l'embrasa en 1802, avec des lames de cuivre que soutient un assemblage de courbes en fonte et en fer, du poids de près de 220,000 kil. La coupole, d'une grande hardiesse et percée de vingt-cinq fenêtres, a 377 pieds de circonférence et 100 pieds de hauteur. On remarque encore deux beaux escaliers à double révolution, conduisant à de spacieux et magnifiques greniers établis sous sa voûte.

Entrepôt général des Vins, quai Saint-Bernard, commencé en 1807 et aujourd'hui entièrement terminé. Destiné à contenir 175,000 pièces de vins, qui ne sont soumises aux droits d'octroi que lors de leur vente, il occupe une superficie de 134,000 mètres carrés, bordés par une grille qui se développe sur une longueur de 204 pieds. Les vastes bâtimens qui, avec des cours immenses, occupent la superficie de ce terrain, sont à usage de halles et celliers.

Marché à la Volaille ou *de la Vallée*.

Construit en 1820, par M. Happe, sur l'emplacement de l'église et du couvent des Grands-Augustins, il a subi de nos jours de nombreux changemens et beaucoup d'améliorations dans sa distribution intérieure. Il est divisé en trois parties dans une longueur de 190 pieds sur 140 de large. Au milieu s'élève une fontaine que décore une statue de l'Abondance.

Halle aux Toiles et aux Draps, rue de la Poterie. Construite, en 1786, par M. Molinos, elle est revêtue d'une voûte semi-circulaire, couverte d'après les procédés de Philibert Delorme. On arrive à ses salles immenses, éclairées par cinquante croisées, au moyen d'un escalier à double rampe.

Marché du Temple, rue et enclos de ce nom. Ce vaste édifice, construit en 1809, se compose de quatre bâtimens immenses, où se trouvent près de 2,000 boutiques, établies pour la vente des objets d'occasion.

§. HOPITAUX, HOSPICES.

Certes, ce fut un grand, un noble sentiment que celui qui inspira pour la première fois à un homme la pensée toute philanthropique d'ouvrir un de ces asiles où la maladie trouve un remède, la douleur un soulagement. Mais, si le besoin de pareilles institutions se fait sentir partout où se trouvent de nombreuses agglomérations d'individus, c'est à Paris surtout qu'elles sont le plus indispensables: Paris, ce monstrueux assemblage des élémens les plus hétérogènes; Paris, antithèse vivante, pour ainsi dire, où la même rue, la même habitation quelquefois, voit réunis le bien-être, le luxe et la santé d'une part, et de l'autre la maladie, la misère et tout son hideux cortége. Aussi, sous ce rapport, Paris est-il plus favorisé qu'aucune autre ville. De tous côtés on voit s'élever des établissemens publics qui, confiés aux soins d'hommes sages et éclairés, réunissent tous les genres de secours. Ici ce sont des hôpitaux que nous appellerons généraux, où toutes les maladies, tous les individus sont admis indistinctement; là, des hôpitaux spéciaux où sont traitées seulement certaines classes de maladies ; ailleurs, des maisons de refuge pour la vieillesse indigente; plus loin, des asiles offerts à l'enfance abandonnée: d'un autre côté, des établissemens où de pauvres femmes enceintes trouvent les soins nécessaires à leur position ; ailleurs encore, de pieuses fondations particulières, où l'on reçoit seulement une classe spéciale d'individus, selon le vœu des fondateurs. Et, dans cette répartition si large de bienfaits, la part de l'amour-propre humain n'a point été oubliée; car il existe des maisons où, moyennant une faible rétribution, on offre des soins et des secours de toute sorte à ceux qui rougiraient de les devoir entièrement à la charité publique. Partout enfin, et sous mille formes, se représente la même grande pensée philanthropique.

Paris renferme environ quatorze grands hôpitaux et dix-huit hospices civils, indépendamment des maisons de santé particulières, des maisons particles de secours et des hôpitaux militaires. L'organisation intérieure de ces établissemens est, dans tous, à peu près la même. La maison est dirigée par un chef qui porte le nom de directeur ; sous ses ordres sont un économe, des agens de surveillance et des employés d'un degré inférieur. Le service de santé est confié à un certain nombre de médecins, chirurgiens et pharmaciens, tous choisis parmi les hommes les plus instruits, sous les ordres desquels se trouve un nombre assez considérable d'élèves internes, résidant dans l'établissement, et qui sont tour à tour de garde pour être prêts à porter aux malades les secours que pourrait réclamer leur position. Les places de ces élèves internes sont données au concours. Il existe, en outre, des élèves externes, qui ne résident point dans la maison, et qui s'y rendent seulement, le matin, à l'heure de la visite des médecins chargés du service, pour panser les malades, faire les opérations de petite chirurgie, et exécuter les diverses prescriptions des médecins : les places de ces élèves externes sont aussi données au concours. Depuis une année, le titre de médecin et chirurgien en chef a été supprimé dans chaque hôpital, de sorte qu'aujourd'hui tous les chefs de service sont égaux.

Il y a, dans chaque salle, un certain nombre d'infirmiers ou infirmières, dont l'office est de vaquer aux gros ouvrages, faire les lits, aider les chirurgiens-élèves dans les pansemens, porter les appareils; en un mot, servir les malades. Ces infirmiers et infirmières sont sous les ordres de sœurs de charité, qui remplissent auprès des malades un office d'autant plus beau qu'il est volontaire et entièrement désintéressé. Nobles et vertueuses filles, soyez à jamais bénies! car, pour vous consacrer au soulagement des malheureux, vous avez dit adieu au monde et à toutes ses joies : presque toutes à la fleur de l'âge, vous n'avez pas craint de renoncer au bonheur d'être épouses et mères, et, pour tout dédommagement de ce cruel sacrifice, vous vous êtes condamnées à une existence toute de douleur et d'abnégation ! Soyez à jamais bénies! car un pareil dévouement est au-dessus de toutes les louanges. Ces sœurs distribuent aux malades la nourriture qu'a prescrite le médecin; elles les consolent dans leurs souffrances, les soutiennent, les encouragent, leur font prendre souvent leurs potions; nuit et jour sur pied, elles sont, pour les infortunés confiés à leurs soins, des sœurs aussi tendres que vigilantes.

Un déplorable préjugé semble éloigner des hôpitaux quelques-uns des malheureux qui, tombés malades, sont entièrement sans ressources; et pourtant il est vrai de dire qu'ils y trouveraient des soins empressés et des secours de toute espèce. La nourriture y est saine, bien préparée, et aussi abondante que le permet l'état des malades. Les pansemens sont faits avec talent, et les médecins sont tous des hommes d'une habileté incontestée. Espérons donc qu'un jour viendra où ceux qui s'en éloignent encore, mieux éclairés sur leurs intérêts, ne balanceront plus à venir y chercher les secours réclamés par leur position.

Tous les hôpitaux et hospices de Paris sont administrés par une commission d'hommes distingués, tant par leurs talens que par leur position sociale, et parmi lesquels on choisit six commissaires. Ils se réunissent, de temps en temps, rue Neuve-Notre-Dame, n° 2, pour délibérer, soit sur les circonstances épineuses qui peuvent se présenter dans leur administration, soit sur les changemens et améliorations à introduire dans les établissemens confiés à leurs soins. C'est à eux que l'administration particulière de chaque hôpital ou hospice rend ses comptes au bout de l'année. Ce sont eux qui sont chargés de la répartition des fonds qui peuvent provenir de donations dont la destination n'a point été fixée d'avance par le donateur. Chaque année, ils font publier un ouvrage statistique renfermant le nombre des malades admis, les dépenses faites, et les fonds restant à la caisse générale, qui est établie parvis Notre-Dame, n° 30. Les bureaux de l'administration des hôpitaux et hospices forment cinq divisions; savoir : 1re division, hospices, M. Desportes, administrateur, et M. Bourgeois, chef de bureau; 2e division, hôpitaux, M. Jourdan, administrateur, M. Demay, chef de bureau des hôpitaux, et M. Delannoy, chef du bureau du service extérieur des Enfans-Trouvés et du placement des orphelins; 3e division, domaines, M. Duplay, administrateur, et MM. Censier et Mesny, chefs de bureau; 4e division, secours à domicile, M. Valdruche, administrateur, et M. Batelle, chef de bureau; 5e division, comptabilité générale, M. Boiscervoise, ordonnateur-général, M. Vié, chef de bureau; en outre, secrétariat-général, M. Thunot, secrétaire général, M. Wanbockstals, chef de bureau. Recette générale, M. Guérin, receveur; contrôle des recettes et dépenses, M. Martin, contrôleur. Subdivisions : boulangerie générale, cave générale, pharmacie centrale. Ces bureaux sont ouverts, tous les jours non fériés, de deux à quatre heures.

Le bureau central d'admission dans les hôpitaux et hospices est établi parvis Notre-Dame, n° 2, et ouvert tous les jours, de neuf à quatre heures. Dans ce bureau, douze médecins payés par le gouvernement, et nommés au concours, se succèdent journellement, et sont chargés de visiter tous ceux qui réclament l'entrée d'un de ces établissemens, et aussi de distribuer les malades dans les maisons consacrées spécialement au traitement de leurs maladies. Cependant, dans un cas d'urgence, il suffit de se présenter dans un hôpital pour être reçu sans hésitation. Dans ce bureau d'admission générale est établi, depuis 1807, un traitement gratuit pour les enfans atteints de la teigne. Les frères Mahon, qui dirigent ce traitement, y donnent leurs consultations les mardis et samedis, de neuf heures à midi. Les lundis et vendredis, on y distribue, de midi à trois heures, des bandages aux individus munis de certificats d'indigence. En outre, les jeudis et dimanches, à onze heures, on y trouve un bureau central de vaccinations gratuites. M. Faulcon est secrétaire du bureau central. Les médecins et chirurgiens du bureau central sont nommés pour cinq ans. Pour avoir le droit de concourir, ils doivent être âgés, les médecins, de trente ans; les chirurgiens, de vingt-sept ans au moins. Médecins : MM. Bouillaud, Briquet, Dalmas, Devergier, Blache, Bouvier, Heurteloup, Hourmann, Legroux, Lepelletier, Pudagnel, Trousseau. Chirurgiens : MM. Michon, Guersent fils, Vidal (de Cassis), Danyau, Lenoir, Malgaigne. Fournisseurs de bandages : MM. Blin et Ronsil.

Un établissement aussi considérable que celui des hôpitaux et hospices devait trouver un grand avantage à ne point s'adresser à des particuliers pour la fourniture des divers objets, médicamens et vivres employés. Aussi a-t-on établi une boulangerie, une cave générale, et les médicamens sont fournis par la pharmacie centrale. La boulangerie générale, établie rue Scipion, n° 2, emploie par an environ 3,260,000 kilogrammes de farine de deux qualités, dont le prix moyen du kilogramme est, pour la première qualité, vingt-sept à vingt-huit centimes, et, pour la deuxième, vingt-quatre à vingt-cinq. Ces farines sont, soit employées en nature, et il s'en consomme ainsi environ pour 4,000 francs par an; le reste, converti en pain, monte à environ 400,000 francs pour le pain blanc, et 325,000 francs pour le pain de seconde qualité.

La cave générale est établie rue Neuve-Notre-Dame, n° 2. Sa dépense annuelle s'élève environ à la somme de 520,000 francs, produisant environ 900,000 litres de vin naturel, dont le prix moyen est de 61 à 62 centimes le litre pour celui employé dans les établissemens situés dans Paris, et 40 à 41 centimes le litre pour les établissemens situés hors du domaine de l'octroi. Ce vin naturel, ayant été manipulé, fournit environ 1,400,000 litres de vin, ainsi répartis : 660,000 litres de vin de valides, à 36 ou 37 centimes le litre; 450,000 litres de vin de malades, à 46 ou 47 centimes le litre, pour Paris; et pour les établissemens situés hors Paris, 290,000 litres de vin de valides, à 24 ou 25 centimes le litre. Il n'y a hors Paris que des hospices, c'est-à-dire des établissemens où l'on ne reçoit point de malades; par conséquent, tout le vin qu'on y emploie est du vin de valides.

La pharmacie centrale, établie quai de la Tournelle, n° 5, est le lieu où les hôpitaux et hospices viennent s'approvisionner de médicamens. Bien que chacun de ces établissemens ait une pharmacie particulière où se font les tisanes et potions prescrites, elles ne s'occupent pas néanmoins de la préparation des médicamens les plus usités : c'est de la pharmacie centrale que l'on tire non seulement toutes les substances en usage, mais même les médicamens composés dont l'usage est le plus fréquent, et dont la préparation exige des appareils que chaque hôpital ne pourrait avoir en sa possession. Cet établissement fait le service pharmaceutique, non seulement des hôpitaux et hospices, mais encore des maisons de détention et des maisons de bienfaisance de tout le département. On y prépare, pour toute la France, les boîtes de médicamens nécessaires pour les épidémies, et les boîtes chirurgico-pharmaceutiques pour les noyés et les asphyxiés. Il est dirigé par M. Souberain. Quelques pharmaciens vont aussi à la pharmacie centrale chercher les médicamens qu'ils débitent ensuite au public. Sa dépense annuelle, y compris les employés et l'achat et l'entretien des ustensiles, s'élève environ à 350,000 francs.

Il est utile maintenant de dire quelques mots sur l'origine, les accroissemens et l'état actuel des hôpitaux et hospices de Paris.

Hôtel-Dieu. Fondé vers l'année 650, par saint Landry, auquel on attribue son origine, sans beaucoup de preuves historiques, cet hôpital recevait d'abord, outre les malades, les pauvres inscrits sur le matricule de l'église. Il resta pendant fort long-temps dans un état déplorable, par le manque de lits, jusqu'en 1168, où l'église de Notre-Dame vint à son secours, en ordonnant que tout chanoine, mourant ou quittant sa prébende, serait tenu de lui donner un lit. A la fin du douzième siècle, un clerc du roi, nommé Adam, lui légua deux maisons. En 1208, Philippe-Auguste lui fit quelques dons : c'est le premier roi connu qui ait fait quelques libéralités de ce genre. Un peu plus tard, saint Louis accorda à cet hôpital des bienfaits plus réels. Il le prit sous sa protection, lui donna un droit sur les denrées, l'exempta de toutes contributions, et agrandit ses bâtimens. Ce fut sous ce règne qu'il quitta le nom de Saint-Christophe pour prendre celui d'hôpital de Notre-Dame, ou maison de Dieu. Quelques-uns des successeurs de saint Louis imitèrent son exemple. Charles V, en 1321, l'exempta de quelques droits. Une multitude de bienfaiteurs, se succédant d'année en année, contribuèrent de plus en plus à l'agrandissement de cet hôpital, jusqu'en 1602, où Henri IV fit construire plusieurs bâtimens, et accorda des sommes d'argent assez considérables. Le chapitre de Notre-Dame garda son administration jusqu'en 1217, où quatre prêtres, quatre clercs, trente frères laïques, et vingt-cinq sœurs, en furent spécialement chargés. En 1737, un épouvantable incendie consuma presque tous ses bâtimens : le feu dura cinq jours, et les 2,500 malades qu'il renfermait furent transportés dans Notre-Dame et dans l'Archevêché. Vers la fin de 1772, un second incendie, plus violent encore que le premier, y fit d'effroyables ravages ; outre la perte des bâtimens, plusieurs centaines de malades furent brûlés ou écrasés sous les décombres.

La situation incommode de cet hôpital, la mauvaise distribution de ses salles, la funeste nécessité qui contraignait d'entasser fréquemment plusieurs malades dans le même lit, y déterminèrent souvent une effrayante mortalité. Toutes ces causes réunies firent concevoir, en 1786, le projet de le remplacer par quatre hôpitaux construits dans différens points de Paris Un décret fut porté par Louis XVI, et des fonds furent destinés à cet usage ; mais la révolution vint arrêter ce projet, qui fut repris et exécuté en 1793 ; c'est-à-dire que l'on ne construisit point quatre nouveaux hôpitaux, mais l'Hôtel-Dieu fut assaini, et les malades distribués par catégorie de maladies dans les hôpitaux déjà existans.

Aujourd'hui l'hôpital a subi des améliorations notables. Depuis 1834, de nouvelles constructions ont été faites ; les maisons misérables qui encombraient ses environs ont été abattues. Seul maintenant, et bien aéré, il n'offre plus que l'inconvénient d'être construit à la fois sur les deux rives de la Seine, et d'apporter ainsi un obstacle insurmontable à la continuation des quais. L'entrée est ornée d'un portique simple et noble ; sous le péristyle, on remarque des monumens et des statues érigés à la mémoire de ceux qui, par leurs legs ou leurs talens, furent ses bienfaiteurs. Les salles sont vastes, bien aérées, entretenues avec le plus grand soin. Les lits, composés de deux matelas, un traversin et un oreiller, assez distans les uns des autres, ne laissent plus craindre de voir régner dans les salles ces funestes épidémies qui trop fréquemment y apportaient la désolation. Ils sont tous entourés de rideaux. Le linge y est fréquemment renouvelé ; la nourriture, saine et convenable, y est aussi abondante que l'état des malades le permet d'après l'avis des médecins. Les visites ont lieu tous les matins, sans exception, à six ou sept heures, et les pansemens faits avec soin et exactitude. Chaque malade, en entrant, remet à un employé spécialement chargé de ce soin un paquet composé de tous ses effets, qui lui sont remis fidèlement, et en bon état, à sa sortie. En cas de mort, ces effets sont rendus à sa famille. Quand un malade est décédé, il est enterré aux frais de l'établissement, ou le corps est remis à ses parens s'ils le désirent. On y trouve une pharmacie particulière, une lingerie, des salles de bain, où l'on donne aux malades des bains, soit simples, soit médicamentaux, soit de vapeur, selon l'ordre des médecins. Tous les jours, après la visite, une ou plusieurs consultations gratuites offrent aux malades, dont l'état n'est pas assez grave pour être traités dans l'établissement, et à ceux qui préfèrent se soigner chez eux, des conseils pour se traiter. Aux plus nécessiteux, on délivre même des bons, au moyen desquels ils trouvent, dans l'établissement, soit des bains, soit les médicamens prescrits (1).

Situé sur le parvis Notre-Dame, l'Hôtel-Dieu est desservi par les dames religieuses de Saint-Augustin. On y admet les blessés et les malades, à l'exception des enfans, des incurables, des aliénés, des femmes en couche, des maladies vénériennes ou cutanées : encore, sous les deux derniers rapports, trouve-t-on le moyen d'obtenir quelques exceptions.

Il contient environ onze cents lits, dont un peu plus du tiers pour les fem-

---

(1) Tous ces détails d'administration et d'organisation intérieure n'étant point particuliers à l'Hôtel-Dieu, mais communs à tous les établissemens du même genre, on se contentera de les énumérer ici une fois pour toutes, sans revenir sur eux à propos des autres hôpitaux ou hospices dont il sera question.

mes. On y reçoit, année commune, environ dix-huit mille malades. Il en meurt habituellement un sur douze, et la durée moyenne du séjour de chaque malade dans l'hôpital est de vingt jours. Il y a, au reste, progrès sensible depuis quelques années; car, il y a dix ans, la mortalité avait été plus considérable, quoique le nombre de malades admis eût été moindre. Le nombre moyen des lits occupés constamment pendant l'année est de neuf cent soixante-dix. Le prix que coûte chaque journée de malade est de un franc soixante-cinq centimes, de sorte que le prix moyen que coûte le traitement de chaque malade est de trente-deux francs quatre-vingts centimes.

Agent de surveillance, M. Tonnelier. — Économe : M. Hemey. — Médecins : MM. Petit, Récamier, Husson, Gueneau de Mussy, Bailly, Caillard, Honoré, Magendie, Jadioux, Chomel. — Chirurgiens : MM. Roux, Breschet, Sanson. — Pharmacien : M. Bouchardet. — *Clinique ophthalmique* : MM. Sanson et Caffe. Le public est admis à visiter les malades les dimanche, mercredi et vendredi, de une heure à trois. Pour en obtenir l'entrée à d'autres heures, il faut s'adresser à l'agent de surveillance.

Hôpital de la Pitié. La destination première de cet hôpital, qui fut fondé en 1612, fut de recevoir les pauvres, qui étaient devenus très-nombreux sous la régence de Marie de Médicis, et il reçut son nom parce qu'il était sous l'invocation de Notre-Dame-de-la-Pitié. En 1657, l'hôpital général de la Salpêtrière ayant été établi, les pauvres de la Pitié y furent transportés, et ils furent remplacés par les enfans des mendians, auxquels on donnait une certaine éducation. Enfin on y plaça des orphelins, des enfans trouvés, auxquels on faisait apprendre un état.

Les choses restèrent en cet état jusqu'en 1809, époque où les orphelins de la Pitié furent transférés à l'hospice du faubourg Saint-Antoine, et alors cette maison devint une annexe de l'Hôtel-Dieu.

L'hôpital de la Pitié est situé rue Copeau, n° 1, en face de celle Saint-Victor; il est desservi par les sœurs de Sainte-Marthe. On y admet le même genre de malades qu'à l'Hôtel-Dieu. Le nombre des lits est de 600 : on y reçoit année commune 8 ou 9,000 malades, dont la mortalité est de 1 sur 12. La durée moyenne du séjour de chaque malade est de 23 jours, et le prix de chaque journée est de 1 fr. 41 c., ce qui porte à environ 32 fr. la dépense qu'occasione le traitement de chaque malade.

Agent de surveillance : M. Ismard. — Médecins : MM. Serres, Louis, Clément, Andral. — Chirurgien : M. Lisfranc. — Pharmacien : M. Guiard.

Le public est admis dans les salles, de une à trois heures, les dimanche et jeudi.

Il existait, il y a quelques années, dans cet hôpital, des amphithéâtres de dissection où se rendait un nombreux concours d'élèves : ces amphithéâtres ont été depuis transférés à Clamart; nous en parlerons un peu plus loin.

Hôpital de la Charité. Fondé, en 1602, par Marie de Médicis, cet hôpital fut d'abord dirigé par cinq frères de la Charité, qui étaient chirurgiens et pharmaciens, et soignaient eux-mêmes les malades. Il devint bientôt une sorte de communauté, où les religieux étaient en assez grand nombre. En 1784, il fut agrandi, et son portail fut construit. Au commencement du dix-septième siècle, le nombre des lits n'était que de 150; augmenté depuis par un grand nombre de dotations particulières, il est aujourd'hui porté à 500. Le nombre des malades reçus annuellement s'élève à 6,000 environ, sur lesquels il y a une mortalité de 1 sur 10. Le prix moyen de la dépense journalière de chaque lit s'élève à 1 fr. 68 c., et la durée du séjour de chaque malade étant de 22 jours, le traitement de chacun d'eux revient à 37 fr. Cet hôpital est situé rue Jacob, n° 17. On y reçoit le même genre de malades qu'à l'Hôtel-Dieu. Il est desservi par les dames de Saint-Vincent de Paule.

Agent de surveillance : M. Jourdan. — Médecins : MM. Fouquier, Lherminier, Rullier, Rayer, Bouillaud. — Chirurgiens : MM. Guerbois, Velpeau. — Pharmacien : M. Petroz.

Le public est admis les dimanche et jeudi, de une à trois heures.

Hôpital Saint-Antoine. Cet édifice fut jadis une abbaye portant le même nom. Ayant été supprimée en 1790, elle fut par un décret de la Convention, du 28 nivose an III (17 janvier 1795), convertie en hôpital destiné d'abord à contenir 160 lits. Ce nombre étant insuffisant, on commença, en 1799, la construction d'une nouvelle aile, qui depuis a été interrompue. En 1802, on y a fait aussi plusieurs réparations importantes.

Il compte actuellement près de 300 lits, et reçoit chaque année de 3 à 4,000 malades, parmi lesquels la mortalité s'élève à 1 sur 9. La durée moyenne du séjour de chaque malade étant de vingt-six jours, et le prix moyen de la journée étant de 1 fr. 75 c., il résulte de là que chaque traitement complet revient à 46 fr.

Cet hôpital, qui est situé rue du Faubourg-Saint-Antoine, n°ˢ 206 et 208, admet le même genre de maladies qu'à l'Hôtel-Dieu. Il est desservi par les sœurs de Sainte-Marthe.

Agent de surveillance : M. Gastebois. — Médecins : MM. Kapeler, Guérard, Mailly. — Chirurgien : M. Bérard aîné. — Pharmacien : M. Mialhe.

Le public y est admis, les dimanche et jeudi, de une à trois heures.

Hôpital Cochin. Cet hôpital, qui porta d'abord le nom d'hospice de Saint-Jacques-du-Haut-Pas, fut commencé en 1780 et terminé en 1782. Il est dû à la bienfaisance de M. Cochin, curé de Saint-Jacques-du-Haut-Pas, et dont le buste en marbre est placé dans la salle principale : ses bâtimens sont neufs, sa distribution est commode, et son entrée aussi élégante que simple. Destiné d'abord à recevoir 38 malades, il en eut bientôt 40. La Convention porta ce nombre à 80, et aujourd'hui on y compte environ 150 lits. Le nombre moyen des individus que l'on y reçoit annuellement s'élève à près de 2,000, parmi lesquels la mortalité est de 1 sur 11 environ. Chacun des malades y séjourne vingt jours, et chaque journée revenant à 1 fr. 70 c., le traitement total coûte, pour chaque malade, environ 34 fr.

Cet hôpital, situé rue du Faubourg Saint-Jacques, n° 45, admet le même genre de malades que l'Hôtel-Dieu ; il est desservi par les sœurs de Sainte-Marthe.

Médecins : MM. Gendrin, Payet de

Courteille. — Chirurgien : M. Monod.

Entrée publique, les jeudi et dimanche, de une à trois heures. Les étrangers y sont admis tous les jours, pour la visite, sur l'exhibition de leur passeport.

Hôpital Necker. Ancien couvent de bénédictines, supprimé en 1779 : cet hôpital fut fondé peu de temps après par madame Necker. Louis XVI concourut à la fondation de cet établissement, qui porta d'abord le nom d'hospice de Saint-Sulpice et du Gros-Caillou. Pendant la révolution, il prit le nom d'Hospice de l'Ouest, et ne porte celui de sa fondatrice que depuis quelques années. Dans son origine, il contenait 120 lits ; un peu plus tard, ce nombre fut porté à 128. Deux salles du premier étage étaient réservées aux convalescens des deux sexes.

Les bâtimens primitifs n'ayant point été construits pour un hôpital, il en résulta souvent de graves inconvéniens, dont on a fait disparaître le plus grand nombre en 1802 et en 1803, mais dont quelques-uns subsistent encore aujourd'hui.

Maintenant le nombre des lits est d'environ 136, dont partie pour les blessés, partie pour les malades ordinaires, et partie pour les convalescens.

Le nombre des individus admis annuellement s'élève à deux mille et quelques cents, parmi lesquels la mortalité est de 2 sur 10. La durée moyenne du séjour de chacun est de vingt-trois jours à 1 fr. 75 c. par jour ; ce qui porte environ à 40 fr. la dépense que coûte chaque malade à l'établissement.

Cet hôpital, situé rue de Sèvres, n. 5, au-delà des boulevarts, est desservi par les sœurs de la Charité. Il reçoit les mêmes malades que l'Hôtel-Dieu.

Agent de surveillance : M. Pastoret. — Médecins : MM. Bricheteau, de La Roque. — Chirurgien : M. Laugier. — M. Civiale est chargé des opérations de lithotritie.

Le public y est admis les dimanche et jeudi, de une à trois heures.

Hôpital Beaujon. Cet hôpital fut fondé, en 1784, par le sieur Beaujon, receveur-général des finances, pour vingt-quatre orphelins des deux sexes et en outre six enfans ayant pour le dessin d'heureuses dispositions. Il portait le nom d'hospice Beaujon. En 1795, un décret de la Convention en fit un hôpital pour les malades, et lui donna le nom d'hôpital du Roule. Depuis, on lui a restitué son nom, mais non sa destination primitive. Cet hôpital, accru successivement par des donations particulières, a subi quelques améliorations. Il est aujourd'hui aussi remarquable par la salubrité et la propreté qui y règnent que par son heureuse disposition.

Il compte environ 240 lits, et reçoit, année commune, 2,700 malades, parmi lesquels la mortalité est dans une proportion de 1 sur 7. La durée moyenne du séjour de chacun est de vingt-neuf à trente jours, et chaque journée étant évaluée à 1 fr. 54 c., la totalité du traitement de chaque malade revient à environ 46 fr.

Cet hôpital, situé rue du Faubourg du Roule, n. 54, est desservi par les sœurs de Sainte-Marthe. Il reçoit, comme l'Hôtel-Dieu, des malades et des blessés.

Agent de surveillance : M. Hanosset. — Médecins : MM. Renaudin, Martin-Solon. — Chirurgiens : MM. Marjolin, Blandin.

Le public y est admis les dimanche, mardi et jeudi, de une à trois heures.

Hôpital des Enfans. Cet hôpital, qui porte encore le nom d'Enfant-Jésus, était appelé ci-devant communauté des filles de l'Enfant-Jésus, ou des filles du curé de Saint-Sulpice. Il fut fondé, en 1737, par le sieur Languet, curé de Saint-Sulpice, pour l'éducation de quelques filles nobles et indigentes. Un peu plus tard, il fut converti en hospice des orphelins.

En 1802, le conseil-général des hospices en fit un hôpital d'enfans malades. D'abord on n'y reçut que des maladies aiguës. Plus tard, le nombre des bâtimens s'étant accru ainsi que celui des lits, le service fut divisé en maladies aiguës, maladies contagieuses, qui sont dans des salles isolées, maladies chirurgicales, et maladies chroniques et cutanées.

Cet hôpital compte environ 600 lits, et reçoit annuellement environ 3,000 malades. La mortalité est dans une proportion de 1 sur 6, et, sous ce rapport, il y a un immense progrès, puisqu'il y a dix ans, la mortalité comparative des enfans était hors de toute proportion avec celle des autres hôpitaux, tandis qu'aujourd'hui elle est faible comparativement aux autres. La durée moyenne du séjour de chaque enfant est de 48 ou 49 jours, et chaque journée, étant évaluée à 1 fr. 16 ou 17 c., porte à la somme de 56 fr. environ la dépense moyenne du traitement de chacun d'eux.

Cet hôpital, situé rue de Sèvres, n. 3, au-delà du boulevart, est desservi par des dames religieuses de Saint-Thomas-de-Villeneuve. Il reçoit les enfans atteints de toute espèce de maladies.

Agent de surveillance : M. Gauthier.
Médecins : MM. Jadelot, Guersant, Bonneau, Beaudelocque.
Chirurgien : M. Baffos.
Médecin-dentiste : M. Delabarre.
Pharmacien : M. Bataille.

Le public y est admis les dimanche et jeudi, de 1 à 3 heures.

Hôpital Saint-Louis. Cet hôpital, fondé, en 1607, par Henri IV, avait été destiné d'abord aux maladies contagieuses ; aussi n'est-il élevé que d'un rez-de-chaussée et d'un premier étage, et entouré d'une double enceinte de murailles. Des courans d'air passent constamment dans les salles. Construit sur un lieu élevé et bien aéré, son principal corps de bâtiment forme un carré flanqué de pavillons aux angles. Il est environné d'autres bâtimens propres aux divers services et au traitement externe des maladies. Tout l'établissement est éclairé au gaz. Pendant quelques années de la révolution, il prit le nom d'hospice du Nord, et, quelque temps après, reprit son nom primitif. En 1801, et années suivantes, on y a fait des réparations et des additions importantes.

Cet hôpital, qui est sans contredit le plus beau de Paris, étant surtout destiné au traitement des maladies de peau, est pourvu abondamment de toutes les choses nécessaires à ce genre de maladies. On y peut prendre jusqu'à 300 bains par jour, et en outre on y trouve des appareils propres aux bains de vapeur, aux fumigations, aux douches, etc., qui ne sont pas réservés seulement pour les malades de l'établissement, puisqu'à la consultation gratuite, qui a lieu tous les jours, on délivre aux consultans des cartes avec lesquelles ils obtiennent le genre de bains convenables à leurs affections.

On leur délivre aussi des consultations écrites et les autres médicamens dont ils peuvent avoir besoin. Cette mesure a été prise pour prévenir l'encombrement qui n'aurait pu manquer d'avoir lieu dans un hôpital consacré au traitement d'un genre d'affection si commun.

On y trouve aujourd'hui près de 800 lits, et on y reçoit annuellement environ 7,000 malades, parmi lesquels la mortalité est de 1 sur 16. La durée du séjour de chacun d'eux est de 37 à 38 jours, et chaque journée étant évaluée à 2 fr., le prix moyen de chaque traitement est de 75 fr.

Cet hôpital, situé rue des Récollets, est desservi par les dames religieuses de Saint-Augustin. On y reçoit les maladies chroniques, les ulcères, les scrophules, les dartres, les teignes, les gales et quelques maladies vénériennes invétérées.

Agent de surveillance : M. de Blainville.

Économe : M. Delépine.

Médecins : MM. Alibert, Biet, Maury, Lugol, Emery.

Chirurgiens : MM. Richerand, Gerdy, Jobert.

Pharmacien : M. Prat.

Il est ouvert au public les dimanche et jeudi, de 1 à 3 heures, et aux étrangers tous les jours.

Hôpital du Midi. Un couvent de capucins ayant été supprimé en 1784, fut destiné à être un hôpital de vénériens. On y fit alors tous les changemens que nécessitait sa nouvelle destination. En 1785, on y transféra d'abord les vénériens de Bicêtre, puis les nourrices et les enfans de l'Hospice de Vaugirard; enfin, en 1792, le nouvel hôpital fut en état de recevoir tous les malades. Puis, de nouveaux besoins se faisant sentir, les années de 1802 à 1807 virent successivement s'opérer de nouveaux changemens et agrandissemens, dont le dernier fut la construction d'une salle de femmes, de 40 lits. Avant cet hôpital, les vénériens étaient traités d'une manière que l'on regarderait aujourd'hui comme presque incroyable, puisqu'on en entassait jusqu'à huit dans un lit, et que la moitié était obligée de se lever pour laisser reposer l'autre. Maintenant, chaque malade a son lit; les salles sont vastes, saines, bien aérées; aussi la mortalité, qui auparavant était énorme, puisqu'elle comprenait presque la moitié des malades, est si diminuée, qu'elle est hors de proportion avec celle des autres hôpitaux. Sans doute, le perfectionnement apporté dans le traitement de ces maladies y a contribué pour beaucoup; il n'en est pas moins vrai de dire que le régime sanitaire intérieur d'un hôpital doit influer beaucoup sur la guérison des malades.

En 1830, cet hôpital était destiné en même temps aux femmes, aux enfans et aux nourrices; aujourd'hui, depuis l'ouverture d'un nouvel hôpital, dont on parlera ci-après, il ne reçoit plus que des hommes.

On y compte environ 460 lits, qui reçoivent, année commune, 4,500 à 5,000 malades, parmi lesquels la mortalité est de 1 sur 62.

Ce nombre, si disproportionné avec la moyenne des autres hôpitaux, cessera d'étonner quand on réfléchira au genre des maladies traitées dans cet hôpital, maladies qui n'entraînent que très-rarement la mort de ceux qui en sont atteints. Et même pourrait-on ajouter que, parmi ceux qui y meurent, l'immense majorité succombe à des maladies aiguës qui se déclarent pendant leur séjour à l'hôpital. La durée moyenne du séjour de chaque malade est de 41 à 42 jours, et chaque journée étant évaluée à 1 fr. 36

ou 37 c., chaque traitement complet revient environ à 57 fr.

Cet hôpital, situé place des Capucins, au haut de la rue Saint-Jacques, reçoit les malades atteints d'affections syphilitiques, soit récentes, soit invétérées. En outre, chaque jour on y donne des consultations gratuites où l'on distribue aux consultans les médicamens nécessaires à leur maladie. Il est desservi par des infirmiers civils.

Agent de surveillance : M. Vassan.
Économe : M. Balloche.
Médecin : M. Puche.
Chirurgiens : MM. Cullerier, Ricord, Manec.
Pharmacien : M. Quevenne.

Hôpital de l'Oursine. Cet hôpital, situé rue de l'Oursine, est spécialement consacré à la guérison des maladies vénériennes pour les femmes, soit en les admettant dans l'hôpital, soit en leur donnant des conseils et des remèdes dont elles font usage chez elles. Il est desservi par les sœurs de la Compassion.

Cet établissement étant ouvert tout récemment, il a été impossible de se procurer les mêmes détails que pour les autres hôpitaux.

Agent de surveillance : M. Pierret.
Médecin : M. Gibert.
Chirurgien : M. Robert.
Pharmacien : M. Foy.

Maison royale de santé. Cet établissement fut ouvert en 1802 par l'administration générale des hospices pour recevoir, moyennant une modique rétribution, ceux que leur position peu fortunée ou sanitaire empêcherait de se traiter chez eux convenablement. On y compte 176 lits distribués, soit dans des chambres particulières, soit rassemblés dans des salles vastes et bien aérées. Les malades paient par jour 2 fr. 50 c. dans des salles de 12 à 14 lits : 3 fr. 50 c. dans des salles de 2 à 3 lits; 6 fr. pour les hommes et 5 fr. pour les femmes dans les chambres à feu particulières. Les entrans doivent payer quinze jours d'avance.

Les malades y sont parfaitement traités; la nourriture y est aussi recherchée que possible : le service y est fait avec exactitude par des infirmiers civils. On y trouve un établissement de bains fort remarquable, où l'on a réuni aux bains simples des douches, des bains de vapeurs ou médicinaux de toute espèce. En général, les malades, quel que soit le prix de leur pension, reçoivent les mêmes soins : la seule différence est pour la nourriture, qui est moins recherchée pour les dortoirs, quoiqu'elle soit pourtant parfaitement convenable.

Cet établissement reçoit, année commune, de 12 à 1,300 malades, parmi lesquels la mortalité est de 1 sur 8. La durée moyenne du séjour de chaque individu est de 25 jours, et chaque journée étant évaluée à 4 fr. 25 c., la totalité du traitement revient à 105 fr.

La maison royale de santé est située rue du faubourg Saint-Denis, n. 112.

Agent de surveillance : M. Bavoil.
Médecins : MM. Duméril, Hervez de Chegoin.
Chirurgien : M. Boyer.

Maison d'accouchement. Cette maison, située rue de la Bourbe, n. 3, où elle fut établie, en 1627, dans les anciens bâtimens de l'abbaye de Port-Royal, fut supprimée en 1790. Rétablie en 1801, elle fut, en 1814, destinée à être en même temps une maison d'accouchement et une école pour l'instruction des élèves sages-femmes.

On y compte 433 lits ainsi distribués : 250 pour les femmes enceintes ou en couches, 25 pour les enfans d'accouchées, 8 pour les nourrices sédentaires, et 150 pour les élèves sages-femmes. Ces dernières, qui s'y trouvent au nombre de 80 ou 100, paient annuellement à la maison une pension de 600 fr. Parmi elles, il s'en trouve plusieurs qui sont envoyées et entretenues aux frais de leur département. Elles sont nourries et logées dans la maison, où elles suivent des cours spéciaux, et sont exercées à la pratique des accouchemens par des professeurs habiles. Elles y passent un ou deux ans, suivant leur degré d'instruction, qui est apprécié dans un examen préparatoire qui a lieu chaque année, et est suivi d'une distribution de prix ; et celles qui, dans cet examen, ont été jugées capables, subissent ensuite un deuxième examen définitif à la faculté de médecine, où elles reçoivent un diplôme qui leur donne le droit d'exercer.

Le nombre des femmes admises annuellement dans cette maison est de 5,000 à 5,509, parmi lesquelles la mortalité est de 1 sur 37. La durée moyenne du séjour de chacune est de 16 à 17 jours, et chaque journée étant évaluée à 1 fr. 82 c. (dans ce calcul on a compris le nombre des journées des élèves sages-femmes), chaque malade coûte de 30 à 31 fr.

Les femmes sont admises dans cet hôpital depuis le huitième mois, et sont gardées jusqu'au neuvième jour après leur accouchement. Elles sortent à cette époque, dans le cas où elles se portent bien.

Agent de surveillance : M. Boivin.
Économe : M. Chrétien.
Médecins : MM. Moreau et Gérardin.
Chirurgiens : MM. Paul Dubois et Dubois père (honoraire).
Sage-femme en chef : Mme Legrand.
Interne : Mme Deschamps.
Pharmacien : M. Frégorio.

Hôpital clinique de l'École de Médecine. Cet hôpital, qui était jadis l'hospice Saint-Côme, est situé rue et en face de l'École de Médecine. Il vient d'être bâti à neuf et possède sur la place un péristyle d'une architecture aussi noble qu'élégante. Il est destiné à recevoir des malades de tous genres, surtout ceux qui offrent des maladies rares. Il reçoit aussi quelques femmes en couches, et sert au cinquième examen des élèves en médecine, qui y sont conduits, et doivent, en présence des examinateurs, reconnaître et porter un jugement sur l'état des malades qui leur sont présentés.

Cet hôpital contient 140 lits. Il a été ouvert trop récemment pour qu'il ait encore été possible d'établir, d'une manière un peu précise, le nombre des entrées annuelles, avec la mortalité moyenne, et aussi le prix moyen, soit des journées, soit du séjour de chaque malade.

Agent de surveillance : M. Herbet.
Médecin : M. Rostan.
Chirurgien : M. Cloquet.
Chirurgien pour les accouchemens : M. Paul Dubois.

Hospice de la vieillesse. — Hommes. BICÊTRE. Cet établissement qui, sous Louis XIII, était un hospice pour les invalides, fut, en 1656, consacré à l'usage auquel il sert aujourd'hui. Il est situé à une demi-lieue hors de la barrière de Fontainebleau, dans un lieu sec et élevé, où l'on jouit d'une vue magnifique et de l'air le plus pur : il est entouré de jardins magnifiques et de beaux promenoirs, au milieu desquels se trouve une église. La difficulté de se procurer de l'eau dans un lieu aussi élevé y a fait creuser, dans le roc, en 1733, un puits intarissable, pouvant alimenter 6,000 personnes, et fournissant une eau fort bonne. Ce puits a 15 pieds de diamètre et 9 pieds d'eau. Des seaux d'une contenance d'un muid amènent en 5 minutes l'eau dont ils s'emplissent au moyen d'une soupape inférieure, et qu'ils versent dans un réservoir pouvant en renfermer 4,000 muids. Ces seaux sont mis en mouvement par une machine fort belle qui est mue par 4 chevaux ou 24 hommes. Ce puits est, sans contredit, digne d'attirer l'attention ; c'est un des plus remarquables de l'Europe.

L'établissement est destiné à recevoir les hommes infirmes, septuagénaires, indigens, et au traitement des aliénés. Ils y reçoivent une nourriture saine et suffisante, puisqu'ils ont chaque jour 20 onces de pain, 20 centilitres de vin, 8 onces de viande ; cinq fois par semaine 1 décilitre de légumes secs ou verts, ou 2 œufs ; 2 onces de fromage ou 3 onces de pruneaux. La viande est remplacée, les jours maigres, par 2 décilitres de légumes.

Leurs lits, aussi propres que bons, sont placés dans de grands dortoirs, où ils ne doivent pas rester pendant le jour. Ils passent la journée dans de grandes salles au rez-de-chaussée, bien éclairées et chauffées en hiver, où ils peuvent se livrer à divers petits travaux de leur profession qu'ils vendent à leur profit. Ils peuvent encore se promener dans de grandes cours, plantées d'arbres et ornées de plates-bandes de fleurs et de bancs pour se reposer.

La seconde cour est séparée de la première par une grille de fer : c'est le séjour des aliénés, divisés en cinq sections suivant leur genre d'aliénation. Ceux d'entre eux dont la folie est calme couchent réunis dans de beaux dortoirs, et, dans le jour, peuvent se promener dans d'immenses jardins. Ceux qu'il serait dangereux de laisser libres sont enfermés, sans être enchaînés, dans des cellules particulières, de l'amélioration desquelles l'administration s'occupe incessamment. On a déjà construit, pour les convalescens, de charmantes cellules où tout concourt à les rappeler à la santé. La maison est abondamment pourvue de bains et douches de toute espèce.

On trouvera ci-après, à l'article Salpêtrière, quelques considérations, qu'il est utile de faire connaître, sur les aliénés en général.

Cet hospice renferme environ 3,200 lits, dont une partie dans les infirmeries pour recevoir ceux des habitans qui tomberaient malades.

L'établissement reçoit annuellement de 15 à 16,000 individus, parmi lesquels la mortalité est de 1 sur 5. Le prix de chaque journée est évalué à 85 ou 86 c., ce qui porte à environ 312 fr. la dépense annuelle de chaque lit.

Agent de surveillance : M. Mallon.
Économe : M. Talle.
Médecins : MM. Ferrus, Rochoux, Petit.
Chirurgien : M. Murat.
Pharmacien : M. Potier.

Cet établissement est ouvert, les dimanche et jeudi, de midi à quatre heures pour le public, et tous les jours pour les étrangers. Pour voir les fous, il faut en obtenir la permission de M. le secrétaire de la préfecture de police.

Hospice de la vieillesse. — Femmes. SALPÊTRIÈRE. Cet hospice, commencé en 1657, occupe un espace de 5,500 toises carrées. Il est situé rue Poliveau, n. 7. Sa façade sur le boulevart occupe une longueur de 600 pieds. Il est composé de deux corps de bâtiment principaux situés dans deux vastes promenoirs, entre lesquels est une église ronde surmontée d'un dôme, et au milieu de laquelle se trouve le maître autel. Cette église a quatre nefs, chacune de 60 pieds de longueur, terminées par une chapelle. Le reste de l'emplacement est occupé par des maisons, des rues, des jardins, de telle sorte que cet établissement ressemble beaucoup à une petite ville.

Il est destiné à recevoir de vieilles femmes indigentes, des folles, épileptiques, idiotes, et cancérées. Elles couchent dans de beaux dortoirs, et passent la journée dans de grandes salles bien chauffées en hiver, où elles s'occupent de petits travaux qu'elles vendent à leur profit; ou elles se promènent dans d'immenses cours garnies d'arbres, de plates-bandes de fleurs, et de bancs. L'ordre le plus grand et une extrême propreté règnent dans cette maison, où la nourriture est bonne et suffisante. Elle est la même qu'à Bicêtre.

Le quartier des folles, qui est séparé des autres, a reçu la plus grande amélioration : les loges basses et humides ont fait place à un vaste promenoir, où sont en liberté celles qui sont tranquilles. Ce quartier est divisé en cinq sections, selon le genre d'aliénation, et à chacune desquelles est affecté un beau jardin.

Les salles de bains, qui sont garnies de douches de toute espèce, présentent une disposition remarquable : les baignoires, disposées en cercle, reçoivent l'eau sans robinets apparens.

Cet hospice renferme 5,000 lits et 400 dans les infirmeries. Il reçoit annuellement environ 12,000 femmes, parmi lesquelles la mortalité est de 1 sur 5. Le prix moyen de chaque journée, étant évaluée à 70 ou 71 centimes, porte à 260 francs environ la dépense annuelle de chaque lit.

Agent de surveillance : M. Laroche.
Économe : M. Petit.
Médecins, MM. Pariset, Fabret, Métivier, Cruveilhier, Piorry, Prus, Pinel, Landre.
Chirurgien : M. Bérard.
Pharmacien : M. Grancher.

Le public est admis dans cet établissement, les dimanche et jeudi, de midi à quatre heures, et les étrangers tous les jours.

Quelques considérations sur les aliénés en général. D'après les tableaux comparatifs de plusieurs années, du mouvement des aliénés dans les hospices de Bicêtre et de la Salpêtrière, il est évident que ces deux maisons contiennent constamment de 2,500 à 2,600 aliénés, parmi lesquels le nombre des femmes est d'un quart environ plus fort que celui des hommes. Le nombre des fous furieux a diminué depuis qu'on ne les enchaîne plus dans des loges. L'âge qui en réunit le plus est de 30 à 39 ans. L'âge moyen de la mort est de 47 ans pour les hommes et de 50 ans pour les femmes, d'où l'on pourrait conclure que l'organisation cérébrale des femmes est moins forte que celle des hommes; l'aliénation mentale est, pour celles-ci, un état peut-être moins anormal, si l'on ose s'exprimer ainsi, et agit moins sur leurs sens que chez les hommes, qui sont plus tôt déprimés. On a remarqué que les saisons chaudes sont celles dans lesquelles on admet un plus grand nombre d'aliénés. On en guérit 1 sur 9.

Les classes pauvres sont celles qui fournissent le plus d'aliénés, puisque, parmi tous ceux qui s'y trouvent depuis plusieurs années, on compte 7/8 de manouvriers contre 1/8 d'individus s'occupant de travaux intéressans. Au premier abord on s'étonnera peut-être d'une disproportion si énorme, disproportion que l'on eût plutôt comprise dans le sens inverse; et cependant on cessera de s'étonner si l'on réfléchit qu'il faut au cerveau comme à tous les organes une sorte d'excitation fréquente, et qu'il s'étiole, pour ainsi dire, quand il reste dans une inaction presque complète : d'où l'on peut conclure qu'en multipliant l'instruction, en ouvrant au peuple de nouveaux moyens d'apprendre et d'occuper son esprit, on parviendra sans doute à diminuer le nombre des hommes atteints de cette maladie si souvent incurable.

Hospice des Incurables (hommes). Quelles tristes réflexions n'excite pas dans l'ame le nom seul de cet hospice? A-t-on bien pu donner à une maison de secours un nom qui enlève même l'espérance aux malheureux que l'on y admet? l'espérance, ce soutien de l'homme jusqu'aux derniers momens de sa vie ? Combien ne doivent pas être pénibles les pensées des infortunés que leurs maladies ont rendus *dignes* d'y être reçus ! Souffrir sans cesse, et ne pouvoir envisager dans l'avenir que la mort comme le terme de ses souffrances, n'est-ce pas le comble de l'infortune? Certes, il faut rendre toute justice aux mérites de cette institution, mais il y a vraiment une sorte de barbarie à faire connaître ainsi, par un seul mot, leur sort cruel à ceux que l'on veut secourir. Le médecin appelé près d'un malade désespéré ne cesse pourtant de lui promettre sa guérison, et se garderait bien, malgré ses demandes, de l'éclairer sur son état; et d'ailleurs les jugemens de Dieu seul sont sans appel, tandis que souvent les hommes s'abusent. Combien de fois, même dans ces tristes asiles, l'expérience n'est-elle pas venue démentir, par des guérisons, les fâcheux pronostics portés sur les malades?

Ceci n'est pas étranger au sujet.

L'Hospice des Incurables pour les hommes fut établi en 1802, et placé dans le bâtiment de l'hospice fondé par Saint-Vincent-de-Paule en faveur de quarante vieillards des deux sexes; bâtiment auquel on ajouta une maison voisine, ancien couvent des Récollets. Auparavant les hommes et les femmes réputés incurables étaient réunis dans un seul établissement, aujourd'hui complètement consacré à ces dernières, et dont on parlera plus bas.

Les bâtimens tombaient en ruines, et il y existait plusieurs causes d'insalubrité. Tous ces inconvéniens ont été détruits, et aujourd'hui cet établissement est dans l'état le plus convenable.

Parmi les lits, 50 sont consacrés à des enfans que l'on instruit, et auxquels on fait apprendre des états que leurs infirmités puissent leur permettre d'exercer : les vieillards s'y occupent à leur profit.

Cet hospice, consacré à recevoir des individus atteints d'affections réputées incurables, contient 461 lits, dont 50, comme on l'a déjà dit, pour les enfans mâles, et 411 pour les indigens.

On y soigne annuellement 550 ou 600

individus, parmi lesquels la mortalité est de 1 sur 8 ou 9 pour les hommes, et 1 sur 12 ou 13 pour les enfans. Le prix moyen de la journée est de 1 franc et quelques centimes, ce qui porte à 371 francs environ les dépenses annuelles qu'occasione chaque lit.

Cet hospice, situé rue du faubourg Saint-Martin, n° 66, est desservi par les sœurs de Charité.

Agent de surveillance : M. Colomby.
Médecin : M. François.

Les étrangers peuvent le visiter tous les jours.

Hospice des Incurables (femmes). Cet hospice eut plusieurs fondateurs, au nombre desquels on compte Marguerite Bouillé, épouse de Jacques Lebret, qui lui donna 622 livres de rente, avec des maisons et jardins qu'elle possédait à Chaillot; Jean Joullet de Châtillon, qui lui légua ses biens; le cardinal de la Rochefoucault, qui donna 2,866 livres de rentes, et, en plusieurs fois, 65,080 livres, parmi lesquelles 38,047 livres destinées à l'établissement et à l'entretien d'une chapelle qui fut consacrée, en 1640, sous le nom de l'Annonciation de la Vierge; le tombeau de ce cardinal décore la chapelle; et enfin un inconnu, qui envoya 2,400 livres. L'édifice fut bâti sur un terrain de 10 arpens que céda l'Hôtel-Dieu, et fut ouvert en 1640.

Il ne possédait d'abord que 36 lits, 18 pour les hommes, et 18 pour les femmes; depuis il a reçu des agrandissemens considérables, et est aujourd'hui destiné aux femmes atteintes de maladies incurables. On y compte 525 lits, dont 475 pour les femmes, et 50 pour les enfans, auxquels on fait apprendre des métiers. Les principales salles sont construites en forme de croix. On y trouve des cours et des promenoirs fort beaux.

On y donne des soins à près de 1,000 individus par an, parmi lesquels la mortalité est de 1 sur 9 pour les femmes, et 1 sur 8 pour les jeunes filles. Le prix moyen de la journée est de 96 ou 97 c., ce qui porte à 353 francs environ la dépense annuelle de chaque lit.

Cet hospice, situé rue de Sèvres, n° 54, faubourg Saint-Germain, est desservi par les sœurs de Charité.

Agent de surveillance : M. Demauroy.
Médecin-chirurgien : M. Lafont.

Les étrangers peuvent le visiter tous les jours.

Hospice des Enfans-Trouvés. Cet hospice fut fondé, en 1640, par saint Vincent-de-Paule, qui, après avoir recueilli 312 enfans délaissés, intéressa en leur faveur les mères opulentes, et institua, pour desservir l'hospice, les sœurs de Charité. Pendant les premières années de la fondation de cet hospice, le nombre des enfans reçus chaque année ne s'éleva pas à plus de 5 à 600. Depuis cette époque, il s'est progressivement élevé jusqu'à plusieurs mille.

Cet hospice situé, rue d'Enfer, n° 74, est destiné à recevoir les enfans jusqu'à l'âge de 2 ans; on y trouve 200 berceaux, et 130 lits sont placés, pour les nourrices de campagne, dans l'ancienne maison de l'institution de l'Observatoire. Le service de cet établissement est double : il s'occupe, à Paris, de recevoir les enfans abandonnés, de les soigner pendant les premiers jours, puis de les remettre entre les mains de nourrices de campagne, qui sont surveillées avec soin, et chez lesquelles les enfans sont envoyés dans des voitures couvertes, douces, et à l'abri du froid ou de la grande chaleur : là ces pauvres enfans abandonnés sont élevés jusqu'à 2 ans, âge où ils sont placés dans l'hospice des orphelins, dont on parlera plus loin. Pour épargner aux parens qu'une dure nécessité ou une criminelle insouciance force à se séparer de leurs enfans la honte d'avoir à rougir de leur abandon, un tour est établi, où il suffit de déposer l'enfant et d'agiter la sonnette placée à l'entrée : alors on se retire, et bientôt arrive une surveillante chargée de les recueillir. Ceux qui, tout en gémissant de cet abandon, conservent l'espoir de pouvoir un jour le réclamer, peuvent joindre à l'enfant déposé une marque distinctive, comme un bijou ou un nom tracé, et l'enfant leur est remis lorsqu'ils en font la demande.

Cet hospice, qui est desservi par les sœurs de Charité, reçoit annuellement environ 6,000 enfans, et prend soin d'environ 16,000 ; le séjour de chacun d'eux dans l'hospice est de 10 jours, et chaque journée, y compris les rétributions accordées aux nourrices sédentaires et aux bureaux, est de 2 fr. 25 c.

Agent de surveillance : M. Jullian.
Médecin : M. Baron.
Chirurgiens : MM. Thévenot de Saint-Bland et Auvity.

Les étrangers y sont admis tous les jours.

Hospice des Orphelins. Cet hospice fut fondé, en 1669, pour recevoir les orphelines. Ce ne fut qu'en 1809 qu'on y transféra les orphelins, qui, jusque-là avaient été mis à la Pitié. Il est situé rue du Faubourg-Saint-Antoine, n° 126, et renferme 754 lits pour les orphelins des deux sexes, de 2 à 12 ans ; ils sont placés dans des bâtimens distincts pour chaque sexe. Les cours et les jardins sont également divisés. Ces enfans sont nourris et entretenus convenablement : on leur enseigne à lire, à écrire et à travailler ; à 12 ans, ils sont mis en apprentissage à Paris ou envoyés dans les départemens pour travailler à l'agriculture ou dans les manufactures. L'administration ne néglige rien pour leur procurer des maîtres, chez lesquels ils soient bien sous le triple rapport de la moralité, du traitement et de la nourriture ; et de plus, dans de fréquentes inspections, elle surveille également les maîtres et les apprentis ; en outre, elle défend leur droit si, pendant leur minorité, une succession venait à leur échoir.

Des sœurs de Charité soignent les filles et les enfans qui sont dans les infirmeries.

Agent de surveillance : M. Magin.
Médecin : M. Kapeler.
Chirurgien-dentiste : M. Delabarre.

Les étrangers peuvent visiter cet établissement tous les jours.

Hospice de la Rochefoucault. Cet hospice, situé route d'Orléans, près de la barrière d'Enfer, fut fondé en 1782, et destiné à servir de maison de santé et d'asile à de vieux prêtres et à des officiers sans fortune. En 1802, sa destination primitive fut changée, et il fut alors consacré à recevoir 1° les anciens employés des hospices ; et 2° les personnes qui, sans être indigentes, n'ont pas cependant de suffisans moyens d'existence. Les premiers sont admis moyennant une retenue proportionnelle qu'on leur fait subir sur leur traitement. Les seconds y sont admis moyennant une pension annuelle, ou une somme déterminée, une fois versée dans la caisse des hospices. Tous doivent être âgés d'au moins 60 ans, ou être attaqués d'infirmités incurables, et empêchant de travailler; et même, dans ce dernier cas, ils doivent être âgés de 20 ans au moins.

La pension annuelle est fixée à la somme de 200 francs pour les vieillards, et de 250 francs pour les infirmes : on doit payer six mois d'avance.

La somme à verser une seule fois dans la caisse des hospices a été ainsi déterminée pour ceux qui préféreraient ce genre de paiement :

Pour les infirmes et incurables
de 20 à 30 ans. . . . 3,600 francs.
de 30 à 40 3,300
de 40 à 50 2,700
de 50 à 60 2,100

Pour les infirmes, les incurables et les vieillards
de 60 à 65 ans. . . . 1,600 francs.
de 65 à 70 1,500
de 70 à 75 1,200
de 75 à 80 900
au-dessus de 80 ans. . . 700

On peut, si on le désire, payer la moitié de la pension et verser la moitié de la somme fixée. Pour être admis on doit être muni d'un certificat d'infirmités, d'un extrait de naissance, d'un certificat de bonne conduite, et de plus d'un certificat constatant que le pétitionnaire n'a pas de moyens suffisans pour exister. L'hospice contient 150 lits.

On n'y admet ni les fous, ni les idiots, ni les épileptiques.

Ceux des individus admis qui voudraient se retirer sont tenus de laisser à l'établissement tous les effets qui leur auraient été fournis, plus une somme de 200 francs par année, à prendre sur la somme versée en entrant.

Tous sont nourris, chauffés, vêtus et soignés, en santé comme en maladie, aux frais de l'administration des hospices.

Agent de surveillance : M. Ballet.
Médecin : M. Rousset-Duchet.

Cet hospice est desservi par les sœurs de la Charité; on peut le visiter en s'adressant au portier.

Hospice des Ménages. Cet hospice, qui porta primitivement le nom d'hôpital des Petites-Maisons, fut construit, en 1537, dans l'emplacement d'une ancienne maladrerie, et destiné à recevoir les individus atteints du mal de Naples.

En 1554, les bâtimens de cet hôpital, qui tombaient en ruines, ayant été démolis par ordre du parlement, l'Hôtel-de-Ville en racheta, trois ans après, l'emplacement et les matériaux qui appartenaient à l'abbé de Saint-Germain, et y fit bâtir un hôpital, où l'on reçut des pauvres de toute espèce, des infirmes, des enfans teigneux, des femmes épileptiques et des fous. Bien que, comme on le voit, il ne fût plus alors destiné aux vénériens, on continua pourtant à les y recevoir jusqu'en 1559, époque où ils furent transférés à l'hôpital de l'Oursine. Le nom de Petites-Maisons lui vient du grand nombre de chambres basses où se trouvaient les fous et les malades. Avant la révolution, ces chambres basses étaient occupées par plus de 400 pauvres, et le reste par des ménages qui, moyennant 1,500 francs, une fois payés, étaient logés, nourris et vêtus pendant le reste de leur vie; mais ils devaient être âgés, le mari, de 70 ans, et la femme de 60.

En 1801, parut une ordonnance qui consacra cet hôpital exclusivement aux ménages; et, en 1802, les insensés furent transférés dans d'autres maisons.

Aujourd'hui, qu'il a conservé cette

dernière destination, le nombre des lits, tant au préau qu'aux dortoirs, est fixé ainsi qu'il suit :

160 grandes chambres pour les ménages, parmi lesquelles 80 des plus commodes sont réservées pour les époux sexagénaires et septuagénaires qui peuvent verser dans la caisse des hospices une somme de 3,200 fr. Les 80 chambres restantes sont affectées aux époux dépourvus de toutes ressources.

100 petites chambres pour les veufs ou veuves qui, quoique indigens, pourront verser une somme de 1,600 fr. et seraient âgés de soixante ans.

250 lits dans les dortoirs, ainsi divisés :

150 affectés aux personnes devenues veuves dans la maison.

100 pour les veufs ou veuves âgés de soixante ans qui pourront verser la somme de 1,000 fr.

Chaque individu, en entrant, doit fournir un mobilier ainsi composé : une couchette, une paillasse, deux matelas, un traversin, deux couvertures, deux paires de draps, deux chaises et une commode ou buffet.

Chaque individu admis au préau recevra :

3 fr. en argent tous les dix jours;
Une livre un quart de pain par jour;
Une livre de viande tous les samedis;
Deux stères de bois par an;
Deux voies de charbon.

Tout individu, pour être admis, même en payant, devra apporter son acte de naissance, un certificat de bonne conduite, un certificat du bureau de bienfaisance de son arrondissement, constatant qu'il n'a pas assez de fortune pour vivre indépendant. En outre, les veufs ou veuves devront apporter l'acte de célébration de leur mariage, et l'acte de décès de l'époux prédécédé.

Ceux qui habitent les dortoirs sont habillés aux frais de l'établissement, et ceux qui sont au préau se vêtent à leurs frais. Ceux qui préfèrent rester dans leurs familles reçoivent une pension annuelle de 150 fr., indépendamment des avantages précités.

Les uns et les autres sont traités gratis dans les infirmeries, où ils sont soignés par des sœurs de Charité.

Agent de surveillance : M. Maillefaire.
Économe : M. Talle.
Médecin : M. Labrie.

Cet hospice est établi rue de la Chaise, n. 24.

Les étrangers peuvent le visiter tous les jours.

Institution de Sainte-Périne. Cette institution, qui porte encore le nom d'Hospice des Vieillards, fut primitivement un monastère où s'établirent, en 1659, des chanoinesses de l'abbaye de Notre-Dame-de-la-Paix, et auxquelles vinrent se réunir, en 1746, des religieuses de Sainte-Périne. Ce couvent fut supprimé en 1790, et loué à des particuliers jusqu'en 1801, où il fut destiné à un hospice pour les vieillards des deux sexes, et réuni, en 1807, à l'administration des hospices.

Aujourd'hui cette maison est destinée à recevoir des vieillards des deux sexes âgés au moins de soixante ans. Ils doivent payer d'avance, et par quartiers, une somme annuelle de 600 fr., ou la remplacer par un capital réglé d'après des tarifs calculés selon l'âge des entrans. On peut encore s'assurer d'avance son admission en payant une annuité calculée sur le double élément de la présomption de la vitalité et de la valeur du capital qui doit être payé par les pensionnaires de soixante ans au moment de leur admission.

Ils devront fournir, en outre, un trousseau composé des objets suivans :
Un lit complet ;
Une commode ;
Un fauteuil et une chaise ;
Quatre paires de draps neufs ;
Six chemises neuves ;
Douze serviettes neuves ;
Douze torchons neufs ;
Une timbale d'argent ;
Un couvert d'argent.

Ce trousseau, en cas de décès ou de sortie volontaire, appartient à l'établissement.

On peut être dispensé de fournir le trousseau en nature en payant une somme annuelle de 60 francs, et, dans ce cas, la maison se charge de fournir les pensionnaires de tous les objets dont ils peuvent avoir besoin.

Chaque pensionnaire doit fournir, en entrant, des certificats de bonne vie et mœurs, et des preuves de solvabilité pour la pension.

Les pensionnaires sont logés dans des chambres séparées, et prennent leurs repas dans des réfectoires communs, hors le cas de maladie ou d'infirmités graves. Dans ces derniers cas, ils sont visités par le médecin et soignés dans des infirmeries particulières.

Les réfectoires et salles de réunion sont chauffés et éclairés aux dépens de l'institution ; les pensionnaires qui voudraient se chauffer dans leurs chambres devront se fournir de bois.

Cette maison renferme cent soixante-quinze lits. Tout individu peut fonder un lit à perpétuité en payant un capital excédant d'un dixième celui d'une rente de 600 francs, et en fournissant un trousseau complet. La propriété lui en restera et sera transmissible par hérédité.

Cette institution est établie rue de Chaillot, n° 99, et desservie par les sœurs de la Sagesse.

Agent de surveillance : M. Framboisier.

Médecin : M. Canuet.

Direction générale des nourrices. Cet établissement, situé rue Sainte-Apolline, n° 18, a pour but de fournir des nourrices à ceux qui en ont besoin. Il offre un point central de réunion aux nourrices de campagne qui viennent à Paris, munies de certificats constatant leur moralité et l'âge de leur lait. Le bureau veille sur les nourrissons qu'on leur a confiés, et leur fait toucher, chez elles, leur salaire, en en opérant lui-même le recouvrement. De plus, chaque nourrice, en se présentant, est scrupuleusement examinée par le médecin de la maison, chargé de vérifier si elle ne serait pas atteinte de quelque affection capable de se communiquer aux enfans qu'elle allaiterait.

Directeur : M. Dubost.

Médecin : M. Beaufils.

Hospice Saint-Michel. Cet hospice, fondé par M. Boulard, ancien négociant, est destiné à recevoir douze vieillards septuagénaires, qui sont l'objet des soins les plus assidus, nourris et logés de la manière la plus convenable, et, en outre, entretenus aux frais de l'établissement. Il est situé au-delà de la barrière du Trône, sur la route de Saint-Mandé. L'aspect de cet édifice est de la plus gracieuse élégance : il est composé d'un corps principal de bâtiment flanqué de deux pavillons, au milieu desquels se trouve un charmant jardin. Au centre est placé un monument élevé à la mémoire du fondateur.

Agent de surveillance : M. Foin.

Hospice de la Reconnaissance. Cet établissement, fondé par M. Michel Brezin, ancien fondeur-mécanicien, fut ouvert le 4 décembre 1833. Il est destiné à recevoir les anciens ouvriers forgerons, serruriers, mécaniciens, et généralement tous ceux ayant exercé une des professions employées par le fondateur, c'est-à-dire, suivant l'expression de son testament : *tous ceux qui ont contribué à augmenter sa fortune par leur travail.* Ceux qui se présentent pour y être admis doivent être âgés de soixante ans au moins.

Cet hospice contient cent quarante lits, qui sont constamment occupés par des indigens, parmi lesquels la mortalité est de 1 sur 26. Les dépenses annuelles de l'hospice s'élèvent environ à 110,000 francs, et le prix de la journée de chaque indigent est évalué à 76 ou 77 centimes.

En état de maladie, ils sont visités et soignés assidument par un médecin.

Agent de surveillance : M. Bourriot.

Cet hospice est établi au Petit-Étang, commune de Garches. Les étrangers peuvent le visiter tous les jours.

Hospice Devillas. Cet hospice, situé rue du Regard, n° 17, a été fondé par M. Devillas; il est destiné à recevoir des vieillards infirmes des deux sexes âgés de 70 ans, et pris, suivant les intentions du fondateur, pour les quatre cinquièmes, parmi les indigens secourus par les bureaux de bienfaisance de Paris, et un cinquième parmi le culte protestant.

Économe : M. Lapaume.

Médecin : M. Lafond.

Maison royale de Charenton pour le traitement des aliénés.

NOTA. On parlera plus loin, à l'article *Charenton Saint-Maurice*, de cette belle institution ; c'est donc là qu'on renvoie le lecteur pour les détails qu'il ne trouvera pas ici.

Cet établissement, qui est sous l'autorité immédiate du ministre de l'intérieur, a été fondé en 1644, par Sébastien Leblème, pour renfermer les aliénés confiés aux soins des frères de la Charité. En 1797, le gouvernement y plaça 450 lits, dont il défraya seulement 60, les autres devant être payés depuis 650 jusqu'à 1,300 francs. Les aliénés des deux sexes y sont traités, et peuvent y être reçus tous les jours et à toutes les heures.

Ils ne peuvent y être admis que sur la présentation de leur acte de naissance, ou d'un jugement d'introduction, ou d'un ordre de M. le préfet de police, ou d'une réquisition de M. le maire de l'arrondissement ou de la commune où ils résident. Ces réquisitions qui, à l'exception de celles de MM. les maires de Paris, doivent être visées par les sous-préfets, doivent toujours être accompagnées d'un certificat authentique d'un médecin qui atteste l'aliénation du malade. Cependant, dans le cas d'une nécessité absolue, les aliénés peuvent être reçus *d'urgence*, à la charge par les parens ou tuteurs de remplir les formalités prescrites pour régulariser les admissions. Le public n'est admis à voir les malades ou à visiter le directeur que les dimanche, mardi et jeudi, de neuf heures du matin à quatre heures du soir.

MM. Palluy, directeur.

Esquirol, médecin en chef, inspecteur-général des études.

Deguise, chirurgien en chef.

Bleynie, médecin ordinaire.

Ramond, médecin surveillant général.
Garnier, pharmacien.
Daulnoy, économe.

Hôpital royal des Quinze-Vingts. Cet établissement fut fondé en 1260, par St-Louis, pour quinze-vingts ou 300 aveugles. Il le fit construire sur un terrain qu'il acheta exprès rue Saint-Honoré, au coin de la rue Saint-Nicaise. Deux ans plus tard, il y ajouta une donation de trente livres de rentes. Cet établissement resta, jusqu'en 1779, dans cet endroit, qui *s'étendait d'abord* de la rue Saint-Nicaise à la place du Palais-Royal, et depuis avait embrassé toutes les rues nouvelles jusqu'aux Tuileries. A cette époque, le cardinal de Rohan, grand-aumônier de France, fameux par ses nombreux bénéfices ecclésiastiques, transféra cet hospice au faubourg Saint-Antoine, rue de Charenton, et changea complètement l'administration. Il augmenta le nombre des pauvres, qu'il porta à 800. Chacun d'eux, au lieu de 13 sous 6 deniers par jour, eut 20 et quelquefois 26 sous. Chaque enfant provenu de leur mariage était nourri, et recevait deux sous par jour jusqu'à l'âge de 16 ans; alors on faisait apprendre un métier à ces enfans, qui ne sortaient de l'hôpital qu'en état de pourvoir à leur existence. Un arrêt du parlement, en 1783, établit dans cet hôpital 20 lits destinés à 20 pauvres de province atteints de maux d'yeux, qui doivent y être gratuitement logés, habillés, nourris et traités, et où les pauvres de Paris, atteints des mêmes maladies, peuvent aussi être traités.

Cet ordre de choses a continué, et de plus 500 nouvelles pensions ont été successivement créées en faveur d'aveugles externes, savoir : 100 pensions de 200 francs; 300 pensions de 150 francs, et 100 pensions de 100 francs. Les aveugles internes y sont logés, et reçoivent aujourd'hui 24 sous par jour. Ces infortunés, malgré la cruelle privation qu'ils éprouvent, ne restent pourtant pas complètement inactifs. Ils exécutent, pour la plupart, de petits ouvrages qui sont extrêmement curieux et qu'ils vendent à leur profit.

Cet établissement est sous la dépendance immédiate de M. le grand-aumônier de France. Pour être admis, soit aux places de membres aveugles, soit aux pensions, il faut être dans un état d'indigence absolue et de cécité constatée. Les choix se font parmi les aveugles de tous les départemens du royaume.

Directeur : M. Simon Durant.
Médecin : M. Andrieu.
Chirurgien : M. Lacroze.

Cet établissement est situé rue de Charenton n° 37.

Les étrangers peuvent le visiter tous les jours.

Institution des Jeunes Aveugles. Cet établissement, qui est sous l'autorité immédiate de M. le ministre de l'intérieur, fut ouvert en 1784, sous la protection de la Société Philanthropique, par M. Haüy, qui fit pour les aveugles de naissance ce que l'abbé de l'Épée avait fait pour les sourds-muets. Un an plus tard, il fut distrait de la Société Philanthropique, et, en 1786, le sieur Haüy obtint pour son enseignement un local dans les Tuileries.

En 1790, cet établissement était situé rue Notre-Dame-des-Victoires; en 1801, il fut réuni à l'hôpital des Quinze-Vingts, rue de Charenton; enfin, par ordonnance du 8 février 1815, il fut séparé de cet hôpital, et fixé rue Saint-Victor, n° 68, où il est encore aujourd'hui, dans les bâtimens de l'ancien collége des Bons-Enfans ou séminaire Saint-Firmin.

On y instruit soixante jeunes aveugles de dix à quatorze ans, et trente jeunes filles aveugles. Ces jeunes gens y font un séjour de huit années, pendant lesquelles ils apprennent à lire au moyen de caractères en relief, à écrire et à calculer. On leur enseigne, en outre, la géographie, l'histoire, les mathématiques, les langues et la musique. De plus, on a eu l'idée heureuse, que l'on met à exécution avec le plus grand soin, de leur enseigner des métiers, au moyen desquels ces infortunés puissent gagner certainement leur vie. Ces métiers sont, entre autres, l'imprimerie, le tissage, le tricot, etc. Le 26 de chaque mois, ils font un exercice public, auquel on peut être admis en faisant au directeur la demande d'un billet d'entrée. Parmi eux, on en rencontre un certain nombre qui sont parvenus, en musique, à une force remarquable.

M. Pignier, médecin en chef, directeur et premier instituteur.

Chirurgien : M. Mirambeau.
Dentiste : M. Delmont.
Pharmacien : M. Boissel.
Médecins consultans : MM. Baron, Cayol, Fizeau, Goudret, Nauche et Récamier.

Le public peut visiter cet établissement tous les jours, en s'adressant au portier.

Institution royale des Sourds-Muets. Rendre à la société des infortunés qu'une nature cruelle semblait en avoir pour toujours séparés; leur restituer, pour ainsi dire, l'ouïe et la parole, en y suppléant par la vue et par des signes, fut une pensée aussi ingénieuse que sublime, et c'est à l'abbé de l'Épée que l'on est redevable de cet immense bienfait. Cet homme généreux, ayant seulement douze mille francs de rente, réunit quarante jeunes sourds-muets, vers l'année 1770. Il les logea, les nourrit, les entretint à ses frais ; aucun sacrifice ne lui coûta pour faire réussir sa noble entreprise, que seul peut-être il pouvait amener à un heureux résultat, au moyen d'une nouvelle méthode qu'il avait substituée à celles dont jusque là on avait essayé en vain.

Mais cet homme, aussi humble qu'habile, fût peut-être toujours resté ignoré, si un heureux hasard n'eût conduit dans son établissement, en 1777, l'empereur Joseph II. Ce prince, saisi d'admiration en présence des résultats obtenus, en parla avec enthousiasme à la reine Marie-Antoinette, qui voulut en juger par elle-même. Le résultat de cette visite fut un arrêt du conseil, qui autorisa cette école, et annonça qu'elle serait établie dans le couvent des Célestins supprimés. Mais les lenteurs de l'exécution furent telles, que sept années plus tard seulement ces promesses furent remplies. En effet, en 1785, par arrêt du conseil, l'école de l'abbé de l'Épée fut transférée dans le couvent des Célestins, et on accorda à cet établissement une somme annuelle de 3,400 livres.

L'abbé de l'Épée mourut à Paris, en 1790 : on lui érigea un buste de marbre, sur le piédestal duquel fut gravé le distique suivant, composé à cet effet par M. de Seine, sourd-muet, son élève :

Il révèle à la fois les secrets merveilleux
De parler par ses mains, d'entendre par ses yeux.

L'abbé de l'Épée eut pour successeur et continuateur l'abbé Sicard, son digne élève, qui perfectionna sa méthode. Son institution fut, pendant la révolution, transférée du bâtiment des Célestins dans celui de Saint-Magloire, où elle est encore. Elle est située rue du Faubourg-Saint-Jacques, n°s 254, 256 et 258. A dater du moment de sa translation, cet établissement reçut du gouvernement une rente annuelle de 70,000 francs, comptée, en 1813, au rang des dépenses publiques de l'État. Sur cette dotation, quatre-vingt-dix élèves reçoivent une instruction gratuite. Un nombre illimité de pensionnaires, payant, les garçons, 900 francs, et les filles 800, partagent les fruits de cette institution. Il y a, de plus, une école gratuite pour les externes des deux sexes.

Directeur : M. Ordinaire.
Médecin : M. Itard.
Dentiste : M. Rossi.

Les étrangers peuvent visiter tous les jours cet établissement.

Asile royal de la Providence. Cet établissement est situé hors de la barrière des Martyrs, n° 50 ; il est sous l'autorité immédiate du ministre du commerce et des travaux publics. Cette maison, fondée en 1814, fut destinée à servir de retraite à des vieillards des deux sexes qui y sont logés, vêtus, nourris et soignés, en santé comme en maladie. Il renferme 60 lits, dont 12 sont gratuits, et 48 sont destinés à des individus payant une pension qui varie de 300 à 600 francs.

Agent comptable : M. Desroches.
Médecin : M. Pravas.
Chirurgien : M. Blandin.

Infirmerie de Marie-Thérèse. Cet établissement, situé rue d'Enfer, n° 86, fut fondé par Mme la duchesse d'Angoulême, et est destiné exclusivement à des prêtres infirmes ou à des personnes ruinées par les événemens de la révolution. Il ne renferme, jusqu'à présent, que 15 lits, et, comme il a été soutenu jusqu'ici presque exclusivement par des souscriptions volontaires, il s'accroît à mesure de leur augmentation.

Médecin en chef : M. Cayel.
Médecin-adjoint : M. Charpentier.
Chirurgien en chef : M. Hervez de Choguin.

Hospice de la paroisse Saint-Merry. Cet établissement, situé Cloître-Saint-Merry, fut fondé, en 1783, par M. Viennet, curé de cette paroisse : il renferme 12 lits, où sont admis 12 pauvres appartenant à la paroisse ; ils y sont logés, vêtus, nourris et soignés, en santé comme en maladie.

Hospice d'Enghien. Cet établissement fut fondé, en 1819, par Mme la duchesse de Bourbon, et appartient maintenant à Mlle d'Orléans ; il contient 100 lits, 60 pour les hommes et 40 pour les femmes. Les malades que l'on y admet sont soignés par les sœurs de la Charité.

Il est situé rue de Babylone, n° 12.

Hôpitaux militaires. Indépendamment des hôpitaux civils, Paris renferme deux grands hôpitaux militaires, à chacun desquels sont annexées plusieurs succursales, et enfin un hôpital spécial pour la maison royale des Invalides. Ces hôpitaux ne font plus partie de l'administration des hospices civils, mais dépendent entièrement du ministère de la guerre, sur le budget duquel ils sont entretenus. L'organisation intérieure de ces hôpitaux diffère essentiellement de celle des hôpitaux civils ; là plus de bonnes sœurs qui viennent soigner et consoler les malades ; rarement les parens sont admis près des pauvres soldats souffrans ; tout est militaire, tout est sévère, tout s'exécute avec la plus rigoureuse exactitude.

Le service de santé est divisé en quatre sections : fiévreux, blessés, galeux et vénériens. Chaque hôpital possède un chirurgien et un médecin en chef, plusieurs médecins-chirurgiens, pharmaciens-majors, des chirurgiens et pharmaciens, aides-majors, sous-aides-majors ; et enfin élèves, ou aspirans au dernier grade. Les élèves ne sont admis qu'après avoir préalablement subi un examen où ils doivent faire preuve d'une capacité suffisante, et ils ne montent en grade qu'après un certain temps, et lorsqu'ils ont fait preuve de connaissances acquises, et aussi d'une irréprochable exactitude.

Les infirmiers sont choisis, pour la plupart, parmi les soldats qui préfèrent ce genre de vie au service militaire ; ils sont gradés comme ils le seraient dans leurs corps. Ainsi il y a des infirmiers dont le grade correspond à chacun de ceux que l'on observe depuis le simple soldat jusqu'au sergent-major. La discipline militaire est observée avec la plus rigoureuse exactitude, et les fautes y sont punies aussi sévèrement que dans le service militaire.

Quelques infirmiers, dans les momens d'urgence, sont pris dans le civil, et alors ils doivent se conformer aux mêmes nécessités que les autres : seulement ils peuvent se retirer quand ils le veulent, ce que ne peuvent faire les premiers qu'après un nombre d'années égal à celui qu'ils auraient passé au service.

Le service de santé commence tous les jours à 6 heures du matin en été, et à 7 heures en hiver. Trois chirurgiens, dont un sous-aide-major et deux élèves, restent constamment dans l'hôpital ; cette garde est montée par tous alternativement, hors les cas où elle est imposée comme punition pour quelque infraction au service.

Indépendamment des salles pour les soldats, chaque hôpital renferme un certain nombre de petites salles destinées à des officiers qui, sans famille, ou par raison d'économie, viennent à l'hôpital se faire soigner moyennant une retenue qui leur est faite sur leur solde. Cette retenue est proportionnée à leur grade. La nourriture des soldats est abondante et de bonne qualité ; le pain et le vin sont excellens. Les distributions de vivres ont lieu deux fois par jour, le matin à 10 heures et le soir à 4 heures. La nourriture des officiers est infiniment supérieure à celle des soldats ; ils sont traités avec le plus grand soin ; aussi ceux d'entre eux qui tombent malades sans avoir de parens dans la ville sont heureux d'y trouver des soins pour un prix fort modéré.

Hôpital du Val-de-Grâce. Il existait anciennement, dans la rue du Faubourg-Saint-Jacques, entre les n°s 277 et 279, une abbaye royale de Bénédictins, laquelle avait été fondée, en 1621, par la reine Anne d'Autriche. Sous le régime impérial ce monastère fut converti en hôpital militaire ; jusqu'en juillet 1830, il fut destiné à recevoir la troupe de ligne et la gendarmerie, la garde royale ayant pour elle un hôpital spécial au Gros-Caillou ; depuis cette époque, cet état de choses a été changé, puisque la garde royale a été supprimée, et les soldats de toutes armes sont envoyés indistinctement dans les deux hôpitaux. On y trouve plusieurs petites salles destinées à recevoir les officiers malades ; des salles spéciales pour la garde municipale, et deux salles particulières pour les détenus qui ont besoin de se faire traiter ; ces deux dernières salles sont constamment fermées, et un factionnaire veille nuit et jour à la porte.

Cet hôpital renferme environ 1,000 lits; aussi il est rare qu'ils soient tous occupés, excepté dans les grandes épidémies. Les infirmiers sont organisés en corps de troupes régulières, et, indépendamment de leur service auprès des malades, ils sont chaque jour exercés au maniement des armes, puisque seuls, en temps de guerre, ils doivent escorter les convois et les caissons.

Le Val-de-Grâce est un hôpital d'instruction, c'est-à-dire que les médecins et chirurgiens-majors sont tenus de faire des cours destinés seulement aux chirurgiens-élèves ; ces derniers, après être restés élèves pendant un certain temps, subissent un examen après lequel, s'ils sont jugés capables, ils sont envoyés, avec une solde de 1,200 francs et le grade de chirurgiens-sous-aides, dans un des petits hôpitaux militaires de France. Environ un an plus tard, on les transfère dans l'un des trois grands hôpitaux militaires d'instruction, de Metz, Lille ou Strasbourg, jusqu'à ce qu'une mention obtenue dans un des concours annuels leur fasse obtenir de revenir dans un des grands hôpitaux militaires, toujours avec le même grade, mais avec 1,800 fr. de solde. Après un séjour de trois ans dans cette dernière place, ils obtiennent le grade d'aides-majors, et sont attachés à un régiment.

Directeur : M.
Chirurgien en chef : M. Garnes.
Chirurgiens ordinaires : MM. Desruelles, Sédillot.

Aides-majors : MM. Larrey, Barthelemy.
Médecin en chef : M. Broussat.
Médecin en second : M. Gase.
Médecins ordinaires : MM. Casimir Broussais, Alguier.
Pharmacien en chef : M. Brault.
Pharmacien en second : M. Thouot.
Aide-major : M. André.

On y compte en outre 24 chirurgiens et 8 pharmaciens, revêtus du grade de sous-aides-majors.

Le public n'est pas admis à visiter cet établissement.

Hôpital militaire du Gros-Caillou. L'administration intérieure de cet hôpital est la même qu'au Val-de-Grâce, ainsi que le service de santé. Avant juillet 1830, il était exclusivement réservé aux malades appartenant à la garde royale : mais, depuis ce moment, il reçoit les mêmes soldats que le Val-de-Grâce.

Fondé en 1765, par le duc de Biron, cet établissement porta long-temps le nom d'hôpital de la maison militaire du roi ; en 1792, on n'y comptait que 264 lits ; depuis cette époque ce nombre s'est accru successivement, au point qu'il est aujourd'hui presque aussi important que le Val-de-Grâce.

Médecin en chef : M. Regnault.
Médecins ordinaires : MM. Cornac, Réveillé-Parise, et Barthès.
Chirurgien en chef : M. Poirson.
Chirurgien-major : M. Devergie aîné.
Aide-major : M. Gimelle.
Pharmacien en chef : M. Chargasse.

On y compte en outre plusieurs chirurgiens et pharmaciens, sous-aides-majors et élèves.

Hôpital royal militaire des Invalides. Cet hôpital, qui, pour le service et l'organisation intérieure, est en tout semblable à ceux dont on vient de parler, est consacré exclusivement au traitement des malades Invalides.

Médecin principal : M. Riber, père.
Médecin ordinaire : M. Cornac.
Chirurgien principal : M. Pasquier.
Chirurgien ordinaire : M. Gimelle.
Aide-major : M. François Ribes.
Sous-aides-majors : MM. Périer, Coblentz, Raoult, Thomas, Hubert, et Dupont.
Pharmacien principal : M. Périnet.
Pharmacien-aide-major : M. Athanase.

Indépendamment de ces hôpitaux militaires, il existe des succursales que l'on n'emploie que lorsque la nécessité l'exige. Tels sont l'hôpital de la Maison-Blanche, situé rue Blanche; l'hôpital des Postes, situé rue des Postes; et l'hôpital de Picpus, situé rue de Picpus, près la barrière du Trône. Tous ces hôpitaux furent occupés lorsque le choléra sévissait sur Paris.

On a cru devoir placer ici les hôpitaux militaires, bien que l'on n'eût pas tout dit sur les hôpitaux civils : on l'a fait afin d'énumérer de suite tous les hôpitaux un peu importans, ceux qui restent à signaler étant d'un ordre beaucoup inférieur. Ensuite on parlera des sociétés philanthropiques et des secours à donner.

Hospice Leprince. Ce petit hôpital, situé rue Saint-Dominique, n° 45, fut fondé, en 1819, d'après les dernières volontés de M. Leprince. Les malades y sont soignés par des sœurs de Charité.

Filature en faveur des indigens. Cet établissement, situé impasse des Hospitaliers, n° 2, près la place Royale, a été institué pour fournir des secours aux indigens qui peuvent travailler. Il occupe annuellement un grand nombre de tisserands, de fileuses et d'ouvriers de toute espèce, et les travaux qu'ils exécutent ne peuvent jamais compenser les secours qu'ils tirent de l'administration.

Maison de Refuge et de travail pour l'extinction de la mendicité. Cet établissement, situé rue de l'Oursine, n° 95 *bis*, faubourg Saint-Marcel, a été institué pour fournir du travail aux malheureux, et les empêcher de se livrer à la mendicité. Ils sont nourris, logés et vêtus dans cette maison, moyennant une légère retenue faite sur le prix de leur travail. Elle contient actuellement 300 lits, et est susceptible d'augmentation; elle a été fondée en 1820 par des souscriptions volontaires. Cet établissement admet des internes et des externes; les internes peuvent sortir en prévenant 24 heures d'avance. On n'y reçoit ni les infirmes hors d'état de travailler ni les individus atteints de maladies.

Secours à domicile. Dans chacun des 12 arrondissemens municipaux de Paris est un bureau de bienfaisance, présidé par le maire, composé de ses adjoints, des curés de sa circonscription, des pasteurs des églises protestantes, de douze notables nommés par le ministre de l'intérieur, de commissaires des pauvres et de dames de charité, dont le bureau détermine le nombre; un agent comptable est attaché à chacun d'eux. Leurs secours consistent en distribution de pain, viande, bouillon, soupes économiques, bois, habillemens, couchers, médicamens, écoles gratuites, lait pour les mères nourrices, 3 francs par mois, en argent, aux septuagénaires, 6 francs aux octogénaires et aux aveugles. Indépendamment de ces secours, à chacun de ces bureaux est attaché un certain nombre de médecins, qui vont visiter les indigens lorsqu'ils sont malades.

1er arrondissement, grande rue Verte, n° 22 :

M. Doyen, secrétaire-trésorier.

Médecins : MM. Auvity, Brus, Boulu, Boisserie-Lasserve, Bronchaut, Canuet fils, Colon, Duval, Fauconneau-Dufresne, Garnier, Guyard, Magistel, Moynnier, Paris, Reis, Roche, Salmade, Sibille, Thomas.

2e arrondissement, rue Grange-Batelière, à la mairie :

M. Bronner, secrétaire-trésorier.

Médecins : MM. Barthelemy, Bordot, Boucheron, Bourgeoise, Carrier, Dufour, Gariel, Gilet, Goupil, Huet, Jacquot, Lafisse, Gouyer-Villermé, Manuel, Piet, Tranchou.

3e arrondissement, place des Petits-Pères, à la mairie :

M. Reynaud de Barbarin, secrétaire-trésorier.

Médecins : MM. Anthelme, Bertet, Bintot, Ducos, Duluys de Ferque, Fiard, Gaudriot, Hamel, Janin, Kempfer, Melique, Meurdefroy, Parmentier, Pilliot, Plisson, Ricque.

Quatrième arrondissement, place du Chevalier-du-Guet, n° 4, à la mairie :

M. Vanizac, secrétaire-trésorier.

Médecins : MM. Brunet, Corby, Delaruelle, Dubois, Favrot, Haguette, Jacob, Jacques, Laurand, Lége, Legras, Levacher, Mailly, Nauche, Payen, Perraudin, Pillon, Rougeot des Essarts, Villermé.

Cinquième arrondissement, rue de la Lune, n° 14.

M. Vergen, secrétaire-trésorier.

Médecins : MM. Bazin, Beaude, Blazy, Bompart, Bossion, Durnerin, Gory, Gresely, Jabin, Martin, Maurial-Grifoul, Moreau, Nicot, Olinet, Pailloux, Pertus, Pinel, Raffin, Sterlin, Talon.

Sixième arrondissement, rue Saint-Martin, n° 208, à la mairie :

M. Drapier, secrétaire-trésorier.

Médecins : MM. Berthelot, Bertrand, Bobillier, Chamens, Clairin, Collineau, Colomb, Defert, Fourcordelle, Fourrier de Portail, Gros-Jeux, Hureau, Lagasquie, Lebreton, Lecou, Lozes, Mouillet, Pagueguy, Rey, Voisenet.

Septième arrondissement, rue des Francs-Bourgeois, n° 21, à la mairie :

M......, secrétaire-trésorier.

Médecins : MM. Barenton, Berthier, Cahen, Chabanneau, Duparpue, Durocher, Gaillard, Gauthier, Guerry-Duvivier, Herne fils, Huron, Lambert jeune, Monceau, Paris, Pâtissier, Picard, Raulin, Sirdey.

Huitième arrondissement, rue de la Chaussée-des-Minimes, n° 4 :

M. Lherbeau de Lussats, secrétaire-trésorier.

Médecins : MM. Angouard, Aupepin, Belhomme, Bérard, Bézard, Cazenave père, Cazenave fils, Dangla, Demeray, Deslandes, Dubois, Duval, Ferrand, Gaide, Lacroze, Lapp, Lemaire, Maindrauld, Mirambeau, Patrix, Raymond, Sorbier, Delachanterie, oculiste, De Caignou, pour le bégaiement.

Neuvième arrondissement, rue Geoffroy-Lasnier, n° 25 :

M. Cardon, secrétaire-trésorier.

Médecins : MM. Adet de Roseville, Boulard, Catelot, Chailly, Charpentier, Deslongchamps, Desplaces, Deville, Dubois, Fautrel, Hatin, Jodin, Morin, Reimbault, Thierry père, Thierry fils.

Dixième arrondissement, rue de Varennes, n° 9 :

M. Pairon, secrétaire-trésorier.

Médecins : MM. Bataille, Richebois, Delpech, D'héré, Flandin, Fournier, Gérardin, Guilbert, Guichard, Legrand, Masson, Pasteur, Périn, Poumié, Sorlin, Smith, Troussel, Vignardonne, Villeneuve.

Onzième arrondissement, rue Saint-André-des-Arcs, n° 49 :

M. Pelletier, secrétaire-trésorier.

Médecins : MM. Barras, Barbette, Chardel, Daumain, Duchêne, Dufrénois, Foucart, Gasnault, Grimaud, Hatin, Hénelle, Juglas, Lenormand, Ménière, Montault, Petit, Planti-de-Mangelle, Sichel, West, Billiard, dentiste, Delmont, dentiste.

Douzième arrondissement, impasse des Feuillantines :

M. Grémonpretz, secrétaire-trésorier.

Médecins : MM. Allard, Baroilhet, Boisduval, Boudart, Bourse, Cointet, Descuret, De Sonittère, Devilliers, Dubois, Feuillade, Guibout, Guilbert, Hautregard, Lemoine, Leuret, Mance, Marye, Moncla, Petit, Pinel, Rousset neveu, Salonne, Trappe.

Société de la Charité maternelle.

Le bureau cental de cette société est situé rue du Coq-Héron, n° 5. Son but est de secourir les pauvres femmes en couches, et de les aider à allaiter leurs enfans. Chacun des sociétaires y concourt au moyen d'une contribution annuelle qui ne peut être moindre de 50 francs. Le gouvernement accorde à cette association, qui a des établissemens dans les trente villes principales de France, un secours annuel de 100,000 francs.

Secrétaire-trésorier, M. Vernes.

Médecins : MM. Cayol, Chardel, Fizeau, Guérin, Guilbert, Jouard, Manec,

Nauche, Pétroz, Pignier, Renaudin, Ruette, Bullier.

Chirurgiens : MM. Baffot, Girardin, Nicod, Souberbielle, Tartra, Trappe.

Société Philanthropique.

Cette association, fondée en 1780, et établie rue du Grand-Chantier, n° 12, au Marais, est formée de personnes charitables, concourant au soulagement des indigens par une contribution annuelle de 30 francs : elle emploie ses fonds à distribuer des soupes économiques, à donner des consultations gratuites et des médicamens. Son but, suivant le rapport lu dans l'assemblée générale du 30 mai 1826, est de faire connaître et de mettre en pratique tout ce qui peut concourir à soulager les besoins actuels des pauvres, et à leur procurer des ressources pour l'avenir. Elle a établi, dans Paris, six dispensaires qui donnent des soins, année commune, à près de cinq mille malades. Outre ces secours de toute nature, elle distribue par année près de 80,000 francs.

Le roi, chef et protecteur.

S. A. R. monseigneur le duc de Nemours, président-honoraire, — vice-présidens : MM. le duc de Doudeauville, Molinier de Monplemqua, Husard, — secrétaire, Valdruche, — vice-secrétaires, Tessier, Martineau, — trésorier, le comte d'Harcourt, — contrôleur de la comptabilité, Rousset.

Premier dispensaire : rue Gaillon, n° 19.

Agent : M. Duchastelus.

Commissaires : MM. Bourceret, rue Pinon, n° 8, — Dausse, rue Grange-Batelière, n° 26, — David, aux Bains Chinois, boulevart des Italiens, — Delahaye, faubourg Poissonnière, n° 36, — Lallemand, rue Richelieu, n° 38, —

Teissier, rue Neuve-Saint-Augustin, n° 39, — Valois, rue de l'Échiquier, n° 19.

Médecins : MM. Rousseau, Decoigny, Sandras, Requisa ; — chirurgiens, MM. Guillon, Barthelemy, Bisson ; — dentiste, M. Delabarre ; — pharmaciens, MM. Bonnevin, Capelle, Caventou, Driot, Hottot, Raymond, Vuaflard.

Deuxième dispensaire, rue Saint-Denis, n° 258, pour le service des troisième, cinquième et sixième arrondissemens.

Agent : M. Pontonnier.

Commissaires : MM. Caubert, boulevart Saint-Martin, n° 7, — Delondre, rue d'Angoulême, n° 15, Gervois, rue d'Angoulême, n° 25, — Germinet, rue Saint-Denis, n° 191, — Maigret, rue de Bondy, n° 70, — Michelin, rue du Petit-Lion-Saint-Sauveur, n° 13.

Médecins : MM. Bonneau, Pailloux, Piédagnel ; — chirurgiens, MM. Jobert, Cottereau, Delmas, Durnerin ; — dentiste, M. Gory ; — pharmaciens, MM. Bosse, Boullay, Boutron, Cure, Dublanc, Labarraque, Richart.

Troisième dispensaire, rue Saint-Antoine, n° 159, pour le service des septième et huitième arrondissemens.

Agent : M. Aubepin.

Commissaires : MM. Bellangé, rue de Vendôme, n° 10, — Hémar de Sévran, rue du Paradis, n° 10, au Marais, — Magnis, à l'hospice des Orphelins, — Martineau, rue de Vendôme, n° 12, — Molinier de Montplanqua, rue de Grammont, n° 19, — Petit-Yvelin, rue Neuve-Saint-François, n° 16, — Ramon, rue Notre-Dame-des-Champs, n° 19.

Médecins, MM. Blache, Cazenave, Maindrault ; — chirurgiens, MM. Thillaye, Mavré ; — dentiste, M. Duval ; —

pharmaciens, MM. Baget, Cellière, Colmet, Costel, Pille, Roque.

Quatrième dispensaire, rue des Noyers, n° 37, pour le service des onzième et douzième arrondissemens.

Agent : M. Clémenceau.

Commissaires : MM. Collinet, rue de Condé, n° 11, — David, rue de la Harpe, n° 81, — Epoigny, rue de l'Estrapade, n° 81, — Framery d'Ambreucq, rue Saint-Victor, n° 9, — Henry, paroisse Notre-Dame, n° 30, — Morin de Sainte-Colombe, rue de Grenelle-Saint-Germain, n° 73, — Savouré, rue Grenier-Saint-Victor, n° 6.

Médecins : MM. Vasseur, Salonne, Lemoine, Lenoir ; — chirurgiens, MM. Pinel de Grand-Champ, Hourman, Ménière ; — dentiste, M. Régnart ; — pharmaciens, Deleschamps, Delondre, Duhomme, Gauthier, Mallite, Montillard.

Cinquième dispensaire, rue Sainte-Marguerite, n° 34, pour le service des dixième et onzième arrondissemens.

Agent : M. Dujardin Beaumetz.

Commissaires : MM. Bourriat, rue du Bac, n° 39, — le comte de Carvoisin, rue des Saints-Pères, n° 22, — le comte d'Harcourt, rue de Grenelle-Saint-Germain, n° 105, — le comte Henri de Kergorlay, rue Saint-Dominique, n° 40, — de Mauroy, rue de Sèvres, à l'hospice des incurables, femmes, — Pétroz, pharmacien en chef de la Charité, rue Jacob, n° 17, Wilson, rue Cassette, n° 6.

Médecins : MM. Paulin, Flandin, Lenormand ; — chirurgiens : MM. Devergie, Champagnar, Sabecter, Vidal de Poitiers ; — pharmaciens : MM. Boudet, Blondeau, Deflandre, Duclou, Hermandaz.

Sixième dispensaire, rue Baillet, n° 6,

pour le service des 4ᵉ et 9ᵉ dispensaires.
Agent : M. Tassin.

Commissaires : MM. Agasse, place Dauphine, 28. — Champion, rue de la Monnaie, 19. — Cramail, place Saint-Germain-l'Auxerrois, 24. — Grison, quai Pelletier, 14. — Lamouroux, rue du Marché-aux-Poirées, 11. — Reglai, quai Napoléon, 11. — De Saint-Victor, rue Culture-Sainte-Catherine, 17 bis. — Tournaire, rue des Juifs, 16.

Médecins : MM. Legras, Portus, Deville. Chirurgiens : MM. Payen, Berjaud, Montault. Dentiste : M. Regnart. Pharmaciens : MM. Borde, Commenchail, Derosne, Habert, Orophe-Gellée.

Médecins consultans : MM. Alibert, Birudois de la Motte, Landré-Beauvais, Lerminier, Récamier.

Chirurgiens consultans : MM. le baron Dubois, Baffos, Lisfranc, Marjolin, Sanson.

Médecins honoraires : MM. Alard, Baron, Bayle, Beaufils, Bellemain, Bourgeoise, Bricheteau, Delondre, Duval, Fizeau, Fourières de Beauregard, Gondret, Guérard, Husson, Laroque, Laryer-Villermé, Patissier, Pavet de Courteille, Piron-Sampigny, Rathcau, Ruyer, Renauldin, Rey, Rochaux, Vallerand de Lafosse.

Chirurgiens honoraires : MM. Arbel, Bérard, Bergeron, Richebois, Bolugon, Breschet, de la Berge, Hamel, Hervez de Chegoin, Jadioux, Laguerre, Lannes, Michelin, Moulin, Nicod, Piron, Ribes, Roux, Velpeau-Villermé.

Association maternelle. Cette société, formée de personnes charitables, a pour but de secourir les femmes indigentes en couches, et de les faire soigner dans leurs maladies ; elle est établie rue Neuve-Saint-Roch, n° 24.

Médecin : M. Nacquart.

Etablissement en faveur des blessés indigens. Cet établissement, situé rue du Petit-Musc, n° 9, est destiné à faire panser les blessures des indigens, et à leur fournir des secours pendant le temps que leurs blessures mettent à se fermer.

Directeur : M. Thierry, docteur en chirurgie.

Société protestante de prévoyance et de secours mutuels. Cette association, située rue de l'Arbre-Sec, n° 46, a pour but de procurer aux sociétaires les visites de médecins, les médicamens et deux francs par jour pendant les trois premiers mois d'une maladie qui dure plus de cinq jours ; un franc du quatrième au sixième, et cinquante centimes depuis le sixième jusqu'au parfait rétablissement. Pour en faire partie, on doit payer une cotisation de deux francs par mois, et six francs lors de son admission. Par ordonnance du roi, en date du 12 mars 1829, cette société a été reconnue comme un établissement d'utilité publique. Elle se compose d'un comité d'administration et d'un comité médical.

Président : M. le comte de Boissy-d'Anglas, pair de France, rue de la Ferme-des-Mathurins, 15.

Vice-président : M. le baron Oberkampf, député, rue Bleue, 17.

Secrétaires : MM. Schnitzler, rue de Savoie, 18 ; Montandon, pasteur, rue du Faubourg-du-Roule, 84.

Trésorier : M. Wurtz, rue de Lille, 17.

Agent comptable : M. Baumbach, rue de l'Arbre-Sec, 46.

Comité médical. Ce comité, qui fait tout le service médical de la société, donne encore ses soins aux indigens du diaconat de l'église réformée de Paris, et aux pauvres de tous les cultes que lui adresse l'association de charité, rue Martel, n° 13. Ses membres se réunissent, les deuxième et dernier mercredis de chaque mois, pour des conférences sur les malades qu'ils ont eus à soigner.

Ce comité se compose de trente-six membres au plus, tant médecins que chirurgiens de tous les cultes. Pour en faire partie, en cas de vacance, il faut se soumettre à certaines formalités indiquées par le règlement.

Médecins-consultans : MM. Biet, Dumeril, Kapeler, Rayer.

Chirurgiens consultans : MM. Roux, Amussat.

Médecins titulaires : MM. Berton, Blazy, Boutin, Boiveau, Camus, Cazenave, Clairain, Charpentier, Cordier, Croserie, Delafolie, Dubreuil, Duhamel, Garnier, Girod, Henry-Joseph, Henry, Saint-Arnoud, Hornalle, Lacorbière, Lamouroux, Ledeschaud, Legroux, Léveillé, Maindrault, Martin Gimard, Parmentier, Peudefer, Pichon, Pillon, Sichel, Simon, Sterlin, Vasseur.

Chirurgiens-dentistes : MM. Régnard, Paul, Laymard.

Bandagiste : M. Pissot.

Pharmaciens : MM. Boissel, Boudet, Briant, Cure, Delahaye, Delandre, Fayard, Garnier, Gellée, Habert, Johnson, Labarraque, Laillet, Lamouroux, Rethoré, Villette.

Société pour le soulagement et la délivrance des prisonniers. Secrétariat, rue du Bac, n° 43. Les affaires contentieuses y sont examinées par des jurisconsultes instruits ; des aumônes et des consolations distribuées aux prisonniers et à leurs familles ; des soins leur sont donnés par des médecins en cas de maladies.

Association pour l'instruction des jeunes Savoyards, rue de Sèvres, n° 56. On y instruit chaque jour 700 de ces enfans, à chacun desquels on donne une livre de pain.

Sociétés de secours mutuels entre ouvriers. Il en existe 164, réunissant 14,000 membres, qui, moyennant une cotisation prélevée, chaque semaine, sur leur travail, pourvoient mutuellement à leurs besoins dans les cas d'infirmités et de maladies, et même à leurs frais funéraires. La plus ancienne s'est formée en 1694.

Société royale pour l'amélioration des prisons. Pour y être admis, il faut, sur la présentation de quatre membres de l'association, être agréé par le roi, et s'engager à payer annuellement une somme de 100 fr. au moins. Ses assemblées générales se tiennent le 15 janvier et le 15 juillet. Elle s'occupe des moyens d'améliorer la position physique et morale des prisonniers.

Institution pour les jeunes filles délaissées, rue Garencière, n° 12. Les dames charitables qui la composent placent en apprentissage les orphelines de mère et les jeunes filles délaissées ; et ensuite elles les font entrer chez des ouvrières ou dans des maisons particulières, où elles leur continuent leur surveillance et leur protection. Elle a été fondée, il y a vingt ans, par Mme de Kerkado, et reçoit un secours annuel de 3,000 fr. sur les fonds des hospices.

Société pour l'établissement de salles d'asile pour la première enfance. École gratuite où sont gardés les enfans de deux à sept ans sous une surveillance commune, en recevant les premières leçons de lecture et des principes de religion et de morale. Elle reçoit des hospices un secours annuel de 3,000 fr.

Association des Orphelines de la Croix, rue Servandoni, n° 44. Son but est de faire donner à de jeunes orphelines, jusqu'à dix-huit ans, dans une maison d'éducation et de travail, l'instruction nécessaire pour leur position, et ensuite de les placer et de les protéger.

Paris possède encore beaucoup d'autres associations paroissiales de charité qu'il serait trop long et superflu d'énumérer. Faire l'éloge de toutes ces associations philanthropiques ne serait pas moins inutile ; car l'excellence de leur institution est évidente pour chacun. Toutes ces sociétés ont rempli le but qu'elles s'étaient proposé ; beaucoup même l'ont dépassé ; aussi terminera-t-on ici la tâche que l'on s'était imposée relativement à elles.

§ HÔTEL-DE-VILLE ET DES INVALIDES.

L'*Hôtel-de-Ville*, sur la place de ce nom, anciennement appelée *place de Grève*. Construit en 1533, par Cortonne, cet édifice, dans lequel sont établis, depuis 1801, les bureaux de la préfecture du département de la Seine, est remarquable par les sculptures du portique de la cour et de l'escalier, dues au célèbre Jean Goujon ; par la statue en bronze de Louis XIV, érigée dans la cour ; par la salle dite du Trône, où se trouve une petite statue équestre de Henri IV ; enfin par une horloge, la meilleure de Paris, dont le cadran est éclairé pendant la nuit. La place qui s'étend devant cet édifice servait autrefois à l'exécution des sentences de mort. Cet usage a heureusement cessé depuis 1830.

L'*Hôtel royal des Invalides*, sur l'esplanade de ce nom. De tout temps, les vieux soldats, et ceux que la guerre a mutilés, en un mot les *invalides*, ont joui auprès de nos rois d'une faveur, du reste, bien méritée. Nous voyons d'abord Charlemagne accorder des priviléges aux vétérans de son armée. Philippe-Auguste les plaça dans de riches abbayes ; bon système ! compensation qui fait nourrir le soldat par le moine qu'il a défendu ! Plus tard, Henri IV fonda, au faubourg Saint-Marcel, la maison de la Charité chrétienne, pour les braves que les victoires d'Arques, d'Ivry et de Fontaine-Française éloignaient à jamais des camps. Louis XIII consacra à ses soldats le château de Bicêtre ; enfin Louis XIV leur éleva un hôtel magnifique. Cet édifice, dont J.-H. Mansard fut l'architecte, et dans lequel il déploya tout son génie, comprend, dans l'espace de près de 1,900 toises carrées, de vastes bâtimens entourés de cours, de jardins, de fossés, etc. Le dôme doré qui s'élève au milieu de ce superbe monument a coûté trente ans de travaux. La flèche qui surmonte ce dôme, l'un des chefs-d'œuvre de l'école française, s'élance à 330 pieds au-dessus du sol. La cour, garnie de canons, est environnée de fossés et fermée par une grille. Ce vaste édifice, enrichi d'une église, se fait encore remarquer par de grands vestibules, d'immenses cuisines et de spacieux réfectoires. Il est orné de statues et de bas-reliefs. Dans le pavillon du milieu se trouve une bibliothèque de 20,000 volumes, et dans les bâtimens à droite on voit les plans en relief et les modèles des principales villes fortes de France.

Hôtel des Monnaies, quai Conti. Avant que l'Amérique versât ses trésors sur l'ancien continent, le système monétaire était dans l'état le plus déplorable. Sous Philippe-le-Bel, l'altération des monnaies devint telle, qu'elles ne valaient plus que le septième de leur dénomination. Cette désastreuse nécessité de l'époque, jointe aux concussions de ministres avides et à la cupide avarice des juifs, fut long-temps la cause du malaise qu'éprouvèrent les finances; malaise qu'aggravèrent encore la ruineuse *banque de Law* et la création des assignats hypothéqués sur les biens du clergé. Depuis, le système monétaire a reçu une extension considérable ; les accroissemens et l'importance qui lui ont été donnés ont bientôt nécessité une organisation plus régulière que celle qui avait existé jusqu'alors.

Long-temps les monnaies furent frappées dans le palais de nos rois. Un hôtel leur fut, plus tard, consacré dans la rue de la *Vieille Monnaie*, et ensuite dans la rue de la *Monnaie*. Mais l'administration manquait de cet ensemble, de cette régularité si nécessaire à un établissement de cette importance. Enfin, en 1791, on a fondé un hôtel, où, pour la première fois, l'on s'occupa exclusivement de la fonte des lingots, de la mise en circulation des espèces, de la vérification et du poinçonnage de toutes les matières d'or et d'argent émises dans le commerce. Le monument, construit en 1771, d'après les dessins d'Antoine, par les ordres de l'abbé Terray, sur l'emplacement qu'occupait l'hôtel de Conti, offre, sur sa façade principale, soixante toises de largeur et quatorze d'élévation. Cinq arcades, qui en forment l'entrée par un vestibule orné de colonnes d'ordre ionique et de six statues allégoriques, conduisent à une cour principale qui a 40 pieds de profondeur sur 92 de largeur.

Un péristyle, orné de 4 colonnes d'ordre dorique, sert d'entrée à la salle des balanciers, soutenu par des colonnes d'ordre toscan, et à la salle des ajusteurs, longue de 62 pieds sur 39 de largeur. Ce bel édifice contient aussi la *monnaie des médailles*, administration spécialement chargée du soin de faire frapper toutes les médailles, soit pour le compte de l'État, soit pour le compte des particuliers. Cette administration possède un cabinet complet de médailles frappées depuis François Ier jusqu'à nos jours.

Hôtel de Cluny, rue des Mathurins-Saint-Jacques. Sa construction date du moyen-âge. Malgré les maladroits changemens et la malencontreuse réparation qu'il a subis, cet hôtel est encore remarquable par le style antique de son architecture. Dans un local qui fait partie de cet édifice, est réunie une magnifique collection d'antiquités françaises, la plus complète en ce genre.

§ MUSÉES.

Au moyen-âge, l'art des Phidias et des Apelle était encore inconnu en France. Ce ne fut que vers le seizième siècle que l'Italie donna le signal de la régénération des arts. Léonard de Vinci, Raphaël, Michel-Ange, enrichirent leur patrie des chefs-d'œuvre de la peinture et de la statuaire ; mais bientôt la France ne fut plus réduite à envier la gloire des autres contrées ; et, tandis que Rembrandt, Vandick, fondaient l'école flamande, nous avions à nous enorgueillir des Poussin, des Lesueur, des Lebrun, des Jouvenet, etc. L'école française n'a pas cessé depuis de produire des artistes célèbres dans tous les genres, et la renommée qu'elle s'est acquise à tant de titres est encore, de nos jours, dignement soutenue par nos artistes contemporains. Le mérite et le grand nombre des belles productions de l'école française, acquises par le gouvernement, a fait naître l'heureuse idée de créer, pour les artistes vivans, un musée où leurs œuvres sont exposées au public, et d'où elles ne sortent que pour décorer les palais royaux, ou pour être transférées au musée du Louvre, lorsque la mort vient commencer pour leurs auteurs l'ère de la postérité.

Musée royal du Louvre, place du vieux Louvre. Cet immense musée est divisé en plusieurs galeries, dites Navale, des Antiquités, de la Scupture française, de Dessins, de Tableaux ; enfin des Antiquités grecques, romaines et égyptiennes. Il est encore consacré à l'exposition des ouvrages des artistes vivans et des produits des manufactures royales.

La *galerie des Antiquités*, composée de dix-huit salles, de vestibules et d'arcades, renferme les chefs-d'œuvre de sculpture que de savantes excursions nous ont rapportés de Grèce et d'Italie. Elle se fait encore remarquer par les plafonds qui décorent les salles et sont dus au génie de nos artistes les plus célèbres.

La *galerie de la Sculpture française* se compose de cinq salles ouvertes en 1824, et renferme les meilleures productions de nos sculpteurs les plus célèbres des trois derniers siècles.

La *galerie de Dessins*, ouverte en 1802, a eu beaucoup à souffrir de l'invasion de 1815. Elle possède encore cependant de nombreux dessins ou esquisses de grands maitres des différentes écoles. Cette galerie est enrichie d'une belle collection de vases étrusques et autres antiquités, et de plafonds et de sculptures, qui sont la production des Lebrun, des Girardon, etc.

La *galerie de Tableaux*, longue de 222 toises, large de 5, est divisée en neuf parties par des arcs faisant saillie sur la voûte, que soutiennent des colonnes et pilastres d'ordre corinthien, surmontés de chapiteaux de bronze doré. Décorée des portraits des peintres les plus célèbres qui aient illustré les différentes écoles, elle se compose de près de 1,300 tableaux.

La *galerie des Antiquités grecques, romaines et égyptiennes*, compte neuf salles, qui communiquent entre elles par des ouvertures ornées de pilastres d'ordre ionique. Elle est remarquable par ses plafonds, dus aux pinceaux de Fragonard, d'Horace Vernet, etc., etc., et par les nombreux vases, médailles et autres antiquités que renferment des armoires en acajou garnies de glaces.

La *galerie Navale* renferme les modèles de toutes les espèces de bâtimens de mer, de chantiers, d'usines, de forges, d'ateliers, et des plans de ports et arsenaux maritimes. On y voit aussi des tableaux qui représentent les hauts faits des marins français.

Excepté pendant les deux mois de l'exposition, qui a lieu en mars et avril de chaque année, le muséedu Louvre n'est ouvert au public que le dimanche, de dix à quatre heures de l'après-midi. Les jours d'étude sont les mardi, mercredi, jeudi, vendredi et samedi de chaque semaine. Les étrangers sont reçus également ces jours-là sur la présentation de leur passeport. Il faut une carte spéciale pour visiter le *musée égyptien* et celui de *la marine*, qui ne sont pas publics. L'exposition annuelle n'ayant lieu que de dix à quatre heures, et le musée étant fermé pendant ce temps le samedi, les personnes qui désirent visiter les tableaux avant dix heures, ou le samedi, doivent en former la demande par écrit à M. le comte de Forbin, directeur du musée, en s'y prenant plusieurs jours à l'avance, dans la crainte que le nombre des cartes spéciales soit épuisé.

Musée royal du Luxembourg, situé au palais de ce nom, exclusivement consacré à l'école française. Il renferme les tableaux capitaux achetés par le gouvernement, ainsi que les ouvrages de sculpture de nos premiers artistes vivans. Ce musée n'est ouvert au public que les dimanches, et, si on veut le voir un autre jour de la semaine, il faut s'adresser à M. Naigeon, conservateur, rue d'Enfer, n. 32.

Musée du Palais-Royal, situé au palais de ce nom. Cette galerie renferme une collection précieuse de tableaux de nos peintres les plus estimés.

Musée d'Artillerie, place Saint-Thomas-d'Aquin, n° 5. Il contient une riche collection de machines de guerre, d'armes, et d'armures, dont la plupart sont remarquables par leur antiquité. A la révolution de juillet, cette curieuse galerie a souffert beaucoup, par suite de l'enlèvement d'un grand nombre d'armes qu'y a prises le peuple pour se défendre, et dont il a cependant restitué une partie.

Muséum d'Histoire naturelle, vulgairement appelé *Jardin du Roi*. Il a son entrée par trois portes principales : l'une, place Walhubert, vis-à-vis le pont d'Austerlitz ; l'autre, rue du Jardin-du-Roi ; la troisième, rue de Seine-Saint-Victor.

Ce magnifique établissement fut commencé en 1636, sous la régence de Louis XIII, par Guy-de-la-Brosse, et destiné à la culture des plantes médicinales. Il doit ses rapides accroissemens et ses ingénieuses améliorations aux soins infatigables des nombreux savans qui s'y sont succédé depuis cette époque. Grâce aux Tournefort, aux Buffon, aux Bernard de Jussieu, etc., cet important édifice réunit aujourd'hui, de la manière la plus complète, toutes les branches de l'histoire naturelle. Des animaux vivans, de tous les pays, de tous les genres, composent sa ménagerie. Les végétaux sont cultivés dans les terres qui leur conviennent, et renfermés dans des serres où l'air est maintenu à diverses températures. Enfin des animaux empaillés, des végétaux classés avec symétrie, des minéraux rangés par catégories, y forment des collections aussi rares que complètes. D'un autre côté, les sciences naturelles y sont enseignées par l'heureux concours de la théorie et de la pratique.

En un mot, la salle d'anatomie comparée, la ménagerie, le cabinet d'histoire naturelle, le laboratoire, et l'amphithéâtre, les serres anciennes et nouvelles, la nombreuse bibliothèque, les allées spacieuses, et les vastes plans de culture qui décorent le jardin, le labyrinthe enfin, du sommet duquel on jouit d'une si belle vue, font de cet établissement l'un des principaux sanctuaires de la science et des plus riches ornemens de la capitale.

Musée Dupuytren, place de l'École-de-Médecine ; entrée par la rue de ce nom, vis-à-vis la rue Hautefeuille. Ce musée, fondé tout récemment avec les libéralités du célèbre chirurgien dont il porte le nom, renferme une curieuse collection de pièces destinées à l'étude de l'anatomie pathologique. On y remarque un grand nombre de morceaux d'ostéologie, de pièces injectées, et d'imitations en cire, parfaitement exécutées, des diverses maladies chirurgicales, et en particulier des maladies de la peau, etc.

§ PALAIS.

Dans le principe, les palais ont servi seulement à la demeure des empereurs et des rois; les princes en ont ensuite fait construire pour leur compte. Enfin, de nos jours, de hauts fonctionnaires, de riches personnages ont de somptueux palais : c'est l'effet des richesses et du luxe, et peut-être de la civilisation.

Palais de la Bourse et du Tribunal de Commerce, place de la Bourse. Il fut commencé, en 1808, sur les dessins de Brouguiart, et continué sous la direction de Labarre. Il occupe un parallélogramme de 130 pieds de largeur sur 230 de longueur; à l'extérieur, 64 colonnes d'ordre corinthien, qui supportent les corniches, produisent un fort bel effet. A l'intérieur, une salle d'audience magnifique, placée au premier étage; la grande salle du rez-de-chaussée, au milieu de laquelle on remarque le parquet des agens de change; la galerie qui la domine; de beaux escaliers; enfin les peintures en grisailles qui produisent l'effet de bas-reliefs, font de ce palais un des plus beaux monumens de la capitale.

Palais Bourbon, rue de Lobeau, et rue de l'Université, n° 118; commencé en 1722, sur les dessins de Girardini, et continué par plusieurs autres architectes; il est établi sur l'emplacement de l'ancien hôtel de Lassay. Ce magnifique édifice, appartenant aujourd'hui au duc d'Aumale, comme héritier testamentaire du feu duc de Bourbon, se fait remarquer par ses immenses bâtimens, dont la distribution intérieure est aussi commode qu'élégante; par des cours spacieuses et de belles avenues; des tableaux et des sculptures de prix décorent les appartemens de ce palais, duquel dépend un vaste jardin qu'embellit une terrasse de 1,500 pieds de longueur, ayant vue sur la Seine; du côté du boulevart des Invalides, est encore un pavillon élégant, entouré d'un charmant jardin anglais.

Palais de la Chambre des Députés, vis-à-vis le pont de la Concorde, et place du Palais-Bourbon. Sous le règne de la féodalité et du despotisme, le peuple n'eut pas de représentans; long-temps le clergé et la noblesse jouirent seuls du privilége de s'immiscer habituellement dans les affaires de l'état. La révolution de 1789 vint faire cesser cet abus. Les états-généraux, momentanément sortis de leur longue désuétude, furent supprimés pour faire place à *l'assemblée constituante*, et depuis à la *convention*. Les calamités qui résultèrent du pouvoir tout démocratique firent bientôt ressortir les inconvéniens de ce mode de gouvernement, et la nécessité d'une fusion de l'aristocratie et du peuple dans la direction des affaires publiques. Depuis 1789, onze constitutions régirent successivement la France jusqu'en 1814. A cette époque, une charte constitutionnelle, révisée en 1830, vint faire concourir trois pouvoirs à la formation des lois, savoir : le roi, la chambre des pairs, et la chambre des députés. Dans les attributions du roi furent comprises la proposition aux chambres et l'exécution des lois destinées à régir le royaume :

aux chambres fut confié le soin de les discuter, et d'amender les projets de loi présentés au nom du roi par ses ministres. Aux termes de cette charte, loi fondamentale de l'état, le roi nomme les pairs de France, composant la chambre haute, tandis que *des électeurs*, présentant par leur fortune et leur position sociale de sûres garanties, envoient à Paris, au nom de la nation, de nombreux représentans destinés à composer la chambre des députés.

Deux palais ont été consacrés aux séances tenues par les deux chambres.

Le *Palais de la Chambre des Députés* présente une colonnade d'ordre corinthien sur la place du Palais-Bourbon. Une cour spacieuse, dont les portiques forment un bel ensemble, conduit à la salle des *cinq cents*, remarquable par son fronton et de belles statues. Du côté de la Seine, un péristyle magnifique, orné de 12 colonnes d'ordre corinthien, de 29 pieds de hauteur, soutient un fronton triangulaire et sculpté par Fragonard. Un escalier de 100 pieds de largeur, composé d'un grand nombre de marches, et que décorent des statues colossales dues au ciseau de nos meilleurs sculpteurs, sert de soubassement au péristyle : ce morceau d'architecture présente le coup-d'œil le plus imposant. La salle des séances, de niveau avec la plate-forme du péristyle et d'une forme semi-circulaire, reçoit le jour par en haut. Elle a la forme d'un amphithéâtre ; les bancs s'élevant en gradins dans l'intérieur de l'hémicycle.

Palais de l'Elysée-Bourbon, rue du Faubourg-Saint-Honoré, n° 59, et Champs-Élysées. Construit, en 1728, pour le comte d'Evreux, il fut habité par la marquise de Pompadour, par les ambassadeurs extraordinaires, par Beaujon, banquier de la cour de Louis XV, et par madame la duchesse de Bourbon. Pendant la révolution, on y plaça l'imprimerie du gouvernement. Ce palais, qui sert maintenant de demeure au duc de Nemours, se fait remarquer par la richesse de ses appartemens, un beau jardin et des cours spacieuses, qui en forment les principales dépendances ; une galerie de tableaux des écoles flamande et hollandaise mérite d'être citée.

Palais du Garde-Meuble de la Couronne, rue des Champs-Élysées, n° 6. Ses vastes appartemens sont consacrés au dépôt des riches ameublemens, des pierreries magnifiques, parmi lesquelles figure une couronne de diamans au-dessus de laquelle a été placé le *Régent*, que Napoléon porta long-temps au pommeau de son épée. Ce diamant a donc une double valeur.

Palais de l'Institut. (Voyez Académies, page 22).

Palais de Justice, île de la Cité, entrée principale par la rue de la Barillerie. Les Romains vinrent, aux premiers temps de l'ère chrétienne, importer dans les Gaules le bienfait de leur législation. Depuis, la France fut régie par des *coutumes*, qui furent long-temps en vigueur dans les différentes provinces. Ces coutumes n'avaient apporté, dans la législation romaine, que des modifications nécessitées par les différences d'institutions, de mœurs et d'usages.

Indépendamment du *droit coutumier*, des ordonnances rendues par les rois de la première et de la deuxième race vinrent, long-temps après, fixer la législation sur les matières civiles et ecclésiastiques. Ces ordonnances, proposées par le roi en grande assemblée, prenaient, après adoption, le nom de *capitulaires*, dont le recueil formait le corps principal de l'*ancien droit français*, qui fut en vigueur jusqu'au règne de Philippe-le-Bel.

Louis IX eut, le premier, l'idée de faire un *code d'établissemens*. Par suite, les conventions entre citoyens reçurent une authenticité durable; leurs différends furent soumis à des magistrats chargés de l'interprétation de la loi; après, toutefois, qu'une *instruction préalable* avait éclairé leur religion sur le bien ou le mal fondé des prétentions des justiciables.

Avant et surtout depuis le règne de ce prince, la législation fut encore accrue d'édits et d'arrêts. Ils étaient rendus, à Paris principalement, par un parlement, dans la compétence duquel furent comprises les affaires civiles et criminelles. Cette cour souveraine fut organisée par Philippe-le-Bel, qui la rendit sédentaire à Paris. Avant ce prince, le roi de France envoyait dans les provinces des commissaires chargés de la répression des abus et de l'administration de la justice civile et criminelle. Ils déféraient au jugement du roi les affaires de quelque importance.

Vint la révolution de 1789: aux *parlemens* et aux cours souveraines furent substitués des tribunaux de district et des justices de paix.

Enfin, sous Napoléon, un code français, obligatoire pour tout l'empire, vint résumer avec un sage discernement toutes les institutions et les coutumes qui avaient, jusqu'alors, régi séparément les provinces de France.

Depuis ce temps, la justice émane du roi, et s'administre en son nom par des juges qu'il nomme et qu'il institue. Le *pouvoir judiciaire*, cette partie de la souveraineté, est donc dévolu à des magistrats inamovibles, composant des cours et tribunaux, dont la puissance est restreinte aux limites d'*une circonscription territoriale ou judiciaire*, appelée *juridiction*; et qui prend, dans le premier cas, le nom de *ressort*, dans le second celui de *compétence*.

La juridiction se divise en *degrés*: dans le degré inférieur, sont compris les tribunaux chargés de la connaissance d'une contestation; dans le degré supérieur, sont les tribunaux chargés de la révision des jugemens émanés des tribunaux du degré inférieur.

Enfin le pouvoir judiciaire trouve son complément dans l'institution d'une cour souveraine, qui ne forme cependant pas un troisième degré de juridiction, en ce qu'elle ne connaît pas du *fond* des affaires, soumises seulement à sa révision sous le rapport de la stricte observation des formes légales.

Ces cours et tribunaux, ainsi répartis dans différentes catégories, forment une hiérarchie judiciaire qui se compose:

1° Des *justices de paix*. Ces tribunaux sont établis dans chaque canton, et à Paris dans chaque arrondissement. Les attributions des juges de paix peuvent se diviser en *conciliatoires*, en *judiciaires* et en *extrajudiciaires*. Comme *conciliateurs*, ils cherchent à rapprocher les parties, qui peuvent même les prendre pour arbitres souverains de leurs différends; comme juges en matière civile, ils prononcent sur des contestations peu importantes, dont la nature est, du reste, déterminée par la loi; en matière de simple police, ils répriment les contraventions aux lois de police, telles que ventes de denrées à faux poids, de boissons falsifiées, ou de jet d'immondices, balayage et autres infractions aux réglemens concernant la petite voirie, etc. Enfin leurs fonctions extrajudiciaires consistent à rédiger des actes d'adoption et d'émancipation, à présider des conseils de famille, à apposer les scellés, etc.

Chaque justice de paix se compose, à Paris, *d'un juge de paix* et de *deux suppléans*. Un greffier, un ou plusieurs commis assermentés, un secrétaire du juge de paix, un ou deux huissiers audienciers sont attachés à chaque justice de paix.

Les justices de paix de Paris sont situées, savoir : 1er arrondissement, rue d'Anjou-Saint-Honoré, n° 9 ; juge de paix, Forcade de la Roquette ; greffier, Laroche. 2me arrondissement, rue Pinon, n° 2 ; juge de paix, Lerat de Magnitot ; greffier, Bonnet de Mézière. 3me arrondissement, rue Hauteville, n° 10 ; juge de paix, Moureau de Vaucluse ; greffier, Rouget. 4me arrondissement, place du Chevalier-du-Guet ; juge de paix, Ancelle ; greffier, Bellière. 5me arrondissement, rue de Bondy, n° 20 ; juge de paix, Garnier ; greffier, Cochet. 6me arrondissement, rue du Puits-Vendôme, n° 9 ; juge de paix, Béranger ; greffier, Bazin. 7me arrondissement, rue du Roi-de-Sicile, n° 32 ; juge de paix, Trouillebert ; greffier, Galien. 8me arrondissement, place Royale, n° 14 ; juge de paix, Perrier ; greffier, Lury. 9me arrondissement, rue Saint-Antoine, n° 88 ; juge de paix, Marchand ; greffier, Faugé. 10me arrondissement, rue de Grenelle-Saint-Germain, n° 9 ; juge de paix, Guillonnet de Merville ; greffier, Juge. 11me arrondissement, rue de Vaugirard; juge de paix, Rouillon ; greffier, Bazard Saint-Aubin. 12me arrondissement, rue Saint-Jacques, n° 161 ; juge de paix, Pinard fils ; greffier, Ponsar.

2° *Tribunaux de première instance.* Ces tribunaux sont établis dans chaque arrondissement communal. Cependant, à Paris, il n'y a, pour tout le département de la Seine, qu'un seul tribunal de première instance, composé d'un président, de vice-présidens, de juges et de juges-suppléans, composant huit chambres, dont six connaissent des affaires civiles, et les deux autres des affaires correctionnelles. Président du tribunal de première instance, Debelleyme ; vice-présidens : 1re chambre, Buchot ; greffier, Triquenaux ; 2me chambre, Bosquillon de Fontenay ; greffier, Alain ; 3me chambre, Portalis; greffier, Lessave; 4me chambre, Lamy ; greffier, Nivet ; 5me chambre, Mathias ; greffier, Hersant ; 6me chambre, Rigal ; greffier, Dallemagne. Chambres correctionnelles : 7me chambre, Brethous de la Serre ; greffier, Richard ; 8me chambre, Roussigni ; greffier, Tourfaut. Ces chambres se réunissent encore pour, sur le rapport des juges d'instruction, décider s'il y a lieu ou non de déférer aux tribunaux compétens les prévenus de crime et de délits d'une nature déterminée. Elles se réunissent aussi séparément en chambre du conseil pour rendre des jugemens qui n'ont pas besoin de publicité. Enfin le président du tribunal, et, à son défaut, un vice-président, ou même un des juges, préside, à jour déterminé, l'audience des *référés*, où il statue par des ordonnances sur des mesures d'urgence à prendre dans certains cas et sur l'exécution de jugemens rendus. Le greffier des référés est Mr Debuire, et ceux de la chambre du conseil, MM. Latourmignière et Chatain. Les chambres *des criées et des saisies immobilières* sont instituées pour les adjudications, au plus offrant et dernier enchérisseur, des immeubles vendus volontairement par les propriétaires, ou saisis par des créanciers sur leurs débiteurs. Ces chambres sont composées de juges de la première chambre. Près de ce tribunal de première instance est un *parquet*, composé d'un procureur du roi, remplissant les fonctions du ministère public. Le tribunal de première instance est ainsi appelé, parce que, la plupart du temps, il rend des jugemens susceptibles de la révision d'un tribunal supérieur. Il est cependant, dans certains cas, *le tribunal d'appel* des jugemens rendus par le juge de paix siégeant dans son ressort. Par opposition aux cours royales, il est encore appelé, *tribunal inférieur*, et, sous cette dénomination, sont compris aussi les tribunaux appelés à connaître des contestations commerciales.

Enfin, quoique nommé tribunal de première instance, il décide souvent, sur appel, les différends qui lui sont soumis. Il est encore tribunal d'appel des jugemens du tribunal de simple police.

Les tribunaux de première instance sont aussi appelés à connaître des contestations en matière commerciale dans les arrondissemens où il n'y a pas de tribunal de commerce spécial.

Dans chaque tribunal de première instance, il y a un nombre limité d'avoués et d'huissiers audienciers, jouissant du droit exclusif de postuler et d'instrumenter près du tribunal où ils ont prêté serment.

3° La *cour royale de* Paris a, dans sa juridiction, les départemens de la Seine, de l'Aube, d'Eure-et-Loir, de la Marne, de Seine-et-Marne, de Seine-et-Oise et de l'Yonne. Elle est formée de trois chambres civiles, d'une chambre d'appel de police correctionnelle, d'une chambre de mise en accusation et d'une cour d'assises. Premier président, Séguier; président de la première chambre, Miller; greffier, Fournier; président de la deuxième chambre, Hardouin; greffier, Coulon. Président de la troisième chambre, Lepoitevin; greffier, Reyjal. Président de la chambre d'appel de police correctionnelle, Jacquinot-Godard; greffier, de Juranvigny. Président de la chambre des mises en accusation, Dehérain; greffiers, Gorjer et Commerson. La cour d'assises est présidée alternativement par un des conseillers; greffiers, Catherinet, Duchesne et Trecy aîné. Le parquet se compose d'un procureur-général, de quatre avocats-généraux et de onze substituts du procureur-général. Les greffiers qui tiennent *le plumitif* de l'audience et ceux qui composent les différens greffes de la cour sont sous les ordres d'un greffier en chef, ainsi qu'au tribunal de première instance. Réunie en chambre civile ou en chambre d'appel de police correctionnelle, la cour royale est chargée de connaître sommairement, et en dernier ressort, de l'appel des jugemens de première instance rendus par les tribunaux civils, commerciaux et correctionnels situés dans le ressort de la cour royale. Chambre de mises en accusation, elle est instituée pour « examiner s'il existe » toutes les preuves ou indices d'un fait » qualifié crime par la loi, et si ces preu- » ves ou indices sont assez graves pour que » la mise en accusation soit prononcée. »

Cour d'assises. Elle se compose de cinq membres, dont l'un est président. Elle est chargée, avec l'assistance d'un jury composé de douze citoyens tirés au sort, de « juger les individus renvoyés devant » elle par la cour royale. »

Chaque cour royale, ainsi composée, a près d'elle un nombre illimité d'avocats ayant le droit exclusif de plaider dans son ressort, et un nombre limité d'avoués et d'huissiers audienciers jouissant du droit exclusif de postuler et d'instrumenter près d'elle.

Les deux degrés de juridiction sont donc remplis, le premier, par les tribunaux de première instance, le second, par les tribunaux d'appel. Dans les tribunaux de première instance sont souvent comprises les justices de paix : dans ceux d'appel, on voit quelquefois figurer les tribunaux que l'on a, par conséquent, à tort, appelés tribunaux de première instance.

4° *Cour des comptes*, cour Sainte-Chapelle, n° 4. Cette cour, composée d'un premier président, de présidens de chambre, de conseillers référendaires de première et de deuxième classe, et d'un procureur-général, se divise en trois chambres chargées spécialement de l'examen de la comptabilité du trésor et des communes.

Barthe, pair de France, premier président, rue de Grenelle-Saint-Germain, 9.

Vicomte Harmand d'Abancourt, président de la troisième chambre, rue d'Assas, 1.

De Gascq, président de la première chambre, rue Saint-Honoré, 348.

Marquis d'Audiffret, président de la deuxième chambre, rue Saint-Honoré, 387.

Procureur-général du roi, baron de Schonen, rue du Bac, 105.

Greffier en chef, Pajot, première chambre.

Lefebvre, deuxième.

Robert, troisième.

Greffe, ouvert tous les jours, de 2 à 4 heures.

5° *Cour de cassation.* C'est le tribunal suprême qui, pour toute la France et ses possessions, prononce sur la demande en cassation des jugemens rendus par les tribunaux en dernier ressort. Cette cour ne connait pas *du fond* des affaires ; elle ne fait que casser et annuler les jugemens rendus sur des procédures dans lesquelles les formes ont été violées ou qui contiennent quelque contravention expresse à la loi : alors elle renvoie le fond du procès au tribunal qui doit en connaître. La cour de cassation est divisée en trois chambres, et composée d'un premier président, de présidens de chambre et de conseillers. Son parquet se compose d'un procureur-général, de quatre avocats-généraux et de onze substituts. Premier président, comte Portalis. Président de la chambre des requêtes, de Zangiacomi ; greffier, Fiefvé. Président de la chambre civile, Boyer ; greffier, Tournemine. Président de la chambre criminelle, le comte Bastard de l'Etang ; greffier, Rougier. Huit huissiers audienciers, exploitant aussi près le conseil d'État, instrumentent près la cour de cassation. Les greffiers et commis greffiers sont sous les ordres d'un greffier en chef. La chambre criminelle connait directement des affaires en matières criminelle et correctionnelle. En matière civile : 1° la chambre des requêtes décide, sur le rapport de l'un de ses membres, si la requête présentée par le demandeur en cassation doit être admise ou rejetée ; 2° *la chambre civile*, lorsqu'il y a admission, statue sur les jugemens et arrêts attaqués, en les cassant ou en rejetant le pourvoi. Les causes portées devant la cour de cassation sont *instruites* et *plaidées* par des avocats assermentés, d'un nombre limité, et qui prennent le nom d'avocats aux conseils du roi, comme chargés exclusivement de présenter devant le conseil d'État toutes les affaires contentieuses de l'ordre administratif.

L'ordre judiciaire civil se compose des cours et tribunaux ci-dessus détaillés. Deux autres degrés forment une juridiction spéciale, *l'ordre judiciaire militaire*. Dans le premier degré de cette juridiction, figurent les conseils de guerre établis dans les chefs-lieux des divisions militaires de la France Ils connaissent en premier ressort des crimes et délits commis par des militaires, et se composent d'un colonel, d'un chef de bataillon, de deux capitaines, d'un lieutenant et d'un sergent-major. L'accusation est soutenue par un capitaine rapporteur. L'appel des jugemens rendus par les conseils de guerre peut toujours être déféré au degré supérieur, qui renferme les conseils de révision. Des juges militaires plus nombreux, présidés par un maréchal de camp, y rendent en dernier ressort des décisions, qui cependant peuvent être encore soumises, quant à la forme, à la révision de la cour de cassation.

Enfin la chambre des pairs, érigée en cour de justice, connaît de tous les attentats contre la sûreté de l'État et contre la personne du roi et de la famille royale.

Tous ces tribunaux ne siégent pas au même lieu. Il n'est question ici que du **Palais-de-Justice**, qui renferme la cour de cassation, la cour royale et des tribunaux de première instance et de simple police.

Ce palais, tour à tour occupé par les préfets de Rome, les rois de la première race, les maires du palais, les comtes de Paris et les douze premiers rois de la troisième dynastie, est aujourd'hui le sanctuaire de la justice. Des galeries conduisent à la salle des Pas-Perdus, élevée au-dessus de celle dite *cuisine* de Saint-Louis. La salle des Pas-Perdus, appelée aussi Grand'Salle, achevée en 1622, après un incendie qui l'avait consumée en 1618, offre une longueur de 222 pieds sur 84 de largeur. Elle est soutenue par des piliers et arcades d'ordre dorique, qui présentent un aspect imposant. Sur un des côtés se fait remarquer le monument de Malesherbe, dû au talent de Bosio et de Cortot. Cette salle donne entrée à une autre salle également spacieuse, embellie de sculptures remarquables et consacrée aux audiences de la cour de cassation. D'autres locaux, situés dans diverses parties du palais, sont consacrés à la cour royale, à la cour d'assises, au tribunal de première instance et aux greffes de ces cours et tribunaux. Ce palais est encore occupé par la chambre des avoués près le tribunal de première instance et près la cour royale, et par la chambre des avocats, où se tiennent leurs conférences, et où ils donnent des consultations gratuites aux indigens.

Palais de la Légion-d'Honneur, rue de Lille, 70; bâti en 1786, pour le prince de Salm, par Rousseau. Cet édifice est, depuis 1804, occupé par la grande chancellerie de la Légion-d'Honneur. Sa façade, sur la rue de Lille, forme un arc de triomphe orné d'un péristyle et d'un portique d'ordre ionique. Une colonnade du même ordre forme, de chaque côté de la cour, une élégante galerie coupée par un avant-corps de six colonnes d'ordre corinthien, composant le portique le plus spacieux. A l'intérieur se font remarquer de nombreux appartemens, dont la distribution est simple et commode. Une terrasse semi-circulaire, avancée sur le quai, embellit encore ce monument.

Palais du Louvre. Ce vaste édifice occupe, tant en cours qu'en bâtimens, un terrain immense, bordé par la place du Louvre, le quai de l'École, la place du Vieux-Louvre, et la place du Coq-Saint-Honoré et de l'Oratoire. Construit par Pierre Lescot, sous François Ier, sur l'emplacement d'une maison de chasse de Dagobert et du vieux Louvre, rasé en 1528, il a été agrandi et amélioré sous les règnes de Henri IV, de Louis XIII et de Louis XIV. La colonnade, élevée sur les dessins de Perrault, est l'un des plus beaux morceaux d'architecture moderne : elle se fait remarquer par trois avant-corps et deux péristyles ornés de nombreux pilastres et colonnes, et par des galeries ménagées derrière, et embellies par des sculptures magnifiques. Les trois autres façades, du côté de la Seine, des Tuileries et de la rue Saint-Honoré, sont ornées aussi de frontons, de colonnes et de pilastres, qui offrent le plus beau coup-d'œil. La cour intérieure est un carré parfait de 68 toises de côté. Les façades sur la cour se font également remarquer par le fini des sculptures qui les décorent et l'heureuse alliance des ordres divers qui en signalent l'architecture. Les nombreuses salles de l'intérieur de ce palais sont consacrées aux sciences et aux arts : celles de sculpture et de peinture méritent de fixer l'attention. Dans une autre partie, appelée le *vieux Louvre*, se tiennent les séances du comité de législation et de haute justice administrative du conseil d'État. Enfin une galerie qui se prolonge sur le quai jusqu'aux Tuileries sert de communication entre ces deux palais.

Palais de la Chambre des Pairs, dit du Luxembourg, rue de Vaugirard. Ce monument, construit en 1616, par Desbrosses, sur l'emplacement de l'hôtel de Luxembourg, présente, sur la rue de Vaugirard, vis-à-vis celle de Tournon, une façade qui ne manque pas de majesté. Une galerie découverte, formant terrasse, conduit à deux pavillons. Au milieu de la plate-forme s'élève un bâtiment quadrangulaire, orné d'une coupole élégante. La façade du palais sur le jardin présentait, naguère encore, un vaste cadran solaire flanqué de statues colossales. Un bâtiment provisoire, destiné aux séances de la cour des pairs érigée en cour de justice, a, depuis, masqué cette façade imposante. Il est remplacé par deux ailes de bâtimens qui avancent sur le jardin. Une cour spacieuse conduit à un bel escalier, orné de sculptures et de colonnes d'ordre corinthien. Les salles des gardes, des messagers d'État, de la réunion, des séances et du trône, composent la plus grande partie de ce palais, et se font remarquer par leurs sculptures, les tableaux et autres ornemens qui les décorent. Il est, en outre, enrichi d'une bibliothèque, d'un musée de tableaux, et d'un immense jardin, dont les allées profondes et ombragées, les statues remarquables et la végétation vigoureuse forment l'une des plus agréables promenades de la capitale.

Palais ou hôtels des ministres. Huit fonctionnaires, nommés par le roi, sont ministres secrétaires d'État aux départemens des affaires étrangères, de la justice et des cultes, de la guerre, de la marine et des colonies, des finances, de l'intérieur, du commerce et de l'instruction publique : ces fonctionnaires, réunis en conseil, ont, indépendamment du roi, un président qui tantôt est choisi parmi eux, tantôt est un ministre sans portefeuille. A ces différens ministères sont attachés des comités, qui, suivant leurs attributions, prennent le nom de *comité* de législation et de justice administrative, de l'intérieur et du commerce, des finances, de la guerre et de la marine ; ces comités réunis forment le conseil d'État, qui se compose d'un nombre indéfini de conseillers d'État en services ordinaire et extraordinaire, de maîtres des requêtes également en deux classes, et enfin d'auditeurs au conseil d'État. Ce conseil, présidé par le roi ou par le garde-des-sceaux, ministre de la justice, comprend en outre les ministres et les directeurs d'administrations qui y ont voix délibérative ; dans ses séances se discutent et se préparent tous les projets de lois et d'ordonnances.

Le personnel nombreux et le matériel considérable de chaque ministère ont, depuis long-temps, exigé qu'un édifice fût spécialement consacré à chacun d'eux. Ces édifices sont aujourd'hui de véritables palais : sans entrer dans des détails à leur égard, on doit citer particulièrement les hôtels du ministère des finances, rue de Rivoli ; du ministère de la marine et des colonies, place Louis XV ; enfin, celui de la justice et des cultes, place Vendôme et rue Neuve du Luxembourg.

Palais-Royal, place de ce nom. Construit, en 1630, par le cardinal de Richelieu, il porta d'abord le nom de *Palais-Cardinal.* Celui qu'il porte maintenant lui vient du séjour qu'y fit Louis XIV, pendant sa minorité, Richelieu l'ayant cédé à Louis XIII. Depuis il est devenu le séjour des ducs d'Orléans.

Le palais, proprement dit, est situé entre deux cours : celle donnant sur la place est bordée par une grille percée de trois portes en arceaux ; au-dessus règne une terrasse qui, se prolongeant des deux côtés, va rejoindre le bâtiment principal, et continue dans la seconde cour, qu'elle entoure également. Cette habitation princière se fait remarquer par la distribution commode de ses vastes appartemens, qui sont décorés de sculptures et de tableaux remarquables, et auxquels conduit un escalier magnifique. Cette partie du Palais-Royal a été bâtie par Lemercier. Les trois autres corps de logis, construits par Louis, sont garnis, au rez-de-chaussée, de ces immenses galeries où se pressent journellement les provinciaux et les étrangers. On reviendra, avec plus de détails, ultérieurement, sur cette partie marchande du Palais-Royal, formant à elle seule une petite ville. Dans son enceinte est un jardin embelli d'allées de tilleuls et de deux carrés de gazon, où sont placées six statues ; au milieu est un bassin, du sein duquel s'élance une gerbe magnifique.

Palais de la Sorbonne, rue et place de ce nom, construit en 1629, par le cardinal de Richelieu, d'après les dessins de Lemercier, sur l'emplacement d'un collège que fonda, en 1250, Robert Sorbon, chapelain de saint Louis. Ce palais se compose aujourd'hui de vastes bâtimens consacrés à des cours des facultés de théologie et des lettres et des sciences ; une autre partie est occupée par l'administration de l'université.

Palais du Temple, rue du Temple, n° 80, bâti sur l'emplacement de l'ancien palais des Templiers, d'où il tire son nom. Sa façade est décorée de huit colonnes d'ordre ionique et de deux fontaines surmontées de deux statues, représentant la Seine et la Marne.

Palais des Thermes, rue de la Harpe, n° 57, bâti par Constance-Chlore, aux premiers siècles de l'ère chrétienne. Il servit de maison de *thermes* ou *bains* à l'empereur Julien : il ne reste plus que quelques ruines de ce monument romain. Dans ce palais, qui fut la résidence des rois de France jusqu'à l'époque où ils allèrent habiter le palais de la Cité, aujourd'hui palais de Justice, on a découvert un magnifique aquéduc voûté en pierre taillée, qui y conduisait les eaux nécessaires aux *thermes.* Ces voûtes, qui n'ont aucun appui, et qui cependant ont su depuis seize siècles résister aux ravages du temps, frappent d'étonnement et d'admiration les curieux qui s'empressent de visiter ce monument.

Palais des Tuileries, élevé par Catherine de Médecis, en 1564, sur l'emplacement d'une immense tuilerie et de jardins environnans. Ce château a subi, sous Louis XIII et Louis XIV, les changemens et améliorations qui en font aujourd'hui l'une des plus somptueuses demeures royales. Il se compose d'un immense pavillon, dit pavillon de l'Horloge, situé au milieu de l'édifice ; de corps de bâtimens qui, sur le jardin, présentent deux galeries découvertes, composées de nombreuses arcades et de deux pavillons situés aux extrémités. Ce palais communique avec le Louvre par une galerie qui s'étend sur le quai dit du Louvre, parallèlement à la Seine : elle devait avoir pour pendant une autre galerie destinée à aller rejoindre le Louvre en longeant la rue de Rivoli, de façon que le Carrousel et la rue de ce nom, débarrassés des maisons qui les obstruaient, n'auraient formé qu'une immense place, au milieu de laquelle devait s'élever une fontaine jaillissante d'une grandeur extraordinaire, et servant ainsi à cacher le défaut du parallélisme du Louvre et des Tuileries. Ce projet gigantesque, conçu, en 1808, par Napoléon, ne reçut qu'un commencement d'exécution et n'a point été encore réalisé. A l'intérieur, le palais des Tuileries se fait remarquer par les richesses de ses vastes appartemens, décorés de sculptures, peintures et plafonds magnifiques. La salle du Trône est surtout digne d'être citée par le style grandiose de son architecture et la somptuosité de son ameublement. De vastes cuisines, des caves profondes, dépendent encore de cet édifice. A ce palais est attenant un jardin immense, planté, en 1665, sur les dessins du célèbre Lenôtre ; sa longueur est de 500 toises sur 168 de largeur ; cette dernière mesure est aussi celle de la façade des Tuileries : il est bordé sur le quai, dit des Tuileries, par une terrasse appelée *Terrasse du bord de l'eau,* élevée à 20 pieds au-dessus du sol de ce quai. Sur la rue de Rivoli règne une terrasse dite *des Feuillans,* de niveau avec le sol de cette rue, et bordée par une grille en fer de 15 pieds de hauteur. Au-devant du château s'étendent deux carrés, séparés du jardin par des fossés et une balustrade, et servant de promenade à la famille royale. Parmi les nombreuses allées que décorent des statues et des groupes remarquables, on distingue particulièrement l'allée du milieu, qui, se trouvant sur l'alignement de la grande avenue des Champs-Élysées, permet de voir du château l'arc de triomphe de l'Étoile. Des jets d'eau, des massifs d'arbres embellissent encore ce jardin, qui est la promenade favorite des fashionables et des enfans.

Panthéon. Élevé sur le dessin de Soufflot, en 1764, et consolidé par les soins de Rondelet, sur l'emplacement de l'ancienne église de Sainte-Geneviève, ce monument se compose d'une salle souterraine et de quatre nefs réunies à un centre commun surmonté d'un dôme. Sa hauteur, depuis le sol du perron principal jusqu'à la cime de la lanterne qui le surmonte, est de 250 pieds sur 339 de longueur et 254 de largeur. La façade se compose d'un péristyle orné de 22 colonnes d'ordre corinthien, hautes de 59 pieds, supportant un fronton où l'Assemblée constituante fit graver ces mots : *Aux grands hommes la patrie reconnaissante.* Elle y resta pendant vingt ans, et disparut sous la restauration, quand ce monument fut rendu au culte. Depuis la révolution de juillet, l'inscription a été replacée. Le dôme se compose de deux parties à l'entour desquelles règne une colonnade composée de 32 colonnes d'ordre corinthien, de 35 pieds de hauteur, supportant un entablement que couronne une galerie découverte, pavée en dalles. Au-dessus de ce dôme, s'élève une lanterne circulaire, ornée de 12 colonnes, et percée de 10 arcades en forme de croisées. L'intérieur de cet édifice est remarquable par la disposition de ses nefs ; ses tribunes ornées de balustrades ; la coupole, chef-d'œuvre de perspective, où Gros a représenté l'apothéose de sainte Geneviève, entourée de Clovis, de Charlemagne, de saint Louis et même de Louis XVIII ; enfin, par le pavage de son sol, exécuté en marbre de différentes couleurs. Le souterrain où reposent les cendres de Voltaire, de Mirabeau, etc., est à 18 pieds au-dessous du sol de l'édifice principal. Vingt piliers soutiennent les voûtes, d'où s'échappe un jour douteux par des embrasures ayant la forme de soupiraux. Les galeries et une vaste salle composent ce souterrain, qui se développe dans les mêmes dimensions que l'édifice supérieur.

§ PLACES.

Plus de soixante places existent dans la capitale. Voici les plus remarquables :

La place *du Carrousel* doit son nom au carrousel qui y fut donné par Louis XIV en 1662. Avant 1792, elle était encombrée de maisons. Depuis ce temps, et surtout sous l'empire, elle a été agrandie par la démolition des édifices qui l'obstruaient et le percement de plusieurs rues qui conduisent au Louvre et au Palais-Royal.

La place *du Châtelet* tire son nom du *Grand-Châtelet* qui y était élevé, et qui ne fut démoli que sous l'empire ; elle est remarquable par la fontaine qui y fut construite à la même époque. La chambre des notaires et le fameux restaurant du *Veau qui tette* décorent cette place, que domine la *tour Saint-Jacques-la-Boucherie*, reste de l'ancienne église de ce nom, et célèbre par le grand dîner qu'y donnèrent les paroissiens à l'évêque de Paris, lorsqu'en 1414 il vint faire la consécration du grand autel : le dîner se composait, en grande partie, de poisson ; on y but force *hippocras*. La dépense totale s'éleva à 70 sous Parisis.

La place *Dauphine*, construite sous Louis XIII, n'offre de remarquable qu'une fontaine surmontée du buste de Desaix, mort à Marengo.

La place *Louis XV*, dite *de la Révolution* ou *de la Concorde*, a 125 toises de long sur 87 de largeur ; elle est bornée au nord par le garde-meuble de la couronne et par le ministère de la marine, dont la colonnade, bien qu'inférieure à celle du Louvre, est cependant d'un bel effet ; au sud par le pont Louis XVI ; à l'est par le jardin des Tuileries ; enfin à l'ouest par les Champs-Élysées. Elle offre, de son centre, le plus beau coup-d'œil. Dans la direction du sud au nord, il faut remarquer le palais de la Chambre des Députés et l'église de la Madeleine, tandis qu'on découvre dans la direction de l'est à l'ouest le château des Tuileries et l'arc de triomphe de l'Étoile. Sur cette place, où mourut Louis XVI, on devait, sous la restauration, élever un monument expiatoire. Depuis la révolution de juillet, il devait être remplacé par un monument qui aurait pris le nom de Monument de la Charte. Ces deux projets ont été abandonnés pour la réalisation d'un autre, l'érection de l'obélisque de *Luxor* ou *Louqsor* en Égypte. Ce monolithe, qui était situé à la partie occidentale du village de ce nom, élevé sur les ruines de l'antique Thèbes, était monté sur deux socles : l'un reposant sur le sol, maçonné et dallé, se composait de trois morceaux de grès ; le deuxième était d'un seul bloc de granit rose. Après les opérations de l'abattage de ce monument, qui ont duré un mois, et nécessité l'emploi de plus de cinq cents ouvriers, cet énorme granit, placé sur le navire dit *le Luxor*, remorqué par le bateau à vapeur *le Sphynx*, est arrivé en 1835 à Paris, après une navigation longue et périlleuse. Cependant il n'a souffert aucune altération. Les soins apportés à son embarquement, l'habile prévoyance de M. Lebas, chargé de son érection, et les savans et ingénieux moyens par lui employés pour la réussite de cette difficile entreprise, ont assuré au nom de cet ingénieur une juste célébrité. Il est enfin érigé sur la place de la Concorde. Il se compose : 1° d'un piédestal formé de cinq blocs de granit tirés de Laber-Ildut (Bretagne), pesant 230,000 kilogrammes et haut de 28 pieds ; 2° d'un fût de 20 mètres 89 centimètres, présentant à sa base un carré de 2 mètres 42 centimètres de côté ; 3° et d'un pyramidion de 1 mètre 94 centimètres, présentant à sa base un caré de 1 mètre 54 centimètres de côté. Enfin les deux socles dont il a été parlé ci-dessus complètent l'obélisque de Luxor, tel qu'il a été trouvé en Égypte. Ses faces sont couvertes d'hiéroglyphes ou figures que les Égyptiens employaient comme écriture. Ces hiéroglyphes sont parfaitement sculptés ; ceux du deuxième socle (celui de granit rose) représentent des singes *cynocéphales* portant sur leur poitrine la légende de *Rhamessès* ou *Sésostris*, qui est encore sur la base du monument (cette légende signifie : Chéri d'Ammon, approuvé du soleil).

Dans la colonne du milieu, les hiéroglyphes, d'un beau poli, sont creusés à la profondeur de 15 centimètres. Dans les colonnes latérales, ils sont piqués à la pointe. Sur une des faces est le portrait de Rhamessès, dont les travaux et les hauts faits semblent retracés par les nombreux caractères et figures hiéroglyphiques sculptés sur toutes les faces du monument, depuis le socle jusqu'au sommet du pyramidion. Le monument sera, par la suite, entouré, à sa base, d'un bassin circulaire avec quatre sphynx en granit, à l'entour duquel sera construit un trottoir que borderont douze bornes-fontaines, surmontées de candélabres ; une chaussée circulaire divisée en huit compartimens, sablés et bordés de trottoirs avec candélabres, recevra huit pavillons, sur lesquels seront érigées huit statues représentant les principales villes de France. Des colonnes rostrales, hautes de 25 pieds et couronnées de boules dorées, serviront à l'éclairage de la place et du monument. Quatre groupes de proportions colossales, en harmonie avec les chevaux des Champs-Élysées et ceux des Tuileries, flanqueront les abords de la rue Royale et du pont Louis XVI. Enfin des plantations régulières de fleurs et d'arbustes, destinées à masquer les fossés qui règnent sur la place, complèteront l'ensemble des embellissemens qu'elle va subir.

La place *du Parvis Notre-Dame*, l'une des plus anciennes de Paris, n'est remarquable que comme point de départ des distances que marquent sur les routes royales les bornes milliaires.

La *Place Royale*, au Marais, bâtie en 1605, sur l'emplacement de l'ancien palais des Tournelles, qu'habita en dernier lieu Henri II, forme un carré parfait de 72 toises de côté, entouré d'une grille et bordé de maisons au-devant desquelles règne une galerie couverte. Au milieu de cette place est érigée la statue équestre de Louis XIII. Quatre fontaines décorent aussi cette place, embellie de nombreuses allées qui sont la promenade favorite des habitans du Marais.

La *place Vendôme*, tracée en 1699 et années suivantes. Elle doit son nom à César de Vendôme, qui, sur son emplacement actuel, possédait un hôtel magnifique. Elle présente, dans son étendue, un quadrilatère à pans coupés, de 75 toises de long sur 70 de large. De nombreux hôtels, décorés de façades où règne l'ordre corinthien, donnent un aspect imposant à cette place. La colonne, élevée en 1806, par Napoléon, à la gloire des armées françaises, a remplacé une statue équestre de Louis XIV, modelée par Girardon et abattue pendant la révolution. Cette colonne, dans le style de la colonne Trajane, à Rome, mais sur des dimensions plus fortes et des fondemens de plus de 30 pieds de profondeur, présente un diamètre de 12 pieds sur 133 de hauteur ; trois gradins forment son stylabate, qui a 21 pieds de hauteur, et une largeur de 17 pieds sur une face, de 20 pieds sur l'autre. Le noyau de la colonne est en pierre et le revêtement en bronze, où sont sculptés 276 bas-reliefs représentant les victoires de la campagne de 1805 ; dans l'intérieur, on a pratiqué un escalier tournant, de 176 marches, qui conduit à une galerie régnant au-dessus du chapiteau. Le soubassement et les gradins viennent d'être reconstruits en granit de Corse. Au-dessus du dôme a été replacée la statue colossale de Napoléon.

La place *des Victoires*, commencée en 1685, d'après les dessins de J.-H. Mansard, par les ordres du duc de La Feuillade, sur l'emplacement de l'hôtel de la Ferté. Elle fut terminée en 1692. Au milieu de cette place, se sont élevées successivement une première statue de

Louis XIV, renversée en 1792; une pyramide en planches, sur laquelle étaient inscrits les noms des victoires de la république; une statue colossale de Desaix, et enfin une seconde statue équestre de Louis XIV par *Bosio*. Ce dernier ouvrage orne, depuis 1822, cette place, qu'embellissent encore les nombreuses et magnifiques maisons qui la bordent circulairement.

Sur la *place Louvois*, s'élevait, en 1820, le théâtre de l'Opéra; cet édifice, abattu depuis, devait faire place à un monument expiatoire, en commémoration de l'assassinat commis sur la personne du duc de Berri. Ce projet a été abandonné, après avoir reçu un commencement d'exécution. La place Louvois, qui s'appellera dorénavant place de la Bibliothèque, est destinée à recevoir une fontaine jaillissante, dont les travaux s'exécutent en ce moment avec activité.

§ PONTS.

Nous sommes déjà bien loin du temps où, pour arriver dans l'île de la Cité, qui renfermait alors Paris, il n'y avait qu'à traverser un grand pont (le Pont-au-Change) et un autre pont (le Petit-Pont) qui, situé au midi de la ville, conduisait à 300 maisons ou plutôt chaumières éparses çà et là dans les vignes qui couvraient le coteau de Sainte-Geneviève. Aujourd'hui plus de vingt-cinq ponts établis depuis Bercy jusqu'à Grenelle, en joignant les rives de la Seine, procurent aux habitans de ces rives et des îles qu'elle forme des communications aussi promptes que faciles. La plupart des ponts furent, jusque vers la fin du dix-huitième siècle, couverts de maisons, qui, joignant celles situées sur les quais, ne permettaient pas de jouir du beau coup-d'œil que nous offrent aujourd'hui les rives de la Seine lorsque nous la traversons. Les principaux ponts sont :

Le pont *d'Austerlitz*, communiquant du Jardin des Plantes au faubourg Saint-Antoine; il a été commencé en 1802 et terminé en 1807. Long de 401 pieds, large de 37, il se fait remarquer par ses piles et culées en pierre de taille, ses cinq arches en fer et sa grande solidité, qui, sans nuire à son élégance, est depuis vingt ans à l'épreuve de l'ébranlement que lui font subir les lourdes voitures qui le sillonnent journellement.

Le pont *Marie*, jeté sur le bras droit de la Seine, du quai des Ormes à l'île Saint-Louis. Construit en 1614 et réparé en 1648 par suite de la ruine de deux arches emportées en 1638 par un débordement, il se compose de cinq arches à plein cintre, sur lesquelles il développe une surface de 300 pieds de longueur sur 78 de largeur. Il était, comme la plupart des ponts du vieux Paris, obstrué de maisons qui furent démolies en 1788.

Le pont *Louis-Philippe*, communiquant du quai de la Cité au port aux Blés, en s'appuyant sur la pointe occidentale de l'île Saint-Louis, a été inauguré en 1834. Ce pont suspendu est le premier à Paris où l'on ait fait usage du fil de fer en câbles.

Le pont *d'Arcole*, communiquant de la place de l'Hôtel-de-Ville au quai de la Cité, se compose de deux culées en pierre et d'une grande pile au milieu de la rivière; sur cette pile s'élève un arc de pierre qui sert de soutien à des chaînes de fer qui le traversent en allant joindre les deux extrémités du pont; il doit son nom à un combattant de juillet qui perdit glorieusement la vie en plantant, sûr l'entablement de la pile, le drapeau tricolore.

Le pont *Notre-Dame*, l'un des plus anciens de Paris, communiquant de la rive droite de la Seine à la Cité, a remplacé, en 1499, deux ponts de bois, dont le premier remontait aux règnes des princes de la première race. A cette époque, des quais ne contenaient point encore la Seine dans son lit ; et il paraît qu'en se retirant elle laissait, jusque dans les rues adjacentes, une mare vaseuse qui nécessitait toujours l'emploi de planches jetées en guise de pont. Ce fait est encore constaté de nos jours par le nom de *Planche-Mibray*, que porte la rue située vis-à-vis du pont Notre-Dame. Dans le vieux style, *mi* est l'abréviation de *parmi*, et *bray* signifie *vase, immondice*. Ce pont, composé de sept arches en plein cintre, long de 362 pieds entre les culées, et large de plus de 50, fut, jusqu'en 1786, surchargé de 60 maisons. Sur le côté est une pompe aspirante et foulante qui dessert les fontaines et bornes-fontaines des quartiers environnans.

Le *Petit-Pont*, communiquant de la Cité au quartier Saint-Jacques, a remplacé 14 ponts qui furent successivement, à cette place, emportés par les glaces ou les débordemens de la Seine. Le premier de ces ponts remonte à Jules-César. En 1782, existait encore la vieille fortification du *petit Châtelet*, à sa partie méridionale.

Le *Pont-au-Change*, communiquant de la place du Châtelet à la Cité (côté du marché aux Fleurs), doit son nom aux changeurs qui y furent établis jusqu'en 1788, année où furent abattues les maisons à quatre étages qui le surchargeaient. Ce pont, construit en 1629, a 447 pieds de long sur 78 de large. En 1802, fut démolie la vieille fortification du *grand Châtelet*, sur l'emplacement duquel est aujourd'hui la place de ce nom.

Le *Pont-Neuf*, communiquant de la rue Dauphine à la rue de la Monnaie, en s'appuyant sur la pointe occidentale de l'île de la Cité ; commencé en 1578, il ne fut terminé qu'en 1609. Sa longueur est de 712 pieds, et sa largeur de près de 71 pieds. Il se compose de douze arches à plein cintre, dont sept sur le bras septentrional, et cinq sur le bras méridional de la Seine ; vingt boutiques y ont été construites, en 1775, par Perronet. Il fut long-temps le théâtre du fameux *Tabarin*. Au bas du pont, du côté du quai Conti, *Brioché* avait établi ses marionnettes. Enfin il s'y tenait une foire perpétuelle, où une foule de badauds défrayaient les *tire-laines* et les *coupeurs de bourses*. Dans ce temps-là, les voleurs n'avaient pas grand mal : une sotte vanité avait fait venir la mode de placer à la ceinture une bourse toujours bien garnie ; il n'y avait par suite qu'à couper les cordons qui l'attachaient, et elle avait bientôt changé de maître. D'un autre côté, les laines ou manteaux, que l'on portait alors, n'étaient fixés sur l'épaule qu'au moyen d'un cordon. Dans une foule, la laine se trouvait par conséquent tirée bien facilement, et souvent sans que son propriétaire s'en aperçût au moment du vol. Ces industriels ne se composaient pas alors seulement de misérables que le besoin poussait au crime ; des seigneurs de la cour, ivres des orgies et des débauches de la nuit, se livraient, le matin, en plein jour, à ces brigandages, tolérés par une police dont ils corrompaient les agens. Le Pont-Neuf, appelé encore ainsi, est remarquable par une statue équestre de Henri IV, élevée sur un vaste terre-plain, faisant face à la place Dauphine. Cette statue fut érigée, en 1817, sur un piédestal embelli de deux bas-reliefs, représentant deux des principales actions de la vie de ce prince. La statue a quatorze pieds de haut et pèse trente milliers.

Le pont *des Arts*, communiquant du Louvre à l'Institut, est remarquable par son plancher entièrement plat, que supportent neuf arches de fer, appuyées sur des culées et des piles en pierre de taille. Il a été construit en 1802.

Le pont *du Carrousel*, communiquant du faubourg Saint-Germain à la place du Carrousel, se fait remarquer par la hardiesse de sa construction. Il est soutenu par trois arches de la plus grande ouverture, que composent cinq travées en bois, recouvertes de goudron et enfermées dans une enveloppe de fonte. La route pour les voitures est en caillioutage compacte, que bordent deux trottoirs exécutés en *bitume calciné*, provenant des mines de *Seyssel*. Il est à remarquer que c'est une administration particulière qui a donné au gouvernement l'idée d'essayer sur le Pont-Royal les effets de cette heureuse innovation.

Le pont *Royal*, communiquant des Tuileries à la rue du Bac, se compose de cinq arches en pierre de taille, et se développe dans une longueur de 372 pieds sur 62 pieds de large. Une partie du trottoir, côté du Carrousel, est composée de bitume de Seyssel.

Le pont *Louis XVI*, commencé, en 1787, et terminé en 1790, par Perronnet, communique de la place Louis XV au Palais-Bourbon; long de 461 pieds, large de 61 pieds, il se compose de cinq arches. Les douze statues colossales qui écrasaient ce pont ont été transportées à Versailles, dans la cour du château, dite de Louis XIV. Le grand roi, qui jusqu'alors s'y était trouvé dans la compagnie du duc de Trévise et d'autres maréchaux, jouira maintenant de la présence de grands hommes pour la plupart ses contemporains, et le pont ne perdra certainement pas au départ d'hôtes aussi nuisibles à sa solidité qu'à son élégance. On se promet de les remplacer par des statues plus en rapport avec la structure du pont et les proportions humaines.

Le pont *d'Iéna*, communiquant du Champ-de-Mars à Chaillot, se compose, dans une longueur de 467 pieds sur 46 de largeur, de cinq arches; quatre piédestaux, situés à ses extrémités, sont destinés à supporter des statues équestres. Lors de l'occupation des alliés, le nom de ce pont, qu'il doit à l'une des plus éclatantes victoires de Napoléon, choqua tellement l'amour-propre national du Prussien Blücher, qu'il avait donné ordre de le faire sauter. La mine était déjà faite; mais on parvint à apaiser le courroux du formaliste étranger en débaptisant le pont, qui s'appela pour quelque temps pont *des Invalides*. Il a depuis repris le nom de pont d'Iéna.

§ PRISONS.

Les crimes, les délits, les contraventions, ces trois grandes catégories de la criminalité, exigent une répression; cette répression consiste la plupart du temps dans une séquestration infligée pour punition, exigée souvent d'ailleurs par l'intérêt de la société. Coupables et innocens doivent aussi quelquefois, dans l'intérêt de la chose publique, subir, avant d'être jugés, une détention préventive, qu'un acquittement ou une condamnation doit faire cesser ou prolonger. Les prisons ont été instituées ; elles n'ont point, il est vrai, toujours été le séjour du crime. La féodalité, le despotisme, des réactions politiques, ont souvent, et même de nos jours, fait des *pénitencières* d'innocens. Cependant la philanthropie d'hommes éclairés n'a cessé de lutter, avec plus de courage que de succès, contre un système de pénalité dont la déplorable aggravation était le fruit de passions haineuses ou d'une coupable incurie. Long-temps, sur la paille infecte des cachots, gémit à côté de l'être souillé du crime, l'homme d'honneur, coupable seulement de patriotisme. Long-temps le malheureux, se repentant d'une faute commise dans un moment d'égarement ou de besoin, put puiser dans la fréquentation du scélérat endurci les funestes leçons de l'impénitence. Long-temps, enfin, l'oisiveté, *cette mère de tous les vices*, vint consoler le détenu de la perte d'une liberté que le travail devait désormais lui rendre onéreuse. Ces déplorables résultats nécessitaient une réforme complète dans le système pénitentiaire. Cette réforme, il faut le dire, n'a point encore eu lieu. Des améliorations importantes néanmoins sont venues exaucer les vœux du philanthrope, sans satisfaire aux exigences de l'utopiste. Une bienveillante humanité assainit les prisons en les agrandissant ; une sage prévoyance répartit les détenus dans des locaux séparés, suivant l'âge, le sexe, et même le degré de culpabilité présumée ou constante. Une occupation utile et forcée, en bannissant l'oisiveté, impose aux prisonniers l'habitude du travail ; elle leur en fait même venir le goût, par l'appât d'un salaire dont une partie adoucit leur sort, et dont l'autre, à l'expiration de leur peine, peut les mettre, pour quelque temps, à l'abri du besoin, ce génie malfaisant du pauvre. L'impunité n'est plus le partage d'une odieuse persécution, et la justice n'est plus sourde aux plaintes des prisonniers. Enfin la vue d'une famille dont il doit reconquérir l'honneur, en portant au cœur du malheureux de douces consolations, peut rendre, pour l'avenir, au sentiment de ses devoirs, celui qu'un moment de délire a détourné du sentier de la vertu. Toutes ces améliorations attendent néanmoins un complément. La peine de mort n'est point encore abolie, et cependant de nombreux exemples viennent attester au moins l'inutilité de cette institution. Au lieu des bagnes, ne vaudrait-il pas encore mieux établir une colonie de ces hommes que la société, quoique vengée, rejette à jamais de son sein ? Un funeste accouplement met, dans les bagnes, l'homme poussé au crime par une fureur jalouse ou une vengeance excusable, en contact avec le scélérat dont les forfaits sont le résultat d'une basse cupidité ou d'un froid calcul. La surveillance vient encore, même après que la société est vengée, imprimer le stigmate de l'infamie et de la réprobation au front du *libéré*, qu'elle contient dans les limites d'une résidence forcée. La rupture du ban donne lieu à l'infliction de peines rigoureuses ; et cependant il devrait être loisible au condamné qui a fait son temps de quitter une ville d'où le chasse une prévention souvent injuste. Malgré la sage classification des prisonniers, la funeste contagion de dangereux exemples et d'odieux préceptes vient témoigner du vice de leur accumulation dans les salles de dépôt et les ateliers de travail.

Un essai, que tout porte à croire heureux, vient cependant d'être tenté. L'isolement, ce système du célèbre Bentham, va désormais être mis en pratique dans le pénitencier de la *prison-modèle* ou de la *Roquette*. Ce vaste établissement, situé près du cimetière du Père-Lachaise, peut renfermer trois mille détenus. Pour parler du régime nouveau qui préside à son administration, il faut attendre que le temps en ait attesté les résultats. Il ne sera question ici que du monument. Il présente un hexagone régulier, dont les angles sont surmontés de tourelles, que six bâtimens viennent joindre à une rotonde où se trouve une chapelle. La cour, divisée en six compartimens égaux, est bordée de bâtimens à trois étages, et vient aboutir à une entrée principale qui donne sur la chaussée de la rue des Amandiers.

On peut citer encore, comme prisons remarquables, 1° *la Force*, rue du Roi-de-Sicile, n° 12, ancien hôtel qui appartint jadis aux ducs de La Force, d'où cette prison a tiré son nom. Établie en 1780, elle est divisée en huit compartimens, où l'on remarque une infirmerie et une chapelle. 2° *La Conciergerie*, située sous les voûtes du Palais-de-Justice, ancienne prison du parlement, et maintenant maison d'arrêt du département. La chambre qu'y occupait Marie-Antoinette a été convertie en chapelle. 3° La prison de *la Dette*, rue de Clichy, remarquable par la distribution commode qui règne dans ses bâtimens vastes et aérés. 4° La prison de *l'Abbaye*, place de ce nom, et rue Sainte-Marguerite-Saint-Germain. Cette prison, extrêmement vaste, est consacrée exclusivement aux militaires prévenus ou condamnés.

§ THÉÂTRES.

Il est déjà loin de nous ce temps où nobles et bourgeois, prêtres et laïques, se portaient en foule aux indécens mystères dont la salle du Palais-de-Justice était le théâtre; où un peuple ignorant s'égayait, sur le Pont-Neuf, aux plates bouffonneries des *Brioché* et des *Tabarin*. Les mystères ne sont pas, ainsi qu'on l'a prétendu, les premières pièces qui aient été représentées en France; déjà, sous Charles VI, des jeunes gens instruits, et fort moraux pour l'époque, s'étaient ingérés de retracer, dans des pièces de circonstance, les mœurs du temps. Ils formèrent une communauté qui obéissait à un chef, nommé par eux *le prince des sots*. Leurs promenades dans Paris et leurs pièces firent fureur. Pendant long-temps, on joua des *sotises*, nom générique qui, depuis, a reçu et reçoit, surtout de nos jours, une si juste et si fréquente application. Corneille, Racine, Voltaire, ont rendu à la tragédie cette antique splendeur dont la dotèrent Eschyle et Sophocle. Une critique amère et incisive osa désormais, sur la scène, battre en brèche les vieux préjugés, *fouetter d'un vers sanglant de crians abus*, et fronder les ridicules du siècle; Molière et Le Sage ressaisirent le sceptre de Thalie, tombé de Plaute et de Térence aux mains d'ignobles histrions; et la comédie française trouva de dignes interprètes dans les artistes qui, depuis et y compris Baron, ont illustré notre scène. La musique, cet art divin, dont l'antiquité nous a transmis les poétiques et mensongères traditions, est parvenue aussi, après des siècles de barbarie, à l'apogée d'une gloire jusqu'alors fabuleuse. Lulli, Grétry, Lesueur, Méhul, Hérold et Boïeldieu, ont enrichi tour à tour la scène lyrique de chefs-d'œuvre immortalisés par les Lays, les Elleviou, les Martin, et, de nos jours, par les Nourrit, les Levasseur, etc. Mais le *chant* n'est pas le partage exclusif de *la voix*, et l'habileté de nos artistes a su créer, sous ce rapport, une gloire à des instrumens destinés jusqu'alors à une obscure médiocrité. Au Conservatoire, de nombreux élèves se livrent, sous de célèbres professeurs, à l'étude de la musique et de la déclamation théâtrales. L'émulation s'y trouve excitée par des concours et des exercices annuels. Enfin, dans cet établissement, situé rue du Faubourg-Poissonnière, n° 11, se donnent des concerts mensuels, où se presse avec raison la foule des *dilettanti*.

L'*Opéra* ou *Académie royale de Musique*, rues Lepelletier et Pinon, n'est pas seulement remarquable par le choix des ouvrages lyriques qui y sont représentés et des artistes qui composent sa troupe et son orchestre; des ballets d'une magnificence orientale, exécutés par les sujets les plus distingués, y attirent continuellement la foule. La salle répond dignement à la splendeur de la scène. Commencée, en 1820, par M. Debret, et inaugurée en 1823, elle a coûté plus de trois millions. Le gaz hydrogène, employé d'ailleurs dans la plupart des autres théâtres de la capitale, remplace aujourd'hui avantageusement, par un lustre immense, les candélabres à becs, et l'éclairage aux chandelles, employé, jusqu'au dix-huitième siècle, dans nos théâtres. Le foyer a 180 pieds de long sur 25 de large. De magnifiques escaliers conduisent à un quadruple étage de loges et de galeries sur doubles rangées. Plus de deux mille personnes peuvent s'y placer. Ce théâtre est encore remarquable par les bals qui s'y donnent pendant le carnaval, au moyen de l'exhaussement du parterre au niveau de la scène. Leur origine remonte au 1er janvier 1716, jour où se donna, dans la salle, ainsi disposée, et qui était alors rue Saint-Honoré, le premier bal masqué auquel assista le duc d'Orléans, régent de France.

Le *Théâtre des Italiens*, place de ce nom, jouit d'une vogue que lui ont assurée Mmes Pasta, Sontag, Malibran, de douloureuse et poétique mémoire, etc.; MM. Galli, Pellegrini, Garcia, etc.; vogue que lui assurent encore la cantatrice tragédienne Julia Grisi, et les Rubini, Tamburini, Lablache, etc. Les opéras du fécond et mélodieux Rossini ont fait long-temps la fortune de ce théâtre. Son répertoire s'est enrichi, depuis, des œuvres de Donizetti et de Bellini, ce jeune compositeur enlevé trop tôt à l'art musical, dont il était l'un des plus enthousiastes sectateurs. Bien que le théâtre, situé place des Italiens, ait été construit, en 1777, sur les dessins de Brongniart, l'origine d'une scène italienne remonte à 1570. Dans ce temps, et encore sous Mazarin, l'Italie fournissait des chanteurs *à voix claire*.

Le *Théâtre-Français*, rue de Richelieu, n° 6, construit de 1787 à 1790, sur les dessins de Louis, fut inauguré en 1789. On y joue la tragédie et la haute comédie. Il est entouré d'une galerie couverte, qui conduit, du côté de la rue de Richelieu, à un vestibule où se trouve la statue de Voltaire, par Houdon. Une galerie intérieure, attenante au foyer, est décorée des bustes de nos écrivains les plus célèbres. Le plafond de la salle est décoré de sculptures remarquables. En 1689, les comédiens français jouaient dans une salle située rue des Fossés-Saint-Germain-des-Prés, aujourd'hui rue de l'Ancienne-Comédie, en face du café Procope, où s'attablèrent souvent Voltaire et Rousseau.

Le *théâtre de l'Opéra-Comique*, place de la Bourse, et rue des Filles-Saint-Thomas, n'est remarquable ni comme édifice ni comme scène. Une troupe médiocre, accrue passagèrement de quelques célébrités musicales, y chante l'opéra comique.

Le *théâtre de l'Odéon*, place de l'Odéon, construit en 1782, incendié en 1799 et en 1818, et reconstruit quelque temps après, présente aujourd'hui un bâtiment isolé, à l'entour duquel règne une galerie animée par des boutiques. Il a 19 toises de large sur 29 de profondeur et 9 d'élévation. La façade se compose d'un péristyle orné de huit colonnes d'ordre dorique. La salle est décorée de huit pilastres composites; sa forme est ovale. Ses dimensions axiculaires sont de 56 pieds et de 57 : elle peut contenir 1800 personnes. Ouverte et fermée tour à tour, elle doit être incessamment consacrée de nouveau à la représentation de drames et de comédies; mais son éloignement du centre n'en fera jamais un théâtre bien suivi.

Le *théâtre Ventadour*, rue Neuve-des-Petits-Champs et place Ventadour. Cet édifice est isolé sur une place, et occupe une superficie de 250 toises carrées. La façade, composée de neuf arcades, est décorée de pilastres d'ordres dorique et ionique, que surmonte un attique. Dix statues, représentant Apollon et les neuf muses, l'embellissent encore. La salle, semi-circulaire, est ornée avec goût, et présente une distribution aussi élégante que commode; mais elle est sourde et par conséquent peu favorable aux chanteurs. Dans un foyer magnifique, on remarque les bustes de nos principaux compositeurs.

Indépendamment de ces théâtres, il existe à Paris un grand nombre de théâtres secondaires et de petits théâtres. A leur suite, on peut visiter encore un nombre de curiosités diverses. Le *Diorama*, rue Samson. Deux tableaux, de 80 pieds de long sur 45 de large, y produisent d'admirables effets d'optique et de perspective. Le *Néorama*, rue Saint-Fiacre, représentant avec fidélité la fameuse basilique de Saint-Pierre de Rome. Viennent ensuite les concerts de la rue Saint-Honoré et ceux de la rue Vivienne, sous la direction du fameux Musard. Dans l'été, ces concerts ont lieu aux Champs-Élysées et au Jardin Turc, cette promenade des tranquilles habitants du Marais.

§ COMMERCE ET INDUSTRIE.

Il est impossible de diviser ces deux parties: elles ont entre elles une si grande connexion, que presque tous les commerçans de la capitale sont en même temps industriels.

Paris n'est pas seulement l'une des premières villes du monde par son étendue, sa population et ses monumens, son commerce et son industrie en font encore l'une des cités les plus remarquables et les plus florissantes du globe; et, tandis que les exportations de ses produits, d'une rare perfection et d'un nombre incommensurable, vont enrichir les départemens et l'étranger, les importations y font affluer les productions de toute la France, de toutes les contrées de l'Europe et de toutes les parties du monde. Rien de plus avantageux d'ailleurs que la situation de la capitale. Par terre, des routes royales et départementales lui ouvrent des communications faciles avec les villes de France et les pays limitrophes. Par eau, la Seine, la Marne et de nombreux canaux lui offrent des transports peu dispendieux. Ainsi le canal du Midi, en établissant une communication entre la Méditerranée et l'Océan, met Paris en relation avec les villes de commerce du sud et de l'orient, tandis que la Seine, toujours navigable, établit, par la Manche, des communications entre la capitale et les villes du nord et de l'occident.

Mais ce n'est pas seulement aux importations et aux exportations que Paris est redevable de la prospérité de son commerce, elle trouve encore sa source dans le *commerce intérieur*. Hommes et choses, tout y devient l'objet d'une spéculation ou d'un trafic; tout, jusqu'à la prostitution. Aujourd'hui la vie des hommes est un sujet d'assurances; aujourd'hui, moyennant prime, on trouve à se prémunir contre les chances du recrutement et la perte des procès, voire même des emplois.

De tout temps, le commerce et l'industrie ont été l'objet d'une faveur toute spéciale, et déjà, au dix-septième siècle, nous voyons instituer une juridiction consulaire, devant laquelle des marchands, jugés par des marchands, viennent vider leurs différends commerciaux. Une masse de capitaux est destinée ensuite à escompter le papier du commerce, ou d'autres valeurs, à un taux fixe, et toujours inférieur à celui de l'escompte, exercé jusqu'alors par des particuliers. Cet établissement d'une caisse d'escompte vient bientôt faire place à l'institution d'une banque, dont la sage administration et les garanties pécuniaires attirent la confiance et réparent le crédit. Des assemblées de commerçans et de banquiers, réunis pour traiter de leurs affaires, donnent l'idée de former une BOURSE, et, dès le commencement du dix-huitième siècle, se fonde cet établissement si nécessaire au commerce. Des sociétés, des journaux même, qui lui sont spécialement consacrés, viennent bientôt augmenter ses relations, et donner à ses opérations une utile publicité; enfin, devenu l'objet d'une étude particulière, il devait se voir doter d'écoles nombreuses, où de savans professeurs lui font l'heureuse application des sciences exactes et naturelles. Cependant, au milieu de tant d'élémens de prospérité, le commerce de Paris éprouvait un malaise affligeant, conséquence nécessaire des vives secousses qu'il avait deux fois éprouvées en l'espace de quarante ans (révolutions de 1789 et de 1830). Le désordre des finances, la stagnation des affaires commerciales, l'inaction dangereuse des masses composant la grande famille industrielle, nécessitaient un prompt remède. Il fallait imprimer un nouvel élan, donner une nouvelle vie. Un ministère du commerce fut créé: bientôt une investigation minutieuse, des enquêtes consciencieuses, des commissions savantes, vinrent donner une heureuse impulsion aux affaires, tirer l'industrie et le commerce d'une trop longue léthargie.

Grâce à ces utiles institutions, grâce aussi à la coopération puissante des notabilités industrielles, toutes les branches du haut et du petit commerce de Paris sont parvenues aujourd'hui à l'apogée d'une prospérité que tout porte à croire durable.

Avant d'entrer dans des détails et d'aborder les spécialités, il est à propos de parler ici des établissemens et des institutions qui concernent le commerce, l'industrie et l'agriculture en général.

§ MINISTÈRE DU COMMERCE.

Ministère du commerce, rue de Varennes, n° 26. Ses bureaux sont établis rue de Grenelle-Saint-Germain, n° 122. Le ministre donne des audiences lorsqu'on en forme la demande par écrit, en indiquant l'objet dont on désire l'entretenir. Les chefs de division reçoivent les lundis et les jeudis, de deux à quatre heures.

Le ministère se compose d'un secrétaat-général et de nombreux bureaux, indépendamment desquels les conseils et les comités tiennent des sessions à des époques déterminées.

L'administration de l'industrie agricole et commerciale, dont le siége est rue de Grenelle-Saint-Germain, n° 122, est sous la direction de M. Vincent, et se compose de cinq bureaux. Premier bureau, commerce: Sénac. Deuxième bureau, manufactures et statistiques industrielles: Azevedo. Troisième bureau, agriculture: Prévost. Quatrième bureau, subsistances: Luchaire. Cinquième bureau, poids et mesures, établissemens insalubres: Gouget. Division de la comptabilité générale: Rosman. Premier bureau, opérations centrales: Badin, sous-chef. Deuxième bureau, spécial des paiemens du ministère et du versement des retenues: de Gérin, agent spécial. Troisième bureau, des ordonnances et comptes: Pihan de Laforest. Quatrième bureau, secours: Miot.

Le *conseil supérieur du commerce*, sous la présidence du ministre et la vice-présidence de M. de Saint-Cricq, est formé de vingt-cinq membres choisis principalement parmi les notabilités commerciales: il se compose en outre d'un secrétariat-général, sous la direction de M. David, et de trois bureaux, dits *des tarifs et des législations, des archives et des documens étrangers, de statistique*, dont les chefs sont: MM. Noblet, Moreau-Dejonès et Fleury.

Les conseils-généraux du commerce et des manufactures et le conseil d'agriculture tiennent une session annuelle, et ont pour commissaires MM. David et Vincent.

Le conseil-général du commerce se compose de quarante-neuf membres élus par les chambres de commerce des villes de la France. M. Sénac en est le secrétaire.

Le conseil-général des manufactures se compose de cinquante-neuf membres, dont dix-neuf élus par les chambres consultatives des arts et métiers, et quarante nommés par le ministre, qui doit les choisir parmi les branches d'industrie auxquelles les élections des chambres consultatives n'auraient pas donné d'organes. Il se compose encore de dix membres du conseil-général du commerce qui y ont voix délibérative. Le secrétaire du conseil est M. Azevedo.

Le conseil d'agriculture, dont le ministre est le président et M. Prévost le secrétaire, se compose de trente membres, choisis principalement parmi les citoyens qui par leurs découvertes ou leurs travaux scientifiques concourent à la prospérité de l'agriculture.

Le *comité consultatif des arts et manufactures* se compose de membres titulaires et de membres honoraires. M. Gaillard en est le secrétaire.

La *commission des experts*, instituée pour vérifier, en cas de litige, les marchandises présentées aux douanes, se compose de trois membres, qui se réunissent, rue de Grenelle-Saint-Germain, n° 103, les mardis, jeudis et samedis, de deux à quatre heures.

Le *jury assermenté pour l'examen des marchandises prohibées* se compose de membres titulaires et honoraires, et d'un secrétaire : M. Tamisct. Elle tient ses séances, le jeudi, rue de Provence, n° 26.

Le *conseil de perfectionnement du Conservatoire et des écoles des arts et métiers* se compose de neuf membres présidés par M. le duc de Doudeauville.

Le *conseil supérieur de santé* se compose de vingt-cinq membres sous la présidence du ministre. Le secrétaire est M. de Ségur Dupeyroy.

La *commission des inspecteurs des eaux minérales à Paris* se compose de quatre médecins : MM. Baude et Subervic, Comte et Puche; ces deux derniers adjoints.

La *commission permanente du registre matricule pour l'inscription des chevaux de race pure* se compose de six membres. Président : M. le duc Decazes; vice-président : M. Deflahault; secrétaire : M. Didon.

Le *conseil des haras* se compose de cinq membres, chargés de l'inspection générale de ce service ; M. Guastalla, secrétaire, est également chargé du dépôt des remontes établi à Paris.

Enfin l'*inspection générale* des écoles royales vétérinaires est confiée à M. Huzard père : elles sont au nombre de trois, dont une, établie à Alfort, est dirigée par M. Aug. Yvart.

§ BANQUE DE FRANCE.

Banque de France, rue de la Vrillière.

Autrefois les changeurs et les banquiers, établis dans les places et marchés, comptaient leur argent sur des *bancs* (en italien *banco*). Telle est l'origine du mot *banque*, qui nous vient des Italiens, dont la plus ancienne banque était celle de Venise. Plus tard, Amsterdam, Hambourg, l'Angleterre, eurent aussi leurs banques. Ce ne fut qu'en 1716 que l'on en établit une en France, sous le nom de *Banque générale*, qui fut convertie, en 1718, en *Banque royale*, banque dont les opérations eurent de si affreux résultats.

Depuis fut créée une caisse d'escompte, à laquelle succéda, après le 18 brumaire, une *Banque de France*. Cet établissement, fondé sous l'empire, a, pendant quarante ans, à partir du 23 septembre 1803, le privilège d'émettre seule des billets payables au porteur et à vue. Son capital est de 90 millions de francs, divisés en 75,000 actions de 12,000 francs chacune. Il est régi par un gouverneur et deux sous-gouverneurs, nommés par le roi ; son administration se compose de quinze régens formant un conseil-général, de trois censeurs et de membres formant un conseil d'escompte. Ses opérations nécessitent de plus un nombreux personnel composé d'employés et de garçons de recette. Ses bureaux sont ouverts de sept à quatre heures tous les jours non fériés, à l'exception toutefois du bureau d'escompte, qui n'est ouvert que les lundis, mercredis et vendredis, aux mêmes heures. Le taux de l'escompte, déterminé par le conseil-général, est de 4 p. 0/0.

Personnel, 1° un gouverneur : M. le comte d'Argout; 2° adjoint : M. Gautier; 3° sous-gouverneur : M. Vernes; 4° quinze régens, pris parmi les banquiers et les receveurs-généraux des départemens ; 5° trois censeurs choisis parmi les banquiers ; 6° douze membres composant le conseil d'escompte; 7° quatre chefs principaux, remplissant les fonctions de secrétaire du gouvernement, de contrôleur, de caissier principal et de secrétaire du conseil-général ; 8° cinq chefs particuliers, préposés à l'escompte, aux actions, aux effets au comptant, à l'impression et aux billets, et enfin aux livres ; 9° six caissiers particuliers, dont un préposé aux recettes, trois aux paiemens, un autre à l'échange des billets, et le dernier remplissant les fonctions de sous-caissier principal; 10° neuf membres composant le conseil du contentieux, formé d'officiers ministériels et d'un agent ; 11° un essayeur, un architecte et deux docteurs, l'un en médecine, l'autre en chirurgie ; 12° enfin des employés de bureau et des garçons de recette au nombre de deux cents environ.

Les opérations de la Banque consistent :

1° A escompter des lettres de change et autres effets de commerce à ordre et à échéances déterminées, qui ne peuvent excéder quatre-vingt-dix jours, et qui doivent être timbrés et garantis par trois signatures. Elle admet néanmoins à l'escompte des effets qui ne portent que deux signatures, mais avec la garantie d'un transfert d'actions de banque, de rentes, d'actions des canaux et autres effets publics dont le gouvernement est débiteur.

2° A faire des avances sur effets publics, à échéances déterminées et même non déterminées (loi du 17 mai 1834).

3° A faire des avances sur dépôts de lingots ou monnaies étrangères, d'or ou d'argent, qui lui sont faits moyennant un pour cent par an. Le terme pour les dépôts, qui ne doivent pas d'ailleurs être au-dessous de 10,000 francs, est de quarante-cinq jours ; passé ce délai, la Banque peut disposer du dépôt, s'il n'est pas retiré à l'échéance, ou s'il n'est pas renouvelé.

4° A tenir une caisse de dépôts volontaires, pour tous titres, monnaies ou matières d'or ou d'argent, diamans et autres valeurs, moyennant un droit de garde établi d'après la valeur estimative du dépôt. Ce droit est d'un huitième d'un pour cent pour chaque période de six mois et au-dessous.

5° A se charger des recouvremens d'effets pour le compte des particuliers et des établissemens publics.

6° A recevoir en compte courant les sommes qui lui sont versées, et à payer les dispositions faites sur la Banque, et les engagemens pris à son domicile, jusqu'à la concurrence des sommes consignées.

Dispositions générales. Les actions de la Banque peuvent être immobilisées par la simple déclaration du propriétaire; on peut en céder l'usufruit, et, nonobstant cette cession, disposer de la nue-propriété. La loi du 17 mai 1834, précitée, accorde la facilité de *remobiliser* les actions immobilisées, pourvu toutefois que la nue-propriété et l'usufruit en soient réunis en la même main. Pour être admis à l'escompte et avoir un compte-courant à la Banque, il faut en faire la demande, par écrit, au gouverneur, et l'accompagner d'un certificat signé du demandeur, et de trois personnes connues, qui attestent connaître la signature, et savoir que le requérant fait honneur à ses engagemens.

La Banque ne peut admettre d'opposition sur les sommes qu'elle a en comptes-courans.

Ceux qui font des dispositions sur la Banque sans avoir fait les fonds pour les paiemens à l'échéance peuvent être privés de leurs comptes-courans par le conseil-général.

§ BOURSE DE COMMERCE DE PARIS.

Bourse de commerce de Paris, palais et place de la Bourse.

Aux premiers temps de la république romaine, c'est-à-dire plusieurs siècles avant l'ère chrétienne, il y avait déjà, à Rome, une assemblée de marchands qui se réunissaient pour traiter d'affaires commerciales.

Cet usage s'est conservé depuis, et l'on voit les banquiers et les commerçans de la ville de Bruges tenir leurs assemblées dans un vaste emplacement qui dépendait d'un hôtel appartenant à la famille *Van-der-Burfe,* d'où vient le nom qui, de nos jours, sert à désigner les réunions commerciales, et, par extension, les lieux de ces réunions.

La Bourse n'a pas, depuis sa création, toujours été établie au même lieu dans la capitale. Jadis les marchands et banquiers de Paris s'assemblaient dans un local dépendant du Palais-de-Justice, et situé sous la galerie Dauphine. Ce local s'appelait alors *place du Change.* En 1724, une Bourse fut établie pour la ville de Paris, et son siège fut fixé rue Vivienne. Le Directoire la transporta dans l'église des Petits-Pères. Elle se tint ensuite dans le Palais-Royal; et enfin, en 1808, elle vint occuper l'emplacement où elle est aujourd'hui.

La Bourse de Paris tient ses séances tous les jours non fériés, de deux à trois heures, pour la négociation des effets, et jusqu'à cinq heures pour les autres négociations. Près d'elle exercent, à l'exclusion de tous autres, comme agens intermédiaires (art. 74 du Code de commerce), soixante agens de change, soixante courtiers de commerce, et huit courtiers d'assurances, nommés par le roi, sur la présentation du ministre de l'intérieur, après dépôt d'un cautionnement.

Les agens de change ont seuls le droit de faire les négociations des effets publics et autres susceptibles d'être cotés; de négocier, pour le compte d'autrui, des lettres de change ou billets, et tous papiers commerçables, et d'en constater le cours. Ils peuvent faire, concurremment avec les courtiers de marchandises, les négociations et le courtage des ventes et achats des matières métalliques. Ils ont seuls le droit de constater le cours. Les courtiers de marchandises ou de commerce ont le privilége exclusif de faire le courtage des marchandises, et d'en constater le cours. Ils exercent, concurremment avec les agens de change, le courtage des matières métalliques. Les courtiers d'assurances rédigent les contrats ou *polices d'assurances*, concurremment avec les notaires. Ils en attestent la vérité par leur signature, certifient le taux des primes pour tous les voyages de mer ou de rivière. Il y a encore, 1° des *courtiers interprètes et conducteurs de navires*, chargés du courtage des affrêtemens. Ils ont en outre seuls le droit de traduire, en cas de contestations portées devant les tribunaux, les déclarations, contrats, chartes-parties, connaissemens et tous actes de commerce, dont la traduction serait nécessaire; enfin de constater le cours du frêt ou du nolis. 2° Des *courtiers de transport* par terre et par eau, ayant le privilége exclusif de faire le courtage de ces transports.

Les agens de change et les courtiers sont tenus d'avoir un livre-registre, sur lequel ils consignent, jour par jour, toutes les opérations faites par leur ministère. Ils ne peuvent faire des opérations de banque ou de commerce pour leur propre compte, ni s'intéresser dans une entreprise commerciale sous leur nom, ou un nom interposé; en cas de faillite, ils sont poursuivis comme banqueroutiers.

Enfin la loi reconnaît encore des *commissionnaires en marchandises* et des *commissionnaires de roulage*. En général, on entend par *commissionnaire* celui qui agit en son propre nom ou sous un nom social pour le compte d'un commettant. Le commissionnaire en marchandises se charge de les expédier d'une place à une autre, pour être vendues pour le compte de son commettant, ou de les recevoir à leur arrivée dans ses magasins, lorsqu'elles ont été achetées dans un autre lieu pour le compte de ce commettant. Le commissionnaire de roulage reçoit et expédie pour tous pays les marchandises qui lui sont consignées. Il est garant de l'arrivée des marchandises dans le délai fixé par la lettre de voiture, hors les cas de force majeure, comme aussi des avaries et pertes, à moins de stipulation contraire dans la lettre de voiture ou en cas de force majeure.

A la fin de chaque séance de la Bourse, les agens de change et les courtiers se réunissent pour arrêter les différens cours, qui sont portés sur un registre par un commissaire spécial. Le commissaire actuel est M. Baudisson de Richebourg père.

La Bourse est ouverte aux citoyens et aux étrangers; mais le parquet ne sert qu'aux agens de change.

Tribunal de Commerce, palais et place de la Bourse.

Ce tribunal a été institué en 1564 par le chancelier Michel de l'Hôpital, sous le nom de juridiction consulaire. Depuis il a pris le titre de *juridiction des juges et consuls*. Enfin, depuis la révolution de 1789, il porte le nom sous lequel il est connu aujourd'hui.

Cette juridiction connaît, tantôt en premier, tantôt en dernier ressort, des contestations *purement commerciales*, et non pas *entre commerçans*; car il peut souvent y avoir entre eux des procès qui ont pour objet des paiemens de loyers, etc., et qui rentrent dans la compétence du tribunal civil.

Ainsi les demandes en paiement des lettres de change ou des billets souscrits par des commerçans pour raison de leur commerce doivent être portées à ce tribunal, dont les jugemens, en certaines circonstances, que l'on mentionnera plus tard, peuvent être soumises à la révision de la cour royale.

Le tribunal accorde ordinairement vingt-cinq jours de délai au débiteur pour payer le billet ou la lettre de change non acquittés à leur échéance, en prononçant toutefois la condamnation au paiement de la somme due, et, dans certains cas, la contrainte par corps pour le paiement des condamnations prononcées par des jugemens dont l'exécution provisoire a toujours lieu, même en cas d'appel, qui n'est pas suspensif.

L'*usance* est de trente jours pour toute la France, *sans jour de grâce*. Quand le jour de l'échéance tombe un jour férié, le paiement de l'effet doit être exigé la veille ; mais, en cas de non-paiement, le protêt ne se fait que le jour suivant ; à l'exception de ce cas, il doit se faire le jour même de l'échéance, à peine, par le porteur de l'effet, de perdre son recours contre les endosseurs. Une fois l'effet protesté contre le souscripteur, et le protêt dénoncé aux endosseurs, s'il y en a, l'assignation au tribunal de commerce doit être signifiée par huissier, aux souscripteurs et endosseurs, dans la quinzaine de la dénonciation du protêt. S'il y a jugement par défaut, rendu sur la demande du créancier, on a six mois pour l'exécuter, à partir de la *signification*. Passé ce délai, la péremption est encourue si l'exécution n'a pas eu lieu, c'est-à-dire si l'on n'a pas saisi ou tenté de faire saisir les meubles du débiteur, ou même sa personne, quand la contrainte par corps est décernée contre lui.

Le tribunal de commerce tient ses séances les mardis, jeudis et vendredis pour les appels des causes et affaires sommaires ; les lundis et mercredis, pour les causes de grand rôle et les plaidoiries. Les tribunaux de commerce sont appelés tous les jours à juger des questions d'un intérêt majeur : de ce genre sont, en général, celles qui concernent les faillites, les sociétés de commerce, les contrats d'assurances, etc.

Membres du tribunal : MM. Aubé, président ; huit juges : Michel, Ledoux fils, Fessart, Thoureau, H. Say, Lebobe, Beau aîné et Martignon. Seize juges suppléans : Levaigneur, Dufay, Prévost, Rousseau, Carré, F. Gaillard, Buisson-Pezé, Ouvré, Pierrugues, Carez, Gailleton, Hennequin, Desnières, Bourget fils, Bertrand, Renouard et Godard ; greffier en chef, Ruffin. Six commis-greffiers, un secrétaire, quatre huissiers-audienciers, quinze défenseurs agréés ; dix-huit interprètes-traducteurs assermentés, un expert écrivain-vérificateur, dix officiers gardes du commerce. Les affaires portées aux tribunaux de commerce exigent une célérité à laquelle auraient nui les lenteurs de la procédure : en trois jours de temps, un procès peut y être instruit et jugé. Il n'y a donc pas nécessité d'établir, près des tribunaux de commerce, des officiers ministériels, comme auprès des tribunaux civils, des cours royales et de la cour de cassation. Bien qu'il y ait des agréés, leur ministère n'est cependant pas forcé, et l'on peut faire plaider sa cause par un avocat à la cour royale ou la plaider soi-même.

Chambre du Commerce de Paris, palais de la Bourse.

Cette chambre est formée par quinze membres, présidés par le préfet du département, et renouvelés par tiers tous les ans. Cette réunion, composée des commerçans les plus notables, choisis surtout parmi les juges consulaires, s'assemble à la Bourse le mercredi. Le secrétariat est ouvert tous les jours, de une à quatre heures, galerie Sud, n° 27. S'adresser à M. Brunet, archiviste. Une bibliothèque, composée presque en entier d'ouvrages ayant trait au commerce, dépend de cette chambre.

Caisse d'Épargne et de Prévoyance, rue de la Vrillière, n° 5.

Cette caisse, créée en 1818, a pour but de procurer aux personnes économes les moyens de placer avec sécurité jusqu'aux moindres épargnes, et de se procurer ainsi des ressources pour l'avenir. Ces placemens ne nécessitent aucune rémunération, les fonds nécessaires à l'administration de cette caisse ayant été fournis par les fondateurs, auxquels se sont adjoints plusieurs philanthropes.

La caisse reçoit depuis 1 fr. jusqu'à 300 fr., par dépôt, tous les dimanches et les lundis, de onze heures à trois heures. Chaque déposant ne peut avoir plus de 2,000 fr. de capital à son compte dans cette caisse.

Elle restitue tous les vendredis une partie ou la totalité des dépôts effectués, mais toutefois cinq jours après que le déposant a annoncé le désir d'en opérer le retrait. L'intérêt des sommes déposées est de 4 p. 100. Il est réglé tous les ans et ajouté au capital pour produire de nouveaux intérêts.

Cet établissement, fondé par des banquiers, est sous la direction de M. le baron B. Delessert.

Indépendamment du bureau principal, sont établies des succursales dans Paris et la banlieue. Celles de Paris sont situées : la première, Place-Royale, n° 14 ; la deuxième, rue Garancière, n° 10 ; la troisième, rue Saint-Martin, n° 208 ; la quatrième, rue d'Anjou-Saint-Honoré, n° 9 ; la cinquième, à l'Hôtel-de-Ville, place du Tourniquet-Saint-Jean ; la sixième, rue de Grenelle-Saint-Germain, n° 121 ; la septième, rue de la Montagne-Sainte-Geneviève, n° 24 ; et la huitième, rue Pinon, n° 2.

Les succursales de la banlieue sont établies à Saint-Denis, Neuilly et Choisy-le-Roi.

On ne saurait trop recommander cette institution philanthropique aux mères de famille, dont les économies, amassées petit à petit et déposées à la caisse d'épargne, peuvent un jour assurer le bien-être de leurs enfans ; au peuple parisien, qui trouvera, dans ses épargnes, grossies par les intérêts, des ressources assurées pour sa vieillesse et pour les temps de longue maladie ; enfin ; à tous ceux qui sauront préférer une sage économie à une folle dissipation.

Caisse d'Amortissement et des dépôts et consignations, rue et bâtiment de l'Oratoire du Louvre.

Dans l'origine, les gouvernemens empruntaient des sommes qu'ils s'engageaient à rembourser par annuités, c'est-à-dire (ainsi que le mot lui-même l'indique) d'année en année.

Il y avait alors un terme fixe d'exigibilité en faveur des créanciers ; c'est ce qu'on appelle la première période du crédit.

Ces prêts à remboursemens déterminés ne produisaient d'abord aucun intérêt ; on en vint bientôt à des emprunts sans aucun terme d'exigibilité du capital, et alors un service exact et régulier d'intérêts dédommagea le prêteur de la privation illimitée des sommes dont il avait fait l'avance. Par suite, des rentes perpétuelles furent créées ; leur origine remonte à François 1ᵉʳ. Ce prince, voulant, en 1521, reconquérir le Milanais, trouva le moyen de fournir à toutes les dépenses nécessitées par une si grande entreprise en vendant aux prévôts des marchands et aux échevins de la ville de Paris une somme de rentes à prendre sur certains revenus de l'État, avec faculté de revendre ces rentes aux particuliers, au profit desquels les magistrats passaient des contrats de constitution de rentes pour leur servir de titres.

En 1793, la dette de l'état, appelée *dette publique*, fut inscrite sur un grand-livre, titre unique et fondamental des créanciers, qui y furent crédités par ordre alphabétique. Pour leur donner une garantie de plus, il fut fait, du grand livre, deux copies, dont l'une fut déposée aux Archives du trésor, et l'autre entre les mains du fonctionnaire public préposé à l'inscription journalière des *mutations*. Les arrérages de ces rentes furent payés, par semestre, sur la justification du bulletin d'inscription délivré à chaque créancier.

C'est la seconde période du crédit ; et certes, pour en venir à ce point, il faut qu'il se soit affermi, tout en prenant d'immenses développemens ; c'est qu'entre ces deux périodes l'intelligence a succédé à la force brutale, la loi à l'arbitraire, la liberté au despotisme. Le crédit public trouve son appui et sa force dans la bonne foi, la sécurité générale et le respect de tous les droits.

Cependant des emprunts onéreux et non exigibles, en venant momentanément soutenir l'état, devaient un jour l'entraîner à sa ruine. Pour remédier à ce mal, fut établie, en 1816, une caisse dite *d'amortissement*, destinée à opérer, par des rachats successifs et dans un délai déterminé, l'extinction graduelle de la dette, et finalement la libération de l'état. On consacra à cet usage un fonds qui fut, dans le principe, composé en grande partie du reste des domaines nationaux.

Cette caisse fut placée sous la surveillance de six commissaires, savoir : un pair de France (aujourd'hui M. le comte Mollien) nommé par le roi sur une liste de trois candidats présentés par la chambre des pairs ; deux députés, un président de la cour des comptes, nommés aussi par le roi ; le gouverneur de la banque de France et le président de la chambre de commerce de Paris. La dotation primitive de 20 millions de revenus fut portée à 40 millions par la loi du 25 mars 1817, et la propriété des bois de l'état lui fut transférée, en cas d'insuffisance de ressources ordinaires. De nouvelles dotations, jointes aux arrérages des rentes par elles rachetées au-dessous du pair, et à celles servies par l'état, ont porté, depuis, ses ressources à près de 95 millions, destinés, par le moyen des rachats et du système des intérêts composés, à l'extinction de la dette publique.

Dans l'emplacement occupé par la caisse *d'amortissement* se trouve aussi une autre caisse dite *des dépôts et consignations*.

Le dépôt est en général *volontaire*, parce qu'il est facultatif à toute personne de déposer en mains tierces une somme à elle appartenant.

Le dépôt est *judiciaire* quand une personne est forcée, par une décision de la justice, d'opérer ce dépôt, ou quand elle veut s'affranchir du paiement des intérêts d'une somme qui, bien que due par elle, ne peut cependant être soldée immédiatement à *qui de droit*.

Indépendamment de la commission de surveillance, le *personnel* de cette administration se compose, 1° d'un directeur-général : M. Pasquier; 2° d'un directeur-général-adjoint : M. de Châteaudouble; 3° d'un caissier-général : M. Gravier; de son adjoint : M. Mugnier; 4° enfin de sept chefs de bureau, ayant sous leurs ordres un grand nombre d'employés et de garçons de recette et de bureau.

§ BANQUES ET CAISSES PARTICULIÈRES.

1° *Banque de Prévoyance de l'agence générale et placemens sur les fonds publics*, place de la Bourse, n° 31.

Cette banque offre aux particuliers des revenus progressifs, dont elle n'aliène pas les capitaux. Dix à vingt personnes, du même âge à peu près, classées par catégories, jouissent d'un revenu de cinq pour cent, qui croît au fur et à mesure des extinctions de leur catégorie. Quand elle est éteinte, chaque héritier peut reprendre la mise de celui qu'il représente. Les pères de famille qui veulent assurer, pour l'avenir, des ressources à leurs enfans, peuvent faire des placemens sur les têtes de ces derniers pour cinq, dix, quinze ou vingt ans. Par ce moyen, les survivans voient se doubler, et même quadrupler, les capitaux placés. Le personnel de l'administration, dirigé par M. Daru, se compose, entre autres, d'un contrôleur-général et de sept membres, formant le comité d'audition des comptes.

Banque immobilière de Survivance, place de la Bourse, n° 8, et rue Feydeau, n° 7.

Elle facilite le placement sur immeubles par l'émission de *coupons hypothécaires*, négociables, et qui peuvent être escomptés dans les bureaux de l'établissement. On délivre aussi des *coupons fonciers*, pour faciliter les ventes et acquisitions immobilières. Elle reçoit en dépôt les fonds des particuliers, qui, classés par séries de dix personnes, à peu près du même âge, ont droit à la survivance des individus décédés de leur catégorie. La raison sociale est de *Couflet* et *Moreau*.

Caisse hypothécaire, rue Neuve-Saint-Augustin, n° 30.

Son fonds social est de 50 millions, divisés en 50,000 actions nominatives ou au porteur. Elle a pour objet d'ouvrir un crédit aux particuliers qui peuvent fournir hypothèques, d'assurer les créances hypothécaires, de prêter sur nantissement de contrats emportant hypothèques, et d'acheter les créances hypothécaires. Le personnel, sous la direction de M. Sapay, se compose de censeurs, de membres du conseil d'administration, d'un chef du contentieux, d'un caissier, d'un secrétaire-général, etc.

Caisse de Prévoyance pour les porteurs de reconnaissances du Mont-de-Piété, rue Jean-Jacques-Rousseau, n° 5, sous la direction de M. Lanson.

Caisse d'Effets à domicile et de comptes courans, rue Chabannais, n° 10, sous la raison *Chaudonot et compagnie*.

Caisse de Recouvremens et de Paiemens à domicile, pour toute la France, rue Notre-Dame-des-Victoires, n° 34. MM. Duclosel frères et de Rostaing en sont les fondateurs.

§ ÉCOLES DE COMMERCE.

Conservatoire des Arts et Métiers, rue Saint-Martin, n° 208. Cette utile institution doit son origine à Vaucanson, célèbre mécanicien, qui légua à Louis XVI, en 1782, une collection de soixante machines; mais elle ne fut fondée, cependant, qu'en 1798. Depuis ce temps, elle est destinée à recevoir toutes sortes de modèles, en grand ou réduits, le dessin et la description de tous les instrumens, appareils, outils, machines, etc., que l'on emploie dans l'agriculture et les arts mécaniques. En 1810, fut établie, près du Conservatoire, une école gratuite destinée à former des artistes et des professeurs : on y explique la construction et l'emploi des outils et des machines; on y fait l'application des sciences aux arts et métiers; enfin on y enseigne le dessin, l'arithmétique, la géométrie, l'algèbre, etc. Dans cet établissement, les cours sont faits, deux fois par semaine, savoir : 1° Un cours de géométrie et de mécanique, par M. Charles Dupin; 2° un cours d'économie industrielle, par M. Blanqui aîné; 3° un cours de chimie appliquée aux arts, par M. Clément Desormes; 4° un cours de physique et de démonstration de machines, par M. Pouillet; 5° un cours de géométrie descriptive, par M. Gauthier; 6° deux cours de dessin, l'un de mécanique, par M. Leblanc; l'autre de figure, par M. Dewailly.

Afin de compléter les avantages de cet établissement, on y a formé une belle bibliothèque, composée des ouvrages nationaux et étrangers, les plus propres à diriger ceux qui se livrent à l'étude des arts. Le Conservatoire des arts et métiers est régi par un conseil d'administration, sous la présidence de M. Pouillet, et par un conseil de perfectionnement, composé des professeurs du Conservatoire, de six membres de l'académie des sciences et de six manufacturiers, négocians ou agriculteurs. Douze bourses de 1,000 francs sont destinées à douze jeunes gens peu fortunés, mais qui sont jugés avoir de grandes dispositions pour les arts mécaniques.

Dans les salles de collections, ouvertes au public, les dimanches et jeudis, de 10 à 4 heures, et aux étrangers de midi à 4 heures, on vient admirer particulièrement des modèles de machines pour la filature et le tissage, pour la manutention des laines et la taille des vis, les métiers à tisser les toiles métalliques, et beaucoup d'autres modèles ingénieux.

École spéciale du Commerce français, boulevard Saint-Antoine, n° 59. Avant 1816, Paris comptait une foule de professeurs de tenue de livres, de change, etc.; mais personne n'enseignait la science commerciale dans toute son étendue. Ce ne fut qu'à cette époque qu'on établit, à l'ancien hôtel des Fermes, rue du Bouloi, une école qu'on appela *académie du commerce*. En 1819, elle fut transférée rue Saint-Antoine, où elle prit le nom qu'elle porte aujourd'hui. Depuis elle a changé de local, et en occupe un maintenant au boulevard Saint-Antoine. C'est là que, joignant la théorie à la pratique, les élèves achètent et vendent des marchandises simulées, négocient des valeurs de toute espèce, font la banque, chargent et expédient des navires, et se livrent enfin aux opérations commerciales les plus compliquées.

L'enseignement, dirigé par M. Blanqui aîné et par un conseil de perfectionnement, composé de savans et de négocians, comprend l'étude des langues étrangères et celle des sciences et arts, de la comptabilité, des changes et arbitrages, du dessin linéaire, de l'économie politique, de l'histoire du commerce et de l'industrie, etc.

Dans un musée, qui dépend d'une bibliothèque attachée à cet établissement, sont déposés les échantillons des produits de toute espèce ; on admet, les élèves, sans examen préalable, depuis l'âge de 12 jusqu'à 14 ans.

École spéciale de Commerce, rue du faubourg du Temple, n° 22. Cet établissement, fondé en 1830, sous la direction de M. Verharne, est consacré à l'éducation commerciale de dix pensionnaires et d'un nombre illimité de demi-pensionnaires et d'externes. L'enseignement y est fait par d'habiles professeurs, d'après les erremens suivis à l'école du boulevard Saint-Antoine.

École centrale des Arts et Manufactures, hôtel Juigné, rue de Thorigny, n°7. Cet établissement, fondé en 1829, sur la place de l'ancienne École-Polytechnique, est dirigé par M. Lavallée, et placé sous la direction d'un conseil de perfectionnement, que composent des membres de l'Institut, des négocians, etc. On y forme des chefs de manufacture, des ingénieurs civils, des directeurs d'usines, des constructeurs. On y donne aussi l'instruction nécessaire à tous ceux qui veulent s'occuper de spéculations industrielles, et, par suite, se mettre à même d'acquérir les notions indispensables en pareil cas : leçons orales, examens de toutes sortes, travaux graphiques, manipulations et expériences de toute espèce, rien n'est négligé, dans cet établissement, pour faire et compléter une éducation industrielle. Les élèves, qui n'y sont admis qu'à 16 ans révolus, et qu'en justifiant de connaissances déjà acquises en mathématiques et en dessin, y sont divisés en deux classes, où leur sont enseignés, par d'habiles professeurs, sous la direction et la surveillance de M. Ollivier, les arts chimiques, les mathématiques élémentaires, la géométrie descriptive, la topographie, la physique industrielle, la mécanique industrielle, la chimie générale, la chimie analytique, l'histoire naturelle et industrielle, l'exploitation des mines, l'art de bâtir, le dessin, la statistique et l'économie industrielle. Des laboratoires dépendent de cet établissement, et facilitent aux élèves les moyens de se perfectionner, par la pratique, dans la fabrication des produits chimiques et des couleurs, des toiles peintes et des papiers peints, du papier, du sucre, de l'alcool et diverses espèces de poteries et de verre, dans l'art de la teinture, dans la préparation des corps gras et du savon, etc. Ils peuvent encore y acquérir une connaissance complète de l'extraction et du traitement du fer, du plomb, du cuivre, du zinc, de l'étain et des autres métaux quelconques. Enfin des cabinets et ateliers, disposés pour la construction de moteurs, d'outils, de machines, etc., facilitent aux élèves l'explication des machines en mouvement ; ils peuvent aussi se livrer à des travaux d'architecture, etc. Plus de cent demi-bourses sont mises à la disposition de cet établissement, par les fondateurs, pour y entretenir, en partie, les élèves distingués, que leurs moyens pécuniaires ne pourraient mettre à même de suivre les cours.

Académie de l'Industrie française,

place Vendôme, n° 24. Cette académie agricole, manufacturière et commerciale, a, pour protecteur, le roi ; pour président, M. le duc de Montmorency ; pour administrateur général, M. César Moreau. Elle distribue des médailles aux auteurs de rapports et mémoires utiles et de découvertes importantes.

§ CERCLES ET SOCIÉTÉS DE COMMERCE.

Lloyd français, place de la Bourse, n° 8. C'est une réunion commerciale et industrielle, présidée par MM. Lefebvre et Vander-Brock, sous les auspices des ministres et des notabilités financières et commerciales. Une commission composée de sept banquiers et négocians surveille les opérations de ce cercle, où se traitent particulièrement les affaires commerciales maritimes. Un registre publié annuellement met les nombreux habitués de cette réunion au fait de tous les navires marchands, qu'il leur fait connaître dans tous leurs détails.

Cercle du Commerce et de l'Industrie, boulevard Saint-Denis, n° 22 *bis*. Il se compose de négocians et de fabricans français et étrangers, dont la réunion a pour but de faciliter le placement des produits industriels et commerciaux. Directeur, M. Lory.

Ancien Cercle, boulevard Montmartre, n° 14. Il se compose de commerçans de toutes classes, sous la présidence de M. Nicolas Chassins, préposé en chef et comptable.

Cercle Français, rue Vivienne, n° 18. Il est dirigé par M. Cammery, propriétaire de l'établissement.

Cercle de l'Union, rue de Grammont, n° 28. M. Meara en est le secrétaire.

Cercle du 29 Juillet. Cet établissement, dont M. Rondeau est le propriétaire, est situé rue de Grammont, n° 27.

Cercle du Commerce, rue du Sentier, n° 20 *bis*. M. Courthade en est l'agent comptable.

Société d'Encouragement pour l'Industrie nationale, rue du Bac, n° 42 ; fondée en 1802, elle a pour but l'amélioration de l'industrie française. Deux assemblées générales, formées des membres composant le conseil d'administration, la commission des fonds et les comités du commerce, des arts mécaniques, des arts chimiques, des arts économiques et de l'agriculture, distribuent, deux fois par an, des prix et des médailles d'encouragement. Ces membres, choisis principalement parmi les notabilités commerciales, industrielles et agricoles, sont sous la présidence de M. le baron Thénard ; le secrétaire de la société est M. le baron de Gérando, et les secrétaires-adjoints, MM. Costaz et Jomard.

Société d'Encouragement pour le Commerce national, rue Saint-Marc, n° 6. Fondée en 1835, elle a pour but de faciliter les relations commerciales de la France avec toutes les parties du monde, et de favoriser l'industrie dans ses rapports avec le commerce. Le conseil-général d'administration s'assemble sous la direction de M. François Moreau, président de la société.

Société des Sciences physiques et chimiques et des Arts agricoles et industriels de France, à l'Hôtel-de-Ville.

Société générale de l'Union des nations, sous les rapports du commerce et des sciences, place Vendôme n° 16. De cette société dépend une direction de sauvetage.

Société industrielle et commerciale de

Paris, rue Notre-Dame-des-Victoires, n° 5.

§ BAZARS, GALERIES.

Ces établissemens sont spécialement consacrés à la vente en détail des objets de commerce.

Le *Bazar Boufflers* est situé boulevard des Italiens, n° 19, et le *Bazar de l'Industrie française*, boulevard Poissonnière, n° 27.

Galeries du Palais-Royal, où se tiennent les plus beaux cafés et les restaurans les plus fréquentés, et où sont établis les principaux changeurs et bijoutiers.

Les *galeries de Choiseul*, *des Panoramas*, *Colbert*, *Vivienne*, *Véro-Dodat*, etc. De nombreuses boutiques et de riches magasins garnissent les deux côtés de ces galeries, qui servent de promenades.

§ JOURNAUX ET RECUEILS PÉRIODIQUES, ANNONCES ET AFFICHES.

Indépendamment des grands journaux quotidiens et des recueils périodiques qui ouvrent leurs colonnes à la discussion des intérêts agricoles, industriels et commerciaux et à la publication des annonces, avis, etc., qui les concernent, le commerce, l'industrie, l'agriculture et l'horticulture, enfin tout ce qui est l'objet d'un trafic ou d'une spéculation, ont leurs feuilles particulières, leurs recueils spéciaux.

Le *Moniteur industriel*, place Dauphine, n° 17, paraissant les jeudis et les dimanches. Prix annuel, 24 fr. pour Paris, 30 pour les départemens, et 36 pour l'étranger. De cette administration dépendent un cours littéraire et deux cabinets de consultations pour affaires commerciales.

Journal des Villes et des Campagnes, des Maires, et Feuilles parisiennes, traitant principalement des intérêts ruraux et industriels, paraissant tous les deux jours : 38 fr. par an ; rue des Grands-Augustins, n° 7.

Affiches parisiennes et départementales; 45 fr. par an, place du Louvre, n° 24.

Le *Gratis*, journal d'annonces, dont la lecture se fait gratuitement dans les voitures publiques, dites voitures à 30 c., et dans les principaux cafés, hôtels garnis, etc., rue Neuve-Saint-Augustin, n° 3.

Prix courant des marchandises en gros. Tous les matins, annonces de 300 articles, cotés par les courtiers de Paris. Prix pour Paris, 36 fr. ; pour les départemens, 48 fr.; rue Saint-Joseph, n° 6.

Cours de la Banque, des Changes, des Bourses et des Actions industrielles. Prix pour Paris, 24 fr. par an ; pour les départemens, 36 fr. ; pour l'étranger, 40 fr.; rue Lepelletier, n° 9 *bis*, et rue Saint-Joseph, n° 6.

Cours général de la Bourse de Paris. Prix pour Paris, 24 fr. par an ; pour les départemens, 36 fr. ; pour l'étranger, 40 fr. ; rue Notre-Dame-des-Victoires, n° 16.

Archives générales de l'Industrie et de l'Agriculture, recueil mensuel. Prix 3 fr. par an ; rue de Grenelle-Saint-Honoré, n° 55.

Journal des Tissus et Étoffes de tout genre, paraissant le dimanche ; 20 fr. pour Paris et les départemens ; 22 fr. pour l'étranger ; rue Coq-Héron, n° 3.

Journal des Denrées, paraissant le samedi et le jeudi ; 22 fr. par an ; rue Coq-Héron, n° 3.

Moniteur général des Locations et Ventes, place des Trois-Marie, n° 2.

Paris' Advertiser, annonces anglaises paraissant le dimanche ; 20 fr. par an, rue Neuve-Saint-Augustin, n° 55.

Le Guide parisien, annonces universelles, paraissant tous les dix jours, rue de Bondy, n° 13.

Répertoire du Droit commercial, recueil mensuel ; 2 volumes par an ; 15 fr. ; rue du Hasard, n° 4.

Annales théoriques et pratiques du Droit commercial, douze livraisons par an ; 10 fr. ; rue de Hanovre, n° 17.

Journal des Dames, paraissant tous les cinq jours, avec gravures ; 36 fr. par an ; rue du Helder, n° 25.

Petit Courrier des Dames, paraissant tous les cinq jours, avec gravure ; 36 fr. par an ; boulevart des Italiens, près le passage de l'Opéra.

La Mode, paraissant tous les samedis, avec gravure ; 48 fr., 52 fr. et 56 fr. pour Paris, les départemens et l'étranger ; rue du Helder, n° 25.

Le Follet, paraissant tous les dimanches, avec gravure ; 26 et 28 fr. pour Paris et les départemens ; boulevart Saint-Martin, n° 61.

Psyché, paraissant le jeudi, avec gravure ; 26 fr. par an ; passage Saulnier, n° 11.

Journal des Arts agricoles et industriels, recueil mensuel ; 10 fr. par an pour toute la France, 12 fr. pour l'étranger ; rue de l'École-de-Médecine, n° 8.

Mémorial encyclopédique et progressif des Connaissances humaines, recueil mensuel ; 18 fr. par an ; rue du Four-Saint-Germain, n° 17.

Revue du Progrès social, recueil mensuel ; 40 fr. par an ; rue Caumartin, n° 7.

Bulletin de la Société d'Encouragement pour l'industrie nationale, 1 vol. in-4° par an ; 20 fr. ; rue de l'Éperon, n° 7.

Journal des Connaissances usuelles et pratiques, recueil mensuel avec gravures ; 12 fr. par an pour Paris, et 13 fr. 80 c. pour les départemens ; rue du Faubourg-Poissonnière, n° 14.

Journal des Connaissances utiles, recueil mensuel ; 6 fr. par an ; rue Saint-Georges, n° 11.

La France industrielle, recueil mensuel ; 7 fr. par an ; rue des Grands-Augustins, n° 20.

Recueil industriel, manufacturier, agricole, commercial, et Revue mensuelle, avec figures ; 30 fr. pour la France, et 40 fr. pour l'étranger ; rue Neuve-des-Capucines, n° 138, et quai des Augustins, n° 55.

Revue commerciale, recueil mensuel ; 15 fr. par an ; rue de Grenelle-Saint-Germain, n° 126, au ministère du commerce.

Annales de l'Industrie française et étrangère, et Bulletin de l'école centrale des arts et manufactures, recueil mensuel ; par an, 30 fr. pour Paris, 33 fr. pour les départemens, et 36 fr. pour l'étranger ; place de l'École-de-Médecine, n° 4.

Archives du Commerce, de l'Industrie agricole et manufacturière, recueil mensuel ; par an, 3 fr. pour Paris, 36 fr. pour les départemens, et 42 fr. pour l'étranger ; rue Saint-Honoré, n° 293.

Conservatoire de l'Industrie, recueil mensuel, avec planches ; 36 fr. par an pour la France, et 40 fr. pour l'étranger ; rue Grange-aux-Belles, n° 15.

L'Agriculture manufacturière, recueil mensuel ; 30 fr. par an ; rue Pavée, au Marais, n° 1.

§ COMPAGNIES D'ASSURANCES CONTRE LE RECRUTEMENT.

Compagnies d'assurances contre le recrutement. Les principales sont :

1° *Assurances avant le tirage au sort, et remplacement militaire*, sous la raison sociale Musset aîné, Sollier et compagnie, boulevart Montmartre, n° 10.

2° *Assurances contre les chances du tirage au sort pour le recrutement*, sous la direction de M. Rouhaud, rue Croix-des-Petits-Champs, n° 33.

3° *Assurances contre le recrutement*, sous la direction de M. Boehler, rue Vivienne, n° 57.

4° *Assurances contre les chances du sort pour le recrutement*, sous la direction de M. Grimard, rue Sainte-Croix-de-la-Bretonnerie, n° 20.

5° *Assurances et remplacement militaire*, sous la raison sociale Chataignier et compagnie, rue Bourtibourg, n° 21.

6° *Assurances mutuelles de l'avenir des jeunes soldats*, rue Notre-Dame-des-Victoires, n° 38, sous la raison sociale Couchies et compagnie.

7° *Bourse commune pour les conscrits de Paris et des départemens*, sous la direction de M. Camus, rue de Richelieu, n° 35.

8° *Caisse militaire et assurances mutuelles contre le recrutement*, sous la direction de M. Armengaud, rue Montmartre, n° 139.

9° *Agences pour le recrutement militaire.* Principaux agens : MM. Castéra, rue du Monceau-Saint-Gervais, n° 17 ; Meyer, rue des Coquilles, n° 2, et Prémarin-Hatmann, quai Napoléon, n° 33.

§ COMPAGNIES D'ASSURANCES SUR LA VIE.

1° *Compagnie royale d'assurances*, rue Ménars, n° 3, et bureau supplémentaire, place de la Bourse, n° 9. Capital de garantie, 15 millions ; sous la présidence de M. Davillier, et sous la direction de M. Félix de Ville. Cette compagnie constitue, moyennant prime, des rentes viagères ; paie, après le décès de l'assuré, une rente à toute personne par lui désignée, et reçoit en placement des capitaux qu'elle rembourse à époques convenues, avec les intérêts et intérêts des intérêts.

2° *Compagnie générale d'assurances*, rue Richelieu, n° 97. Capital de garantie, 10 millions ; sous la présidence de M. Bartholdi, et la direction de M. Gourneff. Elle garantit des secours aux veuves et orphelins ; assure aux pères de famille le moyen de procurer un héritage à leurs enfans, et constitue des rentes viagères.

3° *L'Union*, place de la Bourse, n° 10. Capital de garantie, 10 millions ; sous la direction de M. Maas, et la surveillance de MM. Hagermann et autres banquiers. Cette compagnie paie des assurances, en cas de décès, du vivant des assurés ; fait des placemens en viager et à intérêts composés, et fait enfin participer à ses bénéfices.

4° *Compagnie d'assurances anglaises*, rue d'Angoulême-Saint-Honoré, n° 14. Capital de garantie, 15 millions. Agent : M. Bennis ; les assurés participent aux bénéfices de cette compagnie, qui fait des assurances en rentes viagères et sur têtes d'enfans.

§ COMPAGNIES D'ASSURANCES CONTRE L'INCENDIE.

1° *Compagnie royale d'assurances*, rue

de Ménars, n° 3, et place de la Bourse, n° 9. Capital de garantie, 10 millions; sous la présidence de M. Davillier, et la direction de M. Delavergne. Cette compagnie assure contre l'incendie et le feu du ciel les maisons, les mobiliers, manufactures, marchandises, etc.

2° *Compagnie d'assurances mutuelles pour Paris*, rue de Richelieu, n° 89. Capital, 1,700,000,000 fr.; sous la direction de M. Pepin-le-Halleur, et la présidence de M. Marinville. De cette compagnie dépend une entreprise de ramonnage pour les maisons qu'elle assure : elle entreprend aussi les travaux de fumisterie.

3° *Compagnie d'assurances générales contre l'incendie*, rue de Richelieu, n° 97; sous la présidence de M. Bartholdi, et la direction de M. Gourneff. Cette administration, qui a un capital de 3 millions, assure aussi à l'étranger.

4° *Compagnie d'assurances des quatre départemens*, rue Hauteville, n° 33; sous la présidence de M. Gouy d'Arcy, et la direction de M. Baudisson.

5° *Compagnie d'assurances mutuelles pour les départemens de la Seine et de Seine-et-Oise*, sous la présidence de M. Lahure, et la direction de M. Angar, rue Bleue, n° 32.

6° *Compagnie française du Phénix*, rue Neuve-Saint-Augustin, n° 18, et rue Neuve-Vivienne, n° 33; sous la présidence de M. Jourdan et la direction de M. Pallard. Capital, 4 millions.

7° *L'Union*, place de la Bourse, n° 10; sous la direction de M. de Rougemont, et la présidence de M. Maas. Capital, 10 millions.

8° *Compagnie du Soleil*, rue du Helder, n° 13; sous la présidence de M. de Sercey, et la direction de M. Thomas de Colmar. Capital principal, 6 millions.

9° *La Salamandre*, place de la Bourse, n° 8. Compagnie en commandite pour le département de la Seine et Paris seulement; sous la direction de MM. Gouin, Salze et Deville. Capital, 3 millions.

§ COMPAGNIES D'ASSURANCES MARITIMES.

1° *Compagnie d'assurances générales maritimes*, rue de Richelieu, n° 97; sous la présidence de M. Bartholdi, et la direction de M. Gourneff. Capital social, 5 millions.

2° *Réunion des assurances particulières de Paris*, rue Notre-Dame-des-Victoires, n° 38. Les assureurs, composés de négocians et de banquiers, couvrent 100,000 fr. de risque sur chaque navire.

3° *Cercle commercial d'assurances maritimes et de navigation intérieure*, rue Notre-Dame-des-Victoires, n° 42. La compagnie, composée de négocians et de banquiers, souscrit jusqu'à 50,000 fr. de risque sur chaque navire.

4° *Chambre d'assurances maritimes*, rue des Filles-Saint-Thomas, n° 7. Cette compagnie d'assurances, sous la direction de M. Lacheurié, garantit les risques de mer et de navigation intérieure, jusqu'à concurrence de 40,000 fr. par navire.

§ COMPAGNIES DIVERSES D'ASSURANCES.

1° *Compagnie d'assurances sur la vie des chevaux*, rue Basse-du-Rempart, n° 24.

2° *Compagnie d'assurances des obligations de la ville de Paris et du Piémont*, Blanc-Colin et compagnie, rue Lepelletier, n° 14.

3° *Compagnie parisienne*, place de la Bourse, n° 8. Cette administration, dirigée par M. Armonville, assure contre les accidens causés dans Paris par les voitures, chevaux, etc; elle se charge encore, moyennant prime, de payer les contributions.

4° *Compagnie d'assurances contre la perte des procès*, rue Vivienne, n° 34; sous la direction de M. Regnaud de la Soudière.

5° *Compagnie d'assurances contre la perte des procès*, gérée par M. Rolland, rue des Bons-Enfans, n° 34.

6° *Compagnie de rentrées de créances.* L'administration, située rue et carrefour Gaillon, n° 25, s'occupe aussi, sous la direction de M. Le Bourgeois de Cherray, avocat, de la poursuite des procès et de recouvremens, sans frais et aux risques de la compagnie, moyennant prime convenue à l'avance.

7° *Compagnie de rentrées de créances*, rue du Faubourg-Poissonnière, n° 32. Cette administration, dirigée par M. Magonet, se livre aux mêmes opérations que la précédente.

8° *Assurances contre la perte des places*, rue Vivienne, n° 17; sous la direction de M. Rapp. On peut, pendant que l'on est sans emploi, trouver, dans cette administration, des moyens d'existence.

9° *Compagnie d'assurances pour le service des intérêts hypothécaires*, rue Vivienne, n° 33; sous la raison sociale Dubois, Gougis et compagnie.

§ COMPAGNIES DIVERSES.

1° *Administration des trois ponts sur la Seine*, dirigée par quatre administrateurs; elle a son siége rue de Richelieu, n° 29. Les trois ponts sont ceux des Arts, d'Austerlitz et de la Cité. Secrétaire : M. Guynet.

2° *Administration du pont Louis-Philippe.* Elle est dirigée par MM. Séguin frères, Collin, Callou et compagnie, située rue des Barres, n° 4.

3° *Administration et service de navigation parisienne.* Bureau principal, quai de la Grève, n° 42, organisée pour la sûreté du transport des marchandises par eau; elle est confiée à la direction de MM. Ducoudray et Martilot, chefs des ponts et entrepreneurs.

4° *Administration des poudrettes des voiries de Bondy et de Montfaucon*, rue Hauteville, n° 14.

5° *Administration de la gare de Charenton*, en aval du pont de ce village. Directeur : M. Boucher, à Charenton. Le bassin de la gare sert d'abri aux bateaux et de marché flottant; sur la rive se trouvent des emplacemens pour débarquement et emmagasinage.

6° *Administration de la gare de Bercy*, à Ivry, près la barrière de l'Hôpital. Propriétaire : M. Lefebvre Meuret; cette administration possède un entrepôt de 15 arpens, un canal communiquant à la Seine et au bassin intérieur. Des magasins-caves sont destinés à recevoir les marchandises, sur lesquelles on fait des avances aux consignataires, jusqu'à concurrence de la moitié de la valeur des objets déposés.

1° *Compagnie française d'éclairage par le gaz*, rue du Faubourg-Poissonnière, n° 97, sous la raison Larieix, Brunton, Pauwets et compagnie. Fonds social : 6 millions : les actions sont de 6,000 fr.

2° *Compagnie d'éclairage de Paris par le gaz*, rue de Rivoli, n° 10 *bis*, sous la raison Manby, Wilson et compagnie; sous la direction de M. Marguerite. Le fonds social est de 3 millions.

3° *Nouvelle Compagnie française d'éclairage par le gaz*, rue de la Tour, n° 20, faubourg du Temple, sous la raison Lacarrière et compagnie.

4° *Compagnie d'éclairage par le gaz de résine*, boulevart Saint-Martin, n° 7, sous la raison sociale Danré et compagnie.

5° *Gaz de résine*, chaussée du Maine, à Vaugirard et à la Bastille, sous la raison sociale Massé et compagnie.

6° *Compagnie du nouveau gaz d'éclairage*, passage des Petites-Écuries, n° 2. Cet établissement, sous la direction de M. Seligue, obtient un nouveau gaz par la décomposition de l'eau. Il peut servir au chauffage des appartemens avant de les éclairer.

7° *Compagnie ou association pour la propagation des mérinos*, rue Notre-Dame-Saint-Paul, n° 4. Cet établissement, sous la présidence de M. le baron Louis, et la direction de M. Hennet, place chez les fermiers des brebis et des béliers mérinos, afin d'amener l'amélioration des laines.

8° *Compagnie des canaux de l'Ourcq, de Saint-Denis et Saint-Martin*, rue Hauteville, n° 38 ; sous la direction de MM. Dupin et Vingner.

9° *Compagnie des bateaux à vapeur de la Seine*, station port de la Grève, pour Montereau. Directeur : M. Guibert, rue de Grenelle-Saint-Germain, n° 18.

10° *Compagnie des pont, gare et port de Grenelle*, rue Saint-Honoré, n° 412, près la rue Royale ; dirigée par cinq administrateurs et deux censeurs. Chef de bureaux : Guérendel.

11° *Compagnie des pont et gare de Saint-Ouen*. Administration, rue de la Chaussée-d'Antin, n° 45, Ardoin et compagnie ; directeur du service : M. Hennecart, au port Saint-Ouen.

§ ENTREPRISES.

1° *Entreprise générale du nettoiement de Paris*. M. Savalète, adjudicataire, rue Chauchat, n° 3.

2° *Entreprise générale de l'éclairage de Paris*. M. Costa, rue des Petites-Écuries, n° 19.

3° *Entreprise de lits militaires*. Bureaux, rue Bleue, n° 29 ; magasin, rue Saint-Louis-en-l'Ile. MM. Desmazures et compagnie, adjudicataires.

4° *Entreprise de lits militaires*. Bureaux, rue Richer, n° 12 ; magasin, rue Popincourt, n° 5. MM. Vallée et compagnie, adjudicataires.

5° *Entreprise des transports de la guerre*, rue du Faubourg-Saint-Martin, n° 40. MM. Levainville, Eascie et compagnie, adjudicataires.

6° *Entreprise de l'éclairage et du chauffage des troupes*, rue de la Victoire, n° 31. M. Febvrel et compagnie, adjudicataires.

7° *Entreprise des fosses mobiles et inodores*. Bureaux, rue du Faubourg-du-Temple, n° 50 ; établissement à la Petite-Villette, n° 44 bis. M. Lourdereau, directeur.

8° *Entreprise des fosses portatives*, rue du Chaume, n° 9, et à la Petite-Villette, route d'Allemagne, n° 107. MM. Haudebourt et compagnie, gérans.

9° *Entreprise des fosses mobiles*, rue Saint-Étienne-Bonne-Nouvelle, n° 15, et à la Petite-Villette, n° 36. Gérant : M. Leroux.

1° *Société et agence générale pour l'achat et vente des actions de toutes les en-*

treprises industrielles, place de la Bourse, n° 8 ; direction de MM. Salze et Deville fils.

2° *Société et agence universelle pour achat et vente de toutes les actions industrielles*, rue Feydeau, n° 28 ; direction de M. Icard.

3° *Société civile de trois nouveaux ponts sur Seine*, rue Neuve-des-Mathurins, n° 28 ; direction de M. Desjardins, gérant.

4° *Société anonyme des bateaux à vapeur*, place du Doyenné, n° 3 ; station au port Saint-Nicolas. Directeur : M. Jordan. Cette société se charge du transport, par eau, des marchandises de Paris à Rouen, au Hâvre, Londres.

5° *Société des terrains et bâtimens de Grenelle*, rue Saint-Honoré, n° 412. (Elle est en liquidation.)

6° *Société et agence générale des fabriques et manufactures*, boulevart Montmartre, n° 8 ; direction de M. Hubert. Cette agence se charge d'opérations commerciales, de toutes sortes de ventes et achats d'usines, fabriques, et de correspondances, de commissions, d'expéditions, etc.

§ PROFESSIONS INDUSTRIELLES ET COMMERCIALES.

Dans cette section, il sera fait mention, avec quelques détails, des principales branches dont se composent aujourd'hui l'industrie et le commerce de la capitale. Il est utile de rappeler ici quelques notions générales.

En matière commerciale, tout mineur émancipé, de l'un et de l'autre sexe, âgé de dix-huit ans accomplis, est réputé majeur pour les opérations du commerce, s'il est autorisé par son père, et, en cas de décès, par sa mère, ou, à leur défaut, par son conseil de famille.

La femme peut être marchande publique, avec l'autorisation de son mari, sans obliger ce dernier, à moins qu'il y ait communauté de biens entre eux. Elle peut également engager et hypothéquer ses immeubles personnels.

Tout commerçant est tenu d'avoir un livre-journal, qui présente, jour par jour, toutes les opérations de son commerce, et de faire, tous les ans, un inventaire de ses effets mobiliers et immobiliers, de ses dettes actives et passives ; cet inventaire doit être consigné, année par année, sur un registre spécial, qui est paraphé et visé annuellement, ainsi que le livre-journal. Ces deux registres doivent être conservés pendant dix ans, par le commerçant, qui est tenu de les représenter sur la réquisition du juge.

Tout commerçant doit être muni d'une patente, qu'il est obligé de renouveler tous les ans. Il est tenu d'en justifier à toutes réquisitions, principalement en justice. Les actes faits à sa requête doivent en énoncer la date, le numéro et la classe, à peine de nullité. Tout commerce dont l'exploitation exige l'emploi de poids et mesures est soumis à une vérification dont l'époque est déterminée, tous les ans, par le préfet de police. Cette vérification lorsqu'elle est importante par le nombre des objets à examiner, se fait au domicile du commerçant ; sinon, elle a lieu dans sept bureaux, dont un bureau central, rue Chanoinesse, n° 7, et six bureaux d'arrondissement, savoir :

Pour les 1er et 2e arrondissemens, rue basse du Rempart, n° 32.

Pour les 3e et 4e arrondissemens, rue Montorgueil, n° 65.

Pour les 5ᵉ et 6ᵉ arrondissemens, rue Sainte-Apolline, n° 13.

Pour les 7ᵉ et 8ᵉ arrondissemens, rue des Trois-Pavillons, n° 3.

Pour les 9ᵉ et 10ᵉ arrondissemens, rue des Lions-Saint-Paul, n° 5.

Pour les 11ᵉ et 12ᵉ arrrondissemens, place Saint-Germain-des-Prés, n° 9.

Il sera question, en temps et lieu, des formalités que sont tenus d'accomplir certains commerçans, tels qu'imprimeurs, lithographes, libraires, etc.

Commercialement parlant, la société est formée de producteurs et de consommateurs. L'industrie produit ; elle donne une nouvelle forme aux matières premières ; c'est à ces diverses opérations que sont consacrées les usines, les fabriques, les manufactures. Il ne faut pas confondre *manufacture* avec *fabrique*. La manufacture a spécialement trait à un genre d'entreprises. Elle est consacrée à des opérations importantes, qui exigent un grand appareil. La fabrique est plus utile, comme roulant sur des objets, à la vérité, plus communs, moins considérables, mais d'un usage plus ordinaire. On dit *manufacture de porcelaines, de tapis*, etc., et *fabrique de bas, de bonnets*, etc.

Ces établissemens ne sont pas en grand nombre dans la capitale ; la plupart d'entre eux en sont éliminés pour cause de salubrité publique, tels que les fabriques de produits chimiques, les fonderies de suif, etc., et d'autres, en raison des localités, tels que les moulins, etc.

Les produits de l'industrie forment une des principales branches du commerce, qui se charge de les livrer à la consommation. Le commerce, dans ce cas-là, est l'intermédiaire entre l'industrie qui produit et la société qui consomme. Il est nécessaire de donner quelques définitions sur ce qu'on entend par *commerçant*, *négociant*, *trafiquant* et *marchand*. On emploie souvent le mot *négociant* pour celui de *marchand*, et réciproquement ; c'est à tort, car le commerce est le genre, et le négoce est l'espèce. Ainsi le commerçant, dans la véritable acception du mot, se livre à des opérations qui embrassent toute la généralité du commerce, tandis que le négociant, qui, dans la signification originaire du mot, lui est subordonné, se charge seulement du travail, de l'exécution des entreprises et des spéculations qui accompagnent le commerce.

Cependant on a donné au mot négociant une telle extension aux dépens du mot commerçant, qu'on entend aujourd'hui, par négociant, l'homme qui se livre au commerce en général. Il y a des négocians, surtout à Paris, qui s'occupent de toutes sortes d'affaires commerciales. Par suite, l'acception du mot commerçant a été restreinte au point que l'on entend souvent par cette qualification celui qui s'occupe d'une spécialité. On est venu d'autant plus facilement à changer la signification de ces deux mots, qu'il y a tel négoce beaucoup plus étendu que certain commerce.

En conservant aux mots leur acception primitive, si le négociant est subordonné au commerçant, le trafiquant l'est au négociant. Le trafic consiste dans une suite d'échanges faits en différens pays. Les fourrures, les indigos, etc., sont ordinairement les résultats du trafic, qu'il ne faut pas confondre avec le négoce, le trafiquant faisant des spéculations qui ont trait seulement à sa spécialité.

Le marchand est au dernier échelon

commercial. Le marchand vend aux consommateurs après s'être fourni chez le producteur. Le producteur est artisan ou agriculteur : car les marchandises, qui font l'objet du commerce, proviennent de deux sources, ou des produits des arts et manufactures, ou des produits de la terre.

Mais il est des matières qui, pour changer de forme, n'exigent pas les manipulations chimiques, ni l'emploi des machines et appareils des fabriques et des manufactures. Il en est même qui, pour être émises dans le commerce, n'ont pas besoin de subir de transformation. A ces deux sortes de matières, sont consacrés exclusivement des ateliers et des magasins chargés d'en approvisionner les différens marchands de la capitale qui les débitent à leur tour aux consommateurs. Les établissemens industriels, situés à Paris et dans le département de la Seine, ne peuvent fournir à toutes les branches du commerce de la capitale ; mais ce vide est comblé par les produits des départemens et de l'étranger, au moyen des importations; et, tandis que le commerce parisien s'enrichit des productions de Châtellerault, d'Annonay, de Lyon, etc., il fait, au moyen des exportations, affluer ses richesses dans toutes les villes du monde.

Ce commerce fut, pendant long-temps, presque exclusivement consacré aux superfluités du luxe. Ainsi la bijouterie, l'orfévrerie, la broderie, la fleuristerie, les cristaux, la porcelainerie, et enfin les modes et les nouveautés, étaient déjà parvenus au plus haut degré de perfection, que des métiers plus utiles étaient encore, à Paris, pour ainsi dire, dans l'enfance de l'art.

Depuis dix ans seulement, le commerce a reçu, dans toutes ses branches, une égale impulsion, grâce à la création d'un ministère et d'écoles nombreuses, qui lui ont été spécialement consacrés.

Aujourd'hui que le commerce et l'industrie sont devenus, surtout à Paris, l'objet d'une protection et d'une faveur toutes spéciales; que leur enseignement, développé sur une plus grande échelle, et placé sous le patronage de notabilités financières, commerciales et scientifiques, réunit, par l'heureuse application des sciences, jugées jusqu'alors inutiles, l'universalité des connaissances humaines, le commerce et l'industrie marchent rapidement dans la voie du progrès. Ils arrivent enfin à l'apogée d'une prospérité qui doit faire le bonheur du peuple et la richesse de la nation.

Déjà les améliorations ont produit d'heureux résultats, et l'exposition qui a eu lieu au mois de mai 1834 (sur la place de la Concorde) est venue attester les immenses progrès de l'industrie française, dont les produits, par le fini de leur exécution, n'ont plus rien à envier à ceux de l'étranger ; tandis que, d'un autre côté, d'importantes découvertes et des inventions utiles assurent désormais à la France une supériorité industrielle, que saura lui conserver l'émulation nationale.

Pour tracer la nomenclature détaillée qui est le but de cette section, l'ordre alphabétique est le plus convenable. Une remarque, qui a déjà été faite, trouve encore ici sa place : c'est que, bien qu'il n'y ait plus de corporations marchandes, forcées de résider dans des quartiers déterminés, cependant il existe encore aujourd'hui des rues qui semblent consacrées presque exclusivement à une seule branche de commerce et d'industrie.

§ ACIER POLI.

Le commerce de l'acier poli, quelque important qu'il soit, n'est cependant qu'une branche peu considérable de l'industrie immense qui travaille les métaux, et qui est à Paris l'objet d'un commerce d'intérieur, d'exportation et d'importation.

Quand l'exploitation des mines a extrait du sein de la terre les produits du règne minéral, la métallurgie leur donne l'état de pureté nécessaire à leur préparation.

Quand les métaux sont épurés, ils sont rendus fusibles ou maniables au moyen des forges et fonderies. Cette double découverte a conduit aux alliages, et, par suite, la combinaison du fer avec le carbone a produit ce métal composé auquel on a donné le nom d'acier. La malléabilité de l'acier a depuis fourni l'idée d'en faire des ouvrages d'agrément et d'utilité. Il ne sera question ici que de son commerce d'agrément. Il est parvenu, de nos jours, à un haut degré de perfection : les articles sortis des fabriques situées presque toutes dans les 6me et 7me arrondissemens consistent principalement en planches pour la gravure, garnitures de bourses, de nécessaires, chaînes de montres et de sûreté, boucles, parures, colliers, etc.

Les principaux fabricans sont :

MM. Blard, faubourg Saint-Martin, 97.

Cordier Lalande, rue des Gravilliers, 10.

Desendos frères, rue Bourg-l'Abbé, 7.

Frichot, rue des Gravilliers, 42;

Provent, rue Salle-au-Comte, 4 et 6.

Veyrassat, rue des Gravilliers, 36.

Diverses boutiques d'acier poli sont établies dans les principaux passages, dans les galeries du Palais-Royal, sur le quai des Orfèvres, etc.

§ ARMES.

Cette branche importante de notre industrie s'est, depuis quelques années surtout, enrichie de nouvelles découvertes. Les armes à feu ont éprouvé des améliorations qui, en diminuant le danger de leur emploi, sont parvenues à le rendre plus prompt et plus commode. Pour confectionner la plupart des armes, et surtout les armes blanches, on emploie l'acier. A cet effet, on le dégage des parties salines, sulfureuses et autres, dont le fer de fonte est chargé. Ensuite la trempe vient lui donner cette dureté qui la caractérise. L'opération de la trempe consiste à faire chauffer le morceau travaillé jusqu'à ce qu'il prenne une couleur rouge-cerise, et à le plonger, en cet état, dans l'eau froide.

Les principaux fabricans d'armes, qui vendent aussi en détail, sont :

MM. Béringer, rue du Coq-Saint-Honoré, 6.

Cessier, rue du Faubourg-Montmartre, 36.

Delebourse, rue Coquillière, 30.

Jovin père et fils, entrepreneurs de la manufacture royale de Saint-Étienne; rue Pavée, au Marais, 3.

Lefaucheux, inventeur de cartouches exemptes de *crachemens*; rue de la Bourse, 18.

Le Lyon, inventeur d'un fusil qui se charge par la culasse, rue de Richelieu, 71.

Lepage, armurier du roi, rue de Richelieu, 13.

Périn-Lepage, inventeur des fusils, carabines et pistolets, se chargeant par derrière.

Pichet, entrepreneur de la manufacture royale de Châtellerault, avenue Parmentier, 3.

Renette-Albert, Champs-Élysées, au Rond-Point,

Robert, inventeur d'un fusil tirant quinze coups à la minute, rue Coq-Héron, 3 bis.

§ BAINS PUBLICS.

Ces utiles établissemens ne sont pas seulement consacrés aujourd'hui à entretenir la santé par l'exercice fortifiant de la natation ou par une immersion, salutaire, l'emploi savant d'appareils en fait encore, pour la plupart, des sanctuaires médicaux, où plusieurs maladies trouvent une guérison radicale.

École de Natation. MM. Petit, à la pointe de l'île Saint-Louis.

Ouarnier, au bas du pont aux Changes.

Deligny, quai d'Orsay.

Bains simples. MM. Audcond, rue Saint-Lazare, 102.

Bemelmans, rue des Beaux-Arts, 3 bis.

Bertin, rue Notre-Dame-des-Victoires, 16.

Bourgeois, boulevart du Temple, 37.

Colombe, rue du Paon-Saint-André, 8.

David, Bains-Chinois, boulevart des Italiens, 25.

Delpart, passage du Saumon.

Félix, Bains-Turcs, rue du Temple, 94.

Gaudelet, perron du Palais-Royal, 89.

Puteaux et compagnie, Bains-Grecs, rue de la Pépinière, 11.

Vigier, bains sur la Seine, au Pont-Neuf, au Pont-Royal, etc.

Ces établissemens envoient des bains à domicile.

Bains médicaux. Ces établissemens sont imités de ceux des anciens. Les Romains prenaient des bains de vapeurs; les Russes ont depuis mis en usage les bains de son, etc.

Bert, *douches et vapeurs*, rue de Richelieu, 31.

Delatour, eaux minérales, rue du Cœur-Volant, 11.

Galès, rue de Grammont, 1.

Lecomte, *bains Russes et Egyptiens*, rue du Mail, 23.

Monroy, rue Montmartre, 133.

Mouton, rue du Bouloy, 8.

Néothermes, rue Hauteville, 26, et rue de la Victoire, 48.

§ BANQUIERS.

Indépendamment de la banque de France, plusieurs particuliers ont fondé des établissemens destinés à l'escompte, aux emprunts, etc.

Les principaux banquiers sont :

MM. André et Cottin, rue des Petites-Écuries, 40.

Blanc-Colin, rue Lepelletier, 14.

Caccia, rue Neuve-des-Petits-Champs, 66.

Davillé, rue des Filles-Saint-Thomas, 3.

Delamarre et Martin-Didier, place du Louvre, 4.

Delessert, rue Montmartre, 176.

Detappe, rue Chabannais, 6.

Estienne, rue Taitbout, 28.

Ferrère-Laffitte, rue Laffitte, 36.

Ferrère, rue Bourbon-Villeneuve, 57.

Fould, rue Bergère, 10.

Hagermann, rue Tivoli, 6.

§ BATISTES, LINONS ET TULLES.

On entend, par *tissu*, l'assemblage symétrique de fils entrelacés sur un métier. Suivant les différentes sortes de fils employés dans la fabrication, les tissus prennent aussi différens noms. Les fils de lin et de chanvre s'emploient pour le tissage de la batiste, du linon et du tulle. On se sert également de coton dans la fabrication de ce dernier tissu.

Les fabriques de Valenciennes, Vervins, Cambrai, Solesme, Bapaume, Saint-Quentin, etc., produisent ces articles de commerce, qui sont imprimés pour la plupart à Paris.

Les principaux dépositaires de batiste, etc., fabricans d'impressions sur ces tissus, sont :

MM. Dandré, rue Bertin-Poirée, 13.

Deschamps frères, rue Vivienne, n° 2 bis.

Jolly et Godard, rue de Cléry, 11.

L'habitant et Guynet, rue Cléry, 25.

Lussigny frères, rue du Mail, 1.

Terwangen et Fournier, rue du Croissant, 20.

Toussaint père et fils, rue du Gros-Chenet, 2.

§ BIJOUTERIE, JOAILLERIE, ORFÉVRERIE.

L'art de travailler l'or et l'argent et l'emploi des diamans et des pierres précieuses remontent à une haute antiquité; mais la stagnation du négoce et le dépérissement des arts, pendant tout le moyen-âge, ont influé particulièrement sur ce commerce de luxe. Cependant on fabriquait, à cette époque, des châsses, des vases et autres ornemens d'église, qui se font remarquer par un travail assez délicat, quoique d'un mauvais dessin et d'un goût bizarre.

Le luxe, développé par les richesses que fit abonder sur l'ancien continent la découverte du nouveau monde, vint donner un nouvel essor à cette branche d'industrie, qui n'a pris que vers le milieu du dix-septième siècle cette extension et ces perfectionnemens auxquels elle doit, depuis ce temps, sa supériorité sur toutes les productions de ce genre des autres contrées.

Le Palais-Royal est le quai des Orfèvres sont les principaux débouchés des fabriques où se confectionnent les articles de cette partie de l'industrie, qui sont aussi l'objet d'un commerce fort important d'exportation. Les principales fabriques sont presque toutes dans les sixième et septième arrondissemens.

Bijoutiers : MM. Aron frères, boulevart Bonne-Nouvelle, 35, et boulevart Saint-Martin, 37.

Auboy, rue Chapon, n° 6 bis.

Auvigne, rue Grenetat, 25.

Bernauda, quai des Orfèvres, 32.

Blanc, rue du Cimetière-Saint-Nicolas, 7.

Bourbon, rue Saint-Martin, 104.

Brimeur, passage des Panoramas, 51.

Bruneau, rue Montmorency, 1.

Bury, rue Grenier-Saint-Lazare, 6.

Chauwin, rue Saint-Martin, 138.

Croce-Spinelli, place de la Bourse, au coin de la nouvelle rue Vivienne.

Deklouw, passage Choiseul, 75.

Joailliers : MM. Bapst, quai de l'École, 30.

Barthélemy, Palais-Royal, galerie de Valois, 112.

Bernard, rue de la Paix, 1.

Bourguignon, rue de la Paix, 1.

Miller, rue Vivienne, 45.

Millet, rue Chapon, 28.

Pitou, passage des Panoramas, 35, et boulevart Saint-Denis, 9.

Orfèvres : MM. Balaine, Faubourg-du-Temple, 93.

Bonnot, rue Traversière-Saint-Antoine, 9.

Cahier, rue Traversière-Saint-Honoré, 26.

Charlier, Marché-Neuf, 20.

Darru, rue Montorgueil, 51.

Durand, passage Sainte-Marie, 8.

Fauconnier, rue de Babylone, 16.

Gandais, rue du Ponceau, 42.

Lefranc, rue Taitbout, 30.

Moussierfièvre, Faubourg-Montmartre, 27.

Odiot, rue l'Évêque-Saint-Honoré, 1.

Sairot, quai Béthune, 10.

Veyrat, rue de la Tour-du-Temple, 22.

§ BILLARDS.

Le jeu de *billard* est tellement répandu, qu'il existe, à Paris surtout, une classe d'artisans qui se sont spécialement consacrés à confectionner des *billards* et des *queues*, dont la précision ne laisse aujourd'hui rien à désirer, que l'adresse des joueurs. La perfection a même été poussée si loin, que nous possédons maintenant des *billards à musique*.

Les principaux fabricans sont : MM. Bouchardet, rue de Bondy, 66.

Chéreau, rue des Marais-du-Temple, 47.

Cosson, rue Grange-aux-Belles, 20.

Lemoine, rue des Petits-Hôtels, 7.

§ BITUME.

Le bitume sert aujourd'hui, au moyen de préparations savantes, à recouvrir les maisons, à daller le sol, à construire des bassins, citernes et caves, etc. Il y a une usine aux Thernes, près Paris; les autres se trouvent dans des départemens éloignés, d'où on importe leurs produits dans la capitale.

Les principaux dépositaires sont : MM. Dachereau, Faubourg-Saint-Denis, 71.

Dournay frères, passage du Désir, 2, Faubourg-Saint-Denis.

Sassenay et compagnie, rue Hauteville, 35. C'est de l'usine de ces derniers qu'est sorti le bitume, dit de *Seyssel*, qui a servi à daller le pont du Carrousel, ainsi qu'une partie des trottoirs du pont Royal et des boulevarts.

§ BLANCHISSERIES DE TOILES.

Les usines de Royaumont, de Gisors, de Jouy, etc., sont très-renommées pour cette branche d'industrie.

Leurs principaux propriétaires sont : MM. Barbet (de Jouy), rue Saint-Joseph, 4.

Blachette (de Gonesse), rue de l'Échiquier, 33.

Davilliers (de Gisors), rue Basse-du-Rempart, 16.

Vandermerch (de Royaumont), rue Saint-Fiacre, 4.

§ BOIS.

Le bois, à Paris, est l'objet de quatre branches de commerce différentes, dont quatre compagnies, réunies en une seule, présidée par M. Vassal, surveillent les opérations. Le siége du comité des surveillans est quai de Béthune, 8. Ces quatre compagnies forment une assemblée générale, composée de vingt-trois délégués, connaissant, au préalable, par le moyen d'un comité de cinq membres choisis parmi les délégués, de toutes les affaires concernant le commerce de bois en chantiers, de bois de l'île Louviers, de bois carrés et de charbon de bois, amenés sur les ports.

La plupart des bois arrivent par eau. Les ports de Paris sont, par suite, l'objet d'une inspection qui s'étend à tous les arrivages des marchandises par la Seine et par les canaux de Saint-Denis, de l'Ourcq, et de Saint-Martin.

Ce commerce a éprouvé d'heureuses améliorations. Aujourd'hui, dans la plupart des chantiers, le bois est à couvert sous de vastes hangars. Il ne peut plus être pourri par les pluies et les dégels; d'un autre côté, plusieurs marchands de bois le vendent au poids et tout scié. Ces établissemens ne laissent donc plus rien à désirer sous le rapport de la commodité et de l'avantage des acheteurs. On devrait seulement classer les chantiers dans la catégorie des établissemens *insalubres* de troisième classe, et ensuite les placer *extra muros*, sans augmentation de droit. Cette mesure est depuis long-temps exigée par la sécurité publique, qui se trouve compromise par le voisinage dangereux de ces vastes bûchers qui, dans un incendie, peuvent embraser les quartiers où ils sont situés.

Les principaux marchands de bois, qui vendent, pour la plupart, du charbon de bois et du charbon de terre, sont : MM. About, quai de Jemmapes, 12 et 14 (bois scié).

Bastide et Thomas, rue des Fossés-du-Temple, 6.

Brossonnau frères, rue de l'Université, 133.

Cléry frères, rue de la Madeleine, 32.

Desouchet-Fayard, quai d'Austerlitz, 37.

Guilloteaux aîné, quai de Billy, 32.

Moreau, quai de la Rapée, 17.

Panis, rue de Poliveau, 27 et 28.

Pascal, boulevart des Invalides, 32.

Rougelot, rue de l'Université, 140.

Vassal, quai de la Tournelle, 3 et 7.

Vérollat, rue Amelot, 24.

2° *Bois à brûler* (île Louviers). Borniche, quai des Célestins, 12.

Caire, rue Saint-Antoine, 20.

Salaun frères, quai des Célestins, 20.

3° *Bois carrés*. Didiot frères, quai de la Rapée, 7.

Georges aîné, quai de la Rapée, 41.

Meder, quai d'Austerlitz, 29.

Moreau, quai de la Rapée, 17.

Porcaux, id., 15.

Poncheux, id., 15.

Thierry Delanoue, id., 35 et 27.

4° *Bois de menuiserie*. Amiot, rue Cherche-Midi, 50.

Bourceret, rue Saint-Spire, 6.

Court, rue de Charenton, 45.

Dalmont, rue Bourdaloue, 8.

Faciolle, Faubourg-du-Temple, 38.

Guillemain, rue du Bac, 121.

Leblond, rue Mazarine, 41.

Petit, rue des Fossés-Saint-Bernard, 14.

Raviot, rue Meslay, 51.

Touzené, rue de la Calandre, 15.

Vernet, Faubourg-Saint-Honoré, 89.

5° *Bois de bateaux*. Blanot, rue de l'Université, 172.

Bourceret, rue Chabrol, 5.

Buryle, quai de la Rapée, 11.

Leblanc, rue Cherche-Midi, 58.

Legros, rue des Blancs-Manteaux, 11 *bis*.

Portier, rue Montmorency, 40.

Turban aîné, rue Ménilmontant, 25.

6° *Bois des îles et indigènes.* Bouvaret, rue Moreau, 10.

Richou, rue de Charenton, 48.
Robin, rue des Mathurins, 12.
Roget, rue Amelot, 50.

Quatre halles sont consacrées à la vente du charbon de bois. Elle a lieu tous les jours, de six heures du matin à six heures du soir en été, et de huit heures du matin à quatre heures du soir en hiver. Des facteurs spéciaux sont attachés à ces halles, situées place du Roule, à côté de l'abattoir, place d'Aval, place des Récollets et place de la Santé.

§ BONNETERIE.

Il n'est pas nécessaire d'avoir approfondi la science des étymologies pour savoir que *bonneterie* vient de *bonnet*. Bonnet n'est point, dans l'espèce, cette coiffure phrygienne dont la mythologie révolutionnaire a affublé la tête de la liberté. Il est fort singulier qu'on ait été choisir, pour emblème de la liberté et de l'énergie, la coiffure d'un peuple esclave et voluptueux. Bonnet n'est point encore cet échafaudage plus ou moins gracieux de tulle ou de fleurs, de toile écrue et de calicot grossier, dont se coiffent nos élégantes et nos paysannes. Il ne s'agit ici que de l'humble *bonnet de coton* dont le bon vieux temps nous a transmis les classiques traditions et les précieuses propriétés, bien que de nos jours le madras et le foulard aient, en partie, usurpé son empire; cependant il ne faut pas croire qu'il soit tombé complètement en désuétude; mais il n'est plus l'objet d'un commerce assez important pour composer exclusivement une des branches de notre industrie. Aujourd'hui donc le commerce de la bonneterie, indépendamment des bonnets, est consacré principalement à des articles de tissus à mailles tricotées en coton, laine, fil, tels que bas, gilets, etc. Il s'applique aussi, par extension, aux objets de tout genre, en bourre de soie, flanelle, etc. Les principales fabriques sont situées dans les villes de la Picardie et de la Champagne, du Languedoc et du Lyonnais.

Les principaux marchands, tant en gros qu'en détail, sont : MM. Achille Trégent, passage des Petits-Pères, 1.

Amy, cloître Saint-Merry, 6.
Anthonioz, rue des Filles-Saint-Thomas, 12.
Baussancourt, Faubourg-Saint-Antoine, 165.
Bazin, rue des Déchargeurs, 10.
Bernier, rue des Bourdonnais, 8.
Bethemot, rue Louis-le-Grand, 35.
Boulanger, rue Bertin-Poirée, 8.
Bouly, rue Jarante, 5.
Chambaud, rue des Bourdonnais, 8.
Dallemagne, carrefour de l'Odéon, 1.
Darche, rue du Bac, 11 *bis*.

§ BOTTIERS ET CORDONNIERS.

La peau des animaux a été employée d'abord en guise de vêtemens. Il est à présumer qu'alors aussi furent inventés des procédés propres à la rendre plus douce et plus souple; quoi qu'il en soit, ce n'est que vers le milieu du siècle dernier qu'on a découvert la propriété de la poudre d'écorce de chêne pour *tanner* les peaux, auxquelles la *corroierie* est venue ensuite donner la souplesse qui leur est nécessaire pour être travaillées. La peau *tannée et corroyée* sert aujourd'hui seulement à la chaussure; les tissus ayant depuis longtemps remplacé les vêtemens de cuir, qui devaient être fort durs et fort incommodes, malgré toutes les préparations mises autrefois en usage. De nos jours, le commerce de la chaussure est tellement important, à Paris surtout, qu'il existe dans la capitale une quantité innombrable d'ouvriers en boutique et en chambre, qui s'en occupent journellement. En outre, les *prisonniers* font *à la pacotille* des bottes et souliers, dont le prix, plus modéré, est en harmonie avec les ressources modiques de la basse classe du peuple.

La chaussure a eu bien des phases avant de parvenir au degré de perfection qu'elle a atteint de nos jours. Au neuvième siècle, les semelles de souliers étaient en bois, le reste de la chaussure était en cuir rouge. La plupart du temps, les souliers étaient si justes, qu'on ne pouvait les changer de pied; et d'ailleurs ils se terminaient en pointe du côté du gros doigt.

Mais cette forme pointue n'approche pas de celle qui fut donnée aux souliers, sous Philippe-le-Bel, par un nommé *Poulain*, d'où leur vint le nom de souliers à la *Pouline* ou à la *Poulaine*. La longueur de la pointe était un signe de noblesse. Les roturiers ne portaient ces souliers qu'avec une pointe d'un *demi-pied* de long, tandis que, pour les grands seigneurs, elle était de *deux pieds*. C'est de là que vient le proverbe *être sur un bon pied*. On demande encore *sur quel pied est-il ?*

Cette ridicule mode fit place ensuite à une autre non moins ridicule, qui, au dix-septième siècle, vint s'introduire dans la chaussure, et les *talons* firent presque gagner en hauteur aux souliers ce qu'ils perdirent en longueur par la suppression des *poulaines*.

De nos jours, *les bottes* et *souliers* pour les hommes, les *souliers*, *brodequins*, *bottines*, pour femmes, ne laissent plus rien à désirer sous le rapport de l'élégance et de la commodité.

Cordonniers pour hommes : MM. Agis-Thomasset, passage de l'Ancre.
Bachelin, rue Saint-Honoré, 211.
Bertrand, r. Neuve-St-Augustin, 14.
Blondeau, boulevart Poissonnière, 23.
Bobin, galerie de Chartres, Palais-Royal.
Botrel, rue Saint-Sauveur, 10.
Caffier, boulevart des Capucines, 9.
Certost, passage de l'Opéra, 25.
Chalopin, rue Vivienne, 7.
Chauffournier, rue des Deux-Portes-Saint-Sauveur, 30.
Clabbeck, rue Richelieu, 9.
Desjeans, galerie Delorme, 24.
Desquilby, boulevart des Italiens, 5.

Cordonniers pour dames : MM. Abler, boulevart des Italiens, 28.
Berger, rue Dauphine, 49.
Besse, passage du Saumon, 22.
Bourzet, galerie Vivienne, 5.
Chanteaume, rue de la Paix, 12.
Clerc, rue Vivienne, 4.
Crouzet, rue Notre-Dame-des-Petits-Champs, 95.
David, passage du Commerce Saint-André.
Dufort, rue Pagevin, 7.
Feremback, rue de la Harpe, 82.
Fitz, boulevart des Italiens, 20 (bis).
Forguignon, rue Castiglione, 5.

§ BOUCHERIE.

Tous les bouchers de Paris sont tenus de tuer leurs bestiaux dans les abattoirs publics, et paient, outre les droits d'octroi établis sur chaque tête d'animaux vivans, un autre droit d'abattage, qui est prélevé également par tête. Trois marchés sont spécialement consacrés à la vente et à l'achat des bestiaux. Ce sont 1° le marché de Poissy, qui a lieu le jeudi ; 2° le marché de Sceaux ; il a lieu les mercredi et vendredi; 3° enfin, la halle aux veaux, établie à Paris, près le quai de la Tournelle, et ayant lieu, les mardi et vendredi, de neuf à deux heures. Il y a encore une halle aux *vaches grasses* de l'intérieur de Paris, destinées à la boucherie. Elle se tient au cloître des Bernardins, près la halle aux veaux, le vendredi, de midi à deux heures. Enfin une halle aux suifs a lieu, à la halle aux veaux, le mardi, de midi à deux heures.

Une *caisse*, dite *de Poissy*, rue du Grand-Chantier, 1, dont les bureaux sont ouverts tous les jours, de neuf à quatre heures du soir, et la caisse seulement jusqu'à trois heures, est chargée 1° de payer comptant, pour les bouchers de Paris aux marchands forains, le prix des bestiaux achetés aux marchés de Sceaux et de Poissy et à la halle aux veaux ; 2° de faire à ces bouchers le prêt de ce paiement, mais seulement jusqu'à concurrence du crédit ouvert à chacun d'eux par le préfet de police; 3° enfin, de percevoir le droit de consommation établi sur les bestiaux destinés pour Paris. Cette caisse, administrée par le préfet de la Seine, compte, dans son personnel, un directeur : M. Saron; un inspecteur : M. Gautier-Daraty; un caissier : M. Delatora ; et un payeur : M. Parguez.

Les droits, par tête d'animaux vivans, sont (décime compris) : Pour un bœuf, 26 francs 40 centimes ; pour une vache, 19 f. 80 ; pour un veau, 6 f. 60 ; pour un mouton, 1 f. 65; pour un kilog. de viande de boucherie à la main, 19 c. ; pour un kilog. d'abats et d'issues, 5 c. 1/2 p. Pour cent kilog. de suif en pain, dit chandelle, les droits d'octroi sont de 3 f. 30 c. Le tarif des droits d'abattage est de 6 f. par tête de bœuf, 4 f. de vache, 2 f. de veau, 50 c. de mouton.

Les bouchers de Paris sont, sous la surveillance d'un syndic et de six adjoints. Syndic : M. Aumont, rue de Seine-Saint-Germain, 55.

Adjoints : MM. Leroi, rue de la Harpe, 57.

Dolbel, rue du Bac, 48.

Portefin, rue et île Saint-Louis, 29.

Évrard, rue des Prouvaires, 26.

Gomé, rue des Petits-Pères, 8.

Ingé, rue du Vieux-Colombier, 31.

Noms des principaux bouchers répartis dans les différens quartiers de la capitale : Auger, rue d'Enfer, 7.

Baldé, Faubourg-Saint-Antoine, 152.

Cassard, rue de Sèvres, 113.

Dupont, rue Saint-Dominique, 181.

Étienne, Faubourg-Saint-Denis, 85.

Faucheur, montagne Sainte-Geneviève, 40.

Gassion, marché Saint-Jean, 18.

Godfin, Faubourg-Saint-Martin, 242.

Hubert, rue Saint-Jacques, 304.

Ingés, rue Royale-Saint-Martin, 6.

Livet, rue de Saintonge, 19.

Testard, rue Notre-Dame-de-Nazareth, 23.

Indépendamment des nombreux bouchers qui existent à Paris, il y a encore des marchés où la viande, dite de boucherie, se vend au poids. Cette vente a lieu, tous les jours, au carreau de la halle, marché des Innocens ; au marché d'Aguesseau, rue de la Madeleine ; au marché des Blancs-Manteaux, rue Vieille-du-Temple ; au marché Boulainvilliers, rue du Bac; au marché des Carmes, place Maubert; au marché Saint-Germain, rue de Seine; au marché des Prouvaires, rue de ce nom.

Il existe encore à Paris, sous le nom de *Compagnie parisienne,* une boucherie, située place de la Bourse, 8, où se débitent, au prix de la viande ordinaire, des viandes cuites *sans réjouissance,* des bouillons et potages de toute espèce.

§ BOULANGERIE.

Le commerce si nécessaire de la boulangerie est sous la surveillance immédiate du préfet de police, qui fixe, deux fois par mois, le prix de la livre de pain, basé sur celui des céréales. Le poids du pain est encore l'objet d'une surveillance particulière, et des peines, souvent trop légères, viennent réprimer, sans les faire cesser, les nombreux abus auxquels ce commerce donne naissance.

Il y a six cents boulangers à Paris, qui sont tous tenus de fournir, tant à titre de dépôt de garantie que de contingent à domicile, un approvisionnement qui assure pour deux mois la consommation moyenne de la capitale.

Un syndicat, composé de quatre membres, choisis parmi eux par quarante-huit électeurs, dirige, sous la présidence du préfet de police, les opérations du commerce. Il tient ses séances le jeudi, rue des Jardins-Saint-Paul, 10. Les bureaux sont ouverts, tous les jours, de midi à quatre heures. Le secrétaire du syndicat est M. Terreau, rue de la Jussienne, 21, et le garde-magasin des farines du dépôt de garantie est M. Bottin, au Grenier-d'Abondance.

Les noms et adresses des syndics sont:
MM. Beaudemoulin, rue Saint-Honoré, 289.
Decq, rue
Morel, rue Saint-Paul, 39.
Voitrin, Faubourg-Saint-Antoine, 223.

Les noms et adresses des autres principaux boulangers répartis dans les différens quartiers de la capitale, sont:
MM. Adam, rue du Cherche-Midi, 8.
Baron, rue des Petits-Pères, 1.
Basset, rue Dauphine, 16.
Chauvet, rue Saint-Louis, au Marais, 15.
Comtois, rue Saint-Jacques, 165.
Deschamps, rue Mouffetard, 265.
Garnot, rue de Chaillot, 27.
Guettard, rue Pinon, 14.
Hédé, rue Notre-Dame-des-Victoires, 23.
Jacotot, rue de la Madeleine, 9.
Leduc, rue Sainte-Anne, 34.
Limit, rue Richelieu, 77.
Marquet, rue de La Harpe, 111.
Marteaux, rue de la Cité, 6.
Morateur, rue Saint-Honoré, 400.

Indépendamment des *boulangeries ordinaires,* où la pâte se pétrit à la main, deux autres établissemens, qui ont pris naissance, il y a quelques années, sont connus aujourd'hui sous le nom de *boulangeries mécaniques :* l'une est située rue de Gaillon, 21 ; l'autre rue de la Ville-l'Évêque, 35. En outre, sous la dénomination de *boulangerie économique,* existe, rue de Bercy-Saint-Antoine, 11, un établissement où, par la combinaison du froment et du riz, on est parvenu à faire du pain qui se vend au-dessous de la taxe. Enfin, rue des Amandiers-Popincourt, 12, est établie une boulangerie où s'effectue la panification de toutes les matières féculeuses, telles que fécules de pomme de terre, de riz, etc.

Les principaux fabricans de pétrins, sont :

MM. Cavalier frères et Cie, rue de la Verrerie, 60.

Fontaine, rue de Charonne, 119.

Haize, faubourg Saint-Martin, 98.

Lasgorseix, impasse Saint-Sébastien, 8 et 10.

Selligue, passage des Petites-Écuries, 2.

Cinq marchés au pain sont établis à Paris, dans les marchés suivans : 1° Saint-Martin-des-Champs ; 2° Tonnellerie ; 3° Carmes ; 4° Saint-Germain ; 5° Saint-Honoré.

Les principaux marchands de levure, dont le commerce se rattache nécessairement à celui de la boulangerie, sont :

MM. Baudet, rue des Mauvais-Garçons-Saint-Germain, 17.

Lenoir, rue Baillet, 5.

Rochette, place Maubert, 8.

§ BRASSERIE.

Il paraît qu'en tout temps le houblon a été cultivé, car la bière était connue des Égyptiens, qui prétendaient qu'Osiris avait inventé cette boisson en faveur des peuples dont le territoire n'était pas propre à la culture de la vigne. De nos jours, on est parvenu, par des combinaisons, à faire plusieurs espèces de bières. Les Anglais nous ont appris à faire *le porter ;* les Écossais, à fabriquer *l'ale ;* les Belges, à composer du *faro,* etc.

Les principaux brasseurs, sont :

MM. Bourdilliat, *bière et cidre*, rue de Reuilly, 11.

Boutté, rue Mouffetard, 88.

Chappelet, *bière et cidre*, rue d'Enfer, 71.

Dufay, rue Rochechouart, 32 *bis*.

Fricher, rue Saint-Dominique, 211.

Gibé, *brune et blanche*, faubourg Saint-Antoine, 295.

Lependriel, brasserie anglaise, avenue de Neuilly, 21.

Richebé, rue de l'Oursine, 10.

Schimmer, *bière et cidre*, petite rue Saint-Pierre, 6.

Vandemerghel, rue des Écuries-d'Artois, 23.

Yon, faubourg Saint-Denis, 114.

L'hectolitre de bière paie, à l'octroi, pour entrée, 4 fr. 40 c.; l'hectolitre de bière à la fabrication est soumis à un droit de 3 fr. 30 c.

§ BRONZE ET DORURE.

Le bronze est un composé de cuivre, de zinc et d'étain. Il ne sert pas seulement à décorer nos palais et nos musées et à composer l'artillerie de nos armées ; il est encore employé pour de plus petits détails qui, cependant, sont l'objet d'un commerce important. C'est ainsi qu'il orne des pendules, des candelabres, des lampes et jusqu'à des sonnettes et des bougeoirs.

Une autre découverte est venue ajouter une nouvelle valeur au bronze et à d'autres métaux moins précieux, auxquels l'art avait su donner une forme. Le placage de l'or et de l'argent réduit, par le *battage*, à l'épaisseur de la feuille la plus mince, a bientôt trompé l'œil le plus exercé, en donnant à des morceaux de cuivre, de fer, etc., l'apparence de métaux et même de bijoux de prix.

La dorure ne s'en est pas tenue là ; bientôt elle est venue embellir le bois, le verre, les cristaux, les porcelaines et jusqu'au cuir.

Bronzes. Les principaux fabricans de bronze sont :

MM. Barbier, rue Fontaine, 18.
Benoist, rue Meslay, 4.
Berthellemot, Palais-Royal, 5, galerie Montpensier.
Bugnot fils, rue Perle, 14.
Choiselat-Gallien, rue du Pot-de-Fer-Saint-Sulpice, 8.
Chopin, rue Saint-Denis, 374.
D'Artois fils, rue d'Assas, 18.
Delafontaine, rue Neuve-de-l'Abbaye, 10.
Denière, rue d'Orléans, au Marais, 9.
Feucher, rue Notre-Dame-de-Nazareth, 25.
Fischer, impasse Guémenée, 3.
Galh, rue Richelieu, 89.
Giroux, rue du Coq-Saint-Honoré, 7.
Hébert, rue Neuve-Saint-Laurent, 10.
Jeannest, rue Boucherat, 18.

Dorure sur métaux. Les principaux doreurs sur métaux sont :
MM. Bruncamp, faubourg Saint-Germain, 40.
Chapelard, cimetière Saint-Nicolas, 7.
Délétang, rue Saint-Honoré, 123.
Denizet, rue Montmorency, 10.
Fouquet jeune, rue Bourg-l'Abbé, 32.
Gravet, rue Vertbois, 13.
Heussée, place Dauphine, 7.
Senglet, rue Saint-Denis, 368.
Muller, rue Saint-Honoré, 199.
Rodier, rue Charlot, 19.
Vernest, cour Batave, 7.

Dorure sur bois. Ces artisans fabriquent des bordures de tout genre, pour tableaux, dessins et miniatures, ainsi que des ornemens pour glaces et meubles, boiseries et lambris d'appartemens, etc.
Les principaux doreurs sur bois sont :
MM. Allain, porte Mahon, 12.
Berville, rue de la Chaussée-d'Antin, 29.
Cacheleux, rue Cadet, 7.
Chaillou, rue Saint-Honoré, 40.
Drin, rue Feydeau, 11.
Fan Zwoll, rue du Marais-du-Temple, 42.
Garnerey, rue Grange-Batelière, 13.
Hardy, rue du faubourg Saint-Antoine, 30.
Jeanne, passage Choiseul, 68.
Lambert, cour du Commerce-Saint-André, 17.
Souty fils, place du Louvre, 18.
Vincent, rue Saint-Antoine, 195.

Dorure sur cuir. Ils confectionnent, pour la plupart, des mesures métriques en maroquin et rubans, des plaques, coins et milieux, tant en or que gauffré. Il y en a encore qui dorent et impriment sur soie, pour les chapeliers, etc.
Les principaux doreurs sur cuirs sont :
MM. Cabot, rue des Cinq-Diamans, 20.
Dalandon, rue Saint-Jacques, 171.
Hiquet, rue des Gravilliers, 22.
Rousset, rue Saint-Jacques, 71.
Valentin Le Viel, rue Saint-Honoré, 265.

Dorure sur cristaux : MM. Cataert, faubourg Saint-Denis, 25.
Lemaire, rue Neuve-Saint-Martin, 29.
Petit, rue Aumaire, 19.
Vimeux, rue de la Barillerie, 22.

Dorure sur verre : MM. Bitterlin, rue des Deux-Écus, 17.
Evrard, cour des Miracles, 6.
Jolly, rue Mazarine, 35.
Reynier, rue Saint-Jacques, 56.
Rouchonnal, rue de la Vannerie, 12.

Dorure sur porcelaine : MM. Chablin, rue Meslay, 7.
Chapelle, faubourg Saint-Denis, 19.
Debacq, Palais-Bourbon.
Gonord, rue Saint-Denis, 350.

Legros d'Anizy, rue de Poitou, 9.
Leleu, rue Saint-Martin, 54.
Monginot, faubourg Saint-Denis, 132.
Poirier, rue Vieille-du-Temple, 126.
Vauson, Palais-Royal, galerie Montpensier, 21 et 22.

Ces trois dernières classes d'artisans se chargent d'enjoliver des sujets donnés et de fantaisie, dans les articles de la partie qui les concernent.

§ CHALES, CACHEMIRES, MÉRINOS.

Les tissus que produit le règne animal sont les plus précieux, et si nous devons au *lin*, au *chanvre*, au *coton*, etc., cette nombreuse variété d'étoffes qui fait, surtout à Paris, l'objet d'un commerce considérable, d'un autre côté, les bêtes à laines et les vers à soie, nous fournissent les tissus qui forment la plupart de nos vêtemens.

Les toisons de nos brebis et de nos béliers ont d'abord servi seules à la confection de toutes les étoffes de laines. Ce n'est que de la fin du siècle dernier que date l'importation, en France, de ces troupeaux d'Espagne, appelés *mérinos*, qui bientôt, acclimatés sur notre sol, s'y sont multipliés au point de donner au commerce de leurs laines une extension considérable.

D'un autre côté, les fins tissus produits par les chèvres de l'Inde étaient, naguère encore, inconnus ou dédaignés. Les premiers châles de *Cachemire*, ville d'Asie, ont été apportés en France, par les ambassadeurs de *Tippo-Saïb*; ces tissus précieux ne furent point alors appréciés. Plus tard les vainqueurs des Pyramides se faisaient des *cravates* avec les turbans des Mamelucks; dont les riches dépouilles vinrent, après l'expédition d'Égypte, servir de parure aux élégantes de Paris, qui les portaient en écharpes.

Ces belles étoffes sont maintenant une industrie toute française. C'est à M. Ternaux que nous sommes redevables de la première fabrication des châles avec la laine de cachemire. En important les chèvres du Thibet (en l'année 1819), ce célèbre manufacturier a affranchi la France des tributs qu'elle payait à l'Asie pour ces tissus. Il est à regretter que le prix élevé de la main-d'œuvre empêche le perfectionnement des cachemires français, qui pourraient bientôt l'emporter sur ceux de *l'Inde* par la délicatesse de la laine et le fini du *tissu*.

Aujourd'hui il existe en France beaucoup de filatures de cachemires, des dépôts de cachemires et châles façon de l'Inde, enfin beaucoup de fabriques de mérinos.

Filatures de Cachemire. Les principaux filateurs sont :

MM. Albert Simon, rue des Fossés-Montmartre, 2.
Diétry, rue de Cléry, 40.
Hindenlang aîné, rue des Vinaigriers, 15.
Polino frères, rue Poissonnière, 21.
Possot, rue des Vinaigriers, 19 *bis*.
Thénery, rue Roquette, 105.

Marchands de Cachemires, Châles façon de l'Inde, etc. :

MM. Arnoult, rue des Fossés-Montmartre, 7.
Bayle, rue Cléry, 9.
Bosquillon, rue Neuve-Saint-Eustache, 13.
Brousse, rue Richelieu, 82, et Feydeau, 34.
Brogon, rue Saint-Maur, 138.
Chambellan, rue des Fossés-Montmartre, 8.
Chapulot, place des Victoires, 6.

Crespin, place des Victoires, 1.
Deneyrousse, rue des Fossés-Montmartre, 16.
Douenet, rue Neuve-Saint-Eustache, 29.
Fichet, rue Sainte-Anne, 51.
Gagelin, rue Richelieu, 93.
Gagnon, rue Neuve-Saint-Eustache, 23.
Fabricans de mérinos : Abraham, rue Saint-Martin, 34.
Bonjour, rue des Fossés-du-Temple, 77.
Croco, rue de Paradis-Poissonnière, 46.
Delisle jeune, rue Grammont, 13, et Choiseul, 8.
Eggly et compagnie, rue des Fossés-Montmartre, 4.
Gontier, rue du Sentier, 6.
Houzeaux, Mérieux, rue Montmartre, 84.
Lochet-Godinot, rue du Mail, 1.
Maret, rue du Mail, 24.
Paturle et Ce, rue de Paradis-Poissonnière, 23.
Richard, rue Neuve-Saint-Eustache, 11.
Sourdeaux, rue des Fossés-Montmartre, 6.

§ CHAPEAUX.

La coiffure est une mode qui remonte à une haute antiquité. *Sganarelle*, ce plaisant médecin malgré lui, ne dit-il pas que, *dans son chapitre des chapeaux*, Hippocrate recommande de se couvrir ? l'histoire nous apprend qu'à Sparte, on faisait des *chapeaux en feutre*, cette étoffe de poil ou de laine, foulée sans être tissée. Les dames romaines portaient des *chapeaux de paille* lorsqu'elles étaient en voyage, ou qu'elles voulaient s'abriter contre le soleil.

En France, le premier *chapeau de castor*, dont il soit fait mention, a été porté par Charles VII ; ce qui n'empêcha pas les bourgeois de porter longtemps encore *leurs chaperons énormes*, chapeaux à bords rabattus et fort larges. Les princes et les nobles portaient des espèces de chapeaux ornés de plumes et de franges d'or. Ils étaient doublés de fourrures, et étaient assujettis sous le menton au moyen d'un cordon ou lacet.

Depuis ce temps, la coiffure a fait de grands progrès sous le rapport de l'élégance et de la légèreté ; aujourd'hui, outre le feutre et le castor presque entièrement oubliés, on se sert avec succès de *tissus de soie* dans la confection des chapeaux. D'un autre côté, le *drap* est employé avantageusement dans la fabrication des *casquettes*, tandis que la paille et l'osier fournissent des chapeaux d'été, dont l'élégance égale la légèreté. Le velours et autres étoffes de soie, la sparterie et autres graminées, dont on fait des nattes, se métamorphosent, sous les doigts industrieux des marchandes de modes, en chapeaux, dont le caprice féminin a tour à tour rapetissé ou agrandi les formes, embelli les contours de simples nœuds de rubans, ou chargé la coiffe de *fleurs*, de *plumes*, etc.

Chapeaux d'hommes. La plupart des chapeliers dont les noms suivent, confectionnent également tous les articles qui ont trait à la coiffure militaire.

MM. Arnaud, pet. mar. Saint-Martin, 25.
Baudoni, rue Vivienne, 26.
Bastide, rue Saint-Martin, 120.
Boucher, rue Saint-Avoye, 32.
Boulouneise, rue Simon-le-Franc, 20.
Bouyra, rue Vivienne, 8.

César-Blanc, rue Saint-Honoré, 92.
Chenard, rue Saint-Avoye, 41.
Dupuis, rue Simon-le-Franc, 5.
Ferrare, boulevart des Italiens, 21.
Gibus, place des Victoires, 3.
Giroud, rue des Ménétriers, 7.

Marchandes de modes. Les Françaises n'ont pas toujours porté des bonnets et des chapeaux. Ainsi on les voyait, sous Charles VI, s'affubler de *cornes*. Ces cornes étaient si ridiculement hautes, qu'il fallait se baisser pour passer sous les portes. Il en était qui avaient jusqu'à trois et même 4 *pieds d'élévation*, formant un pain de sucre, à la pointe duquel elles attachaient un voile; et pour que la féodalité perçât, jusque dans les plus petites choses, les dames de la cour faisaient traîner ce voile jusqu'à terre, tandis qu'il ne descendait que jusqu'aux épaules de la simple bourgeoise. Ensuite vinrent les bonnets ornés de peaux ou plutôt de vrais matelas, ayant une envergure de deux aunes, que surchargeaient des oreilles rembourrées. Il avait fallu rehausser les portes sous Charles VI, il fallut les élargir sous Charles IX.

Pendant les règnes suivans, d'élégans petits chapeaux ornés de plumes; puis des bonnets surmontés d'une aigrette vinrent remplacer les monstruosités sous lesquelles la mode avait enterré les têtes de femmes.

Sous Henri IV, aux chapeaux à plumes et aux bonnets à aigrettes on a préféré la coiffure en cheveux, qui, frisés et ornés de fleurs et de pierreries, recevaient encore un panache blanc. Au dix-septième siècle, le chapeau de velours ou de drap fut en faveur, et déjà le tulle, la dentelle et la *blonde* composaient d'élégans bonnets. Aujourd'hui, indépendamment des bonnets qui ont été appelés *à la Marie-Louise,* à *la duchesse de Berry*, *à la Paysanne*, etc., nous avons, avec les *Bibis*, les chapeaux *à l'anglaise*, dans la confection desquels entrent le velours, la *soie* et le carton.

Les principales marchandes de modes sont:

MM^{mes} Adrienne, place des Victoires, 2.
Alexandre, rue Neuve-Saint-Augustin, 41.
Burnier, rue de la Paix, 2.
Caillaux, rue Louis-le-Grand, 17.
Durand, rue de Rivoli, 12.
Frouin, rue Saint-Marc, 24.
Grouiller, place des Italiens, 1.
Herbault, rue Neuve-Saint-Augustin, 8.
Jassaud, boulevard des Italiens, 2 *bis*.
Larochelle, rue Choiseul, 3.
Leroy, rue d'Alger, 13.
Martin, place Vendôme, 1.
Pigault, rue du Bac, 1.
Simon, boulevart Montmartre, 6.
Thomas, rue des Filles-Saint-Thomas, 23.
Vaulout, rue de la Paix, 28.

Chapeaux de paille: Bardel, rue Vieille-du-Temple, 51.
Benini, galerie Vivienne, 44.
Couperie, rue de Reuilly, 32.
Delisle, rue de la Forge, 4.
Fabre, rue Bourbon-Villeneuve, 31.
Grelle, rue des Ménétriers, 22.
Harandes, rue Bourbon-Villeneuve, 35.
Legros, rue Thévenot, 10.
Manceau, boulevard des Italiens, 2.
Pointot, rue Sainte-Avoye, 57.
Poissy, rue Salle-au-Comte, 15.
Thomas, passage des Panoramas, 11.
Wild, rue du Caire, 11, 16 et 23.

Indépendamment de ces fabriques et de ces marchands de chapeaux, il en est d'autres qui confectionnent, avec du carton, *des chapeaux de fantaisie* imitant parfaitement les pailles de riz et d'Italie, les gros de Naples, etc.

Chapeaux de carton : Angrand, rue Meslay, 59 et 61.

Cabany, rue Saint-Avoye, 57.

Mancran, passage de l'Opéra, 2.

§ CHARCUTERIE.

Ainsi que les bouchers, les charcutiers ont leurs abattoirs, où ils doivent tuer et préparer les porcs. Ces abattoirs sont situés : le premier, rue du Cherche-Midi, 81; le deuxième, quai Jemmapes; et le troisième, rue Saint-Jean-Baptiste, 8, à la petite Pologne. L'abattage, la préparation et le transport d'un porc coûtent en tout 1 fr. 50 c. de droits.

Les porcs et les sangliers paient 11 fr. par tête pour droit d'octroi, décime compris. Les saucissons, jambons, porc frais à la main, porc salé, et en général toute la charcuterie, 24 c. 2/10 le kilogramme.

Les abats et issus, 5 c. 1/2 le kilogramme.

Les truffes, 33 c. le kilogramme.

La charcuterie est sous l'inspection spéciale de la police, qui veille à ce que les marchands ne débitent point de viandes avancées et par suite nuisibles.

Le porc frais se vend tous les jours dans les principaux marchés de la capitale.

Le porc frais et salé est aussi l'objet d'une vente spéciale qui a lieu au carreau de la halle le mercredi et le samedi. Vingt places sont réservées aux charcutiers de Paris, qui s'approvisionnent et viennent y faire la vente à tour de rôle; savoir : pour la vente en gros, de six heures du matin à midi ; et pour la vente en détail, de six heures du matin à 5 heures du soir.

Le porc se vend également au marché des Prouvaires, rue de ce nom, le mercredi et le samedi, du lever au coucher du soleil.

Les cochons de lait sont vendus au marché des Augustins, sur le quai de ce nom, depuis le lever du soleil jusqu'à deux heures de l'après midi, les lundis, mercredis, vendredis et samedis de chaque semaine.

Sur ce quai se tient aussi, depuis plusieurs années, pendant la semaine sainte, une foire aux jambons; cette foire avait lieu auparavant sur la place du Parvis Notre-Dame. On en attribue l'origine à une coutume établie fort anciennement, suivant laquelle le clergé de Paris était nourri de chair de porc à certaines solennités, au moyen de redevances annuelles dites *Carnibus Porcinis*, dont font mention les registres du chapitre de Notre-Dame.

Un marché de porcs vivans se tient à la Maison-Blanche, les mardis et samedis, de 10 heures à 4 heures; un autre a également lieu à la Chapelle, de 10 heures à 4 heures du soir.

Le bureau de commerce des charcutiers est situé rue Neuve-Saint-Victor, 98 ; il est ouvert tous les jours, de 10 à 4 heures du soir.

Les principaux charcutiers, sont :

MM. Albert, rue de la Vieille-Draperie, 30.

Etienne, rue Neuve-des-Petits-Champs, 4.

Fraillon, rue Beaubourg, 9.

Girard, rue Saint-Honoré, 358.

Jourdain, rue de Seine, 101.

Landrin, rue des Orties, 4.
Mérillon, rue Montmartre, 131.
Papeguay, rue de la Verrerie, 25.
Servas, rue Popincourt, 72.
Tabourier, rue de Bussy, 5.

§ CHARPENTERIE.

Le bois n'est pas uniquement consacré au chauffage ; il est encore l'objet de travaux qui en font en même temps un commerce de première nécessité et de luxe, d'utilité et d'agrément. Ainsi, tandis que sous le ciseau du menuisier et de l'ébéniste, il se convertit en meubles et boiseries, que le tourneur et le graveur lui donnent les formes les plus variées et les plus élégantes, sous la hache du charpentier il s'érige en habitations et en bâtimens de guerre et de commerce.

La charpenterie est donc une des branches les plus importantes du commerce des bois. A Paris, la plupart des charpentiers sont entrepreneurs, c'est-à-dire que, de concert avec les entrepreneurs de maçonnerie, ils construisent des maisons, sous la direction des architectes. Un comité, composé de 4 membres choisis parmi les charpentiers, se réunit, tous les mercredis, de 2 à 4 heures, aux bureaux de leur commerce, situés rue de la Mortellerie, 151, et place de la Grève, 80.

Les principaux charpentiers-entrepreneurs, sont :

MM. Albouy, rue Hauteville, 46.
Bellois, rue Château-Landon, 16.
Caudelon, rue de Larochefoucault, 30.
Dubief, rue Buffon, 15.
Faguet, boulevart Saint-Martin, 5.
Godde, rue de l'Ouest, 16.
Journet, inventeur d'un nouveau mode d'échaffaudage, barrière Montmartre, chemin de ronde.
Loyre, rue Ville-Fosse, près la barrière du Combat.
Mort, rue Popincourt, 94.
Quantinet, faubourg Saint-Martin, 82.
Rulland, faubourg du Temple, 56.
Savary, rue Pascal.
Tessier, rue Fontaine-au-Roi, 9.

§ CHARRONNAGE, SELLERIE, CARROSSERIE.

De tout temps il a existé des *voitures roulantes* ; mais c'étaient d'abord des masses informes et grossières, montées tantôt sur deux, tantôt sur quatre roues, qui ne servaient, la plupart du temps, qu'au transport des fardeaux. Il y eut aussi des *chars*, qui, dans l'ancienne Rome surtout, étaient destinés à promener en triomphe les vainqueurs à travers la ville.

Dans les Gaules, sous les rois de la première dynastie, aux *basternes* et *litières* viennent bientôt succéder les *carpentons*, espèce de charriots attelés de quatre bœufs ; les rois indolens de la première race s'en servaient d'ordinaire, lorsqu'ils paraissaient en public.

Pendant plusieurs siècles, les voitures passèrent de mode, et l'histoire nous apprend que les princesses même se rendaient aux tournois et aux cérémonies publiques montées sur des *palefrois*, que menaient des *palefreniers*. Plus tard, elles étaient tenues en croupe par des écuyers, qui étaient chargés de guider leurs haquenées. D'un autre côté, les mules étaient aussi en faveur, et l'on voit les conseillers au parlement, les légats du pape, les seigneurs de la cour, employer cette monture jusque sous le règne de Louis XIII. Il y avait, à cette dernière époque, des chaises à porteurs, dont l'usage n'a cessé généralement qu'en 1789. Cependant, à la fin du seizième siècle, s'était déjà introduit l'usage des carrosses, que l'on appelait alors des *coches*. Henri IV passait en carrosse dans la rue de la Ferronnerie, lorsqu'il fut assassiné par Ravaillac, et l'histoire nous a laissé les noms des cinq autres personnages qui étaient, lors de l'événement, dans la voiture du roi ; c'était un *carrosse à six places*.

Depuis ce temps, les voitures se sont multipliées et variées à l'infini : elles ont atteint le plus haut degré de perfection où elles semblent pouvoir parvenir. On a été même jusqu'à en fabriquer d'assez spacieuses pour contenir des lits, et procurer par ce moyen les agrémens d'un long voyage, sans en faire éprouver la fatigue et les incommodités.

Aujourd'hui, rien de plus élégant, de plus gracieux que les *tilbury*, les *landaus*; rien de plus commode que les *diligences*, et même les *voitures de place*; enfin l'art est venu faire des innovations utiles jusque dans l'*économie mécanique* des tombereaux et des *charrettes*.

Charrons : MM. Anthoni, rue du Cadran, 11.

Berne, rue du Cherche-Midi, 53.
Caillot, rue Montholon, 15.
Delabarre, rue Saint-Lazare, 124.
Fauve, rue du Milan, 2.
Girard, rue de Bondy, 76.
Lehericy, rue des Vinaigriers, 30 *bis*.
Maublanc, rue du Vieux-Colombier, 22.
Richer, rue Coquenard, 50.
Sanders, rue de la Madeleine, 49.
Sargent, rue de l'Allée-d'Antin, 17.
Vantier, rue Saint-Paul, 32.
Vecateau aîné, rue Charlot, 4.

Selliers-carrossiers : La plupart sont aussi harnacheurs, et s'occupent, par suite, de la confection des brides, sangles, croupières, licols, etc.

Les principaux selliers-carrossiers sont :

MM. Amelline, rue Bergère, 17.
Battandier, rue des Petits-Augustins, 3.
Caribeau, rue du Grenier-Saint-Lazare, 16.
Devolue, faubourg Saint-Denis, 57.
Foulquir, rue de la Corderie-du-Temple, 3.
Gabillé, rue Coquenard, 25.
Gerbod, rue de Verneuil, 45.
Happich, rue Montmartre, 12.
Hitzmann, rue de Grenelle-Saint-Germain, 96.
Jolly, rue Saint-Louis, 28.
Keller, allée des Veuves, 19.
Lamulle, rue Planche, 12.
Matzer, rue Brida, 10.
Nau frères, rue Saint-Denis, 268.
Panhard, rue Bergère, 22.

§ CIRE A CACHETER.

Cette cire, appelée encore cire d'Espagne, a été employée, pour la première fois, à Paris, sous le règne de Louis XIII. Auparavant, on se servait, pour cacheter les lettres, de gomme-laque fondue, que l'on colorait principalement avec du vermillon.

Les principaux fabriquans, sont :
MM. Blanc, rue Saint-Martin, 30.
Coffignon, rue Vieille-du-Temple, 24.
Délion, rue d'Orléans, au Marais, 10.
Guyot, rue du Mouton, 4.
Henri, rue Saint-Victor, 83.
Lécuyer, rue de la Jussienne, 9.
Mulatier, rue des Singes, 1.

Roumestant, rue Montmorency, 16.
Thibault, rue de la Verrerie, 6.
Zegelaon, rue de la Corderie, au Marais, 7.

§ CIRIERS ET FABRICANS DE BOUGIES.

Aux torches de résine et aux lampes succédèrent d'abord les chandelles, pour l'éclairage des appartemens. Ensuite on tira de *Bougie*, ville d'Afrique, de la cire qui, moulée en bougie, remplaça les chandelles. De nos jours, la cire entre pour fort peu de chose dans la composition des bougies. On en fait avec de la fécule de pomme de terre, du blanc de baleine, du suif épuré et préparé par la chimie.

Ceux qui ont fait faire les plus grands progrès à cette branche d'industrie sont :

MM. Boisset, rue de la Verrerie, 66 *(bougies diaphanes)*.

Demilly, rue Vivienne, 15 *(bougies de l'étoile)*.

Deslandes, rue des Fossés-Montmartre, 1 *(fournisseur du roi)*.

Gense, rue Meslay, 42 *(bougies perfectionnées)*.

Lagrange, rue du Roule, 16 *(bougies perfectionnées)*.

Trudon, rue de l'Arbre-Sec, 54 *(manufacture royale d'Antony)*.

§ COIFFURE.

L'usage des *perruques* remonte à une haute antiquité ; elles étaient anciennement faites avec de la laine. Plus tard, on fit entrer des cheveux dans leur composition.

Au moyen-âge, la mode des cheveux longs vint porter de rudes atteintes à l'art des perruques. Sous le règne de Louis XIV, il fit d'immenses progrès, par suite de l'usage introduit à cette époque, dans toutes les classes de la société, de porter des cheveux d'emprunt, que l'on surchargeait de rubans et d'oripeaux. Ensuite parurent les *perruques à la régence*, les *perruques à marteaux*, les *perruques à bourse* ; après elles, le *crêpé*, qui donna plus d'élégance à l'échafaudage de la perruque, en la délivrant du luxe chevelu qui la rendait lourde et incommode ; car il y avait des perruques qui pesaient jusqu'à 2 livres.

L'année 1793 amena la mode des *Titus*, et, depuis cette époque, les perruques, les faux toupets, les tours de visage ont été singulièrement perfectionnés. Il est impossible d'imiter la nature mieux que ne le font aujourd'hui nos *artistes coiffeurs*. Mais, en général, les cheveux d'emprunt ne sont plus employés que pour déguiser la *calvitie*.

Quant à la coiffure des femmes, les variations ont été innombrables. Sous François Ier, les cheveux furent relevés. Depuis, d'énormes touffes poudrées, et même des perruques à tire-bouchons, se firent remarquer sous les *chapeaux* et les *bonnets*.

De nos jours, la mode a opéré, dans la coiffure, de fréquentes révolutions : on a remarqué les coiffures à la *girafe*, à *touffes*, à la *grecque*, etc. Enfin, les dames ont adopté, jusqu'à nouvel ordre, les *anglaises*, les *repentirs*, la *chinoise*, le *bandeau*, etc.

Il y a des coiffeurs pour dames ; il y a aussi des coiffeurs pour hommes : ceux-ci sont barbiers pour la plupart, excepté les *artistes* en renom, *qui pratiquent la coupe des cheveux avec frisure*. Il ne sera question ici que des principaux, et surtout de ceux qui ont fait faire un grand pas à leur art.

Ce sont :

MM. Ablin, rue Castiglione, 4.
Aubril, Palais-Royal, galerie de Valois, 138.
Bailly, rue Richelieu, 38.
Carrat, rue Rohan, 22.
Croizat, rue de l'Odéon, 33.
Ducoudray, rue Vivienne, 10.
Francoz, boulevart des Italiens, 20.
Girard, rue Vivienne, 17.
Legros, rue Dauphine, 65.
Millière, Palais-Royal, galerie d'Orléans, 9.
Normandin, rue Notre-Dame-des-Petits-Champs, 5.
Normandin, rue Dalayrac, 16.
Plaisir, rue Richelieu, 108.
Richard, Palais-Royal, 179.
Seigneur, rue Jacob, 22.
Vacquerie, faubourg Saint-Denis, 47.
Victor, rue de l'Ancienne-Comédie, 10.
Walker, rue du Port-Mahon, 8.

§ COMESTIBLES.

Les *poissons de mer* et *d'eau douce*, les *pâtés*, le *gibier*, et, en général, toutes les importations gastronomiques, que la France et l'étranger font affluer dans la capitale, y sont l'objet d'un commerce important, auquel se livrent un grand nombre d'industriels, appelés pour cette raison : *Marchands de comestibles*.

Les principaux, sont :

MM. Boutain, galerie Véro-Dodat, 30.
Chevet, Palais-Royal, galerie derrière le Théâtre-Français.
Corcellet, Palais-Royal, galerie de Valois, 104.
Debarle, rue Neuve-Vivienne, 26.
Mieille, rue Saint-Honoré, 147.
Prieur-Appert, faubourg du Temple, 109.

Une halle aux *beurres*, aux *œufs* et aux *fromages* se tient tous les jours, le matin, à la pointe Saint-Eustache.

Le beurre et les œufs paient un droit de 2 francs 50 centimes p. 0/0, au profit de la ville de Paris, sur le produit de la vente. Les hospices prélèvent un droit *d'abri* d'un franc par 100 kilog. de beurre et 100 douzaines de fromages *de Neufchâtel*; de 20 centimes par milliers d'œufs et par chaque douzaine de fromages de *Brie* ou à la *pie*. La vente des pigeons se fait, le dimanche de chaque semaine, au marché Saint-Germain. La marée, le poisson d'eau douce et les huîtres paient à la ville un droit de 5, 6 et 8 pour 100 sur le produit de la vente. Celle de la marée a lieu tous les jours au carreau de la halle, à la criée, au fur et à mesure des arrivages. Celle du poisson d'eau douce a lieu par l'intermédiaire d'un facteur, soit à la criée, soit à l'amiable, au marché des Innocens, vis-à-vis la halle à la marée. Elle commence, en été, de trois heures du matin à quatre heures, et se prolonge jusqu'à onze heures du matin. Les huîtres se vendent en gros, à l'amiable, rue Montorgueil, de sept à dix heures du matin, tous les jours, par l'intermédiaire de facteurs spéciaux. Sur le quai des Augustins se tient, les *lundi*, *mercredi*, *vendredi* et *samedi*, un marché à la volaille et au gibier, depuis le point du jour jusqu'à deux heures de l'après midi. Huit facteurs sont chargés de la vente.

Les comestibles, tels que pâtés, terrines, viandes confites, écrevisses, homards, poissons marinés ou à l'huile, truffes, etc., paient, pour droit d'octroi, 33 centimes, dixième compris.

§ CONFISEURS.

L'art des confiseurs est porté, de nos jours, à un grand degré de perfection. La combinaison du sucre avec les fruits produit cette prodigieuse quantité de confitures et pâtes dont la rue des Lombards est le principal entrepôt. Nous devons encore à des importations la gelée de pomme de Rouen, les pâtes d'Auvergne, la confiture de Bar, etc., etc.

Les principaux confiseurs sont :
MM. Béjard, boulevart des Italiens, 23.
Berthellemot, Palais-Royal, galerie Montpensier, 53.
Courtin, rue Tiquetonne, 11.
Debord, Chaussée-d'Antin, 15.
Fieffé, rue Vieille-du-Temple, 5.
Gendereau, rue Vivienne, 10.
Gross, rue de Seine, 65.
Kuhmann, rue de la Paix, 7.
Liébaut, rue Saint-Honoré, 60.
Millelot, passage des Panoramas, 63.
Payen, rue Grand-Conti, 7.
Raymond, rue de l'Ancienne-Comédie, 13.
Terrier, rue Saint-Honoré, 254.
Voog, boulevart Poissonnière, 3.

La rue des Lombards, comme on vient de le dire, est presque dévolue aux confiseurs. C'est là, qu'aux approches du jour de l'an, on se fournit *au Fidèle Berger*, à *la Pomme d'or*, etc., des bombons en sucre et en chocolat, auxquels le génie du confiseur a fait revêtir mille formes diverses.

§ CORDES.

Dès le douzième siècle les Vénitiens employaient, dans les instrumens de *musique, les cordes à boyaux*, et les plus estimées nous viennent encore aujourd'hui de l'Italie, et principalement de Naples. C'est au moyen de réactifs chimiques que l'on est parvenu à neutraliser l'action des gaz qui se dégagent des matières animales, et à donner aux cordes d'instrumens cette blancheur et cette sonorité qui leur sont aujourd'hui particulière.

Aux cordes à boyaux sont venues, dans certains instrumens, succéder *les cordes de métal*, qui, depuis vingt ans, ont atteint un haut degré de perfection ; grâce aux savans procédés de M. Pleyel.

Quant aux *cordes végétales*, chacun sait que depuis long-temps elles sont l'objet d'une industrie importante à laquelle nous devons les nombreuses variétés qui sont comprises entre le câble et la ficelle.

Cordes végétales. Dans leur fabrication entrent le lin, le chanvre, le coton, le jonc, etc.

Les principaux cordiers sont : MM. Acoulon, rue Vigne-de-l'Hôpital, 3.
Bouthemart, rue des Lombards, 49.
Coulombel, rue Mauconseil, 12.
Desserin, rue de la Ferronnerie, 13.
Genlis, rue Montmartre, 102.
Lheureux, rue Montmorency, 13.
Meslier, rue de la Cossonnerie, 8.
Rabot, rue Phélippeaux, 15.
Sallat fils, rue Saint-Martin, 150.
Tampied, rue Saint-Denis, 361.
Vilain, rue de la Cossonnerie, 33.

Cordes d'instrumens : Bouché, rue Grenétat, 29.
Lesage, Palais-Royal, 16.
Mignard, boulevart de la Chopinette, 26.
Romon, rue Grenétat, 9.
Roussel, rue Guérin-Boisseau, 45.
Violet, Pantin, 26.
Vuillaume, rue Croix-des-Petits-Champs, 46.

§ CORROYEURS.

Le commerce des cuirs et des peaux est, à Paris, d'une telle importance, qu'on lui a consacré, dans cette ville, une halle spéciale qui est située rue Mauconseil, 34, et rue Française, 5 : elle tient tous les jours, de dix heures du matin à trois heures de l'après-midi, sous l'inspection de M. Mauduit, et sous la direction d'un grand nombre de facteurs.

Cet établissement, situé dans le cinquième arrondissement, a dû nécessairement en faire le séjour de la plupart des corroyeurs, dont cependant un grand nombre sont répartis dans les différens quartiers de la capitale.

Les principaux sont : MM. Andriot, rue Saint-Sauveur, 7.
Blanchard, rue Poliveau, 14.
Chardoillet, rue du Cadran, 38.
Dervelay, rue de la Harpe, 95.
Faynot, rue de Bondy, 76.
Guinguillard, rue Aumaire, 42.
Jodot, rue Saint-Martin, 205.
Lawrince, rue Chabrol, 15.
Leroy, rue des Arcis, 12.
Martin, faubourg Saint-Denis, 89.
Nys, rue Orillon, 27.
Placet, rue Beaubourg, 33.
Stemler, rue Charlot, 11.
Vindry, rue Simon-le-Franc, 12.

§ COTON.

Le coton est, comme chacun sait, le duvet du fruit que porte le cotonnier, arbre qui croît dans les pays chauds. Autrefois on le filait à la quenouille et au fuseau ; à ces instrumens, dont l'imperfection égalait la lenteur, ont succédé, vers la fin du siècle dernier, des machines à filer, dont le mécanisme ingénieux a remplacé avantageusement l'ancienne méthode. Aujourd'hui le coton sert à *coudre*, à broder, à marquer, à tricoter, etc., comme la *ouate* à doubler nos vêtemens. Comme *tissu*, il est employé dans la lingerie et la fabrication des étoffes, et s'appelle alors *guingamps*, *madras*, *calicot*, *perkale*, *tulle*, etc., etc.; enfin *filé* ou *cardé*, il sert à la confection des tricots, etc.

Filatures de coton : MM. Anquetil, rue Saint-Aligre-Saint-Antoine, 1.
Arnaud, rue Popincourt, 48.
Boulard, marché Beauveau, 5.
Chaillon, rue aux Ours, 54.
Devillir, rue Basse-du-Rempart, 16.
Fournir, Faubourg-Poissonnière, 32.
Gombert, rue de Sèvres, 102.
Gombert F., rue Vaugirard, 77.
Michelez, cour Batave, 6.
Poupinel, rue Thibautodé, 9.
Ray, place Royale, 12.
Vandermansch, rue Saint-Fiacre, 4.
Waddington, faubourg Poissonnière, 37.

Fabriques de coton : MM. Boissel, rue Jacinthe, 5.
Candlot, rue des Gravilliers, 29.
Lair, rue Grenétat, 2.
Pierreson, rue du Grand-Hurleur, 19.
Revy, rue d'Argenteuil, 32.
Schal, rue des Petits-Champs-Saint-Martin, 2.
Vienne, rue des Bons-Enfans, 15.

Fabriques d'étoffes de coton : MM. Bernoville, rue du Gros-Chenêt, 3.
Daudré, rue Bertin-Poirée, 13.
Docagne, rue Neuve-des-Petits-Champs, 35.
Dumont, rue du Sentier, 20.
Feray, rue du Sentier, 3.
Giraudeau, rue des Jeuneurs, 3.
Hulot, rue Neuve-Saint-Eustache, 36.

Kurtz, place des Victoires, 6.
Meslier, rue du Gros-Chenêt, 19.
Planus, rue Saint-Martin, 181.
Marchands d'étoffes de coton : Bailargeau, rue du Gros-Chenêt, 23.
Delasnerie, rue Saint-Denis, 68 *bis.*
Farrèse, rue du Sentier, 22.
Grilliet, rue Saint-Fiacre, 5.
Hébert, rue Quincampoix, 4.
Labbé, rue du Sentier, 9.
Maldat, rue Thibautodé, 12.
Nougenot, rue du Sentier, 14.
Renaudière, rue Quincampoix, 19.
Sédillot, rue des Déchargeurs, 10.
Yver, rue du Gros-Chenêt, 2.

§ COULEURS ET VERNIS.

Les sept *couleurs* primitives ont bientôt, par leurs combinaisons, produit une multitude de nuances, qui font, depuis long-temps, le désespoir des peintres. Quant au *vernis*, l'art de le composer ne fut importé en France qu'au seizième siècle par les missionnaires qui avaient été prêcher dans la Chine. Le vernis est le suc résineux d'un arbre de la Chine et du Japon.

Aujourd'hui on distingue deux sortes de vernis : l'un *gras*, qui s'obtient par la dissolution dans l'huile bouillante des bitumes ou résines que l'alcool ne peut dissoudre; l'autre *dessicatif*, par la dissolution de ces matières dans l'esprit de vin.

Le vernis n'est pas seulement employé dans la peinture : des dessus de meubles sont faits en *cuir vernis;* la chaussure même doit au vernis un lustre que ne sauraient lui donner le cirage ni la brosse ; les boiseries des appartemens, les petits objets de toilette, les meubles, doivent leur conservation et l'éclat du bois qui les compose aux vernis dont on les enduit.

Aussi le commerce des couleurs et des vernis est-il fort important et occupe-t-il beaucoup de fabricans et de marchands, dont les principaux sont :
MM. Ange, rue de la Michodière, 2.
Baget, rue des Gravilliers, 41.
Bilbille, rue de la Roquette, 73.
Bonnot, rue Traversière-Saint-Antoine, 9.
Bouju, rue des Marais-Saint-Martin, 43.
Bourgoin, rue Bourg-l'Abbé, 18.
Chenal, rue Planche-Mibray, 6.
Delaruelle, rue du Petit-Thomas, 20.
Derome, rue Bataille, 7.
Drappier, rue de Grenelle, 178.
Franc, rue du Temple, 101.

§ COUTELLERIE.

Les anciens n'avaient pas de *couteaux;* une espèce de poignard, qu'ils portaient à la ceinture, leur en tenait lieu. D'un autre côté, les *canifs* et les *ciseaux*, tels qu'ils existent aujourd'hui, ont une origine récente ; quant aux *rasoirs*, ils remontent à une époque assez reculée : déjà au douzième siècle l'emploi en était connu.

La plupart des couteliers s'occupent de la confection des instrumens de chirurgie. Cette partie de l'art est parvenue aujourd'hui au degré de perfection nécessaire, pour les opérations souvent difficiles, dans lesquels elle est employée.

Les principaux ateliers sont :
MM. Bancelin, rue de Bussy, 40.
Barraud, rue Saint-Honoré, 263.
Blanchard, rue des Gravilliers, 37.
Caban, rue Saint-Honoré, 314.

Charrière, rue de l'Ecole-de-Médecine, 7 *bis*.
Deleuil, rue Dauphine, 22.
Dordat, rue des Fossés-Montmartre, 9.
Dupuis, rue Saint-Honoré, 102.
Foubert, galerie Choiseul, 35.
Gavet, rue Saint-Honoré, 138.
Gillet, rue Charenton, 41.
Grancher, rue Richelieu, 91.
Guigardet, rue Vieille-du-Temple, 145.
Henry, rue de l'Ecole-de-Médecine, 24.
Lanne, rue du Temple, 42.

§ COUTURIÈRES.

Il n'existe pas de peuple où les modes aient été, de tout temps, aussi changeantes qu'en France; pour ne parler ici que des modes de femmes, la coupe de leurs robes a subi des modifications que le cadre de cet ouvrage ne permet pas d'énumérer, tant les changemens ont été nombreux, non seulement dans chaque siècle, mais encore dans l'espace de chaque année.

Cette mobilité, qui tient au caractère de la nation française, a reçu une nouvelle impulsion, dans ces derniers temps, grâce au progrès de la civilisation qui s'est répandue dans toutes les classes et toutes les professions; grâce encore au raffinement du luxe qui, du reste, est la preuve de la prospérité du commerce. Cependant la tyrannie de la mode, tout en attestant la futilité française, a aussi son bon côté. Elle est devenue une mère féconde pour la classe laborieuse, et, par suite, a donné lieu à un commerce important d'importation et d'exportation.

Sans parler ici des chapeaux, dont les variétés plus ou moins élégantes, qui se sont succédé depuis nombre de siècles, formeraient, à elles seules, de curieuses annales, les robes, surtout depuis deux cents ans, ont subi des changemens dont la description pourrait servir d'histoire des mœurs à l'époque dans laquelle ils ont eu lieu.

Sous Charles VI, les robes, qui jusqu'alors avaient été très-*haut montées*, commencent à se décolleter, et les femmes découvrent leurs épaules et leur poitrine.

Sous le règne galant de Charles VII, les robes à *queues* et à manches longues sont remplacées par des robes courtes, plus propices aux pieds mignons et aux jambes fines.

Sous Henri IV, une fraise, soutenue par du fil de laiton, vient se placer avec grâce sur les robes décolletées.

Pendant la régence, la corruption des mœurs amène la mode des *vertugadins* ou *cache-bâtards*. Aux vertugadins succèdent les *paniers*, autre espèce de cache-bâtards, dont les formes discrètes mettent également celles qui les portent à l'abri de toute censure.

Enfin, depuis la révolution, les robes ont des *tailles*, tantôt courtes, tantôt longues. Les manches, par leur ampleur prodigieuse, viennent faire ressortir la finesse de la taille, et les robes, plaquant sur le corps, accusent souvent des formes, dont nos dames sont redevables au talent des couturières.

Pour satisfaire aux exigences de la mode, il est à croire que cette classe d'industriels féminins a existé de tous les temps. Quoi qu'il en soit, leur art est aujourd'hui poussé à une perfection qui doit contenter un sexe difficile, par la grâce et l'élégance des coupes que l'on sait aujourd'hui donner aux robes.

Les principales couturières sont :

Mmes Aglaé, rue Sainte-Anne, 77.
Alexandre, rue Saint-Honoré, 371.
Bara, rue du Hasard, 4.
Celot, rue Grammont, 13.
Dauphin, rue Neuve-des-Petits-Champs, 45.
D'Harcourt, rue Saint-Honoré, 320.
Henri, rue des Pyramides, 3.
Hippolyte, rue Louis-le-Grand, 35.
Jobaud, rue des Moulins, 13.
Lépine, rue des Blancs-Manteaux, 20.
Maroteau, rue Saint-Denis, 290.
Palmire, rue Laffitte, 11.
Redon, rue Neuve-des-Petits-Champs, 40.
Saint-Laurent, rue de la Paix, 22.
Touchard, rue de la Michodière, 12.
Victorine, rue du Hasard, 1.
Zeni, rue Verdelet, 4.

§ CRISTAUX, VERRERIES, ETC.

Cette branche d'industrie est parvenue, de nos jours, au plus haut degré de perfection qu'elle puisse atteindre ; grâce au burin des *graveurs*, les cristaux ont pris les formes les plus élégantes et les plus variées. Le verre même a pu imiter, par sa netteté, le brillant du cristal, de manière à tromper l'œil le plus exercé.

Graveurs sur cristaux : MM. Bucher, boulevart Montmartre, 16.
Girard, rue Mouffetard, 95.
Martin Seyer, rue Richelieu, 77.
Saint-Quirin, rue des Vieux-Augustins, 63.

Fabricans et marchands de cristaux :
MM. Appert, rue du Jour, 33.
Berger, rue de Paradis-Poissonnière, 27.
Chapelle, faubourg Saint-Denis, 19.
Dufresne, rue Beaubourg, 48.
Fabre, rue de Bondy, 16.
Guissez, à la Villette, rue de l'Ille, 9.
Lemaire, rue du Vertbois, 24.
Marceaux, place de la Bourse, 1.
Martin, rue Richelieu, 77.
Pannier, rue Sainte-Marguerite-Saint-Germain, 14.
Pariot, quai Jemmapes, 8.
Rose, rue des Fontaines, 12.
Schallenberg, rue Bourg-l'Abbé, 32.
Tissot, passage de l'Opéra, galerie du Baromètre.
Vimereux, rue de la Barillerie, 22.

§ DRAPS.

Ce n'est que dans le seizième siècle que des manufactures de draps commencèrent à s'établir en France.

En 1790 fut inventée, pour fouler les draps, une machine qui a subi d'heureuses améliorations, grâce au génie d'habiles mécaniciens, dont les inventions se sont succédé depuis cette époque.

Ce fut aussi vers la fin du siècle dernier que M. Ternaux fit l'application de la *machine à filer la laine* pour les draps, qui avait été importée en France quelque temps auparavant.

Enfin, l'on doit à ce recommandable manufacturier le premier emploi de la *machine à lustrer* les draps, invention que l'Angleterre avait mise à profit déjà depuis quelques années.

Les draps sont, à Paris, l'objet d'un commerce d'importation ; ils viennent principalement des fabriques de *Louviers, Sedan, Elbeuf,* etc.

Une halle aux draps est située rue de la Poterie-des-Marchés. Elle tient tous les jours, pendant l'été, de 8 heures du matin à 5 heures du soir, et, pendant l'hiver, jusqu'à 4 heures seulement.

Les facteurs-commissaires sont :
MM. Larcher, rue des Prouvaires, 10.
Longien, rue Lenoir-Saint-Honoré, 3.
Petit-Fontaine, rue du Bouloy, 10.
Les principaux drapiers de Paris, sont :
MM. Amiard, rue Thibautodé, 12.
Auger, rue Saint-Honoré, 47.
Berthèche, rue des Deux-Boules, 6.
Chenevreux, rue Poissonnière, 35.
Dastés, rue des Mauvaises-Paroles, 20.
Favray, rue Tire-Chappe, 6.
Gaillard, place des Victoires, 10.
Joubert, rue Saint-Jacques, 186.
Legros, rue des Mauvaises-Paroles, 19.
Mandron, rue des Bons-Enfans, 23.
Neumann, rue Lulli, 3.
Picque, rue Béthisy, 20.
Rousset, rue du Roule, 9.
Ser, rue des Mauvaises-Paroles, 11.
Thivier, rue Richelieu, 52.
Vincent, rue Bertin-Poirée, 3.

§ EAUX MINÉRALES.

On a déjà eu occasion de parler des bains médicinaux. La chimie, qui a une grande part dans leur préparation, a aussi à revendiquer la gloire d'avoir enrichi la science d'une découverte dont l'humanité recueille le fruit.

Les eaux thermales ont, de tout temps, été d'un grand usage dans la science de la médecine ; mais leurs propriétés toutes locales, par suite de l'influence qu'exerce sur elles le sol où elles filtrent, auraient été, en raison de la cherté des transports, perdues pour l'humanité souffrante, si la chimie n'était venue en aide par l'imitation.

C'est donc grâce à elle que l'on peut aujourd'hui ressentir les effets bienfaisans des eaux minérales, sans être astreint à aller les chercher à leurs sources ; grâce à elle on possède les eaux *minérales factices* de *Seltz*, de *Vichy*, de *Bussang*, de *Sedlitz*, etc., sans, pour cela, avoir fait le voyage dispendieux que nécessite l'éloignement de ces villes.

Les eaux minérales, factices et naturelles, sont, à Paris, l'objet d'un commerce important. Chez la plupart des fabricans et entrepositaires de ces eaux, on trouve des noms dont s'honorent la chimie et la médecine :

MM. Bonjour, rue des Fossés-du-Temple, 77.
Boquet, rue Neuve-des-Petits-Champs, 45.
Boullay, Chaussée-d'Antin, 1.
Cadet, rue Saint-Honoré, 108.
Derosne, rue des Batailles, 7.
Favreux, rue de Grenelle-Saint-Honoré, 37.
Guitel, rue Jean-Jacques-Rousseau, 5 et 12.
Peuchot, rue Jean-Jacques-Rousseau, 20.
Pelletier, rue Jacob, 15.
Saunois, rue Vivienne, 13.

§ ÉBÉNISTERIE.

Cette branche importante de notre industrie n'est exploitée que depuis le seizième siècle. Elle est parvenue, depuis ce temps, au plus haut degré de perfection, par le fini de la ciselure, le goût exquis des ornemens, et la richesse des couleurs et des nuances que la teinture a su donner aux bois ordinaires ; enfin par le choix heureux et varié des bois de luxe, qui composent, pour la plupart du temps, ces beaux meubles que l'on admire dans les palais royaux, dans lès salons opulens, et jusque dans les logemens de la bourgeoisie aisée.

Les principaux ateliers d'ébénisterie sont établis dans le faubourg Saint-Antoine; dans les rues de Cléry et de Bourbon-Villeneuve se fait la vente en détail des meubles fabriqués dans ces faubourgs.

Les principaux fabricans et marchands sont : MM. Albrecht, rue de Charonne, 18.
Baudry, rue de Rivoli, 18.
Bellangé, passage Saunier, 8.
Bery, rue Saint-Antoine, 95.
Chabert, rue Chapon, 18.
Durand, rue de Harlay, 5, au Marais.
Fischer, impasse Guéménée, 3.
Frichot, rue des Gravilliers, 42.
Gondel, rue Meslay, 27.
Jacob Desmollet, rue des Vinaigriers, 23.
Kolping, faub. Saint-Antoine, 102.
Lesage, rue Grange-Batelière, 2.

§ ÉPICERIE.

Le défaut de relations avec les Indes, joint à la découverte tardive de l'Amérique, rendit long-temps les *épices* tellement rares, qu'on ne les servait d'abord que sur la table des rois. Au seizième siècle, elles étaient encore un cadeau de grand prix, que les plaideurs offraient aux juges pour se concilier leur faveur, ou comme témoignage de reconnaissance.

Depuis ce temps, le commerce maritime a donné à l'épicerie une plus grande extension, et de nombreuses importations ont fait affluer en France les produits exotiques que lui refuse son climat.

On distingue trois sortes de commerce d'épicerie : *le gros*, *le demi-gros* et le détail. Le demi-gros n'étant qu'un composé des deux autres commerces, il est à propos de ne mentionner ici que les deux principales catégories du gros et du détail.

Épicerie en gros. La plupart de ceux qui se livrent à ce commerce tiennent aussi le demi-gros. La rue de la Verrerie et les rues adjacentes à la rue Saint-Martin sont en partie occupées par la plupart des commerçans en ce genre. Il ne sera question ici que des principaux épiciers en gros répartis dans les différens quartiers de la capitale.

MM. Buffard, rue Miromesnil, 15.
Cassin, rue Feydeau, 28.
Decain, rue Saint-Denis, 36.
Devaurien, rue des Lombards, 12.
Dubois, rue de la Verrerie, 72.
Frayer, rue de la Verrerie, 60.
Gaillard, rue de Sèvres, 119.
Huet, rue Neuve-des-Capucines, 5.
Jacquinet, rue Tiquetonne, 18.
Moral, rue Pirouette, 7.
Normand, rue Phélipeaux, 28.
Ollivier, rue du Vieux Colombier, 26.
Perron, rue Vivienne, 9.
Ravoux, faubourg Saint-Denis, 99.

Épicerie en détail. Les épiciers qui vendent en détail se fournissent dans les magasins du sixième arrondissement et à la halle. Les principaux sont :
MM. Adrielle, rue Saint-Lazare, 56.
Bailly, rue Sainte-Avoye, 22.
Coffin, faubourg Saint-Antoine, 119.
Debreze, rue Chanoinesse, 12.
Famin, rue Saint-André-des-Arts, 46.
Gagnage, rue Galande, 77.
Lalle, rue Meslay, 46.
Ivonnet, rue de Louvois, 7.
James, faubourg Saint-Denis, 160.

Kretly, place du Panthéon, 1.
Madelain, rue de Tournon, 20.
Obron, rue Grange-aux-Belles, 1.

§ ESTAMPES, DESSINS.

Ce n'est que vers le milieu du quinzième siècle que la gravure a reproduit, pour la première fois, les ouvrages dus aux talens des peintres. Cet art est parvenu depuis, par de nombreuses améliorations, à une perfection qui peut rivaliser maintenant avec la gravure anglaise. On est même parvenu, de nos jours, à obtenir, de la gravure sur bois, les résultats les plus satisfaisans. La lithographie a pu également contenter les connaisseurs les plus difficiles par les procédés ingénieux qui ont su éviter les défauts provenant du *crachement* de la pierre.

Tous dessins, estampes, gravures, etc., doivent être préalablement déposés *à la direction,* sous peine d'une amende considérable.

Les principaux marchands d'estampes sont :

MM. Aubert, rue du Bouloi, 2.
Blaisot, galerie Vivienne, 49.
Clément, quai Voltaire, 1.
Danty, rue de la Bibliothèque, 18.
Fournier, rue Saint-Jacques, 31.
Giard, rue Pavée-Saint-André, 5.
Gihart, boulevart des Italiens, 7.
Hautecœur, rue du Coq-Saint-Honoré, 15.
Javos, rue Saint-Jacques, 59.
Le Comte, rue Sainte-Anne, 57.
Morlat, rue de Louvois, 2.
Pieri, boulevart des Italiens, 11.
Ritteur, boulevart Montmartre, 9.
Tessari, cloître Notre-Dame, 4.
Tirpenne, rue Tiquetonne, 8 et 10.
Valent, rue Castiglione, 6.

Il y a encore de nombreux marchands d'estampes sur tous les quais de Paris, et principalement sur les quais Voltaire et Malaquais.

§ FAÏENCE.

Cette terre fut fabriquée, pour la première fois, en France, au seizième siècle, dans un petit village de Provence. A ce commerce s'est joint celui de la *terre de pipe.* Les fabriques de Givet, de la Belgique et de la Hollande, sont renommées pour faire des pipes, dont la qualité est particulièrement appréciée par les nombreuses classes de fumeurs, à qui leurs goûts et leurs moyens pécuniaires interdisent l'usage du *cigare.* La terre de pipe sert encore à faire de la poterie estimée, telle que vaisseaux chimiques, etc.

Fabricans de faïence. Les principaux marchands sont : MM. Gautier, rue de la Roquette, 46.

Lebœuf, Faubourg-Poissonnière, 37.
Masson, rue de la Roquette, 35, 37 et 39.
Saint-Cricy, rue du Faubourg-Poissonnière, 2.

Marchands de faïence. Les principaux débitans sont : MM. Adrieux, rue Phélipeaux, 9.
Bardet, rue Montfaucon, 6.
Blottière, rue des Lombards, 35 et 37.
Comtois, rue de l'Ancienne-Comédie, 25.
Gaubin, rue de l'Arbre-Sec, 20.
Jeanne, rue Saint-Louis, 89, au Marais.
Lemaire, rue du Vertbois, 24.
Meslin, rue de l'Arbre-Sec, 37.
Picat, faubourg Saint-Antoine, 64 et 58.

Riolte, rue Saint-Jacques, 21.
Simon, boulevart Montmartre, 13.
Triquet, rue du Bac, 61.
Vimeux, rue de la Barillerie, 22.

§ FER, FONDERIES, FORGES.

Ce métal, aujourd'hui si universellement répandu, fut long-temps inutile aux anciens, qui se servaient de cuivre, même pour la fabrication de leurs armes.

En effet, la fonte du fer exige l'emploi de procédés qui leur restèrent inconnus, et la difficulté qui préside à cette opération a dû long-temps rebuter des efforts, peu secondés, du reste, par les appareils alors connus.

Bientôt les progrès des lumières ont appris, par la concentration du calorique, à rendre le fer aussi malléable, à une première fonte, que les autres métaux; et l'institution des fonderies et des forges a, dès lors, permis de commercer sur les nombreuses familles des corps métalliques.

Fer, fonte, acier. Les principaux commerçans sont : MM. André, rue de Ménilmontant, 12.

Bercherau, rue du Faubourg-Saint-Denis, 71.
Delagrange, rue Saint-Martin, 210.
Fournier, rue Hauteville, 62.
Gandillot, rue Bellefonds, 32.
Héron, rue d'Enghien, 5.
L'Hôte, rue Saint-Victor, 15.
Paillot, rue Ménilmontant, 4.
Rebour, faubourg Saint-Antoine, 222.
Seillière, rue de la Victoire, 31.
Tulabot, rue Blanche, 47.

Fonderie de métaux : Fonderie de la ville de Paris, faubourg du Roule, 63.
Fonderie de Romilly, rue de l'Échiquier, 19.
Fonderie de Chaillot, quai de Billy, 4.
Fonderie d'Imphy, rue du Parc-Royal, 2.
Fonderie d'Ivry-le-Pré, rue du Cloître Saint-Jacques-l'Hôpital, 1.

Fondeurs de cuivre et de fer : MM. Andral, rue Guérin-Boisseau, 24.
Brigaudin, rue des Gravilliers, 24.
Callat, rue du Faubourg-Poissonnière, 92.
Carbonnaux, rue des Amandiers, Popincourt, 20.
Chapelle, rue du Chemin-Vert, 3.
Collier, rue Richer, 24.
Crozatier, rue du Parc-Royal, 6.
Denière, rue d'Orléans, 19, au Marais.
Dumas, rue de Charonne, 47.
Gaudillon, rue Bellefonds, 32.
Hildebrand, rue Saint-Martin, 202.
Lacrenière, rue Neuve-Saint-Laurent, 6.

Fondeurs de caractères d'imprimerie : MM. Andorre, rue de Verneuil, 4.
Didot, rue Jacob, 56.
Garnier, rue Garancière, 10.
Léger, rue Percée-Saint-André, 11.
Regnard, rue Saint-Jacques, 59.
Rignoux, rue des Francs-Bourgeois-Saint-Michel, 8.
Tarbé, rue de Madame, 4.

§ FORGES.

MM. Boignes, rue des Minimes, 19.
Falatieu, rue Joubert, 26.
Goupil, rue Bleue, 11.
Paillat, rue de Ménilmontant, 4.
Stoury, barrière de la Canette.

§ FONDERIES DE SUIF.

La graisse de mouton n'est pas seulement employée aujourd'hui dans la fabrication des chandelles, elle sert encore dans celle des bougies, qui sont, pour la plupart, composées de cire et de suif. Dans chaque abattoir, il existe plusieurs *échaudoirs* pour la préparation du suif. En outre, il y a, hors les barrières, plusieurs fonderies, dont les principaux dépôts sont établis à Paris, savoir chez : MM. Auvray, rue Popincourt, 27.

Caron, rue de Clichy, 57.

Changey, rue du Cherche-Midi, 114.

Couturier, rue du Port-aux-Biches, 6.

Herdy, rue de la Grande-Truanderie, 48 *bis*.

Pluvinet, rue Favart, 8.

Preterme, rue Saint-Sébastien, 9.

§ FERBLANTIERS-LAMPISTES.

Le *fer blanc*, ce métal composé d'une feuille mince de fer recouverte d'étain, n'est que depuis une trentaine d'années l'objet d'un commerce considérable. L'industrie, en peu de temps, a perfectionné ce métal, jusqu'alors négligé, qui ne le cède aujourd'hui, ni sous le rapport de la bonté, ni sous celui de la beauté, à aucun de ceux fabriqués à l'étranger.

Les lampistes et les quincailliers se servent surtout de fer-blanc pour confectionner tous ces nombreux ouvrages qui composent les articles de *ménage*. Les lampes mêmes sont, pour la plupart, formées de ce métal, l'un des plus légers.

Ces luminaires ne furent, dans les temps passés, que des vases plus ou moins élégans, plus ou moins riches, destinés à contenir de l'huile, où plongeait un corps inflammable. Ils servaient à éclairer les temples, les salles de festin, les tombeaux, etc.

Le génie de la mécanique est venu par d'ingénieuses innovations augmenter la clarté des lampes, en diminuant l'odeur oléagineuse qu'elles exhalaient.

Dès lors les lampes prirent une forme plus commode. Par leur nouvelle conformation, on n'a plus à craindre de renverser l'huile contenue dans le récipient. Des mèches de coton, assujetties sur un tube, donnent, par leur communication constante avec l'huile, une lumière plus vive et moins vacillante.

Enfin, de nos jours, l'invention d'un mécanisme, successivement amélioré, donne à la *lampisterie* un degré de perfection que cependant elle peut encore dépasser.

Les principaux ferblantiers-lampistes sont : MM. Agrette, rue de Verneuil, 34.

Bailly, rue Sainte-Avoye, 59.

Bordin, rue Neuve-Sainte-Elisabeth, 7. Cet habile ingénieur est l'inventeur des télégraphes de nuit, de l'éclairage sidéral, et breveté pour l'éclairage parabolique des villes.

Callier, rue du Petit-Thouars, 20.

Careau, rue des Fossés-Montmartre, 21.

Chevallier, rue Montmartre, 140.

Chopin, rue Saint-Denis, 374.

Dombrowski, rue Saint-Honoré, 343.

Fiot, rue Saint-Sauveur, 6.

Gagneau, faubourg Saint-Denis, 17, inventeur des lampes *aglaphos*, perfectionnement de la lampe Carcel, ouvrage ingénieux qui fait constamment monter l'huile à la superficie de la mèche, qui peut être montée à la hauteur de six lignes au-dessus de sa bobèche sans aucun inconvénient. La lampe se monte, du reste, comme les lampes communes.

Galibert, rue Neuve-Saint-Augustin, 34.

Gatten, place des Victoires, 1.

Hadrot, rue des Fossés-Montmartre, 14.
Jenbert, rue Saint-Denis, 376.
Joanne, rue Sainte-Avoye, 63.
Locatelli, boulevart Montmartre, 14.
Marsaux, rue Saint-Denis, 302.
Morize, rue Boucher, 10.
Palluy, passage de la Trinité, 65.
Reymond, rue du Buisson-Saint-Louis, 11.
Silvant, rue de la Harpe, 117.
Thilorier, rue du Bouloi, 4.
Vivien, place du Louvre, 8.

§ FOURRURES ET PELLETERIES.

La peau des animaux a long-temps servi de vêtement; même encore de nos jours, elle est employée par les habitants des régions glacées, qui, en lui conservant le poil dont elle est recouverte, ont trouvé le moyen de se garantir de l'inclémence de l'air.

Ce vêtement, pour eux de première nécessité, est devenu pour nous un objet de luxe; aussi la mode a-t-elle placé extérieurement les fourrures, dès lors inutiles, que le bon sens des habitans du nord fait servir de doublure à leurs vêtemens.

Le commerce des fourrures et des pelleteries est donc, à Paris, l'objet exclusif d'importations venues à grands frais, principalement de la Russie et de la Sibérie, ces pays classiques des martres, des zibelines, etc.

Les principaux fourreurs sont :
MM. Boëhr, rue Saint-Honoré, 131.
Chauvin, rue Richelieu, 26.
Dautresme, rue Beaubourg, 50.
Erras, rue aux Ours, 25.
Fouré, rue Richelieu, 47 *bis*.
Givelet, rue Saint-Honoré, 159.
Hanff, rue Saint-Honoré, 105.
Konchaff, *id.* 199.
Krapff, *id.* 253.
Lupin, rue Chapon, 5.
Pfriffe, rue de l'Ancienne Comédie, 10.
Revillon, rue Montmartre, 23.

§ GLACES, MIROIRS.

On se mira d'abord au cristal des fontaines,

a dit un poète. Il parlait sans doute de l'âge d'or; car la mode de se mirer dans des plaques de métaux polis remonte à une haute antiquité. Aux plaques métalliques succèdent, dès le douzième siècle, des miroirs de verre doublés de plomb.

Au seizième siècle, les miroirs de glaces soufflées amènent une amélioration sensible, et enfin, au dix-septième siècle, s'établit, sous les auspices du grand Colbert, une manufacture de glaces dans les vastes bâtimens qu'elle occupait naguère encore rue de Reuilly.

Seulement, depuis la fin du dix-septième siècle, le coulage ne s'est plus effectué à Paris, où l'on n'a plus donné aux glaces que le poli et l'*étain*.

Aujourd'hui les manufactures de Saint-Gobain, de Saint-Quirain et de Cirey, coulent les glaces qu'elles envoient brutes à celles de Paris, qui les perfectionnent.

Une société anonyme, représentée par des administrateurs et des censeurs, dirige la *manufacture royale des glaces*, dont le siége est maintenant établi rue Saint-Denis, 303.

Indépendamment de cette manufacture, il existe à Paris des fabricans d'étain qui fournissent aux miroitiers les matières nécessaires à la confection des glaces et miroirs.

Fabricans d'étain. Ce n'est que depuis une trentaine d'années qu'on a découvert, en France, des mines de ce métal si utile. Auparavant on était forcé de le tirer de la Grande-Bretagne, de la Bohème, et même des Indes. Grâce à cette découverte et aux préparations préalables qu'on lui fait subir, l'étain de France ne le cède en rien à celui des pays étrangers.

Les principaux fabricans d'étain sont : MM. Claneau, rue du Faubourg-Saint-Antoine, 123.

Lejeune fils, rue Neuve-Saint-Paul, 6.
Liénard, rue de Reuilly, 20.
Miroitiers : Agnesse, rue Cléry, 9.
Béranger, rue d'Enfer, 12.
Coquelin, rue de l'Échelle-Saint-Honoré, 9.
Ducros, rue Grenétat, 8.
Fanh, rue du Bac, 12.
Garnier, rue du Petit-Carreau, 32.
Levalois, rue Bourg-l'Abbé, 32.
Nandri, rue Tronchet, 2.
Patron, rue Verdelet, 6.
Renaudin, rue de Reuilly, 17.
Traven, rue de la Cité, 10.
Weins, rue Montmorency, 7.

§ HERBORISTES.

Tous les matins se tient, au carreau de la halle, un marché consacré à la vente, en gros et en détail, des herbes et plantes médicinales et autres.

Indépendamment de ce marché, il y a dans Paris un grand nombre d'herboristes qui, répartis dans les différens quartiers, se livrent au même commerce.

Les principaux sont : MM. Adenet, rue de Lancry, 4.
Biquelin, rue de la Grande-Friperie, 1.
Boichu, rue Poterie-des-Halles, 13.
Cassard, rue de la Grande-Friperie, 8.
David, rue de Sèvres, 181.
Fasquel, rue Saint-Honoré, 237.
Gillat, rue Baillet, 7.
Hatrou, rue Neuve-Saint-Marc, 9.
Labadie, rue des Gravilliers, 7.
Malingre, rue Saint-Antoine, 57.
Oufroy, rue Meslay, 3.
Plessin, rue de l'Arbre-Sec, 52.

§ HORLOGERIE.

L'horlogerie, ainsi que tous les arts qui exigent la science de la mécanique, resta long-temps dans l'enfance. On se servait d'abord de *clepsydres à eau*, de *sabliers*; puis vinrent les *horloges à roues*, les *horloges à poids*, les *horloges-sonneries*, etc. Enfin le poids, qui rendait toutes ces *horloges* incommodes et d'un transport difficile, fut remplacé par un ressort en spirale, qui donna la force motrice aux rouages.

Bientôt cette idée, en rendant les horloges portatives, fit naître celle des montres, qui d'abord, d'un volume immense à cause de la complication et de la grossièreté des pièces composant le mécanisme, furent ensuite réduites à des dimensions moindres, et enfin, de nos jours, sont à peine égales en poids et en volume à une pièce de 5 francs de notre monnaie.

Les horloges et les montres, perfectionnées par les soins de *Laporte* et de *Bréguet*, ont atteint aujourd'hui le degré de perfection que l'on peut désirer.

Les montres de Bréguet sont tellement estimées, et à juste titre, qu'elles sont vendues avec justification d'un certificat d'origine.

Les principaux horlogers sont : MM. Alavoine, rue Poterie-Saint-Honoré, 27.

Berthoud, rue Richelieu, 3.
Blondeau, rue de la Paix, 19.
Bourdier, passage de la Réunion, 7.
Brégent, place de la Bourse, 4.
Brocot, rue d'Orléans, au Marais, 15.
Cousin, rue de Grenelle-Saint-Honoré, 29.
Dehay, rue Cadet, 26.
Fossard, rue de l'Arbre-Sec, 35.
Garnier, rue Taitbout, 8 *bis*.
Henry, rue Saint-Honoré, 247.
Lebon, rue de la Perle, 12.

Les commerçans fabriquent, pour la plupart, des montres à musique et des tableaux à horloges; ils tiennent aussi des dépôts des fabriques de Genève, dont l'horlogerie est aussi estimée que la bijouterie.

La Suisse et la Franche-Comté fournissent des horloges à poids, des *cartels*, etc., qui sont aussi appréciés des connaisseurs.

§ HOTELS GARNIS, AUBERGES.

Autrefois, quand on avait à se transporter d'une ville dans une autre, on était dans l'habitude d'emporter avec soi de quoi se nourrir. Quant au coucher, il fallait le prendre chez les habitans de la ville où l'on se rendait. Tant que les saints nœuds de l'hospitalité fournirent aux voyageurs un asile aussi assuré qu'agréable, les hôtelleries ne furent point de mode.

Cependant les relations devinrent bientôt plus fréquentes entre les habitans des villes, grâce à l'extension du commerce, et l'esprit du gain suggéra alors à quelques particuliers l'idée d'offrir leurs maisons aux voyageurs moyennant une certaine rétribution.

Aux voyages nécessaires vinrent ensuite se joindre les voyages d'agrément.

Dès lors les hôtelleries devinrent, pour le riche, des *hôtels garnis*, où il trouva, pour un séjour passager, toutes les commodités de la vie, tandis qu'elles restèrent *auberges* pour ceux qui ne purent se loger qu'à moins de frais.

Les hôtels garnis de Paris sont sous la surveillance immédiate du préfet de police.

Chaque maître d'hôtel garni est tenu d'avoir un registre, sur lequel il inscrit, jour par jour, les entrées et les sorties des personnes qui viennent loger chez lui. Dans la plupart de ces hôtels il y a des tables d'hôte, qui complètent ainsi l'hospitalité intéressée dont le provincial et l'étranger n'ont que trop souvent à apprécier le coûteux avantage.

Indépendamment des hôtels garnis, il existe à Paris un grand nombre d'auberges destinées à recevoir les rouliers, les gens de la campagne, et, en général, tous ceux qui veulent se loger plus modestement. On compte aussi un grand nombre d'hôtels garnis du second ordre, situés pour la plupart dans le *quartier latin*, et habités en grande partie par les étudians en droit et en médecine. D'autres enfin, dans les faubourgs de la capitale, sont destinés particulièrement à recevoir la classe ouvrière. Les maîtres de cette dernière sorte d'hôtels garnis s'appellent *logeurs*.

Hôtels garnis : D'Aguesseau, place du Palais-de-Justice, 6.
Ambassadeurs, rue Neuve-Notre-Dame-des-Victoires, 11.
Angleterre, rue des Filles-Saint-Thomas, 18.
Bade, rue du Helder, 6.
Belair, rue des Enfans-Rouges, 10.
Belgique, rue Saint-Thomas-du-Louvre, 15.

Boston, rue de Lille, 98.
Bourgogne, rue Saint-Louis, 25.
Brésil, passage Dauphine.
Brissol, rue Traversière-Saint-Honoré, 22.
Cabon, rue Richelieu, 16.
Calonier, rue Saint-Dominique, 39.
Auberges : MM. Bassot, rue Grenétat, 15.
Cance, rue de la Tonnellerie, 55.
Delacoulouche, rue du Ponceau, 18.
Fener, rue Boucherat, 20.
Gérar, rue de Beauvais, 6.
Houssel, rue Pirouette, 1.
Imbache, rue des Fossés-Saint-Germain-l'Auxerrois, 26.
Mercier, faubourg Saint-Denis, 110.
Oradoux, rue Basse-de-Fontainebleau, 3.
Tavaux, rue des Fontaines, 7.

§ IMPRIMEURS.

Ce fut en 1440 que Jean Guttemberg, natif de Mayence, imagina de graver sur des planches de bois des pages que l'on imprimait ensuite autant de fois que l'on voulait. Bientôt il sut abréger son travail en sculptant en relief des lettres mobiles.

Ces lettres ou *caractères* étaient d'abord en bois ; on les fit ensuite en métal. La gravure des poinçons et la fonderie des caractères vinrent bientôt rendre très-rapides les progrès de l'imprimerie.

En 1469, elle commença à être pratiquée à Paris. Les docteurs de la Sorbonne établirent, dans le local même de leurs séances, trois imprimeurs de Mayence, qui y éditèrent la Bible, quelques auteurs latins, les œuvres de saint Augustin, etc.

Les caractères avaient d'abord été uniformes, et avaient pris le nom de *Saint-Augustin*, comme ayant d'abord servi à publier les confessions de cet évêque.

Vinrent ensuite les caractères *italiques*, le *cicéro*, le *petit-romain*, etc.

Les lettres majuscules, inventées en 1742, contribuèrent aussi à rompre l'uniformité de l'impression.

De nos jours, les caractères d'imprimerie ont été portés au plus haut degré de perfection ; les livres sont devenus des chefs-d'œuvre, qu'embellissent les vignettes, les gravures, etc.

L'art de la lithographie est beaucoup plus récent : il ne remonte pas au-delà de notre siècle. C'est en Bavière que, pour la première fois, on a essayé de tracer sur une pierre calcaire, au moyen d'une encre grasse, des dessins, des caractères, des cartes de géographie, etc., et d'appliquer sur leur superficie un papier qui, par le moyen d'une forte pression, représente, dans toutes ses parties, ce qui a été tracé sur la pierre.

Imprimeurs en lettres : Agasse, rue des Poitevins, 6.
Belin, rue Sainte-Anne, 55.
Crapelet, rue de Vaugirard, 9.
Didot aîné, boulevard d'Enfer, 4.
Didot frères, rue Jacob, 24.
Ve Dondey-Dupré, rue Saint-Louis, 46, au Marais.
Duverger, rue de Verneuil, 4.
Éverat, rue du Cadran, 16.
Fain, rue Racine, 4.
Gratiot, rue du Foin-Saint-Jacques, 18.
Herhan, rue Saint-Denis, 380.
Huzard, rue de l'Éperon, 7.
Imprimeurs lithographiques : Arnoud, rue Saint-Antoine, 86.

Benard, rue de l'Abbaye, 4.
Bichebois, rue des Beaux-Arts, 3.
Cabasol, rue de la Vieille-Monnaie, 5.
Delarue, rue Notre-Dame-des-Victoires, 16.
Desportes, rue du Guénégaud, 13.
Didin, rue Monsigny, 2.
Formantin, rue des Saints-Pères, 10.
Knecht, rue Richer, 7.
Lemercier, rue de Seine, 55.
Lenormand, rue Beaurepaire, 10.
Mantoux, rue du Paon-Saint-André, 1.
Imprimeurs en taille-douce : Bellemain, passage du Caire, 96.
Cabot, rue des Cinq-Diamans, 20.
Durand, rue des Mathurins, 14.
Genty, rue du Temple, 61.
Lutton, passage du Saumon, 26.
Monier, rue des Arcis, 17.
Pique, rue de Cléry, 12.
Puesneville, rue Vivienne, 9.
Sampierre, rue Boucher, 2.
Villemsens, rue des Fossés-Montmartre, 16 et 18.
Imprimeurs sur étoffes. L'impression sur étoffes, invention importée de la Chine, a précédé de plusieurs siècles celle de l'imprimerie. Il est étonnant que le moyen de reproduire, sur une grande quantité d'étoffes, des fleurs, des arabesques, etc., n'ait pas fourni plus tôt l'idée bien autrement utile de l'imprimerie.
MM. Berthet, rue du Mail, 7.
Caron, rue du Gros-Chenet, 2 *bis*.
Doublet, rue des Bernardins, 5.
Fleury, rue de Buffon, 13.
Hondequin, faubourg Saint-Denis, 105.
L'hôte, rue des Forges, 2.
Lucian, rue Coq-Héron, 8.
Meyer, rue du Sentier, 1.
Pouchet, boulevart de l'Hôpital, 2.
Renard, rue de Cléry, 60.

Thibaut, rue Neuve-Saint-Eustache, 36.
Vandendries, rue de Lesdiguières, 7.

§ INSTITUTIONS ET PENSIONNATS.

Nos colléges et nos pensions donnent lieu à de graves remarques. Les longues années de l'éducation publique ne semblent pas donner tous les fruits qu'elles pourraient produire. Sans doute il est nécessaire d'enseigner à la jeunesse le grec et le latin, source des mots de notre langue, et la littérature ancienne, modèle de nos plus grands écrivains ; mais il est aussi d'autres études non moins essentielles et trop négligées. Quatre années d'un travail assidu suffisent assurément pour acquérir, en latin et en grec, une instruction solide et profitable : pourquoi ne consacrerait-on pas les autres années à apprendre les langues vivantes, les sciences, les arts utiles, et, en un mot, tout ce qui constitue les besoins et les avantages de la société actuelle, dont notre vieux système d'éducation isole trop les jeunes gens ? Ces sages observations ne resteront pas sans effet, et, en attendant que les lois sur l'instruction publique reçoivent des modifications désormais inévitables, déjà, dans les meilleures pensions de la capitale et des environs, s'unissent aux anciennes études, plus rapidement conduites, les études modernes plus indispensables encore. Les pensionnats de jeunes demoiselles encourent aussi des reproches ; mais le but et le cadre de cet ouvrage se refusent également à la discussion de défauts ou d'abus qui s'affaiblissent de jour en jour, et qui ne tarderont pas à disparaître tout-à-fait.

Pensions de garçons : MM. Adam, rue de M. le Prince, 8.

PARIS. — PROFESSIONS.

Bourdon, rue Payenne, 9.
Boniface, rue de Tournon, 33.
De Reuss, rue de Vaugirard, 54.
Donagon, rue Basse-du-Rempart, 56.
Gasc, rue des Postes, 20.
Gueyet, rue Saint-Jacques, 282.
Goubeaux, rue Dichy, 34.
Hallays, rue de l'Estrapade, 16.
Jubé, rue Neuve-Sainte-Geneviève, 4.
Lanneau, rue de Reims, 7.
Lyevens, rue Culture-Sainte-Catherine, 23.
Massin, rue des Minimes, 10.

Pensions de demoiselles : MM. Alin, rue de Clichy, 49.
Bathilde, rue de Reuilly, 99.
Chrétien, rue des Martyrs, près la barrière.
Daufin, rue de Harlay, 19, au Marais.
Delarue, faubourg du Roule, 82.
Guesnier, rue Charlot, 14.
Herbin, rue Pigale, 22.
Liot, rue Pigale, 8.
Massier, boulevart des Capucines, 3.
Piquet, rue M. le Prince, 25.
Stevens, quai d'Anjou, 29.
Villeneuve, cité Beaujon.

§ INSTRUMENS DE MUSIQUE.

Instrumens à cordes. Nous ne sommes plus au temps où, par le plus ou moins de tension des cordes, au moyen de poids qu'on y attachait, les anciens se procuraient des sons variés et discordans. Déjà les harpes des Grecs et des Romains avaient éprouvé de nombreuses améliorations ; les *lyres* des bardes, les guitares des troubadours, les rébecs, etc., sont venus ensuite attester les progrès de l'art dans les instrumens à cordes. Sous Charles IX, le fameux Amati, de Crémone, importa en France les premiers *violons :* le violoncelle, inventé en Italie au XVIIIme siècle, *la contrebasse, la viole, l'atho, la harpe* et *la guitare,* augmentés d'un grand nombre de cordes, ont complété bientôt la nomenclature des instrumens des cordes à boyau.

Les principaux marchands sont :
MM. Aldric, rue de Seine, 71
Bernadel, rue Croix-des-Petits-Champs, 23.
Clément, rue des Bons-Enfans, 34.
Grobert, rue Saint-Denis, 166.
Laprevotte, rue Richelieu, 10.
Launer, boulevart Montmartre, 14.
Savary, rue de la Harpe, 79.
Thibout, rue Rameau, 8.
Vuillaume, rue Croix-des-Petits-Champs, 40.

Pianos. Aujourd'hui les pianos ne sont que des instrumens imités de ce qu'on appela tour à tour des *clavicordes,* des *virginelles,* des *épinettes,* des *clavecins.* Mais de nombreux perfectionnemens, qui ont été donnés, surtout de nos jours, aux *forte-pianos,* peuvent faire considérer ces instrumens comme tout nouveaux, si on les compare avec ceux qui les ont précédés ; aussi le nombre d'*octaves,* qui ne fut d'abord que de deux et de deux et demi, a-t-il été porté à sept. Aujourd'hui de nombreuses *pédales* peuvent enfler ou diminuer le son par gradations imperceptibles, et, par suite, produire des effets d'harmonie que n'auraient pu obtenir les anciens instrumens de ce genre. En un mot, un mécanisme ingénieux a porté les pianos, de même que les harpes, au plus haut degré de perfection qu'ils puissent obtenir.

Les principaux facteurs sont :
MM. Beckers, rue des Francs-Bourgeois-Saint-Michel, 18.

Bernardi, rue Saint-Maur-du-Temple, 17.
Cluesmann, rue Favart, 4.
Doményy, faubourg Saint-Denis, 82.
Erard, rue du Mail, 13 et 21.
Freudanthaler, rue Neuve-Notre-Dame-de-Nazareth, 21.
Gaidon, rue Saint-Denis, 307.
Gaidon jeune, rue Montmartre, 121.
Herz, faubourg Poissonnière, 5.
Klepfer, boulevart Montmartre, 1.
Mullien, rue de Tracy, 5.
Pape, rue des Bons-Enfans, 19.

Instrumens à vent. Les *pipeaux* et les *chalumeaux* ont été les premiers instrumens à vent; sont venues ensuite les flûtes et les trompettes. Le roseau, le bois et la corne composèrent long-temps ces divers instrumens. Il serait trop long d'énumérer tous ceux qui aujourd'hui sont en usage dans nos orchestres; il suffira de dire que, depuis quelques années surtout, on en a inventé un grand nombre de nouveaux, et que les anciens ont reçu des améliorations qui ont fait disparaître presque tous les défauts qu'on leur reprochait.

Les principaux facteurs en ce genre sont : MM. Adeler, rue Mandar, 8.
Bellissent, rue Saint-Honoré, 262.
Boileau, quai de la Mégisserie, 16.
Godfroy, rue Montmartre, 67.
Guerre, rue de Béthisy, 10.
Laurent, galerie Montpensier, 65.
Mibert, rue Dauphine, 26.
Vinnen, rue Saint-Denis, 378.

Instrumens en cuivre. Le génie inventif des artistes s'est exercé aussi avec succès dans les instrumens en cuivre. Depuis un petit nombre d'années, ils ont créé la trombonne et l'ophycléide, et plus récemment encore nous nous sommes enrichis des *trompettes à clef*, importées d'Italie, des *cors* et des *cornets à pistons*, importés de l'Allemagne. Les principaux facteurs sont : MM. Dujariez, rue Dauphine, 63.
Gambaro, rue des Vieux-Augustins, 18.
Halary, rue Mazarine, 37.
Labbaye, rue du Caire, 17.
Raour, rue Serpente, 11.
Vionet, rue du Ponceau, 1.

Orgues et serinettes. Les principaux facteurs sont : MM. Abbey, rue Saint-Denis, 319.
Dallery, faubourg Saint-Honoré, 66.
Davrainville, rue Basse-du-Rempart, 14.
Erard, rue du Mail, 13.
Husson, rue Grenétat, 9.
Mongenot, rue Sainte-Apolline, 29.

§ LAINES.

Laines en gros. Les principaux marchands de laines sont : MM. Bricka, rue Martel, 17.
Coulon, rue de Provence, 5.
Decan, rue de Braque, 6.
Fouquet, rue du Temple, 56.
Guérin, rue du Pont-aux-Biches-Saint-Maur, 4.
Jaspar, rue Montholon, 10.
Lallemand, rue de Bondy, 66.
Lennet, rue Neuve-Saint-Paul, 4.
Miette, rue des Martyrs, 8.
Perrot, rue de Paradis-Poissonnière, 50.
Robert, rue des Tournelles, 7.
Schmit, rue Beaurepaire, 10.

Filateurs de laine : MM. Benon, carrefour des Petites-Écuries, 5.
Comte, rue de la Muette, 17.
Gaignaux, rue Meslay, 12.
Griolet, rue d'Albouy, 11.

Hirdelany, rue des Vinaigriers, 15.
Jouan, rue des Trois-Bornes, 28.
Noël, rue Sainte-Apolline, 13.
Paturle, rue de Paradis-Poissonnière, 23.
Prevost, avenue Parmentier, 9.
Troost, rue Moreau, 17.
Laines filées, etc. : MM. Battée, rue des Lombards, 35.
De Conink, rue des Petites-Écuries, 4.
Dunod, passage de l'Opéra, 24.
Favre, rue des Orfèvres, 2.
Hallat, rue des Quatre-Fils, 9.
Lapra, rue de la Chanverrerie, 15.
Magnier, rue des Lombards, 51.
Romagny, rue de Cléry, 9.
Simon, rue des Fossés-Montmartre, 2.
Teillard, rue Richer, 20.
Verney, rue Poissonnière, 20.
Laines à matelas : MM. Bergeret, rue du Mouton, 167.
Carle, rue Saint-Martin, 88.
Deny-Doineau, rue Vivienne, 16.
Dutary, rue Saint-Honoré, 166.
Flamand, rue de Bussy, 41.
Grellet, rue du Bac, 32.
Lamouroux, rue d'Enghein, 19.
Massé, rue de la Chaussée-d'Antin, 29.
Millenot, rue Saint-Honoré, 189.
Prudhomme, rue Grenétat, 10.
Renault, rue de Charenton, 17.
Raffin, rue Saint-Denis, 303.

§ LAYETIERS-EMBALLEURS.

Cette profession était inconnue il n'y a pas long-temps ; elle n'est même point encore exercée dans quelques contrées de l'Europe. En France, elle a fait de rapides progrès ; grâce à des inventions ingénieuses, on peut aujourd'hui transporter, d'un pays dans un autre, les choses les plus fragiles, les objets les plus délicats, sans aucun inconvénient.

Les principaux layetiers, coffretiers et emballeurs, sont : MM. Albert, rue Quincampoix, 18.
Benoît, rue Saint-Germain-l'Auxerrois, 45.
Catelouze, rue Saint-André-des-Arts, 55.
Chenue, rue Croix-des-Petits-Champs, 28.
Demouchy, rue Saint-Martin, 121.
Etard, rue Pagevin, 4.
Fanon, rue Montmartre, 170.
Gaze, rue du Colombier, 7.
Henri, rue Boucher, 1.
Joannis, rue Saint-Jacques, 125.
Le Fèvre, rue Grenétat, 2.
Magniant, rue du Caire, 9.

§ LIBRAIRIE.

On appela long-temps *libraires* ceux qui copiaient des livres, et *bibliopoles* ceux qui les vendaient.

Avant la découverte de l'imprimerie, les libraires de l'université avaient à leurs gages des écrivains qui copiaient des manuscrits, que les libraires vendaient, la plupart du temps, *par devant notaire ;* car les manuscrits, à cette époque, en raison de leur rareté, s'achetaient comme on achète aujourd'hui un immeuble. L'histoire a conservé les noms du *bibliopole* Geoffroy de Saint-Léger, qui vivait au quatorzième siècle, et du libraire Barbin, l'éditeur des œuvres de Boileau.

Les *cabinets littéraires* ou *de lecture* datent du siècle dernier. Plusieurs de ces établissemens sont consacrés spécialement à l'étude du droit et de la médecine, et l'on y trouve par suite une bibliothèque aussi complète qu'il est à désirer ; d'autres sont uniquement destinés à la lecture des journaux et recueils périodiques, et à celle des ouvrages de toute espèce dont on ne veut pas faire l'acquisition.

Les principaux libraires, sont :
MM. Alex. Gobelet, rue Soufflot, 4.
Anselin, passage Dauphine.
Audot, rue du Paon-Saint-André, 8.
Bachelier, quai des Augustins, 55.
Baillière, rue de l'Ecole de Médecine, 23.
Barba, cour des Fontaines, 7.
Baudry, rue du Coq-Saint-Honoré, 9.
Béchet, place de l'Ecole de Médecine, 4.
Bertrand, rue Hautefeuille, 23.
Blaise, rue Guénégaud, 5.
Bossange, rue de Richelieu, 6.
Crouzet, rue Montholon, 11.
Dalibert, rue Cléry, 14.
Defure, rue Serpente, 7.

§ LIMONADIERS, CAFETIERS.

Avant l'institution des *cafés*, la meilleure société de Paris allait au *cabaret* : Rabelais parle avec éloge de la *taberne méritoire de la Pomme-de-Pin, ez quelle s'esbaudissaient, s'esjouissaient et s'esbattaient moult seigneurs.*

Du temps de la Fronde, le cabaret de la *Cornemuse* était le rendez-vous des seigneurs de la cour de Louis XIV, des abbés, et même des dames de haut lignage.

Ce fut en 1669 que s'établit, pour la première fois, une boutique de limonadier sur la place du Palais-Royal. Audiger, ancien officier de bouche du roi, y débitait des sirops et des liqueurs ; mais le café ne se prenait encore qu'à la cour, où l'ambassadeur turc Soliman-Aga en avait introduit la mode.

Trois ans plus tard, des Américains vinrent établir, à la foire de Saint-Germain, une espèce de café public, qu'ils tinrent ensuite rue de Bussy.

Un de leurs garçons, nommé Procope, eut l'idée d'en ouvrir un vis-à-vis la Comédie-Française, qui était alors située rue des Fossés-Saint-Germain-des-Prés, aujourd'hui rue de l'Ancienne-Comédie. A cause de son heureuse situation, il devint bientôt le rendez-vous de toute la bonne société, qui, jusqu'alors, avait été au cabaret. Voltaire et Rousseau y prirent souvent le café avant d'entrer au théâtre.

L'exemple de Procope fut bientôt suivi par Cuisinier et par Manoury, qui allèrent s'établir, l'un au bas du pont Saint-Michel, et l'autre sur la place de l'École. Le café du premier était fréquenté par les recruteurs et les militaires ; le second était le lieu de réunion des beaux-esprits du temps.

Enfin, en 1718, à la boutique du limonadier de la place du Palais-Royal vint se joindre un établissement de cafetier, qui prit le nom de *café de la Régence.*

Quant aux *rabuzins*, appelés depuis *estaminets*, ils sont d'une origine plus récente ; l'établissement en est dû aux Flamands, qui, les premiers en France, fumèrent du tabac, importé en 1565, de l'île de *Tabago*, par l'anglais Drake.

Pour les *cigares,* la mode vient des sauvages de l'Amérique, qui, en aspirant la fumée par le nez, la rendent par la bouche.

Les principaux limonadiers-cafetiers, sont :
MM. Alexandre, rue Montaigne, 4.
Bancel, rue d'Alger, 13.

Bier, rue des Prêtres-Saint-Germain-l'Auxerrois, 19.
Birloucz, boulevart du Temple, 78.
Blot, place de la Bourse, 31.
Cognié, rue Grenétat, 18.
Desormes, Palais-Royal, galerie Montpensier, 66.
Devaux, carrefour de l'Odéon, 18.
Enée, rue Vivienne, 25.
Evezard, place du Palais-Royal, 243.
Fontaine, galerie de la Rotonde, 101.
Gache, place de l'Odéon, 1.
Girardin, boulevart des Italiens, 14.
Guérard, boulevart Bonne-Nouvelle, au coin de la rue du Faubourg-Poissonnière.
Hamel, galerie de la Rotonde, 82.

§ LINGERIE.

Ce commerce, à Paris surtout, est d'un immense accroissement; les articles de lingerie, ornés pour la plupart de broderies, de dentelles, etc., sont devenus des objets de luxe, sans cesser d'être utiles.

Les principaux lingers sont :
MM. Allot, rue de Buffaut, 17.
Balezeaux, rue des Nonaindiers, 16.
Baudrimont, place de la Bourse, 29.
Berrier, rue Vivienne, 2.
Bouchard, rue Saint-Denis, 347.
Canard, rue Saint-Antoine, 95.
Charpentier, rue Taranne, 20.
Godechèvre, rue Boucherat, 21.
Colliau, rue Neuve-des-Petits-Champs, 1.
Desforges, rue Saint-Honoré, 294.
Delaporte, rue des Déchargeurs, 6.
Ducrocq, rue du Faubourg-Saint-Martin, 158.

§ MÉRINOS.

Sous le nom générique de marchands de mérinos, il faut entendre, à Paris surtout, les commerçans qui tiennent, en général, tous les articles de laine, tels qu'*escots*, *lastings*, *stoffs*, etc.

Amiens, Reims, Beauvais et Metz sont les villes manufacturières les plus remarquables pour les qualités des étoffes qu'elles produisent en ce genre.

Les principaux fabricans et marchands sont :
MM. Angremy, rue des Marais, 5.
Biétry, rue de Cléry, 40.
Bonjour, rue des Fossés-du-Temple, 77.
Croco, rue de Paradis-Poissonnière, 46.
Delisle, rue de Grammont, 13.
Eggly, rue des Fossés-Montmartre, 4.
Fournier, rue Bourbon-Villeneuve, 34.
Gabert, rue de Charonne, 95.
Houzeaux, rue Montmartre, 84.
Lefèvre, rue Neuve-Saint-Eustache, 22.
Noel, rue Sainte-Apolline, 13.
Nonclry, rue Saint-Maur-du-Temple, 142.

§ MUSIQUE.

La gravure est venue, après l'imprimerie, reproduire les morceaux de musique, les *opéras*, les *romances*, etc. C'est à elle que nous devons aujourd'hui de posséder encore les chants délicieux de *Ducaurroy*, qui, sous Henri IV, a composé *Vive Henri IV*, et l'air suave de *Charmante Gabrielle*, dont le roi *vert-galant* avait composé les paroles.

De nos jours, non seulement on grave la musique, mais encore on est parvenu à l'imprimer, grâce aux procédés ingénieux de M. *Duverger*. Cette invention est destinée à remplacer, avant peu, le mode coûteux de la gravure sur planche, employé jusqu'à présent.

Les principaux éditeurs et marchands de musique sont :

MM. Aulagnier, rue de Valois, 9, près le Palais-Royal.

Bernardotte, boulevart des Italiens, 2.
Collinet, place du Louvre, 4.
Erard, rue du Mail, 13.
Frère, passage des Panoramas, 16.
Heu, Chaussée-d'Antin, 10.
Janet, rue Saint-Honoré, 123.
Launer, boulevart Montmartre, 14.
Le Deu, rue Neuve-Vivienne, 47.
Lemoine, rue de l'Echelle-Saint-Honoré, 9.
Meissonnier, rue Dauphine, 24.
Petit, rue Vivienne, 6.

§ NOUVEAUTÉS.

On entend par *nouveautés* tout ce que la *mode* invente en fait de toilette.

Indépendamment des boutiques et magasins de nouveautés pour soieries, draps, etc., etc., il y a aussi des boutiques où se débitent principalement tous les petits articles de toilette, tels que cravates, foulards, cols, etc.; ces nombreuses boutiques sont établies, pour la plupart, dans les passages, les rues les plus fréquentées et sur les boulevarts.

Les principaux marchands de nouveautés pour pantalons, gilets et redingotes, etc., sont :

MM. Baligat, faubourg Saint-Denis, 151.
Clerc, rue des Bourdonnais, 12.
Drouilli, rue Saint-Maurice, 17.
Fossard, rue Saint-Martin, 81.
Hulot, rue Neuve-Saint-Eustache, 36.
Jacomet, rue du Mail, 16.

Kiefer, rue des Bons-Enfans, 29.
Lesage, rue Taitbout, 14.
Meyer, rue du Sentier, 1.
Oudin, rue des Déchargeurs, 9.
Payez, rue des Vinaigriers, 28.
Richard, rue de la Tonnellerie, 7.
Thiéri, rue Saint-Honoré, 121.
Ybert, place de la Bourse, 6.

Les principaux marchands pour soieries sont :

MM. Alesse, rue de Richelieu, 89.
Barbout, rue Saint-Denis, 101.
Borderé, rue de Bussy, 12.
Caron, rue du Gros-Chenet, 2 *bis*.
Chevreux, rue Poissonnière, 35.
Dalleré, rue de l'Arbre-Sec, 38.
Delisle, rue Grammont, 13.
Escaille, rue Bourbon-Villeneuve, 46.
Faré, rue du Faubourg-St-Antoine, 5.
Gagelin, rue Richelieu, 93.
Gobry, place Vendôme, 8.
Herbeault, rue Neuve-Saint-Augustin, 8.

§ OPTIQUE.

La science de la vision est l'une des branches les plus intéressantes de la physique. Comme aux autres sciences et arts, il lui a fallu plusieurs siècles pour atteindre le degré de perfection auquel elle est parvenue de nos jours.

Euclide est un des premiers savans qui se soient occupés, principalement de la *réflexion* et de la *réfraction* de la lumière.

Au onzième siècle, Alazerne étudia la *perspective*; et, depuis, ces trois parties de l'optique ont été successivement cultivées par *Descartes*, *Newton*, *Huyghens*, *Euler*, etc., qui par de savantes investigations leur ont imprimé la marche progressive que lui conservent, de nos jours, les savans du bureau des longitudes.

Instrument d'optique : MM. Brouhi, à l'École-Polytechnique.

Buntu, quai Pelletier, 30.
Collardeau, faubourg Saint-Martin, 56.
Delamarche, rue du Jardinet, 13.
Dien, rue Hautefeuille, 13.
Galand, rue Tiquetonne, 3.
Gambey, rue Pierre-Levée, 17.
Gavard, marché Saint-Honoré, 4.
Jecker, rue de Bondy, 48.
Lerebourg, place du Pont-Neuf, 13.
Pexié, rue du Jardinet, 2.
Robin, rue de la Harpe, 10.
Schevartz, rue Meslay, 15.
Tachet, rue Saint-Honoré, 274.
Tridon, rue des Tournelles, 21.

Opticiens : MM. Autheaume, rue du Bac, 133.
Bemon, rue du Roule, 1.
Buron, rue Sainte-Avoye, 53.
Cauchorn, rue du Bac, 1.
Chevalier, quai de l'Horloge, 65.
Foy, passage Vivienne, 59.
Gallet, passage des Panoramas, 25.
Goyon, rue des Gravilliers, 35.
Herbinière, rue du Mouton, 178.
Lebrun, rue du Temple, 56.
Matry, rue Salle-au-Compte, 12.
Preael, rue des Blancs-Manteaux, 36.

§ PAPETERIE.

Les feuilles de palmier, puis les écorces d'arbres, la cire étendue sur des tablettes de bois, ont d'abord rempli les fonctions de papier.

Les anciens employèrent ensuite à cet usage une préparation faite avec le *papyrus*, espèce de roseau qui croît sur les bords du Nil, et dont le nom latin a fourni le nom français *papier*.

Le *papyrus* fut remplacé, en France, au septième siècle, par le *parchemin*, qui, deux siècles après, ne servit plus qu'à recouvrir les livres, le *papyrus* ayant de nouveau été employé pour l'écriture.

L'établissement des fabriques de *papier de chiffon* ne remonte, chez nous, qu'au quatorzième siècle. Depuis, on a fabriqué du *papier vélin*, du *papier maroquiné*, du *papier velouté*, du *papier à calquer*, du *papier chimique*, etc.

Enfin, de nos jours, on a inventé le *papier parfumé* et le *papier de sûreté :* on a perfectionné le *papier à lettres*, etc.

D'un autre côté, la superposition de plusieurs feuilles de papier grossier a produit le *carton*, la *carte*, et, par suite, fourni l'idée de cartonner les livres, de faire des ouvrages de cartonnage, que l'on a recouverts de papier gaufré, etc.

Tout le monde sait que les cartes ont été inventées pour amuser Charles VI ; que *Jacquemin Gringonneur*, peintre, inventa celles dont on se sert maintenant. *Argine* (anagramme de *regina*), *Rachel*, *Pallas*, *Judith*, représentent la femme de Charles VII, Agnès Sorel, la pucelle d'Orléans et Isabeau de Bavière. Les autres personnages sont également historiques.

Fabricans de papiers : MM. Berte, rue du Croissant, 15.
Canson, rue de Grenelle-Saint-Honoré, 29.
Delatouche, rue du Pont-de-Lodi, 3.
Desgranges, rue Hautefeuille, 15.
Didot, rue Saint-Benoît, faubourg Saint-Germain, 7.
Johannot, rue Cléry, 9.
Leconsonnois, à la Glacière, 13.
Montgolfier, rue Feydeau, 7.
Morel, rue Saint-André-des-Arcs, 30.
Pourrat, rue des Petits-Augustins, 5.
Richard, rue des Grands-Augustins, 20.

Roulhac, passage Dauphine.
Papetiers en gros : MM. Andrivon, rue Saint-Denis, 354.
Bouthenard, rue Mignon, 7.
Bruyère, rue Saint-Martin, 259.
Cabany, rue Sainte-Avoye, 57.
Cailloux, rue Galande, 11.
Chaulin, rue Saint-Honoré, 218.
Deberny, rue Saint-Séverin, 10.
Froissard, rue Bourbon-Villeneuve, 9.
Gérard, rue Pavée-Saint-André, 8.
Guyot, rue du Mouton, 4.
Hardy, rue de la Vieille-Monnaie, 21.
Isnard, rue Thévenot, 12.

Papetiers en détail. Ces commerçans ne débitent pas seulement du papier, mais encore tous les articles qui concernent la peinture, le dessin, les fournitures de bureaux, etc. Les magasins de MM. Giroux et Susse se recommandent surtout pour ces divers articles et pour tout ce qui est objet d'art.

Les principaux marchands sont :
MM. Arnoud, rue Saint-Antoine, 86.
Birand, place de la Madeleine, 20.
Berthé, rue du Bac, 3.
Chambelland, rue du Bouloi, 1.
Deduy, rue de Seine-Saint-Germain, 48.
Esnault, rue Feydeau, 23.
Froideveau, rue de Sèvres, 4.
Gache, rue Michel-le-Comte, 27.
Gardet, rue Vivienne, 12.
Giroux, rue Coquillière, 7.
Hervet, rue Thiroux, 1.
Susse, passage des Panoramas.

Papiers de cartonnage, reliure, etc.
Les principaux fabricans et marchands sont :
MM. Adine, quai des Orfèvres, 6.
Bazin, rue des Martyrs, 44.
Chilliat, rue de Cassandre, 50.
Cosseron, quai de l'École, 10.
Danty, rue de la Bibliothèque, 16.
Denise, rue Galande, 37.
Fichtenberg, quai des Bernardins, 34.
Garnier, rue Saint-Denis, 318.
Huet, rue de la Croix, 17.
Jaujeon, rue Béthizy, 20.
Leger, rue de la Vieille-Monnaie, 22.
Percot, rue Phélippeaux, 11.
Reydelles, rue du Plâtre-Saint-Jacques, 11.
Tripot, rue des Rosiers, 34.

§ PARAPLUIES.

Il est à croire que l'on a dû de tout temps chercher à se préserver des intempéries des saisons. Reste à savoir quel mode a suivi chaque peuple pour se garantir de *la pluie,* de *la grêle,* de *la neige,* etc.

Il paraît que le *parasol* a été longtemps le seul abri dont on se servît, tant contre la pluie que contre l'ardeur du soleil. Cet ustensile remonte à une haute antiquité ; car, à la fête de Bacchus, on promenait dans les villes d'Arcadie la statue de ce dieu, sur la tête duquel on plaçait un parasol déployé. Il en était de même en Égypte. Plusieurs de ses rois sont représentés sous un parasol porté par des jeunes filles.

En France, les parapluies sont en usage depuis nombre de siècles. Un anneau fixé à l'extrémité du manche, du côté où l'étoffe y est adhérente, servait à le porter de manière que la poignée était en bas ; 1789 a fait aussi une révolution dans les parapluies ; maintenant on les porte la poignée en haut, et l'on s'en sert comme d'une canne.

De nombreuses améliorations ont eu lieu dans leur confection ; ils sont devenus plus légers et plus faciles à manœuvrer.

Le parasol a fourni chez nous la variété de l'*ombrelle*. Ce meuble, aujourd'hui fort à la mode parmi nos élégantes, n'était pas inconnu de nos pères ; car Montaigne le considère comme un meuble inutile et même incommode, « chargeant plus le bras qu'il ne décharge la tête. »

Quant aux cannes, elles composeraient à elles seules des annales curieuses, mais déplacées ici. Leurs formes ont varié autant que les matières qu'on y a employées; souvent elles sont devenues des armes secrètes et d'autant plus dangereuses qu'elles ne donnaient lieu à aucun soupçon. Enfin, après avoir épuisé les ressources de l'invention, on en est revenu à l'ancienne mode des cannes à pomme d'or. On se rappelle qu'avant la révolution c'était le *vade-mecum* indispensable de tout riche financier et de beaucoup de graves professions.

Les principaux marchands sont :
MM. Anglard, rue du Bac, 71.
Baudet, rue de la Harpe, 68.
Cailly, passage Vivienne, 35.
Denoyelle, faubourg Saint-Denis, 11.
Gauchet, faubourg Montmartre, 50.
Henot, place de la Madeleine, 5.
Hubert, faubourg Saint-Martin, 123.
Kallen, boulevart des Capucins, 9.
Lapié, rue du Temple, 94.
Loches, rue Saint-Jacques, 98.
Malmain, rue de Vaugirard, 9.
Nepveu, rue Bourg-l'Abbé, 6.

§ PARFUMERIE.

L'emploi des parfums remonte à une haute antiquité. La myrrhe, l'encens servaient autrefois dans les sacrifices.

En France, le *musc*, la *civette*, l'*ambre gris*, étaient employés pour parfumer les vêtemens, surtout ceux des femmes.

De nouvelles découvertes d'aromates, des combinaisons chimiques sont venues augmenter encore la nomenclature des *parfums*. L'eau de *mousseline*, l'*eau de Cologne*, l'*eau de Portugal*, le *pachouly de l'Inde*, le *vettiver*, l'*iris*, etc., ont successivement paru comme accessoires indispensables de la toilette des petites maîtresses et des *incroyables*.

Le goût des parfums est général en France et chez tous les peuples. Aussi n'est-il pas étonnant que ce commerce soit aujourd'hui l'un des plus florissans de la capitale. La parfumerie ne s'est pas étendue seulement aux vêtemens, on vend même des bijoux et des papiers parfumés.

Les principaux parfumeurs sont :
MM. Arnoux, rue Taitbout, 8.
Beaulard, rue Meslay, 61.
Bleuze, rue Saint-Denis, 18.
Batot, rue Coq-Héron, 5.
Chardin, rue Saint-André-des-Arcs, 3.
Delabrière, rue du Bac, 45.
Ecrette, rue Saint-Honoré, 114.
Farino, rue Saint-Honoré, 333.
Gervais, boulevart des Italiens, 15.
Guiland, rue de la Grande-Truanderie, 6.
Hameluert, rue Saint-Sauveur, 24.
Joannis, place de l'École, 3.
Klest, rue Saint-Honoré, 383.

§ PASSEMENTERIE, BRODERIE, ETC.

L'usage de mettre des *franges* et des *broderies* aux vêtemens est fort ancien. On brodait dans l'antiquité: les ornemens des prêtres de Jérusalem n'étaient que des ouvrages de passementerie.

Cette mode d'enjoliver les habillemens, surtout ceux des femmes, a pris une grande extension. Les meubles, les rideaux, ont été frangés. La passementerie s'est même occupée de l'équipement militaire, et du soin de *galonner* les livrées et les voitures, etc., etc.

La plupart des passementiers-brodeurs sont établis dans la rue Saint-Denis et les rues adjacentes. On aura soin de mentionner particulièrement ceux qui sont répartis dans les autres quartiers.

Les principaux sont :
MM. Alègre, rue de la Tabletterie, 2.
Banès, rue Saint-Honoré, 71.
Beuyard, rue de la Monnaie, 19.
Brunier, rue du Vertbois, 15.
Cathiellot, rue de Cléry, 65.
Dassier, rue Richelieu, 12.
Delaporte, rue Grange-Batelière, 4.
Érambert, rue Richelieu, 69.
Franche, rue d'Angoulême, 6.
Gallis, rue Mauconseil, 25.
Gobert, rue Vivienne, 7.
Hugues, rue de Marbœuf, 17.

§ PATISSERIE.

La pâtisserie paraît avoir été de tout temps mise en pratique. Les anciens faisaient des *gâteaux* avec du *maïs*, de la farine de blé, du riz, etc. Les tourtes à la frangipane furent inventées sous Charles IX. Les petits pâtés se criaient dans les rues sous le ministère du chancelier de l'Hôpital, qui en défendit le débit aux marchands ambulans. Enfin Boileau nous apprend que Mignot, fameux pâtissier de son siècle, enveloppait ses biscuits et ses massepains avec les œuvres de l'abbé Cottin, et que c'était le moyen d'assurer à ces dernières un prompt débit.

De nos jours la pâtisserie, aidée de l'art culinaire, a fait d'immenses progrès. Rien n'est plus varié, plus attrayant que ses produits. Elle est aussi un commerce d'importation considérable. De Strasbourg nous viennent les *pâtés de foie gras*; d'Amiens et de Chartres, des pâtés de *gibiers*, etc. Enfin on est parvenu à faire à Paris *des biscuits* aussi estimés que ceux de Reims, des gâteaux dits de Savoie, Pithiviers, etc.

Il y a encore un commerce de pâtisserie dite pâtisserie du *Petit-Four*, qui fournit aux nombreux consommateurs des *brioches*, *feuilletés*, etc. Enfin la *galette* du boulevart Saint-Denis a, comme chacun sait, une réputation européenne.

Les principaux pâtissiers sont :
MM. Abrie, rue du Bac, 1.
Billard, rue du Vertbois, 22.
Caron, rue de la Pépinière, 1.
Delozanne, rue de l'Université, 68.
Dupuis, Palais-Royal, galerie Valois, 6.
Foubert, rue des Deux-Ponts, 28.
Gondolo, passage des Petits-Pères, 5.
Henrion, rue Aumaire, 36.
Ingrain, rue Saint-Victor, 5.
Joanet, rue Neuve-Notre-Dame, 21.
Leblanc, rue de la Harpe, 109.
Lesage, rue Montorgueil, 65.

§ PEAUX.

Gantiers, Culottiers, Guêtriers.

MM. Avenier, rue Saint-Denis, 142.
Bajou, rue des Fossés-Montmartre, 25.
Berniard, rue de la Paix, 18.
Canel, galerie Delorme, 20.
Chouillon, rue Saint-Honoré, 75.
Descamps, rue Saint-Martin, 305.
Ducastel, rue du Hasard, 8.
Freyhofer, rue de Monsieur-le-Prince.
Girard, rue de Bondy, 42.
Hany, rue du Helder, 15.

Imbert, rue des Deux-Portes-Saint-Sauveur, 14.
Lavalley, passage Véro-Dodat, 14.

§ PEINTRES EN BATIMENS.

MM. Allioli, rue Cloche-Perche, 14.
Bablin, rue et île Saint-Louis, 16.
Castagnier, rue du Mouton, 11.
David, rue Notre-Dame-de-Nazareth, 21.
Félix, rue d'Enghien, 14.
Gatey, rue des Grands-Augustins, 28.
Henriot, rue de l'Échiquier, 42.
Journault, rue Madame, 4.
Lacour, rue Saint-Malard, 20.
Mariolle, rue de Beaune, 9.
Nicolle, rue de la Tixéranderie, 9.
Papounel, rue Ville-l'Évêque, 28.

§ PHARMACIENS.

De nos jours, les pharmaciens ne sont plus ce qu'étaient les apothicaires au dire de Molière, outre qu'ils ne sont plus astreints aux sottes fonctions dont ils ont été chargés pendant si long-temps.

L'art pharmaceutique se liant essentiellement à la chimie, il n'y a pas lieu de s'étonner qu'il ait fait d'aussi rapides progrès, surtout dans notre siècle, grâce aux savantes recherches des Lavoisier, des Berthollet, des Gay-Lussac, etc.

Chaque jour encore des pharmaciens enrichissent leur science de nouvelles découvertes. On citera les Cadet-Gassicourt, les Pelletier, etc., etc.

Les principaux sont : MM. Antonin, rue Saint-Jacques, 304.
Baudry, rue Richelieu, 44.
Béral, rue de la Paix, 12.
Billard, rue Saint-Jacques-la-Boucherie, 12.
Biron, faubourg Saint-Martin, 187.

Blondeau, rue de Condé, 22.
Boissel, rue Saint-Victor, 71.
Breton, rue d'Argenteuil, 31.
Bréant, rue Saint-Denis, 254.
Buisson, faubourg Montmartre, 10.
Cadet, rue Saint-Honoré, 108.
Caventon, rue Gaillon, 22.
Pelletier, rue Jacob, 15.

§ PLUMASSIERS, FLEURISTES.

Les plumes de coq, de paon, d'autruche, ont été de tout temps des ornemens que les femmes et les hommes placèrent sur leur tête. Il est inutile d'énumérer les nombreuses variétés de chapeaux et de toques à plumes qui ont été portés depuis plusieurs siècles.

Sous la régence, les dames de la cour avaient mis des plumes jusque sur leurs éventails. Cette invention permettait les minauderies, et facilitait un échange de coups-d'œil réprouvé par la loi conjugale.

De nos jours, les plumes sont l'objet d'un commerce fort important. Les magasins de la rue Richelieu et de la rue Saint-Denis sont renommés pour fournir les plus belles et les plus riches parures en ce genre. Comme objet d'utilité, les plumes sont employées dans la confection des *édredons*, des *oreillers*, *coussins*, *lits de plumes*, etc.

Les principaux plumassiers sont :
MM. Berrier, rue Meslay, 49.
Biscuit, rue du Grand-Hurleur, 25.
Cholet, galerie de la Rotonde, 83.
Chevalier, rue du Petit-Lion-Saint-Sauveur, 1.
Clouet, rue Saint-Denis, 264.
Guiboret, rue Saint-Denis, 121.
Lahitte, rue Bourg-l'Abbé, 17.
Leblond, rue Saint-Denis, 340.
Prevost, rue Saint-Denis, 178.

PARIS. — PROFESSIONS.

Fleuristes. Les fleurs sont l'ornement le plus gracieux pour une femme ; mais leur éclat se fane trop vite ; il a fallu trouver le moyen d'en imiter les nuances et les formes. Bientôt les fleurs artificielles ont remplacé, sur les chapeaux et les bonnets, les fleurs naturelles ; et, de nos jours, on est parvenu à imiter la nature au point de tromper l'œil le plus exercé. Les fleurs artificielles servent encore à orner les cheminées, les consoles de salons, etc.

MM. Audiyer, rue Saint-Denis, 366.
Bâton, rue Richelieu, 95.
Dupuis, rue du Caire, 10.
Fassy, rue aux Fers, 26.
Gabet, rue Saint-Honoré, 283.
Hennequin, rue Sainte-Apolline, 24.
Langlois, rue du Faubourg-Saint-Martin, 22.
Nivelle, rue Saint-Sauveur, 3.
Piquet, faubourg Saint-Honoré, 56.
Rousseau, rue du Cloître-Saint-Merry, 2.
Sana, rue Saint-Denis, cour Saint-Chaumont.
Touvenel, rue Saint-Martin, 291.
Walter, rue Bourg-Labbé, 5.

Fleuristes-plumassiers : MM. Breteau, rue Saint-Denis, 240.
Cartier, boulevart des Italiens, 2 *bis.*
Couturier, rue Bourg-Labbé, 20.
Defumont, rue Charlot, 47.
Fauconnier, rue Saint-Honoré, 334.
Horissay, rue du Petit-Lion-Saint-Sauveur, 19.
Lacroix, rue de Tracy, 14.
Millery, rue de Ménars, 12.
Nastier, rue Richelieu, 83.
Perrot, rue Saint-Denis, 275.
Tiblemont, rue du Caire, 1.

§ PORCELAINE.

Bien que la Chine passe pour être la terre classique de la porcelaine, cependant l'art de la fabriquer n'était pas inconnu des Égyptiens. Ce n'est pourtant qu'au seizième siècle que les Portugais ont commencé à importer la porcelaine en Europe.

Depuis elle s'y est naturalisée, et, indépendamment de la porcelaine de Chine et du Japon, on a la porcelaine de Saxe et la porcelaine de Sèvres, près Paris, dont une exposition, qui a lieu au Louvre, atteste, chaque année, les progrès toujours croissans.

Principales manufactures : Manufacture royale de Sèvres, dépôt rue de Rivoli, 18.
André, rue des Petites-Ecuries, 41.
Blanc, faubourg Montmartre, 10.
Claust, rue Pierre-Levée, 8.
Dennelle, boulevart Saint-Denis, 18.
Guignet, rue Saint-Martin, 175.
Honoré, boulevart Poissonnière, 4.
Langlois, faubourg Saint-Martin, 80.
Maryaine, rue Grésillon, 7.
Nast, rue des Amandiers-Popincourt, 14.
Pétry, rue de Vendôme, 11.
Weiss, rue de l'Echiquier, 34.

§ QUINCAILLERIE.

Ce commerce est spécialement destiné au débit des métaux que l'art a travaillés. C'est ainsi que les quincailliers *tiennent* les objets de ménage et de jardinage, les articles principaux de tôlerie, de ferblanterie, de chaudronnerie, ainsi que ceux de taillanderie, de clouterie, d'épinglerie, etc., etc., etc.

Les quais de la Mégisserie et Pelletier paraissent être presque exclusivement dévolus à ce commerce.

Quincailliers : MM. Angibout, rue du Bac, 42.
Aubert, rue des Enfans-Rouges, 9.
Bary, rue du Four-Saint-Germain, 30.
Boutté, rue Saint-Honoré, 274.
Candelle, faubourg Saint-Honoré, 30.
Coulaux, rue du Faubourg Saint-Denis, 14.
Débladis, faubourg Saint-Antoine, 218.
Drin, rue Feydeau, 11.
Éudes, quai Voltaire, 9.
Foriat, boulevart des Italiens, 28.
Gontier, place Maubert, 33.
Grondart, rue Jean-Robert, 17.

§ RAFFINERIES.

L'idée de dégager le sel et le sucre des substances parasites par l'action du feu ne remonte pas à une époque fort éloignée. Ce n'est que vers le milieu du dix-septième siècle que commencèrent à s'établir des *raffineries*.

On voit, dès le onzième siècle, l'institution de la gabelle, qui prend, au détriment des peuples, de grands développemens sous les règnes des successeurs de saint Louis. Philippe de Valois fait construire des greniers à sel; cet établissement existe encore de nos jours, sous le nom d'entrepôt. Il est situé boulevart Saint-Antoine, 29. On tire cette substance des *Salines*, et principalement des mines de sel gemme de l'est de la France. Quant aux raffineries de sucre, elles ne datent que du siècle dernier; leur nombre s'est considérablement augmenté par suite de la découverte importante qu'a faite la chimie des propriétés de la betterave pour produire cette denrée jusqu'alors exotique.

Raffineries de sel : MM. Boé, rue de Vaugirard, 83.

Patriarche, faubourg Saint-Martin, 98.

Raffineries de sucre : MM. Ancelot, rue de Chaillot, 3.
Bayvet, rue de la Roquette, 72.
Clère, rue Martel, 10.
Delessert, rue Montmartre, 176.
Gruyer, rue des Arcis, 48.
Henry, rue Hautefeuille, 21.
Leroux, rue Blanche, 17.
Massé, rue Barre-du-Bec, 12.
Périer, rue Neuve-du-Luxembourg, 27.
Santerre, rue Neuve-Notre-Dame-des-Champs, 7 et 9.
Tisard, faubourg Saint-Denis, 160.

§ RELIURE.

L'art de relier, qui a suivi la découverte de l'imprimerie, s'est borné d'abord à recouvrir grossièrement de parchemin le peu de livres qui furent édités dans les premiers temps.

Bientôt, le *cartonnage* vint leur donner, après le brochage, une tournure plus élégante, et rendre leur lecture plus commode.

Plus tard, la peau de veau fut employée avec succès comme reliure de luxe, qu'embellit l'art des *doreurs sur cuir*.

Enfin, la combinaison du carton et de la peau a produit une *demi-reliure* fort élégante, dont l'usage s'est universellement répandu.

Aujourd'hui, grâce aux Bradel, aux Simier, aux Thouvenin, l'art de la reliure a été porté au plus haut degré de perfection.

Le luxe des dorures sur tranche, des cartons gauffrés, des *peaux satinées*, est tel maintenant que souvent l'enveloppe vaut mieux que ce qu'elle contient.

Les principaux relieurs sont :
MM. Auré, r. du Foin-St-Jacques, 9.
Berthé, rue Hautefeuille, 10.
Bradel, rue de la Harpe, 58.
Charon, rue Louis-le-Grand, 33.
Duplanil, rue du Bac, 75.
Forest, rue Neuve-des-Mathurins, 38.
Germain, rue Saint-Honoré, 357.
Ginain, rue d'Argenteuil, 23.
Isabeau, rue du Pont-de-Lodi, 5.
Janet, rue Saint-Jacques, 59.
Lesné, rue Saint-Jacques, 256.
Neulant, rue des Mathurins, 1.

§ RESTAURANS.

Avant que l'art culinaire eût produit les *cordons-bleus*, avant que les Véry, les Véfour, les Carême, les Vatel, eussent été les oracles de la gastronomie, cette science était encore, pour ainsi dire, dans son enfance. Ce n'est pas que les Orientaux ne nous aient légué à cet égard de précieuses traditions, recueillies d'abord par les Romains, qui nous les ont transmises. Mais l'abondance des mets, en raison du peu de cherté des vivres, dut long-temps faire passer sur leur qualité.

En 1765, Boulanger eut le premier l'idée de former un restaurant dans la rue des Poulies; il y servait, sur des petites tables de marbre, des bouillons et des œufs frais. On jugera par là combien de progrès ont faits les restaurans.

Les principaux sont tenus par MM. Angilbert, *café de Paris*, boulevart des Italiens, 16.
Barillart, rue Meslay, 58.
Biffi, restaurant italien, rue Richelieu, 98.
Bonnet, rue Descartes, 47.
Chapard, rue des Fossés-du-Temple, 26.
Charlier, *Vendanges de Bourgogne*, quai Jemmapes.
Dagriaux, *Petit Rocher de Cancale*, rue de l'Ancienne-Comédie, 8.
Deffieux, boulevart du Temple, 90.
Douin, passage de l'Opéra.
Fèvre, *Veau qui tette*, place du Châtelet.
Grignon, passage Vivienne, 13.
Hamel, café Hardi, boulevart des Italiens, 12.

Indépendamment de ces restaurans, il existe encore à Paris une compagnie hollandaise, dont les dépôts, établis dans les différens quartiers de Paris, débitent, sur place et à domicile, des bouillons consommés, des viandes de boucherie, etc.

§ ROUENNERIES.

Rouen est, comme on sait, l'une des villes de commerce les plus importantes du royaume. On y fabrique particulièrement des toiles fort estimées, qui, par suite, doivent leur nom à la capitale de la Normandie.

Les marchands de *rouenneries* à Paris sont pour la plupart des commerçans qui ont des fabriques à Rouen ou dans les environs de cette ville, et qui ont à Paris des dépôts afin de faciliter l'écoulement des produits de ces fabriques. Ils habitent pour la plupart la rue Saint-Martin.

Les principaux sont :
MM. Abraham, rue Saint-Martin, 34.
Bertrand, rue Quincampoix, 23.
Coquerelle, rue de la Limace, 1.
Delabigne, rue Saint-Merry, 46.
Écorcheville, rue Saint-Martin, 96.
Lecoq, rue Grenétat, 22.
Michel, rue du Temple, 56.
Saxus, rue Chanoinesse, 2.

Simon, passage de la Réunion, 9.
Tollu, rue Saint-Martin, 82.

§ SOIES.

Tout le monde sait que cette précieuse production est due au *ver à soie*. De nos jours, on a imaginé d'établir, dans les environs de Paris, des filatures, pour ainsi dire, dont ces insectes industrieux sont les ouvriers. Rien de plus curieux que la disposition des *magnoneries*; rien de plus ingénieux que les précautions prises pour préserver les vers à soie des maladies qui leur sont ordinaires, et de la fâcheuse influence que peuvent exercer sur eux le froid, les orages, et en général les variations atmosphériques.

En attendant que l'éducation de ces précieuses chrysalides puisse prospérer dans notre climat, le commerce de la soie est, à Paris, l'objet d'une importation très-considérable. Jadis on faisait venir des pays étrangers, non pas la soie, qu'on n'avait pas encore appris à travailler, mais les tissus qui en étaient faits. Aussi étaient-ils, au seizième siècle, un objet de luxe, et l'histoire rapporte que ce fut Henri II qui le premier porta des bas de soie.

Ce n'est pas qu'avant cette époque des manufactures de soieries n'eussent existé en France; mais celles que Louis XI établit dans la Touraine, au moyen d'ouvriers qu'il avait fait venir de l'Italie et de la Grèce, ne purent pas prospérer, sans que l'on puisse expliquer la cause de cette défaveur qui pesa sur elles.

A Henri IV était réservée la gloire de doter la ville de Lyon de ces manufactures qui, jusqu'à présent, en ont fait l'une des cités les plus florissantes.

Aussi, depuis ce temps, la plupart des soieries sont-elles tirées de cette ville, dont la prospérité commerciale a reçu de nos jours une si cruelle atteinte.

Les manufactures de Nîmes et d'Avignon produisent aussi des soieries, mais moins estimées. On n'ignore pas que les foulards viennent de Belgique et surtout de l'Inde. La qualité supérieure des tissus de cette dernière contrée reçoit encore une nouvelle valeur lorsque l'impression anglaise leur a donné ce lustre et ces vives couleurs dont nos voisins d'outre-mer possèdent seuls le secret quant à présent.

Soies filées en bottes : MM. Brierée, rue Saint-Victor, 49.

Chardin, rue Saint-Denis, 175.
Fabre, rue des Deux-Boules, 7.
Garre, rue des Bons-Enfans, 23.
Lheureux, rue Montmorency, 13.
Roulin, rue du Chemin-Vert, 8.
Salle, rue Thévenot, 14.
Villard, rue Bourbon-Villeneuve, 23.
Waroquet, rue Saint-Denis, 228.

Étoffes de soie, etc. : MM. Armagis, rue Vivienne, 23.

Bayle, rue de Cléry, 9.
Brousse, rue Feydeau, 34.
Chevet, rue Sainte-Avoye, 44.
Davaux, rue des Bourdonnais, 15.
Escaille, rue Croix-des-Petits Champs, 44.
Frechot, place de la Bourse, 10.
Gagelin, rue Richelieu, 93.
Gosselin, rue des Fossés-Montmartre, 23.
Guillot, rue du Grand-Chantier, 4.
Joseph, rue Montesquieu.
Lefebvre, rue de l'Échiquier, 38.

§ TABLETTERIE.

La tabletterie doit à l'art des tourneurs en os et en bois la plupart de tous ces petits articles de luxe qui ornent les salons, de toutes ces petites inutilités dont le mérite ne gît que dans la perfection et le fini du travail. Pour en citer un exemple entre mille, on a vu chez un tabletier du passage Choiseul une tabatière à charnière qui n'avait pas *six lignes* de longueur.

Les principaux tabletiers sont :
MM. Aubert, rue des Gravilliers, 18.
Belleville, rue de la Corderie-du-Temple, 13.
Blards, boulevart des Italiens, 18.
Chabert, rue Chapon, 8.
Coletta, rue Mandar, 10.
Darbo, galerie Choiseul, 86.
Évrard, tour du Temple, 16.
Fontaine, rue Grenétat, 2.
Gautier, rue de Bussy, 20.
Giroux, rue du Coq-Saint-Honoré, 7.
Lamouroux, rue d'Enghien, 19.
Mabille, rue Jean-Robert, 22.

§ TAILLEURS.

Il est impossible de donner ici l'histoire des costumes de chaque siècle ; ce serait aussi faire l'histoire des mœurs de chaque époque.

Ainsi les premiers temps de notre monarchie ont été tout guerriers ; ainsi, à cette époque, on portait des *plastrons*, des *hauberts*, des *cottes d'armes*, etc.

Trois siècles plus tard, aux beaux temps de la féodalité, quand il n'y eut plus que deux classes bien distinctes, les nobles et les vilains, la vanité des seigneurs inventa la robe traînante ; la queue était portée par un valet, dont la tunique, humblement écourtée, contrastait ainsi avec le vêtement du maître.

Sous le règne galant de Charles V, le *pourpoint* laisse voir un *haut-de-chausses collant* que retiennent avec grâce sur les hanches des aiguillettes enjolivées de franges et de rubans.

De Henri IV à Louis XIV les mœurs et les costumes participent des premiers temps pour le *belliqueux*, et du moyen-âge pour le *galant*, sans prendre la rudesse du premier genre, sans imiter la licence du dernier. Aussi voit-on le manteau jeté avec grâce sur l'épaule, tandis qu'une élégante épée brille au côté ; le pourpoint et la culotte de velours, dont les formes plus amples ne le cèdent pourtant pas en grâce à celles plus étroites du *haut-de-chausses*, complètent, avec le chapeau à plumes et les bottes à éperons, le costume le plus galant des trois époques, le véritable costume français.

Sous Louis XVI, les mœurs s'épurent, le costume change. On voit paraître le frac, puis l'habit français, etc. Il n'est pas nécessaire de donner ici la nomenclature de tous les costumes qui ont été en vogue pendant la révolution. Les *petits-maîtres*, les *incroyables*, variétés dégénérées des roués, des petits abbés, etc., ont été tour à tour les oracles de la mode. Ils ont été remplacés, de nos jours, par les *dandys*, les *fashionables*, dont on ne parlera pas, renvoyant le lecteur au journal des modes ou à celui des tailleurs.

Tailleurs : MM. Arfwidson, rue de Castiglione, 12.
Beck, rue Valois-Batave, 10.
Berger, rue Vivienne, 9.
Blanc, rue des Cinq-Diamans, 27.
Bonbon, rue de l'Odéon, 19.
Bosc, rue de la Harpe, 87.
Buisson, rue de Richelieu, 201.
Chevalier, rue Saint-Denis, 277.
Dartmann, quai de la Mégisserie, 26.

David, rue Saint-Martin, 78.
Desban, rue des Pyramides, 10.
Drappier, rue Neuve-Saint-Roch, 32.

§ TAPISSERIE.

L'Orient, ce sanctuaire du luxe et de la mollesse, fut long-temps renommé pour la richesse de ses tapisseries. Celles de Turquie et de Perse principalement étaient naguère encore fort estimées en France; on les employait dans les palais des grands seigneurs, non seulement pour recouvrir les planchers, mais encore les lambris et les portes. Elles prenaient alors le nom de *portières*.

Ce n'est qu'au dix-septième siècle que commencèrent à s'établir des manufactures en France, sous le règne de Henri IV. Le premier établissement de ce genre, dirigé par *La Planche*, était situé au faubourg Saint-Germain, dans la rue qui depuis a porté le nom de ce manufacturier.

On y fabriqua, pendant quelque temps, des tapisseries façon de Flandre. Depuis, cette manufacture fut transportée dans le faubourg Saint-Marceau, où elle est située encore de nos jours.

Manufacture royale des Gobelins et de la Savonnerie, rue Mouffetard, 270. Sur l'emplacement qu'occupe aujourd'hui ce magnifique établissement, des drapiers et des teinturiers en laines avaient placé leurs ateliers près de la rivière de Bièvre, dont les eaux ont été, à ce qu'il paraît, de tout temps très-propres à la teinture.

L'un de ces teinturiers, nommé *Gobelin*, y exerçait avec son fils cette industrie où ils firent tous deux leur fortune.

Plusieurs industriels portant ce nom s'y succédèrent jusqu'au seizième siècle, et continuèrent, au nom des *Gobelins*, une célébrité qui est aujourd'hui destinée à perpétuer la dénomination du quartier où ils travaillaient. Leurs successeurs, encouragés par les succès des *Gobelins*, joignirent à leurs ateliers de teinture un établissement où ils fabriquèrent d'abord des tapis de *haute lice*. La perfection de ces ouvrages attira l'attention de Colbert, qui transporta le siége de l'établissement de *La Planche* au quartier Saint-Marceau, et réunit ainsi, sous la direction du peintre Lebrun, les deux manufactures, auxquelles vinrent se joindre plus tard, la manufacture de tapis de pied, dits de Perse et de Turquie, que Louis XIII avait d'abord établie dans la maison de la *Savonnerie* à Chaillot.

Les principaux marchands de tapisseries sont :

MM. Atramblé, rue Richelieu, 81.
Brun, passage Choiseul, 86.
Caron, rue de Gros-Chenet, 2 *bis*.
Chenavard, boulevart Montmartre, 13.
Demy-Doineau, rue Vivienne, 16.
Gérard, marché Saint-Honoré, 2.
Hardy, rue du Bac, 107.
Henry, rue Poissonnière, 13.
Jailloun, rue de Lancry, 6.
Nisy, rue de la Chanverrerie, 3.
Paris, rue d'Anjou-Dauphine, 11.
Rogis, rue Notre-Dame-des-Victoires, 16.

Tapissiers-meubleurs : MM. Alain, rue Coquenard, 16.
Bally, rue Taitbout, 4.
Caillard, rue Sainte-Croix-de-la-Bretonnerie, 8.
Damm, quai Napoléon, 25.
Emonet, rue Saint-Jacques, 281.
Genet, rue Transnonain, 22.
Jallat, quai Malaquais, 9.
Klump, rue de Sèvres, 7.
Labonde, rue de Bretagne, 8.
Laflèche, rue de Cléry, 94.

Léger, quai des Orfèvres, 16.
Mallet, rue de l'Abbaye, 8.

§ TEINTURIERS EN GROS.

Cet art, qui paraît avoir été cultivé par les anciens et porté par eux à un certain degré de perfection, s'est enrichi, de notre temps, des nombreuses découvertes de la chimie, à laquelle il doit les savantes combinaisons des couleurs et l'emploi des acides, dont les doses, scrupuleusement réparties, assurent aux étoffes ce *bon teint* qu'il est ordinairement si difficile d'obtenir. Il est encore certaines couleurs qui ne peuvent s'allier parfaitement aux matières avec lesquelles on les met en contact. Il faut reconnaître que la chimie a fait faire à la teinture un pas immense vers la perfection, mais que cette perfection n'est pas encore atteinte.

Les principaux teinturiers sont :
MM. Alcan, rue de la Vieille-Draperie, 10.
Beauvisage, rue Bretonvilliers, 2.
Boutarel, rue Saint-Louis-en-l'Il, 71.
Chanoz, rue des Filles-Dieu, 9.
Faure, rue des Orfèvres, 2.
Freson, rue Saint-Victor, 67.
Guilhery, rue Croix-des-Petits-Champs, 42.
Leroy, rue de l'Ancienne-Comédie, 12.
Chasson, rue du Lion-Saint-Paul, 7.
Nicolle, rue Basse-des-Ursins, 19.
Bradalier, rue des Trois-Portes, 10.
Thomann, place des Victoires, 1.

§ TEINTURIERS DÉGRAISSEURS.

C'est encore à la chimie que l'on est redevable des essences, huiles, acides, etc., propres à rendre aux étoffes maculées leur premier lustre, sans avoir à craindre qu'un sage emploi des procédés chimiques vienne détériorer les tissus.

L'industrie des dégraisseurs est moins importante que celle des teinturiers. Ceux-ci créent, ceux-là réparent.

Les principaux teinturiers sont :
MM. Antoine, rue Mauconseil, 40.
Bailly, rue du Petit-Carreau, 33.
Bordeaux, rue du Roule, 8.
Canet, rue des Gravilliers, 21.
Chair, rue du Temple, 137.
Chappée, rue du Hasard, 4.
Demarche, rue Saintonge, 21.
Diot, rue Dauphine, 16.
Escroignard, rue Mazarine, 49.
Fiat, rue de Charenton, 45.
Forster, rue Saint-Hyacinte-Saint-Michel, 7.
Gilson, rue du Dragon, 40.

§ THÉS ET CHOCOLATS.

Ce n'est qu'au dix-septième siècle que les Hollandais ont importé de la Chine et du Japon les feuilles de cet arbuste, qui, appelé *Théh* dans ces contrées, y croît de temps immémorial. Il ne faut pas croire que ces feuilles arrivent *vierges*; car elles ont déjà subi dans leur terre natale une première infusion, et ont par suite perdu en partie leur arôme, qu'on leur rend avec les plantes odoriférantes dont elles sont recouvertes, et qui leur donnent en outre cette odeur esquise qu'elles n'ont jamais tenue de la nature.

Autrefois c'était seulement à prix d'or que l'on pouvait se procurer du thé. De nos jours encore, cette denrée est fort chère; mais les immens accroissemens qu'a pris depuis plusieurs années notre commerce maritime ont cependant beaucoup diminué de sa valeur.

Quant au *chocolat*, c'est au seizième siècle que les Espagnols ont apporté, pour la première fois, du Mexique, cet aliment dont le goût est si suave et les propriétés si salutaires. Ce n'est cependant qu'en 1661 que l'usage s'en est introduit en France, et l'on ne doit point s'étonner de lire dans l'histoire que cette innovation est due à la sensualité d'un prélat qui, le premier, apprit d'un moine espagnol à griller et à réduire en pâte les amandes du cacao.

Depuis ce temps de nombreuses inventions ont porté l'art du fabricant de chocolat au plus haut degré de perfection. C'est ainsi que l'on a maintenant des mécaniques à la vapeur pour broyer le cacao, dont le mélange avec des plantes aromatiques de toutes sortes a produit du *chocolat à la vanille, au tapioka, au lait d'amandes*, etc.

Les principaux marchands de chocolat sont :

MM. Calle, rue de la Verrerie, 40.

Gremeret, rue Neuve-des-Petits-Champs, 77.

Lefèvre rue des Lombards, 10.

Meunier, rue de Sartine, 4.

Pelletier, rue Saint-Denis, 71.

Rivoire, rue du Bac, 86.

Marchands de thé : MM. Baurens, rue Saint-Honoré, 371.

Ely, place Vendôme, 23.

Mariage, rue Simon-le-Franc, 25.

Millat, rue Montmartre, 107.

Morlet, rue Saint-Honoré, 383.

Renard, rue Vivienne, 19.

Sadière, rue de la Paix, 8.

Compagnie anglaise, place Vendôme, 23.

Marchands de chocolat et de thé : Les principaux sont : MM. Bussière, rue du Vieux-Colombier, 26.

Cima, rue de la Sourdière, 29.

Boutron-Roussel, boulevart Poissonnière, 27.

Debauve et Gallais, r. des Sts Pères, 26.

Houssaye, rue de la Bourse, 3, à la Porte-Chinoise.

Marquis, passage des Panoramas, 58 et 59.

Piochelle, boulevart des Italiens, 2.

Les épiciers débitent aussi des thés et des chocolats de toutes qualités, et les confiseurs font, pour objet d'étrennes principalement, toutes sortes d'*ouvrages* en chocolat.

§ TOILES.

Ce n'est qu'au douzième siècle que les tissus de *lin* et de *chanvre* ont remplacé les vêtemens de laine, qui occasionaient des maladies cutanées, dont l'intensité diminua et même diparut entièrement depuis l'usage de la toile.

Parmi les nombreuses variétés de toiles produites de nos jours par les diverses qualités des substances végétales qui les composent, on peut citer les toiles de Normandie, et particulièrement celles de Lisieux, dites *cretonnes*, nom du premier manufacturier qui en fabriqua dans cette ville ; les toiles du Mans, de *Mayenne*, de Hollande, etc.

La combinaison du fil et du coton a également produit, par le tissage, des toiles fort estimées que l'on fabrique particulièrement dans la Champagne et dans le Maine.

Reims enfin a de tout temps été la ville où l'on a fait les toiles peintes les plus remarquables. C'est dans cette ville qu'avait été fabriquée celle que Charles VI envoya à titre de présent à Bajazet, empereur de Turquie.

Une invention récente a fait des *tissus métalliques* une branche d'industrie fort considérable, qui émet dans le commerce les *tamis*, les *blutoirs* des moulins destinés à séparer la farine du son, etc.

Enfin on citera, en dernière analyse, les toiles *damassées*, destinées principalement au service des tables; les toiles *cirées*, dont les gaufrages, les couleurs variées et les dessins élégans font des objets de luxe, comme dessus de meubles; les toiles *imprimées*, telles qu'*indiennes*, *guingans*, etc., dont les tissus servent à la confection des robes, etc., etc.

Il y a à Paris une halle aux toiles, qui se tient rue de la Poterie-des-Marchés, pendant trois jours, à partir du premier lundi de chaque mois, de 10 heures du matin à 3 heures du soir.

Marchands de toile ordinaire :
MM. Allain, rue des Bourdonnais, 8.
Bellème, rue des Fossés-Montmartre, 12.
Caron, rue du Gros-Chenet, 2 *bis*.
Chaubillan, rue Montmartre, 129.
Dehesdin, rue Verdelet, 8.
Enon, rue Thibautodé, 16.
Feron, rue Saint-Martin, 92.
Gaillard, rue du Temple, 75.
Gautallier, place Royale, 8.
Herviant, faubourg Saint-Martin, 5.
Laurent, rue Saint-Martin, 230.
Maureau, rue de Tournon, 2.
Marchands de toiles peintes : MM. Barbet, rue Saint-Joseph, 4.
Chevalier, rue Saint-Denis, 166.
Dolfus, rue du Sentier, 13.
Feury, rue de Buffon, 13.
Haussmann, rue du Gros-Chenet, 6.
Laborde, faubourg Poissonnière, 4.
Thierry, rue du Sentier, 3.
Marchands de toiles cirées : MM. Tramblé, rue Richelieu, 81.
Baudoin, rue des Récollets, 3.
Boujou, rue du Temple, 77.
Champion, rue du Mail, 18.
Delacroix, rue du Roule, 17.
Desquimace, Mont-Parnasse, 12 *bis*.
Fayolle, rue aux Ours, 16.
Hinaut, rue Montmartre, 97.
Lapointe, boulevart des Capucins, 19.
L'héritier, rue Neuve-du-Delta, 6.
Magniant, rue du Caire, 9.
Rattier, rue des Fossés-Montmartre, 4.
Sollier, faubourg Saint-Antoine, 141.
Touche, rue de Javelle, 10.
Vanier, rue Beauregard, 39.
Walgner, rue Montorgueil, 116.
Marchands de toiles métalliques :
MM. Douchemont, rue de Tracy, 6.
Gaillart, rue Saint-Denis, 228.
Rosway, rue Saint-Denis, 321.
Saint-Paul, rue Saint-Pierre-Popincourt, 18.

§ TOURNEURS.

L'art de tourner a été porté, de nos jours surtout, à une grande perfection.

Il ne s'est pas borné seulement à travailler le bois et le métal, il a su encore donner les formes les plus gracieuses à l'or et à l'ivoire; cette dernière branche d'industrie est exercée avec de grands succès, surtout à Dieppe, d'où l'on fait venir à Paris tous les articles de jouets, tels que dominos, équilibristes, etc.

Tourneurs en bois et os : MM. Auvray, rue de la Calandre, 19.
Bachelet, rue de Grenelle-Saint-Germain, 24.
Chamard, faubourg Saint-Antoine, 22.
Delley, faubourg Saint-Martin, 66.
Evalet, rue de Cléry, 19.
Frey, rue Popincourt, 14.
Garnot, rue du Temple, 121.
Guérin, boulevart Saint-Antoine, 29.

Horville, rue Neuve-Saint-Roch, 11.
Lachernaye, rue Poissonnière, 44.
Maury, passage de la Marmite, 12.
Ory, faubourg du Temple, 71.
Renault, rue Ménilmontant, 48.
Ribon, rue Basse-des-Ursines, 31.
Rouillard, rue de l'Odéon, 17.
Thomas, rue du Vieux-Colombier, 32.
Vinient, rue de la Beauce, 4.
Tourneurs en métaux : MM. Barat, rue Saint-Jean-de-Beauvais, 15.
Caron, rue Neuve-Coquenard, 22.
Daviron, faubourg Saint-Martin, 67.
Desmarquette, rue Ménilmontant, 10.
Ferry, rue du Temple, 30.
Henck, rue Montholon, 15.
Jouvin, rue Montgolfier, 20.
Lacan, rue de la Calandre, 39.
Mentzer, rue des Fossés-Saint-Victor, 12.
Mante, rue de la Roquette, 14.
Pallard, rue de la Coutellerie, 13.
Raimbaux, rue du Marché-Saint-Martin, 7.
Stainarre, rue Philippon, 22.
Rayat, rue Saint-Louis, au Marais, 89.
Vinceneux, faubourg du Temple, 41.

§ USTENSILES DE CHASSE ET DE PÊCHE.

Avant l'invention des armes à feu, l'arc et le piége étaient les principaux ustensiles de chasse. Ceux de la pêche étaient aussi fort défectueux, et des filets grossiers furent long-temps la seule ressource des pêcheurs.

Depuis, et surtout de nos jours, la multiplicité des appareils inventés pour augmenter les chances de succès de ces deux exercices a fait des ustensiles employés à leur usage un commerce assez considérable, qui a nécessité l'établissement de magasins et de boutiques destinés à la vente des différens articles dont se compose l'attirail de la chasse et de la pêche.

On trouve dans ces établissemens les nombreuses variétés de la *ligne*, du *filet*, de l'*hameçon*, etc., et encore les *gibecières*, les *carnassières*, les *boîtes à poudre*, les *miroirs*, etc.

Quant aux *fusils de chasse*, les armuriers qui les débitent leur ont donné une perfection telle, que la plupart de ces armes peuvent tirer sans danger plusieurs coups en une minute.

Ustensiles de chasse : MM. Basile, rue des Gravilliers, 20.
Chauvin, rue Saint-Honoré, 218.
Delerne, faubourg Saint-Denis, 159.
Flautin, rue Aumaire, 19.
Gogowloslié, faubourg du Temple, 64.
Hardon, rue de l'Arbre-Sec, 33.
Masséna, rue de la Tixéranderie, 68 *bis*.
Mouchel, rue Pastourel, 22.
Perière, rue Saint-Martin, 226.
Renaud, faubourg Montmartre, 23.
Ustensiles de pêche : MM. Kresz, quai de la Mégisserie, 34.
Luzina,
Montignac, rue Saint-Honoré, 414.
Viard, quai de la Mégisserie, 42.
Ustensiles de chasse et de pêche :
MM. Kresz, rue Saint-Martin, 197.
Patoux, quai de l'Ecole, 10.
Prévost, rue Neuve-des-Petits-Champs, 14.
Savouri, rue Saint-Denis, 343.
Sinet, rue Neuve-des-Petits-Champs, 23.

§ VERMICELLES ET PATES.

La plupart des pâtes nous viennent

d'Italie ; le *macaroni* entre autres, qui est assez recherché ; il sert de nourriture aux *lazzaroni* de Naples. L'Alsace produit les *nouilles* les plus estimées. Quant aux fécules, les plus recherchées sont l'*arrow-root* et la *polenta*. La pomme de terre produit aussi un sirop de fécule fort estimé. Il y en a plusieurs fabriques aux environs de Paris.

Les principaux marchands de vermicelles et de pâtes sont :

MM. Berger, rue de la Boucherie, 15.
Bougne rue des Grès, 9.
Cuvel, rue de la Grande-Truanderie, 43.
Dupuis, rue des Trois-Pavillons, 1.
Girard, rue des Prouvaires, 20.
Groult, passage des Panoramas, 3.
Manuel, rue Quincampoix, 6.
Percheron, passage Choiseul, 12.
Quantin, rue Montmartre, 12.
Rossel, rue des Fossés-Saint-Victor, 39.

Amidons et fécules : MM. Bourbonne, rue de la Verrerie, 95.
Cusin-Berch, rue Saint-Victor, 27.
Debraine, rue Saint-Martin, 14.
Dolbeau, rue du Regard, 26.
Gout, rue Thévenot, 6.
Haye, rue de Sèvres, 133.
Ledeu, rue de Charenton, 109.
Mollenberg, rue Saint-Florentin, 14.
Raybaud, rue Saint-Denis, 125.

§ VINS, EAUX-DE-VIE, HUILES, ETC.

Entrepôt et succursales.

On a déjà parlé de cet établissement, comme édifice remarquable par son étendue et sa distribution. Il est, ainsi qu'on l'a dit, situé sur le quai Saint-Bernard, et destiné à recevoir, sans droit préalable d'octroi, les *vins*, *eaux-de-vie*, *liqueurs*, *vinaigres*, *huiles*, etc.

De ce vaste établissement dépendent deux succursales, situées l'une sur le boulevart Bourdon, l'autre près du port aux Tuiles.

Dans ces trois entrepôts on ne perçoit pas de droits d'emmagasinage, mais bien une rétribution proportionnelle pour location des celliers, cours, etc.

Celliers des eaux-de-vie : 5 fr. par an pour 1 mètre carré.

Caves et celliers voûtés : 4 fr. par an pour 1 mètre carré.

Caves de la galerie souterraine : 3 fr., mêmes conditions.

Magasin d'Yonne et Marne : 3 fr. 50 c., mêmes conditions.

Cellier du Rhône : 2 fr. 50 c., mêmes conditions.

Magasins généraux.

Eaux-de-vie et esprits : 60 c. par mois, pour 1 mètre carré.

Vins et vinaigres : 30 c., mêmes conditions.

Huiles d'olives : 60 c., mêmes conditions.

Huiles ordinaires : 30 c., mêmes conditions.

La location pour les chantiers, dans les magasins généraux, se paie par mois et d'avance. Des baux déterminent les époques de paiement pour la location de caves et celliers.

Les principaux fonctionnaires préposés à la surveillance et inspection de l'entrepôt sont : MM. Rouvenat, inspecteur chargé de l'administration de l'entrepôt ; Bournot, contrôleur chargé des comptes généraux ; d'Omère, receveur de l'octroi à l'entrepôt ; Morel, contrôleur-receveur des contributions indirectes.

Ces deux dernières fonctions amènent naturellement à parler des droits d'octroi et d'entrée qu'ont à payer les liquides non déposés à l'entrepôt ou qui en sortent.

Droits d'octroi et d'entrée : 1° L'hectolitre de vins en cercle paie, pour droit d'entrée, 8 fr. 80 c., et pour droit d'octroi, 11 fr. 55 c.

2° Les 100 litres de vins en bouteille, 19 fr. 80 c. pour droit d'octroi, et 8 fr. pour droit d'entrée.

3° Les vinaigres, vins gâtés ou en lie, paient tant en cercles qu'en bouteilles, 11 fr. 75 c. pour droit d'octroi seulement.

4° L'hectolitre d'alcool pur, eaux-de-vie et esprits en bouteilles, liqueurs et fruits à l'eau-de-vie, paie 27 fr. 50 c. pour droit d'octroi, et 55 fr. pour droit d'entrée.

5° L'hectolitre d'huile d'olive paie 44 fr. de droit d'octroi seulement.

6° L'hectolitre des autres huiles paie 22 fr. d'octroi.

7° Les eaux alcooliques de senteur paient le droit d'un litre par six bouteilles ou fioles.

Ports.

L'arrivage de la plupart des vins se fait par eau ; les ports servent à la décharge. Ils sont sous la surveillance immédiate de préposés spéciaux.

Quatorze inspecteurs et sous-inspecteurs particuliers ont la direction spéciale des ports de Paris, divisés en sept arrondissemens, qui, avec les trois bureaux d'arrivage de la Haute et de la Basse-Seine, et de la Marne, sont régis par un inspecteur-général et un inspecteur-contrôleur.

Le premier arrondissement se compose des ports de Bercy, de la Gare et de la Rapée. Bureau à Bercy, quai de Bercy, 29. Inspecteur particulier, M. Acquart.

Le deuxième arrondissement comprend la rive gauche de la Seine, de la barrière de la Gare au pont Saint-Michel. Bureau rue des Fossés-Saint-Bernard, près du quai. Inspecteur particulier, M. Duchesne.

Le troisième arrondissement se compose de l'île Louviers, du bras du Mail, de la grande estacade, des rives droites des îles Saint-Louis et de la Cité, des ports au Poisson, Saint-Paul, aux Veaux et aux Blés. L'inspecteur particulier est M. Vains. Le bureau est situé quai des Ormes, 36.

Le quatrième arrondissement comprend les rives droite et gauche de la Seine, depuis les ponts au Change et Saint-Michel jusqu'au pont Royal. Bureau, port Saint-Nicolas. Inspecteur particulier, M. Chabran.

Le cinquième arrondissement se compose des ports des Invalides, de l'île des Cygnes, de la Cunette, de Grenelle et de Javel ; des ports des Champs-Elysées, de Passy et du Point-du-Jour. Le bureau est situé sur le quai d'Orsay. Inspecteur particulier, M. Wuaillet.

Le sixième arrondissement comprend le bassin de la Villette, les canaux Saint-Denis et de l'Ourcq, jusqu'aux limites du département. Le bureau est à la Villette, bâtiment de la Rotonde. Inspecteur particulier, M. Romboni.

Le septième arrondissement comprend le canal Saint-Martin et le port de l'Arsenal, du pont d'Austerlitz à l'île Louviers. Inspecteur particulier, M. Guillaume.

Les trois bureaux d'arrivage sont situés, savoir : 1° celui de la haute Seine, à Choisy-le-Roi. Préposé, M. Lebault. 2° Celui de la basse Seine, à la Briche. Préposé, M. Legrif. 3° Celui de la Marne, près le pont de Charenton. Préposé, M. Pâris.

Tous les ports sont ouverts, du 1er avril au 1er octobre, de 6 heures du matin à midi, et de 2 à 7 heures du soir; et pendant les six autres mois de l'année, de 7 heures du matin à midi, et de 2 à 5 heures du soir.

Courtiers-gourmets, piqueurs de vins et eau-de-vie : près de l'entrepôt sont établis cinquante courtiers-gourmets dont le bureau est situé rue de Bretonvilliers, 2, île Saint-Louis.

Les principaux sont : MM. Ancelin-Rouisson, rue de Béthune, 8.

Baudry, adjoint au syndic, rue des Fossés-Saint-Bernard, 92.

Camusat, *id.*, quai des Célestins, 26.

Chantrier, *id.*, rue de Vaugirard, 44.

Quanel, *id.*, rue des Fossés-Saint-Bernard, 37.

Rayon, *id.*, quai d'Orléans, 10.

Roquet, quai Bourbon, 15.

Truchy, adjoint au syndic, rue des Fossés-Saint-Victor, 29.

§ VINS.

Ce commerce, ainsi qu'on a déjà dû le remarquer, consiste principalement en importations. Les vins du département de la Seine ne peuvent suffire à la consommation de la capitale ; ils sont d'ailleurs d'une qualité fort inférieure.

Les vins français viennent surtout du Languedoc, du Roussillon, du Bordelais, de la Champagne et de la Bourgogne.

Quant aux vins étrangers, les plus recherchés sont ceux d'Espagne, de Portugal, de Tokay et de Constance.

Il est à remarquer que, depuis fort long-temps, on a trouvé le moyen de faire des vins de tous les pays, par le moyen des procédés chimiques. C'est là le mauvais côté de la chimie. Indépendamment de la fraude, qui est d'autant plus coupable qu'elle est mieux déguisée, la falsification des vins est fort nuisible par l'emploi que l'on y fait de substances délétères.

Au surplus, les *fabricans* de vins sont soumis à des peines qui ne se bornent pas toujours à la confiscation des pièces de mauvais aloi.

Marchands de vins en gros : MM. Andrieu, rue d'Orléans-Saint-Marcel, 7.

Barat, rue Poultier, 4.

Besson, place Royale, 2.

Chevrier, rue Saint-Antoine, 129.

Debonnel, rue des Saints-Pères, 22.

Estienne, rue Hauteville, 38.

Farjon, rue Louis-le-Grand, 16.

Fournier, faubourg du Roule, 10.

Guérin, rue Richelieu, 31.

Hardy, rue des Vieux-Augustins, 41.

Henneton, rue d'Enfer, 1.

Isnard, rue Thévenot, 12.

Les marchands de vins formèrent, sous le règne de Henri III, une corporation marchande à laquelle ce prince accorda des maîtrises et de nombreux priviléges. Mais repoussés par les autres corps de métiers, ils cessèrent bientôt de compter comme corporation.

Ce n'est pas que de tout temps ils n'aient vu leur commerce prospérer ; car de tout temps l'ivrognerie a été un vice fort commun.

De nos jours, ce commerce jouit d'une prospérité que ne saurait atteindre aucune autre profession plus utile et plus élevée. La statistique de Paris a révélé l'existence, dans cette ville, de plus de 3,500 établissemens de marchands de vins qui font tous de bonnes affaires. Si l'on ajoute à cela que, le dimanche et le lundi, les nombreuses guinguettes, situées aux barrières de Paris, regorgent de chalands, on aura la mesure de la consommation de liquide qui se fait par an.

Le préfet de police surveille ces établissemens, où les mélanges ne se bornent pas seulement à l'emploi de l'eau ; souvent encore ils consistent à donner au vin un *bouquet* d'emprunt, à l'aide de la litharge ou d'autres moyens nuisibles.

Marchands en détail : MM. Arvex, rue de Richelieu, 52.

M. Cordinel, rue Saint-Jacques, 89.
Étienne, rue de la Cité, 52.
Galempoix, avenue de Boufflers, 3.
Hadengue, rue des Quatre-Fils, 14.
Isambord, rue de Charenton, 80.
Kelner, rue Saint-Benoît, 2.
Martin, rue Saint-Denis, 388.
Onfroy, rue du Chemin-Vert, 3.
Pallot, faubourg Saint-Honoré, 109.
Quiniez, rue de la Chaussée-d'Antin, 56.
Rathier, rue Bleue, 25.

§ EAUX-DE-VIE, LIQUEURS.

Les eaux-de-vie et les liqueurs sont, comme les vins, un commerce exclusif d'importation à Paris. Les pays étrangers nous fournissent les liqueurs, et le midi de la France les eaux-de-vie les plus estimées.

Le *rhum* est exporté de la Jamaïque ; le *kirschwasser*, de la Forêt-Noire ; le *Curaçao*, de Hollande ; l'*absinthe*, de Suisse, etc. Montpellier, Cognac et Andaye importent leurs eaux-de-vie dans Paris. Les liqueurs peuvent être falsifiées comme les vins, et la chimie fournit des recettes dont la pratique vient souvent attester les funestes succès.

Marchands en gros : MM. Batisa, rue Saint-Sauveur, 12.

Cognac, rue Saint-Roch, 8.
Fourneret, boulevart du Temple, 5.
Huttinon, rue des Fossés-Saint-Victor, 9.
Jacquinot, rue Caumartin, 1.
Kayser, rue des Beaux-Arts, 7.
Pardon, rue Grange-aux-Merciers, 24.
Picq, rue du Petit-Bourbon, 7.
Rabinel, rue des Fossés-du-Temple, 16.
Tourner, rue du Roi-de-Sicile, 33.
Usse, à l'Entrepôt, rue de Bordeaux, 14.
Virly, rue du Faubourg-Saint-Honoré, 57.

Les Arabes sont le premier peuple qui ait extrait les arômes des plantes; et le mot *alambic*, qui n'a pas d'équivalent chez les anciens, paraît être dérivé de leur langue. Leurs appareils, qui, depuis plusieurs siècles, sont connus des peuples du midi, n'ont cependant reçu, que dans les premières années de notre siècle, cette perfection qu'ils doivent en France aux savantes découvertes des Chaptal, des Lavoisier, des Haüi, etc.

De nos jours la renommée des distillateurs-liquoristes est fort considérable ; aussi, bon nombre de ces commerçans sont-ils établis dans la capitale. Ils ne débitent pas seulement au dehors toute sorte d'eau-de-vie et de liqueurs, leurs boutiques sont encore des lieux de rendez-vous pour de nombreux chalands, et tiennent, par suite, dans la grande catégorie des lieux publics, le milieu entre le cabaret et l'estaminet.

Distillateurs-Liquoristes : MM. Adam, rue Poissonnière, 26.

Bessin, rue de Bussy, 21.
Dieudonné, rue Saint-Denis, 350.
Feuillet, rue Saint-Jacques, 19.
Gendre, rue du Cherche-Midi, 60.
Inemes, rue Saint-Antoine, 22.
Moureaux, rue Mouffetard, 139.
Pelay, rue Sainte-Avoye, 71.
Rebut, faubourg Saint-Honoré, 120.
Smith, rue Saint-Antoine, 201.
Valanivent, butte Mont-Parnasse, 12.
Yves, rue et île Saint-Louis, 64.
Yvon, rue Saint-Martin, 65.

§ HUILES.

La fabrication de l'huile remonte à la plus haute antiquité; les procédés, pour l'extraire du fruit de l'olive, furent d'abord imparfaits. On se bornait à la piler dans des mortiers.

Dans les premiers temps de la monarchie française, l'huile d'olive n'était pas commune ; car on voit qu'au neuvième siècle on employait généralement l'huile extraite du lard.

Ce n'est que tout récemment que la culture améliorée de l'olivier, dans la Provence, a produit ces huiles d'Aix qui sont estimées à si juste titre.

L'huile à brûler paraît avoir été employée, de tout temps, à alimenter les lampes qui éclairaient les tombeaux, les salles de festins, etc.

On fabrique encore de l'huile avec de la graine de colza, de la rabette, de l'œillette, etc.

Marchands d'huiles : MM. Dupuis, rue du Pont-aux-Biches, 2 et 4.

Fessart, rue de la Perche, 11.
Genton, rue Saint-Bernard, 21.
Salleron, aux Gobelins, 17.
Sourdeaux, faubourg Montmartre, 6.

Épurateurs d'huiles : L'épuration des huiles est à Paris l'objet d'un commerce important, auquel se livrent un grand nombre d'industriels, dont les principaux sont : MM. Archier, rue Baillet, 4.

Aynos, rue du Bac, 104.
Baudouin, rue d'Anjou au Marais, 19.
Cavallier, rue de la Verrerie, 60.
Depinay, rue Vieille-du-Temple, 30.
Étienne, rue des Trois-Portes, 5.
Gense, rue Meslay, 42.
Hannequin, rue Sainte-Croix-de-la-Bretonnerie, 39.
Levent, rue Montmartre, 131.
Neveu, rue Notre-Dame-des-Victoires, 34.
Perrier, rue des Grands-Degrés, 11.
Rubbini, rue de la Verrerie, 64.
Tissot, faubourg du Temple, 1.
Verpilliat, rue du Helder, 12, et rue Taitbout, 7.

VOITURES.

§ MESSAGERIES.

1° Messageries royales de France, rue Notre-Dame-des-Victoires et rue Montmartre.

2° Messageries générales de France, sous la raison Lafitte, Caillard et Cie, rue Saint-Honoré et rue de Grenelle-Saint-Honoré.

Ces deux administrations se chargent du transport des voyageurs dans tous les départemens de la France, et du port de tous les paquets, effets, etc., leur appartenant.

En outre, il y a, pour les villes principales du royaume, des voitures spéciales, dont les siéges d'administration sont établis, pour la plupart, dans la rue du Bouloy, la cour des Fermes, la rue Coq-Héron et la rue de la Jussienne. Il y en a aussi rues Saint-Denis et Saint-Martin, et faubourgs de ce nom.

Enfin, les courriers de la malle reçoivent des voyageurs pour tout pays, à l'administration des postes, rue Jean-Jacques Rousseau. Les départs ont lieu à cinq heures et demie tous les jours.

§ VOITURES DES ENVIRONS DE PARIS.

On trouvera, au troisième chapitre de cet ouvrage, un article spécial pour la nomenclature de toutes les voitures et diligences destinées au service des environs de Paris.

§ ROULAGE.

Un grand nombre de commissionnaires de roulage se chargent, dans Paris, du transport des marchandises que le commerce y importe ou exporte journellement. Les principaux sont: MM. Abraham Roslyn, rue Saint-Denis, 350 (pour l'Allemagne).

Barthe-Debladis, faubourg Saint-Martin (pour tous pays).

Cheze, rue du Ponceau, 31 bis (pour le Nord et le Midi).

Dreyfus, rue de Bondy, 6 (pour l'Est).

Ferrez, rue Boucherat (pour la Franche-Comté et l'Alsace).

Gallois, rue du Figuier-Saint-Paul, 1 (pour tout le Midi).

Lami, faubourg Saint-Martin, 229 (pour le Nord).

Moullé, rue d'Enfer, 78 (pour l'Ouest).

Tesnières, rue du Grand-Chantier (pour tout le Midi).

§ VOITURES DANS PARIS.

Il y eut long-temps dans Paris, en fait de voitures, des brouettes, des chaises à porteurs, des coches, etc. Toutes ces voitures furent remplacées peu à peu par l'usage des *fiacres*, qu'un carrossier, logé rue Saint-Martin, à l'enseigne de Saint-Fiacre, mit le premier en circulation dans la capitale. Le prix des courses n'était alors que de cinq sous. L'entreprise réussit, et bientôt plusieurs établissemens de fiacre prirent naissance ; vinrent ensuite les cabriolets ; et enfin, comme chacun sait, les omnibus et autres voitures à trente centimes. Outre ces voitures qu'on nomme *voitures de place*, il y en a d'autres de toute espèce, qu'on peut louer au jour ou au mois, et que l'on distingue des premières en les appelant *voitures de louage* ou *remises*.

Voitures à quatre roues: MM. Argant, cul-de-sac de la Pompe, 14.

Barrault, butte Chaumont, 8.

Belissent, rue de Bourgogne, 27.

Camille, impasse Saint-Louis, 2, près l'hôpital.

Deglarge, rue de Miroménil, 8.

Enix, marais Saint-Martin, 27.

Forré, rue de Ménilmontant, 100.

Gorre, rue Saintonge, 38.

Janin, rue Git-le-cœur, 11.

Kindermann, faubourg du temple, 72.

Leboulanger, rue du Delta, 6.

Olivier, rue Bergère, 21.

Perrié, rue Marie-Stuart, 7.

Cabriolets. MM. Auguste, rue des Fossés Saint-Germain-l'Auxerrois, 6.

Bauchin, hôpital Saint-Louis, 7.

Canoville, rue de Duras, 8.

Derosier, rue Malar, 10.

Kormbropt, rue Neuve-Saint-Nicolas, 40.

Lardiche, rue Sainte-Avoye, 40.

Morel, faubourg Poissonnière, 10.

Namur, boulvart Saint-Antoine, 17.

Populus, rue de Chabrol, 15.
Timbeuf, rue du Mail, 33.
Vauversin, rue du Petit-Carreau, 36.
Zilges, rue Basse-du-Rempart, 52.
Omnibus. Ces voitures parcourent cinq lignes.
Première ligne : de la Bastille à la Madeleine par les boulevarts.
Deuxième ligne : de la place Saint-Sulpice au boulevart Montmartre, par le faubourg Saint-Germain, le pont Royal et la rue de Richelieu.
Troisième ligne : de la barrière du Roule au boulevart des Filles-du-Calvaire, par les faubourg et rue Saint-Honoré, les rues Saint-Denis, Saint-Martin, Royale et de Bretagne.
Quatrième ligne : du Carrousel à Passy, par les quais.
Cinquième ligne : de la Bastille à la barrière du Trône par le faubourg Saint-Antoine.
Favorites. Quatre lignes.
La première : de la Chapelle à la barrière d'Enfer, par les rues d'Enfer, de la Harpe, Saint-Denis, et du faubourg Saint-Denis.
La seconde ligne : du faubourg Montmartre aux Gobelins, par les quartiers du faubourg Montmartre, rue Montmartre, de la Monnaie, du Palais-de-Justice, Saint-Jacques, du Jardin-du-Roi, et Saint-Marcel.
La troisième ligne : du faubourg Poissonnière à l'École de Médecine, par les rues Poissonnière, Cléry, place des Victoires, Coq-Saint-Honoré, Pont-Neuf, carrefour de Bussy, et rue de l'Ancienne Comédie.
La quatrième ligne : de Vaugirard aux bains de Tivoly, par les rues de Sèvres, Dauphine, pointe Saint-Eustache, Coquillière, Neuve-des-Petits-Champs, Neuve-des-Capucines, Caumartin et Saint-Lazare.
Dames blanches. Trois lignes.
La première : de la place Saint-Sulpice à la Villette, par la rue Saint-André-des-Arcs, pont Saint-Michel et Notre-Dame, rue Saint-Martin, et place Saint-Martin.
La seconde ligne : du Carrousel à la Bastille, par le quai et la rue Saint-Antoine.
La troisième ligne : du pont Royal au port de Bercy par les quais.
Trycicles. Deux lignes.
La première : du boulevart des Capucines à la Bastille, par les rues Neuve-Saint-Augustin, Notre-Dame-des-Victoires, Coquillière, Montmartre, Tiquetonne, aux Ours, Vieilles-Audriettes, Francs-Bourgeois, places Royale et Saint-Antoine.
La deuxième ligne : de la porte Saint-Denis au boulevart des Invalides, par les rues de Cléry, Croix-des-Petits-Champs, Montesquieu, Saint-Honoré, de Chartres, du Bac et de Sèvres.
Citadines. Trois lignes.
La première : de la place du palais Bourbon au faubourg Saint-Martin, par les rues de Bourgogne, Rivoli, d'Antin, Filles Saint-Thomas, Montmartre, Bourbon-Villeneuve, Tracy et Ponceau.
La deuxième ligne : de la place des Petits-Pères à Belleville, par les rues des Fossés-Montmartre, Cadran, Saint-Sauveur, Grenétat, Notre-Dame-de-Nazareth, et faubourg du Temple.
La troisième ligne : de la place de Grève à Belleville, par les rues du Mouton, des Coquilles, Sainte-Avoye et faubourg du Temple.
Ecossaises. Du boulevart Montmartre au pont Marie, par la rue Neuve-Saint-

Eustache, aux Ours, Grenier Saint-Lazare, Sainte-Avoye, Sainte-Croix-de-la-Bretonnerie, de Jouy, et Nonandières.

Béarnaises. Trois lignes.

La première : de la place de la Bourse à la place Saint-Sulpice, par les rues Neuve-des-Petits-Champs, Saint-Honoré, Arbre-Sec, Monnaie, Dauphine, Bussy, Seine, et Petit-Bourbon.

La seconde ligne : de la Bastille au Gros-Caillou, par l'île Saint-Louis, rues Saint-Victor, Saint-Jacques, Mathurins, Petit-Bourbon, Vieux-Colombier, Taranne et Saint-Dominique.

La troisième ligne : de l'entrepôt du Gros-Caillou à celui du Marais, par les rues Saint-Dominique, des Petits-Pères, Pont-neuf, Arbre-Sec, Grenelle, Fossés Montmartre, Bourbon-Villeneuve, boulevarts Saint-Denis et Saint-Martin, rues de Lancry et des Marais.

Diligentes. De Bercy à la chaussée d'Antin, par les rues de Charenton, Saint-Antoine, de la Verrerie, Saint-Denis, Saint-Honoré, Louis-le-Grand et chaussée d'Antin.

Orléanaises. Deux lignes.

La première : de la place de l'Oratoire du Louvre à la barrière de l'Étoile, et au pont de Neuilly, par les rues du Coq, Saint-Honoré, Saint-Michel, Rivoli et Champs-Élysées.

La deuxième ligne : de la place du Louvre à Bercy par les quais.

Batignollaises. Du cloître Saint-Honoré aux Batignolles, par les rues Saint-Honoré, Saint-Roch, Louis-le-Grand, chaussée d'Antin et de Clichy.

Parisiennes. De Montmartre au Luxembourg, par les rues Laffite, Grammont, Frondeurs, pont Royal, quai Malaquais, rue de Seine jusqu'au Luxembourg.

Hirondelles. Deux lignes.

La première ligne : de la barrière Rochechouart à la barrière d'Arcueil, par le faubourg Montmartre, les rues Vivienne, Neuve-des-Petits-Champs, Bons-Enfans, Arbre-Sec, quai de la Mégisserie, rues de la Barillerie, Saint-Jacques, Mathurins, Grés et le faubourg Saint-Jacques.

La deuxième ligne : de la rue Mouffetard au faubourg Saint-Denis, par les rues Saint-Denis, Saint-Martin, île Saint-Louis, quai de la Tournelle, Saint-Victor et Copeau.

Urbaines. De la barrière Rochechouart au Mont-Parnasse, par le faubourg Montmartre, le quartier Montorgueil, la cour Batave, le Palais-de-Justice, rues Saint-André-des-Arts, du Four, du Cherche-Midi et Notre-Dame-des-Champs.

§ MARCHANDS DE CHEVAUX.

MM. Aron, rue de Bondy, 52.
Bernard, rue Perdue, 4.
Bernaux, rue du Cherche-Midi, 83.
Crémieux, rue Neuve-de-Berry, et Champs-Élysées.
Prake, rue de la Madeleine, 16.
Frezier, rue de Charenton, 106.
Guérin, rue des Vinaigriers, 18.
Jean, rue d'Angoulême, Champs-Élysées, 7.
Landormy, faubourg Montmartre, 49, et Chauchat, 6 bis.
Bénédict, place Maubert, 5.
Rivière, faubourg Saint-Martin, 137.
Zilger, rue Basse du Rempart, 52.

Tous les mercredis et samedis, de deux à cinq heures, se tient, près le boulevart de l'hôpital, un marché consacré spécialement à la vente et à l'achat des chevaux, ânes et mulets. Le marché pour la vente des chevaux fins et de luxe a lieu les premiers samedis de chaque mois.

PROFESSIONS DIVERSES.

Il est certaines professions qui, bien qu'elles ne soient pas commerciales, sont cependant d'une nécessité indispensable. En effet, on a besoin journellement de chirurgiens, de médecins, d'accoucheurs, etc. On a souvent recours aussi à des notaires, à des avoués, à des huissiers, etc. Enfin, pour s'instruire dans les sciences, les lettres et les arts, on a besoin de *professeurs*.

Il serait à propos de mentionner quelques-uns des membres appartenant à chaque profession utile.

§ ACCOUCHEURS-MÉDECINS.

L'art des accouchemens a été longtemps confié exclusivement à des femmes. Cet usage s'est continué en France jusqu'au dix-septième siècle. On prétend que le premier accouchement dirigé par un chirurgien eut lieu en 1663. Mme de Lavallière, dans les douleurs de l'enfantement, fit appeler, avec le plus grand mystère, Julien Clément, chirurgien fort célèbre à cette époque. L'accouchement, dit la chronique, fut fort heureux ; mais, en tout cas, il ne fut pas dû à la science, qui alors était encore dans son enfance. Les Portail, les Baudelocque, lui ont fait faire des pas tellement rapides, qu'elle est parvenue, de nos jours, à l'apogée de sa perfection. L'art des accouchemens est aujourd'hui exercé par des sages-femmes concurremment avec les chirurgiens.

MM. Baudelocque neveu, rue de Ménars, 2.

Bocquet, rue des Deux-Écus, 35.
Bodson, rue Cadet, 8.
Capuron, rue Saint-André-des-Arcs, 58.
Dufresnoy, rue du Pont-de-Lodi, 1.
Hatin, rue Servandoni, 10.
Halma-Grand, rue des Beaux-Arts, 4.
Hoffmann, rue d'Anjou, 8, au Marais.
Lasne, rue des Fontaines-du-Temple, 13.
Messand, rue de la Ferme-des-Mathurins, 18.
Moreau, rue de Lille, 37.
Mouillet, rue Saint-Martin, 67.

§ AGENS DE CHANGE.

MM. Aubernen jeune, rue de Richelieu, 60.
Baigneret, cité d'Antin, 6.
Cham, rue Lepelletier, 20.
Courpon, rue Neuve-des-Petits-Champs, 50.
Dabran, rue Neuve-Saint-Augustin, 23.
Decoussy, rue Grange-Batelière, 15.
Isod, rue de Ménars, 9.
Joubert, rue des Jeûneurs, 20.
Lecordiers, rue de Ménars, 5.
Michel, rue de la Michodière, 8.
Pesty, rue Grange-Batelière.
Raffier, rue de Grammont, 3.
Texioris, rue des Filles-Saint-Thomas, 11.
Vandermarq, rue Vivienne, 22.

§ AGRÉÉS AU TRIBUNAL DE COMMERCE.

Bien que leur ministère ne soit pas forcé, et que l'on puisse instruire et plaider la cause soi-même ou la faire plaider par un avocat, les défenseurs agréés au tribunal de commerce sont ordinairement plus à même, par leurs connaissances spéciales, de diriger les affaires purement commerciales, surtout quand il ne s'agit que de débats, de comptes, par suite de faillites et de dissolution de société, etc.

MM. Beauvois, rue Notre-Dame-des-Victoires, 34.
Durmont, rue Vivienne, 8.
Guibert, rue de Richelieu, 89.
Lefebvre, rue Vivienne, 34.
Nouguier, rue Thévenot, 8.
Schayé, rue Neuve-Saint-Eustache, 36.
Venant, rue des Jeuneurs, 1 *bis*.

§ ARBITRES ET EXPERTS DE COMMERCE.

Lorque les juges consulaires ont à connaître d'une contestation qui exige une vérification, ou une expertise, ou des connaissances spéciales, tant dans les sciences que dans les arts, ils nomment un ou trois citoyens pour examiner au préalable le point en litige et faire ensuite leur rapport. Des médecins, des manufacturiers, des hommes de lettres, peuvent être appelés à remplir ces fonctions. Quand il ne s'agit que d'expertises ou des différends purement commerciaux, le tribunal commet des arbitres ou experts déjà assermentés.

Les principaux sont : MM. Bonnet, rue des Filles-du-Calvaire, 1.
Chatel, rue des Trois-Bornes, 11.
Chevallot, rue Neuve-des-Bons-Enfans, 29.
Grenier, rue Saint-Honoré, 345.
Menant, rue Mandar, 5.
Sellier, rue de la Verrerie, 40.
Saint-Omer, quai de l'École, 6.

§ ARCHITECTES.

MM. Alexandre, faubourg Saint-Martin, 174.
Badinier, rue Meslay, 40.
Blouet, quai Voltaire, 3.
Brunton, rue de la Paix, 8.
Bruzard, rue du Petit-Bourbon, 5.
Cécile, rue Saint-Thomas-du-Louvre, 26.
Chabouillé, rue Saint-Joseph, 3.
Chenavard, rue du Harlay, 2, au Marais.
Constantin, rue Saint-Lazare, 52.
Danjan, place Saint-André-des-Arcs, 30.
Debret, rue Saint-Honoré, 362.
Dubacq, place de la Bastille, 205.

§ AVOCATS.

Dans tous les temps, chez tous les peuples, il y a eu des avocats. Il paraît que chez nous la manie de plaider, et par suite de se jeter dans des digressions et des hors-d'œuvre, a été poussée à un tel point, que déjà le roi Jean défendait, en 1363, aux avocats « de plaider plus de deux fois dans la même cause, » et proscrivait, sous des peines sévères, « toutes déclamations, toutes digressions, toutes répétitions inutiles. » Du temps de Racine c'était encore pis, à en juger par sa comédie des *Plaideurs*. Quoi qu'il en soit, l'avocat de nos jours, à quelques exceptions près, n'est plus ce qu'il était autrefois, et, du reste, s'il lui prenait l'envie de ne pas plaider *succinctement* et *essentiellement*, il se verrait interdire la parole.

Avocats à la cour de cassation et aux conseils du roi.

Ces avocats ont le droit de plaider aux cours d'assises, et en général comme conseils.

MM. Benard, rue Thérèse, 8.
Bruzard, rue des Beaux-Arts, 2.

Crémieux, rue des Fossés-Saint-Germain-l'Auxerrois, 29.
Dalloz, rue de Tournon, 4.
Gatine, rue Neuve-Saint-Augustin, 21.
Jousselin, rue Thibautodé, 10.
Latruffe-Montmelian, rue de Mézières, 4.
Roger, rue Guénégaud, 18.
Scribe, rue de Choiseul, 6.
Sirey, rue de l'Université, 94.
Verdière, rue Sainte-Anne, 67.

Avocats à la cour royale de Paris.

Ces avocats ont le droit de plaider non seulement à la cour royale de Paris, mais encore au tribunal de première instance, à la cour d'assises, au tribunal de commerce, et même dans tout le ressort de la cour royale de Paris, qui comprend plusieurs départemens.

MM. Archambault, doyen, rue de Tournon, 2.
Baroche, rue de Cléry, 9.
Berryer, rue Neuve-des-Petits-Champs, 64.
Chaix-d'Est-Ange, boulevart Poissonnière, 23.
Delangle, rue de Choiseul, 2 *bis*.
Dupin jeune, rue de Ménars, 4.
Duvergier, rue de Seine, 66.
Gaudry, rue Louis-le-Grand, 5.
Hennequin, rue des Saints-Pères, 3.
Lavaux, rue de l'Éperon, 8.
Ledru, rue du Vingt-Neuf-Juillet, 6.
Ledru-Rollin, quai de l'École, 8.

Les consultations gratuites pour les indigens ont lieu les mardis, de deux à quatre heures, à la bibliothèque des avocats, au Palais-de-Justice.

§ AVOUÉS.

Ils ont le privilége, à l'exclusion de tous autres, d'instruire les procès devant les cours ou tribunaux où ils ont obtenu le droit de postuler. Leur ministère est donc forcé, et les plaideurs feront, en général, beaucoup mieux de s'adresser directement à eux que par l'intermédiaire d'agens-d'affaires ou receveurs de rentes, hommes de loi ou même jurisconsultes, dont le ministère est, dans ces circonstances, complètement inutile.

Avoués à la cour royale: MM Benard, rue des Moulins, 20.
Collin, rue de Grammont, 16.
Deschamps, rue Saint-André-des-Arcs, 66.
Dobignie, rue de Seine, 70.
Lalois, rue Coquillière, 37.
Labrouste, rue de Cléry, 9.
Laureau, rue de l'Ancienne-Comédie, 29.
Lobjeois, rue Sainte-Anne, 18.
Perin, doyen, rue de la Jussienne, 17.
West, rue des Fossés-Saint-Germain-l'Auxerrois, 31.

Avoués de première instance: MM. Archambault-Guyot, rue de la Monnaie, 10.
Berthé, rue Saint-Antoine, 69.
Boucher, rue des Prouvaires, 32.
Callou, boulevart Saint-Denis, 22.
Camproger, rue des Fossés-Montmartre, 6.
Chedeville, rue Sainte-Croix-de-la-Bretonnerie, 20.
Delamotte, rue du Bac, 43.
Delanormandie, rue du Sentier, 14.
Faguiez, rue Neuve-Saint-Eustache, 36.
Glandaz, rue Neuve-des-Petits-Champs, 87.
Guérin, rue de l'Arbre-Sec, 48.
Guyot-Sionnest, rue du Colombier, 3.

§ CHIRURGIENS.

Blandin, rue Royale-Saint-Honoré, 20.
Breschet, rue de Seine-Saint-Germain, 10.
Caffe, rue de Provence, 63.
Civiale, rue Neuve-Saint-Augustin, 23.
Cloquet, rue Grange-Batelière, 2.
Colombat, rue du Cherche-Midi, 91.
Cullerier, rue Garancière, 17.
Dubois, rue Monsieur-le-Prince, 12.
Haracque, rue des Poitevins, 3.
Jobert, rue Neuve-Vivienne, 45.
Laguerre, rue Blanche, 35.
Larrey, hôtel des Invalides.

§ COMMISSAIRES-PRISEURS.

Ainsi que leur titre l'indique, ces officiers ministériels sont chargés de faire la prisée des objets et valeurs mobilières et d'en effectuer la vente à l'encan. Ces ventes, quand elles ne sont pas faites sur les lieux mêmes, sont effectuées à l'hôtel dit des Commissaires-Priseurs, place de la Bourse. Jusqu'à présent ils n'avaient été chargés que de la vente d'objets d'occasion; un arrêt a décidé dernièrement qu'ils pouvaient vendre des marchandises neuves concurremment avec les marchands. Le droit de vente est ordinairement de 5 centimes par franc en sus de l'adjudication.

MM. Alexandre, boulevart Saint-Antoine, 7.
Ansart, rue de Seine-Saint-Germain, 66.
Bataillard, rue de Choiseul, 5.
Benoît, Grande-rue-Taranne, 11.
Bonnefond de Lavialle, rue de Choiseul, 11.
Chauveau, rue des Moulins, 32.
Chauvelot, rue Neuve-des-Capucines, 8.
David, rue des Pyramides, 7.
Deschambeaux, rue de Condé, 14.
Dréau, rue Laffite, 5.
Hermand, rue Saint-Antoine, 62.
Husson, rue Royale-Saint-Antoine, 11 bis.

§ DENTISTES.

Il a dû exister de tout temps des dentistes, c'est-à-dire des praticiens qui arrachaient les dents. Leur art s'est borné là pendant long-temps; car les anciens paraissent avoir ignoré le moyen de remplacer la perte des dents par la pose de dents artificielles.

On vint d'abord à faire l'implantation, en d'autres termes à arracher une dent à un individu pour en doter un autre. Ce mode, bizarre et cruel, fut ensuite remplacé par des dents de porcelaine, enfin par l'ivoire, les dents d'hippopotame et des dents sèches. Mais actuellement on compose des rateliers entiers de dents artificielles, reste à savoir si l'usage en est bien commode.

Les principaux dentistes sont:
MM. Audibran, rue de Valois, 2.
Billard, rue de l'Ancienne-Comédie, 18.
Clément, rue de Bondy, 92.
Désirabode, Palais-Royal, 154.
Hostein, rue de l'Échelle, 8.
Lemaire, rue de Richelieu, 15.
Marmont, rue Colbert, 2.
Ouder, rue Dauphine, 24.
Pernet, rue Saint-Lazare, 58.
Toirct, rue du Mail, 7.

§ MÉDECINS.

Adelon, rue du Four-Saint-Germain, 47.

PARIS. — PROFESSIONS.

Alibert, rue de Varennes, 4.
Andral, rue de l'École-de-Médecine, 13.
Auvisy, rue des Fermes, 20.
Beaufils, rue Neuve-Saint-Martin, 27.
Bérard, quai Voltaire, 2.
Bertrand, rue Sainte-Apolline, 5.
Bouillaud, rue Saint-Dominique-Saint-Germain, 26.
Bourdon, cloître Saint-Benoît, 7.
Boyer, rue de Grenelle-Saint-Germain, 9.
Broussais, rue Jacob, 22.
Brunet, rue des Tournelles, 32.
Buet, rue du Temple, 74.
Chaussier, rue Neuve-des-Mathurins, 44.
Chomel, quai Voltaire, 3 bis.
Cruveille, rue Sainte-Anne, 23.

§ NOTAIRES.

Les notaires, qui ont remplacé les *tabellions*, dont l'institution remonte à saint Louis, jouissent du privilége exclusif, du moins ceux de Paris, d'exercer dans le ressort du département. Leur chambre se tient place du Châtelet, dans l'emplacement appelé *Chambre des Notaires*. Il s'y fait, les mardis, des ventes par adjudication publique, d'immeubles que les avoués peuvent acheter pour leurs cliens, concurremment avec les notaires.

MM. Agasse, place Dauphine, 23.
Barbier-Sainte-Marie, rue Montmartre, 160.
Bonnaire, boulevart Saint-Denis, 12.
Champion, rue de la Monnaie, 19.
Chapellier, rue de la Tixeranderie, 13.
Clairet, boulevart des Italiens, 18.
Cottelle, rue Saint-Denis, 374.
Danloux-Dumesnil, rue Saint-Antoine, 207.

Demanche, rue Saint-Séverin, 7.
Desprez, rue du Four-Saint-Germain, 27.
Esnée, rue Meslay, 38.
Février, rue du Bac, 30.
Froger-Deschesne, rue de Sèvres, 2.
Jonquoy, rue de l'Ancienne-Comédie, 4.
Lambert-Sainte-Croix, rue Saint-Christophe, 10.

§ PEINTRES.

MM. Abel de Pujol, rue d'Albouy, 18.
Adam, rue Hautefeuille, 18.
Beauplan, rue chaussée-d'Antin, 68.
Bertin, rue Boucher, 6.
Charlet, rue de Vaugirard, 75.
Cogniet, rue Grange-aux-Belles, 9.
Delaroche, rue Saint-Lazare, 50.
Devéria, rue de l'Ouest, 38.
Forestier, rue Meslay, 55.
Fragonard, rue de Buffault, 10.
Garneray, place de la Bourse, 8.
Grevedon, rue des Martyrs, 27.
Isabey, palais de l'Institut.
Ingres, id.
Vernet, rue de la Tour-des-Dames, 3.

§ PROFESSEURS.

Commerce et tenue de livres: MM. Bontemps, rue Mandar, 6.
Colliet, rue Neuve-Saint-Martin, 12.
Decagny, rue Sainte-Avoye, 15.
Garnier, rue Saint-Jacques, 151.
Lemoine, rue Saint-Honoré, 88.
Saint-Omer, quai de l'École, 16.
Vacher, rue des Blancs-Manteaux, 13.
Danse: Gourdoux, rue Saint-Honoré, 320.
Mabille, rue Saint-Honoré, 123.
Simon, rue Coquenard, 24.

Voyez, rue et île Saint-Louis, 74.

Écriture: Chantelet, rue Neuve-Saint-Roch, 24.

Favarger, galerie Vivienne, 44.

Lemoine, rue Saint-Honoré, 88.

Vital, passage Vivienne, 13.

Équitation, manéges : Dans tous les manéges et chez la plupart des marchands de chevaux, on peut louer des chevaux pour la promenade, moyennant un prix proportionné à la valeur du cheval et au temps pendant lequel on s'en sert.

MM. Aure, rue Cadet, 23.

Franconi, boulevart du Temple, 78.

Pellier, faubourg Saint-Martin, 11.

Manége central, rue Montmartre, 113.

Escrime : MM. Coulon, rue de Choiseul, 2.

Grisier, rue de Tivoli, 19.

Lebrun, rue des Marmousets, 3.

Prevost, rue du Harlay, 2.

Langues : MM. Auberti, rue des Coûtures-Saint-Gervais, 3 (Italien).

Brow, rue Saint-Benoît, 32 (Anglais).

Kermann, rue Richelieu, 60 (Allemand).

Levaillant, rue du Four-Saint-Germain (Arménien).

Robertson, rue Richelieu, 21 (Anglais).

Mathématiques : MM. Barbin, rue du Colombier, 20.

Choquet, rue Neuve-Saint-Étienne-Saint-Marcel, 25.

Peyrot, place du Panthéon, 3.

Saint-Omer aîné, quai de l'École, 16.

Musique. Il existe à Paris un conservatoire, où la musique vocale et instrumentale est enseignée par les artistes les plus distingués. Beaucoup d'entre eux, auxquels viennent s'adjoindre d'autres professeurs, qui, pour ne pas être au Conservatoire, n'en sont pas, la plupart du temps, moins estimés pour cela, donnent chez eux ou en ville des leçons particulières, aux personnes qui, sans vouloir en faire leur profession, désirent cependant cultiver cet art d'agrément.

Musique vocale : MM. Banderali, rue Taitbout, 17.

Cellier, faubourg Montmartre, 41.

Martin, rue Taitbout, 17.

Pensotti, rue Sainte-Anne, 77.

Raimbaux, rue Feydeau, 26.

Musique instrumentale : MM. Adam (piano), rue Matignon, 3.

Baillot (violon), rue et Chaussée-d'Antin, 33.

Berr (clarinette), passage de l'Industrie, 43.

Collinet (flageolet), rue Saint-Honoré, 339.

Herz (piano), faubourg Poissonnière, 5.

Lafont (violon), rue de Rivoli, 18.

Tulou (flûte), rue des Martyrs, 27.

Vogt (hautbois), rue de Navarin, 10.

§ SAGES-FEMMES.

Pour exercer, il faut qu'elles soient munies d'un diplôme de capacité, ce qui ne les autorise pas à exercer la médecine hors de leur spécialité. Ce délit les rendrait passibles de prison et d'amende.

Mesdames Breton, faubourg Montmartre, 24.

Lachapelle, rue Neuve-Saint-Augustin, 6.

Legendre, rue Jean-Jacques Rousseau, 2.

Petitjean, rue du Faubourg Montmartre, 61.

Vachée, rue de Bussy, 3.

Valette, rue Malar, 13.
Varengue, rue Saint-Victor, 98.

§ SCULPTEURS, STATUAIRES.

MM. Bosio, palais de l'Institut.
Dantan, rue Saint-Lazare, 48.
David, rue d'Assas, 14.
Foyatier, rue Madame, 14.
Pradier, quai Voltaire, 15.
Pujol, rue Neuve-Saint-Merry, 44.
Vallou, rue de l'Abbaye, 11.

AGRICULTURE, HORTICULTURE.

§ AGRICULTURE.

Cet article présente la capitale comme centre des nombreuses importations agricoles qui y affluent journellement, et comme siége des sociétés et autres institutions qui sont consacrées spécialement à l'agriculture, et dont les opérations ont pour but exclusif son enseignement et son amélioration.

En général, le sol des environs de Paris est très-bien cultivé. Grâce aux engrais d'une qualité supérieure, qu'il tire de la capitale, il produit des céréales de toutes sortes, dont l'abondance ne saurait cependant suffire à l'approvisionnement du département, en raison de sa nombreuse population. La Normandie et la Beauce suppléent à cette insuffisance par l'importation dans Paris de céréales, qui, par leur qualité et leur quantité, font la principale richesse de ces deux provinces limitrophes.

Les vignobles de la Seine produisent des récoltes peu considérables et encore moins estimées. Le raisin y mûrit difficilement; cependant celui de Bagnolet, de Charonne, etc., est assez bon, mais en fort petite quantité. Quant aux vins des environs de Paris, ils sont généralement très-médiocres, lorsqu'ils ne sont pas aigres. Les côteaux de Surène en ont particulièrement produit de tout temps, qui, appréciés au XVIIme siècle, ne sauraient l'être dans le nôtre, devenu plus difficile. Les importations font affluer à Paris les raisins de Fontainebleau, d'Espagne, etc., et toutes les espèces de vins que produisent les départemens et l'étranger.

La culture *maraîchère* est portée, dans le département de la Seine, au plus haut degré de perfection. Toutes les plantes et herbes potagères s'y font remarquer par leur qualité supérieure. Plusieurs cultures spéciales ont obtenu, par l'emploi judicieux de certains engrais, un succès qui a dépassé toutes les prévisions.

C'est à d'heureux essais que nous sommes redevables de l'établissement d'une cressonnière artificielle à Saint-Denis, de la culture des asperges dans les vignes, du potager établi à Paris, rue de Montreuil, 141, où M. Sageret est déjà parvenu à obtenir plus de 200 variétés du melon, par la culture en pleine terre, qu'il a employée également avec succès pour plusieurs plantes cucurbitanées.

Les fruits ne laissent aussi plus rien à désirer, sous le rapport tant de la qualité que de la quantité. On doit citer les arbres de Vitry, les espaliers de Montreuil si célèbres par leurs belles pêches, les pépinières du grand Charonne, et particulièrement celle établie dans la rue de Montreuil, 141, qui est composée d'arbres fruitiers non greffés et produits par des noyaux et des pépins.

Améliorations dans l'agriculture.

La charrue, dans l'origine, ne se composait que d'un seul morceau de bois fort long, dont une partie entrait dans la terre, et dont l'autre servait à atteler les bœufs. A défaut de la herse, qui n'était point encore inventée, l'homme recouvrait de terre, avec la bêche en bois, la semence répandue à la superficie. La paille et le chaume furent long-temps les seuls engrais employés par les anciens.

On voit qu'il y a loin de ces premiers essais au degré de perfection auquel ont été portés depuis, grâce aux inventions de la mécanique, les instrumens aratoires et les procédés savans au moyen desquels nous sommes parvenus à améliorer les terres et leur culture. C'est ainsi que, de nos jours, des charrues à plusieurs socs, des charrues-herses et des charrues-semoirs, sont venues en aide au laboureur, tandis que l'heureuse combinaison de la marne et du fumier, avec les terres, devient pour lui la garantie d'une riche récolte.

On ne s'en est pas tenu à ces améliorations déjà si importantes. Des considérations qui intéressent la société entière ont, au commencement de ce siècle, éveillé la sollicitude du gouvernement. Jusqu'alors on n'avait jamais enseigné les règles à suivre dans la culture et l'ensemencement des terres, dans la combinaison des différens engrais propres à les améliorer, dans l'assainissement de leurs parties marécageuses, etc.; en un mot, on n'avait point encore eu l'heureuse idée d'allier, dans la science de l'économie rurale, la théorie à la pratique.

C'est en 1806 qu'une école d'agriculture remplaça par une méthode raisonnée l'aveugle routine.

Après, l'institution des fermes-modèles imprima, par l'expérimentation, de nouveaux progrès à la science de l'économie rurale. La chimie étudie les différentes sortes de végétations et applique à chacune d'elles, les nouveaux engrais qui lui sont propres. La géométrie régularise, par l'abréviation des distances, la marche de la charrue, tandis que la mécanique, par la réunion des forces motrices et les lois d'un mouvement réglé, perfectionne l'art du labourage. Dans ces utiles établissemens, l'amélioration et la multiplication des troupeaux devient l'objet d'une étude spéciale; l'expérimentation y enseigne les moyens d'acclimater et de naturaliser les races étrangères. Enfin, de nouveaux procédés obtiennent, des prairies artificielles, une double récolte, sans cependant fatiguer le terroir auquel elles viennent procurer, tous les ans, le repos nécessaire pour reproduire du blé.

Améliorations à désirer.

Bien que l'agriculture ait atteint, dans le département de la Seine, un haut degré de perfection, cependant elle y manque encore d'institutions et d'établissemens d'autant plus nécessaires, que leur utilité concourt journellement à ses progrès dans la plupart des autres départemens.

Ne devrait-on pas d'abord établir, dans les environs de Paris, un *institut* spécialement consacré à l'étude de l'agriculture, et y former des élèves capables de mettre en pratique les leçons que leur auraient données de savans agronomes?

Le commerce et l'industrie ont, à Paris et à Charonne, leurs écoles spéciales; pourquoi n'en serait-il pas ainsi de l'agriculture, de cet art non moins utile, dont la connaissance approfondie ne peut être le fruit de la routine, mais bien d'une méthode régulière, d'une théorie savante alliée à une pratique judicieuse et raisonnée ?

Il y a bien, il est vrai, des établissemens ruraux, mais ils ne sont qu'accessoires, et par suite incomplets. L'étude superficielle et tronquée de l'agriculture ne peut, par conséquent, y former que des sujets médiocres, qui même, pour la plupart, ne se destinent point à l'agriculture.

Il faudrait donc, dans l'intérêt de cet art et de ceux qui veulent s'y consacrer, rétablir la chaire d'économie rurale que l'empire avait créée; car l'agriculture ne pourrait que gagner sous tous les rapports au rétablissement de cette utile institution.

Viennent ensuite les *fermes-modèles*, dont l'établissement dans le département de la Seine concourrait, par de savantes expériences, à l'amélioration des terres et de leur culture. D'heureux résultats, obtenus en Lorraine par les fermes expérimentales, doivent faire sentir la nécessité d'en établir plusieurs de ce genre dans les environs de Paris, et l'on parviendrait à y acclimater, à force d'innovations et d'essais, des végétaux dont la culture y avait paru jusqu'alors impraticable. Ainsi des particuliers, réduits à leurs propres forces, sont cependant parvenus à faire prospérer des colzas dans ce département. Il est à croire que des établissemens créés sur une plus grande échelle pourront encore plus facilement entreprendre avec succès la culture en grand d'arbres et plantes exotiques, tout en contribuant à l'amélioration des végétaux indigènes.

Des comices agricoles, ces utiles établissemens que possèdent aujourd'hui la plupart de nos départemens, seraient également une création bienfaisante. Ils sont composés d'agronomes et de savans, qui, réunis en comités, vont eux-mêmes faire sur les terres l'application pratique des théories qu'ont développées leurs habiles discussions. Ils dressent des procès-verbaux raisonnés de leurs diverses opérations et des découvertes qu'ont amenées leurs expériences. Ainsi, par le moyen de la publicité et de la correspondance, les agriculteurs de tous les départemens, où sont établis des comices agricoles, peuvent se communiquer les résultats de leurs explorations et de leurs essais, et par suite mettre en pratique tel système de culture, préférable à celui qu'ils avaient jusqu'alors employé.

Ne serait-il donc pas à désirer que Paris, le foyer des arts et des sciences, devînt, par l'établissement d'un comice agricole, le centre général de ceux établis dans la province, et donnât ainsi à l'agriculture cette impulsion, que contribueraient également à lui imprimer une école rurale et des fermes-modèles ?

§ INSTITUTIONS ET ÉTABLISSEMENS SPÉCIAUX A L'AGRICULTURE.

SOCIÉTÉS.

1° *Société royale et centrale d'Agriculture*, à l'Hôtel-de-Ville.

Elle distribue des médailles aux auteurs des inventions, découvertes, importations, etc., qu'un concours aura jugées les meilleures et les plus utiles. Le roi en est le protecteur. Elle est présidée par M. Séguier. M. Huzard fils en est le secrétaire. Le jury du concours se compose d'un grand nombre d'associés, reçus successivement depuis 1814, époque à laquelle a été rétablie cette société, dont la fondation remonte à 1761.

2° *Société des progrès agricoles*, rue Taranne, 10.

Elle a pour but de propager la connaissance de l'agriculture et de favoriser ses perfectionnemens. A cet effet, elle étend ses relations aux autres départemens, en établissant une correspondance suivie avec les sociétés qui y sont établies, et avec les comices agricoles qui y ont été institués.

Elle est présidée par M le préfet de la Seine. Les trois secrétaires sont : MM. Piscatory, Payen et Yvart.

3° *Cercle Agricole*, hôtel de Nesle, rue de Beaune, n° 2.

Cet établissement, présidé par M. le duc de Doudeauville, a été fondé dans le but d'assurer aux produits de l'agriculture des débouchés plus faciles et plus nombreux, et de favoriser les progrès et améliorations des diverses industries qui s'y rattachent. Des séances mensuelles sont consacrées au résumé des opérations et à la discussion des théories agricoles qui y sont développées.

4° *Société d'Assurance mutuelle contre la grêle,* rue Neuve-des-Petits-Champs, 91.

Cette société est instituée pour les départemens de la Seine, de Seine-et-Oise, de Seine-et-Marne, de l'Aisne, de l'Aube, de l'Eure, d'Eure-et-Loir, du Loiret, de Loir-et-Cher, de la Marne, de l'Oise, de la Seine-Inférieure, de la Somme et de l'Yonne. Fondée en 1823, elle est depuis ce temps sous la présidence de M. le duc de Montmorency; M. Truelle en est le directeur.

5° *L'Étoile*, rue du Faubourg-Poissonnière, 41.

Cette société d'assurance mutuelle contre la grêle a été instituée, en 1834, pour les départemens de la Seine, de Seine-et-Oise, de Seine-et-Marne, du Calvados, de l'Orne, du Pas-de-Calais, et les autres dénommés ci-dessus. Elle est dirigée par une société d'administrateurs, dont MM. Odier et Cottier sont les principaux. Son directeur-général est M. Thireau.

6° *Société de culture des végétaux* (branche de l'Académie des sciences naturelles de France), rue de l'Abbaye, n° 3.

Elle fait des cours et publie des bulletins de ses séances, qu'elle tient les deuxième et quatrième vendredis de chaque mois. Le président est M. Isidore Geoffroy-Saint-Hilaire, et l'agent général M. Laisné.

§ JOURNAUX ET RECUEILS PÉRIODIQUES, ANNONCES ET AFFICHES.

1° *L'Echo des Halles et Marchés*, paraissant le jeudi et le dimanche. Prix : 32 fr. par an ; 36 fr. pour l'étranger ; rue Coquillière, n° 22.

2° Le *Petit Courrier de la Halle aux Blés*, paraissant les mardis et vendredis. Prix : 16 fr. par an. On ne peut s'y abonner sans s'être également abonné à l'*Echo des Halles et Marchés*.

3° *Annales de l'Agriculture Française*, recueil mensuel : 15 fr. par an, pour la France, et 18 fr. pour l'étranger ; rue de l'Eperon, n° 7.

4° *Annales de Pomone* recueil, mensuel avec figures : 36 fr. par an; rue d'Anjou-Dauphine, n° 9.

5° *Le Cultivateur*, recueil mensuel avec annonces : 12 fr. pour la France, et 15 fr. 60 c. pour l'étranger ; rue Taranne, n° 10.

6° *Archives générales de l'Agriculture*, recueil mensuel : 3 fr. par an ; rue de Grenelle-Saint-Honoré, n° 55.

7° *L'Agronome*, revue mensuelle : 6 fr. par an ; rue de Choiseul, n° 2 *bis*.

8° *Journal d'Agriculture pratique*, et *Revue de l'Agriculture universelle et de l'Economie sociale*, deux recueils mensuels ; rue du Battoir-Saint-André, n° 12.

9° *Recueil Vétérinaire*, recueil mensuel : 13 fr. par an pour Paris ; 14 fr. 50 c. pour les départemens, et 19 fr. pour l'étranger. Place de l'Ecole-de-Médecine, n° 4.

10° *Journal théorique et pratique de Médecine vétérinaire;* chez Perron, rue Saint-André-des-Arcs, n° 13.

11° *Journal des Haras* : 2 fois par mois ; 22 fr. pour six mois ; 40 fr. par an, et par semestre 2 fr. de plus pour les départemens, 4 fr. pour l'étranger. Rue Grange-Batelière, n° 26.

§ HALLES ET MARCHÉS.

1° *Halle aux farines, grains et grenailles*, rue de Viarmes. Elle se tient tous les jours, de 9 à 5 heures pour les farines, et les mercredis et les samedis à la même heure, pour les graines et grenailles. Douze facteurs sont préposés à la vente en gros des farines, et quatorze autres à celle des graines et grenailles.

2° *Trois marchés aux fourrages*, boulevart d'Enfer, faubourg Saint-Martin et faubourg Saint-Antoine. Tous les fourrages servant à l'approvisionnement de la capitale doivent être amenés directement à l'un de ces marchés. Le droit de stationnement est de 2 fr. par 100 bottes de foin, et de 1 fr. par 100 bottes de paille. En outre, les fourrages secs, tels que foin, sainfoin, luzerne, etc., paient 2 fr. 20 c., et l'hectolitre d'avoine 66 cent. Si les fourrages ne sont pas bottelés, le droit est perçu au poids. Si les bottes excèdent 5 kilogrammes, le droit est perçu dans la proportion de l'excédant. Quant aux foins et fourrages verts, ils sont exempts de tout droit.

3° *Marché aux fruits*, tels que poires, pommes, raisins, etc., sur le quai de la Tournelle, près du pont de l'Archevêché. La vente a lieu du 1er avril au 1er octobre, de six heures du matin à midi, et de deux à sept heures du soir ; et pendant les autres six mois de l'année, de sept heures du matin à midi, et de deux heures à cinq du soir.

4° *Marchés aux légumes et herbages :* 1er au carreau de la Halle, tous les jours, sur la place des Innocens, dès la pointe du jour. La vente cesse à dix heures du matin en hiver, et à neuf heures en été ; 2e au marché d'Aguesseau, rue et passage de la Madeleine ; 3e au marché Beauveau, rue d'Aligre et rue Lenoir, faubourg Saint-Antoine ; 4e au marché des Blancs-Manteaux, vieille rue du Temple ; 5e au marché Boulainvilliers, rues de Beaune et du Bac ; 6e au marché des Carmes, rue des Noyers ; 7e au marché Sainte-Catherine, rues d'Ormesson et Caron ; 8e au marché des Enfans-Rouges, rues de Bretagne et de Bercy ; 9e au marché de la Fraternité, rue Saint-Louis-en-l'Ile ; 10e au marché Saint-Germain, rues de Seine et du Four ; 11e au marché Saint-Honoré ; 12e au marché Saint-Joseph ; 13e au marché Saint-Martin, rues du Vertbois et de la Croix ; 14° au marché Neuf ou marché Palu, rue du Marché-Neuf ; 15° au marché Popincourt ; 16° et au marché de Sèvres, rue de Sèvres.

La vente a lieu, à ces différens marchés, tous les jours, depuis le lever du soleil jusqu'à son coucher.

5° *Marché aux pommes de terre*, se tenant tous les jours au carreau de la Halle.

Incessamment il doit s'établir, sur l'emplacement du cloître Sainte-Opportune, un marché, spécialement consacré à la vente des légumes. On est en train de déblayer la place qui lui est destinée.

Grenier d'abondance, situé au boulevart Bourdon. Il a été construit en 1807, sur le terrain de l'ancien jardin de l'Arsenal. Les travaux ont été repris en 1814. Depuis, il a été agrandi considérablement, et, par ce moyen, il peut contenir aujourd'hui 30,000 quintaux de blé. Il sert de grenier de réserve aux boulangers, qui sont tenus d'y avoir toujours un certain nombre de sacs en magasin.

Il est à propos de parler ici des *silos*. Ce sont des fosses destinées à la conservation des grains ; elles étaient en usage chez les anciens, et plusieurs peuples modernes les emploient encore. Il y a lieu de s'étonner qu'on n'ait pas encore, en France, suivi cet exemple, et que des essais de ce genre aient été jusqu'alors seulement pratiqués par des particuliers ; car l'utilité des *silos* et leurs nombreux avantages sur les autres sortes de magasins de blé sont aujourd'hui prouvés par les heureux résultats de leur emploi ; et pourtant M. Ternaux est presque le seul qui les ait mis en pratique dans ses propriétés de Saint-Ouen.

Pour construire un *silos*, il faut d'abord choisir un emplacement qui ne soit point exposé à l'infiltration des eaux. De préférence aux briques, qui sont sujettes à s'imprégner d'humidité, il est essentiel d'employer la pierre de taille ou des moellons cimentés avec de la chaux et du sable de bonne qualité. Le moyen le plus ordinairement employé pour procéder ensuite à la dessiccation des *silos* est d'y faire brûler du charbon, dont le gaz acide, se combinant avec la chaux qui compose le mortier, produit un revêtement imperméable par la formation du carbonate de chaux. Les *silos* ainsi construits peuvent conserver les grains pendant une dizaine d'années, sans que ceux-ci éprouvent aucune des altérations qu'ils ont à éprouver ordinairement par suite de l'humidité et des attaques des charençons.

Ci-après quelques-uns des principaux marchands de grains, fourrages et farines :

MM. Aubert, rue du Banquier, 2.
Barbier, rue Laffite, 21.
Cador, rue du Chaume, 21.
Darblay, rue des Vieilles-Etuves-Saint-Honoré, 16.
François, rue de Vaugirard, 4.
Giraud, rue de Chaillot, 47.
Hainque, rue Babylone, 19.
Imbault, rue des Vieux-Augustins, 69.
Laforges, faubourg Saint-Martin, 208.
Minct, rue Mazarine, 53.
Périer, rue de Sèvres, 15.
Thoré, rue Simon-le-Franc, 8.

§ HORTICULTURE.

Les plus belles fleurs nous viennent de l'Orient. Vers le dixième siècle, le goût de l'horticulture s'introduisit enfin en Europe par Constantinople. Depuis cette époque les jardins se sont enrichis, successivement et sans interruption, d'une multitude de fleurs, venues de toutes les contrées du globe; et l'art a découvert les moyens d'obtenir les fleurs doubles, les fleurs panachées, et la variété qui semble inépuisable dans ces charmantes productions de la nature.

On sait quelle influence exerça, en 1634, la *Tulipomanie* dans la Hollande. Parmi les variétés de tulipes qui obtinrent à cette époque le plus de faveur, l'espèce la plus rare, estimée deux mille florins (plus de 6,000 francs), était celle appelée *semper augustus*, dont il n'existait que deux individus, l'un à Harlem, l'autre à Amsterdam. Un Hollandais, pour avoir la fleur de Harlem, offrit près de 6,000 florins et un équipage complet, attelé de deux chevaux. On rapporte aussi qu'un oignon de tulipe coûta à un autre amateur une dizaine d'arpens de terre.

Dans notre France, l'horticulture, restée long-temps dans l'enfance de l'art, ne prend son essor que sous le règne de Louis XIV. Comme art, la Quintinie et Le nôtre la font servir à l'embellissement de nos jardins; comme science, Tournefort, Levaillant, Buffon, Jussieu, l'amènent au degré de splendeur où nous la voyons aujourd'hui. Tandis qu'une ingénieuse symétrie aligne les allées de nos jardins publics, dessine d'élégans parterres, compose des massifs touffus, la botanique fait éclore au Jardin du Roi tous les produits du règne végétal. L'art vient en aide à la nature, et, grâce à l'emploi des serres chaudes, les végétaux exotiques produisent, sous l'action d'une température artificielle, des fleurs rares et des fruits précieux qui, jusque alors, semblaient réservés aux pays chauds.

§ ÉTAT DE L'HORTICULTURE DANS LE DÉPARTEMENT DE LA SEINE.

Le département présente en général un terrain plat et peu accidenté. On remarque, dans les environs de Paris, quelques bois et forêts, tels que la forêt de Bondy, les bois de Boulogne, de Vincennes, de Romainville etc., qui n'occupent en superficie que 2,180 hectares.

Un grand nombre de jardiniers pépiniéristes se livrent avec succès à des cultures spéciales d'arbres, d'arbustes et de fleurs, dont on est parvenu, à force d'essais, à multiplier et à varier les espèces. C'est ainsi que s'est formée à Passy une collection de palmiers et que le mûrier prospère à Nogent-sur-Marne et à Fromont. C'est ainsi enfin que l'on a pu naturaliser presque tous les végétaux exotiques.

§ AMÉLIORATIONS A DÉSIRER.

Grâce aux savantes investigations de MM. Héricart de Thury, Soulange-Bodin et autres, l'horticulture fait chaque jour de nouveaux progrès. De nombreuses importations et innovations viennent chaque jour perfectionner le mode de culture et les innombrables variétés qui en sont l'objet.

Mais le défaut de centralisation vient aussi chaque jour rendre presque nuls les heureux résultats obtenus, en réduisant à un bien petit nombre les horticulteurs qui peuvent en profiter. En effet, il y a peu de relations; il n'en existe même pas, pour ainsi dire; car comptera-t-on comme établissemens centraux le peu de sociétés savantes qui s'occupent d'horticulture, et dont les membres peu nombreux ne se livrent, la plupart du temps, qu'une fois par mois à des discussions diffuses et inutiles, sans que la pratique, si nécessaire dans une science naturelle, s'allie jamais à la théorie?

Il faut donc reconnaître que la prospérité de l'horticulture dépend de la création d'une institution spéciale, dont le siége serait à Paris, et dont les ramifications, s'étendant dans toutes les communes environnantes, iraient encore aboutir, au moyen de correspondances, dans les départemens les plus éloignés.

Mais, si la nécessité d'un semblable établissement se fait sentir, il est encore bien plus à désirer, s'il est possible, que Paris devienne le siége d'une autre institution non moins utile. Déjà à Fromont, un particulier, zélé pour la science, a fondé un établissement de ce genre. Mais le défaut de relations et le choix, peut-être mauvais, de la localité ont jeté sur cette institution une défaveur qu'elle ne méritait pourtant pas. Si l'on transportait à Paris le siége d'un pareil établissement, si de savans professeurs y faisaient l'application des sciences exactes et naturelles à l'horticulture, si une pratique et une théorie raisonnée remplaçaient l'aveugle routine, que de biens ne résulteraient-ils pas d'une semblable fondation!

§ INSTITUTIONS ET ÉTABLISSEMENS SPÉCIAUX A L'HORTICULTURE.

§ SOCIÉTÉS.

1° *Société royale d'Horticulture*, rue Taranne, n° 12.

Cette société s'occupe principalement de l'amélioration des espèces et de leur culture; une exposition annuelle a lieu au Louvre sous ses auspices. Elle accorde en outre des prix et des médailles aux horticulteurs que le jury du concours en a jugés dignes. Président : M. Héricart de Thury. Secrétaire : M. Soulange-Bodin. Trésorier : M. Duparc. Agent-général : M. Cassin.

2° *Académie d'Horticulture*, située rue Louis-le-Grand, n° 23; présidée par M. Lautour-Mézeray.

§ JOURNAUX ET RECUEILS PÉRIODIQUES.

1° *Annales du Museum d'Histoire naturelle*, paraissant tous les trois mois : 30 francs par an. Chez Rout, rue Hautefeuille, n° 10.

2° *Annales de la Société d'Horticulture*, recueil mensuel : 15 francs pour la France, et 18 francs pour l'étranger par an. Chez Mme Huzard la Chapelle, rue de l'Éperon, n° 7.

3° *Journal de l'Académie d'Horticulture*, recueil mensuel : 30 francs par an; rue Louis-le-Grand, n° 23.

4° *Annales de Flore*. Chez M. Rousselon, rue d'Anjou; avec planches : 36 fr. par an, et 20 francs pour six mois; 1 f. 50 en sus pour l'étranger.

5° *Annales de l'Institut d'Horticulture de Fromont*, par Soulange Bodin. Recueil mensuel : 9 francs par an. Chez Mme Huzard, rue de l'Éperon, n° 7.

6° *Revue horticole* : 3 francs par an; rue du Paon-Saint-André, n° 8.

7° *Annales des Jardiniers amateurs*, recueil mensuel : 12 francs par an; rue de Savoie, n° 24.

§ MARCHÉS.

Quatre marchés aux fleurs, arbres, arbustes et plantes.

Le premier se tient quai aux Fleurs, le mercredi et le samedi.

Le second, place de la Madeleine, le mardi et le vendredi.

Le troisième, place Royale, au Marais, le lundi et le jeudi.

Le quatrième, boulevart de Bondy, le lundi et le jeudi.

§ GRAINETIERS-FLEURISTES.

Les principaux sont : MM. Bossin (jardinier et pépiniériste à Limours), quai aux Fleurs, n° 5.

Doucet, rue Saint-Dominique-Saint-Germain, 41.

Gérard, quai de la Mégisserie, 16.

Guénot, quai Napoléon, 31.

Jacquin frères (culture à Charonne), quai de la Mégisserie, 14.

Tollard frères, quai aux Fleurs, 9, 11 et 21 (culture au faubourg Saint-Denis).

Tollard et Dortho, quai de la Mégisserie, 56 (botanistes et pépiniéristes du roi).

Tripet, boulevart des Capucines, 13, et boulevart de la Madeleine, 20.

§ JARDINIERS PÉPINIÉRISTES.

MM. Auger, impasse Saint-Louis, n° 1.

Billot, rue de la Tour-du-Temple, 2.

Cuisard, place de la Madeleine, 12.

Deconflé, rue de la Santé, 3.

Durand, rue de Buffon, 25.

Fion, Mont-Parnasse, 16.

Hardy, rue de Vaugirard, 118.

Jamin, rue des Fossés-Saint-Marcel, 8.

Loth, rue Fontaine-au-Roi, 33.

Mandale, rue des Fourneaux, 17.

Mathieu, rue de Buffon, 23.

Noisette, faubourg Saint-Jacques, 51.

Petit, boulevart des Italiens, 2.

Thouin, au Jardin-du-Roi.

Varin, rue de Grenelle, au Gros-Caillou, 169.

§ TAILLANDIERS.

Pour la confection des outils de jardinage : MM. Bellan, galerie Boufflers.

Delarue, rue du Monceau-Saint-Gervais, 6.

Jouannaut, rue de Charonne, 6.

Renaudin, rue de la Madeleine, 26.

RÉSUMÉ.

La Seine partage la capitale de l'est à l'ouest en deux parties inégales ; celle du nord a presque le double d'étendue de celle du midi ; la circonférence des murs d'enceinte est d'environ 6 lieues et un 10e ; son diamètre est à peu près de 2 lieues. 58 barrières donnent accès dans Paris, 28 routes principales y aboutissent ; la superficie intérieure est de 3,440 hectares, environ 10,000 arpens carrés. On compte 1,142 rues, 90 places, 32 carrefours, 127 ruelles, 125 impasses, 126 passages, 17 enclos, 10 cloîtres, 34 quais, 9 ports, 3 îles, 17 ponts, 45,000 maisons, 12 églises paroissiales, 37 succursales, 2 temples de protestans, 1 de luthériens, une synagogue, 36 communautés et couvens de filles, 30 hôpitaux et hospices, contenant environ 15,000 lits, 9 prisons, 24 théâtres, 4 jardins publics, 48 casernes, onze halles, 22 marchés, 5 abattoirs, 86 fontaines, 424 bornes-fontaines, 560 hôtels avec cours et jardins, 700 hôtels garnis et environ 13,000 boutiques.

Chaque maison est numérotée d'après un ordre uniforme, général, adopté en 1806. Cet ordre a pour base la direction des rues comparée à celle du cours de la Seine; cette direction est parallèle ou perpendiculaire à la rivière; la couleur noire est affectée aux numéros des rues perpendiculaires, et le plus bas numéro est du côté du point le plus rapproché de la Seine; la couleur rouge est employée dans les rues parallèles, et le plus bas numéro est du côté du point le plus près de l'entrée de la Seine dans Paris. Les numéros pairs sont d'un côté, et les impairs de l'autre. Les rues de Paris sont éclairées pendant l'obscurité par 5,650 reverbères, consommant annuellement plus de 300,000 kilog. d'huile. Les habitans concourent au balayage public, auquel sont employés, d'ailleurs, en grand nombre, des balayeurs salariés par l'administration. Les boues et les immondices sont enlevées tous les matins. Les boulevarts, les promenades publiques et les ponts sont arrosés pendant l'été.

CHAPITRE SECOND.

COMMUNES DU DÉPARTEMENT DE LA SEINE.

ARRONDISSEMENT DE SCEAUX.

L'arrondissement de Sceaux comprend la partie méridionale du département de la Seine, dont il forme un peu plus que la moitié. Il est limité, au nord, par les murs de Paris depuis la barrière de Montreuil jusqu'à celle de la Cunette, et par une portion de l'arrondissement de Saint-Denis; à l'ouest, par la Seine, et de tous les autres côtés par le département de Seine-et-Oise.

Il compte quarante-trois communes sur une surface d'environ 24,000 hectares. D'après le recensement de 1836, sa population s'élève à 31,491 habitants. Il se divise en quatre cantons : Sceaux, Villejuif, Charenton-le-Pont, et Vincennes.

La sous-préfecture de l'arrondissement est à Sceaux.

Sous-préfet : M. le vicomte Eugène Maison.

Secrétaire-général de la sous-préfecture : M. Brochard.

Député de l'arrondissem. : M. Garnon.

Conseillers d'arrondissement :

Canton de Sceaux : MM. Desgranges ✳, Morère ✳, Payen ✳.

Canton de Villejuif : MM. Lamouroux ✳ et Boivin ✳.

Canton de Charenton-le-Pont : MM. Santallier, Férat.

Canton de Vincennes : MM. Houdart, Lelièvre.

Colonel de la troisième légion de la banlieue : M. Desgranges ✳. *État-major à Sceaux*.

Colonel de la quatrième légion de la banlieue : M. le comte Dodun ✳✳. *État-major à Vincennes*.

Architecte de l'arrondissement : M. Molinos ✳, à Paris, rue Neuve-du-Luxembourg, 25.

CANTON DE SCEAUX.

Sceaux. — Antony. — Bagneux. — Bourg-la-Reine. — Châtenay. — Châtillon. — Clamart. —Fontenay-aux-Roses. — Grenelle. — Issy. — Montrouge. — Le Plessis-Piquet. — Vanves. — Vaugirard.

SCEAUX.

Sceaux, à deux lieues et demie et au sud de Paris, sur une colline ; chef-lieu du treizième arrondissement du département de la Seine, d'un canton et d'une justice de paix.

Annexe : Le marché aux bestiaux, qui appartient à la ville de Paris.

Enclaves : Fontenay-aux-Roses, Bourg-la-Reine, Antony, Châtenay et le Plessis-Piquet.

La prospérité de cette commune date de 1670, époque à laquelle Colbert acheta le château qu'on y voyait alors. Il le fit reconstruire sur un plan beaucoup plus étendu, et le parc, considérablement agrandi, fut dessiné par le célèbre Le Nôtre. M. de Seignelay, fils de Colbert, ajouta aux embellissemens de ce séjour, dont le duc du Maine fit l'acquisition en 1700. La commune prit alors le nom de *Sceaux-du-Maine;* elle le conserva jusqu'en 1775 ; à cette date, le château étant venu par héritage à M. le duc de Penthièvre, elle fut appelée *Sceaux-Penthièvre*. La révolution de 1789 lui fit perdre la dernière partie de cette désignation, qui était chère aux habitans par les vertus du prince, dont le souvenir est encore vénéré par eux.

La fortune du village a long-temps suivi celle du château : à mesure que celui-ci acquérait en illustration et en beauté par le rang et les richesses de ses possesseurs, le village se peuplait de nouveaux habitans, et l'aisance publique éprouvait l'heureuse influence du voisinage bienfaisant de cette succession de ministres et de princes. Les événemens politiques ont tari cette source de bien-être. Le château et le parc, vendus au temps de la terreur, ou plutôt livrés, pour quelques rames de papier-monnaie, à d'avides spéculateurs, ont disparu du sol qu'ils couvraient des prodiges de tous les arts. Le village était menacé d'une décadence prochaine ; il fut sauvé par l'organisation administrative. Sceaux fut doté d'une sous-préfecture, d'un bureau des hypothèques, d'un bureau d'enregistrement et du timbre, etc. Le marché aux bestiaux lui fut conservé, et tous ces avantages, appuyés par les agrémens de sa situation, ont permis à sa prospérité de suivre le mouvement progressif que lui avait imprimé le passé.

Sceaux est un des plus beaux villages

des environs de la capitale. Situé sur une éminence, il découvre de toutes parts un pays fertile, peuplé d'habitations rapprochées et cultivé comme un vaste jardin. L'air y est excellent; des promenades charmantes et diversifiées s'offrent en foule dans ses alentours, et son aspect général atteste ses progrès dans les constructions et dans l'ordre, qui doivent distinguer toute population civilisée.

Cependant une question grave s'est récemment élevée, dont la solution inquiète beaucoup les habitans de Sceaux. Soit avantage réel de toutes les communes de l'arrondissement, soit seulement intérêt d'une localité ou même jalousie de prérogatives, on a sollicité, auprès de l'autorité supérieure, la translation de la sous-préfecture dans une autre commune que Sceaux. Cette demande est fondée sur ce que la situation de ce village est trop excentrique à l'arrondissement; ce qui est un grand inconvénient pour beaucoup de communes et surtout pour celles qui sont placées au-delà de de la Marne, et qui se trouvent à une distance trop considérable du chef-lieu administratif auquel elles ressortissent. Avant de se prêter à un acte aussi important, le ministère a consulté le conseil d'arrondissement et les conseils municipaux; alors les rivalités se sont déclarées. Les communes de Choisy-le-Roi, de Vitry, de Villejuif, de Charenton-le-Pont et de Montrouge se sont mises sur les rangs pour disputer entre elles la sous-préfecture que toutes veulent enlever à Sceaux. On peut voir aux articles qui concernent ces communes les raisons qu'elles font valoir en leur faveur; mais Sceaux produit aussi les motifs qui plaident pour lui. Il est chef-lieu depuis la loi organique de l'an VIII; il s'étonne qu'après trente ans de cet état de choses, passés sans la moindre réclamation, on suppose tout-à-coup la nécessité de le changer, lorsque rien, d'ailleurs, n'est changé qui ne soit favorable à son maintien. La distance des lieux a presque disparu par l'amélioration des routes et des chemins et par l'établissement des nombreuses voitures qui les parcourent en tout sens. Les pertes que Sceaux a souffertes et l'absence d'un commerce important, que ne lui permet pas sa position, ne sont compensées que par le siége de la sous-préfecture, et l'en priver serait vouloir sa ruine. Le marché aux bestiaux y attire, chaque semaine, de tous les points de l'arrondissement, une foule de bouchers, de fermiers, de cultivateurs, de nourrisseurs, qui, tout en faisant les affaires de leurs professions, font aussi leurs affaires administratives, non seulement avec la sous-préfecture, mais encore avec le bureau des hypothèques, le bureau d'enregistrement et la recette particulière. L'hôtel de la sous-préfecture a coûté au département de la Seine une somme très-considérable en acquisition et en arrangemens nécessaires à sa destination; cette somme serait à peu près perdue si la sous-préfecture était transférée ailleurs. Les communes au-delà de la Marne vont bientôt jouir d'une communication facile avec Sceaux par le pont qui sera jeté sur la Marne entre Saint-Maur et Creteil; trois autres ponts sur la Seine, à Choisy-le-Roi, à Ivry et à Bercy, réuniront à Sceaux les communes d'entre Seine-et-Marne. L'habitant le plus éloigné peut s'y rendre en deux heures; d'ailleurs, les deux cantons les plus populeux de l'arrondissement sont les plus voisins de la sous-préfecture actuelle. La centralité est-elle une condition de l'emplacement d'un chef-lieu? Saint-Denis, Corbeil, Versailles, Pontoise, etc., sont-ils au centre de leurs arrondissemens? Si les communes prétendantes ont quelques avantages, elles ont aussi leurs inconvéniens, et, en général, elles sont si peu distantes de Sceaux, qu'en vérité on ne voit pas ce que les administrés gagneraient au déplacement de la sous-préfecture.

Tels sont les faits principaux sur lesquels s'appuie la commune pour obtenir la conservation de la sous-préfecture. Quelque parti que prenne l'autorité, elle fera des mécontens. C'est l'effet immanquable des questions qui posent sur des intérêts particuliers plutôt que sur un véritable intérêt général.

La population de Sceaux s'élève, d'après le dernier recensement, à 2,000 âmes. Sa garde nationale se compose de deux compagnies de deux cents hommes chacune. Elles font partie du premier bataillon de la troisième légion de la banlieue. Elle a une division de sapeurs-pompiers et des pompes à incendie.

Sceaux prend chaque jour un nouvel accroissement. On connaît déjà une partie des avantages qui lui procurent cette prospérité; l'autre consiste dans les agrémens de son séjour. Ses rues, toutes pavées, sont tenues constamment dans une grande propreté. La place publique est assez belle. Deux fontaines, publiques aussi, fournissent des eaux salubres et qui ne tarissent jamais; elles alimentent un lavoir et un abreuvoir, dont l'usage est également commun à tous.

La sous-préfecture occupa, dans l'origine, des maisons particulières, louées à cet effet. Elle avait déjà changé cinq à six fois de domicile, lorsque le conseil général du département de la Seine résolut enfin de lui assigner une demeure fixe. Il fit l'acquisition de l'hôtel où elle est aujourd'hui. Il a été, à grands frais, rendu propre à sa destination, et ne laisse rien à désirer sous ce rapport. Cet hôtel contient aussi la mairie et ses dépendances; car, jusqu'à ce jour, Sceaux n'a pas d'édifice consacré à son autorité municipale.

Le beau château, le parc magnifique, les chefs-d'œuvre des arts qu'ils offraient à la curiosité des amateurs, n'existent plus. Mais une riche ferme et une élégante maison de plaisance adoucissent les regrets d'une perte désormais irréparable. Cette grande et utile propriété est, depuis un crime horrible, le patrimoine des héritiers du brave et malheureux maréchal duc de Trévise.

Deux autres maisons de campagne appellent aussi l'attention : l'une appartient à M. Vandermarcq, agent de change à Paris; l'autre a pour possesseur l'amiral russe Tchichagoff.

Les loyers sont à un prix assez élevé; mais les vivres coûtent bien moins cher, et leur abondance est grande. Il y a, tous les samedis, un marché fort bien approvisionné. Le grand marché aux bestiaux se tient les lundis. Son emplacement est dans l'angle que forme, en sortant de Bourg-la-Reine, la route royale d'Orléans avec la route départementale, qui, de ce point, passant par Sceaux et le Plessis-Piquet, va joindre la route de Paris à Versailles par la plaine de Vélizy. L'enceinte des bâtimens forme un carré parfait, dont les côtés ont chacun environ 168 toises de long. Les bâtimens qui servent aux bouviers sont en face de la route d'Orléans. Sceaux est redevable à Colbert de l'institution de ce marché.

Sceaux a deux brigades de gendarmerie, l'une à cheval et l'autre à pied.

L'église de la paroisse est du titre de Saint-Mâmer, et cependant elle semble avoir pris pour patron saint Jean-Baptiste, dont le village célèbre la fête. L'édifice actuel a été élevé aux frais de Colbert. Il est d'une élégante simplicité; son clocher était autrefois surmonté d'une flèche dont la hauteur et la hardiesse étaient extraordinaires. Détruite par la foudre, il y a environ quarante ans, elle n'a pas été rétablie. Les tableaux et les vitraux n'ont rien de remarquable; mais, au-dessus du maître-autel, on admire un superbe groupe de sculpture en marbre blanc. Il représente le baptême du Christ par saint Jean. Les figures, de grandeur naturelle, ont été exécutées, non, comme beaucoup le croient, par Girardon ou par Pujet, mais bien par Tuby, sur les dessins de Lebrun. Ce bel ouvrage ornait jadis le maître-autel de la chapelle du château. L'église paroissiale était, du temps de Colbert, au milieu du village; mais ce ministre, pour agrandir son parc, acheta plusieurs maisons du côté de l'est et les fit démolir, de sorte que l'église est aujourd'hui à l'une des extrémités de la commune. Le duc et la duchesse du Maine, ainsi que le comte d'Eu, étaient inhumés dans cette église. Leurs tombeaux furent violés sous le régime de la terreur, et leurs dépouilles mortelles eussent été indignement profanées sans les soins d'un honnête citoyen, M. Maufra, qui, au risque de sa vie, les recueillit et les inhuma dans un endroit du cimetière qu'il marqua d'un signe extérieur, encore subsistant aujourd'hui.

L'ancien cimetière, devenu une propriété particulière, renferme aussi les restes de Florian, qui ont été, comme ceux des princes, respectés par l'acquéreur. Le conseil municipal, dans sa dernière session, a voté l'achat d'un terrain où ces débris humains seront transférés, en attendant peut-être une expiation plus complète. Il y a quelques années, on s'est avisé de restaurer et de badigeonner le portique de l'église avec tant de goût et de succès, qu'il n'y reste plus rien de propre à donner une idée de son style primitif.

Le cimetière actuel est établi hors de l'enceinte du village, avec tous les soins qu'on avait droit d'attendre d'une administration éclairée.

Sceaux ne possède point de presbytère, et le curé est logé aux frais de la commune.

L'instruction est donnée dans deux écoles publiques : une d'enseignement mutuel pour les garçons, l'autre, dirigée par les sœurs de Saint-Vincent, pour les filles. Ces écoles sont fréquentées, chaque jour, par environ deux cents enfans des deux sexes.

Madame Lepelley tient un pensionnat pour de jeunes demoiselles.

Le sol de la commune est mélangé de sable, d'argile et de glaise; sa fécondité naturelle est augmentée par les soins d'une culture intelligente. Son étendue n'est que de cinq cents arpens. La valeur d'un arpent s'élève, terme moyen, à 1,500 fr. Les habitans sèment un peu de céréales; mais ils cultivent surtout les légumes et les fruits; et, parmi ces derniers, les fraises, dont ils font un grand débit.

L'industrie et le commerce y ont pris, jusqu'à ce jour, peu de développemens. Sceaux ne compte qu'une fabrique de faïence, fondée par Colbert; elle appartient aujourd'hui à M. Marsaulx. Elle occupe trente ouvriers, et ses produits sont estimés et recherchés. Quant au commerce, à l'exception du grand marché aux bestiaux, il est sans importance et ne consiste que dans la consommation locale. Les récoltes agraires s'écoulent à Paris.

La fête patronale de Sceaux est celle de Saint-Jean-Baptiste, 24 juin. Elle est célébrée le dimanche le plus rapproché, soit avant, soit après.

Les bals de Sceaux ont acquis une réputation presque européenne; l'emplacement où ils sont donnés était jadis une dépendance du château, désignée sous le nom de *la Ménagerie*. Elle se composait d'un pavillon, d'une basse-cour et d'un jardin. La basse-cour et les animaux, qui avaient fait donner à ce lieu le nom de *ménagerie*, n'existent plus; mais le reste a échappé à la destruction. Au milieu du jardin, s'élève un joli pavillon accompagné de deux portiques; l'intérieur en est simple et de bon goût. La Guespière en a été l'architecte; du haut de ce pavillon, on jouit d'une superbe vue. Le jardin, bien dessiné, est entretenu avec beaucoup de soin. Il était mis en vente et devait subir le sort du château, lorsque M. Desgranges, alors maire de Sceaux, réunit les principaux habitans et les engagea à former entre eux une société par actions pour acheter et sauver du moins ce dernier débris d'une grandeur renversée. Ainsi fut conservé à la commune un de ses plus beaux ornemens. Les actionnaires-propriétaires se sont fait un plaisir de l'ouvrir au public; on a construit, sous ses ombrages, une vaste et élégante rotonde consacrée à la danse les dimanches et les jours de fêtes.

L'attrait du lieu a fait de ces bals le point de réunion d'une bonne et nombreuse compagnie, qui s'y rend des villages voisins et de Paris; ils brillent au premier rang des bals champêtres renommés dans les environs de la capitale, et n'ont guère de rivaux que ceux d'Auteuil et de Montmorency.

Maire de Sceaux, M. Garnon, député. — Adjoint, M. Champion. — Juge de paix, M. Renté. — Suppléans du juge de paix, MM. Defrance et Vieillard. — Greffier de la justice de paix, M. Frémont. — Notaire, M. Maufra. — Huissier, M. Osselet. — Curé, M. Bouchy. — Receveur des contributions, M. Sarrazin (jours de recette, les samedis et les dimanches). — Conservateur des hypothèques, M. Piet. — Médecin, M. Thori. — Pharmacien, M. Le Maire-Lisancour, membre de l'Académie de médecine. — Colonel de la troisième légion de la banlieue, M. Desgranges ✻. — Capitaines de la garde nationale, MM. Berger, Baleste. — Capitaine des sapeurs-pompiers, M. Claveau. — Lieutenant de la gendarmerie, M. Tollard. — Imprimeur, M. Dépée.

Le bureau pour les lettres fait trois distributions par jour : directeur, M. Thibaud; il faut adresser : *A Sceaux, par Bourg-la-Reine*.

Les communications avec la capitale sont d'une extrême facilité. Des voitures publiques sont établies pour le service spécial de la commune, et les voitures de passage offrent en outre des occasions continuelles pour se rendre à Paris et en revenir.

ANTONY.

Antony, à trois lieues et au sud de Paris, sur la petite rivière de Bièvre et sur la route royale d'Orléans ; canton, arrondissement et justice de paix de Sceaux, département de la Seine.

Ce village est divisé en deux parties : l'une, située un peu à droite de la route, porte le nom seul d'Antony; l'autre, sur la route même, est appelée *le Pont d'Antony*. Le hameau de *la Croix de Berny*, qui est également sur la route, à une très-petite distance, forme une annexe d'Antony. Ces trois divisions comptent ensemble environ 1,500 habitans, fournissant à la garde nationale deux compagnies qui font partie du premier bataillon de la troisième légion de la banlieue.

Outre la route royale d'Orléans, Antony est encore traversé par la route départementale de Sceaux à Choisy-le-Roi.

Antony est décoré par une belle et grande place publique, entourée de tilleuls, et désignée sous le nom de *Carrousel*. Toutes les rues sont pavées et très-propres. Trois fontaines publiques, alimentées par des sources qui ne tarissent jamais, fournissent aux habitans une eau saine et abondante, que l'on peut employer à tous les usages. L'église est spacieuse, belle, en très-bon état, et ornée avec luxe. Le cimetière est établi hors du village.

Plus favorisé que beaucoup d'autres communes, Antony possède un établissement de charité publique, pour l'éducation des jeunes filles indigentes, deux écoles primaires pour les garçons et une pour les filles.

Antony compte quinze belles maisons de campagne, parmi lesquelles on remarque celles de MM. Persil, ministre secrétaire d'état; Trudon, ancien propriétaire de la manufacture royale des cires d'Antony; Démonts, député et maire du onzième arrondissement de Paris ; le baron Bouchu, lieutenant-général d'artillerie, Albinet, Lescot, Michalon, Chapelier, etc.

Antony est une résidence tellement saine, qu'aucun de ses habitans ne fut atteint du choléra lorsque ce fléau sévissait dans tous ses environs. De mœurs simples et douces, presque tous ses habitans ont pu se procurer de l'aisance; on y voit très-peu de malheureux.

La commune puise sa principale richesse dans les produits de son agriculture, qu'elle a poussée à un très-haut degré de perfectionnement. Son territoire produit surtout du blé et des fourrages; on y voit aussi des vignes. Le sol est fertile et d'un aspect agréable.

Les loyers d'habitation sont à très-bon compte, ainsi que toutes les choses nécessaires à la vie. Il est facile de se les procurer, soit dans le village même, soit aux marchés de Sceaux et de Lonjumeau, qui n'en sont éloignés que d'une lieue.

Les fêtes patronales de cette commune sont : *la Saint-Saturnin*, qui, transférée au second dimanche de mai, a lieu dans Antony ; et *l'Assomption*, que l'on célèbre à la Croix-de-Berny, le premier dimanche après le 15 août.

Maire, M. Dupin.—Adjoint, M. Barié.— Curé, M. Chenailles.—Lieutenant de gendarmerie, M. Tollard (la brigade est au marché de Sceaux.)—Capitaine de la garde nationale, MM. Muret et Suritet.—Percepteur résidant à Sceaux, M. Sararzin, dont le jour de recette est le jeudi de chaque semaine.—Médecin, M. Thomas.

Antony est bureau de poste. Les lettres sont distribuées deux fois par jour, à 9 heure du matin et à 3 heures du soir. Directrice, Mme Mounier; il y a aussi un relai de poste, placé à la Croix-de-Berny. Maître de poste, M. Muret.

Quatre voitures publiques, pour Paris, sont établies à Antony et partent à volonté. Vingt autres voitures traversent cette commune, allant à Lonjumeau, Arpajon, Etampes, etc. (Voir l'article des VOITURES DE PARIS pour les environs.)

BAGNEUX.

Bagneux, commune à une lieue et demie au sud de Paris; canton, justice de paix et arrondissement de Sceaux, département de la Seine.

Le territoire de cette commune, qui est d'une étendue d'environ 1,200 arpens, est consacré en partie à la culture des vignes, et en partie aux céréales, aux gros légumes et aux fruits. Il est fertile, d'une bonne qualité, et sa valeur est de 2,500 à 3,000 fr. l'arpent.

Cette commune, où se trouve une route départementale correspondant à la route d'Orléans par Châtillon, possède une église fort belle, surmontée d'un clocher de construction élégante et légère et d'architecture gothique. On y compte aujourd'hui deux écoles publiques pour l'éducation des enfans ; l'une pour les garçons, l'autre pour les filles. Un grave inconvénient de Bagneux est l'absence presque complète d'eau. Les habitans désireraient vivement avoir une fontaine, qui pourrait être alimentée par la pompe projetée de Clamart; ils désireraient aussi avoir une pompe à incendie, dont le besoin se fait souvent sentir. On remarque dans cette commune une belle maison, ayant appartenu au comte Beugnot, habitée aujourd'hui par ses héritiers; elle est spacieuse et bien distribuée.

La population s'élève à 900 habitans.

La garde nationale se compose de deux compagnies, dont la totalité est de 180 hommes, premier bataillon, troisième légion de la banlieue.

Le commerce des habitans consiste dans la vente des produits du territoire, et surtout dans l'exportation de leurs vins, qui sont de bonne qualité et généralement estimés. Une branche d'industrie est pour eux encore une source considérable de commerce et de richesse : la commune renferme plusieurs carrières de pierres de taille, de moellons et de pierres de liais, dont l'exploitation est aussi facile que le fond abondant.

L'air, dans cette commune, est salubre; les denrées sont au même prix qu'à Paris. La fête patronale a lieu le dimanche qui suit le 23 octobre, et attire un nombreux concours de curieux.

Maire, M. Bazin. — Adjoint, M. Bascelin. — Curé, M. Torincata. — Commandant de la garde nationale, M. Lavergne ✽. — Percepteur des contributions, M. Mugnier. Jours de recette, les premier et troisième vendredis de chaque mois.

Il faut adresser les lettres : *A Bagneux, banlieue de Paris.*

Les communications avec Paris ont lieu par le moyen d'une voiture publique qui s'y rend deux fois par jour.

BOURG-LA-REINE.

Bourg-la-Reine, à une lieue et demie sud de Paris; canton, justice de paix et arrondissement de Sceaux, département de la Seine.

Cette commune est située dans un fond, et traversée par la route royale de Paris à Orléans ; elle possède en outre une route départementale, allant de Versailles à Fontainebleau. Un faible cours d'eau, après avoir parcouru toute l'étendue de ce bourg, se jette dans la petite rivière de Bièvre. Le Bourg-la-Reine est enclavé par Cachan, L'Hay, Sceaux et Fontenay-aux-Roses. Sa population, qui s'élève, d'après le dernier recensement, à 1,120 habitans, fournit à la garde nationale une compagnie de 120 hommes, faisant partie du premier bataillon de la troisième légion de la banlieue. Il a, depuis quelques années, fait de rapides progrès en ce qui concerne la construction. Les habitations se sont augmentées de moitié ; toutes sont élevées avec goût et solidité, et présentent un ensemble satisfaisant.

La commune jouit d'une température saine ; les rues sont bien pavées, et tout ce qui a rapport à la propreté et à l'entretien est rigoureusement exécuté. Le prix des locations annuelles est assez élevé : il varie pour un ménage de 200 à 300 fr. Les subsistances sont au même prix qu'à Paris. Les habitans jouissent d'une belle promenade garnie d'arbres.

L'église communale, tout récemment achevée, est élevée sur un dessin d'architecture moderne, mais fort simple ; une distribution bien ordonnée est tout ce que l'on peut remarquer dans ce nouveau monument. Le cimetière, situé à l'extérieur de la commune, est enclos d'un mur en bon état d'entretien.

Le Bourg-la-Reine possède trois beaux pensionnats de jeunes gens et un seul de jeunes demoiselles.

Sous le titre d'Institut commercial, M. Gabriel Finance a formé un établissement spécial, où les jeunes gens apprennent le français, l'anglais, l'allemand, l'italien, la tenue des livres en partie double, le change, le droit commercial, l'histoire, la géographie, les mathématiques, la physique, la chimie et l'histoire naturelle. Tous ces cours, bien conçus et parfaitement dirigés, obtiennent des succès toujours croissans. Ils ont lieu dans une maison bâtie sur l'emplacement d'un ancien château de la *Reine Blanche*, duquel il reste encore quelques vestiges. De vastes dortoirs parquetés et bien aérés, des classes d'une grande salubrité, un parc de 40 arpens, dont une partie, ombragée de tilleuls, a été sablée pour les récréations, une nourriture saine et abondante : tels sont les avantages que le directeur offre aux familles de ses élèves.

Pour l'éducation physique, M. Garry possède les mêmes ressources que M. Finance, son collègue ; mais il a de plus fait établir, dans son pensionnat, des appareils de gymnastique, dont l'utilité est généralement reconnue. Sous le rapport de l'instruction morale, la variété des études permet aux élèves d'acquérir toutes les connaissances qui leur sont nécessaires pour parcourir avec distinction la carrière à laquelle ils se destinent.

Le troisième pensionnat, sous la direction de M. Auboin, est situé dans la partie du pays la plus élevée et la mieux aérée. Les parens sont toujours consultés sur l'éducation qu'ils veulent donner à leurs enfans, et la rapidité des progrès justifie bientôt la confiance des premiers et l'assiduité des seconds.

L'institution consacrée aux demoiselles n'est pas moins digne de l'attention publique : elle possède les mêmes avantages, et les soins que donne à l'instruction de ses élèves madame Dautel ont toujours été couronnés de succès.

L'école communale est divisée en deux classes, l'une consacrée aux filles, l'autre aux garçons ; elle compte environ 80 enfans.

L'autorité locale ayant compris l'utilité et l'urgence de l'érection d'une mairie, d'un presbytère, et surtout d'une fontaine, vient d'en ordonner la construction. Jusqu'à ce jour les habitans ont été contraints de se servir, pour leur usage particulier, de l'eau de puits.

L'agriculture a fait peu de progrès à constater, la plus grande partie des habitans se livrant au commerce de vins en détail. Les auberges sont nombreuses et fréquentées par tous les marchands de bestiaux qui se rendent au marché de Sceaux.

La petite étendue de terrain cultivée rapporte des céréales et des légumes ; sa contenance est de 300 arpens, dont le prix (terme moyen) est de 1,500 fr. l'arpent.

L'industrie compte au Bourg-la-Reine deux fabriques de faïence blanche, dont les travaux considérables occupent un grand nombre d'ouvriers ; elles sont spacieuses et bien situées ; elles exportent à Paris et à l'étranger, et sont dirigées par MM. Benoist et Mony.

La fête patronale est celle de saint Leu et saint Gilles, le premier septembre ; elle se célèbre le dimanche suivant, et attire un assez grand concours de monde.

Maire, M. Desroches. — Adjoint, M. Laurin père. — Notaire, M. Farcy. — Curé, M. Duverdier. — Capitaine de la garde nationale ; M. Laurin fils ; capitaine en second, M. Mony. — Percepteur des contributions ; M. Roger.

Jours de recette, premier et deuxième vendredis de chaque mois.

La commune a un bureau de poste aux lettres. Il suffit d'adresser : *A Bourg-la-Reine.*

Les communications avec Paris ont lieu par le moyen de voitures publiques établies à cet effet dans la commune.

CHATENAY.

Châtenay, à deux lieues sud-ouest de Paris, sur un petit monticule ; canton, justice de paix et arrondissement de Sceaux, département de la Seine.

Ses annexes sont : Aunay, le Val-du-Loup, Malabry et le petit Châtenay. Ses enclaves : Sceaux, Antony, Verrières, et le Plessis-Piquet.

Sa population s'élève à 545 habitans, fournissant à la garde nationale une compagnie de chasseurs de 120 hommes, tous habillés, et faisant partie du premier bataillon de la troisième légion de la banlieue.

Son territoire comporte trois natures de terrain, l'une argileuse, l'autre sablonneuse, et la dernière en terre franche, livrée à la culture des céréales ; on y trouve peu de vignes, mais beaucoup de fruits rouges et surtout de groseilliers.

Une route départementale, n° 72, traverse la commune : elle part du Petit-Châtenay, rejoint la route royale, et vient aboutir à celle de Versailles à Choisy-le-Roi.

Châtenay renferme environ vingt-cinq maisons bourgeoises, toutes de belle apparence ; mais il en est une digne d'une remarque particulière : elle est bâtie d'après un plan, à la fois noble et gracieux, simple et hardi ; la distribution de ses jolies galeries, son fronton, tout retrace aux yeux les plus rians dessins de notre architecture. Elle est aujourd'hui la propriété de madame la comtesse de Boigne ; elle fut anciennement celle du prince Borghèse ; c'est dans cette propriété que naquit Voltaire. L'illustre auteur du *Génie du Chistianisme* a possédé, pendant plusieurs années, dans le Val-du-Loup, une jolie habitation, veuve aujourd'hui de cette grande gloire.

L'air est très-salubre, et il est à remarquer que le choléra n'a point compris Châtenay dans sa course dévastatrice.

Les rues sont presque toutes pavées et bien entretenues. L'ordre public y est maintenu par la brigade de gendarmerie de Sceaux.

Le prix des locations annuelles varie, pour un ménage, de 200 à 300 fr. Les subsistances sont assez bon marché. Il y a deux places publiques et de belles promenades aux environs ; celles du *Buisson de Verrières* attire tous les promeneurs par la beauté, la régularité de ses avenues et ses superbes plantations. Châtenay a deux fontaines publiques, dont les eaux saines et limpides fournissent abondamment aux besoins des habitans, et les deux lavoirs et l'abreuvoir sont continuellement alimentés par les deux fontaines.

Des deux églises, l'une est consacrée au culte français, l'autre au culte romain. La construction de cette dernière date du septième siècle : elle est surmontée d'une flèche dont la hardiesse fait la beauté ; les piliers de son intérieur donnent une juste idée de son antiquité, par la bizarrerie des sujets grossièrement sculptés qui les décorent. Elle renferme en outre plusieurs beaux tableaux, justement estimés. Non loin de cette église est un assez joli presbytère. Le cimetière, situé à l'extérieur du village, vient d'être récemment enclos d'un beau mur par les soins de M. Trouffillot ; sa tenue est on ne peut plus satisfaisante.

Deux écoles publiques sont ouvertes, l'une aux garçons, l'autre aux filles ; cette dernière mérite les plus grands éloges pour la manière dont elle est dirigée ; il serait à souhaiter qu'on en pût dire autant de celle des garçons. Elles sont fréquentées par 65 enfans des deux sexes.

La commune traite en ce moment pour l'acquisition d'une maison dans laquelle elle doit établir une nouvelle école de filles. — Une subvention de 3,000 fr. a été accordée par le département, et 3,000 fr. votés par le conseil municipal pour cet objet.

Le commerce de Châtenay est tout-à-fait agricole. L'étendue de son territoire est de 662 hectares, qui donnent environ 1,939 arpens, dont le prix varie de 1,000 à 1,100 fr. l'arpent. Les chemins vicinaux de la commune sont bien entretenus. Les habitans sont presque tous propriétaires, et jouissent par conséquent d'une certaine aisance.

La fête patronale est celle de saint Germain, évêque d'Auxerre ; elle se célèbre le 1er dimanche d'août, et se prolonge l'espace de trois jours.

La commune forme des vœux pour l'établissement d'une mairie.

Maire, M. Griois. — Adjoint, M. Trouffillot. — Curé, M. Nivoy. — Capitaine de la garde nationale, M. Matine fils ; capitaine en second, M. Mathieu.

Il faut adresser les lettres : *A Châtenay, par Antony*.

Les communications avec Paris sont

faciles; elles ont lieu par deux voitures établies à cet effet, l'une à Sceaux, l'autre à Verrières.

CHATILLON.

Châtillon, à une lieue et demie sud-est de Paris; canton, justice de paix, et arrondissement de Sceaux, département de la Seine.

Ses enclaves sont : Montrouge, Clamart, Bagneux et Fontenay-aux-Roses.

Son territoire devient chaque jour plus productif par ses terres toutes labourables, ses vergers, ses vignes et ses carrières à pierre et à plâtre; ses sites sont fort agréables et d'une belle étendue.

Sa population monte à 1,043 habitans, fournissant à la garde nationale une compagnie de 124 hommes du 1er bataillon, 3me légion de la banlieue; 15 sapeurs-pompiers sont chargés des manœuvres de la pompe en cas d'incendie.

Trois routes départementales bien pavées traversent la commune, celles de Paris à Chevreuse, de Paris à Châtenay, et de Clamart à Cachant, auxquelles viennent correspondre quelques chemins vicinaux bien entretenus. Châtillon ne possède aucune source pour alimenter ses fontaines : les habitans sont contraints de faire à peu près une demi-lieue pour se procurer l'eau nécessaire à leur besoin. L'autorité, désirant obvier à cet inconvénient, vient de traiter avec une compagnie hydraulique pour que les bassins, réservoirs, lavoirs et abreuvoirs publics, soient toujours alimentés par les eaux de la Seine.

On distingue à Châtillon plusieurs propriétés bourgeoises, qui toutes, suivant leur position, jouissent des plus riantes perspectives; on peut citer entre autres celles de M. Casimir Delamarre, banquier; sur un autre point, celle de M. Gay-Laussac, membre de l'Institut; sa construction élégante, la distribution des jardins et la belle tenue de l'ensemble captivent l'attention des visiteurs.

A l'extrémité de la commune, sur la route de Fontenay-aux-Roses, se trouve la jolie petite maison, dite de *l'Épinette*, appartenant à M. Laya, directeur du *Journal des Communes*.

On remarque encore, au haut de la montagne de Châtillon, un belvéder, qui de loin présente l'aspect d'un minaret; on le considère aussi comme un observatoire, d'où l'artiste, frappé de la beauté des sites qui l'environnent, cherche souvent à reproduire les plus frais et les plus gracieux paysages. Le dessous de ce belvéder est transformé aujourd'hui en une excellente glacière, appartenant, ainsi que les bâtimens y attenans, à M. Berton, avocat à Paris.

La belle position de Châtillon lui assure une température douce et saine; la grande propreté des rues, que l'autorité surveille avec exactitude, concourt pour beaucoup à sa salubrité.

Une circonstance digne de remarque, c'est que, lors des ravages du choléra, pas un des habitans de ce village ne fut atteint de cette cruelle maladie.

Le prix des subsistances est semblable à celui de Paris.

L'église actuelle, sous le titre de Saint-Philippe et de Saint-Jacques, fut dédiée, le 15 juillet 1551, par Charles, évêque de Mégare : son style est en effet de cette époque. Elle a été complétement réparée en 1743, et depuis ce temps soigneusement entretenue. Le cimetière, qui entourait l'église et se trouvait ainsi au milieu du village, a été transféré dans la campagne en 1832; il est d'une belle étendue et renferme plusieurs monumens curieux; il est enclos d'un mur en bon état.

L'instruction a de nombreux progrès à constater à Châtillon. La belle institution de jeunes gens dirigée par M. Courtois est justement recherchée par tous les parens, désireux d'une bonne éducation pour leurs enfans : méthode prompte et facile, sagesse et persévérance, telles sont les bases de cet établissement, qui, de jour en jour, voit s'augmenter le nombre de ses élèves.

Le pensionnat de jeunes demoiselles, dirigé par Mme Champy, rivalise pour la tenue et les soins prodigués aux élèves avec celui de M. Courtois.

Des deux écoles primaires communales, l'une est consacrée aux jeunes garçons, l'autre aux jeunes filles; M. Follet est chargé de la direction de celle de garçons. L'autorité s'est réservée le droit de contrôler les principes et les règles de l'éducation destinés aux élèves des deux sexes.

D'après un travail établi tout récemment, la commune possède, en terres labourables, 306 hectares 60 ares 55 centiares; savoir:

En froment, seigle, orge et avoine, 100 hectares 49 ares 86 centiares; en pommes de terre, légumes secs et betteraves 42 hectares 70 ares 78 centiares;

En vignes, 53 hectares 29 ares 93 centiares;

En prairies artificielles, 42 hectares 36 ares 62 centiares;

En bois, 3 hectares 42 ares 66 centiares;

En carrières, étangs, cimetière, routes, chemins vicinaux et emplacemens de maisons, 19 hectares 60 ares 70 centiares. Le prix de l'arpent de terre est taxé de 2,000 à 3,000 fr.

Châtillon possède en outre quatre cent seize bestiaux, tels que chevaux, vaches, taureaux, moutons, porcs, chèvres et ânes.

La fête patronale est célébrée le premier dimanche de mai.

Maire, M. Robineau. — Adjoint, M. Barbeau. — Curé, M. Stéfani. — Percepteur des contributions, M. Mugnier. — Instituteurs, MM. Courtois et Follet. — Institutrice, Mme Champy. — Hommes de lettres, MM. Laya, Leroux, Robineau. — Propriétaire, M. Delamarre.

Il faut adresser les lettres: *A Châtillon, banlieue de Paris.*

Les communications avec Paris s'établissent au moyen de plusieurs voitures spécialement établies à cet effet, et partant à des heures déterminées.

CLAMART-SOUS-MEUDON.

Clamart-sous-Meudon, à deux lieues sud-ouest de Paris; canton, arrondissement et justice de paix de Sceaux, département de la Seine.

Annexe: le Petit-Bicêtre. Enclaves: Meudon, Vanves, Châtillon-sous-Bagneux, Fontenay-aux-Roses, et le Plessis-Piquet.

Population: 1,275 habitans, sur lesquels la garde nationale compte 2 compagnies de 125 hommes chacune, incorporées au 2e bataillon de la 3e légion de la banlieue.

Il y a au Petit-Bicêtre une brigade de gendarmerie.

Le village n'a rien de remarquable sous le rapport des habitations. L'air y est sain. Le pavé de ses rues n'est pas en très-bon état; l'une d'elles surtout, la rue de Trosy, a besoin d'une réparation urgente. Il y a un lavoir près de la fontaine publique. L'église est du moyen-âge; elle a été récemment restaurée. Les bois de Meudon offrent d'agréables promenades.

Clamart a deux écoles primaires d'enseignement mutuel, l'une pour les garçons, l'autre pour les filles.

Le territoire de cette commune n'a que 600 arpens d'étendue, dont 300 plantés en bois. Le prix ordinaire de l'arpent est de 2,000 à 2,500 francs; on le loue de 70 à 80 francs, selon la fertilité. On y cultive du blé, de la vigne, des fruits rouges et principalement les pois si avantageusement connus, qui portent son nom.

L'industrie et le commerce de Clamart consistent dans la fabrication de la chaux et du plâtre : il y a de nombreuses carrières de pierres, propres à cette destination, et beaucoup de fours en activité; leurs produits, ainsi que ceux de l'agriculture, sont vendus à Paris et dans les environs.

Clamart compte une grande quantité de buanderies particulières, consacrées au blanchissage du linge de la capitale.

La commune possède une pompe à incendie. Une compagnie particulière a, dit-on, le projet d'amener à Clamart de l'eau de Seine, élevée à la hauteur convenable, à l'aide d'une machine à vapeur. Le village désire vivement l'exécution de cet utile projet.

La fête patronale est celle de saint Pierre et de saint Paul, 29 juin; on la célèbre le dimanche suivant; elle attire beaucoup de monde.

Maire, M. Gogue. —Adjoint, M. Bourgeois. — Curé, M. Bouge. — Capitaines de la garde nationale, MM. Pédoux et Janiaux.—Percepteur des contributions, M. Mugner, qui reçoit les deuxième et quatrième jeudis de chaque mois.

Il faut adresser les lettres : *A Clamart-sous-Meudon, banlieue de Paris.*

Les relations avec Paris ont communément lieu par les voitures de Montrouge, qui pénètrent dans la capitale jusqu'à la rue de l'Arbre-Sec.

FONTENAY-AUX-ROSES.

Fontenay-aux-Roses, à deux lieues sud de Paris; canton, justice de paix, et arrondissement de Sceaux, département de la Seine.

Il a pour annexe : un groupe de maisons sur la route de Chevreuse; et pour enclaves : Châtillon, Bagneux, Bourg-la-Reine, Sceaux, le Plessis-Piquet et Clamart.

Sa population est d'environ 1,200 habitans, fournissant à la garde nationale, une compagnie de 250 chasseurs, presque tous habillés, et appartenant au 2e bataillon de la 3e légion de la banlieue.

La nature du territoire de cette commune se divise en plusieurs parties; la plus considérable est sablonneuse, celle au nord glaiseuse, celle avoisinant la commune de Bagneux, à l'ouest, caillouteuse et abondante en meulières, celle des hauteurs, au sud, tourbeuse, et enfin celle de la prairie, non loin de Sceaux et du Plessis-Piquet, la plus franche et la meilleure que l'on puisse rencontrer.

Rien de plus gracieux que l'aspect du territoire de Fontenay-aux-Roses ; les nombreuses plantations qui s'y font continuellement lui donnent l'attrait toujours piquant de la plus rare variété, et des sources abondantes, dont les eaux circulent partout entre deux terres, favorisent et développent sa fécondité.

Plusieurs de ces sources furent autrefois réunies par les soins du duc de Penthièvre, et conduites à Sceaux, où elles contribuaient à la beauté du parc. Cette destination n'ayant plus d'objet depuis sa destruction, elles ont été utilement détournées et employées aux besoins de la commune, où elles alimentent la fontaine publique et l'établissement des bains.

Près de la fontaine communale est établi un lavoir couvert, attenant à une petite maison, qui sert d'habitation au gardien ; à sa suite est un séchoir en plein air, d'une grande étendue, et à l'entrée de ce séchoir, une pompe à l'aide de laquelle les porteurs d'eau de Fontenay et des environs viennent remplir leurs tonneaux. Cette pompe est une espèce de petite fortune pour eux et pour les blanchisseurs, vu la modicité de la somme perçue par tonneau.

Un endroit reculé du territoire recèle une excavation nommée *Fosse-Bazin*: on la dit produite par des irruptions volcaniques : c'est une opinion fort accréditée que les lapins élevés en ce lieu étaient recherchés autrefois pour la table de Louis XVI.

Depuis peu la commune a reçu quelques embellissemens et vu s'élever beaucoup de constructions nouvelles et de bon goût. La maîtresse de Robespierre avait une fort jolie maison de campagne à Fontenay.

La culture des roses est une des principales occupations des habitans ; elle a valu à ce village son nom distinctif de Fontenay *aux roses* : non seulement les jardins et les champs sont parsemés de ces charmantes fleurs, mais elles tapissent encore de leurs espaliers la devanture des maisons.

Les suaves émanations qui s'échappent de toutes parts embaument l'atmosphère et contribuent à sa salubrité ; nouvel Eden, Fontenay présente aux malades de tous les âges, non seulement un asile agréable, mais l'avantage plus grand encore d'une température douce, qui pour eux est toujours le présage d'une guérison prochaine.

La grande rue seule est entièrement pavée, mais toutes en général sont entretenues avec la plus grande propreté. Pour l'éclairage complet de la commune, on a adopté le système Bordier-Marcet.

La belle situation et les autres avantages de Fontenay rendent ses loyers assez chers. Le prix des subsistances est moins élevé que celui de Paris.

L'église est fort simple, le presbytère assez joli, et le cimetière, situé à l'extérieur du village, compte beaucoup de monumens remarquables ; il est entretenu avec toute la régularité et les soins qu'exige la sainteté du lieu ; il est de plus entouré d'un mur construit à grands frais.

L'instruction de la jeunesse est établie à Fontenay avec tout le succès qu'elle peut attendre de notre civilisation présente. Une école primaire communale est consacrée aux enfans des cultivateurs du village. Elle est séparée en deux classes, l'une pour les garçons, l'autre pour les filles. Trois pensionnats sont ouverts à la jeunesse : deux de jeunes gens dirigés par MM. Rouzé et Delâtre ;

un troisième de jeunes personnes, dirigé par Mlle Devrait ; sa tenue ne le cède en rien aux deux précédens ; ils sont tous trois dignes de fixer l'attention des pères et mères de famille.

Il est fortement question de construire une nouvelle fontaine sur la place publique. Un louable projet doit recevoir sous peu son exécution ; il consiste à classer le chemin vicinal qui joint les routes de Verrières, de Palaiseau, de Chartres, etc., au nombre des routes départementales ; ce projet est peu dispendieux, et donnerait à Fontenay plus d'extension, par des communications plus directes et plus faciles.

L'entretien des chemins vicinaux est l'objet constant des soins de l'autorité locale. L'agriculture fait chaque jour de nouveaux progrès ; les habitans de Fontenay-aux-Roses, presque tous jardiniers autant par goût que par état, aident par leurs labeurs à la fertilité naturelle et toujours croissante de leur terrain. Leurs principales récoltes sont les roses et les fraises. Les vignes sont également très-productives.

Une époque que les habitans de Fontenay ne sauraient oublier est celle où, avant son élévation, l'impératrice Joséphine habitait parmi eux. La présence de cette illustre princesse leur a laissé des souvenirs que le temps n'a point effacés.

Donation d'une maison, a été faite à la commune par M. Petit, avec constitution d'une rente de 300 francs, pour servir à loger et entretenir un médecin, dont la mission est de prodiguer ses soins aux malades indigens de la commune.

L'objet des vœux des habitans de Fontenay est une pompe à incendie, dont l'utilité est incontestable.

La fête patronale a lieu le 14 juillet, ou le dimanche suivant ; elle se célèbre dans un très-bel emplacement, appartenant à un propriétaire du lieu ; elle s'étend jusqu'aux environs, où il y a des promenades magnifiques.

Maire, M. Levasseur. — Adjoint, M. Aze. — Curé, M. Devaux. — Commandant de la garde nationale, M. Lavergne.

Notaire honoraire, M. Fournier. — Inspecteur de l'Université, M. Taillefer. — Pair de France, M. le baron Thénard. — Raffineur de sucre, M. Ferrat.

Le village possède un bureau de distribution de lettres. Il suffit d'adresser : *A Fontenay-aux-Roses, banlieue de Paris.*

Les communications avec la capitale s'établissent au moyen des voitures publiques, partant de deux heures en deux heures, et relayant à Paris, rue et passage Dauphine.

GRENELLE.

Grenelle, au sud-ouest et aux portes de Paris ; canton, justice de paix, et arrondissement de Sceaux, département de la Seine.

Les enclaves sont : Vaugirard, Issy, la Seine et Paris, depuis la barrière de la Cunette jusqu'à la barrière de Grenelle.

Le territoire se partage en deux zônes : celle entre la rue de Grenelle et la commune de Vaugirard est sablonneuse, et celle entre la rue de Grenelle et la Seine est fertile.

Cette commune, située dans une plaine, et bordée, au nord et à l'ouest, par les hauteurs de Passy et d'Auteuil, n'était, il y a environ dix années, qu'un petit village de la plus mince importance.

Ce fut alors qu'une société d'hommes riches entreprit d'élever des constructions sur ce terrain, l'un des plus favorables à ce genre de spéculation dans les environs de Paris. Non seulement la création *d'une commune* devint le but de leurs efforts, mais les embellissemens et les communications capables de lui donner quelque prix entrèrent aussi pour beaucoup dans leur plan.

Un pont élégant fut construit sur la Seine, en face de la belle avenue d'Auteuil; la navigation fut portée sur la rive droite au moyen d'une digue, de laquelle on se servit pour former une gare à eau courante, destinée au stationnement des bateaux et à des marchés flottans. On transforma la ligne de terrains, bordant la rive gauche, en un port vaste et commode, régnant sur toute l'étendue. On lia ensuite les routes du midi à celles de l'ouest et du nord par un embranchement que compléta le nouveau pont.

Tout ce qui peut amener dans les rapports commerciaux économie, célérité et facilité d'exécution, devient d'un intérêt général : la plaine de Grenelle, située sur les bords de la Seine, et contiguë aux murs d'enceinte de Paris, offre ces divers avantages pour la construction des magasins et entrepôts.

Ces établissemens n'ont pas tardé à s'élever dans une position aussi favorable, et toutes les marchandises qui remontent la Seine pour l'approvisionnement de la capitale sont rendues plus promptement et à moins de frais à leur destination.

Naguère encore, pour arriver aux seuls entrepôts extérieurs qui existassent pour les marchandises venant par la Basse-Seine, comme liquides, et autres objets de gros volumes sujets aux droits d'octroi, il fallait que les équipages employassent plusieurs jours pour parvenir jusqu'au port d'Orsay ou à celui de Saint-Nicolas; ils y débarquaient leur chargement, qu'on était ensuite obligé de transporter par terre aux entrepôts extérieurs.

La plaine de Grenelle se trouvant à proximité des principaux endroits d'où l'on tire les matériaux, on put y construire économiquement des magasins commodes et spacieux; son sol sablonneux et recouvert d'un pied de terre végétale rend les fouilles faciles, et offre de solides bases aux ouvrages souterrains.

Une société, sous la raison Dorival et compagnie, se charge de procurer à chaque habitation, et même aux plus fortes usines, l'eau de Seine en abondance, suivant leurs besoins. (*Voir l'article Distribution des eaux de la Seine dans les communes avoisinant Paris.*)

Enfin Grenelle présente maintenant une de ces merveilles, pour ainsi dire, qu'il eût été impossible de rencontrer jadis, puisque, en l'espace de cinq années environ, une plaine aride et découverte a été tranformée en un village du goût le plus moderne, où le commerce et l'industrie puisent chaque jour de nouvelles ressources, et qu'autrefois un siècle eût à peine suffi pour établir ce qu'a fait, en quelques années, une société d'habiles entrepreneurs.

Sa population actuelle est de 2,847 habitans, fournissant à la garde nationale une compagnie de carabiniers, composée de 300 hommes environ, appartenant au 6ᵉ bataillon de la 3ᵉ légion de la banlieue.

On remarque, à l'extrémité de la rue Violet, le château de M. Olivoy; les beautés de son architecture, celles de sa distribution et de ses ornemens extérieurs et intérieurs, le placent au premier rang parmi les belles constructions de notre époque.

Cette même rue offre, dans toute son étendue, les maisons les plus remarquables par les gracieux dessins sur lesquels elles ont été élevées. Chaque habitation est accompagnée d'un joli jardin bien cultivé.

Grenelle jouit d'un air très-salubre; les rues sont en grande partie pavées; celles qui ne le sont point encore ont été rendues praticables, en tout temps, par des caniveaux destinés à les débarrasser des boues et matières qui s'opposaient à leur propreté.

La brigade de gendarmerie de Vaugirard est chargée du service de la commune.

L'éclairage est complet et bien établi; le prix des locations annuelles est peu élevé; celui des subsistances est aussi moins cher qu'à Paris, attendu que Grenelle produit lui-même une grande partie des choses nécessaires à la vie.

Les habitans ont adopté, pour but de leur promenade, pendant la belle saison, le jardin public, où se donnent des bals assez bien dirigés, les dimanches et les jeudis. Le jardin, qui est fort joli, réunit souvent l'élite de la bonne société.

La pompe, établie à Auteuil par M. Dorival et compagnie, alimente d'eau de Seine toutes les bornes-fontaines du village.

L'église est fort belle; élevée d'après un plan régulier, d'architecture moderne, elle réunit le goût, l'élégance et la richesse, et fut construite par une société, qui en fit don à la commune et surveilla l'exécution des travaux considérables dont elle fut l'objet. Grenelle n'a point encore de presbytère; le logement du curé est acquitté par ses habitans. Situé sur les confins du territoire, l'emplacement du cimetière est bien choisi pour la salubrité du village. Il est enclos d'un mur et renferme plusieurs monumens d'un bel effet; sa tenue est digne des plus grands éloges.

L'enseignement élémentaire est suivi avec beaucoup de zèle de la part des professeurs qui s'y consacrent; l'école primaire d'enseignement mutuel, destinée aux jeunes garçons, est entretenue aux frais de la commune. Il y a en outre deux écoles pour les garçons et deux écoles pour les filles.

Un pensionnat de jeunes gens, et deux de jeunes personnes, semblent, par leur belle position, l'étendue et la salubrité des classes, et les plans d'éducation qui y ont été adoptés, réunir l'utile et l'agréable; ils méritent sous ces rapports la bienveillance des pères et mères de famille.

Le village de Grenelle possède un joli petit théâtre, élégamment décoré; il peut contenir environ onze cents personnes; mais il est en ce moment fermé au public. Un privilège contesté, et peut-être contestable, celui de MM. Seveste frères, est aujourd'hui le motif qui prive les habitans du village et de ses environs des plaisirs de la scène.

Le territoire n'est point agricole; il est particulièrement consacré aux constructions qui s'y établissent sans cesse, et surtout aux entrepôts de diverses marchandises.

Le prix de l'arpent de terre varie à l'infini ; la majeure partie de ceux restant vacans sont réservés aux propriétés nouvelles; ils se paient de 6 fr. à 25 fr. la toise. L'étendue du territoire est de 121 hectares.

On distingue, parmi les établissemens industriels :

1° La forge convertissant le vieux fer en neuf.

2° Le bel entrepôt de bois du nord, tenu par M. Legendre, l'un des plus forts négocians de Paris dans cette partie.

Le voisinage de l'entrepôt, situé au Gros-Caillou, augmente considérablement les mouvemens de la navigation.

Grenelle, outre son port, possède une belle gare, bordée de quais construits à très-grand frais par une compagnie d'actionnaires.

La fête patronale est celle de Saint-Jean. Elle a lieu du dimanche qui précède au dimanche qui suit le 24 juin. Le peu de distance qui sépare Grenelle de Paris lui fournit, à cette époque, la réunion d'un grand nombre de personnes de la capitale.

Depuis long-temps l'autorité locale sollicite, au nom de ses administrés, la confection d'une route, dite de transit, qui, partant du Petit-Montrouge, traverserait entièrement Grenelle et Passy, puis reviendrait, en droite ligne, à l'Arc de Triomphe, où elle rejoindrait la route du Hâvre par Rouen.

Cette route, une fois établie, présentera divers avantages :

1° Celui de débarrasser Paris du passage continuel des voitures de roulage;

2° Celui de faciliter les communications de toutes ces routes entre elles ;

3° Celui, non moins grand encore, d'éviter les encombremens qui se renouvellent si souvent dans les rues peuplées de la capitale, et le retard que ces mêmes encombremens font éprouver aux marchandises, attendues parfois avec impatience.

4° Et enfin celui de se soustraire, par la route extérieure, à l'impôt et au droit d'octroi, prélevés à chaque barrière sur toutes les voitures de roulage quelconques.

Tous ces avantages réunis font espérer aux autorités de Grenelle l'assentiment du gouvernement pour l'établissement prochain de cette route si éminemment utile au commerce et à l'industrie.

Maire, M. Juge. ✻ — Secrétaire, M. Poignéc. — Curé, M. Philips. — Capitaine de la garde nationale, M. Payen; capitaine en second, M. Poiret. — Médecin, M. Angot. — Percepteur des contributions, M. Jolivet. Les jours de recette ont lieu les mercredis, jeudis et vendredis.

Grenelle possède un bureau de poste aux lettres, où l'on affranchit pour tous les départemens. Il faut adresser les lettres : *A Grenelle, banlieue de Paris*.

Les communications avec Paris s'établissent au moyen des voitures, dites *Dames-Françaises*, stationnant, à Paris, place Lafayette, faubourg Poissonnière, et à Grenelle, rue du Théâtre.

ISSY.

Issy, à une lieue et demie au sud-ouest de Paris, sur la rive gauche de la Seine, dans une plaine au pied des coteaux de Vanvres et de Meudon; canton, justice de paix et arrondissement de Sceaux, département de la Seine.

La commune a plusieurs annexes : les Moulineaux, le hameau du Brave-Homme, dans la plaine de Grenelle, et des écarts sur la route de Vaugirard et dans la plaine d'Issy.

Ses enclaves sont : Vanvres, Meudon, Boulogne, Auteuil et Vaugirard.

La population se compose de 1,734 habitans. Elle a deux compagnies de garde nationale, de cent dix hommes chacune; ce sont les quatrième et cinquième compagnies du sixième bataillon de la troisième légion de la banlieue.

L'air est favorable à la santé, non moins que les promenades agréables des bois de Meudon et de Clamart. Les rues sont pavées; mais leur propreté laisse beaucoup à désirer, et cette négligence de l'autorité locale semble étrange dans une commune si voisine de la capitale. La place publique mérite à peine ce nom, tant elle est petite; c'est un carrefour, et elle en porte le nom. La fontaine que l'on y voit est alimentée par les eaux qui viennent du château de Vanvres, et cette eau est excellente. Il y a un grand lavoir public dans la rue de la Fontaine. Les habitations particulières n'ont rien qui mérite une mention expresse; il faut en excepter cependant la propriété de M. de l'Épine et celle de M. Bourgain, qui se distinguent par leur construction et leur étendue.

Les loyers d'habitation sont à un prix assez élevé, et les vivres aussi chers qu'à Paris.

L'église ne date guère que de 200 ans; elle est une des plus belles des environs de Paris et a été dernièrement restaurée en totalité. Le presbytère est fort joli et bien situé. Le cimetière, hors du village, est remarquable par le soin avec lequel il a été établi.

Trois établissemens religieux existent dans cette commune : deux séminaires nommés, l'un *la Solitude,* et l'autre *la succursale de Saint-Sulpice ;* un couvent de femmes, ordre de Saint-François-de-Sales, situé à l'entrée du village.

Issy possède deux écoles primaires, l'une pour les garçons, l'autre pour les filles. Cette dernière est dirigée par les *sœurs blanches.*

Le pensionnat de M. Chantier est un bel établissement, digne d'éloges sous tous les rapports ; l'enseignement y a lieu d'après la méthode analytique.

M. Victor Pierlet, secrétaire de la mairie, dirige une institution de jeunes gens pour l'enseignement élémentaire et supérieur; il reçoit aussi des pensionnaires, et les soins constans qu'il donne à ses élèves sont les meilleurs gages de ses succès.

L'étendue du territoire est de 601 hectares (environ 1,800 arpens); il est cultivé en céréales, pommes de terre et betteraves. On y voit des vignes en assez grande quantité, des prairies naturelles et des prairies artificielles; les jardins en occupent presque le quart. Les produits agricoles se vendent à Paris.

L'industrie et le commerce ont peu de développement; cependant il y a trois fabriques de produits chimiques : elles appartiennent à MM. Robiquet, Ador fils, successeur de son père, et M. Pelletier de Javelle, successeur de M. Buffaut. MM. Chauvières frères, changeurs au Palais-Royal, à Paris, ont un raffinage de matières d'or et d'argent.

Les habitans désirent beaucoup l'éclairage public des rues. Un autre vœu de la commune est la prompte exécution d'un projet qui consiste dans l'établissement d'un aqueduc pour conduire à la Seine les eaux de Clamart, de Vanvres et d'Issy; ce qui rendrait ce dernier endroit plus sain encore qu'il ne l'est. Ce projet mérite toute l'attention de l'autorité supérieure, qui porte avec raison un soin particulier à l'assainissement des communes autour de Paris.

La fête patronale d'Issy est celle de saint Etienne; on la célèbre les deux premiers dimanches de septembre; le second est le beau dimanche; elle a lieu sur la place des Marroniers, promenade très-agréable.

Maire, M. Dumez.—Adjoint, M. Bourgeois.—Curé, M. Lescamela.—Notables habitans: MM Deschart, Duval, Gautier, Fizellier, Beaumont, Fourle.—Percepteur des contributions, M. Jolivet; les jours de recette ont lieu les deuxième et quatrième mercredis de chaque mois.—Médecin, M. Lombard.

Il y a un bureau de distribution des lettres. Il faut adresser : *A Issy, banlieue de Paris.*

Les voitures publiques, nommées *les Parisiennes*, font un service régulier et très-actif entre Issy et Paris.

MONTROUGE.

Montrouge, au sud et aux portes de Paris; canton, justice de paix et arrondissement de Sceaux, département de la Seine.

Cette commune est divisée en trois sections bien distinctes, ayant chacune leurs annexes. Les sections sont : le Grand-Montrouge, le Petit-Montrouge et la barrière du Maine. Les annexes sont : la barrière du Mont-Parnasse, le Champ-d'Asile, la barrière Saint-Jacques, Montsouris et le Terrier-des-Lapins.

Le Grand-Montrouge est situé à une demi-lieue de Paris, sur la route d'Orléans; le Petit-Montrouge touche à la barrière d'Enfer, et se déploie sur la même route, qui le traverse. La barrière du Maine comprend les habitations placées sur la gauche de la route départementale qui de cette barrière conduit au Petit-Montrouge.

Les enclaves sont : Paris, Gentilly, Arcueil, Châtillon, Vanvres et Vaugirard.

Le pays est en plaine; il a quelques bons pâturages; mais en général il est d'une grande aridité : elle est causée par le manque absolu d'eau. En 1837, la compagnie Dorival doit amener les eaux de la Seine dans toute la commune.

La route départementale de Paris à Châtillon traverse une partie du Petit-Montrouge. Il y a douze chemins vicinaux, tous bien entretenus et tous divergens aux communes environnantes. Le Petit-Montrouge, dans sa partie à l'est, est bâti sur les Catacombes.

La population de la commune s'élève à 5,995 habitans, fournissant à la garde nationale trois compagnies de chasseurs, composées chacune de deux cents hommes, et deux escouades, l'une de dix cavaliers, l'autre de douze sapeurs-pompiers, pour le service de la pompe à incendie appartenant à la commune; le tout faisant partie du deuxième bataillon de la troisième légion de la banlieue. Le chef-lieu du bataillon est Vanvres.

La plupart des rues sont pavées; le chemin de la barrière Saint-Jacques, autrefois couvert d'ornières, est devenu praticable, ainsi que les chemins de traverse.

On distingue au Petit-Montrouge beaucoup de constructions récentes, principalement dans le quartier nouveau des Catacombes, appelé Village-d'Orléans. Au Grand-Montrouge, vis-à-vis la mairie, se trouve l'ancienne maison de plaisance de Mme de La Vallière, maintenant la propriété de M. Amaury-Duval, de l'Académie Française.

L'emplacement de l'ancien château est entièrement exploité ; il comporte en tout 28 arpens, tant en bois qu'en terres labourables, qui, depuis deux années seulement, ont été convertis en carrières ; elles sont actuellement la propriété de M. Dutremblay, ex-colonel.

Montrouge jouit d'un air tellement sain, qu'un grand nombre de personnes convalescentes viennent y recouvrer leur force et leur primitive santé. La propreté de Montrouge est assurée par une somme annuelle employée à l'enlèvement de tout ce qui pourrait infecter la commune ; elle est généralement éclairée. Un commissaire de police et la gendarmerie d'Arcueil font le service de Montrouge et y maintiennent le bon ordre et la sécurité des habitans. Les locations annuelles sont assez chères ; il en est de même des subsistances, qui, prises en partie à Paris, faute de marché, se maintiennent à un prix assez élevé.

L'instruction, cette source de tout bien, trouve à Montrouge de zélés partisans : il y a six écoles primaires, trois pour les jeunes garçons et trois pour les jeunes filles ; trois pensions de jeunes demoiselles et deux pensions de jeunes gens. Après le sort de la jeunesse, il faut naturellement s'occuper de celui de la vieillesse, et c'est dans ce but qu'a été fondé l'hospice de Larochefoucault, le 28 nivose an x. Il est destiné à recevoir :

1° Les anciens employés des hospices ;

2° Les personnes qui, sans être dans un état d'indigence absolue n'ont cependant pas des moyens suffisans d'existence.

Les anciens employés des hospices seront admis, sous la condition d'une déduction de leur pension, conformément à l'article 1er de l'arrêté du 8 vendémiaire an x concernant les pensions.

Les personnes non comprises dans l'art. 2 qui désirent entrer dans cet hospice y seront reçues à titre de pension, mais moyennant le paiement dans la caisse des hospices, d'une somme fixée et déterminée dans les articles suivans.

Pour être admis dans l'hospice, il faut être âgé de soixante ans révolus, ou être perclus de tous ses membres, ou attaqué d'infirmités incurables qui mettent dans l'impossibilité de se livrer à aucun travail, et dans ces deux derniers cas avoir au moins vingt ans.

La pension est fixée à la somme de 200 francs pour les incurables et infirmes ; six mois de la pension devront être payés d'avance.

Le capital à payer en entrant varie suivant les âges.

Par un arrêté du 18 août 1819, il est dit que les personnes inscrites pour l'hospice Larochefoucault, et auxquelles les ressources ne permettront pas d'attendre leur tour d'entrée, pourront être admises provisoirement dans l'hospice de la vieillesse-hommes, en payant le capital ou la pension déterminée par le règlement ci-dessus.

L'hospice de Larochefoucault est bien situé, vaste et parfaitement distribué ; il contient 210 lits, 105 pour les hommes et autant pour les femmes, et une infirmerie composée de 20 lits, 10 pour hommes et autant pour femmes.

L'effectif des employés de l'hospice est de vingt-sept.

Douze sœurs de charité prodiguent les soins les plus empressés aux malades pensionnaires.

La direction de ce bel établissement est confiée aux soins de M. Ballet, qui montre la plus vive sollicitude pour tout ce qui se rattache au repos et au bien-être de ses administrés.

L'église paroissiale au Grand-Montrouge a été construite avec toute l'élégance et la richesse de notre architecture moderne; une belle colonnade en forme l'entrée, ses ornemens intérieurs sont pleins de goût. La tourelle conduisant au clocher, entièrement bâtie en pierre de taille, joint à la solidité la hardiesse de l'élévation, et produit le plus gracieux effet.

Une église, ou plutôt une chapelle simple, mais décemment appropriée à sa destination, a été récemment bâtie au Petit-Monrouge et ouverte au culte catholique français. Il paraît que de fâcheuses circonstances ont nui à cet établissement.

A peine achevée et livrée au culte, la chapelle vient d'être vendue; on ignore à quel usage le nouvel acquéreur la destine.

Sur le chemin du Pot-au-Lait se trouve le nouveau cimetière; il est attenant à l'ancien; son étendue est de 2 arpens; des tombes régulièrement élevées, et souvent ombragées de saules pleureurs et d'autres arbustes, lui donnent cet aspect triste mais solennel que devrait offrir tout semblable lieu; il est enclos d'un mur en bon état de construction.

La mairie est située au Grand-Montrouge; sa distribution est régulière, et présente toutes les dispositions désirables; un corps-de-garde y est attenant; on en distingue deux autres, l'un situé au Petit-Montrouge, l'autre barrière du Maine.

La totalité du territoire est excavée par des carrières; la surface est assez bien cultivée et produit des céréales, des betteraves, des pommes de terre, etc., dont une grande partie est destinée à la nourriture des bestiaux.

L'arpent de terre labourable varie de 2,000 à 4,000 francs; les terrains pour constructions s'élèvent jusqu'à 80,000 francs l'arpent.

L'étendue du territoire est de 306 hectares environ.

Montrouge renferme un grand nombre de nourrisseries et une raffinerie de sucre assez considérable, appartenant à M. Villette.

Le commerce des vins y est florissant, et il en existe deux entrepôts particuliers.

La fête patronale est celle de saint Jacques-le-Mineur, 25 juillet. Elle est célébrée avant cette date, à cause des solennités publiques de ce mois; elle a lieu les deux dimanches et les deux lundis qui précèdent ces anniversaires; elle est une des fêtes les plus suivies des environs de Paris.

Maire, M. Morere. — 1er adjoint, M. Olry. — 2e adjoint, M. Vossy. — Secrétaire, M. Jousset-Lamotte. — Capitaines de la garde nationale, MM. Tonnelier, Dordan, Malauze. — Percepteur des contributions, M. Mugnier. Les jours de recette sont les mardis, mercredis et dimanches, de neuf à quatre heures, chaussée du Maine. —

Médecins : MM. Collas, Bezançon. — Chirurgien, M. Aladanne. — Officier de santé, M. Palazo. — Pharmacien, M. Espagnac. — Vétérinaire, M. Ignard. — Distillateurs : MM. Rolquin et Gillot. — Marchands d'huiles : MM. Jonquiers, Cassier, Hints, Delair. — Marchands de vins en gros : MM. Pérot oncle, Horguelin.

Deux boîtes aux lettres; l'une au Petit-Montrouge, l'autre au grand.

Mme Jacques est la directrice de la première, et M. Daumont, propriétaire, route d'Orléans, est directeur de la seconde.

Il faut adresser : *A Montrouge, banlieue de Paris.*

De nombreuses voitures publiques établissent les communications de Montrouge avec Paris :

1° Les Montrougiennes, chargées spécialement du service de la commune, partent de la rue de l'Arbre-Sec, et viennent stationner sur la route de Châtillon;

2° Les voitures de Sceaux, de Châtillon, de Fontenay-aux-Roses, et enfin les Favorites, partant de la barrière d'Enfer, vont aboutir aux trois autres points cardinaux de Paris, en traversant cette ville en tous sens.

LE PLESSIS-PIQUET.

Le Plessis-Piquet, à deux lieues et demie de Paris; canton, justice de paix et arrondissement de Sceaux, département de la Seine.

Ses enclaves sont : Fontenay-aux-Roses, Sceaux, Châtenay et Verrières.

Le Plessis-Piquet est situé sur la pente d'un côteau et domine le joli vallon de Fontenay-aux-Roses.

Son territoire est sablonneux, et principalement livré à la grande culture. Ses sites pittoresques ont toujours été remarqués; l'œil s'y repose avec plaisir.

Une route départementale traverse la commune; elle vient de Bourg-la-Reine par Sceaux et se termine à la route de Chevreuse. Il existe très-peu de chemins vicinaux; mais ils sont en bon état.

Un vaste et bel étang, au haut duquel se trouve une magnifique maison, dont le parc forme, avec le village, un gracieux amphithéâtre de verdure, offre aux regards charmés du voyageur la plus riante et la plus fraîche perspective.

Parmi les belles maisons de ce village on distingue celle de M. Odier. Elle est construite sur un ancien château, et conserve encore quelques traces de son origine. Le goût a présidé à la régularité de son architecture et à sa distribution. Un large fossé l'entoure et lui sert encore de rempart.

Non loin de cette habitation est celle qui appartint autrefois au précepteur de l'empereur russe Alexandre. Elle est maintenant la propriété de M. Désobé. Sa construction, de style gothique, mérite quelque attention.

La population du Plessis-Piquet est de 453 habitans, fournissant à la garde nationale une compagnie de 82 hommes, qui font partie du 1er bataillon de la 3me légion de la banlieue.

Le voisinage de l'étang dont il est parlé plus haut répand sur la commune des miasmes putrides qui nuisent fortement à la salubrité de l'air.

Les locations annuelles sont peu chères; les subsistances, comme à Paris.

La fontaine publique approvisionnant la commune est assez belle. La chapelle, qui tient lieu d'église, est fort simple, mais bien entretenue.

Le cimetière, situé à l'extérieur de la

commune, est d'une étendue suffisante, disposé avec soin et enclos d'un mur en bon état.

Le village possède deux écoles primaires, l'une de garçons, l'autre de filles : elles reçoivent ensemble environ 60 enfans.

Il est question du projet de bâtir un presbytère et une école communale, depuis long-temps objets des vœux de tous les habitans de ce village.

Le commerce est tout-à-fait agricole. L'étendue du territoire est de 700 arpens. Les terres sont peu productives et en partie couvertes de bois; le prix de l'arpent varie de 1,000 à 1,200 francs.

La fête patronale est celle de l'assomption de la Vierge, 15 août: elle se célèbre le même jour.

Maire, M. Frotté. — Adjoint, M.

Il faut adresser les lettres : *Au Plessis-Piquet, par Bourg-la-Reine.*

Les communications avec la capitale ne sont pas directes, ont est obligé de prendre les voitures de Sceaux, de Fontenay-aux-Roses, ou de Bourg-la-Reine.

VANVES OU VANVRES.

Vanves, à une lieue, au sud de Paris, sur la route départementale d'Issy à Montrouge ; canton, justice de paix et arrondissement de Sceaux, département de la Seine.

Il a pour annexes : le petit Vanves, hameau, et pour enclaves : Issy, Montrouge Vaugirard et Clamart.

Vanves est assez agreste. Depuis un certain nombre d'années, il a subi peu de changemens ; aujourd'hui seulement il commence à s'accroître en population et en étendue. Il n'a de remarquable, en fait de propriétés, que le château, ayant appartenu jadis à la famille de Condé, et qui, devenu propriété nationale, a été consacré à des établissemens d'utilité publique; bientôt après acquis par le collége Louis-le-Grand, il sert à présent de maison de campagne aux élèves de ce collége.

La population de Vanves s'élève à 2,427 habitans, fournissant à la garde nationale 240 hommes, divisés en deux compagnies, et faisant partie du 2me bataillon de la 3me légion de la banlieue ; plus quelques sapeurs-pompiers pour le service de la pompe à incendie dont la commune est propriétaire.

Toutes les rues sont pavées et très-propres ; l'air est on ne peut plus sain. Les vieillards s'y réunissent en grand nombre et jouissent tous d'une parfaite santé.

Le prix des locations annuelles et celui des subsistances sont semblables à ceux de Paris ; le vin seul y est meilleur marché, Vanves n'étant point asssujetti à l'octroi.

Ce village a deux places publiques, la place du Val et la place de l'Église. Sur la place du Val est un abreuvoir très-commode.

Les deux fontaines fournissent abondamment l'eau nécessaire aux besoins des habitans.

L'église est très-ancienne, mais peu remarquable dans son architecture. Il n'y a pas de presbytère appartenant à la commune. Le cimetière est à l'extérieur du village et convenablement établi.

L'instruction se propage à Vanves au moyen de deux écoles de garçons et de trois écoles de filles. La totalité des enfans qui fréquentent ces établissemens s'élève à 200.

La commune compte deux chemins

de grande vicinalité, l'un dit la *Grande-Voie*, l'autre la *Petite-Voie de Paris*, aboutissant sur la route d'Orléans, presque à la barrière du Maine. Ces chemins sont en bon état et bien entretenus; celui qui conduit à Clamart est nouvellement pavé.

Le prix de l'arpent de terre varie de 1,200 à 1,500 fr. On cultive avec succès le seigle, la vigne et les gros légumes. La contenance du territoire est de 1,300 arpens, lesquels sont sablonneux jusqu'aux environs de Clamart.

M. Huret, serrurier-mécanicien, possède, dans ce village, une belle fabrique; son dépôt est situé à Paris, boulevart des Italiens, au coin de la rue Grange-Batelière. On y compte également 120 à 130 buanderies, toutes en activité, pour le blanchissage du linge de Paris.

La fête patronale est celle de saint Remy : elle se célèbre le premier dimanche d'octobre, et se tient ordinairement sur la place du Val et sur celle de l'Église.

Maire, M. Voisin. — Adjoint, M. Boscher. — Secrétaire, M. Frédéric. — Curé, M. Robert. — Médecin, M. Jouannin. — Percepteur, M. Jolivet. Les jours de recette les premier et troisième mercredis de chaque mois.

Vanves a un bureau de distribution de lettres; il faut adresser : *A Vanves, banlieue de Paris*.

Ses communications ont lieu au moyen des voitures connues sous le nom de *Parisiennes*, et qui partent, à Paris, de la place Saint-Sulpice.

VAUGIRARD.

Vaugirard, au sud-ouest et aux portes de Paris; canton, justice de paix et arrondissement de Sceaux, département de la Seine.

Cette commune se déploie dans la plaine formée par la Seine entre son lit actuel et les coteaux de Montrouge, de Vanves et de Meudon. Elle a pour annexe la partie de la chaussée du Maine située à droite de la route départementale.

Bornée, à l'est, par Montrouge et Vanves; elle touche, au sud, à Issy; à l'ouest, à Grenelle; au nord, aux murs de Paris, depuis la barrière de Grenelle jusqu'à celle du Maine.

Sa population est de 8,842 ames. La population mobile, est à peine de 3 à 400 personnes. Quant à la circulation journalière des habitans de Paris dans Vaugirard, elle s'élève à plusieurs mille.

Vaugirard compte 820 gardes nationaux divisés en six compagnies, qui font partie du 6e bataillon de la 3e légion de la banlieue. Les sapeurs-pompiers sont au nombre de 38, pour le service de la pompe à incendie appartenant à la commune. Vaugirard est le chef-lieu du 6e bataillon, dont les autres compagnies sont fournies par Issy et Grenelle.

L'aspect général de cette commune n'a rien qui séduise les yeux. On y voit très-peu de constructions remarquables; les améliorations en ce genre s'y naturalisent avec peine. Plusieurs rues ne sont point pavées, et toutes, en général, manquent de propreté. Beaucoup de dépenses ont été déjà faites pour rendre la commune plus saine et d'un séjour plus agréable. Autrefois les eaux du ciel et les eaux ménagères avaient peu d'écoulement, et se rendaient dans une mare voisine des habitations. Mais l'odeur infecte et les exhalaisons méphitiques de cette mare, ainsi que la présence insalubre des eaux stagnantes dans les rues, faute d'écoulement, fixèrent l'attention de l'autorité. Des mesures furent prises pour combler la mare et dessécher quelques marais environnans. On exécuta les réparations nécessaires dans les rues dont la pente n'était pas assez déclive. On construisit, en même temps, un aquéduc qui mène toutes les eaux de la commune et des environs jusqu'à la Seine, en traversant Grenelle. Mais ces opérations laissent encore beaucoup à désirer. Le pays est toujours malpropre. La Grande-Rue surtout est comme une rivière de boue, dans la mauvaise saison. On peut expliquer ce grave inconvénient par l'énorme quantité de voitures qui ne cessent de parcourir cette rue ; surtout les charrettes chargées de pierres, sortant des carrières, et apportant dans la grande rue toutes les boues des rues adjacentes, pour la plupart non encore pavées. Un des premiers vœux de la commune, un des premiers soins de l'autorité est la cessation de ce mauvais état des choses, auquel on a vainement opposé, jusqu'à ce jour, le balayage et l'enlèvement des boues, mis en entreprise et insuffisans.

La commune manque de moyens pour le lavage journalier de ses rues. L'eau est rare, il n'y a pas de fontaines ; ce sont les porteurs d'eau de Paris qui approvisionnent les habitans. Pour remédier à cette disette, l'autorité locale s'est empressée de traiter avec la compagnie Dorival, qui s'est engagée à lui fournir avec abondance de l'eau de Seine (1). Les habitans apprécieront sans doute un tel avantage, et déjà la commune

en profite. Elle a fait établir, dans la Grande-Rue, sept bornes-fontaines, alimentées par la compagnie Dorival, et très-utiles pour la propreté de cette rue et des rues voisines. On a le projet de construire bientôt deux fontaines jaillissantes.

Vaugirard compte deux places publiques, mais ce sont plutôt en réalité deux carrefours, situés, l'un près de l'église, l'autre dans la rue de l'École. On n'y voyait aussi, jusqu'à présent, qu'une mairie et des écoles peu en rapport avec l'étendue et la richesse de la commune ; on n'y trouvait aucune promenade publique. La commune a récemment acheté entre la rue de Vaugirard et la rue Blomet les bâtimens de la mairie, avec un terrain de deux arpens, au moyen duquel elle se propose d'agrandir et d'améliorer la mairie actuelle, ainsi que l'école des garçons, et de former une belle place publique, plantée d'arbres, destinée aux réunions de la garde nationale, et, deux fois par semaine, à la tenue d'un grand marché. Ces projets sont à la veille de leur exécution ; les travaux sont commencés. Une création aussi importante sera probablement pour Vaugirard le signal de tous les embellissemens publics et particuliers dont il a besoin pour justifier le titre de ville, auquel, dit-on, il a des prétentions.

Les vivres et les loyers d'habitation sont aussi chers qu'à Paris. Cet effet de l'extrême proximité de la capitale se fait sentir à Vaugirard, comme dans toutes les communes qui sont aujourd'hui les faubourgs de la grande cité.

L'église n'était jadis qu'une petite chapelle, dépendant de la paroisse d'Issy. Elle fut érigée en cure en 1346. Simon de Bucy, premier président du parlement

---

(1) Voir l'article : Distribution des eaux de la Seine dans les communes des environs de Paris.

de Paris à cette époque, fit agrandir la chapelle à deux reprises différentes; c'est ce qui explique pourquoi le clocher en obstrue l'entrée actuelle, et pourquoi elle n'a qu'un bas-côté, fort irrégulièrement construit. On remarque dans son intérieur un ancien tableau, peint sur bois et renfermé dans des volets; il représente une adoration des Mages. L'architecture de l'église est bizarre, sans aucun mérite. Dans le clocher est une horloge, à laquelle on a dernièrement fait de grandes réparations. L'église étant située à l'une des extrémités de la commune, l'extrémité opposée se plaignait, à bon droit, de son éloignement: en attendant que l'on puisse ériger une nouvelle paroisse au centre des habitations, on a bâti à la chaussée du Maine une chapelle qui est desservie par le clergé de la paroisse.

La commune n'ayant point de presbytère, elle acquitte les frais de logement de ses pasteurs.

L'ancien cimetière est fermé; le nouveau, placé dans le bas de la rue de Sèvres, est exclusivement réservé à la commune; il est isolé, ceint de murs, et remarquable par son étendue, par le soin avec lequel il est tenu et par le nombre et la beauté des monumens funéraires qu'il contient. Le prix des concessions perpétuelles dans ce cimetière est de 270 fr., celui des concessions temporaires, de 10 ans, est de 42 francs.

Outre ces avantages dont jouit Vaugirard, il en est un que tous les pères et mères de famille apprécieront, celui de procurer à peu de frais à leurs enfans une éducation solide et profitable.

On peut signaler comme établissement de premier ordre le collége nouvellement érigé. M. Poiloup, son fondateur et directeur, n'a rien épargné pour joindre à la beauté, à la salubrité de son utile et spacieux établissement, tous les agrémens désirables pour les 400 élèves qu'il renferme.

Ces bâtimens, vastes, bien construits, ne laissent rien à désirer, tant par la régularité de leur distribution que par leur élégante simplicité.

Il est juste de citer encore: 1° l'école communale gratuite pour les garçons, comptant environ 150 élèves, sous la direction de M. Flammarion; 2° l'école privée de M. Discret; 3° celle de M. Mignotte; 4° celle de M. Minet; 5° celle de M. Morel; 6° celle de M. Ravier; 7° enfin celle de M. Veillard.

Plus cinq institutions de jeunes demoiselles, sous la direction de Mmes Bodin, Capure, Sauvillers, Valade, et Mlle d'Alby.

Une école gratuite est tenue dans la jolie maison de M. Groult-d'Arcy, son fondateur, par les sœurs de l'instruction chrétienne de Nevers, dites du Saint-Sacrement, sous la direction de la sœur Montchal. Cet établissement, tout philanthropique, mérite à tous égards les éloges des parens qui ont pu y faire admettre leurs enfans.

On distingue encore à Vaugirard quelques pensionnats de jeunes personnes parfaitement dirigés par MM^{mes} Carrière-Lafaux, Collet, Huard, Pistolet et Tourneur.

Le territoire se compose en grande partie de *jardins-marais;* et le reste des terres labourables produit beaucoup de betteraves et de navets.

Son étendue est de 1,500 arpens environ.

Vaugirard renferme un grand nombre de nourrisseurs, de blanchisseurs et de carriers. Le commerce s'y soutient au moyen des nombreuses guinguettes, qui procurent à la commune de grandes ressources.

L'industrie n'occupe pas encore à Vaugirard une place bien distinguée ; elle s'y maintient néanmoins par une imprimerie en caractères et lithographique, sous la direction de M. Delacour, et par une librairie exploitée en société par MM. Delacour et Masson.

Deux établissemens de gaz vont incessamment s'établir dans la commune, et lui fournir six becs, dont quatre doivent être placés dans la rue de Sèvres, et les deux autres, rue Mademoiselle.

L'autorité de Vaugirard sollicite vivement, au nom de ses administrés :

1° Le pavage complet des rues du Transit, de Groult-d'Arcy, de Sèvres, de Croix-Nivert, et de Grenelle ;

2° L'établissement d'une justice de paix, que réclame à juste titre une population aussi nombreuse que la sienne.

On ne saurait trop insister sur cette demande, dont l'objet devient chaque jour d'une plus pressante nécessité.

3° Et enfin, le pavage et la prolongation de la rue de Sèvres jusqu'à Sèvres, et sa classification parmi les routes départementales.

La fête patronale est celle de saint Lambert, 15 septembre ; elle est célébrée le dimanche suivant.

Jusqu'à présent, elle s'est tenue rue de l'École, emplacement peu convenable.

Une nouvelle place est projetée, et, aussitôt en état, les plaisirs et les amusemens de la Saint-Lambert y seront transportés à la satisfaction générale.

Maire, M. Pernot. — 1er adjoint, M. Ganda. — 2e adjoint, M. Lafaurie. — Secrétaire, M. Andrieux. — Curé, M. Gaudreau. — 1er vicaire, M. Desplas. — 2e vicaire, M. Castellani. — Notaire, M. Postansque. — Huissier, M. Gomot. — Commissaire de police, M. Busco. — Percepteur, M. Jolivet ; son bureau est ouvert les lundis, mardis, jeudis et vendredis, de 10 à 2 heures, rue du Parc, n° 9. — Contrôleur des contributions, M. Marivault. — Maréchal-des-logis de la gerdarmerie, M. Portevin. — Commandant du bataillon, M. Gauthier, O. ✻, député; — grenadiers, capitaine en premier, M. Bergeron ; — capitaine en 2e, M. Adelmann ; — voltigeurs, capitaine, M. Raby ; — 1re chasseurs, capitaine en 1er, M. Lecomte ; — capitaine en 2e, M. Mène ; — 2e chasseurs, capitaine, M. Laroze ; — 6e chasseurs, capitaine en 1er, M. Saint-Aubin-Ricadat ; — capitaine en 2e, M. Martin ; — 7e chasseurs, capitaine en 1er, M. Olivieu ; — capitaine en 2e, M. Devroie. — Médecin de la commune, M. Garnier, chirurgien de la garde nationale. Il tient ses consultations tous les jours, de onze heures à midi.

Vaugirard a un bureau de distribution de lettres, sous la direction de Mme Jalabert, rue de l'École, n° 62.

Ce bureau affranchit les lettres pour Paris, les départemens et l'étranger; on y reçoit les envois d'argent.

Trois boîtes dépendantes de ce bureau ont été établies, l'une, rue de Sèvres, chez le sieur Lapie, épicier ; l'autre, chez E. Imhof, épicier, Grande-Rue, n° 82 ; et la troisième, chez M. Flouret, épicier, chaussée du Maine. Il faut adresser : *A Vaugirard, banlieue de Paris.*

Les communications avec Paris s'établissent au moyen des voitures dites Favorites, fixées à Vaugirard, Grande-Rue, n° 83, partant tous les quarts d'heure, depuis sept heures et demie du matin jusqu'à onze heures du soir ; on les prend à Paris, aux endroits ci-après désignés : rue du Faubourg-Saint-Denis, n° 107 ; rue Saint-Lazare, aux bains de Tivoli ; faubourg Montmartre ; à la Chapelle et à la barrière d'Enfer. Il y a aussi les voitures dites Tricycles, dont la station est rue de Sèvres, et le dépôt chaussée du Maine.

CANTON DE VILLEJUIF.

Villejuif. — Arcueil. — Chevilly. — Choisy-le-Roi. — Fresnes-lez-Rungis. — Gentilly. — Ivry. — L'Haï. — Orly. — Rungis. — Thiais. — Vitry.

VILLEJUIF.

Villejuif, à une lieue et demie sud de Paris ; chef-lieu de canton et de justice de paix, arrondissement de Sceaux, département de la Seine.

Ses annexes sont : le hameau nommé le Petit-Villejuif, le château de Gournay, le château de Monsivry, et le moulin de Villejuif ; ses enclaves : Paris, Chevilly, Vitry et Arcueil.

Le territoire de Villejuif est argileux, et couvert de prairies artificielles, de quelques pépinières et d'un peu de vignes ; on y cultive également, avec assez de succès, le blé, l'orge, et l'avoine.

Il existait naguère, au centre du village, une mare stagnante et infecte. L'autorité locale lui a fait donner un écoulement ; il est vrai que l'on n'a construit à cet effet qu'un égout découvert ; mais il est entretenu dans un état de propreté satisfaisant, et permet d'attendre sans inconvénient la voûte qui doit dérober à la vue son aspect déplaisant.

Villejuif manquait d'eau : après des recherches assidues, plusieurs sources ont été découvertes, en quantité suffisante pour les besoins d'une population quatre fois plus considérable que sa population actuelle. Les eaux de ces sources prennent leur cours par des fontaines publiques et par des bornes-fontaines, qui servent à la propreté des rues.

La population s'élève à 1,670 habitans, fournissant à la garde nationale 240 à 250 hommes, qui forment les 6e et 7e compagnies du 1er bataillon de la 3e légion de la banlieue ; plus une escouade de sapeurs-pompiers pour la manœuvre de la pompe à incendie dont la commune est propriétaire.

M. le comte de Saint-Roman, pair de France, possède à Villejuif un château avec un parc remarquable par la variété de ses plantations.

L'air de ce village est très-sain ; toutes ses rues sont pavées avec soin ; on regrette que l'éclairage n'y soit pas encore établi. Une brigade de gendarmerie est chargée du maintien de l'ordre et de la sécurité des habitans.

Le prix des loyers, pour un ménage, varie de 200 à 500 fr.; celui des subsistances est aussi élevé qu'à Paris.

Villejuif est embelli, depuis peu, d'une place publique faisant face à l'église; elle est ornée d'une belle plantation d'arbres, ce qui la fait considérer comme promenade.

L'église, dont la construction date d'environ 500 ans, est l'une des plus belles des environs de Paris; les soins les plus minutieux sont apportés à son entretien. Le presbytère présente un aspect fort simple, mais régulier; il appartient à la commune. Le cimetière est situé à l'extérieur du village; il renferme quelques monumens remarquables; son étendue est fixée par un mur de bonne construction.

Deux écoles d'enseignement mutuel sont ouvertes à l'instruction de la jeunesse, l'une pour les jeunes filles, l'autre pour les jeunes garçons; elles sont fréquentées habituellement par deux cents enfans.

L'autorité projette de réunir en un seul bâtiment la mairie, la justice de paix, le corps-de-garde et deux salles pour les écoles communales, et de faire exécuter ensuite le pavage complet de la route départementale, n° 66, de Villejuif à Sceaux, par L'Haï.

L'agriculture fait, depuis quelques années, des progrès considérables : une charrue d'un nouveau genre et de nouveaux instrumens aratoires ont été successivement employés avec succès. Le territoire comprend en étendue 1,700 arpens, dont le prix varie de 2,000 à 3,000 fr., selon la fertilité des terres, qui se divisent en trois classes.

Le commerce est surtout agricole; celui du lait se fait en grand. Villejuif ne possède qu'un seul magasin remarquable, celui d'herboristerie de madame Bourgeois.

La carrière à plâtre est exploitée par son propriétaire, M. Fleury; celle de pierre l'est par M. Godefroy ✶. Ces deux carrières forment une des principales branches du commerce de Villejuif.

La pyramide en pierre de taille, placée sur la gauche de la grande route, à l'entrée de la commune, désigne un des points de la méridienne tracée par Cassini pour l'exécution de sa belle carte de France; sa hauteur, à partir de sa base, est de 12 pieds; sa forme est carrée, et sa pointe couronnée d'une verge en fer.

La fête patronale est celle de saint Cyr, 16 juin; on la célèbre le dimanche suivant. Son peu d'éloignement de la capitale, et les nombreux divertissemens qui s'y rencontrent, attirent à cette fête une grande affluence de Paris et des environs.

Villejuif sollicite en sa faveur la translation du siége de la sous-préfecture du 13ᵉ arrondissement; voici les motifs sur lesquels il base sa demande :

Ce village, situé sur une route royale de première classe, de Paris à Antibes, par Fontainebleau, est à peu près à moitié de la distance qui sépare Paris de la limite du département de la Seine; il sépare aussi l'arrondissement de l'est à l'ouest en deux parties égales.

Des cinq routes royales qui partent de Paris et traversent l'arrondissement, Villejuif occupe celle qui est au centre, et qui a, à sa gauche, celle de Paris à Genève par Charenton, et celle de Lagny par la barrière du Trône; à sa droite, celle de Paris à Toulouse par la barrière d'Enfer, et celle de Versailles par la barrière de Vaugirard ; ainsi, de chaque côté, une route principale, et une autre de 3ᵉ classe.

Ce n'est pas seulement par sa position centrale et par ses routes que Villejuif croit mériter la préférence, c'est aussi par le motif le plus important, et le seul capable de fixer l'attention de l'autorité supérieure.

A l'est de Villejuif, on compte 22 communes, qui, d'après le recensement de 1831, donnent ensemble une population de 33,622 habitans ; à l'ouest, vingt-une communes, donnant ensemble une population de 33,465. Il est impossible d'arriver à un meilleur partage, et de fixer avec plus de justesse le centre d'un arrondissement.

A ces avantages Villejuif en ajoute d'autres encore :

1° A l'entrée de la plaine, dite de *Long-Boyau*, se trouve une position militaire importante ; là se sont toujours faits les grands rassemblemens de troupes. C'est à Villejuif que l'empereur Alexandre et le duc de Berri ont établi leur quartier-général, l'un en 1814, et l'autre en 1815. Cette commune était alors tellement le centre de l'action administrative, que plusieurs fois le sous-préfet fut contraint de déléguer ses pouvoirs au maire, pour régulariser l'occupation des troupes, et la répartition des charges de guerre entre les communes voisines. Que d'avantages eussent résulté de la résidence de l'administration de l'arrondissement sur ce point important ! D'abord celui d'une répartition plus exacte entre les communes, laquelle eût été rendue plus facile par l'action directe d'une autorité non contestée ; ensuite, celui de l'influence d'une intervention immédiate auprès des chefs militaires pour obtenir un allégement à des charges qui, souvent augmentées par le gaspillage, amènent toujours de tristes résultats.

En résumé, sans remonter à ces époques fatales, se fait-il un mouvement de troupes en garnison à Melun ou à Fontainebleau ? Villejuif est d'avance assuré d'être leur point de réunion. En effet, n'est-ce pas là qu'elles arrivèrent lors des émeutes de 1831 et 1832 ? Donc l'importance inappréciable de sa position s'établit d'elle-même, puisqu'il est encore vrai que, pendant les événemens dont nous venons de parler, le maire de Villejuif, n'ayant point le temps de prendre les ordres de la sous-préfecture, se vit contraint d'opérer, conjointement avec le colonel, la répartition entière d'un régiment de cavalerie entre les communes voisines, qui, heureusement pour la sécurité publique, ont senti que, s'il n'y avait pas droit, il y avait du moins la plus urgente nécessité.

Ce sont ces considérations qui, toutes bien approfondies, font penser que le sous-préfet, appelé à remplir les fonctions de sous-intendant militaire, serait mieux placé à Villejuif que partout ailleurs.

Villejuif est la commune centrale, c'est un fait incontestable. Reste à savoir si les extrémités peuvent facilement y parvenir, et, dans ce dernier cas, Villejuif ne se croit point encore dépourvu des communications nécessaires.

Maire, M. Péron. — Adjoint, M. Thibault. — Juge de paix, M. Chamagne. — Greffier, M. Renault. — Huissier, M. Momer. — Secrétaire de la mairie, M. Bourgeois. — Curé, M. Vaillant. — Vicaire, M. Morisot. — Capitaines de la garde nationale, MM. Pepin et Huard.

— Capitaine des sapeurs-pompiers, M. Godefroy. — Receveur de l'enregistrement, M. Boissel. — Médecin, M. Clairat. — Vétérinaire, M. Fariat.

Villejuif a un bureau de distribution de lettres. Il faut adresser : *A Villejuif, banlieue de Paris.*

Un relai de la poste aux chevaux y est établi ; M. Péron est le maître de poste.

Les communications avec la capitale s'établissent au moyen des voitures de *Bicêtre.* Elles partent d'heure en heure, de la grille de cet hospice, pour se rendre vis-à-vis du pont d'Arcole. Beaucoup de voitures des communes situées sur la route d'Orléans traversent incessamment Villejuif, en allant à Paris ou en en revenant.

ARCUEIL.

Arcueil à une lieue et demie sud de Paris, sur la petite rivière de Bièvre ; canton et justice de paix de Villejuif, arrondissement de Sceaux, département de la Seine.

Il a pour annexe : Cachan ; et pour enclaves : Gentilly, Villejuif, L'Haï, Bourg-la-Reine, Bagneux et Montrouge.

Son territoire offre un aspect assez riant ; on y remarque de très-belles carrières à pierre ; une route départementale traverse la commune et s'arrête à l'extrémité de Cachan. La population s'élève à 1,746 habitants, fournissant 260 gardes nationaux, divisés en trois compagnies et faisant partie du troisième bataillon de la troisième légion de la banlieue.

Arcueil est embelli par trois châteaux avec parcs. Le premier appartient à Mme la marquise Delaplace, le second à M. Lafosse, et le troisième à MM. Tesnières et Teriale. Ce dernier frappe agréablement la vue par son élégance et les dessins variés de ses jardins : il présente dans son ensemble l'aspect le plus gracieux et le plus pittoresque.

Le petit village de Cachan, annexe d'Arcueil, renferme plusieurs maisons bourgeoises du plus agréable effet.

Bien que la plus grande propreté règne dans Arcueil et que toutes les rues soient pavées, l'air n'est pas très-sain. Peut-être la situation de la commune au fond d'une vallée est-elle la cause de cet inconvénient. L'établissement de l'éclairage n'existe point encore. Une brigade de gendarmerie, composée de six hommes, est chargée du maintien de l'ordre et de la sécurité des habitants. Le prix des locations annuelles est de 150 à 200 francs. Le peu de récolte de légumes rend une partie des subsistances aussi chères qu'à Paris ; le vin seulement est à meilleur marché, Arcueil n'ayant point d'octroi.

La mairie est d'une belle apparence, commodément et utilement distribuée ; elle est située sur la place et voisine de l'église. Ce dernier édifice date d'environ cinq cents ans ; son architecture gothique laisse encore apercevoir quelques traces du goût et du talent qui ont présidé à son érection ; ayant subi les ravages inévitables du temps, elle exige actuellement de nombreuses réparations.

Deux fontaines publiques, dont l'eau est justement renommée pour sa bonté et sa pureté, sont situées aux deux extrémités du village et fournissent avec abondance aux besoins des habitants.

Le presbytère est loué par la commune et entretenu à ses frais. Le cimetière, situé à l'extérieur, renferme quelques beaux monumens, mais il a besoin d'agrandissement; du reste sa tenue est satisfaisante.

L'école primaire des garçons se tient à la mairie, et celle des filles au centre du village.

Arcueil est célèbre par le bel aqueduc qu'y fit construire Marie de Médicis, sur les dessins de Jacques Desbrosses. Sa longueur est de 200 toises, sa hauteur de 12. Il est composé de 20 arcades avec une corniche ornée de modillons et surmontée d'un attique. Cet aqueduc traverse la vallée où coule la Bièvre, et conduit, d'un côté de cette vallée à l'autre, les eaux des sources de Rungis et des environs, qui, par une conduite de 6,600 toises, sont amenées à Paris.

Près de là se trouvent les vestiges d'un ancien aqueduc, lequel a, dit-on, donné à ce lieu le nom d'*Arcueil*.

L'agriculture est fort bornée dans ses progrès; on doit attribuer ce peu d'avancement à l'esprit de routine des habitans; cependant les cultures sont très-diverses, comme en général dans tous les environs de Paris; on récolte des céréales, des légumes et des fruits. Le prix des terres varie de 1,500 à 1,800 francs l'arpent. La commune compte environ 1,200 arpens de territoire. Une fabrique d'étoffes imprimées occupe un grand nombre d'ouvriers; M. Benard en est à la fois le propriétaire et le gérant.

Arcueil est peuplé d'un grand nombre de blanchisseurs, dont l'industrie s'exerce sur le linge des habitans de Paris. L'exploitation des belles et nombreuses carrières de la commune lui est aussi une source de prospérité.

Arcueil offre un contraste assez frappant : autant une partie de la population se distingue par une vie laborieuse et paisible, autant celle qui se compose des ouvriers employés ordinairement à l'exploitation des carrières se montre turbulente et trop souvent disposée à troubler l'ordre public. Jamais, il faut le dire en faveur de ces derniers, l'autorité ne fut méconnue par eux, et sa présence seule suffit pour ramener le calme au milieu même du plus grand désordre.

La négligence de quelques ouvriers carriers, le peu d'attention et de prévoyance des personnes chargées de les gouverner, occasionnent fréquemment des malheurs qu'on éviterait si la prudence dirigeait toujours les opérations, et si l'on n'abandonnait pas à lui-même l'ouvrier, qui, sans guide, peut à chaque instant rencontrer la mort.

La fête patronale est celle de saint Denis, 9 octobre; on la célèbre le dimanche suivant. Elle attire beaucoup de monde de Paris et des environs.

La commune sollicite :

1° Le curage à temps fixé de la Bièvre, qui, dans l'état où elle se trouve actuellement, répand sur le village des exhalaisons morbifiques;

2° La réparation du pavage dans différentes rues;

3° Et enfin l'expulsion d'un établissement d'engrais animal, qui remplit l'air de miasmes putrides; cet établissement est le motif de nombreuses plaintes portées à l'autorité; une enquête même a été dressée à cet effet.

Maire, M. Cousté ✻. — Adjoint, M. Boudesouf. — Curé, M. Desplas. — Notaire, M. Dargère ✻ — Capitaines de la garde nationale : MM. Desflaches, Ducroc. — Percepteur des contributions,

M. Roger. Les jours de recette sont les samedis et mercredis.

Arcueil possède un bureau de distribution de lettres. Il faut adresser : *A Arcueil, banlieue de Paris.*

Les communications avec Paris sont faciles, attendu la proximité et la multiplicité des voitures établies à cet effet.

CHEVILLY.

Chevilly, à deux lieues et demie sud de Paris, dans une belle plaine, entre les routes royales de Fontainebleau et d'Orléans; canton et justice de paix de Villejuif, arrondissement de Sceaux, département de la Seine.

Il a pour annexe : le hameau de La Rue; et pour enclaves : L'Haï, la route de Fontainebleau, Fresnes-lez-Rungis, et la route d'Orléans.

Le hameau de La Rue appartenait autrefois à un ordre religieux. Des débris du couvent sont encore debout. Ce hameau est plus considérable que Chevilly même.

Les terres, en grande partie bonnes et argileuses, sont livrées à la culture du blé, de l'avoine, du seigle, de l'orge, etc. Une route départementale, conduisant à Choisy-le-Roi, traverse entièrement le village.

Sa population est de 320 habitants, fournissant 40 gardes nationaux, voltigeurs, au premier bataillon de la troisième légion de la banlieue.

M. Outrequin possède à Chevilly un château dont les jardins sont ornés de belles plantations.

L'air de ce village ne peut être bien sain, à cause de la stagnation constante des eaux, qui remplissent l'atmosphère d'exhalaisons morbifiques. Le prix des locations annuelles pour un ménage varie de 100 à 300 francs; celui des subsistances est peu élevé.

Les puits de Chevilly, peu fournis d'eau, se trouvent très-fréquemment à sec dans les grandes chaleurs. Il est bien à souhaiter pour les habitants que l'autorité, ou l'industrie particulière, trouve les moyens de remédier, par d'utiles travaux, à cette disette, qui est l'un des principaux obstacles à la prospérité de ce village.

L'église, bien que d'une construction assez moderne, exige de grandes réparations; la charpente de cet édifice menace ruine. Le presbytère demande aussi à être remis à neuf. Le cimetière, qui lui est encore contigu, renferme quelques beaux monumens; son étendue est suffisante, et il est enclos d'un mur en assez bon état.

Le bâtiment où se tient l'école primaire des filles et des garçons se trouve dans l'état le plus complet de détérioration.

Il y a peu de progrès dans l'agriculture. L'étendue du territoire est de 1,200 arpens de terres labourables, dont le prix varie de 1,000 à 1,500 francs l'arpent.

La fête patronale a lieu le 17 juillet; on la célèbre le dimanche suivant. Elle est considérée comme petite foire.

Les vœux des habitants sont de voir s'établir à Chevilly :

1° Une fontaine nécessaire aux besoins et à l'assainissement de la commune;

2° Une école communale pour remplacer celle qui existe, dont l'aspect afflige et fait craindre que son peu de solidité n'occasione des accidens;

3° Enfin le pavage de toutes les rues. Ce dernier travail est de la plus urgente nécessité ; les soins pris jusqu'à ce jour par les habitans pour assurer la propreté des rues ont été rendus superflus par la multiplicité des mares infectes qui se forment de toutes parts.

Maire, M. Ausource. — Adjoint, M. Noret. — Curé, M. Lacoste. — Capitaine de la garde nationale, M. Outrequin. — Percepteur des contributions, M. Aprin. Jour de recette : le troisième vendredi de chaque mois.

Chevilly possède un bureau de distribution de lettres : il faut adresser : *A Chevilly, par Bourg-la-Reine.*

Les personnes qui viennent à Chevilly ou qui en partent sont obligées de prendre les voitures de Bourg-la-Reine.

CHOISY-LE-ROI.

Choisy-le-Roi, à deux lieues un quart sud de Paris ; canton et justice de paix de Villejuif, arrondissement de Sceaux, département de la Seine.

Il a pour annexe : la ferme de la Folie, et pour enclaves : Orly, Thiais, Vitry et la Seine.

Le terroir est bon ; les terres sont en partie livrées à la culture des grains, et en partie couvertes de prairies artificielles.

La route royale de Versailles à Choisy par Sceaux, et les routes départementales de Paris à Choisy, de Choisy à Versailles par Thiais, de Choisy à Orly, et de Versailles à Provins par Berny, traversent la commune.

En 1802, on a construit sur la Seine un pont de cinq arches, d'une longueur de 369 pieds ; ses travées sont en bois de chêne, ses culées et ses piles en pierre. Cet ouvrage, de l'ingénieur Navier, a beaucoup d'élégance et de solidité.

Choisy a deux ports, destinés au déchargement de toutes sortes de marchandises.

L'aspect de ce village est des plus rians ; ses belles avenues, ses rues larges et tirées au cordeau, ses jolies maisons, ornées de jardins sur leurs façades, tout concourt à flatter les regards. Plusieurs propriétés sont remarquables, entre autres celle de M. Boivin. Le jardin, dans le genre anglais, a beaucoup d'étendue, et offre, dans son ensemble, un fort joli paysage : un bassin, couronné d'un rocher, occupe le centre de ce lieu charmant, à l'entretien duquel les soins les plus minutieux sont consacrés.

La population de Choisy-le-Roi s'élève à 3,015 habitans : elle donne 600 gardes nationaux, divisés en quatre compagnies, faisant partie du troisième bataillon de la troisième légion de la banlieue.

L'air de ce village est vif et sain ; la plus grande propreté règne dans les rues, qui, toutes sont pavées et parfaitement entretenues. Une brigade de gendarmerie maintient l'ordre et la sécurité des habitans. Le prix des locations annuelles est aussi élevé qu'à Paris ; celui des subsistances est à un prix modéré. Un marché a lieu tous les jeudis pour l'achat des comestibles.

Choisy possède deux places publiques ; celle de la mairie est ornée d'une belle plantation d'arbres ; la seconde est établie sur le terrain de l'ancienne halle.

Deux fontaines fournissent avec abondance aux besoins des habitans. La promenade sur la route de Versailles, se prolongeant au-delà du pont, est la plus belle et la plus fréquentée.

La mairie est remarquable par sa belle distribution et par les soins apportés à son entretien : un corps-de-garde, une petite prison et une salle d'asile en font partie. La classe ouvrière jouit d'un avantage que peuvent partager les communes environnantes : une succursale de la caisse d'épargne a été établie en 1835 : elle ne compte pas moins de 16,000 fr. de versemens par mois.

L'église présente un ensemble d'architecture assez agréable : la première pierre de cet édifice fut posée, le 14 juillet 1748, par Christophe de Beaumont, archevêque de Paris. Le clocher est moins élevé que le comble. On prétend que Louis XV ordonna cette singularité pour n'être pas, dans ses séjours à Choisy, assourdi par le son des cloches. L'église est décorée de bons tableaux de différens maîtres français : on distingue, entre autres, celui qui représente l'Eternel et l'Esprit-Saint contemplant le petit enfant Jésus : les physionomies de ce groupe sont pleines d'expression. Le bas-relief du chœur n'est pas moins digne de l'attention des connaisseurs ; il représente une Gloire. Près de l'église se trouve le presbytère; il est d'une assez belle apparence.

Le cimetière est situé à l'extérieur de la commune; son étendue est suffisante, et il est enclos d'un mur en bon état.

Deux pensionnats de jeunes demoiselles sont dignes de fixer l'attention des pères et mères de famille, par l'ordre et l'intelligence avec lesquels ils sont dirigés, et par les bases de l'instruction que l'on y donne : l'un de ces établissemens est sous la direction des sœurs de Saint-André, l'autre sous celle de madame Chaudeaux.

Deux écoles primaires, l'une de filles, l'autre de garçons, pouvant contenir environ 160 élèves. Il existe en outre une école privée pour les jeunes gens, dont le nombre n'est pas limité.

On trouve à Choisy un joli petit théâtre élégamment construit, bien disposé et riche en décorations. Il est fâcheux qu'il ne soit guère employé qu'à des représentations données de loin en loin par des amateurs dont la bienfaisance excite le zèle.

La navigation est active, et alimentée par plusieurs branches de commerce. Il y a beaucoup d'entrepôts de vins, de bois, de pavés, d'ardoises, etc. L'agriculture a fait peu de progrès; on cultive en grand la betterave; 400 arpens de terre sont destinés à la fabrication du sucre que l'on obtient de cette plante.

L'industrie est la source la plus féconde de la prospérité de Choisy-le-Roi. On y compte sept établissemens industriels très-importans, savoir : la belle fabrique de maroquins, l'une des plus anciennes et des plus considérables de l'Europe. Elle appartient à MM. Fauler frères, qui ont leur dépôt à Paris, rue Mauconseil.

La verrerie, remarquable par ses produits; elle appartient à MM. Lormier Boutems et compagnie.

La fabrique de produits chimiques, sous la direction de M. Robée.

La manufacture de faïence fine, façon anglaise, et de porcelaine, de MM. Hautin et Boulanger.

La fabrique de toile cirée de M. Hyver.

La raffinerie de sucre de betteraves de MM. Gosselin et compagnie.

Et enfin l'entrepôt de marchandises diverses, telles que vins, bois et charbon.

Toutes ces fabriques et établissemens ont des relations commerciales promptes et sûres avec Paris et ses environs, et transforment Choisy-le-Roi en une petite ville, dont ils assurent la prospérité.

Le commerce en gros des vins, des bois à brûler, des charbons de terre et de bois, des tuiles, des briques, des ardoises et des lattes, trouve de nombreux débouchés. Les personnes placées à la tête de ces différentes branches savent, en en développant toutes les ressources, les étendre et les rendre fructueuses au pays.

La fête patronale est celle de saint Louis, 25 août : elle est célébrée le dimanche suivant. C'est une des plus belles et des mieux composées des environs de Paris.

Les habitans désirent que la sous-préfecture du 13me arrondissement, jusqu'à ce jour fixée à Sceaux, soit transférée à Choisy-le-Roi. Voici comment ils établissent leur prétention.

La commune réunit toutes les conditions désirables pour fournir le nouveau chef-lieu. En effet, en consultant la carte du département on trouve :

1° Que le point central du demi-cercle formé par le 13me arrondissement est à Vitry, où le chef-lieu devrait être conséquemment placé, si les autres conditions requises se trouvaient dans cette localité ;

2° Que Choisy-le-Roi est contigu, et qu'il appartient ainsi à la centralité de l'arrondissement, laissant derrière lui Grignon et Orly ;

3° Que, l'arrondissement étant formé de quatre cantons, on reconnaît également que deux sont situés sur la rive gauche de la Seine (Villejuif et Sceaux), et deux sur la rive droite (Vincennes et Charenton) ;

4° Que la Seine est conséquemment le point central des quatre cantons, les séparant par moitié ;

5° Que Choisy-le-Roi étant immédiatement situé sur ce fleuve (rive gauche), cette considération prouve encore sa centralité ;

6° Que cette commune est la seule de tout l'arrondissement qui en amont de Paris (même rive gauche de la Seine) se trouve dans cette position ;

7° Qu'elle offre par eau toutes les facilités pour les abords et communications, et, en effet, elle a, par les secours de ses ports, toutes les ressources de la navigation, notamment un grand nombre de bateaux à vapeur qui y montent, descendent, et s'y arrêtent chaque jour, et si fréquemment, que deux heures se passent à peine sans qu'un bateau apparaisse ;

8° Que par terre on voit que les communications abondent à Choisy, puisque cinq grandes routes, traversant l'arrondissement en tous sens, y aboutissent, savoir : une route royale, n° 189, et quatre départementales, n°s 51, 58, 67 et 69 ;

9° Que son pont sur la Seine, et ceux d'Ivry et de Bercy, offrent aux communes situées sur la rive droite des communications et abords faciles, et les rapprochent ainsi de Choisy-le-Roi ;

Que d'autres facilités de communications sont encore proposées pour ce village. Il résulterait qu'il n'y a pas lieu de laisser le chef-lieu du 13me arrondissement à Sceaux, et que, conformément au choix fait par M. le préfet, il devrait être transféré à Choisy-le-Roi.

Maire, M. Boivin ✻.—Adjoint, M. Ancelet.—Secrétaire, M. Moussard.—Notaire, M. Dubosc.—Curé, M. Caunes.—Receveur de la navigation, M. Moucoud.—Inspecteur de la navigation, M. Letcult.— Capitaines de la garde nationale : MM. Lemire, Boulanger, Haubert, Bosset. — Percepteur des contributions, M. Delamarre. Jour de recette, le jeudi, de 9 à 4 heures.

Choisy possède un bureau de distribution de lettres. Il faut adresser : *A Choisy-le-Roi, banlieue de Paris*.

Les communications avec Paris s'opèrent avec la plus grande facilité par l'établissement des voitures, dites *les Colombes*, partant d'heure en heure.

FRESNES-LEZ-RUNGIS.

Fresnes-lez-Rungis, à deux lieues sud de Paris, sur une petite hauteur dominant une belle prairie ; canton et justice de paix de Villejuif, arrondissement de Sceaux, département de la Seine.

Cette commune a pour annexe : le petit Fresnes ; et pour enclaves : Chevilly-Thiais, Rungis et Antony. Sa population s'élève à 400 habitans, fournissant à la garde nationale une compagnie de chasseurs, composée de 70 hommes, faisant partie du 3me bataillon de la 3me légion de la banlieue.

La nature du territoire se partage en deux classes, l'une argileuse, l'autre de terre franche ; toutes deux livrées à la culture des céréales et des prairies naturelles ou artificielles.

La rivière de Bièvre traverse le territoire de la commune et y fait tourner un moulin.

Fresnes possède une route départementale allant de Choisy à Versailles.

Ce village renferme trois maisons d'agrément bien construites et d'une élégance remarquable. L'air y est très-sain, les rues toutes pavées et bien entretenues ; la sécurité des habitans est maintenue par la brigade de gendarmerie de la Belle-Épine. Le prix d'une location annuelle, pour un cultivateur, est ordinairement de 200 francs ; celui des subsistances est peu élevé.

Le village est embelli d'une jolie petite place publique et d'une fontaine fournissant abondamment aux besoins des habitans.

L'église, bien construite, est d'une grande simplicité ; le cimetière y est encore attenant : on y distingue quelques monumens, et sa tenue ne laisse rien à désirer.

Le presbytère et la mairie sont d'assez belle apparence. L'école publique, pour garçons et filles, est fréquentée par 45 enfans.

L'agriculture fait chaque année des progrès considérables ; les habitans, qui sont presque tous cultivateurs, mettent tous leurs soins à consolider la prospérité de cette branche importante.

L'étendue du territoire est de 1,600 arpens à 1,500 fr. l'un, terme moyen. Fresnes possède un beau troupeau de moutons pour les boucheries de Paris ; une fabrique de colle-forte très-considérable par son étendue et ses relations commerciales ; elle occupe un grand nombre d'ouvriers, tous pris parmi les habitans.

M. Savouré est le propriétaire d'un grand et beau lavoir consacré aux fabriques de draps de la capitale.

Le commerce des vins en gros est très-productif dans ce village.

La fête patronale est celle de saint Antoine de Padoue, 13 juin : on la célèbre le dimanche suivant.

Maire, M. Savouré. — Adjoint, M. Chevé. — Curé, M. Bartholy. — Capitaine de la garde nationale, M. Lebourrelier.

Il faut adresser les lettres : *A Fresnes-lez-Rungis, par Antony.*

Les communications avec Paris sont assez difficiles; il n'y a de voitures publiques qu'à Berny.

GENTILLY.

Gentilly, à trois quarts de lieue sud de Paris; canton et justice de paix de Villejuif, arrondissement de Sceaux, département de la Seine.

Les annexes sont : la Maison-Blanche, la Glacière et le hameau du Kremlin; ses enclaves : Paris, Arcueil, Ivry et Montrouge.

Le territoire de Gentilly n'offre de remarquable, en fait de sites, que la hauteur où se trouve situé l'hospice de la Vieillesse-Hommes (Bicêtre): les jolis parterres qui, depuis peu, ornent l'entrée principale de cet hospice, la belle et régulière avenue qui lui fait face et rejoint la route de Fontainebleau, les chemins de traverse bordés de la plus fraîche verdure, et la beauté des sites environnans, donnent à cette hauteur l'attrait du plus riant paysage.

Le territoire est traversé par une route royale de première classe, conduisant à Fontainebleau, et par une route départementale, n° 65, qui, après avoir parcouru Arcueil, se termine à Cachan.

La petite rivière de Bièvre coule à travers le village.

On y distingue l'ancien château de la duchesse de Villeroy, que doit acquérir la commune pour l'établissement d'une mairie et d'une école communale. Cette acquisition est d'autant plus avantageuse pour elle, que ce château offre dans ses localités les facilités les plus désirables.

La population s'élève à 5,458 habitans, fournissant 450 gardes nationaux, divisés en trois compagnies, faisant partie du 3e bataillon de la 3e légion de la banlieue.

Les eaux de la Bièvre, qui sont presque toujours stagnantes, communiquent à l'air leur odeur infecte; elles nuisent fortement à la salubrité du village.

Toutes les rues sont pavées, et bien entretenues. L'éclairage est complet, et une brigade de gendarmerie, composée de cinq hommes, est chargée de veiller à la sécurité des habitans.

Le prix de la location annuelle d'une petite maison est de 300 à 400 fr.; celui des subsistances est aussi élevé qu'à Paris.

Gentilly possède deux belles avenues qui lui servent de promenades, toutes deux plantées en peupliers; l'une borde la rivière de Bièvre et occupe tout le centre du village; l'autre conduit en droite ligne à l'hospice de la Vieillesse-Hommes.

La place publique, sur laquelle est située la fontaine, est d'assez belle apparence.

Le collége, qu'un chef d'institution avait établi sous le nom de *Collége Stanislas*, vient d'être fermé tout récemment. Non loin de cette propriété, on remarque la maison dite des *Lazaristes*, occupée par des séminaristes, à peu de distance de l'église. Mme Bonnemain tient une pension bourgeoise pour les aliénés des deux sexes, dont le nombre ne dépasse pas quarante.

L'église est du style gothique le plus ancien; la flèche est d'une grande hardiesse; mais l'ensemble de cet édifice n'offre qu'une masse informe et irrégulière; il exige même de grandes réparations. Le presbytère appartient à la commune.

Le cimetière, situé à l'extérieur du village, se distingue par sa bonne tenue et quelques monumens curieux; il est entouré d'un mur construit avec soin. Une belle porte en indique l'entrée.

On compte à Gentilly six écoles primaires, trois de filles et trois de garçons; il faut le dire, à l'avantage des personnes qui en ont la direction, sur quatre cents enfans qui fréquentent ces établissemens, il en est au moins trois cents dont les succès sont satisfaisans.

L'agriculture fait des progrès; plusieurs innovations heureuses ont eu lieu dans les instrumens aratoires. Le territoire comprend en étendue 1,700 arpens de terre, dont le prix moyen est de 2,000 fr.

Gentilly est une commune éminemment industrielle; parmi les nombreux établissemens dont l'utilité est incontestable, aussi bien pour l'ouvrier qu'ils emploient que pour le riche qui en profite, on peut citer :

1° Les mégisseries de MM. Flottard et Sauger ;

2° La fabrique de noir animal de M. Capdeville ;

3° La belle imprimerie d'indiennes des frères Blondin ; elle occupe un grand nombre d'ouvriers, et ses relations commerciales sont de la plus grande étendue;

4° La papeterie de M. Lecoursonnay;

5° La brasserie de M. Barry ;

6° La fabrique de capsules de poudre fulminante de M. Petit ;

7° La briqueterie de M. Jurien ;

8° Les deux moulins à farine, situés sur la Bièvre, appartenant à MM. Grandjean et Barjé ;

9° La blanchisserie hollandaise de M. Becquerie. Elle mérite l'attention des curieux par l'innovation des moyens employés à son exploitation.

A ces différentes sources de prospérité viennent encore se joindre celles, non moins considérables, du commerce de bois de chauffage, du marché aux porcs à la Maison-Blanche, et des travaux de blanchissage, qui s'exécutent en grand.

Un projet a été soumis et adopté pour l'établissement d'un trottoir en faveur des piétons sur la route de Fontainebleau. On ne saurait trop louer cette sage décision, dont le but est une grande amélioration pour la commune : il en résultera que les habitans de la capitale pourront, en toutes saisons, communiquer commodément avec ceux de Gentilly.

Les mœurs sont douces, les habitans paisibles, et la sécurité serait parfaite, s'il ne naissait de temps en temps quelques contestations entre les annexes; contestations qui n'ont jamais amené de funestes résultats, mais dont l'effet est de troubler l'accord qui ne fait ordinairement d'une commune, telle considérable qu'elle soit, qu'une seule famille.

Sur le territoire de Gentilly est situé un établissement public dont la nature et l'importance méritent une mention particulière et détaillée.

L'hospice de la Vieillesse-Hommes (autrefois Bicêtre) s'élève au sommet d'une colline très-élevée. Il jouit de l'une des vues les plus agréables des environs de Paris ; la capitale, le cours de la Seine, une quantité innombrable de villages, forment la perspective la plus étendue et la plus variée ; l'œil étonné a peine à embrasser l'immensité de ce panorama.

La tradition fait remonter l'origine de *Bicêtre* au règne de saint Louis ; mais il est constant qu'il a appartenu successivement à un nommé *Lequeux;* aux Chartreux, qui lui ont valu le nom de *Grange-aux-Gueux ;* à l'évêque de Winchester, dont on transforma le nom en celui de *Bichestre*, puis enfin *Bicêtre*, dernier titre qu'il vient d'échanger contre celui d'hospice de la Vieillesse-Hommes. Cette dénomination lui convient sous tous les rapports, et depuis long-temps elle était le vœu unanime, non seulement des vieillards qui habitent cette maison, mais encore des personnes qui apprécient l'influence des souvenirs déshonorans et odieux qui se rattachent au nom de *Bicêtre*. En effet, après avoir été pillé par *Robert Knoll*, chef d'un parti anglais, et être devenu plus tard la propriété de *Charles V*, et ensuite celle du chapitre de *Notre-Dame-de-Paris*, ne fut-il pas reconnu comme un repaire de malfaiteurs, et consacré enfin, sous le règne de Louis XIII, à la détention d'êtres pour la plupart rebut de la société, tels que voleurs, assassins, jeunes gens en correction, libertins, hommes et femmes atteints de la maladie vénérienne, filles publiques, etc.? Mais, choisi depuis long-temps pour asile de la vieillesse, et purgé des scélérats qui l'infestaient, devait-il conserver ce nom de Bicêtre, qui ne présente à l'esprit que le hideux assemblage de tous les crimes et de tous les vices ? Il est vrai qu'à cet hospice s'alliait encore une prison peuplée de meurtriers et de faussaires ; mais une séparation totale a eu lieu entre l'administration de la Vieillesse-Hommes et celle de la prison.

La maison occupée par des vieillards et des fous méritait donc une dénomination particulière ; c'est ce que l'on a compris, un peu tard, il est vrai, en lui accordant celle d'Hospice de la Vieillesse-Hommes.

Ce vaste établissement compte à peu près 3,000 vieillards indigens, et au moins 600 aliénés. En y comprenant les employés des deux sexes, sa population générale peut s'élever à 4,000 ames.

Il est sous la surveillance d'un directeur, et sous la responsabilité d'un économe, et classé en cinq divisions, dont chacune a son service particulier.

La première reçoit les reposans de 2e et de 3e classe, c'est-à-dire tous les anciens serviteurs des hospices, et en outre des vieillards encore valides, et une centaine de jeunes aveugles ; ces derniers sont presque tous employés au puits de l'hospice ; un surveillant et deux sous-surveillans sont chargés du service de cette division.

La deuxième division, qui est l'*infirmerie générale*, est dirigée par une surveillante et deux sous-surveillantes. Cette infirmerie, nouvellement élevée, frappe agréablement la vue des visiteurs par la beauté et la régularité de son architecture et par sa méthodique distribution. Les soins et la surveillance de sa construction ont été confiés à M. Reclin aîné, piqueur de l'hospice. Elle se compose de trois superbes salles ; la première est destinée aux blessés et les autres à toutes les maladies ; elle possède en outre, une plus petite salle pour les convalescens. Tous les lits de l'infirmerie sont en fer, d'une forme très-élégante, et garnis de grands rideaux à couronne. Les soins les plus minutieux sont apportés à la bonne tenue des salles ; elles sont vastes, élevées, et parfaitement aérées. Trois médecins sont chargés du service de cette infirmerie : M. Murat, pour la salle de chirurgie ; M. Petit, pour la première salle de médecine, et M. Rochoux pour la seconde.

La troisième division est classée en deux parties : l'une est consacrée aux vieillards les plus valides, et la seconde aux septuagénaires et octogénaires ; un surveillant, M. Poulain, et deux sous-surveillans sont chargés de cette division.

La quatrième division est spécialement consacrée aux grands infirmes, aux gâteux et aux aveugles ; le service de cette division s'exécute sous les ordres d'un surveillant et de deux sous-surveillans.

La cinquième division est la plus importante de l'hospice ; elle est destinée à recevoir les fous, les incurables, les idiots et les épileptiques ; un commis surveillant, quatre sous-surveillans et deux surveillantes sont chargés du service de cette division.

Une annexe établie tout récemment dans les bâtimens de l'ancienne laiterie Sainte-Anne, près la barrière de la Santé, reçoit les fous payant pension ; ces derniers, comme ceux de la cinquième division de l'hospice, sont occupés en partie par des travaux manuels, comme à la terre, au blanchissage, etc. M. le docteur Ferrus est chargé en chef du traitement de tous les aliénés ; il a sous ses ordres deux médecins sédentaires et un nombre assez considérable d'élèves en médecine.

Les bâtimens de cette division ont coûté à construire environ 400,000 francs.

Viennent ensuite les services particuliers, tels que la cuisine, la panneterie, le magasin aux comestibles, la sommellerie, le magasin aux vêtemens, la lingerie, la buanderie, les ateliers de peinture, de menuiserie, de serrurerie, de tonnellerie, de charronnage, etc.

On remarque, entre la cinquième division et le bâtiment de la lingerie, un puits d'une rare beauté : sa fondation date de 1733 ; il a 172 pieds de profondeur et 15 de diamètre ; il est creusé presque entièrement dans un roc vif, au-dessous duquel sont des sources fort abondantes. Ce bel ouvrage est de Boffraud, l'un des meilleurs architectes de son temps. 24 indigens aveugles et 72 aliénés sont employés nuit et jour à la marche des manéges de ce puits ; ils forment quatre escouades, composées de 24 hommes chacune. On monte environ 192 seaux par 24 heures ; un seau plein pèse 2,226 livres. Les hommes employés à ce travail ne gagnent que 24 centimes par jour ; mais on leur accorde un supplément de pain, de vin et de légumes.

Cette maison comprend dans son ensemble trois corps de bâtimens attenant l'un à l'autre. Trois vastes cours transformées en jardins et en parterres, entretenus avec soin, servent de promenade aux vieillards et aux personnes qui viennent les visiter.

Grande liberté, nourriture saine et abondante, bon vin, température douce et salubre, soins et égards : tels sont les avantages dont jouissent tous les vieillards admis à l'hospice de la Vieillesse-Hommes.

En 1784, Louis XVI ordonna la construction d'un égout pour l'écoulement des immondices de l'hospice de la Vieillesse-Hommes. Ces travaux furent exécutés sur les dessins et sous la direction de François Viel, architecte, qui les termina en juin 1789. L'aqueduc découvert commence aux murs d'enceinte de l'hospice et se prolonge en ligne droite jusqu'au bassin du dépôt des matières, sur une longueur de 150 toises ; dans ce bassin s'opère la dessication : la partie fluide s'en échappe seule et tombe dans un cône en maçonnerie de 45 pieds de profondeur. Au point de chute commence l'aqueduc souterrain de 60 toises de longueur, sur 8 pieds de largeur et 6 de hauteur. Un chariot ordinaire peut le parcourir sans obstacle ; il aboutit à un puisard, établi dans le centre de plusieurs galeries souterraines, construites pour consolider le terrain, excavé de tous les côtés par d'anciennes exploitations de carrières.

Le puisard est entièrement creusé dans un roc vif, il a 6 pieds de diamètre et 45 de profondeur ; c'est dans ce puisard que viennent se perdre toutes les eaux pluviales et ménagères de l'hospice et de ses alentours.

Sur la surface de ces galeries souterraines, on compte 7 tourelles ; deux seulement sont employées à la descente ; les escaliers de chacune d'elles sont composés de 82 marches. Les cinq autres tourelles servent de pompes aspirantes, pour renouveler l'air des galeries.

M. Mallon, directeur, et M. Talle, économe de cet hospice, rivalisent de soins et de zèle pour opérer une amélioration notable dans le régime intérieur, et assurer le bien-être de tous leurs administrés.

La fête patronale de Gentilly est celle de saint Philippe et saint Jacques, 1er mai ; on la célèbre le dimanche suivant ; elle attire un nombreux concours de monde ; et les gracieux bosquets de M. Toureau sont le rendez-vous choisi par la bonne société.

Les vœux exprimés par les habitans de Gentilly, sont : 1° la suppression des égouts de l'hospice de la Vieillesse-Hommes (Bicêtre), dont les eaux infectent tous les puits de la commune ; il existe de nombreuses plaintes, à cet égard, de la part des habitans. Cette suppression est d'autant plus nécessaire que Gentilly, situé dans un fond, ne jouit pas d'un air vif et facilement renouvelé, surtout pendant les longs calmes des grandes chaleurs.

2° D'accord avec la commune d'Arcueil, Gentilly demande avec instance le curage de la Bièvre, à des époques fixes et suffisamment renouvelées.

On a découvert, tout récemment, sur le territoire de la commune, au fond d'un puits de carrière, des substances minérales, que l'on croit propres à la peinture.

Maire, M. Duvergier. — Adjoint, M. Daune. — Id. M. Gouin. — Notaire, M. Daune. — Juge au tribunal de commerce, M. Gaillard. — Curé, M. Anquier. — Secrétaire de la mairie, M. Mourier. — Commissaire de police, M. Chauvin. — Médecin, M. Kunzli. — Capitaine, M. Paute. — Id. M. Turpin. — Id. M. Dedouvre.

Gentilly possède un bureau de distribution de lettres ; il faut adresser : *A Gentilly*, *banlieue de Paris*.

Les communications avec Paris sont faciles et fort peu dispendieuses. M. Gabriel Gay est le propriétaire de trois voitures, spécialement consacrées au service de Gentilly et de l'hospice de la Vieillesse-Hommes (Bicêtre). Elles partent tous les jours, d'heure en heure, depuis 7 du matin jusqu'à 9 du soir. Deux bureaux ont été établis à l'effet d'y retenir des places à l'avance ; l'un est situé à Paris, au café du Commerce, vis-à-vis le pont d'Arcole ; l'autre, à la grille même de l'hospice de la Vieillesse-Hommes. Le prix du voyage est fixé à 40 centimes.

IVRY-SUR-SEINE.

Ivry, à une lieue sud de Paris, sur le versant d'une colline qui s'élève à peu de distance du bord de la Seine ; canton et justice de paix de Villejuif, arrondissement de Sceaux, département de la Seine.

Annexes. La Gare et le hameau des Deux-Moulins.

Enclaves. Gentilly, Vitry, la Seine et Paris, de la barrière de la Gare jusqu'à la barrière de Fontainebleau.

La population est de 3,950 ames ; elle fournit à la garde nationale quatre compagnies, dont une de grenadiers, deux de chasseurs et une de voltigeurs, appartenant au 3e bataillon de la 3e légion de la banlieue. Ivry est le chef-lieu de ce bataillon. La commune est traversée par une belle route départementale, qui s'embranche à la route de Choisy, près de la barrière de Fontainebleau. Les rues sont pavées et bien entretenues ; l'éclairage a lieu seulement à la Gare.

La place publique n'a rien qui puisse fixer l'attention : une pompe et un puits fournissent de l'eau en abondance ; elle est de bonne qualité.

La construction des habitations a fait beaucoup de progrès.

L'ancien château de Mme la duchesse d'Orléans appartient aujourd'hui à M. Mignard. Beaucoup d'autres maisons de campagne contribuent à l'agrément du séjour d'Ivry.

La maison de santé de M. le docteur Esquirol est dirigée par M. Mitivié ; elle est très-considérable : on y reçoit les aliénés des deux sexes. La juste et bonne réputation de M. Esquirol, et les soins que l'on donne aux malades, en attirent un grand nombre.

Les environs d'Ivry offrent de beaux points de vue et de jolies promenades ; mais il y fait aussi cher vivre qu'à Paris. Le prix des loyers, pour un ménage, est de 250 à 300 fr.

L'église est située au sommet de la colline, et domine la commune ; elle est gothique et de trois styles différens, du douzième au quinzième siècle. Cette variété est surtout sensible dans la sculpture de ses ornemens ; elle renferme un tableau remarquable, de l'école italienne, représentant une Sainte Famille.

Le presbytère appartient à la commune ; le cimetière est encore dans l'intérieur du village, et près de l'église : c'est un mal qu'il faudrait faire cesser.

La commune d'Ivry possède plusieurs écoles communales ; deux sont ouvertes aux garçons, dont une au hameau des Deux-Moulins ; elles sont fréquentées par cent vingt enfans ; trois autres reçoivent les filles ; la principale a été fondée par Mme la duchesse d'Orléans, et placée sous la direction des Filles de

Saint-André, dites Sœurs de la Croix ; Madame la duchesse a fait à cet établissement le don d'une rente, destinée à l'instruction des orphelines indigentes de la commune ; la seconde est fréquentée par peu d'enfans ; la troisième est située au hameau des Deux-Moulins : elle reçoit un assez grand nombre d'élèves. Il n'y a point de mairie ni de bâtiment pour les écoles primaires ; l'autorité locale se propose de pourvoir incessamment au besoin qui se fait sentir sous ce double rapport.

La gendarmerie de Villejuif et de la Maison-Blanche fait le service de la commune.

Le territoire a 2,400 arpens d'étendue ; il est couvert de carrières, de vignes et d'un peu de culture ; il est traversé par une route départementale, qui, de la Gare, va rejoindre la route de Fontainebleau. Tous les chemins communaux et vicinaux demandent des réparations urgentes.

L'agriculture a fait peu de progrès ; on récolte des céréales, mais en petite quantité. L'arpent de terre se vend 2,000 fr. terme moyen.

L'industrie a beaucoup d'étendue. Ivry renferme un grand nombre de fabriques de différentes natures.

Les principales sont les suivantes : une de faïence, à M. Cassedanne ; une de chimie, à M. Brigonnet ; deux de raffinerie de sucre, l'une à M. Henterre, et l'autre à M. Scay ; une d'eau de javelle appartenant à M. Montendon ; une de papiers peints, à M. Provost ; une d'engrais, à M. Laisné ; une de clouterie, à M. Lelardeux ; une verrerie de bouteilles, à M. Thomé, directeur et propriétaire ; une de ciment romain et de chaux de Pouilly ; un entrepôt de toutes sortes de marchandises appartenant à M. Delessert. M. Thiébaut est régisseur de différentes fabriques de charbon. On construit en ce moment une fabrique de sucre de betteraves ; elle appartient à M. Provost. Les caves de MM. Macaire et Escalier sont remarquables par leur grandeur : ils en ont fait l'entrepôt de leurs vins et eaux-de-vie. On trouve à la Gare beaucoup de chantiers de bois de charpente et de bois à brûler.

Le commerce consiste principalement dans les produits de ces fabriques, et un peu dans ceux de l'agriculture.

La commune a le projet de faire paver un bout du vieux chemin, qui, d'Ivry, va à la barrière des Deux-Moulins, et d'établir une nouvelle rue sur le port de la Gare.

Fêtes patronales :

La première a lieu à Saint-Frangbourg le 1er mai ; la seconde est célébrée dans Ivry, le premier dimanche après la Saint-Pierre ; et la troisième, à la Gare, le premier dimanche d'août.

Maire (par intérim), M. Picard. — Adjoints : MM. Lambert et Picard, qui, en ce moment, remplit les fonctions de maire.—Commiss. de police, M. Billon.

Curé, M. David. — Chef de bataillon, M. Lemoine. — Capitaine des grenadiers, M. de Bettencout. — Capitaine des voltigeurs, M. Raimond. — Capitaines des chasseurs : MM. Brigonnet et Thibaut. — Médecin, M. Didier. M. Bonnet, médecin, est chargé de la médecine légale, au port de la Gare.

Percepteur des contributions, M. Delamarre. Les jours de recette sont les vendredi et samedi de chaque semaine, et le premier vendredi de chaque mois à la Gare.

Il faut adresser les lettres : *A Ivry-sur-Seine, banlieue de Paris.*

Il est facile de communiquer avec la capitale, les voitures *Omnibus* desservent la commune.

L'HAÏ.

L'Haï, à deux lieues sud de Paris, entre les routes royales d'Orléans et de Fontainebleau, sur la route départementale de Sceaux à Choisy-le-Roi ; canton et justice de paix de Villejuif, arrondissement de Sceaux, département de la Seine.

Population : 400 habitans en hiver, 500 dans la belle saison, à cause des émigrations parisiennes.

L'Haï n'était, il y a dix ans, qu'un pauvre village, où tout contrastait avec les progrès et l'aisance généralement répandus parmi les populations qui avoisinent la capitale. Aujourd'hui, les propriétés et les revenus de la commune suffisent non seulement aux dépenses ordinaires, mais encore aux travaux utiles et aux frais des améliorations qui continuent d'accroître la richesse communale et le bien-être des habitans. La surcharge des impôts a cessé : les chemins communaux et vicinaux, partout restaurés, sont entretenus avec soin ; de nouvelles communications ont été ouvertes. Un pont en pierre a été bâti sur la Bièvre, qui baigne le pied du coteau, dont la pente est occupée par le village. Ce pont conduit directement à Bourg-la-Reine ; il en abrège beaucoup la distance ; un lavoir public a été construit sur la rivière, près du pont. Toutes les rues sont pavées, une police régulière y maintient l'ordre et la propreté. L'exemple public a produit un effet salutaire ; les habitations particulières ont perdu, à l'intérieur comme au dehors, tout aspect affligeant. Le cimetière, qui entourait l'église, a été transféré loin de la commune : il est enclos et conforme à ces sages idées qui donnent aux tombeaux des regrets plus doux, un respect plus affectueux. L'église est à présent sur une place publique, qui assainit et embellit le village. L'ancien bâtiment du bailliage, acheté par la commune et habilement distribué, renferme la salle de la mairie, l'une des plus belles de l'arrondissement de Sceaux ; une école pour les garçons, une école pour les filles ; un logement pour l'instituteur primaire ; un corps-de-garde pour la milice nationale, etc. Après de longues recherches, on a découvert une source abondante et salubre, besoin de première nécessité pour la commune, jusqu'alors obligée d'aller chercher au loin l'eau fangeuse et malsaine de la Bièvre : celle de la source, amenée à l'entrée du village par un aqueduc et des conduits souterrains, alimente, sur une place demi-circulaire, une très-jolie fontaine, que décorent deux lions et une colonne surmontée d'un vase antique, d'où l'eau s'échappe et tombe dans un bassin rond de douze pieds de diamètre. Les ornemens et le bassin de cette fontaine sont en fonte de fer, et proviennent des forges d'Imphy ; la colonne, de douze pieds de hauteur et d'un seul morceau, y compris base et chapiteau, est un ouvrage remarquable en ce genre.

Tous ces heureux changemens ont été exécutés, dans l'espace de dix années, par M. Bronzac, maire de l'Haï, sur ses plans, et en grande partie à ses frais ; il a reçu des autorités supérieures la plus louable assistance dans tous ses soins.

Le territoire de l'Haï contient environ 1,300 arpens, divisés en petites propriétés et cultivés avec intelligence : il produit des céréales, un peu de vin, beaucoup de légumes et de fruits. Les prairies qui bordent la Bièvre permettent aux habitans de nourrir un grand nombre de vaches, dont ils vendent le lait à Paris : ces prairies servent aussi de pâturage aux bestiaux qui sont amenés au marché de Sceaux. Les habitans de l'Haï sont les commissionnaires des pourvoyeurs de ce marché. Cette branche d'industrie est très-avantageuse pour eux; ils s'y livrent avec une grande activité.

Le prix des terres est de 2,500 à 3,000 fr. l'arpent, selon la qualité. Avant les changemens ci-dessus indiqués, il n'était que de 1,000 à 1,200 fr. L'industrie et le travail multiplient la valeur du fonds.

Le taux des loyers est modéré; les vivres sont abondans et à bon marché; l'air est pur, et la situation du village très-agréable.

Outre les chemins communaux, l'Haï compte deux grandes voies de communication avec les populations qui l'environnent : la première est la route départementale de Sceaux à Choisy-le-Roi; elle borde le village à l'orient; la seconde est une nouvelle route départementale, déjà classée, ouverte et viable dans les beaux temps : elle sera pavée en 1837, et terminée pendant les années suivantes; elle s'embranche, à l'entrée du village, sur la route de Sceaux à Choisy-le-Roi, traverse la commune, se dirige ensuite sur Villejuif et aboutit près d'Ivry-sur-Seine, au pont dit de *la Bosse de Marne*. Les places de l'église et de la fontaine de l'Haï s'ouvrent sur cette route; elles lui donnent et en reçoivent un mutuel embellissement.

Le maire a conçu le projet d'une troisième route, qui de l'Haï conduirait, par Cachan, à la croix d'Arcueil, sur la route d'Orléans; il espère la faire classer parmi les routes départementales; au besoin, il l'ouvrira comme route communale.

Les habitans de l'Haï ont les mœurs douces et simples. La corruption, trop fréquente autour de la capitale, ne les a pas envahis. Depuis dix ans, aucun d'eux n'a paru devant un tribunal, même de justice de paix. Ils aiment l'instruction : sur leur faible population, 90 enfans des deux sexes fréquentent assidument les écoles. Le travail et l'industrie bannissent la misère : la vieillesse, les infirmités reçoivent des secours; mais la mendicité est proscrite. A ces titres, l'Haï mérite le surnom de *commune-modèle*, que lui a décerné l'arrondissement dont il fait partie.

Il fournit à la garde nationale une compagnie de 120 voltigeurs, 1ᵉʳ bataillon, 3ᵉ légion de la banlieue.

Son église, ancienne et d'un gothique assez élégant, a besoin d'une prompte réparation; on s'en occupe; les plans sont dressés; elle recevra une augmentation d'étendue avec une façade nouvelle.

M. Charton, habitant de Bourg-la-Reine, a fait construire sur la Bièvre, en face du moulin de l'Haï, des bains qui réunissent tous les agrémens désirables. C'est un lieu de plaisir et de réunion pour la meilleure société de l'Haï et des communes adjacentes.

La fête patronale de ce village est celle de saint Léonard; on la célèbre le deuxième dimanche de juillet, sur les deux places publiques. Le bal a lieu dans une très-belle salle de verdure, que M. Bronzac a fait disposer au milieu de son parc; elle peut contenir plusieurs milliers de personnes. Il se fait un plaisir de la mettre au nombre des attraits de cette fête.

Maire, M. Bronzac ✲. — Adjoint, M. Th. Rivière. — Curé, M. Laurent. — Habitans : MM. Benoît, Chevreul, Banneville, Chevalier, Barthélemy, Maucuit, Savarnier, Bourjeot, Paganel, F. Leclerc; mesdames Leduc, Ancel, etc.

Les propriétés les plus remarquables sont celles de MM. Benoît, Chevreul et Bronzac. M. Chevreul possède la maison, ou plutôt les restes d'une maison, qu'une tradition historique désigne comme ayant été jadis habitée par Blanche de Castille, mère de saint Louis; on l'appelle encore *la maison de la Reine*. M. Chevreul, l'un de nos chimistes les plus distingués, s'occupe beaucoup de l'étude des harmonies que l'on peut obtenir par la variété du port et des couleurs dans le feuillage et les fleurs des arbustes et des plantes. La propriété de M. Bronzac se distingue par la belle distribution des jardins et du parc, et le parti qu'on a su tirer de la Bièvre pour ajouter aux agrémens de ce séjour.

Les lettres doivent être adressées : *A l'Haï, par Bourg-la-Reine.* Villejuif est le relai de poste le plus voisin.

Les communications avec Paris sont faciles et de tous les instans par les voitures publiques de Bourg-la-Reine et de Villejuif (voir les articles de ces deux communes). Les habitans de l'Haï se proposent de former entre eux une compagnie pour l'établissement, dans le village, de voitures spéciales et directes entre leur commune et Paris. Ce projet recevra bientôt son exécution.

ORLY.

Orly, à trois lieues sud de Paris, à mi-côte, entre la route de Fontainebleau et la Seine; canton et justice de paix de Villejuif, arrondissement de Sceaux, département de la Seine.

Il a pour annexes : une partie du hameau de Grignon et de celui de la Vieille-Poste. Ses enclaves sont : Thiais, Choisy-le-Roi, Villeneuve-le-Roi et Rungis.

Population : 558 habitans, fournissant à la garde nationale une compagnie de 104 hommes, la 1re du 5e bataillon de la 3e légion de la banlieue.

Une route départementale, partant de Choisy-le-Roi, faisant le coude et allant rejoindre la route royale de Fontainebleau, traverse entièrement cette commune.

Un ruisseau d'eau vive la parcourt dans toute sa longueur.

Les maisons sont, en général, bien construites et surtout appropriées aux besoins de ceux qui les habitent; il en est, parmi elles, quelques-unes dignes d'attention, tant par leur beauté que par l'étendue de leurs dépendances. Celles de MM. Chodron et Martin, sous le rapport de l'art, sont dignes des plus grands éloges. Mais M. Leroy de la Brière en possède une plus remarquable encore. Elle était, avant la révolution de 89, ce qu'on appelait un *franc-alleu*. La régularité de son architecture et l'élégante simplicité avec laquelle elle est ornée dans toutes ses parties, concourent à en faire l'habitation la plus jolie et la plus agréable d'Orly.

Le hameau de Grignon, dans sa partie dépendante d'Orly, renferme aussi deux belles maisons de campagne, celle de M. Auger, et celle de M. Duchafault, député.

La température d'Orly est douce ; les rues, lavées par le ruisseau, sont d'une très-grande propreté ; le pavage en est complet.

Une brigade de gendarmerie, stationnée à la Belle-Épine, est chargée de maintenir l'ordre et de veiller à la sécurité des habitans.

Les locations annuelles sont d'un prix fort peu élevé. Les approvisionnemens de bouche se font à Choisy-le-Roi, où il y a un marché qui tient une fois par semaine, le jeudi ; les subsistances seraient peu chères, si la distance qui sépare Orly de Choisy-le-Roi n'exigeait un moyen de transport qui en augmente beaucoup le prix.

Il y a plusieurs places publiques bien entretenues et quelques promenades aux environs. La place la plus belle est celle qui touche à l'église : elle est plantée en tilleuls, et fait face à la mairie et à l'école que l'on construit en ce moment. Il y a plusieurs fontaines publiques, entre autres près de laquelle se trouve un grand lavoir pour les lessiveuses.

L'église, entretenue avec le plus grand soin, passe pour la plus ancienne et la mieux conservée de toutes celles du département.

Le cimetière est nouvellement transféré à l'extérieur du village ; on y arrive par une route pavée. Son entrée est d'une richesse d'architecture dont les établissemens de ce genre offrent peu d'exemples dans le département de la Seine : il renferme un nombre assez considérable de beaux monumens, et sa tenue est on ne peut plus satisfaisante.

Le presbytère, appartenant à la commune, est fort bien.

L'instruction publique compte deux écoles primaires ; une pour chaque sexe. En hiver, ces écoles sont fréquentées par trente-deux garçons et vingt-huit filles.

Trois chemins de fer, projetés, doivent, d'après leur tracé, parcourir le territoire de la commune ; ce sont les chemins de Strasbourg, de Lyon et d'Orléans.

L'agriculture a fait de grands progrès depuis la suppression des jachères. Il y a deux grands et beaux troupeaux. Les principales exploitations se font en blés, avoine, pommes de terre, betteraves, foin, luzerne et fruits. La prospérité de cette commune n'est assurée que par le commerce en grand des produits de l'agriculture. Le territoire est composé de terre franche, et comprend environ 1,800 arpens ; le prix de l'arpent de terre labourable est de 1,500 à 1,600 fr.

Les habitans d'Orly sont laborieux : tous leurs instans sont employés à la culture de leurs champs et de leurs vignes, et il est à remarquer que, sur une population de 550 habitans, 420 sont propriétaires d'un terrain d'une certaine étendue.

La fête patronale a lieu à la Saint-Germain ; on la célèbre toujours le dimanche qui suit le jeudi de l'Ascension. La position d'Orly et son aspect riant attirent à cette fête un grand nombre d'habitans de Paris et des environs.

Maire, M. Leroy de la Brière.—Adjoint, M. Salmé. — Curé, M. Leclerc. — Commandant de la garde nationale, M. Delsys. — Capitaine, M. Mouzard. — Percepteur, M. Aprin. Les jours de recette sont le deuxième mardi du mois.

Il faut adresser les lettres : *A Orly, banlieue de Paris*. Il y a deux distributions par jour en été, et une en hiver.

Les relations avec Paris sont fréquentes; mais les moyens de transport peu faciles, par la nécessité d'aller chercher à Choisy-le-Roi les voitures qui partent d'heure en heure.

RUNGIS.

Rungis, à trois lieues sud de Paris ; canton et justice de paix de Villejuif, arrondissement de Sceaux, département de la Seine.

Il a pour annexes : une partie de la Belle-Épine ; et pour enclaves : Chevilly, le département de Seine-et-Oise, Thiais, et Fresnes-lez-Rungis.

La route royale de Fontainebleau et une route départementale traversent le territoire. Il se compose de terres argileuses et d'autres mélangées de pierres; il est livré à la culture du blé, de l'avoine, du seigle et de l'orge.

Il fournit plusieurs sources abondantes, qui, du regard commun où elles sont réunies, coulent dans un aqueduc souterrain, traversent la vallée de la Bièvre au moyen de l'aqueduc d'Arcueil, et se rendent à Paris, dans un château d'eau, situé rue Cassini, près l'Observatoire. Elles alimentent plusieurs fontaines des quartiers méridionaux de la capitale.

On ne compte à Rungis que trois petites maisons de campagne, bien bâties, et situées dans la plus riante position ; elles frappent agréablement la vue.

La propreté et le bon entretien du village contribuent pour beaucoup à sa salubrité. Il n'a encore qu'une seule rue de pavée, mais toutes les autres ont été rendues praticables, par les soins de l'autorité du lieu. La population de Rungis s'élève, d'après un recensement exact, à 194 habitans, fournissant à la garde nationale une subdivision de 34 hommes, et faisant partie du 3e bataillon de la 3e légion de la banlieue. La sécurité est maintenue par la brigade de gendarmerie de la Belle-Épine.

Le prix des locations annuelles varie de 100 à 300 fr. Celui des subsistances est peu élevé.

L'église, reconstruite à neuf en 1782, n'offre rien de remarquable dans son architecture, mais elle est bien entretenue ; le cimetière y est attenant, il est d'une étendue suffisante, bien distribué et enclos d'un mur en assez bon état. Rungis ne possède encore ni presbytère ni cure. L'église est desservie par le curé de Fresnes-lez-Rungis.

L'école primaire est divisée en deux classes séparées, l'une de jeunes filles, l'autre de jeunes garçons ; elle est fréquentée par quarante enfans environ.

L'agriculture a fait, depuis plusieurs années, des progrès considérables. Les soins et l'activité des cultivateurs ont opéré l'entière disparition de la nielle, plante nuisible à la végétation des céréales et très-difficile à extirper.

M. le maire de Rungis porte tous ses soins à la bonne tenue d'une belle ferme qui lui appartient, et qui renferme un nombreux troupeau destiné aux boucheries de Paris.

Le commerce agricole s'y fait en

grand, et procure d'abondantes ressources aux habitans.

La fête patronale se célèbre le quinze août, jour de l'Assomption de la Vierge; elle attire un grand concours de monde, de Paris et des environs.

Les vœux de l'autorité et de ses administrés sont:

1° L'établissement d'une boîte aux lettres, indispensable aux besoins de la commune;

2° Le pavage complet des différentes rues;

3° Une mairie, à laquelle on adjoindrait une école communale.

Le plan de cette construction est dressé; on en sollicite l'exécution.

Maire, M. Coquillar. — Adjoint, M. Roinville. — Lieutenant de la garde nationale, M. Rouget.

Il faut adresser les lettres: *A Rungis, par Antony*.

Les communications avec Paris sont peu faciles: les habitans de Rungis sont obligés de faire à peu près une demi lieue pour prendre les voitures publiques de Bourg-la-Reine.

THIAIS.

Thiais, à deux lieues et demie sud-est de Paris; canton et justice de paix de Villejuif, arrondissement de Sceaux, département de la Seine.

Annexes: une partie des hameaux de Grignon et de la Belle-Épine; enclaves: Vitry, Choisy-le-Roi, Orly, Rungis et Chevilly. La route départementale de Choisy-le-Roi à Versailles passe par Thiais.

La population est évaluée à 1,086 ames; elle fournit une compagnie de 137 gardes nationaux, presque tous habillés et faisant partie du 3e bataillon de la 3e légion de la banlieue.

Le village occupe un site remarquable par sa belle position; il est bâti à mi-côte et domine Choisy-le-Roi, le cours de la Seine et jusqu'aux rives de la Marne. Plusieurs belles habitations, nouvellement élevées, contribuent à le rendre plus agréable. Le prix des loyers est de 200 à 500 fr. Les vivres sont assez chers; mais on se les procure facilement. L'air est bon; il règne une grande propreté dans les rues, dont une partie seulement est pavée. La place est petite; on y voit une fontaine avec un lavoir public, vaste, bien disposé, et d'autant plus utile aux habitans, que le blanchissage du linge est leur principale industrie.

L'église est du moyen âge; le chœur est assez beau. Le presbytère tient à l'église. Le cimetière est encore au centre du village, emplacement que réprouvent également la salubrité publique et le respect dû aux tombeaux.

La gendarmerie de Choisy veille à la sécurité générale.

Thiais a une salle de spectacle qui est bien distribuée; elle peut contenir quatre cents personnes. Construite il y a quelques années par M. Perrier, architecte, elle appartient aujourd'hui à M. Durand. Elle est exploitée, en hiver, par une troupe de comédiens ambulans; et en été, par des amateurs. L'excédant de la recette sur les frais est consacré au soulagement des pauvres de la commune.

Une grande amélioration a été soumise à l'autorité supérieure; elle consiste dans l'achat d'une maison, dont les localités présentent l'avantage de pouvoir réunir: 1° la mairie; 2° un logement pour l'instituteur primaire; 3° une classe pour ses élèves; 4° un corps-de-garde.

On attend l'approbation nécessaire, qui, sans doute, ne manquera pas à cet utile projet.

La commune devrait, dans son intérêt bien entendu, s'occuper sans retard de la réparation de ses chemins vicinaux.

Elle possède plusieurs écoles et pensionnats ; une école primaire pour les garçons, une pour les filles ; celle-ci est dirigée par des sœurs de charité : cette école a été instituée par une donation provenant de personnes charitables, habitans de la commune ; un pensionnat de garçons, tenu par M. Taillefer ; un autre de demoiselles, tenu par Mme Quenin ; une école privée, tenue par mademoiselle Braine ; enfin, un pensionnat spécialement consacré à l'étude de la langue anglaise, et tenu par M. Sivrac.

L'agriculture a fait assez de progrès ; la terre est bonne. On récolte du blé, de l'avoine et d'autres graines de différentes natures. L'arpent se vend de 1,500 à 2,000 fr. suivant la qualité de la terre.

Le commerce a peu d'étendue, la buanderie occupe un grand nombre de femmes ; une propreté recherchée règne dans cette branche industrielle, et en justifie la prospérité.

La fête patronale est celle de saint Leu et saint Gilles, 1er septembre. Cette fête est considérée comme foire ; beaucoup de marchands s'y rendent avec des objets d'utilité, tels que ustensiles de ménage, etc. On la célèbre le premier dimanche de septembre.

Maire, M. Dupressoir ✠. — Adjoint, M. Cassard. — Secrétaire de la mairie, M. Fossard. — Curé, M. Hersen. — Capitaines de la garde nationale : MM. Petit et Sivrac. — Percepteur des contributions, M. Arpin. Les jours de recette sont tous les jeudis.

Il faut adresser les lettres : *A Thiais, banlieue de Paris.*

Thiais communique avec Paris au moyen des voitures publiques de Choisy-le-Roi.

VITRY.

Vitry-sur-Seine, à deux lieues sud de Paris ; canton et justice de paix de Villejuif, arrondissement de Sceaux, département de la Seine.

Les enclaves sont : Ivry, Choisy-le-Roi, la Seine et la route départementale de Villejuif.

Le territoire se divise en trois classes : l'une est argileuse, l'autre est sablonneuse, la dernière est caillouteuse ; on compte aussi, dans l'étendue de cette commune, beaucoup de carrières à pierre et à plâtre.

Une route royale de deuxième classe et une route départementale, partant du pont de la Bosse-de-Marne et se terminant à Sceaux, traversent la commune.

De la côte de Villejuif, on découvre les sites les plus rians et les plus pittoresques : les regards du voyageur s'arrêtent avec complaisance sur les labyrinthes de verdure qui couvrent ce coteau et toute la plaine.

Parmi une vingtaine de propriétés bourgeoises, on distingue celle de madame veuve Agasse, et celle qui appartint au célèbre chirurgien Dubois ; le château est entouré d'un parc d'une vaste étendue, clos d'un mur en bon état de construction.

La population de Vitry s'élève à 2,177 habitans, fournissant 400 gardes nationaux, divisés en quatre compagnies, faisant partie du 3ᵉ bataillon de la 3ᵉ légion de la banlieue.

Une subdivision de sapeurs-pompiers est chargée de la manœuvre et de l'entretien de la pompe à incendie.

La température de ce village est douce; toutes les rues sont pavées et entretenues avec le plus grand soin. Le prix des locations varie de 100 à 300 fr.; celui des subsistances est aussi élevé qu'à Paris.

Vitry compte cinq places, y compris celle de la mairie, qui est d'une belle étendue.

Parmi les nombreuses pépinières qui couvrent le territoire, il en est une que les habitans ont choisie pour but de leurs promenades; en effet, cette pépinière réunit tous les agrémens d'un lieu de délassement.

Quatre fontaines publiques servent aux besoins des habitans de Vitry.

La construction de l'église date du treizième siècle : son architecture n'offre rien de remarquable; le portail seul attire les regards par la hardiesse de la tour dont il est surmonté; son état actuel exige de grandes réparations.

N'ayant point encore de presbytère, la commune paie le logement de son curé.

Le cimetière est situé à l'extérieur du village; au milieu d'un grand nombre de monumens remarquables, figure celui de feu M. Durand, placé sur une légère éminence. Les soins les plus minutieux sont apportés à l'entretien de ce cimetière, qui est enclos d'un mur bien et solidement construit.

Les travaux nécessaires à la construction d'une mairie, d'une prison et d'un corps-de-garde y attenant, s'exécutent avec activité, et l'on espère que sous peu les habitans jouiront de ce bâtiment.

L'école communale est séparée en deux classes, l'une consacrée aux jeunes garçons, l'autre aux jeunes filles; ces deux classes comptent ensemble environ 120 enfans.

Vitry possède en outre une école privée, destinée aux jeunes gens. Elle se distingue par la rapidité des succès de tous les élèves qui la fréquentent.

Il est peu de progrès à signaler dans l'agriculture; mais chaque jour amène quelque amélioration dans la culture des arbres. Les nombreuses et belles pépinières de Vitry sont une source abondante de prospérité pour ses habitans. Les propriétaires de ces pépinières offrent un exemple trop rare de nos jours : chaque année, la Saint-Martin les voit se réunir et régler amiablement, à la suite d'un repas fraternel, les comptes de chacun d'eux. Tous les intérêts y sont discutés avec douceur, modération et loyauté; aussi, au moment des adieux, cette réunion présente-t-elle autant de joie et de cordialité qu'au moment où elle se forme.

La fête patronale est celle de saint Germain, 31 juillet, et se célèbre le dimanche suivant.

Elle se prolonge l'espace de trois jours, et attire une grande affluence de monde.

Les vœux de la commune tendent à obtenir la résidence de la sous-préfecture, attendu son point incontestable de centralité.

Ils sollicitent aussi l'assistance d'une brigade de gendarmerie, nécessaire à la sécurité publique; et l'établissement d'un marché.

Maire, M. Lamouroux ✻. — Adjoint, M. Sergent. — Notaire, M. Hoinet. — Curé, M. Tutaly.—Percepteur des contributions, M. Delamarre ; ses jours de recette sont les dimanches et les lundis. —Médecins : MM. Morel et Sauce.—Vétérinaire, M. Picard.—Capitaines de la garde nationale : MM. Morel, Massiac, Bouscatil, Besat.

Vitry a son bureau de distribution de lettres; il faut adresser : *A Vitry-sur-Seine, banlieue de Paris.*

Les communications avec Paris s'établissent facilement par la multiplicité des voitures publiques spécialement consacrées au service de la commune.

Les voitures dites *Jumelles*, et celles dites *Favorites*, effectuent régulièrement quatre départs et quatre arrivées par jour.

CANTON DE CHARENTON-LE-PONT.

Charenton-le-Pont. — Alfort-Maisons. — Bercy. — Bonneuil-sur-Marne. — Bry-sur-Marne. — Champigny. — Charenton-Saint-Maurice. — Créteil. — Joinville-le-Pont. — Nogent-sur-Marne. — Saint-Maur-les-Fossés.

CHARENTON-LE-PONT.

Charenton-le-Pont, à une lieue sud-est de Paris; chef-lieu de canton et de justice de paix, arrondissement de Sceaux, département de la Seine.

Cette commune est située sur la rive droite de la Marne, un peu au-dessus du confluent de cette rivière avec la Seine. Elle a, sur la Marne, un très-ancien pont, auquel elle doit la désignation qui la distingue de Charenton-Saint-Maurice, dont elle est limitrophe.

Elle est traversée par la route royale, qui se divise au débouché du pont dans Alfort, et qui conduit, d'une part, à Béfort, par Troyes; et de l'autre, à Lyon, par Auxerre.

Elle est enclavée; au nord, par Saint-Mandé ; à l'est, par Charenton-Saint-Maurice et le bois de Vincennes ; au sud, par la Marne et la Seine ; à l'ouest, par Bercy.

Elle se partage en trois sections, qui sont : Charenton-le-Pont, proprement dit, Conflans et les Carrières. Jadis, ces trois endroits étaient séparés les uns des autres ; maintenant, ils sont réunis par une continuité d'habitations dont le nombre s'accroît chaque jour, depuis le pont de Charenton jusqu'à l'arcade de Conflans, limites de la commune à l'est et à l'ouest. Depuis quelques années, un nouveau quartier se forme, sous le nom de *quartier de Gabrielle*, autour du pavillon qui fut, dit-on, habité par cette femme célèbre, et se trouve sur la route, à gauche, en entrant dans Charenton-le-Pont.

La population de la commune est de

2,558 ames, d'après le recensement de 1836. Elle fournit deux compagnies de 100 hommes chacune, au 5e bataillon de la 4e légion de la banlieue. Il y a, en outre, dix sapeurs-pompiers, pour le service de la pompe à incendie, qui appartient à la commune.

Les bords de la Marne et de la Seine, la belle pelouse de Bercy et le bois de Vincennes, sont des promenades charmantes ; et des jardins élevés de Charenton et de Conflans, on jouit d'un effet de panorama de la plus grande beauté. On remarque, à Conflans, le château et les jardins, qui servent de séjour de plaisance aux archevêques de Paris.

L'air de la commune est bon ; toutes ses rues sont pavées, bien entretenues et d'une grande propreté. Des rues, nouvellement percées, rendent la circulation plus facile. L'éclairage public a lieu d'après un procédé particulier du docteur Pradal. Une brigade de gendarmerie concourt, d'ailleurs, au maintien de l'ordre et de la tranquillité. Il n'existe encore ni place publique, ni fontaines dans la commune ; mais elle ne tardera pas à jouir de ces avantages. Le quartier de Gabrielle aura une place. La compagnie des eaux de la Seine, prises au pont de la Bosse-de-Marne, s'est engagée, en compensation des concessions à elle faites par la commune, à lui fournir gratuitement deux bornes-fontaines. En employant cette précieuse abondance d'une eau pure et salubre au bien-être de ses habitans, la commune n'oubliera pas sans doute qu'elle doit la faire contribuer à son embellissement par deux monumens dignes d'elle et de leur utilité.

Les loyers d'habitation sont de prix très-variés, depuis 100 jusqu'à 500 fr.

La commune est abondamment approvisionnée de toutes sortes de denrées par la concurrence de boutiques bien fournies et par un grand nombre de colporteurs qui apportent, chaque jour, tout ce qui est nécessaire aux besoins de la vie ; mais aussi tout y est aussi cher qu'à Paris.

L'église est à Conflans, près du château de l'archevêque. Elle occupe le point culminant de la côte sur laquelle est bâtie la commune ; sur son emplacement était, au 13e siècle, une chapelle qui portait le nom de Saint-Martin. L'édifice actuel date du 15e siècle ; il fut dédié par Guillaume, évêque de Paris. Des réparations faites en 1764 lui ont donné les apparences modernes ; mais son état de dégradation, qui peut compromettre la sûreté de ceux qui le fréquentent, fixa, au commencement de 1830, l'attention de l'autorité. Des dispositions furent prises et des fonds assignés pour l'érection d'une nouvelle église, au bas de la rue des Carrières, près de Charenton, sur un terrain dépendant de la propriété appelée le *Séjour*, lieu qui a ses souvenirs historiques. Les événemens de 1830 ont fait ajourner indéfiniment l'exécution de ce projet, que la commune désire ardemment ; mais qu'elle ne peut réaliser avec ses seules ressources et sans l'aide du gouvernement.

L'ancien cimetière environne l'église, et l'abus des inhumations en a envahi les accès jusqu'au seuil de la porte. Pour entrer dans le lieu saint, on foule aux pieds la cendre des morts. Depuis quelques années, enfin, on n'inhume plus en ce lieu ; un cimetière nouveau, d'une grande dimension, clos de murs, et qui ne laisse rien à désirer sous tous les rapports, a été établi au centre des trois divisions de la commune, dans un emplacement qui est encore isolé de chacune d'elles, mais qui, un jour, se trouvera dans leur enceinte; et ce jour n'est peut-être pas éloigné, si l'on en juge par l'accroissement rapide de la population et des habitations.

Un beau presbytère est attenant à l'église; il appartient à la commune.

Le bureau de bienfaisance a pour auxiliaires des dames de charité, qui font aux indigens des distributions de secours à domicile, hebdomadaires, temporaires ou d'urgence. La mendicité publique n'est pas tolérée.

Après le rétablissement du château des archevêques, on y a établi une communauté avec pensionnat, qui compte plus de 40 élèves. Mme de Grammont y entretient, à ses frais, 30 orphelines par suite du choléra. A l'époque de cette maladie cruelle, M. l'archevêque mit à la disposition de la commune, avec une somme de 10,000 francs, une maison, qu'il possède dans l'impasse de Conflans il voulut que les cholériques y fussent traités et y trouvassent tous les secours. Depuis, et aux frais d'une œuvre spéciale, dans cette même maison sont entretenues une trentaine d'orphelines de parens cholériques. L'administration de cet établissement philantropique est confiée à des sœurs remplies de charité et de zèle.

La commune possède une école primaire de garçons, dirigée par M. Boyenvalle; une école primaire de jeunes filles par Mme Féhaut; une école libre, avec pensionnat, par M. Ortiguier; un pensionnat de garçons, par M. Perraut; un pensionnat de demoiselles, par Mlle Le Hugeur. Ce dernier établissement, voisin du précédent, est situé sur le bord de la grande route, entre une belle cour et des jardins spacieux.

Le territoire de la commune s'étend dans la plaine dite de Bercy, il est traversé par la route qui conduit à Saint-Mandé: sa superficie offre du calcaire, du sable et de la glaise, qui couvrent des carrières autrefois exploitées, en exploitation actuelle ou à exploiter; il est bien cultivé et produit du seigle, des pommes de terre, des betteraves et beaucoup de légumes.

L'industrie et le commerce sont assez actifs, et prennent chaque jour un nouveau développement. Une fabrique de porcelaine occupe 250 ouvriers; elle fut établie, il y a plusieurs années, par M. Jullien; elle appartient aujourd'hui à M. Dupuis. Sa situation sur la grande route est très-favorable.

L'ancienne maison des Carmes, longtemps occupée par une fonderie anglaise, et qui, depuis quelques années, restait sans emploi, a été dernièrement rendue à la même destination par son nouveau propriétaire, M. Hamon, ingénieur mécanicien anglais. Cet établissement est très-considérable et fort beau.

On compte, aux Carrières, beaucoup de magasins de vin en gros. Les principaux sont ceux de MM. Place, Santallier, Morat, Bouilhet, Genty père, Genty fils aîné, Desvignes, Adam, Pérot, Larsonnier, Bizanard, Briard, Charondier, Perrin, etc.

Immédiatement au-dessous du pont, et au moyen de travaux très-considérables, on a formé, du bras droit de la Marne, une belle et longue gare, qui offre, à la navigation, un port assuré dans les temps de glace ou de trop fortes eaux. Le directeur de cet établissement est M. Boucher, aux Carrières.

Le pavillon de Gabrielle est un des monumens historiques de la commune. Restauré et embelli par les soins de la duchesse d'Orléans, mère de Louis-Philippe, il est en très-bon état de conservation, et ses propriétaires actuels l'ont mis en vente, depuis plusieurs années, ainsi que ses dépendances, qui vont former un nouveau quartier. La commune a le projet de l'acquérir et d'y établir sa mairie, si l'autorité supérieure l'aide à exécuter ce dessein ; car elle ne saurait en supporter seule la dépense.

Les appartemens attenant au pavillon et un jardin à la suite, ont été loués et disposés pour des bals publics d'été et d'hiver. Cet établissement, qu'on appelle *le Ranelagh de Charenton*, a été formé par M. Génard.

Depuis plus de trente ans, on s'occupe du projet d'établir, à partir du pont de Charenton et en suivant la berge de la Seine jusqu'à la barrière de la Rapée, une route royale, que recommandent plusieurs avantages. Ce projet, d'accord avec le vœu bien prononcé de la population, a pour but : 1° de donner un plus bel abord à la capitale, de ce côté où aboutissent les deux principales routes de l'est de la France ; 2° d'éviter aux voitures, et surtout aux voitures lourdement chargées, les deux montagnes de Charenton et de la Grande-Pinte ; 3° d'obvier aux dégradations de la route actuelle, qui, dans tout le parcours de Charenton à Bercy, est étayée, tant pour réparer que pour prévenir les éboulemens considérables et assez fréquens dans ce terrain excavé de toutes parts. Plusieurs entonnoirs se sont ainsi formés dans la plaine, et l'un des arbres de la route est descendu de plusieurs pieds.

Par la réalisation de ce beau projet, la route de Châlons-sur-Marne à Paris, que l'on crée actuellement, et qui passe par Rosay, Tournan et Saint-Maur, pourrait être détournée de la traverse du bois de Vincennes. On lui ferait suivre le canal de Saint-Maur et le bras droit de la Marne, et rejoindre, au pont de Charenton, la nouvelle route du bord de l'eau, qui servirait ainsi à trois des plus grandes lignes de communication intérieure.

La fête patronale de la commune est celle de saint Pierre, 29 juin. Elle est célébrée à l'église le dimanche suivant ; mais une fête champêtre a lieu le dimanche d'ensuite à Charenton, sur le terrain de la Gare. Une seconde fête champêtre a récemment été établie, le dimanche qui suit la Saint-Fiacre (30 août); elle se tient quartier et rue Gabrielle.

Maire, M. Santallier. — Adjoint, M. Thiou. — Juge de paix, M. Vinot. — Greffier, M. Porel. — Conseillers municipaux : MM. Ridant, Chabot, Cirat, Morat, Deloison, Prunier, Rivet, Cottin, Marty, Guérin, Riquet, Larsonnier, Châtriot. — Notaire, M. Vantenat. — Curé, M. Chossard. — Vicaire, M. Sallers. — Percepteur des contributions directes, M. Louis (les mercredis et samedis). — Receveur de l'enregistrement et du timbre, M. Vincent. — Receveur des contributions indirectes, M. Chirot. — Avoué, M. Moreau. — Médecin, M. Ramon. — Pharmacien, M. Martin.

La commune a un bureau de poste aux lettres ; directrice, Mlle Dupasquier. Il suffit d'adresser : *A Charenton-le-Pont*.

Les voitures publiques nommées *les Diligentes*, et celles qui sont désignées par le sobriquet de *Coucous*, font un service continuel entre Paris et la commune. Les Diligentes ont, à la barrière de Charenton, une correspondance de voitures du même nom, qui circulent dans tout Paris.

ALFORT-MAISONS.

Alfort et Maisons; ces deux villages, au sud-est de Paris, ne sont séparés l'un de l'autre que par une courte distance, et ne forment qu'une commune.

Alfort, à deux lieues de Paris, est situé sur la rive gauche de la Marne, en face de Charenton, au point où se réunissent les deux routes royales de Troyes et de Lyon.

Maisons, à un quart de lieue d'Alfort, est situé sur la route de Lyon, dans la plaine qui s'étend entre la Seine et la Marne.

Cette commune est du canton et de la justice de paix de Charenton-le-Pont, arrondissement de Sceaux, département de la Seine.

Elle a pour annexe: Charentonneau. Elle est enclavée par la Seine, la Marne et le territoire de Créteil.

Alfort, placé dans l'angle que forment les deux rivières à leur confluent, communique avec la rive droite de la Marne par le pont de Charenton, de construction ancienne, et avec la rive gauche de la Seine par un pont récemment bâti, et appelé pont de la *Bosse-de-Marne* ou *d'Ivry*, sur lequel passe une nouvelle route, qui de là se dirige sur Paris par la rive gauche de la Seine.

La population d'Alfort-Maisons monte à 1,050 ames, et fournit à la garde nationale une compagnie de 160 hommes, appartenant au 5me bataillon de la 4me légion de la banlieue.

Près d'Alfort sont deux châteaux. Le premier, avec un beau parc, des dépendances considérables en terre d'exploitation, et un très-beau moulin à farine sur le grand bras de la Marne, s'appelle Charentonneau; il appartient à M. Gremouille. Le second est le château Gaillard, maison de plaisance, plutôt que de rapport, et propriété de M. le marquis Dodun.

On distingue aussi un moulin neuf sur la Marne, appartenant à M. Margueritte.

On remarque à Maisons plusieurs habitations bourgeoises d'une élégance recherchée.

Ces deux villages jouissent d'un air salubre qu'ils doivent à leur situation. Leur aspect se ressent de la proximité de Paris. Ils sont bien bâtis; les rues sont larges, pavées et entretenues avec propreté; mais elles ne sont pas encore éclairées.

Les loyers d'habitation varient de 200 à 500 francs par maison. Les subsistances sont chères, comme dans tout le voisinage de la capitale.

On trouve, à Alfort, des promenades délicieuses sur le bord de la Marne, fréquentées par un grand concours de monde.

La commune vient de faire établir, à ses frais, dans le village de Maisons et près de l'église, une mairie, qui réunit, aux distributions les plus convenables, un corps-de-garde et deux écoles primaires, pour garçons et filles.

Alfort possède une école royale vétérinaire, qui jouit d'une grande renommée. Fondée en 1764 par Bourgelat, cette école n'avait alors qu'un système d'enseignement fort borné. La loi de germ. an III a donné à cet établissement une nouvelle organisation et plus de développemens. Elle est actuellement classée dans les attributions du ministère de la guerre. Son enseignement comprend :

1° L'anatomie et la physiologie de tous les animaux ;

2° La connaissance extérieure des animaux ;

3° La botanique, la chimie pharmaceutique, la matière médicale ;

4° L'art de forger, la maréchalerie, la jurisprudence vétérinaire ;

5° La théorie et la pratique des traitemens des diverses maladies ;

6° L'économie rurale, théorique et pratique.

Dix répétiteurs et dix adjoints partagent les travaux des professeurs.

Les bâtimens, très-agrandis, contiennent une bibliothèque spéciale de zoologie domestique, un cabinet d'anatomie comparée, et un autre de pathologie, qui sont ouverts au public tous les jours. De vastes hôpitaux pour les animaux malades, des forges, un laboratoire de chimie, une pharmacie, un jardin botanique, un terrain pour la culture des fourrages, un rucher, un troupeau de bêtes à laine destiné à des expériences sur le croisement des races et l'amélioration des laines ; un bureau d'expériences, un amphithéâtre pour les cours ; des logemens pour les professeurs, les élèves et les employés.

Quarante élèves sont admis aux frais du gouvernement ; à leur sortie de l'école ils sont destinés à entrer dans la cavalerie avec le grade de maréchaux-des-logis. Les autres élèves paient 365 francs de pension, et, après des études approfondies, sont classés, pour la plupart, dans les départemens comme artistes vétérinaires. Les élèves du gouvernement sont admis à l'âge de seize ans, et au-dessus de vingt jusqu'à trente ; les autres sont reçus à tout âge. La durée des cours est de cinq années. Le directeur de l'école est M. Auguste Yvart.

L'église de Maisons, dont la construction remonte au commencement du quinzième siècle, est entretenue avec soin, et se distingue par un clocher d'une grande hardiesse.

La commune n'ayant point de presbytère, le curé se trouve logé à Maisons aux frais des habitans.

Le cimetière est à l'extérieur ; il est clos par un beau mur : on l'entretient avec le plus grand soin.

La navigation sur la Marne est florissante ; elle s'alimente par le bois, le charbon, le fer, etc., etc.

Les progrès qui s'opèrent dans la culture sont dus à la persévérance et à l'infatigable activité de M. Labbé, qui, novateur zélé pour cette branche importante, s'occupe continuellement de son amélioration. De nouveaux instrumens aratoires ont été mis en usage par lui.

M. Labbé est propriétaire d'environ 900 arpens de terre livrés à la culture des pommes de terre, du blé, de l'avoine, du seigle, des prairies naturelles ou artificielles, et principalement à celle des betteraves pour la fabrication du sucre. Il possède, en outre, un nombreux troupeau de moutons destinés, à cause de ses bons pâturages, pour les plus fortes boucheries de Paris.

La fabrique de sucre établie en cette commune, emploie annuellement deux millions de kilog. de betteraves que lui rapportent 200 arpens de terre, loués par M. Labbé. La fabrication de ce sucre s'exécute par une machine à vapeur ayant la force de huit chevaux. Une vingtaine d'ouvriers sont occupés à l'année pour l'exploitation importante de cet établissement. Ses relations commerciales ne s'étendent pas au-delà de la capitale. MM. Berncastell et compagnie, les propriétaires actuels, ont établi le siége de leur société rue d'Enghien, faubourg Saint-Denis, à Paris.

L'étendue du territoire d'Alfort et de Maisons réunis comprend environ 1,500 arpens de terres labourables.

Le commerce de ces deux villages prend sa source dans la vente des vins en gros et en détail.

Un nombre assez considérable de marchands de bois, de restaurateurs et de marchands de vin, viennent coopérer à la prospérité d'Alfort-Maisons.

Deux fêtes patronales ont lieu : celle d'Alfort, le dimanche de la Trinité, et celle de Maisons à la Saint-Remy, premier octobre. Cette dernière se célèbre le dimanche suivant. Elles attirent une grande affluence.

Maire, M. le marquis Dodun ✳. — Adjoint, M. Saintin.— Curé, M. Chenal. — Capitaine de la garde nationale, M. Lavocat; capitaine en second, M. Paris.

Il faut adresser les lettres : *A Alfort-Maisons, par Charenton-le-Pont.*

La poste aux chevaux est dirigée par M. Labbé; elle compte environ cent trente chevaux pour le service des diligences et malles-postes des deux grandes routes.

Les communications avec Paris s'établissent avec une grande facilité par le passage continuel de voitures publiques de tous genres.

BERCY.

Bercy, au sud-est de Paris, sur la rive droite de la Seine, au point où ce fleuve entre dans la capitale;

Canton et justice de paix de Charenton-le-Pont, arrondissement de Sceaux, département de la Seine.

Les enclaves de cette commune sont : au nord, Saint-Mandé; à l'est, Charenton-le-Pont; au sud, le cours de la Seine; à l'ouest, les boulevarts extérieurs de Paris, qui embrassent les barrières de la Rapée, de Bercy, de Charenton, de Reuilly et de Picpus.

Bercy se divise en plusieurs quartiers désignés comme il suit : *la Grande-Pinte,* sur la route royale n° 5, allant à Charenton-le-Pont; *la Rapée,* sur la Seine; *Bercy,* proprement dit, entre les deux premiers; *la vallée de Fécamp,* formée par la réunion des marais compris entre les barrières de Reuilly et de Picpus, et les communes de Saint-Mandé et de Charenton, jusqu'à la route royale n° 5.

La population fixe de toutes ces parties est de 6,428 habitans, d'après le dernier recensement qui en a été fait en septembre 1836.

Elle se compose de négocians, de marchands, d'ouvriers en tout genre, de jardiniers, de dérouleurs, etc.; il y a peu de bourgeois inoccupés; il y a aussi une population mobile importante. Elle est formée par les marchands de vin, vendeurs ou acheteurs, les courtiers, les charretiers et les ouvriers de toute espèce qui viennent chaque jour travailler et vivre à Bercy, et qui, le soir, rentrent dans Paris ou dans les communes voisines.

Bercy est traversé par trois routes : 1° la route royale de Melun, sous le n° 5, qui forme la rue de Charenton; 2° la route départementale n° 48, qui forme la grande rue de Bercy; 3° la route départementale n° 47, qui forme la rue Grange-aux-Merciers.

Bercy compte en outre plusieurs rues

communales, et des chemins vicinaux en bon état d'entretien.

La commune s'agrandit continuellement; on y élève tous les jours des maisons commodes et même élégantes. Le port de la Rapée est surtout remarquable aujourd'hui par la beauté de ses habitations et de ses vastes magasins, qui servent principalement à l'entrepôt des vins. Il se développe maintenant sur tout l'espace compris entre la barrière de la Rapée et le parc du château de Bercy. Il continue à s'étendre de ce dernier côté. Un jour, peut-être, il atteindra le village des Carrières Charenton. La localité et la prospérité de son commerce appellent et préparent également cette grande extension; ce chemin vient d'être reconnu vicinal, et les ressources de la nouvelle loi sur les chemins vicinaux, appliquées à celui-ci, devront avant peu en faire une véritable route, et doubler encore son importance.

Le terrain est trop précieux à Bercy pour qu'on y voie des maisons de plaisance et des jardins de luxe. De ses deux châteaux, l'un, appelé *le Petit Bercy*, appartient aujourd'hui à M. Gallois ✻, qui en a converti toutes les dépendances en maisons d'habitation, en entrepôts de vins, et en chantiers de bois à œuvrer et à brûler; l'autre château appartient à M. le marquis de Nicolaï; il est d'une belle architecture. Bâti par Leveau, son intérieur fut dans la suite distribué d'une manière plus moderne par Laguespière, et renferme des peintures estimées; son parc de 360 arpens, dessiné par Lenôtre, et considérablement embelli par le financier Pâris de Monmartel, est encore remarquable par ses plantations de haute-futaie. Mais il subit l'influence des idées qui dominent actuellement, et qui, favorables à l'industrie et à l'utilité, tendent à la division des grandes propriétés improductives et onéreuses à leurs possesseurs, comme au pays. L'intérieur du parc de Bercy est déjà livré en grande partie à des cultures diverses. La belle terrasse qui le borde sur la rive de la Seine, est entamée, dans sa partie contiguë à la commune, par des établissemens d'industrie et d'utilité; l'envahissement n'en restera pas là; car si, d'une part, la présence de ces constructions enlève quelque chose à la beauté du parc; de l'autre, les besoins du commerce lui donnent une énorme valeur foncière, dont le poids doit raisonnablement faire pencher la balance en sa faveur.

L'air est vif et salubre à Bercy. Toutes les rues sont pavées et bien entretenues; elles sont éclairées par 48 réverbères, *système Bordier-Marcet*, mais cet éclairage n'a lieu que pendant les six mois d'hiver, à cause de la pénurie des fonds communaux. Le même obstacle s'oppose à ce que le balayage et l'enlèvement des boues soient aussi parfaits qu'ils devraient l'être. Du reste, l'ordre public et la sécurité y sont exactement maintenus; une brigade de gendarmerie et un sergent de ville, garde communal, sont employés à ce service; mais la population fixe et mobile, et les mouvemens du commerce sont trop considérables, pour que la présence d'un commissaire de police n'y soit pas bientôt reconnue indispensable.

Le prix des terres arables est de 5,000 francs à 6,000 francs l'arpent, selon la qualité et la convenance. Les terres cultivées *en marais* se vendent ordinairement 15,000 francs l'arpent et sont louées 500 francs. Les terrains propres à recevoir des constructions sont très-recherchés, et s'élèvent quelquefois à 60 et

80,000 francs. Les immeubles et les loyers sont aussi chers qu'à Paris; mais les subsistances coûtent moins, Bercy n'ayant pas d'octroi; elles y viennent, d'ailleurs, en abondance, soit de Paris, soit des campagnes environnantes.

Une belle place devant l'église, et les boulevarts extérieurs sont les seules promenades de la commune; mais elle est voisine du bois de Vincennes, et ses alentours offrent des sites agréables sur les bords de la Seine et de la Marne.

Dans la rue Grange-aux-Merciers est une caserne contenant 200 hommes du train des équipages militaires.

Depuis long-temps Bercy aurait un théâtre, si MM. Séveste frères, investis du privilége des théâtres de la banlieue, tout en négligeant cette riche commune, ne s'opposaient pas à l'établissement d'un autre directeur.

Bercy fournit à la garde nationale un bataillon de 800 hommes. Il est le quatrième bataillon de la quatrième légion de la banlieue. Ce bataillon se compose d'une compagnie de grenadiers; d'une de voltigeurs; de quatre compagnies de chasseurs: d'une compagnie de sapeurs-pompiers, forte de 50 hommes, tous habillés, et d'une subdivision de cavalerie, forte de 40 hommes.

La commune possède une salle d'asile pour *cent enfans*. Quatre écoles primaires pour les garçons, autant pour les filles, reçoivent journellement 600 enfans, dont 120 aux frais de la commune.

Un bureau de bienfaisance distribue des secours aux indigens et aux infirmes. La mendicité n'est pas tolérée.

Une belle église a été construite, il y a dix ans, au centre de la commune. Elle peut contenir plus de mille personnes. Le cimetière, placé hors du village, sur la route de Charenton, a un arpent d'étendue. Il a besoin d'être agrandi et le sera incessamment.

Le territoire de Bercy est cultivé avec intelligence et succès. On y voit beaucoup de *marais*, dont les nombreux produits sont chaque jour portés aux marchés de Paris.

Mais la commune n'est pas seulement agricole. Son heureuse position sur la Seine lui vaut un commerce immense de vins, qui y sont amenés de tous les vignobles de France. Ces vins, déchargés à son port, sont empilés dans ses vastes entrepôts et vendus pour la consommation de Paris, de la banlieue et de tout le nord. Ils arrivent à la fois par la haute et la basse Seine, et par l'Yonne; les uns venant du Rhône, de la Saône, de la Loire, etc., par les canaux du centre, de Briare et de Loing; les autres de Bordeaux et des provinces maritimes du midi par le Hâvre et les canaux de Saint-Denis et de Saint-Martin. Il en vient à peine la vingtième partie par la voie de terre, et c'est l'Orléanais qui les expédie ainsi. La vente annuelle est de 8 à 900,000 pièces de vin, dont la valeur en argent s'élève de 45 à 50 millions. Cette vaste source de richesses fait presque seule la prospérité de la commune. Cependant elle compte encore d'autres branches d'industrie, telles que les bois à œuvrer ou à brûler, les charbons de terre, les tuiles, les ardoises, etc. On y trouve une raffinerie de sucre indigène; une fabrique de cristaux; une tannerie et un assez grand nombre de buanderies.

L'administration de cette commune est difficile sous plus d'un rapport. Ses revenus étaient, il y a quelques années, dans un grand désordre, et sont encore insuffisans pour subvenir aux dépenses qu'exigeraient toutes les améliorations désirées. D'un autre côté, les élémens qui composent la majorité de la population, offrent plus d'un obstacle aux bonnes intentions de l'autorité. Néanmoins, de nombreux changemens en bien ont été effectués; les ressources communales s'accroissent successivement par une gestion prudente; l'instruction est propagée et encouragée par des prix annuels; des travaux utiles sont terminés ou entrepris, et, chose remarquable à cause de la nature de la population, l'ordre et la tranquillité publique sont partout respectés. Ces avantages sont dus aux soins constans du maire actuel, à la juste influence qu'il exerce sur les esprits, et à l'emploi, souvent répété, de ses propres deniers au bien-être général.

La fête patronale de Bercy est célébrée le premier dimanche du mois d'août et les trois jours suivans. Il y a joute sur la Seine et des jeux, des divertissemens de toute espèce.

Maire, M. Libert fils aîné ✻, membre du conseil général du département de la Seine. — Adjoints: MM. Duchaussoy aîné et Favrichon. — Curé, M. Billet. — Vicaire, M. Badin. — Commandant du bataillon communal, M. Pellou. — Percepteur des contributions, M. Sirot, qui reçoit tous les jours, excepté les dimanches et les lundis.—Juge de paix, M. Vinot, aux Carrières-Charenton. — Huissier, M. Lefranc, audiencier de la justice de paix. — Banquiers: MM. Benet et Libert fils aîné ✻. — Médecins: MM. Martin, Morisson, Belloli.

Commissionnaires-entrepositaires au port de la Rapée: MM. Allain G., Baudélocque frères et compagnie, Bergasse L., Boiteux et Galotte, Cadet et Ménant, Chambard et Buvée, Chesneau fils et Marion, Coissieu, Cornu et compagnie, Dolléans, Duchaussoy frères et Mas, Ducruix F., Durnerin aîné, Duru fils, Finet, Frémond, Guimety et compagnie, Hugot F., Larroze Pellou et compagnie, Lefebure et Cambronne, Loron frères, Montullé et compagnie, Narcy, Perminjat, Pardon jeune et compagnie, Proust H., Psalmon, Renet, Roux et Ségaux, A. Subé et S. Proust, Vancauteren-Baudoin, Vazeille Biauzat, Villetard. — Marchands de vins en gros: MM. Baudot et Griffe, Bissonnier, Carrichon père et fils, Cochoies et Bonneterre, Condemine, Desroches frères, Domboy père et fils, Dru et fils, Dufou et Canonge, Dufour ✻-Courtin, Durnerin jeune, Fleurot, Gireaux fils et Maraist, Léger, Leroy-Dupré frères, Laverrière-Favrichon, Luquet et Bourlet, Portier aîné ✻, Portier-Legendre, Portier-Desvignes, Portier-Domboy, Portier Fr., Ponbichet, Rizancourt et Richard jeune, C. Soulanges, etc., etc.

Beaucoup d'autres marchands de vins en gros demeurant et patentés à Paris, ont leurs magasins à Bercy, et viennent tous les jours y faire leur commerce; ils y ont leurs bureaux et magasins.

Commerce des bois: MM. Robineau, François Charpentier, Levasseur. — Charbons: MM. Brunet, Bidault. — Grains: MM. Picot, Veyrassat frères, Bonnard fils aîné. — Fabriques: Raffinerie de sucre indigène, M. Théodore Férat. — Cristaux, M. Paris. — Tannerie, M. Fortier fils, dit Beaulieu.

Le service de la poste aux lettres, pour la banlieue de Paris, a un bureau de distribution à Bercy.—Buraliste, Mme Lé

Bienvenu. Il faut adresser les lettres : *A Bercy, banlieue de Paris.*

Le relai de poste le plus voisin est à Alfort.

Les relations et les communications avec Paris sont de tous les instans. Des cabriolets de place stationnent à la Râpée, qui est, d'ailleurs, desservie par l'entreprise des Orléanaises, qui suit la ligne des quais jusqu'au Louvre, et de là jusqu'à Neuilly; par celle des Omnibus, qui suit la ligne des boulevarts, et par celle des Diligentes, qui suit la ligne de la rue Saint-Honoré, et va jusqu'aux Batignolles-Monceau ; et enfin par toutes les correspondances de ces entreprises qui conduisent à tous les points de la capitale.

BONNEUIL-SUR-MARNE.

Bonneuil-sur-Marne, à trois lieues et demie au sud-est de Paris, entre la Marne et la route royale de Paris à Brie-Comte-Robert ; canton et justice de paix de Charenton-le-Pont, arrondissement de Sceaux, département de la Seine.

Bonneuil est enclavé par Sussy, Valenton, Creteil, et la Marne, qui le sépare de la presqu'île de Saint-Maur-les-Fossés.

La population de cette petite commune n'est que de 260 ames; elle fournit cependant à la garde nationale 55 hommes, qui font partie du 5e bataillon de la 4e légion de la banlieue.

Ce village a un aspect d'aisance qui plaît aux regards. L'air en est salubre, bien qu'il soit situé dans un fonds et très-voisin de la Marne. Les rues sont pavées et entretenues dans une grande propreté. Une pompe communale fournit de l'eau pour les besoins des habitans. Les chemins vicinaux sont pavés aussi et en bon état; ils aboutissent tous à la route de Paris et à celle qui mène à Choisy-le-Roi. Ces divers avantages, la commune les doit à M. Desbrières, son maire, qui possède à Bonneuil un très-beau château, des terres d'une étendue considérable, et un moulin à farine d'une grande importance, et placé sur la Marne. L'autorité supérieure a secondé les soins du maire en faveur de ses administrés. On ne compte d'ailleurs à Bonneuil que deux maisons bourgeoises.

Il n'existe qu'une école primaire, commune aux enfans des deux sexes.

L'église est petite et d'un style moderne; elle n'est pas érigée en cure, elle est desservie par le curé de Creteil. Le cimetière est encore contigu à l'église.

Deux fermes, qui font partie du village, possèdent de beaux troupeaux de mérinos. Le territoire de la commune est peu étendu, et entièrement cultivé en blé; mais l'agriculture a fait peu de progrès. L'arpent de terre vaut, prix courant, 1,000 à 1,200 fr. Le prix des loyers n'excède guère 50 fr. par année. Celui des subsistances est le même qu'à Paris.

Bonneuil n'a pas encore de fête patronale célébrée par des jeux ; on se propose d'en établir une, à partir de 1837.

Maire, M. Personne Desbrières ✳.— Adjoint, M. Bidot.

Le service de la poste aux lettres se fait à Creteil ; mais il faut adresser les lettres à *Bonneuil-sur-Marne, par Charenton-le-Pont.*

Il n'y a pas de voitures spéciales et directes pour Paris; les communications ont lieu par les voitures de Creteil, et par celles qui fréquentent la route de Paris à Brie-Comte-Robert.

BRY-SUR-MARNE.

Bry-sur-Marne, à trois lieues et demie est de Paris ; canton et justice de paix de Charenton-le-Pont, arrondissement de Sceaux, département de la Seine.

Son annexe est le Moulin-de-Bry; ses enclaves : Noisy-le-Grand, Villiers-sur-Marne, Champs et Nogent-sur-Marne.

Situé sur la rive gauche de la Marne, et sur le versant de la côte du Vérout, dans la partie de l'est, Bry a une position et des alentours d'une beauté remarquable.

Son territoire se divise en terres sablonneuses, terres franches et terres calcaires.

La population de ce village s'élève à 378 habitans, fournissant à la garde nationale une compagnie de chasseurs, composée de 76 hommes, 3e bataillon, 4e légion de la banlieue.

La commune est traversée par deux routes départementales : l'une partant de l'embranchement de Champigny pour aboutir à Bry, l'autre de Nogent pour aboutir à Noisy-le-Grand.

Tous les chemins vicinaux viennent d'être rétablis à la largeur de 4 à 5 mètres.

Outre les huit belles maisons de campagne qui se font remarquer par leur élégance et leur tenue, Bry possède un château de la plus belle apparence : son architecture, la distribution de ses appartemens, leur richesse, joints à la beauté de sa position, à l'étendue du parc qui l'environne, font de la propriété de M. le baron Louis l'une des plus' elles habitations des environs de Paris.

La température de ce village est très-saine ; toutes les rues sont pavées ou cailloutées et entretenues avec la plus minutieuse attention.

La sécurité publique est maintenue par la brigade de gendarmerie, résidant à Joinville-le-Pont. Le prix des locations annuelles varie de 100 à 150 fr.; celui des subsistances est peu élevé.

Bry compte en monumens et établissemens publics : 1° une fontaine et son lavoir; 2° une belle place publique garnie d'arbres; 3° une mairie d'assez belle construction ; 4° une église d'un style gothique n'offrant rien de remarquable ; 5° un petit presbytère ; 6° un cimetière hors la commune, enclos d'un beau mur, et bien entretenu ; 7° une école publique, pour garçons et filles; elle reçoit 80 enfans environ; 8° enfin, un très-beau pont suspendu, en fil de fer; il traverse la Marne et compte en longueur 75 mètres, et en largeur, 4 mètres 55 centimètres. Deux beaux trottoirs ornent ce pont, qui est toujours entretenu dans la plus grande propreté ; sa construction élégante et légère à la fois est du plus gracieux effet.

Il est question d'établir une école communale ; les travaux ont dû être adjugés le 29 du mois d'octobre dernier.

L'agriculture fait quelques progrès : ses produits consistent en céréales, vignes et pommes de terre. L'étendue du territoire est de 1,000 arpens, dont le prix moyen est de 2,000 fr. l'arpent.

M. le baron Louis fait exploiter ses immenses propriétés, dans le genre de la ferme-modèle de Rouville, par M. Berthier, fils de M. Berthier de Rouville.

Le commerce de Bry est tout-à-fait

agricole; son principal débouché est Paris.

Il est à remarquer que, depuis onze années, M. le maire n'a point apposé sa signature sur un seul acte de naissance d'enfant naturel; cette rigide moralité des villageois de Bry parle trop en leur faveur pour ne point engager les habitans des communes environnantes à les imiter.

La fête patronale est celle de saint Louis, 25 août; elle se célèbre le dimanche suivant et attire beaucoup de monde.

Maire, M. George. — Adjoint, M. Armand Mantiell. — Curé, M. Dujast. — Instituteur, M. Devies. — Médecin, M. Levisek. — Percepteur des contributions, M. Delavau; les jours de recette sont les premier et troisième lundis de chaque mois.

Il faut adresser les lettres: *A Bry-sur-Marne, banlieue de Paris.*

Les communications avec Paris s'établissent facilement par le service de trois voitures publiques passant régulièrement trois fois par jour.

CHAMPIGNY-SUR-MARNE.

Champigny-sur-Marne, à trois lieues et à l'est de Paris, sur la rive gauche et non loin de la Marne; canton et justice de paix de Charenton-le-Pont, arrondissement de Sceaux, département de la Seine.

Ce village, bâti sur le versant d'une côte qui le domine au nord, est traversé par la route départementale qui du pont de Saint-Maur mène à Tournans.

Il a deux annexes: Cœuilly et le château du Tremblay. Ses enclaves sont: Villiers-sur-Marne, Chennevières, Saint-Maur-les-Fossés et Nogent-sur-Marne.

Sa population monte à 1,437 âmes. Sa garde nationale forme deux compagnies de 115 hommes chacune, avec une subdivision de 30 sapeurs-pompiers, la commune ayant une pompe à incendie. Cette force publique fait partie du 3e bataillon de la 4e légion de la banlieue. Le chef-lieu du bataillon est Nogent-sur-Marne.

La commune offre de beaux sites. Du haut de la colline, on jouit d'un coup d'œil admirable. Mais ses dix chemins communaux ou vicinaux réclament un meilleur entretien, que la loi leur assure désormais.

Le village s'accroît de plus en plus, il compte quelques maisons bourgeoises. Le château de Cœuilly a un beau parc; celui du Tremblay, une grande exploitation de terres. Le premier appartient à M. le baron Chauvet de la Chane; le second, à M. Destors.

L'air de Champigny est très-sain. Toutes les rues sont pavées, mais dans un état habituel de malpropreté, que rien n'excuse et que l'autorité locale devrait faire cesser. La place publique est jolie; on y remarque une pompe qui tient lieu de fontaine aux habitans. Elle fournit de l'eau avec une grande abondance. Les bords de la Marne forment de charmantes promenades, et la sécurité est partout maintenue par la gendarmerie stationnée à Saint-Maur. Les loyers d'habitation sont, terme moyen pour un ménage, de 100 à 200 fr. Mais les vivres coûtent aussi cher qu'à Paris.

L'église, de style gothique et assez grande, a été remise presque à neuf en 1822. La commune n'a point de presbytère; le logement de son pasteur est à sa charge. Le cimetière, transféré hors du village, est enclos et décoré d'un portique très-remarquable par la beauté et le goût de son architecture. Il a été construit sur les dessins de M. Gersony fils, qui habite Champigny.

La commune a deux écoles publiques, une pour chaque sexe ; 140 enfans les fréquentent habituellement ; l'enseignement est simultané.

Les habitans désirent beaucoup la construction d'un presbytère et d'une mairie, qui contiendrait les écoles, un corps-de-garde, une salle d'asile, etc.

Le territoire a 3,200 arpens d'étendue ; un tiers est sablonneux ; le reste argileux. Les céréales, la vigne et les légumes y réussissent bien ; il y a aussi des prairies naturelles et des prairies artificielles. L'agriculture est très en arrière pour les progrès. Cependant l'arpent de terre se vend de 1,200 à 2,000 fr.

Le commerce est surtout agricole. Champigny exporte une grande quantité de belle paille de seigle qui est employée à Paris pour la fabrication des chapeaux. Ce village exploite aussi d'excellentes carrières de pierre à chaux. La chaux de Champigny a une grande réputation de bonne qualité.

M. Louis Ralet, forgeron et habitant du village, s'est acquis dans tous les environs, une juste renommée pour la fabrication des bons essieux.

Champigny a deux foires annuelles très-fréquentées, l'une à la Pentecôte, l'autre le 3 novembre. Il s'y fait un commerce assez considérable de porcs et de vannerie.

La fête patronale est celle de saint Saturnin, 29 novembre. Le village n'en a pas dans la belle saison.

Maire, M. Destors.—Adjoint, M. Bessauld. — Curé, M. Thierrin. — Capitaines de la garde nationale : MM. Doury et Bonnetain. — Commandant des sapeurs-pompiers, M. Prot jeune. — Secrétaire de la mairie, M. Gersony père. — Architecte, M. Gersony fils. — Médecin, M. Duberiuil. — Artiste-vétérinaire, M. Bonnetain. — Percepteur des contributions, M. Delavaux.

Il faut adresser les lettres : *A Champigny, banlieue de Paris.*

Deux voitures publiques, partant deux fois par jour, font régulièrement le service de Champigny à Paris.

CHARENTON-SAINT-MAURICE.

Charenton-Saint-Maurice, à deux lieues sud-est de Paris, sur le bras de la Marne, au pied de la colline que couronne le bois de Vincennes ; canton et justice de paix de Charenton-le-Pont, arrondissement de Sceaux, département de la Seine.

Ses annexes sont : le Petit-Charenton, Gravelle, où se trouvait autrefois un moulin qu'on va rétablir, et la maison du Valdône près de la tourelle. Il est enclavé par Charenton-le-Pont, Saint-Maur, la Marne et le parc de Vincennes.

Il offre pour promenades les bords de la Marne et du canal de Saint-Maur, ainsi que le bois de Vincennes.

Sa population est de 1,166 âmes ; elle s'élève à 1,571 si l'on ajoute 505 habitans de la maison royale pour le traitement des aliénés : ces résultats sont ceux du recensement de 1836. La commune fournit à la garde nationale une compagnie de voltigeurs, forte de 110 à 120 hommes : elle est la 6me du 5me bataillon de la 4me légion de la banlieue.

Le territoire de cette commune est en général d'une qualité assez inférieure. Une faible partie est consacrée à l'agriculture, puisque l'on n'en compte qu'environ 200 arpens qui produisent du blé, du seigle et quelques autres grains. Le prix de l'arpent est de 1,000 à 1,200 fr. Le reste du terrain sert à élever des constructions, et vaut de 3 à 4,000 francs l'arpent.

Cette commune est traversée par la route départementale de Charenton-le-Pont à Saint-Maur. Ses chemins vicinaux sont tous en très-mauvais état. On s'occupe en ce moment, fort activement, de leur réparation.

Ce village n'a qu'une rue qui s'étend sur les deux côtés de la route; elle est pavée partie en grès, partie en cailloutage. Il n'y a pas d'éclairage public.

Les revenus de la commune étant extrêmement modiques, ils ne permettent pas de mettre à exécution toutes les améliorations et les établissemens nouveaux dont chaque jour le besoin se fait sentir davantage. Le maire s'occupe avec activité des moyens d'accroître les revenus, et espère y parvenir. Il n'y a point de mairie. Le conseil municipal s'assemble chez le maire, où s'exécutent aussi tous les actes publics. La commune ne possédant point d'école, est obligée de louer un local qu'elle consacre à cet usage.

L'école primaire, composée de 40 à 50 garçons, est confiée aux soins de M. Dufeu, instituteur. Une école privée pour les jeunes filles est dirigée par madame Hackpil; elle est composée de 40 à 50 élèves, fournies, tant par Charenton-Saint-Maurice que par les communes environnantes. La bonne tenue de cette maison, et l'éducation bien entendue qu'y reçoivent les enfans, ont dès long-temps mérité à cette institutrice les témoignages les plus flatteurs.

L'église est en mauvais état; son architecture est lourde et de mauvais goût; on y fait les réparations les plus indispensables. Le curé n'a pas de presbytère, et reçoit chaque année une indemnité de logement. Le cimetière est placé hors du village et bien entretenu.

On trouve facilement à Charenton tous les objets nécessaires à la vie, seulement les loyers y sont chers, et les subsistances à un prix plus élevé qu'à Paris, d'où l'on en tire une partie, entre autres choses, la volaille et le poisson. Au reste, l'air y est pur et salubre. Une petite salle de spectacle offre assez souvent aux habitans un agréable moyen de délassement.

L'établissement le plus remarquable, et en même temps le plus important de Charenton-Saint-Maurice, est la maison royale de santé pour le traitement des aliénés. Cet établissement, qui est sous la protection spéciale du gouvernement, et administré par une commission des hommes les plus honorables, a été, depuis quelque temps, agrandi et sa distribution changée et améliorée; situé sur le petit bras de la Marne, son accès est orné de fort jolies plantations; l'air y est entretenu dans un état constant de salubrité.

La vue s'étend au loin sur les plaines d'Ivry et de Maisons; des corridors ouverts règnent autour des préaux plantés d'arbres; de grandes salles de réunion sont disposées pour le travail, les repas et la récréation. Les chambres des pensionnaires sont grandes, bien aérées, et toutes ont des cheminées. Les corridors couverts sur lesquels s'ouvrent les chambres, sont chauffés par un calorifère. Ceux des malades dont l'état mental le permet, trouvent dans l'établissement un salon de musique, une salle de billard et une bibliothèque de livres choisis.

La nouvelle distribution de la maison permet de classer les malades suivant la nature de leur affection. Les convalescens ont des habitations et des promenoirs séparées, tandis que les furieux ont des infirmeries spéciales.

Le prix des pensions a été fixé d'après trois classes : la première est de 1,300 fr., la seconde de 1,000 fr., et la troisième de 720 fr., qui doivent se payer d'avance et par trimestre, le mois commencé comptant toujours comme s'il était terminé. La nourriture de la maison varie suivant la classe de la pension. Elle est suffisante et saine dans la troisième classe, plus variée dans la seconde, abondante et choisie dans la première ; ceux des malades de première classe dont l'état mental le permet sont admis à la table du directeur.

Les soins médicaux sont les mêmes pour tous les pensionnaires, à quelque classe qu'ils appartiennent. L'appareil des bains et des douches est construit d'après d'excellens principes. Le médecin en chef est M. Esquirol, qui s'est acquis dans le traitement de ces affections une réputation européenne, que vient encore confirmer le nombre de guérisons que l'on peut constater tous les ans. Il est suppléé par un médecin-adjoint, deux médecins ordinaires et un certain nombre d'élèves internes et externes, qui tous résident dans l'établissement. Un chirurgien en chef, M. le docteur de Guise, est attaché à la maison.

Chaque malade, en entrant, doit apporter un trousseau qui est renouvelé et entretenu par la famille ou par la maison, moyennant un abonnement. Pour faire admettre un malade, on doit présenter son extrait de naissance, un certificat légalisé du médecin ordinaire constatant son aliénation, et une réquisition du maire de son domicile, visée par le sous-préfet de l'arrondissement.

Cet établissement est dirigé par M. Palluy, dont la sage administration ne contribue pas pour peu à sa prospérité.

Le territoire de Charenton est traversé, dans sa partie supérieure, par le canal de Saint-Maur, sur les bords duquel se trouvent plusieurs fabriques ou usines, parmi lesquelles on distingue les suivantes : la fabrique de rasoirs de M. Pradier ; une fabrique de plaqué appartenant à MM. Roze et Esparbès ; une forge à l'anglaise appartenant à MM. Doé et Délemont ; sur la chaussée, un moulin appartenant à l'hospice. On rencontre à Gravelle le *moulin des Corbeaux*, aussi remarquable par sa beauté que par son importance ; deux amidonneries dont l'une, d'après un nouveau système, appartient à M. Thuez ; et l'autre, où l'on met en usage les anciens procédés, appartient à M. Diéterlé ; une manufacture de produits chimiques, dirigée par M. Buran ; un établissement anglais pour peigner la laine, appartenant à M. Arrousmith, et enfin le moulin *Rouge*, appartenant à M. Girard, qui convertit la farine en gruau, pour la fabrication de pâtes d'Italie de toute sorte.

M. Pierre Maugey a fait élever, sur la dérivation du canal de Saint-Maur, une usine considérable, pour scier le bois de toute espèce ; c'est peut-être la plus importante en ce genre. Vingt-cinq machines sont tous les jours en mouvement et n'éprouvent jamais de chômage. Une grande partie des ébénistes de Paris s'approvisionnent en bois de chêne scié dans cette usine, qui renferme aussi des machines propres à satisfaire les facteurs de pianos, soit sur la longueur des bois de couvercles, soit pour les épaisseurs.

La papeterie mécanique du canal de Saint-Maur a été fondée par MM. Mongolfier frères, en 1827, et mise en activité en septembre 1828. Leur but était de pouvoir fabriquer des papiers courans à la porte de la capitale. Cette usine contient deux machines, alimentées par douze piles de cylindres; le tout, mu par une puissance de 80 à 90 chevaux ; elle marche nuit et jour, et occupe de 130 à 150 ouvriers. Sa production, par jour, est de 200 à 230 rames (papier format du *Moniteur*). L'établissement a été créé tout-à-fait à l'instar des Anglais. Lors de sa fondation, en 1827, il n'existait encore en France que sept à huit papeteries mécaniques ; aujourd'hui il en existe plus de cent. C'est la première papeterie où le séchage ait été exécuté à la vapeur, à la suite des machines; grâce à cette application, le système continu fut adopté dans toute la rigueur du mot, et permet de transformer du chiffon en papier, dans l'espace de deux à trois heures, opération qui jadis exigeait un ou deux mois. Sans aucun bras d'homme, par les seuls moyens mécaniques, le chiffon est lavé, trituré, réduit en pâte, blanchi, collé, transformé en papier, séché, et prêt à être employé.

La papeterie de Saint-Maur offrit donc la première cet ensemble et cette rapidité de fabrication. Aujourd'hui les autres papeteries l'ont imitée.

Charenton-Saint-Maurice, quoique pauvre, a su cependant trouver, dans ses médiocres ressources, le moyen de faire du bien ; il a un comité de bienfaisance qui aide à l'instruction des enfans pauvres, non seulement de la commune, mais encore de quelques communes environnantes. En outre, dans l'hospice royal, une salle a été réservée pour le traitement des pauvres malades ; seulement il est à regretter que les hommes seuls soient admis à profiter de ce bienfait.

La fête patronale est celle de saint Maurice, 22 septembre ; on la célèbre le dimanche précédent, et le dimanche suivant, sur le préau, devant l'ancienne maison du Valdône.

Maire, M. Finot. — Adjoint, M...... — Curé, M. Martin. — Percepteur des contributions, M. Louis. Ses jours de recette sont le premier lundi de chaque mois. — Marchands de vin en gros : MM. Desvignes, François Meunier.

Il faut adresser les lettres : *A Charenton-Saint-Maurice*, *par Charenton-le-Pont*.

Les communications sont faciles avec les communes environnantes aussi bien qu'avec Paris. Les voitures dites *les petites Diligentes* font le service de vingt en vingt minutes et correspondent avec les Diligentes, stationnant à Bercy, barrière de Charenton.

CRETEIL.

Creteil, à trois lieues sud-est de Paris, sur la route royale de Paris à Brie-Comte-Robert et près de la Marne ; canton et justice de paix de Charenton-le-Pont, arrondissement de Sceaux, département de la Seine.

Cette commune a plusieurs annexes : le port de Creteil, le Petit-Creteil, Notre-Dame-des-Mèches, Mesly, la Tuilerie, les Buttes, etc. Elle est enclavée par les territoires de Maisons-Alfort, de Valenton, de Bonneuil, et par la Marne, qui la sépare de la presqu'île de Saint-Maur-les-Fossés.

Sa population est de 1,689 ames, d'après le dernier recensement. Elle fournit à la garde nationale une compagnie de chasseurs de 204 hommes, faisant partie du 5ᵉ bataillon de la 4ᵉ légion de la banlieue; il y a aussi 2 cavaliers et une division de 26 sapeurs-pompiers pour le service des deux pompes de la commune, et une brigade de gendarmerie à cheval.

Une société anonyme a demandé l'autorisation de faire construire sur la Marne, presque en face du canal de Saint-Maur, un pont suspendu, afin de mettre en communication directe et facile les communes de la rive droite de cette rivière, avec le reste de l'arrondisssement de Sceaux. Une route départementale conduirait de ce pont à la route de Melun, par Villeneuve-Saint-Georges, en passant par Creteil.

Ce village reçoit, tous les jours, de nouveaux accroissemens et de notables améliorations; jusqu'à présent la grande rue seule est pavée et bien entretenue; mais on se propose de faire paver toutes les autres, et d'en établir l'éclairage, au moins pendant l'hiver. On s'occupe aussi des moyens d'obtenir, pour le besoin public, une plus grande abondance d'eau à l'aide d'un puits artésien. La commune va faire construire une mairie et deux nouvelles écoles primaires. Les constructions commenceront au printemps de 1837.

L'air est très-pur et vif. Les loyers sont à un taux assez élevé; mais les subsistances sont faciles et à bon compte. Creteil a un marché tous les samedis, et les communes voisines en ont les autres jours de la semaine.

Creteil est embelli par une place et par une promenade publique. Il a un château remarquable par sa beauté et par son importance comme propriété.

L'église date de Clovis II. On remarque surtout la chapelle souterraine. Le cimetière est placé hors du village. Le presbytère, la mairie et le corps-de-garde, sont contigus à l'église.

Il y a maintenant deux écoles primaires en activité, l'une pour les garçons, l'autre pour les filles, et un pensionnat particulier pour de jeunes demoiselles.

L'agriculture est en progrès. Le territoire produit surtout du blé, des fourrages et des betteraves. Il y a peu de vignes. Les principales fermes sont : 1º celle de la rue des Mèches, appartenant aux hospices civils de Paris; 2º celle de Mesly, propriété de M. Moisant, notaire à Paris.

Creteil possède plusieurs établissemens industriels : une scierie de bois de placage, une fabrique de boutons plaqués, une mouture de noir animal, à M. Parriant; un lavoir et une blanchisserie, un foulon à M. Massinot; une scierie à la vapeur pour les pierres de liais, à M. Marie; une fabrique de poterie, etc. On compte sur le territoire de la commune beaucoup de carrières de pierre de liais et pierre à plâtre; il s'en fait un grand commerce.

La fête patronale est celle de saint Agonard et saint Aglibert, 26 juin. On la célèbre le dimanche suivant.

Maire, M. Lecouteux. — Adjoint, M. Moufray. — Curé, M. Depaulet Tournemine. — Capitaine de la garde nationale, M. Théodore Lecouteux. — Lieutenant des pompiers, M. Maire. —

Percepteur des contributions, M. Louis, qui reçoit tous les vendredis. — Notables habitans : MM. le général Pajol, Chapuy, Pépin, Masson, Gossin, Fay. — Médecin, M. Moufray.

La distribution des lettres a lieu deux fois par jour, ainsi que leur départ. Il faut adresser : *A Creteil, par Charenton-le-Pont*.

Les communications avec Paris sont aisées. Les *Diligences* viennent à Creteil, et correspondent non seulement avec les diverses entreprises de Paris, mais encore vont jusqu'à Boissy-Saint-Léger. Il y a de plus, à Creteil, quatre voitures de place, dites *Coucous*, et un passage continuel des voitures de Sussy, de Boissy-Saint-Léger, de Brie-Comte-Robert, de Mandres, etc.

JOINVILLE-LE-PONT.

Joinville-le-Pont, naguère encore appelé *la Branche-du-Pont-de-Saint-Maur*, à deux lieues sud-est de Paris, sur la rive droite de la Marne, et sur la route royale de Coulommiers; canton et justice de paix de Charenton-le-Pont, arrondissement de Sceaux, département de la Seine.

Enclaves: la Marne, Saint-Maur-les-Fossés, Charenton-Saint-Maurice, et le bois de Vincennes.

Ce village touche celui de Saint-Maur, dont il est un démembrement. Sa population s'élève à 600 ames, qui donnent à la garde nationale une belle compagnie de 100 grenadiers, incorporés au 3e bataillon de la 4e légion de la banlieue.

En face du village, la grande route qui le traverse, passe la Marne sur un pont de pierres, appelé *Pont de Saint-Maur*, nouvellement rebâti, et digne de remarque par la beauté et la solidité de sa construction. Il a vingt-une arches, 600 mètres de longueur et 12 mètres de largeur.

Le château de Polangis est voisin du village; il appartient à M. Chaptal. Ses dépendances, de 200 arpens d'étendue, ont été converties en ferme, dirigée par M. Moynat.

On distingue encore une jolie maison de campagne, nommée *la Tourelle*, propriété de M. Hucher.

Le séjour de Joinville est aussi salubre qu'agréable. Les rues sont pavées et en bon état d'entretien. Les loyers y sont chers et très-recherchés par les habitans de Paris, pendant la belle saison. On s'y procure aisément toutes les nécessités de la vie, mais à un prix aussi élevé que dans la capitale, le vin et quelques légumes exceptés.

La situation du village est charmante. Une vue magnifique sur le cours de la Marne et sur la riche plaine qu'elle arrose; des promenades et des sites sans cesse variés, de beaux jardins, le bois de Vincennes et le canal de Saint-Maur, tout contribue à faire de Joinville un lieu de plaisir et de rendez-vous pour les environs et pour Paris; aussi compte-t-on dans ce village un grand nombre de restaurateurs et de marchands de vin. Les mœurs des habitans se ressentent de cette fréquentation; ils sont, en général, doux, prévenans et paisibles, industrieux d'ailleurs, et se livrant au travail avec ardeur. L'ordre public est maintenu par une brigade de gendarmerie.

L'église de Saint-Maur-des-Fossés sert de paroisse à Joinville, qui n'a pas encore d'édifice consacré au culte religieux. Le cimetière aussi est commun aux deux villages; il est situé hors de l'enceinte de l'un et de l'autre, entouré d'un beau mur, tenu avec le soin convenable, et décoré de quelques monumens qui méritent d'être remarqués.

Les secours à l'indigence sont administrés d'une manière qui mérite les plus grands éloges; ils sont répartis avec justice, et l'on ne souffre pas que le mendiant de profession abuse de la charité publique.

L'instruction a plus d'un établissement dans ce village. Il compte une école primaire pour les garçons, deux écoles semblables pour les filles, et un pensionnat de jeunes garçons tenu par M. Molette. Le territoire de la commune comprend environ 1,000 arpens; il est cultivé avec intelligence, et l'agriculture y fait de grands progrès dans toutes ses branches. Il produit des céréales de toute espèce, une grande quantité de pommes de terre et de très-bons fourrages. On compte 250 arpens de bois propre au chauffage.

Joinville possède une fabrique de sucre de betteraves, mise en mouvement par une machine à vapeur. M. Manon en est le propriétaire.

M. Couteau a établi une belle fabrique de cuirs et de toiles vernis, qui occupe cinquante ouvriers.

Joinville fait en outre un commerce assez considérable de bois de chauffage et de charpente.

La commune désire et sollicite le pavage de son quai sur la Marne. Cet ouvrage serait à la fois un bienfait pour le commerce et le complément des abords du pont de Saint-Maur.

La fête patronale est celle de saint Laurent, 10 août; elle est célébrée le dimanche suivant. Il y a une joute sur l'eau, et un bal où se réunit la meilleure compagnie.

Maire, M. Pinçon. — Adjoint, M. Alexandre. — Capitaine de la garde nationale, M. Lucot. — Percepteur des contributions, M. Delavaux, qui fait sa recette les jeudis.

Il faut adresser les lettres : *A Joinville-le-Pont, banlieue de Paris*. Ce village communique facilement avec Paris, tant par les *Omnibus* et leurs correspondances, qui vont jusqu'à Saint-Maur, que par les autres voitures publiques, si fréquentes sur la route de Lagny, Coulommiers, Provins, etc.

NOGENT-SUR-MARNE.

Nogent-sur-Marne, à 2 lieues est de Paris; canton et justice de paix de Charenton-le-Pont, arrondissement de Sceaux, département de la Seine.

Les annexes sont : les châteaux de Plaisance et du Perreux; les enclaves : Fontenay-sous-Bois, la Marne et le parc de Vincennes.

Nogent est l'un des plus jolis villages des environs de Paris. Rien de plus gracieux que la belle promenade des bords de la Marne; rien de plus riant et de plus fréquenté par le beau monde que le bois de Vincennes, qui en est peu éloigné.

Nogent possède une nouvelle route royale de première classe n° 33, de Paris à Strasbourg, et une route départementale n° 44, allant de Nogent à Noisy-le-Grand.

Outre les châteaux de Plaisance et du Perreux, on peut compter à Nogent jusqu'à trente-deux maisons bourgeoises de belle apparence. Parmi elles, on distingue la jolie habitation de M. Dupin, président de la chambre des Députés, et *membre du conseil municipal de Nogent-sur-Marne.*

La population de Nogent s'élève à 1,326 habitans, fournissant à la garde nationale 2 compagnies, composées de 300 hommes, et faisant partie du 3e bataillon de la 4e légion de la banlieue.

L'air de ce village est très-sain ; les rues sont toutes pavées et bien entretenues; elles portent chacune leur indication, sur de belles plaques en zinc.

Le prix des locations annuelles est assez élevé, il varie néanmoins suivant la situation; celui des subsistances comme à Paris.

La petite place de la commune est assez agréable.

L'église est d'un style gothique ; on croit que sa construction date de l'époque du séjour des Anglais ; elle n'est remarquable que par la hardiesse de son clocher.

Le presbytère appartient à la commune. Il est d'une assez jolie apparence.

Le cimetière est situé à l'extérieur du village. Quelques beaux monumens anciens attirent les regards; sa tenue est satisfaisante; le mur qui en forme l'enceinte exigerait quelques petites réparations.

La mairie est bien distribuée, un corps-de-garde y est attenant.

L'instruction compte à Nogent-sur-Marne plusieurs institutions recommandables sous tous les rapports. On cite en première ligne et avec éloges :

Le pensionnat de jeunes gens, tenu par M. André Pontier. Vient ensuite celui de jeunes demoiselles, dirigé par Mme Derbesse.

Les deux écoles primaires de garçons et de filles sont tenues avec un soin constant qui honore les instituteurs.

L'école de filles a été fondée par Mme la comtesse de Larbrouse.

Des travaux s'exécutent en ce moment pour élever l'eau de la Marne jusqu'à Nogent ; de là, elle serait dirigée sur Montreuil, Fontenay-sous-Bois, et Vincennes ; une machine à vapeur a été construite à cet effet; elle a la force de 25 chevaux; la première pierre en a été posée en avril 1835. Il existe, au nord de Nogent, un fort entouré de murs et de fossés, servant de redoute.

L'agriculture fait chaque jour de nouveaux progrès, surtout dans la culture des légumes de toute nature.

L'étendue du territoire est de 1,500 arpens ; près de 1,400 sont livrés à la culture.

Le prix de l'arpent de terre est (terme moyen) de 1,400 francs.

Il existe à Nogent une belle fabrique de châles d'indienne, appartenant à M. Acsoux.

Une fabrique chimique, exportant au loin ses différens produits, mais principalement le quinquina, appartient à M. Delandre.

On trouve à Nogent un grand nombre de traiteurs et de cafés, où affluent journellement les promeneurs. Le commerce de consommation y forme une branche assez considérable.

Les habitans gardent religieusement un arbre, qui fut planté en 93 par les habitans de la commune, et tellement respecté depuis, que jusqu'à ce jour aucun intérêt public, aucune spéculation particulière, n'a pu lui porter atteinte.

La fête patronale a lieu pendant les trois jours de la Pentecôte ; elle est une des plus brillantes et des mieux composées des environs de Paris.

Une foire se tient le 5 et le 6 septembre de chaque année.

Les Nogentais demandent avec instance l'élargissement de la porte d'entrée du parc de Vincennes, attendu que le peu de largeur de cette porte a souvent occasionné de graves accidens.

Maire, M. le marquis de Pereuse ✻. — Adjoint, M. Ancelot. — Notaire, M. Cochu. — Médecin, M. Lequesne. — Curé, M..... — Buraliste des droits réunis, M. Marteau. — Chef de bataillon, M. Pommeret ✻. — Capitaine en 1er, M. Lequum; cap. en 2e, M. Fatin. — Percepteur des contributions, M. Delavaux.

Il faut adresser les lettres : *A Nogent-sur-Marne, banlieue de Paris.*

Les communications avec Paris sont faciles, à l'aide d'un grand nombre de voitures établies à Nogent même.

SAINT-MAUR-LES-FOSSÉS.

Saint-Maur-les-Fossés, à 2 lieues et demie sud-est de Paris, sur la rive droite de la Marne, dans une presqu'île formée par cette rivière ; canton et justice de paix de Charenton-le-Pont, arrondissement de Sceaux, département de la Seine.

Ses annexes sont : La Varenne et le port de Creteil ; ses enclaves : Joinville-le-Pont, Champigny, Chennevière, Bonneuil, Creteil, Alfort-Maisons et Charenton-Saint-Maurice.

La nature de son territoire se partage en trois classes ; l'une argileuse, l'autre sablonneuse, et la dernière franche ; il est couvert de bois, d'un peu de vignes, de céréales et de gros légumes. Il présente de tous côtés des paysages charmans.

Une route départementale, deux chemins communaux, et plusieurs vicinaux entretenus avec le plus grand soin, traversent la commune dans toute son étendue.

Sa population s'élève à 1,075 habitans, fournissant à la garde nationale, une compagnie de chasseurs, composée de 150 hommes, appartenant au 3me bataillon, 4me légion de la banlieue. Une subdivision de sapeurs est chargée du service de la pompe à incendie, qui appartient à la commune.

Saint-Maur est embelli d'un grand nombre de maisons bourgeoises, parmi lesquelles on remarque celles de MM. de Bussy, Loisel, Perrier, Emmery, Barré, Mognot, Boileau, etc. ; toutes ces propriétés rivalisent entre elles d'élégance et d'agrément.

La température est tellement salubre à Saint-Maur, que beaucoup de malades la recherchent au moment de leur convalescence.

Toutes les rues sont pavées et entretenues dans la plus grande propreté.

La sécurité publique est assurée par une brigade de gendarmerie, casernée à Joinville-le-Pont.

Le prix des locations annuelles varie de 100 à 300 francs ; celui des subsistances est aussi élevé qu'à Paris.

Le centre du village est occupé par une place publique. On n'y remarque point encore de fontaine, mais l'eau de la Marne fournit suffisamment aux besoins des habitans. Parmi les jolies promenades des environs, celle des bords de la Marne, admirable par son étendue, sa fraîcheur et ses perspectives, est la plus fréquentée.

L'autorité locale, dans l'intérêt de ses administrés, désirant ardemment l'extinction de la mendicité, se réserve un jour de chaque semaine pour ses distributions de secours à domicile.

La mairie de Saint-Maur présente un assez bel aspect; une petite prison temporaire y est attenante.

L'église, dont la construction remonte, dit-on, au septième siècle, est spacieuse et belle d'antiquité; ses ornemens intérieurs, bien que fort anciens, ne sont pas dépourvus de noblesse et d'originalité; on la croit généralement une des plus anciennes de toutes celles des environs de Paris.

La commune de Saint-Maur n'a point encore de presbytère; le curé reçoit une indemnité de logement.

Le cimetière est situé à l'extérieur du village; son entretien annuel s'exécute avec régularité; il est clos d'un mur en bon état de construction.

Deux écoles primaires sont ouvertes, l'une aux filles, l'autre aux garçons; elles reçoivent habituellement 120 enfans environ.

On projette d'établir un pont sur la Marne, du côté de Creteil; il est à désirer que ce projet reçoive bientôt son exécution, attendu que son utilité est incontestable, aussi bien pour Saint-Maur que pour tous les endroits environnans.

Le territoire de la commune a 1,126 hectares d'étendue (environ 3300 arpens). Le prix de l'arpent varie de 1,000 à 3,000 francs.

L'état actuel de l'agriculture est des plus satisfaisans, l'introduction d'instrumens aratoires et de charrues d'un nouveau modèle, aide beaucoup à sa prospérité.

On remarque avec intérêt la ferme de M. Barré, maire; elle est d'une grande étendue; il y élève un troupeau de mérinos très-nombreux.

M. Moinat, cultivateur, MM. Toffin et Lefour, possèdent de superbes troupeaux de moutons pour les boucheries de Paris.

M. Toffin exploite en outre une fabrique de sucre de betteraves; M. Détang, une féculerie de pommes de terre; enfin, M. Bernier vient de tenter une épreuve, qui promet les plus éclatans succès. Une plantation de mûriers était presque une innovation dans les environs de Paris, et M. Bernier a été assez heureux pour découvrir dans son essai une nouvelle branche d'industrie, à laquelle il donne la plus minutieuse attention. Il exploite aussi de belles carrières à pierre propre à la construction.

La fête patronale est celle de saint Jean-Baptiste, 24 juin; elle est célébrée le dimanche suivant. Parmi les divers amusemens qui s'y rencontrent, on remarque une compagnie de chevaliers de l'arc, dont l'origine remonte à des temps fort reculés.

La commune forme des vœux pour l'établissement d'une grande route vicinale, qui partirait de Saint-Maur, et aboutirait en droite ligne à Nogent-sur-Marne; et l'adoucissement de la pente de la montagne, opération indispensable pour faciliter les communications.

Maire, M. Louis Barré. — Adjoint, M. Gauthier. — Curé, M. Mourdin. — Percepteur, M. Delavaux; les jours de recette sont le mercredi de chaque semaine. — Capitaine de la garde nationale, M. Maquar. — Médecin, M. Chalut.

Il y a à Saint-Maur une distribution de lettres deux fois par jour. Il faut adresser : *A Saint-Maur-les-Fossés, banlieue de Paris.*

Les communications avec Paris son

faciles; d'abord, par une voiture destinée au service particulier de la commune, et ensuite par les voitures des cochers associés, qui partent de demi-heure en demi-heure. Il y a, en outre, une grande voiture, qui part trois fois par jour.

CANTON DE VINCENNES.

Vincennes. — Fontenay-sous-Bois. — Montreuil. — Rosny-sous-Bois. — Saint-Mandé. — Villemomble.

VINCENNES.

Vincennes, à une demi-lieue est de Paris, sur la route de Lagny; chef-lieu de canton et de justice de paix, arrondissement de Sceaux, département de la Seine.

Annexe : La Pissote; enclaves : Fontenay-sous-Bois, Montreuil, Saint-Mandé et le bois de Vincennes.

Son territoire est traversé par la route royale n° 34, de Paris à Strasbourg, par Lagny, Provins, etc.

Ce village est généralement bien bâti, l'air en est sain, les rues sont pavées et bien entretenues, l'éclairage public y est établi d'après le système Bordier-Marcet. Il manquait d'eau; la compagnie des eaux pures de la Seine a exécuté les travaux nécessaires pour y conduire en abondance une eau salubre, tant pour les besoins du château que pour ceux des habitans; ces derniers n'ont donc plus rien à désirer à cet égard; il ne leur reste qu'à bien apprécier cet avantage et à savoir en profiter.

Vincennes renferme quelques maisons bourgeoises d'un séjour agréable, mais dont aucune ne mérite une mention particulière.

Ses environs offrent une promenade charmante, celle du bois de Vincennes; c'est la seule que l'on puisse citer.

Sa population s'élève à 2,825 habitans; elle donne à la garde nationale 400 hommes, divisés en quatre compagnies : une de voltigeurs, deux de chasseurs, une de grenadiers; plus deux subdivisions, l'une de cavaliers, et l'autre de sapeurs-pompiers, pour le service de la pompe à incendie dont la commune est propriétaire. Le 6e bataillon et l'état-major de la 4e légion de la banlieue sont à Vincennes. Une brigade de gendarmerie complète la force publique.

La proximité de Paris fait que le prix des subsistances et des loyers d'habitation est très-élevé.

Le château de Vincennes, habité par nos rois jusque sous la minorité de Louis XV, et célèbre dans nos annales comme prison d'état, est aujourd'hui exclusivement occupé par l'un de nos plus beaux établissemens militaires. Des travaux considérables, récemment exécutés, en ont fait une place très-forte par son assiette et ses défenses; il contient :

1° Une école d'artillerie; 2° un arsenal approvisionné en munitions de toute espèce; 3° une salle d'armes magnifique. Il se distingue par la beauté de ses bâtimens, par le donjon, les murs d'enceinte, les tours et la chapelle, dont la construction date du règne de Charles V. L'entrée de cette forteresse n'est pas publique.

Le territoire de la commune, ainsi qu'une partie du bois de Vincennes, étaient couverts en différentes parties d'eaux stagnantes, dont les exhalaisons nuisaient à la salubrité. Un aqueduc a été construit dernièrement pour l'écoulement de ces eaux et leur décharge dans la Marne.

La mairie, élevée aux frais de la commune, est un bel édifice; la grande salle sert aux séances du conseil municipal, aux audiences du juge de paix, aux élections, au tirage de la conscription, etc.

L'église, nouvellement construite, est d'un agréable aspect; la distribution en est bien entendue, et les soins les plus minutieux sont donnés à son entretien. Le presbytère, attenant à l'église, est doté d'un beau jardin. Le cimetière, situé à l'extérieur du village, dans une position convenable, est d'une vaste étendue; on y remarque une pyramide élevée sur le tombeau du général Daumesnil, gouverneur du château en 1814. Quelques autres monumens attirent aussi l'attention.

Ce village compte actuellement trois écoles élémentaires, deux publiques pour filles et garçons, et la troisième privée, sous la direction de M. Pernet. L'école des jeunes filles est tenue par les sœurs de l'Adoration perpétuelle. Il y a, en outre, à Vincennes, quatre pensionnats, deux de jeunes gens, institués par MM. Auvert et Couterault, et deux de jeunes personnes, dont les institutrices sont Mlles Defrance et Blondel.

L'autorité locale se propose d'établir incessamment une salle d'asile pour l'enfance.

L'étendue du territoire est d'environ 3,000 arpens, dont le prix moyen est de 3,000 francs. On cultive des céréales, des vignes, et surtout des gros légumes. Cette dernière culture a principalement pour objet la nourriture des bestiaux. Les produits agricoles forment avec la vente du lait presque tout le commerce de Vincennes. Une foire pour la vente des porcs a lieu le 4 novembre.

La fête patronale est celle de l'Assomption de la Vierge, 15 août. Elle se tient à l'entrée du bois, au pied du glacis de la forteresse et se prolonge l'espace de huit jours.

Maire, M. Lejemptel ✠. — Adjoints : MM. Lelièvre et Savart. — Secrétaire, M. James. — Juge de paix, M. Le Frique. — Suppléant, M. Hutinel. — Greffier, M. Thorin. — Notaires : MM. Appey et Masson ✠. — Huissier, M. Giraud. — Curé, M. Veyrines. — Percepteur des contributions indirectes, M. Bailly. — Percepteur des contributions directes, M. Lebrun. Les jours de recette sont les mardis et les vendredis. — Médecins : MM. Gambaux et Saulpit. — Vétérinaires : MM. Lebœuf et Gérard.

Il faut adresser les lettres : *A Vincennes, banlieue de Paris.*

Les communications avec la capitale s'établissent à l'aide des Omnibus, partant toutes les vingt minutes, et de plusieurs autres voitures, dites de l'extérieur.

FONTENAY-SOUS-BOIS.

Fontenay-sous-Bois, à deux lieues et demie est de Paris; canton et justice de paix de Vincennes, arrondissement de Sceaux, département de la Seine,

Il a pour annexe, les Minimes, et pour enclaves, Vincennes, Montreuil, Neuilly et Nogent-sur-Marne.

Fontenay, sur la pente d'un coteau et entouré de vignes, présente un ensemble gracieux : sa proximité du bois de Vincennes ajoute encore à son heureuse situation. La route départementale, n° 43, après avoir traversé le territoire, aboutit directement à la route royale de Strasbourg par Lagny. Les chemins vicinaux sont en très-bon état.

Le village renferme environ vingt maisons bourgeoises, parmi lesquelles il en est qui méritent de fixer l'attention par des souvenirs historiques : l'une a successivement appartenu à Marcel, le fameux danseur, à Lekain, à Mme veuve de La Peyrouse, etc. Elle a conservé et porte encore des souvenirs matériels et très-intéressans des divers possesseurs. Une autre était la propriété de Daleyrac; il y est mort et a été inhumé dans le jardin, où un monument couvre sa tombe.

La température est très-saine. Les rues ne sont pavées qu'en partie; mais elles sont entretenues avec soin et propreté. Les précautions nécessaires ont été prises pour faciliter l'écoulement des eaux, favorisé d'ailleurs par la pente du terrain; l'éclairage n'existe encore que dans les cinq rues principales.

La population s'élève à 1,556 habitans, fournissant à la garde nationale 255 hommes, divisés en trois compagnies, et faisant partie du 2e bataillon de la 4e légion de la banlieue.

Une brigade de gendarmerie est chargée de maintenir la sécurité des habitans. Le prix des locations annuelles est très-modéré; celui des subsistances, comme à Paris, moins l'octroi.

Le bois de Vincennes est la promenade favorite des habitans de Fontenay. Au centre du village est une petite place, et, à peu de distance l'une de l'autre, trois fontaines publiques, fournissant abondamment aux besoins des habitans.

L'église, bâtie sur des proportions assez grandes, n'a cependant rien de remarquable. La tour est beaucoup plus récente que le reste de l'édifice, dont le style est celui du moyen âge. Ce n'est pas la seule église qui offre des contrastes dans ses diverses parties. La commune n'a point de presbytère. Le curé reçoit une indemnité de logement. Le cimetière, situé à l'extérieur du village, se distingue par quelques mausolées d'une élégante simplicité; vaste, bien placé et bien entretenu, il est fermé d'un mur en bon état.

Fontenay possède deux écoles communales; l'une est consacrée aux jeunes garçons, et l'autre aux jeunes filles.

L'étendue du territoire est de 1,800 arpens; on y cultive beaucoup de vignes; le prix moyen de l'arpent est de 3,000 fr. Le commerce le plus productif est celui des fruits et des légumes. La culture fait chaque jour de nouveaux progrès, et semble assurer la prospérité de la masse des habitans.

Fontenay n'était pas jadis un simple village, il avait le titre de ville; quelques vestiges qui s'y trouvent encore sont une preuve de son antiquité. Sur ces indices, des personnes éclairées et curieuses de choses rares ont ordonné des fouilles qui ont amené pour résultat la découverte de lieux souterrains d'une grande étendue. Non loin de l'endroit où ont été pratiquées ces fouilles, se trouve l'ancien couvent des Minimes, qui recèle encore le caveau de sépulture. Il est fort remarquable par son architecture. Si l'on en croit la tradition, tous ces monumens dateraient du règne de saint Louis.

Les vœux des habitans de Fontenay sont: la construction d'une mairie, de deux écoles, d'un corps-de-garde, d'une salle d'asile pour l'enfance, et l'acquisition d'une pompe à incendie.

La fête patronale est célébrée les premier et deuxième dimanches d'août; elle a lieu dans le village et à l'entrée du bois de Vincennes; elle est une des plus belles et des plus suivies des environs de Paris.

Maire, M. Vitry. — Adjoint, M. Breton. — Notaire, M. Houdard. — Curé, M. Gilbert. — Chef de bataillon de la garde nationale, M. Festhamel ✵. — Capitaine, M. Klein; capitaine en second, M. Houdard. — Capitaine, M. Ridiard ✵. — Buraliste des droits réunis, M. Garré. — Médecin, M. Durand. — Percepteur des contributions, M. Guislain. Les jours de recette sont les lundis et les samedis.

Il faut adresser les lettres: *A Fontenay-sous-Bois, banlieue de Paris.*

Les communications s'établissent au moyen d'une voiture publique consacrée spécialement au service de Fontenay, et d'autres voitures de passage.

MONTREUIL.

Montreuil, à deux lieues est de Paris; canton et justice de paix de Vincennes, arrondissement de Sceaux, département de la Seine.

Ses annexes sont: deux moulins, deux tuileries; les châteaux de Montereau et de Tilmont, Saint-Antoine et Saint-Denis. Ses enclaves: Charonne, Bagnolet, Romainville, Rosny, Fontenay et Vincennes.

Une route départementale traverse la commune; elle part de la barrière de Montreuil, parcourt ce village et celui de Rosny, et aboutit à Villemonble. Les chemins vicinaux, conduisant à Romainville, Bagnolet et Fontenay-sous-Bois, sont en fort mauvais état.

La source, dite de Saint-Victor, située près de Romainville, alimente quinze fontaines, y compris celle de Montreuil.

Il y a aux environs de cette commune deux montagnes, l'une dite de *la Glacière*, partant de Montreuil et se terminant à Rosny; l'autre dite de *l'Épine*, entre Montreuil et Bagnolet. De cette dernière se déploie à la vue toute l'étendue de la capitale et de ses environs.

La population s'élève à 3,527 habitans, fournissant à la garde nationale six compagnies composées chacune de 100 hommes, plus une division de sapeurs-pompiers et 25 musiciens, formant ensemble le 1er bataillon de la 4me légion de la banlieue.

Il y a peu d'agrandissement à signaler à Montreuil. Quelques maisons seulement viennent d'être élevées tout récemment sur la route de Paris. Les anciennes habitations sont généralement remarquables par leur régularité et leur bonne tenue.

Non loin du village se trouve le joli château de Montereau; on y distingue un bel étang, une chapelle antique, ornée d'une horloge, surmontée de petites tourelles. Toutes les peintures à fresques sont du meilleur goût. M. Vassel, son propriétaire actuel, met tous ses soins à l'entretien et à l'embellissement de ce séjour.

L'air de Montreuil est très-sain, toutes les rues sont tenues dans la plus grande propreté et pavées presque en totalité. Ici, chaque habitant est chargé de l'enlèvement des boues amassées devant sa demeure. On observe avec la plus stricte exactitude cette mesure de salubrité, qu'il serait à désirer de voir mettre en pratique partout. La sécurité publique est maintenue par une brigade de gendarmerie commandée par M. Lafosse. Le prix des locations annuelles est peu élevé. Les habitans de Montreuil sont contraints de s'approvisionner dans la capitale d'une partie des subsistances qui leur sont nécessaires : elles leur reviennent plus cher qu'à Paris, à cause des frais de transport.

On remarque dans cette commune une belle et grande place, plantée d'arbres, au milieu de laquelle il est question d'établir une fontaine publique; de jolies promenades aux environs, et surtout celle du bois de Vincennes.

L'église est en fort mauvais état; sa construction date du règne de saint Louis; elle lui servait même de paroisse lorsqu'il habitait le château de Vincennes. Son état de dégradation est tel, que naguère encore on fut obligé de prévenir la chute du clocher, qui menaçait ruine, en le détruisant entièrement. Le presbytère appartient à la commune : il demande d'aussi grandes réparations que l'église. Ces deux monumens ne présenteront, sous peu, que l'aspect de ruines, si on n'y exécute les travaux qui sont de la plus urgente nécessité.

On compte à Montreuil deux beaux pensionnats, l'un de jeunes gens, sous la direction de M. Menuel; l'autre de jeunes personnes, dirigé par Mlle Cabais. Des deux institutions primaires, pour garçons et filles, l'une est dirigée par Mlle Cornède, l'autre par M. Mansard. Mme Leignel est chargée de la direction d'une salle d'asile, pouvant recevoir 100 enfans environ.

On projette en ce moment l'abaissement de la montagne située entre Montreuil et Rosny. On cultive, dans la commune, un peu de céréales et beaucoup de vignes et de fruits, parmi lesquels on estime les poires et surtout ces pêches magnifiques, qui font particulièrement désigner ce village sous le nom de Montreuil *aux pêches*. Cette culture, portée au plus haut degré d'habileté et de soins, est une des principales richesses du pays. L'étendue du territoire est de 2,400 arpens. Le prix de l'arpent, terme moyen, est de 2,000 francs.

La fabrique de porcelaine transparente de M. Leclaire est remarquable par les beaux vases et les autres objets de fantaisie qu'elle produit, sous le nom de lithophanie. La fabrique de tuiles et de carreaux de terre cuite de M. Martin est assez importante. Viennent ensuite les cinq carrières à plâtre, situées au lieu dit *lès Beaumont*, et exploitées par MM. Sallet, Beauce, Sadallier, Sisteron et Eudes.

La fête patronale est sous la double invocation de saint Pierre et de saint Paul, 29 juin : on la célèbre le premier dimanche de juillet ; elle se prolonge pendant trois jours. Par son site agréable et sa proximité du bois de Vincennes, elle attire beaucoup de monde de Paris et des environs.

Maire, M. Lebour. — Adjoint, MM. Couturier et Malot. — Secrétaire, M. Pitou. — Notaire, M. Malaizé. — Chef de bataillon de la garde nationale, M. Pesnon. — Curé, M. Geland.

— Vicaire, M. Escaille. — Percepteur des contributions directes, M. Pitou ; ses recettes ont lieu les mercredis et samedis de chaque semaine. — Médecin-chirurgien, M. Rapatel.—Pharmaciens : MM. Audibert et Cazenave. — Droguistes : MM. Necorse et Raux.

Huit gardes messiers, choisis parmi les principaux cultivateurs, remplissent gratuitement, pendant l'espace d'une année, les fonctions de garde-champêtre.

Le bureau de distribution de lettres est tenu par Mlle Lopart, rue du Pré. Il faut adresser : *A Montreuil, banlieue de Paris.*

Les communications avec la capitale s'établissent au moyen des voitures dites les *Parisiennes-Omnibus*, correspondant avec celles dites les *Dames-Blanches*, et relayant, à Paris, impasse Guémenée-Saint-Antoine et rue des Prouvaires. On les prend, à Montreuil, rue Marchande, chez M. Bouilli.

ROSNY-SOUS-BOIS.

Rosny, à deux lieues et demie est de Paris ; canton et justice de paix de Vincennes, arrondissement de Sceaux, département de la Seine.

Ses annexes sont : le hameau d'Avron et la Boissière ; ses enclaves : Villemonble, Neuilly-sur-Marne, Montreuil, Romainville, Bondy et Fontenay-sous-Bois.

Son territoire consiste en terres labourables et en vignes donnant un vin du crû, le meilleur de l'arrondissement.

Une route départementale, allant de Paris à Villemonble, traverse la commune. Les chemins vicinaux sont en assez bon état.

Du haut de la montagne, dite de *Chercolay*, on jouit de la vue des plus beaux sites des environs de Paris ; on distingue facilement la superbe vallée de Montmorency, toute la forêt de Bondy, le joli village du Raincy, la plaine de Livry, etc.

La population s'élève à 950 habitants, fournissant à la garde nationale deux compagnies composées chacune de 100 hommes, faisant partie du 2me bataillon de la 4me légion de la banlieue.

Les constructions qui ont été élevées depuis peu, sont toutes situées rue de Villemonble ; elles forment, dans leur ensemble, un contraste assez frappant avec celles du village, qui ne présentent qu'un triste aspect. L'architecture des premières, bien que fort simple, offre un coup d'œil des plus agréables.

On peut ranger en première ligne l'habitation de M. de Nanteuil, fils de l'ancien maire de Rosny ; celle de M. le baron Desgenettes, et celle de Mme la baronne Barbier de Tinant.

Rosny jouit d'une température douce et salubre. Chaque habitant, chargé de l'enlèvement des boues amassées devant sa demeure, observe rigoureusement toutes les mesures de propreté prescrites par l'autorité locale. Les rues sont toutes ferrées. Il y a un commencement d'éclairage public. Le prix des locations annuelles, au terme moyen, est de 500 fr. pour une maison bourgeoise et de 150 fr. pour celle d'un cultivateur. Le prix des subsistances est aussi élevé qu'à Paris. Les deux places sont celle de la fontaine et celle de l'église. La fontaine est alimentée par la source de la montagne de Montreuil. Une autre source, située dans la côte du Chêne, alimente une fontaine dite de l'*étang d'Alau* : elle ne tarit jamais.

La jolie pelouse entre Avron et Rosny, dans la plaine de l'ancien château, ainsi que le bois du Raincy, servent de lieu de délassement et de promenade aux habitans de Rosny.

L'église est simple dans son architecture comme dans sa distribution; elle est entretenue avec le plus grand soin. Le presbytère est d'une assez belle apparence. Le cimetière, situé à l'extérieur du village, est remarquable par quelques beaux monumens, entre autres celui de M. de Nanteuil, qui fut, pendant trente années, maire de Rosny. Un mur construit avec soin en détermine l'enceinte.

Une seule école primaire, pour les deux sexes, est confiée aux soins de M. Maréchal.

On remarque, à l'entrée du village, un bel abreuvoir pour les chevaux, et, sur la hauteur de Rosny, un fort assez bien construit, au bas duquel est une caserne non habitée.

27,000 francs ont été votés pour l'aplanissement de la montagne de Rosny à Paris : ces travaux doivent être exécutés en 1837. On projette l'établissement d'un chemin vicinal qui devra partir de Bondy et traverser Rosny pour aboutir à Champigny.

L'agriculture est florissante. Ses produits sont des céréales, du vin, des pommes de terre et de beaux fruits exportés à Paris. L'étendue du territoire est de 1,659 arpens. Le prix ordinaire de l'arpent de terre labourable est de 2,000 à 2,500 francs.

La fête patronale est sous l'invocation de saint Denis, 9 octobre : on la célèbre le dimanche suivant; elle se prolonge pendant trois jours.

Maire, M. Bonnet-Cibié. — Adjoint, M. Gouillard. — Curé, M. Grin. — Capitaine de la garde nationale, M. Mauregard. — Médecin, M. Sue. — Capitaine, M. Auxerre. — Secrétaire de la mairie, M. Maréchal. — Percepteur des contributions, M. Guislain. Ses jours de recette sont les mercredis.

Il y a un bureau de distribution de lettres, tenu par M. Maréchal, instituteur. Il fait deux distributions par jour. Il faut adresser : *A Rosny-sous-Bois, banlieue de Paris*.

Rosny n'ayant point de voitures particulières, les communications avec Paris ne s'établissent qu'au moyen de celles de Villemonble.

SAINT-MANDÉ.

Saint-Mandé, à une demi-lieue est de Paris; canton et justice de paix de Vincennes, arrondissement de Sceaux, département de la Seine.

Cette commune, qui n'a point d'annexe, est enclavée par le bois de Vincennes, Charenton-le-Pont, Bercy et les murs de Paris, de la barrière de Picpus à la barrière du Trône.

Sa population est de 2,900 habitans, fournissant à la garde nationale 220 hommes, divisés en deux compagnies du 6e bataillon de la 4e légion de la banlieue.

Saint-Mandé offre un aspect très-agréable; il renferme un grand nombre de jolies maisons bourgeoises, principalement des deux côtés de la grande avenue, qui, des boulevarts extérieurs de Paris, conduit à l'une des portes du bois de Vincennes, auquel le village est contigu; les autres habitations sont bien bâties, et concourent à former un ensemble, qui a plus d'une fois exercé le talent de nos jeunes artistes paysagistes.

Une route départementale traverse la commune, Charonne, Bagnolet, et s'embranche à celle de Meaux au-dessus de Bondy.

L'air est très-sain, toutes les rues sont pavées et parfaitement entretenues. La gendarmerie de Charenton maintient l'ordre et veille à la sécurité des habitans. La proximité de Paris rend le prix des locations annuelles et des subsistances très-élevé.

Ce village manquait d'eau; celle dont se servaient les habitans était apportée, à grands frais, de Paris et même de Bercy ou de Charenton. La compagnie des eaux de pure Seine a fait cesser cet inconvénient. Elle a, par des conduits souterrains, amené des eaux abondantes et saines, qui alimentent deux fontaines publiques doublement utiles à la consommation ménagère et à la propreté des rues. Les principaux habitans semblent ne pas apprécier les avantages si importans que leur offrent ces travaux de la compagnie; ils ne s'empressent pas à se procurer des concessions particulières qui leur donneraient de l'eau dans leurs maisons. Cependant, quelques exemples sagement exécutés, ont commencé à leur faire sentir tout le prix de cette facilité; ils seront sans doute généralement imités.

Le boulevart de Saint-Mandé et le bois de Vincennes sont les promenades fréquentées, dans la belle saison, par l'élite de la bonne société. Sur un des côtés du boulevart s'élève l'hospice connu sous la dénomination de Saint-Michel. Il fut fondé par M. Boulard, ancien tapissier de Paris; douze lits y sont établis pour douze vieillards de cette profession, qui, frappés par l'âge et les infirmités avant d'avoir pu s'assurer un avenir indépendant, se verraient réduits à la mendicité ou exposés à devenir importuns à des enfans souvent ingrats.

Cet hospice sagement dirigé répond aux vœux et à la noble philantropie de son fondateur.

La petite église de ce village n'a rien de remarquable; on projette son agrandissement. Son curé est logé aux frais des habitans, la commune n'ayant point encore de presbytère. Le cimetière est à une distance assez éloignée de la commune, il renferme quelques monumens assez remarquables; il est enclos d'un mur en bon état de construction.

Deux écoles primaires, une pour les garçons, la seconde pour les filles, donnent aux enfans du pauvre l'instruction élémentaire et gratuite. Cinq pensionnats sont ouverts aux enfans des classes aisées; parmi ces derniers, on doit citer en première ligne, les deux pensions de l'université; l'une est sous la direction de M Chevreau, maire, et l'autre est tenue par M. Ancelin. On ne saurait trop prodiguer d'éloges à ces deux institutions et surtout à celle de M. le maire, qui se distingue à la fois par le développement des facultés physiques et morales des élèves. Le pensionnat de jeunes personnes, dirigé par mademoiselle Millon, se recommande également à la bienveillance des parens.

Le territoire de la commune comprend environ 2,000 arpens de terre; le prix de l'arpent varie de 1,200 à 2,000 fr.; il y a aussi de belles carrières de pierre et de moellon, et une scierie de pierre à la mécanique, mue par la vapeur.

La fête patronale est celle de l'Assomption de la Vierge, 15 août; elle est fort jolie et très-fréquentée.

Maire, M. Chevreau. — Adjoint, M. Monjenot. — Secrétaire, M. Tourneur. — Curé, M. Chossotte. — Capitaine de la première compagnie de la garde nationale, M. Allart. — Capitaine de la deuxième compagnie, M. Hateau. — Percepteur des contributions, M. Lebrun.

Il faut adresser les lettres : *A Saint-Mandé, banlieue de Paris.*

Les omnibus desservant Vincennes font également le service de la commune; il y a encore d'autres voitures, mais qui ne sont que de passage.

VILLEMONBLE.

Villemonble, à trois lieues est de Paris; canton et justice de paix de Vincennes, arrondissement de Sceaux, département de la Seine.

Ses enclaves sont : Romainville, Bondy, Gagny, Rosny et Neuilly-sur-Marne.

Cette commune est traversée par la route départementale venant de Montreuil, et par celle de Noisy-le-Sec à Livry. Ses chemins vicinaux sont en assez bon état.

Situé sur une pente douce et facile, Villemonble répond par son riant aspect aux superbes sites qui l'environnent; il se détache agréablement sur la belle perspective du village du Raincy et de la forêt de Bondy.

Sa population est de 647 habitans, fournissant à la garde nationale une compagnie composée d'environ 80 hommes, faisant partie du 2e bataillon de la 4e légion de la banlieue.

Les changemens et les améliorations que reçoit ce village, s'opèrent en grande partie dans la nouvelle rue, dite des *Trois-Frères*. Toutes les maisons qu'on y élève sont bâties avec élégance et régularité.

Villemonble a deux châteaux : l'un fut habité jadis par la reine Blanche ; il était à cette époque entouré d'eau. M. Martin, son propriétaire actuel, tout en y opérant des changemens considérables, n'a pas voulu le déparer de tout ce qui peut attester sa noble antiquité.

Le second est situé à l'entrée du village par Noisy-le-Sec ; il est appelé château de la *Garenne*, du nom de son ancien seigneur. M. Gremodet en est le propriétaire, et y exploite, en société avec M. Delatour, une filature de soie. Ce château se compose de deux corps de logis principaux ; le premier sert d'habitation ; il est construit parallèlement à la grande rue de Villemonble, sur laquelle il a vue. Le deuxième corps de logis est consacré au travail des vers à soie. Deux ateliers occupent une trentaine de personnes, et un troisième est, en ce moment, en construction.

Pendant les mois de mai, juin et juillet seulement, les vers à soie travaillent. Deux éducations de vers à soie, de quarante jours chacune, remplissent ces trois mois. Les deux ateliers, placés au premier et au deuxième étage, sont échauffés par une fournaise, qui, placée au rez-de-chaussée, transmet la chaleur aux étages supérieurs, par le moyen de trous cylindriques pratiqués dans les planchers, et de plaques de zinc. Pour que la chaleur ne soit pas trop forte, des ventilateurs, appelés *tarares*, ont été établis aux angles des salles ; c'est ainsi que l'atmosphère est toujours entretenue dans un état de pureté nécessaire. Ces ventilateurs ou *tarares* ont été faits sur les modèles fournis par M. Darcet. Pour préserver les vers à soie de l'influence électrique, qui leur est toujours nuisible, des paratonnerres ont été placés au faîte de l'établissement.

Les feuilles de mûrier sont la nourriture des vers à soie. Pendant les quatre maladies qu'ils font, ils sont suspendus dans des filets, à deux ou trois pouces de distance de la planche qui se trouve dessous, et rangés ainsi par étages, pour empêcher que le fumier ne les atteigne, ce qui les ferait mourir. Aussitôt que leur maladie est passée, ils sont rétablis sur leurs planches, et alors on a adapté, d'un étage de planches à l'autre, plusieurs petites haies formées avec des branches de bouleau, afin qu'ils montent dedans pour y faire leurs cocons. Quand ils ont fini, et que de chrysalides ils sont devenus papillons, on recueille avec soin leur ponte, et l'année suivante, recommence le travail. La soie est très-blanche, et tellement fine que cinq cocons réunis ne fournissent qu'un fil assez menu ; on les dévide au moyen d'un rouet à compartiment.

Bien que les rues, toutes cailloutées, ne soient pas parfaitement entretenues, la température de Villemonble est saine. Aucun commencement d'éclairage n'y est encore établi. La brigade de gendarmerie de Montreuil est chargée du maintien de l'ordre et de la sûreté publique. Le prix des locations annuelles et celui des subsistances se maintiennent à un taux assez peu élevé. Les deux places publiques, celle de l'Eglise et celle de la Croix, sont toujours tenues avec propreté. La fontaine, dite *des Enfers*, située près de la côte de Neuilly, fournit avec abondance aux besoins du village. Une partie de la forêt de Bondy et le Raincy sont compris dans les dépendances de la commune. Ces deux belles propriétés royales procurent les plus fraîches et les plus délicieuses promenades.

L'église, d'une assez belle construction, est entretenue avec le plus grand soin. Elle est desservie par le curé de la commune de Rosny. Le cimetière, situé au sud-ouest et au dehors du village, est de la contenance de vingt-cinq perches ; il est enclos d'un mur en bon état.

L'école primaire, pour garçons et filles, est confiée aux soins de M. Chesne.

Les travaux projetés sont : 1° la jonction de la route de Gournay-sur-Marne à celle de Villemonble ; 2° l'pplanissement de la montagne, dite *de l'Abîme*, pour abréger la route de Villemonble à Neuilly-sur-Marne et à Rosny-sous-Bois.

L'agriculture fait peu de progrès. Le prix de l'arpent de terre varie de 1,200 à 1,500 fr. L'étendue du territoire est de 1,170 arpens. Ses produits consistent en céréales, vins, pommes de terre, légumes et fruits.

La fête patronale est sous l'invocation de saint Louis, 25 août ; on la célèbre le dimanche suivant. Elle attire beaucoup de monde.

Maire, M.   — Adjoint, M. Délépine. — Secrétaire, M. Chenu. — Médecin, M. Roger. — Propriétaires : MM. Grimodet, Poussin, Secretain, Delatour, Martin. — Capitaine de la garde nationale, M. Lefranc. — Percepteur des contributions directes, M. Pitou. Jours de recette, les lundis.

Une boîte aux lettres est tenue par M. François Délépine, Grande-Rue. Il faut adresser : *A Villemonble, par Bondy*.

Les communications avec Paris s'établissent au moyen des voitures situées rue Sainte-Apolline, 11. Elles partent à huit heures et demie de Paris et de Villemonble ; leur retour s'effectue à huit heures du soir. M. Leneveu en est le directeur.

COMMUNES

DU

DÉPARTEMENT DE LA SEINE.

ARRONDISSEMENT DE SAINT-DENIS.

L'arrondissement de Saint-Denis comprend la partie septentrionale du département de la Seine : il est limité, au sud, par les murs de Paris, depuis la barrière de Montreuil jusqu'à celle de Passy, et par l'arrondissement de Sceaux ; de tous les autres côtés, il touche au département de Seine-et-Oise.

Il compte trente-six communes sur une surface d'environ 23,000 hectares. D'après le recensement de 1836, sa population s'élève à 110,057 habitans.

Il se divise en quatre cantons : Saint-Denis (10 communes) ; Pantin (12 communes) ; Neuilly-sur-Seine (7 communes) et Courbevoie (7 communes).

La sous-préfecture de l'arrondissement est à Saint-Denis.

Sous-préfet, M. Lucien Méchin, maître des requêtes.

Secrétaire-général de la sous-préfecture : M.

Député de l'arrondissement, M. Frémicourt ✻.

Conseillers d'arrondissement :

Canton de Saint-Denis : MM. Boyé✻, L. Cottin ✻.

Canton de Pantin, M. Gublin.

Canton de Neuilly, MM. Collas ✻, Jeanson et Pelletier ✻.

Canton de Courbevoie, MM. Bordet et Bataille.

Colonel de la 1re légion de la banlieue, M. Benoist ✻. *État-major à Saint-Denis.*

Colonel de la 2e légion de la banlieue, M. Truelle ✻. *État-major à Neuilly.*

Architecte de l'arrondissement, M. Lequeux, à Paris, rue Cassette, 27.

CANTON DE SAINT-DENIS.

Saint-Denis. — Aubervilliers-les-Vertus.— La Chapelle. — La Courneuve. — Dugny. — Épinay-sur-Seine. — Pierrefitte. — Saint-Ouen-sur-Seine. — Stains. — Villetaneuse.

SAINT-DENIS.

Saint-Denis, à deux lieues nord de Paris, sur la route royale de Calais, près de la rive de la Seine et dans une vaste plaine ; chef-lieu d'arrondissement, de canton et de justice de paix, département de la Seine.

Annexes : La Briche, jusqu'à la Croix ; Vert-Galant ; le chemin de la Courneuve ; enclaves : Villetaneuse, Pierrefitte, Stains, la Courneuve, Aubervilliers, Saint-Ouen et Épinay.

Selon la légende du saint dont elle porte le nom, cette ville daterait son origine du troisième siècle. Saint Denis et ses deux compagnons, saint Rustique et saint Eleuthère, décapités à Montmartre, auraient été enterrés au lieu où l'on voit aujourd'hui la cathédrale. Le concours des fidèles forma, près de ce lieu révéré, un village qui s'accrut avec rapidité et qui, dès le temps de l'abbé Suger, avait acquis déjà le titre de ville, qu'il a conservé depuis.

Cette ville est aujourd'hui plus belle et plus florissante que jamais. Elle doit cet état de prospérité aux améliorations nombreuses qu'elle a reçues depuis le commencement de ce siècle et à l'industrie qui s'y développe chaque jour davantage.

Sa situation est belle et avantageuse. Deux grandes voies de navigation, la Seine et le canal Saint-Denis, sont à ses portes. Elle est traversée par une route de première classe des plus fréquentées, à laquelle viennent se réunir la route de Rouen par Pontoise et la route de Gonesse, qui aboutit à la route de Flandre. D'un autre côté, la route de la Révolte lui ouvre une communication directe avec Versailles et la route de Rouen par Saint-Germain-en-Laye. Des chemins commodes sillonnent son territoire dans tous les sens, et lui assurent des relations faciles avec ses environs. Enfin, deux cours d'eau, le Crould et le Rouillon, lui fournissent des moyens d'industrie qu'elle a su employer. Une nouvelle route départementale, dont l'exécution est arrêtée par le conseil général du département de la Seine, partira bientôt de Saint-Denis et se dirigera sur le Bourget, en passant par la Courneuve. Elle formera un second débouché sur la route de Flandre.

Le territoire de Saint-Denis n'a rien

d'accidenté : c'est partout l'uniformité des plaines ; mais la variété et la beauté de ses cultures lui donnent l'aspect le plus riant. La plaine de Saint-Denis est un immense jardin potager. On n'y voit pas de vignes, pas de fruits. Les céréales et quelques prairies, naturelles ou artificielles, y apparaissent en petite étendue. Les légumes de toute espèce, la pomme de terre et la betterave occupent presque tout l'espace et pourvoient en partie à l'énorme consommation de la capitale. Au coup-d'œil que présentent ces utiles produits, renouvelés pendant toute l'année presque sans interruption, si l'on joint la multitude des beaux villages et des élégantes maisons de campagne qui se pressent, se touchent et semblent vouloir couvrir tout le sol, on sentira de quelle magnificence et de quelle richesse est une contrée ainsi peuplée, ainsi fertilisée.

Aussi les promenades autour de Saint-Denis sont-elles à la fois intéressantes et agréables. La ville est enveloppée d'un joli boulevart, entretenu avec le plus grand soin. A peu de distance, les rives et les îles de la Seine, les bords du canal, offrent d'attrayans points de vue. Enfin, en s'éloignant davantage, les sites charmans de la vallée de Montmorency et des autres environs appellent les regards et satisfont également le goût et l'esprit.

La population actuelle de Saint-Denis est de 9,332 habitans, savoir : population fixe 8,054 ; population mobile 1,278. Elle forme un bataillon de garde nationale, d'environ 700 hommes, le 1er de la 1re légion de la banlieue. Elle fournit en outre 24 artilleurs, 40 cavaliers et 50 sapeurs-pompiers, pour la manœuvre des pompes à incendie appartenant à la commune.

Saint-Denis s'est beaucoup embelli dans son intérieur. Le goût des constructions et l'embellissement des boutiques y font des progrès, et les rues, toutes pavées et en bon état, sont tenues avec autant de propreté que le permet la disette d'eau éprouvée par la ville. La Grande-Rue, qui se développe sur la route royale, est surtout remarquable par son étendue et par les maisons qui la bordent. Un seul point de cette rue, à la place d'Armes, rompt l'ensemble de son ordonnance par le défaut d'alignement de quelques maisons, qui causent un rétrécissement en cet endroit. Des mesures ont été prises par l'autorité pour l'achat de ces maisons, qui seront bientôt démolies ; alors, de l'entrée de Saint-Denis, du côté de Paris, jusqu'au *barrage*, à sa sortie, rien n'obstruera plus cette longue et belle perspective.

Soixante réverbères éclairent la ville pendant la nuit ; le nombre doit en être augmenté.

Saint-Denis a trois places publiques : celle de *la Cathédrale*, celle dite *place d'Armes* et celle des *Casernes*. Les deux dernières sont décorées par deux belles fontaines. Une troisième fontaine a été établie dans la rue Saint-Remy, et une quatrième dans la cour de l'Hôtel-Dieu, avec une décharge au dehors. Ces fontaines sont alimentées par autant de puits artésiens. Mais la faible quantité d'eau qu'elles laissent couler est bien loin de suffire aux besoins de la ville. Cette disette est sur le point de cesser. Une société a récemment traité avec l'autorité pour lui fournir en abondance les eaux de la Seine prises à Saint-Ouen. Cette société rendra sans doute cet important service à Saint-Denis; mais, à son défaut, d'autres sont prêtes à le lui rendre, et rien ne doit coûter à la ville pour obtenir ce bienfait, l'un des premiers que réclame toute population.

Saint-Denis est la résidence de l'un des deux sous-préfets du département de la Seine.

La sous-préfecture et la mairie ne sont pas des monumens publics, mais seulement des maisons d'assez belle apparence, appropriées à leur destination. La sous-préfecture est dans la rue Compoise, la mairie sur la place de la Cathédrale. Elles contiennent les bureaux des deux autorités. La justice de paix tient ses audiences à la mairie.

De belles casernes, pour infanterie, ont été bâties, il y a environ soixante ans, sur la place à laquelle elles donnent leur nom. Elles étaient alors en dehors de la ville; elles sont maintenant entourées des maisons de la Grande-Rue, qui se prolonge jusqu'au *barrage*; elles sont ordinairement occupées par une garnison de 3 à 400 hommes.

Une partie des bâtimens de la maison de détention donne également sur la Grande-Rue. Ce sont d'anciennes constructions, dont l'extérieur négligé attriste les regards, et forme un contraste pénible avec les habitations environnantes. Cette maison n'a d'ailleurs rien qui mérite une attention particulière; son régime est celui de tous les établissemens de ce genre.

L'ancien couvent des *Annonciades*, situé aussi dans la Grande-Rue, à la Porte de Paris, appartient aujourd'hui à un habitant de la capitale, qui l'a laissé tomber dans un déplorable état de dé-

gradation. On regrette surtout de voir en ruine la rotonde, qui servait de chapelle à ce couvent. C'est un ouvrage de J.-H. Mansard; ce nom le recommande, ne fût-ce que comme terme de comparaison dans le développement du génie de cet artiste célèbre. Les restes du couvent offrent un bel emplacement à l'industrie, qui sans doute s'en emparera, appelée, comme elle l'est, à substituer partout le travail à l'oisiveté.

Dans la rue Compoise, au n° 56, on trouve des bains publics, qui ne le cèdent en rien à ceux de Paris: ils sont desservis par des eaux courantes de la Seine. Les cabinets, agréablement situés entre deux jardins et bien aérés, réunissent tous les avantages désirables. Les bains sont ouverts, en été, de quatre heures du matin à onze heures du soir; en hiver, de six heures et demie à dix heures. Le prix du bain ordinaire est de 90 cent., non compris le linge.

Les loyers d'habitation et les subsistances sont, en général, aussi chers à Saint-Denis qu'à Paris. Les nombreux étrangers qui visitent la ville y trouvent, du reste, des restaurateurs, des cafés, des auberges, où ils sont parfaitement reçus et traités.

Il y a, dans la Grande-Rue, une petite salle de spectacle, ornée d'une belle façade; les frères Séveste, qui empêchent toute autre troupe de l'exploiter, néanmoins, la négligent complètement.

L'église paroissiale est située dans la Grande-Rue, près la Porte de Paris. Elle est de construction moderne, et date seulement de quelques années avant la révolution de 1789. Elle servait alors de chapelle au couvent des *Carmélites*, dans lequel Madame, *Louise de France*, fille de Louis XV, avait pris le voile. L'architecture de cet édifice est de Mique, premier architecte de Louis XVI. Le porche, auquel on arrive par un large escalier de plusieurs marches, est composé de quatre colonnes ioniques modernes, cannelées depuis le tiers de la hauteur ; l'intérieur, décoré du même ordre, offre une rotonde, dont la voûte sphérique est ornée de caissons avec rosaces. Le maître-autel est au milieu. Cette église est desservie par le curé et trois vicaires.

La ville de Saint-Denis doit à la cathédrale son origine et son accroissement ; elle lui doit, encore aujourd'hui, une partie de sa prospérité, par la foule de curieux qu'attire journellement la beauté de cet édifice et des monumens qu'il renferme. Il n'est pas régulier dans toutes ses parties, parce que, n'ayant pas été bâti d'un seul jet, il porte l'empreinte des goûts différens qui ont régné aux diverses époques de sa construction. Son entrée est un reste de l'ancienne église élevée sous Charlemagne. Les nefs furent rebâties, en 1231, par la reine Blanche et par saint Louis. Le chœur et le chevet furent achevés, en 1281, sous Philippe-le-Hardi. Cependant l'ensemble de cette vaste basilique est d'un beau gothique et d'un effet à la fois grandiose et élégant. Le buffet d'orgues est supporté par une arcade de plus de quarante pieds d'élévation et de toute la largeur de la grande nef. Ce morceau d'architecture est moderne et du dessin de Duval.

La cathédrale de Saint-Denis fut, dès son origine, consacrée à la sépulture des rois de France. Il contenait une multitude de tombeaux, non seulement des princes qui ont occupé le trône, mais encore des grands hommes qui ont illustré la patrie. Au temps orageux de la république, l'église fut dévastée et les tombeaux violés, détruits ou dégradés. Des hommes sages et instruits s'opposèrent, au nom des arts, à l'entier anéantissement de ces monumens ; ils parvinrent à en sauver la plus belle partie, qui orna, pendant plusieurs années, le Musée des Monumens français à Paris.

Napoléon commença la restauration de la basilique de Saint-Denis, qu'il destinait aussi à sa sépulture et à celle de sa famille. Il institua un chapitre spécial pour le service religieux, et par ses soins l'antique édifice vit renaître sa splendeur. Les Bourbons ont confirmé les établissemens de Napoléon, et continué les travaux de restauration. Les tombeaux qui étaient au Musée des Monumens français ont été restitués à l'église, dont toutes les parties ont été rétablies avec un goût et une habileté qui font le plus grand honneur à M. Debret, architecte, au talent duquel la direction de ces grands et importans travaux a été confiée. Il ne reste plus à réparer qu'une petite portion des nefs, du côté des portes, et la partie inférieure de la façade sur la place. Peu de temps encore, et les ravages des siècles et des hommes auront disparu. L'église, dans son état actuel, est d'une beauté et d'une magnificence qu'on admire ; elle est digne des monumens précieux que l'on y a replacés, et parmi lesquels sont, au premier rang, les tombeaux de Louis XII, de François 1er, des Valois, etc.

L'Hôtel-Dieu de Saint-Denis est une maison de belle apparence, vaste et bien aérée. Il contient trente-six lits pour les malades, moitié pour chaque sexe, et vingt lits pour des vieillards qui y sont admis à vie, dix hommes et dix femmes.

Il y a une pharmacie et des bains, ainsi qu'un puits artésien qui lui fournit de l'eau, dont l'excédent sert aux besoins des habitans du quartier. Ses revenus s'élèvent à 40,000 fr. Son service est confié à onze sœurs de Saint-Vincent-de-Paule, qui entretiennent, dans toutes ses parties, un ordre, une propreté et des soins au-dessus de tout éloge. Le service divin est fait par un aumônier attaché à l'établissement.

La ville manque d'un presbytère; elle subvient aux frais du logement de ses pasteurs.

Le cimetière est situé hors de la ville. Il a un arpent d'étendue et une ceinture de murs. Il est ombragé de grands arbres, et coupé de belles allées, entre lesquelles sont placés les monumens funéraires, dont plusieurs sont remarquables. Il est entretenu avec le plus grand soin.

La religion protestante a un petit temple dans la rue de la Charronnerie, et une école pour les enfans dont les parens professent ce culte. Le temple, qui peut contenir trois cents personnes, est desservi par un ministre.

La ville possède deux écoles communales pour les garçons, l'une où l'enseignement est mutuel, l'autre dirigée par les frères des écoles chrétiennes. Une seule école communale, pour les filles, est placée sous la direction des sœurs de Saint-Vincent-de-Paule; il existe en outre deux écoles privées pour les garçons.

On ne compte que deux pensionnats de garçons; mais l'un d'eux mérite d'être mentionné; c'est celui de M. Laban, place aux Gueldres, n° 16. Cette belle institution réunit tout ce que les familles peuvent désirer pour l'éducation morale et physique de leurs enfans. Le prix de la pension varie selon l'âge des élèves;

il se paie par trimestre et d'avance. Les langues étrangères et les arts d'agrément se paient à part.

Trois pensionnats sont ouverts aux jeunes demoiselles, et méritent toute la confiance des mères de famille. Ils sont dirigés par Mmes Malé et Cellier, rue des Ursulines, et par Mme Feltens, rue de la Boulangerie. Une autre maison, située place aux Gueldres, reçoit aussi des pensionnaires; mais c'est une espèce de congrégation qui s'intitule *de la Croix*, et qui n'est pas autorisée.

Les bâtimens et les dépendances de l'abbaye composent aujourd'hui la maison d'éducation de l'ordre royal de la Légion-d'Honneur. Il était impossible de consacrer à un plus digne usage ce vaste et beau séjour. L'institution est fondée pour 400 élèves *gratuites*, filles des membres de la Légion-d'Honneur, sans fortune, qui ont le grade *d'officier et au-dessus, ou une fonction civile correspondante*. Les places sont accordées par rang d'âge, et l'on donne la préférence 1° aux orphelines de père et de mère ou de l'un des deux; 2° aux filles d'amputés, infirmes ou ayant des blessures graves; 3° aux filles de père ou de mère qui ont le plus grand nombre d'enfans, et en considérant la durée des services du père. Chaque famille ne peut obtenir qu'une place *gratuite*; mais on permet le remplacement d'une sœur décédée dans la maison royale, lorsqu'elle n'a pas joui de la moitié du temps qu'elle aurait eu le droit d'y passer. La maison reçoit aussi cent élèves *pensionnaires*, filles, petites-filles, sœurs, nièces ou cousines des membres de la Légion-d'Honneur. Les élèves sont reçues à l'âge de *douze ans exclusivement jusqu'à la neuvième année inclusivement*. Elles doivent savoir lire et écrire. Elles sortent de la maison à dix-huit ans, ou plus tôt, si les parens désirent les retirer. Toute élève *gratuite* ou *pensionnaire* paie, avant d'entrer dans la maison, 400 fr. pour le remboursement du trousseau qui lui est fourni. Le paiement de cette somme, ainsi que celui de la pension, qui est de 1,000 francs, s'effectue à Paris, rue et bâtimens de l'Oratoire. La pension est payable par trimestre et d'avance.

Les parens des élèves, soit *gratuites*, soit *pensionnaires*, sont tenus de se munir de l'engagement d'une personne domiciliée à Paris, qui paiera la pension de 1,000 fr. (lorsqu'il y aura lieu), et qui recevra l'élève à sa sortie définitive de la maison, ou pour quelque autre motif que ce soit.

Cette noble institution est placée sous la protection spéciale de la Reine. Elle est confiée à la surveillance du grand-chancelier de la Légion-d'Honneur, auquel doivent être adressées toutes les demandes d'admission, comme élèves *gratuites*, ou comme élèves pensionnaires.

L'administration de la maison est entre les mains d'une surintendante, qui a sous ses ordres six dames dignitaires, douze dames de première classe, quarante dames, de deuxième classe, vingt novices, et des postulantes au noviciat, dont le grand-chancelier détermine le nombre suivant les besoins de la maison. La distinction honorifique des dames consiste en une croix patée, émaillée de blanc, anglée de rayons d'or pour les dames, et de rayons d'argent pour les novices, surmontée de la couronne royale. Le centre de la croix présente d'un côté la Vierge dans son assomption, et, de l'autre, sur un fond d'azur, les mots : *Honneur et Patrie*, avec cet exergue : *Maison d'éducation de Saint-Denis*. La décoration est en or pour les dames, en argent pour les novices, plus grande pour la surintendante et les dignitaires. La surintendante porte la grande décoration en or, attachée au bas d'un ruban semblable à celui des grands-croix de l'ordre, et passant de l'épaule droite au côté gauche. les dignitaires portent la même décoration en or, en sautoir, attachée à un ruban un peu plus large que celui des commandeurs de l'ordre. Les dames de première classe portent la petite décoration en or, attachée à l'épaule gauche avec un ruban et une rosette comme les officiers de l'ordre. Les dames de deuxième classe portent la petite décoration, à l'épaule gauche, avec un ruban sans rosette. Les novices portent de même la décoration en argent.

Le service religieux de la maison est sous la juridiction spirituelle de l'évêque diocésain.

Surintendante, Mme la comtesse de Bourgoing; inspectrice, Mme Charretton; directrice des études, Mme Gigun; économe-trésorière, Mme Schwick; dépositaire de la lingerie, Mme Moulin; dépositaire de la roberie, Mme Lefèvre; directrice des novices, Mme de Ciony. *Dames et professeurs externes.* Directeur du dessin et de la peinture, M. Paulin-Guérin; directrice de la musique instrumentale, Mme Mosso; directeur de la musique vocale, M. Massimino; maîtresse de danse, Mme Coindé; architecte, M. Chatillon.

La maison de Saint-Denis a deux succursales établies pour 400 élèves *gratuites*. Elles sont desservies par les dames religieuses de la congrégation de la Mère-de-Dieu. La première succursale est à Paris, rue Barbette; la seconde, dans la maison *des Loges*, forêt de Saint-Germain-en-Laye. Supérieure générale de la congrégation, Mme Delezeau, rue Barbette, à Paris.

L'agriculture est exercée avec une grande intelligence dans la commune. Les cultures sont extrêmement variées. Les grains de toute espèce y figurent en petite quantité. Les prairies naturelles et artificielles produisent 6,000,000 kilogrammes de fourrage ; les betteraves, 3,750,000 kilogrammes ; les scorsonères, 875,000 ; les carottes, 375,000 kilogrammes, etc. Le froment, l'avoine et le fourrage, ne suffisent pas à la consommation locale. Les deux tiers des betteraves et des légumes sont exportés de la commune. On ne récolte pas de légumes secs. Le territoire a environ 3,300 arpens d'étendue. L'arpent de terre, première qualité, vaut 3,000 francs ; celui de deuxième, 2,000 francs ; celui de troisième, 1,500 francs ; terme moyen, 2,000 à 2,500 francs.

L'industrie prospère à Saint-Denis ; elle y a pris déjà de beaux développemens, et chaque jour elle leur donne une nouvelle étendue. Les chutes des écluses du canal et les cours d'eau qui ceignent la ville lui offrent des avantages, dont le prix est doublé par la proximité de la capitale. Elle en a su profiter, et, si des circonstances imprévues ne ralentissent pas ses progrès, avant peu d'années Saint-Denis sera une ville essentiellement manufacturière.

En y arrivant de Paris, on voit à droite, à la chute d'une écluse du canal, un beau moulin à farine, nouvellement construit et appartenant à M. Hainguerlot. Sept autres moulins du même genre sont placés sur le Crould et sur le Rouillon. Les plus considérables sont ceux de MM. Hédouin, Benoist ✻ et Désobry ✻. Saint-Denis compte un moulin à scier les bois de teinture ; dix lavoirs de laine, à MM. Calon neveu, Eugène Calon, Potel, Bazin, Brunet-Drouet, Bruet aîné, Couturier, etc. ; une fabrique de produits chimiques, à MM. Arnaut et Bertrand, successeurs de M. Payen ; une fabrique de toiles cirées ; une plomberie en grand et fort importante, à MM. David père et fils ; une fabrique de bleu de Prusse, à M. Souchon ; plusieurs brasseries et féculeries ; une papeterie sur le canal, M. Morin directeur ; une papeterie mécanique, à M. Brisse ; plusieurs imprimeries sur étoffes, à MM. Teinturier-Wallerand, Desvieux, Andrews, Rousseau et Cailleux, Despruneaux (au Barrage), Romers frères (à la maison de Seine), etc. ; plusieurs teintureries, à MM. L'Ecolle, Bégley frères, etc., parmi lesquelles on distingue celle de MM. Merle, Malastic, Johanni et Poncet, pour la teinture des étoffes de laine en bleu de Prusse, et celle de MM. Geoffroi ✻ et Chalamelle pour teinture et apprêts de toutes couleurs, des étoffes de laine et de soie, surtout des satins. Les appareils de ce dernier établissement sont mus à la vapeur : une fabrique d'huile de colza, à M. Gisquet ; une fabrique de gélatine, à M. Laîné.

MM. Rattier et Guibal ont établi à Saint-Denis leur belle manufacture d'objets divers en caout-chouc ou gomme élastique. Ces messieurs sont brevetés pour l'art de filer le caout-chouc et d'en former des tissus élastiques. Deux cent cinquante ouvriers, une machine à vapeur de la force de douze chevaux, quantité de machines nouvelles et ingénieuses, sont constamment employés à tirer du caout-chouc des produits, soit élastiques, soit imperméables, dont l'existence n'était même pas soupçonnée avant 1830, et qui, répandus depuis sur les deux continens, sont devenus nécessaires à la consommation. En 1834, la Société d'Encouragement de l'Industrie-Française, et plus tard le jury d'exposition au Louvre, décernèrent des médailles d'or à MM. Rattier et Guibal pour leur utile invention; leur fabrique est aujourd'hui d'une très-grande importance et dans une prospérité, juste prix de leurs talens et de leurs travaux.

Au commerce résultant de ces nombreuses fabriques il faut joindre celui des produits agricoles de la commune et celui du blanchissage du linge, qui occupe habituellement environ 1,200 femmes, et l'on aura une juste idée de la prospérité que ces trois sources de richesses répandent dans Saint-Denis. Aussi cette ville offre-t-elle partout cet aspect d'aisance et de satisfaction qui accompagnent toujours le travail et l'industrie.

Au nombre des améliorations que la commune se propose encore d'effectuer incessamment, on remarque l'établissement de salles d'asile pour les enfans, et d'écoles d'enseignement mutuel pour les filles; la construction d'un abattoir public, déjà autorisée par une ordonnance royale de 1830; et la conversion du champ de foire actuel en une place publique où se tiendra le marché. Saint-Denis désirait et a obtenu l'établissement d'une succursale de la caisse d'épargne de Paris.

La fête patronale est celle de saint Denis, 9 octobre. Elle commence ce jour et dure jusqu'au 18. Son emplacement est la promenade du nord, près de la caserne. Elle est brillante et fréquentée.

Saint-Denis a une foire annuelle, célèbre autrefois par la foule des habitans de Paris qu'elle attirait et par les folies quelquefois sérieuses des écoliers de l'université. Cette foire est celle du *Landit*. Elle a cessé d'être bruyante et tumultueuse; mais elle est devenue peut-être plus importante. Elle commence le mercredi ou le samedi le plus près du 11 juin. Elle est surtout consacrée à la vente des moutons, et le nombre de ces animaux qui y sont amenés s'élève ordinairement de 70 à 80,000. Le premier jour de cette foire, s'ouvre aussi celle des draps et rouenneries; mais cette dernière est presque tombée en désuétude.

Maire, M. Boyé ✶. — 1er adjoint, M. Piet. — 2e adjoint, M. Meurdefroy. — Secrétaire de la mairie, M. Pruche. — Juge de paix, M. Champreux. — Greffier, M. Lefebure-Dubus. — Commissaire de police, M. Collin. — Doyen du chapitre de la cathédrale, M. de Cugnac. — Chancelier, M. Lusigny de la Blachère. — Grand-chantre, M. Delamotte. — Trésorier, M. Vallelougue. — Gardien des tombeaux, M. Foucaut. — Curé de la paroisse, M. Barde. — Vicaires, MM. Georges, Guillaume et Stéfain. — Ministre du culte protestant, M. Morache. — Colonel de la première légion de la banlieue, M. Benoist ✶. — Percepteur des contributions directes, M. Gauthier (recette les trois premiers jours de la semaine). — Notaires, MM. Beaugrand et Lebel. — Médecin en chef de l'Hôte-Dieu, M. Evrat. — Chirurgien en chef, M. Hoguet. — Pharmacien, M. Lachenal. — Imprimeur-lithographe, M. Prévôt.

Le bureau de la poste aux lettres est sous la direction de Mme Rousseau, née Révérart. Il y a trois distributions et trois levées par jour. On adresse simplement: *A Saint-Denis*.

La ville a un relais de la poste aux chevaux; le maître de poste est M. Zhendre.

Les communications avec Paris sont continuelles. Les *Célérifères* font un service régulier de demi-heure en demi-heure. On prend ces voitures à Paris, au passage du bois de Boulogne, faubourg Saint-Denis, et à Saint-Denis, Grande-Rue, près de la place d'Armes. Outre ces voitures, il y a un grand nombre d'autres voitures de passage, venant des communes environnantes, et beaucoup de celles communément appelées *Coucous*.

AUBERVILLIERS—LES-VERTUS.

Aubervilliers, à une lieue nord de Paris, dans la plaine et sur le canal de Saint-Denis; canton, justice de paix et arrondissement de Saint-Denis, département de la Seine.

Les enclaves de cette commune sont: la Villette, la Chapelle, la Courneuve et Pantin.

Peuplé de 2,400 habitans, le territoire de cette commune est presque exclusivement livré à l'agriculture: il convient surtout à la culture des gros légumes, qui y réussissent parfaitement. Le prix de l'arpent s'élève depuis 2 jusqu'à 3,000 francs, suivant la qualité.

Toutes les rues du village sont pavées et bien entretenues. On y trouve une place publique éclairée par un réverbère, jusqu'à présent seul dans la commune. Sur cette place se trouvent réunis la mairie, le corps-de-garde de la milice bourgeoise, celui des pompiers, la prison et une école pour les garçons. Le bâtiment va être exhaussé de deux étages qui serviront à établir une école pour les filles et des logemens pour les instituteurs. Pour subvenir aux dépenses qu'occasionent ces travaux, la commune s'est surimposée, et le gouvernement lui a accordé un secours de 10,000 francs.

Le territoire d'Aubervilliers est traversé, dans toute son étendue, par le canal de Saint-Denis, qui borde le village et lui cause un dommage assez considérable; il coupe, dans son cours, sept chemins vicinaux, et, pour obvier en partie à ce grave inconvénient, qui interrompait toutes les communications, on a construit, sur le canal, vis-à-vis du village, un pont-levis; mais ce pont est trop étroit: il exige de fréquentes réparations. Lorsque le pont est levé pour laisser passer les bateaux, le passage public se trouve retardé pour un temps plus ou moins long, et, comme ces retards se renouvellent très-souvent, le désir le plus vif des habitans serait d'obtenir un pont fixe, en face la rue *du Landit*.

Sur le bord du canal, dans le voisinage du pont, on vient de construire un bâtiment qui contient un moulin à farine et une scierie de marbre.

Dans la rue Neuve, l'ancien château du Vivier, appartient à M. Gallois. Cet industriel y a établi une exploitation en grand de sangsues, dont le dépôt est à Paris, passage Aumaire, 32, marché Saint-Martin.

On remarque aussi une fabrique de sucre indigène, appartenant à MM. Joest et compagnie, qui ont établi leur dépôt à Paris, rue Grange-Batelière, 8.

Aubervilliers possède une ancienne église, d'un gothique assez élégant. Cet édifice, dans lequel on voit quelques tableaux qui ne sont pas sans mérite, a le plus grand besoin de réparations. Deux des piliers qui soutiennent la voûte ont cédé et perdu leur aplomb, de telle sorte que, s'ils ne sont promptement rétablis, ils entraîneront la ruine de ce monument. Les habitans, qui ont à ce sujet adressé au gouvernement les demandes les plus instantes, ont lieu d'espérer qu'il sera fait droit à leurs réclamations.

Cette commune fournit trois compagnies de gardes nationaux, chacune de 125 hommes, commandées par M. Reullet, chef de bataillon. Elles font partie du 3me bataillon de la 1re légion de la banlieue.

La vie est facile à Aubervilliers, et l'on peut s'y procurer tous les objets nécessaires à l'existence. Il y a quatre bouchers, trois boulangers et des magasins de tout genre. Seulement la privation d'eau potable s'y fait sentir, attendu que celle du canal est trop stagnante pour qu'on puisse l'employer autrement qu'aux usages extérieurs.

On espère pouvoir s'entendre avec M. Desnuelles-Désouville, directeur de la compagnie d'eau de Seine de Saint-Ouen, pour qu'il amène cette eau à Aubervilliers.

Le prix des loyers d'habitation et celui des subsistances sont à peu près les mêmes qu'à Paris, sauf les droits d'octroi.

Les habitans les plus notables de la commune sont : Maire, M. Lemoine. — Adjoint, M. Mezières. — Curé, M. Boileau. — Notaire, M. Loyer. — Médecin, M. Gabriel Reullet. — Chirurgien, M. Auguste Reullet. — Percepteur des contributions, M. Heuzel. Ses jours de recette sont tous les vendredis.

Le bureau de distribution de lettres est à la Villette, et les relais de la poste aux chevaux les plus voisins se trouvent à Saint-Denis et au Bourget.

Il faut adresser les lettres : *A Aubervilliers-les-Vertus, banlieue de Paris.*

Cette commune n'a point avec Paris de communications directes; mais les voitures, dites *Dames-Blanches*, qui stationnent à la Villette et se rendent au Bourget, passent sur la route royale, à l'embranchement de cette route avec l'avenue qui conduit à Aubervilliers.

LA CHAPELLE.

La Chapelle, au nord et aux portes de Paris, à l'entrée de la plaine de Saint-Denis; canton, justice de paix et arrondissement de Saint-Denis, département de la Seine.

La commune est enclavée par celles de Montmartre, de Saint-Ouen, d'Aubervilliers-les-Vertus et de la Villette. Au midi, elle est bornée par les boulevarts extérieurs de Paris, barrières des Vertus et du faubourg Saint-Denis.

La population est de 4,177 habitans. La garde nationale compose un bataillon de 600 hommes, presque tous en uniforme, et divisés en quatre compagnies, une de grenadiers, deux de chasseurs et une de voltigeurs. Ce bataillon est le 2me de la 1re légion de la banlieue.

La route royale de Paris à Calais forme la grande rue de la Chapelle; elle a été récemment améliorée dans cette traversée. On compte d'ailleurs, dans la commune, deux chemins communaux et deux autres de grande vicinalité, pavés en partie.

L'aspect de la Chapelle plaît aux regards. Le mouvement et l'activité y règnent. Les habitations sont propres et commodes ; elles augmentent chaque jour en nombre et en élégance. Les rues sont toutes pavées, entretenues avec soin, et éclairées, pendant la nuit, par des réverbères, système Bordier-Marcet. Une grande place publique occupe le centre du village ; mais elle manque encore de fontaine. L'église, située à l'un des angles de la place, date du moyen-âge. Son architecture, mélange bizarre de différens styles, n'a rien de remarquable. Le presbytère appartient à la commune. Le cimetière, transféré dans la campagne, est fermé d'un beau mur, et convenablement disposé. Enfin deux nouvelles constructions, la mairie et le marché aux vaches, ont dernièrement contribué, par une amélioration notable, aux embellissemens publics de la commune.

Les loyers d'habitation et le prix des subsistances sont les mêmes que dans Paris. Les loyers des petits ménages vont depuis 100 jusqu'à 300 francs.

La Chapelle possède deux écoles primaires, l'une pour les garçons, l'autre pour les filles. L'instruction y est simultanée. 180 enfans des deux sexes fréquentent assidument ces écoles. Il y a en outre cinq écoles particulières pour les enfans, et deux pensionnats pour de jeunes demoiselles : ces derniers sont dirigés par Mme Colon et par Mme Gaut.

Le territoire de la commune se compose, en général, de terres argileuses et de terres franches. Son étendue est d'environ 1,500 arpens. On ne peut que l'évaluer par approximation, le cadastre en ayant été fait avec trop peu de soin. La valeur de l'arpent est de 2,000 à 3,000 fr., selon les terres. Les cultures consistent en céréales et en gros légumes. On plante beaucoup de betteraves pour la nourriture des bestiaux. Tous ces produits sont employés, ou dans la commune ou à Paris et aux environs.

La Chapelle a, chaque semaine, plusieurs marchés, qui attirent un grand concours de vendeurs et d'acheteurs. Le mardi, marché aux vaches ; le jeudi, marché aux porcs ; le mardi et le vendredi, marché aux veaux. Cette branche de commerce est importante. Les deux premiers marchés sont légalement autorisés ; les deux autres ne sont jusqu'à présent que tolérés. La commune désire vivement et espère obtenir de l'autorité supérieure, auprès de laquelle elle est en instance à ce sujet, l'institution définitive de ces deux marchés.

L'industrie compte, à la Chapelle, une fabrique de machines à vapeur, appartenant à M. Pawels, et deux distilleries de liqueurs en tout genre.

Il s'y fait en outre un grand commerce de commission et de transit, par suite duquel on y trouve une quantité considérable d'auberges, de marchands de vin, etc. Il y a aussi beaucoup de nourrisseurs de bestiaux.

De vastes travaux publics ont été exécutés, dans la plaine de Saint-Denis et dans les communes adjacentes, pour l'assainissement des terres et des habitations. La Chapelle est, vu sa situation sous ce double rapport, améliorée au point de ne rien laisser à désirer. L'autorité locale a le projet de poursuivre l'embellissement du village par la construction d'une fontaine sur la place publique, de bornes-fontaines et de trottoirs dans la Grande-Rue. Les eaux nécessaires à ces projets doivent être fournies par la compagnie des eaux de Seine, prises à Saint-Ouen.

Les vœux de la commune sollicitent

deux autres assainissemens qui intéressent gravement la santé publique. Le premier est l'écoulement des eaux stagnantes et putrides, qui répandent des miasmes aussi dangereux que désagréables sur les boulevarts extérieurs et sur les habitations voisines. Le second est la translation de la voirie de Montfaucon, foyer d'infection, objet de dégoût, qui nuit, à tous égards, aux quartiers de Paris et aux nombreuses communes qui l'environnent. Ce double bienfait est l'un des titres les plus forts que l'autorité supérieure puisse acquérir à la reconnaissance et à l'attachement d'une population immense, qui souffre depuis si long-temps !

La fête patronale de la Chapelle est celle de Saint-Denis, 9 octobre : on la célèbre le dimanche suivant.

Maire, M. Cottin ✻. — 1er adjoint, M. Boucry. — 2me adjoint, M. Vuillemain. — Curé, M. Marcelot. — Chef de bataillon de la garde nationale, M. Ruelle ✻. — Notaire, M. Fournier.

Les lettres doivent être adressées : *A la Chapelle, banlieue de Paris*. Il y a deux distributions par jour.

Les communications avec Paris sont continuelles. L'entreprise des *Favorites* dessert spécialement la commune pour la capitale. Elle correspond, par les autres voitures à 30 centimes, avec tous les quartiers de Paris.

LA COUR-NEUVE.

La Cour-Neuve, à deux lieues nord de Paris, sur la petite rivière du Croult, qui baigne et fertilise son territoire ; canton, justice de paix et arrondissement de Saint-Denis, département de la Seine.

Elle a pour annexes : Crèvecœur, L'hôtel-Dieu, le Moulin-Féron, Champ-Tourterelle, Merville, etc., et pour enclaves : Aubervilliers, Saint-Denis, Stains, Dugny et Drancy.

Cette commune est située dans une belle et vaste plaine, et peuplée d'environ 600 habitans ; son annexe principale, le joli hameau de Crèvecœur, en compte 250. Ces deux populations réunies fournissent à la garde nationale une compagnie de 100 à 110 hommes, appartenant au 3e bataillon de la première légion de la banlieue. La gendarmerie de Saint-Denis fait le service de la commune.

La route départementale, n° 21, passant par Saint-Denis, le hameau de Crèvecœur et Aubervilliers va s'embrancher avec la grande route de Flandre, à un quart de lieue de la Villette. On compte trente-et-un chemins vicinaux qui viennent aboutir au village ; ils sont tous en assez bon état.

Au milieu d'une petite quantité de maisons bourgeoises, assez bien tenues, on remarque deux châteaux appartenant à M. Bellanger et à M. le baron de Joinville. Ils sont tous deux d'un fort agréable aspect.

Le Moulin-Féron est accompagné d'une belle maison bourgeoise ; appartenant à M. Béjot, maire. La ferme de Champ-Tourterelle, antique bâtiment, qui, dit-on, fut baptisé *(Champ de la Tourterelle)* et habité par la reine Blanche, est encore entouré de fossés remplis d'eaux courantes qui servent de vivier. Cette ferme est aujourd'hui la propriété de M. Déterville, ancien libraire. A trois cents mètres plus loin, sur la route de Stains, se trouve une autre ferme, aussi belle que vaste, qui porte le nom de Merville (ville de la Mère), bâtie sur les bords de la rivière du Croult ; elle faisait autrefois partie du domaine de la ferme Champ-Tourterelle ; elle appartient aujourd'hui à M. Bellanger, ancien notaire.

La position avantageuse du village lui procure un air des plus sains. Toutes ses rues sont pavées. Le prix des locations annuelles varie de 60 à 300 fr. Le pain et la viande seuls y sont au même prix qu'à Paris ; les autres denrées s'y trouvent à meilleur marché.

Au centre du village sont situés une église et un presbytère bâtis au milieu du cimetière ; l'un et l'autre sont en bon état. Non loin de là une école gratuite est établie pour l'éducation des enfans des deux sexes.

Le bois de Merville offre aux habitans de la Cour-Neuve une promenade variée par les sites les plus gracieux.

L'agriculture a fait, depuis quelques années, des progrès notables. Le territoire est fertile et convient surtout aux légumes, dont la culture le couvre presque en totalité. L'arpent de terre (34 ares 19 centiares) vaut de 3 à 4,000 francs. L'étendue du territoire est d'environ 1,400 arpens.

La fête patronale est celle de saint Leu, 1er septembre ; on la célèbre le dimanche suivant.

Maire, M. Béjot. — Adjoint, M. Cottin. — Desservant, M. Christophe Fieschi. — Capitaine de la garde nationale, M. Thiéquot. — Percepteur des contributions, M. Heuzel. Ses jours de recette sont le premier samedi de chaque mois.

Il faut adresser les lettres : *A la Cour-Neuve, par Saint-Denis.*

Il n'existe pas de communications directes avec Paris. On est obligé d'aller prendre les voitures de Saint-Denis, ou de venir par Aubervilliers jusqu'à la route de Flandre, que parcourent les *Dames-Blanches*, allant de la Villette au Bourget.

DUGNY.

Dugny, à trois lieues et demie nord-est de Paris, sur la petite rivière du Croult et sur la Petite-Mer ; dans une situation avantageuse, entre les routes royales de Picardie et de Flandre ; canton, justice de paix et arrondissement de Saint-Denis, département de la Seine.

Ses annexes sont : le grand et le petit moulin de Dugny ; ses enclaves : Saint-Denis, Gonesse, le Bourget, la Cour-Neuve, Stains, Garges et Bonneuil-en-France.

Situé dans une plaine, le territoire de cette commune est fertile, et les récoltes y sont abondantes. Il est arrosé par deux petites rivières appelées le Rouillon et le Croult ; cette dernière le sépare de la commune de Garges. La communication est maintenue au moyen d'un pont, dit *pont du Grand-Moulin.*

Deux chemins pavés passent au milieu de Dugny et rejoignent les deux routes royales, l'un au Bourget, l'autre à Saint-Denis. Deux chemins de grande communication sur Bonneuil vont être établis, et donneront à Dugny un passage considérable. Les chemins vicinaux qui y aboutissent sont plantés d'arbres et bien entretenus. Les deux rivières qui bordent la commune sont aussi plantées de quatre rangées d'arbres, ce qui offre en tout temps de fort jolies promenades.

Depuis cinq ou six ans, Dugny a vu s'accomplir, dans son sein, des améliorations remarquables, que rien désormais ne semble devoir entraver. En effet, depuis cette époque la population s'est accrue de soixante habitans au moins. Les rues, qui jusqu'alors n'avaient été que cailloutées, ont été pavées en grande partie. Le territoire s'est agrandi et des embellissemens de toute espèce ont été introduits dans son intérieur. Une administration bien entendue a pu seule amener un aussi satisfaisant résultat. Puissent beaucoup d'autres communes parvenir à développer ainsi les élémens de prospérité qu'elles renferment!

La population actuelle de Dugny est de 520 habitans, fournissant à la garde nationale une compagnie de 80 voltigeurs, appartenant au 3e bataillon de la 1re légion de la banlieue. La commune, propriétaire d'une pompe à incendie, compte en outre une escouade de sapeurs-pompiers parfaitement exercés.

Dugny jouit d'un air salubre qu'il doit à sa belle position et à la propreté qui règne dans toutes ses rues. Les loyers d'habitation sont à bon compte, et l'on peut se procurer facilement toutes les choses essentielles à la vie. Le pain et la viande y sont à plus bas prix qu'à Paris; les fruits et les légumes s'y trouvent en grande abondance.

Cette commune renferme plusieurs belles maisons de campagne et maisons bourgeoises. L'ancien château, situé sur la partie la plus élevée du territoire, jouit d'une perspective aussi variée, aussi belle qu'étendue; il a été, depuis peu, entièrement rebâti à la moderne, avec beaucoup de goût et d'élégance, par M. le chevalier Sommeillier, officier supérieur en retraite, officier de la Légion-d'Honneur et maire actuel de la commune. Le grand moulin de Dugny, construit sur le Croult, appartient à M. Brajou. Le petit moulin, bâti sur le Rouillon, appartient à M. Duval.

M. Bucaille aîné, ex-maire de Dugny, se plait à montrer aux amateurs un joli cabinet d'histoire naturelle.

L'autorité locale se propose d'opérer, sous peu, de nouvelles et importantes améliorations, telles que la construction d'un corps-de-garde, celle d'une prison, le pavage de celles des rues qui ne sont encore que cailloutées, et enfin l'ouverture de trois nouvelles rues. Un chemin de fer, projeté, doit aussi traverser le territoire.

L'église et le presbytère de ce village sont fort simples, mais parfaitement entretenus. Le cimetière est situé à l'extérieur et même à une distance assez grande; il est enclos d'un mur en bon état.

La place publique est assez belle. Deux jolies fontaines, l'une dite de *l'Amour*, l'autre du Grand-Moulin, ajoutent au charme des promenades sur les bords des deux rivières; il en existe plusieurs autres heureusement distribuées dans la commune.

Dugny possède une manufacture royale de cire et de bougies, établie depuis près d'un siècle. Elle a suivi les progrès des temps. Tout s'y fait à la vapeur. M. Bucaille jeune, son propriétaire, a ajouté à la fabrique de cire la bougie diaphane et la bougie stéorique, sous le nom de bougie de globe, et c'est, sans contredit, la plus belle et la meilleure qui ait été livrée au commerce. Outre cette manufacture de bougie, une fabrique de serrures occupe aussi un grand nombre d'ouvriers.

Il y a, dans cette commune, deux troupeaux de mérinos, aussi remarquables par leur beauté que par le grand nombre de têtes dont ils se composent.

L'agriculture fait des progrès considérables. Ses produits consistent principalement en céréales et en légumes ; on y récolte aussi des fourrages, qui s'écoulent à Paris ou dans les marchés environnans. Le prix de l'arpent varie de 1,500 à 2,000 francs. L'étendue du territoire est de 428 hectares, 40 ares, 55 centiares.

La fête patronale a lieu le deuxième dimanche de la Fête-Dieu ; elle est très-jolie par son emplacement et ses détails. On y vient de toutes parts et surtout de Paris.

Maire, M. le chev. Sommeillier, O ✤.
— Adjoint, M. Devaux. — Curé, M. Queudot. — Capitaine de la garde nationale, M. Coquard. — Percepteur des contributions, M. Heuzel. Ses jours de recette sont les premiers jeudis de chaque mois.

Il faut adresser les lettres : *A Dugny, par le Bourget.*

Les communications avec Paris ont lieu par les *Dames-Blanches*, que l'on trouve au Bourget, à environ un quart de lieue de distance. On peut aussi se servir des voitures de Gonesse.

ÉPINAY-SUR-SEINE.

Épinay-sur-Seine, ainsi appelé de sa situation au bord de cette rivière, à trois lieues sud-est de Paris, sur la route de Rouen par Pontoise ; canton, justice de paix et arrondissement de Saint-Denis, département de la Seine.

Cette commune a deux annexes : La-Briche, hameau sur la Seine, près de l'embouchure du canal Saint-Denis, et le hameau d'Ormesson. Elle est enclavée par Saint-Gratien, Soisy-sous-Montmorency, Deuil, Villetaneuse et Saint-Denis.

Sa population est de 900 ames ; elle donne à la garde nationale 140 hommes, bien équipés, faisant partie du 4me bataillon de la 1re légion de la banlieue.

L'air est très-pur. Les rues sont pavées et entretenues avec propreté. Le prix des loyers d'habitation varie de 100 à 300 francs. Les vivres de toute espèce y sont à bon marché, abondans, et, en conséquence, il est facile de se les procurer.

L'église et le presbytère n'offrent rien d'intéressant. Le cimetière est en dehors du village, à la distance prescrite par les réglemens, parfaitement établi et fort bien tenu. La place de l'Eglise et les environs du village forment des promenades très-agréables. Le château d'Épinay appartient à M. le comte de Sommariva, propriétaire d'une grande partie du territoire de la commune ; il a formé, dans cette résidence, un petit musée, qui ajoute aux preuves nombreuses de son goût éclairé pour les beaux-arts. Quatre autres maisons de campagne, sur la Seine, jouissent des vues charmantes que déploient les rives du fleuve ; elles appartiennent à MM. Carlier, Payen, Perrin et Mure. La propriété de M. Carlier renferme un puits artésien, foré par l'entrepreneur Mulot.

L'école primaire est bien établie ; mais elle est seule pour les enfans des deux sexes : cet inconvénient ne devrait pas se rencontrer dans une commune telle qu'Épinay. Sans doute il cessera bientôt.

Le sol de la commune est fertile et bien cultivé. Le prix de l'arpent de terre s'élève de 1,800 jusqu'à 4,000 francs, selon la qualité. On récolte des céréales et du vin. Il y a aussi des prairies artificielles et un beau troupeau à *Coquenard*.

L'industrie d'Épinay est toute agricole. La Briche possède une verrerie de bouteilles, à M. Mulot; une fabrique de cadres pour tableaux, à M. Bourdon; une fabrique de pelleteries pour chapeaux, à M. Perrin, et une blanchisserie de laines, à M. Achard.

La Seine et le canal Saint-Denis facilitent les exportations de ces établissemens. Leurs produits, ainsi que ceux de l'agriculture, s'écoulent à Paris et dans les environs.

La fête patronale est celle de saint Médard, 8 juin : on la célèbre le dimanche suivant; elle dure trois jours, dans un jardin, sous un vaste et superbe couvert de tilleuls, au centre de la commune.

Maire, M. . . . . — Adjoint, M. Gorion. — Curé, M. Bourguignon, ancien vicaire de Saint-Paul à Paris. — Secrétaire de la mairie, M. Gilbert, intendant du comte de Sommariva. — Chef de bataillon de la garde nationale, M. le comte de Sommariva ✵. — Capitaines, MM. Carlier et Jacob. — Percepteur des contributions, M. Gauthier, dont le bureau de recettes est ouvert le premier samedi de chaque mois.

Il faut adresser les lettres : *A Épinay-sur-Seine, par Saint-Denis*.

Épinay a des relations faciles et régulières avec Paris. Deux entrepreneurs de voitures publiques font le service du matin et du soir, et une grande quantité d'autres voitures traversent continuellement la commune.

PIERREFITTE.

Pierrefitte, à trois lieues un quart nord de Paris, sur la route royale de Calais, au pied de la côte de Richebourg; canton, justice de paix et arrondissement de Saint-Denis, département de la Seine.

Enclaves : Montmaguy, Sarcelles, Stains, Villetaneuse et Saint-Denis.

Sa population est de 800 habitans. Elle fournit 150 gardes nationaux du 4me bataillon de la 1re légion de la banlieue; ils sont commandés par M. Grosnier, capitaine.

Le sol est très-fertile; son aspect offre une vue agréable et beaucoup de variété. Du village on découvre Paris et la côte du bois de Richebourg, qui est plantée de vignes. Pierrefitte a plusieurs jolies maisons bourgeoises, l'une appartenant à Mme veuve Aulnet; trois autres à MM. Frédéric-Lemaître, Cobert et Philbert. L'air est très-sain, les rues propres, et le pavé bien entretenu. Le prix des loyers s'élève de 150 à 800 fr. Les vivres, les légumes et le vin au même taux que dans les autres communes des alentours de Paris. La fontaine publique, l'église, le presbytère, le cimetière, n'offrent rien qui puisse intéresser.

Il n'y a qu'une école primaire pour les deux sexes; ce qui est un inconvénient auquel la commune ne saurait trop tôt remédier.

On projette la construction d'une nouvelle route qui doit aller de Pierrefitte à Stains et communiquer avec la route de Gonesse.

Les habitans portent beaucoup de soin à l'agriculture; aussi est-elle très-florissante. L'arpent se vend de 2,000 à

5,000 francs, selon la fertilité et la convenance. On cultive beaucoup de céréales, quelques vignes, des légumes et des fruits : tous les produits sont portés à Paris.

L'industrie compte deux manufactures de fécules, appartenant à MM. Mancel et Chauvin et une brasserie très-renommée, à M. Chauvin.

La fête patronale est celle de saint Gervais et de saint Protais, 19 juin : elle a lieu le dimanche suivant.

Maire, M. Lejeune, notaire. — Adjoint, M. Prévost. — Curé, M. Leclerc. — Percepteur, M. Gaultier. La recette a lieu le premier et le troisième jeudi de chaque mois.

Il y a une boîte pour les lettres. Il faut adresser : *A Pierrefitte, par Saint-Denis*.

Les communications avec Paris sont des plus faciles. Cinq voitures publiques vont tous les jours à Paris, et cinq autres au moins, venant des environs, traversent Pierrefitte, du matin au soir, pour se rendre dans la capitale.

SAINT-OUEN.

Saint-Ouen, à une lieue et demie nord de Paris, sur une des collines qui, dans cet endroit, bordent la rive droite de la Seine; canton, justice de paix et arrondissement de Saint-Denis, département de la Seine.

Annexes : le port et la gare Saint-Ouen et la Glacière. Enclaves : Saint-Denis, Aubervilliers, Montmartre, Clichy et la Seine.

La population de cette commune est de 983 ames; elle fournit à la garde nationale une compagnie de chasseurs, composée de 140 hommes du 2me bataillon de la 1re légion de la banlieue.

Le village est en bon air; les rues sont pavées et bien entretenues. On a dernièrement pavé une grande partie du chemin communal, qui fait jonction à la route royale de Saint-Denis à Versailles, communément désignée sous le nom de *chemin de la Révolte*. Le loyer des maisons est d'environ 200 francs par an. Les vivres sont aussi chers qu'à Paris.

Saint-Ouen attire chaque jour de nombreux admirateurs par les frais paysages et les sites variés qui s'y présentent en foule à la vue. Son horizon est un objet constant d'études pour nos jeunes artistes.

L'église, qui est dans le style gothique, n'a rien de remarquable. On distingue, dans son intérieur, un tableau de l'école italienne, d'un grand mérite, représentant une adoration de Jésus. Le cimetière est encore dans l'enceinte du village; cependant il est clos d'un mur bien élevé. Le presbytère est d'une apparence fort agréable. Il y a une petite place publique avec plantation d'arbres. Saint-Ouen, quoique sur les bords de la Seine, se procure difficilement de l'eau; il n'a que celle du fleuve, et l'escarpement de la colline sur laquelle il est bâti rend très-pénible, surtout dans les mauvais temps, la nécessité d'employer cet unique mode d'approvisionnement. L'établissement d'une fontaine publique sera un bienfait pour les habitans : le traité est signé; on n'attend plus que l'exécution des travaux par la compagnie Desnuelles-Dérouville, qui se propose de fournir à plusieurs communes du canton de Saint-Denis, l'eau de la Seine puisée à Saint-Ouen, au moyen d'une pompe mue par la vapeur.

La mairie et l'école communale des deux sexes sont dans le même bâtiment.

Le territoire est traversé par deux routes royales, faisant embranchement à l'extrémité de la commune, dans la partie du sud.

Saint-Ouen est placé entre deux châteaux, qui en forment les extrémités: l'un d'eux, au midi, est devenu historique par le séjour qu'y fit Louis XVIII en 1814, et par la charte qu'il y publia avant son entrée à Paris. Malgré les souvenirs qu'elle rappelle, cette maison de plaisance, qui appartient aujourd'hui à Mme la comtesse du Cayla, est fort négligée, et les produits des jardins et du parc sont affermés à un maraîcher, nourrisseur de bestiaux. L'autre château, au nord, était encore naguère la propriété du célèbre manufacturier Ternaux; il est maintenant celle de M. Le Gentil, qui l'a fait restaurer et considérablement embellir.

Le territoire de la commune contient 1,300 arpens; il produit du blé, et des betteraves pour la nourriture des bestiaux. La plantation des asperges est aussi une des branches de culture. L'arpent se vend de 1,200 à 2,000 francs, suivant la qualité.

Saint-Ouen a plusieurs établissemens d'industrie: une belle filature de laine, appartenant à M. Lizeret; une teinturerie, sur une grande échelle, appartenant à Mme Duhamel, et six glacières, renommées par leur grand débit dans Paris. Au midi, et près de Saint-Ouen, sur la rive droite de la Seine, MM. Ardoin et compagnie ont établi une gare et un port, toujours ouverts à la navigation et au commerce, qui y trouvent sécurité dans la mauvaise saison, et, en tout temps, facilité pour le déchargement des marchandises et leur transport à Paris. Le directeur de cet établissement est M. Deschamps.

Les produits de l'industrie et de l'agriculture sont portés à la capitale.

La fête patronale est celle de saint Ouen, 24 août; on la célèbre, le dimanche suivant, sur la place du village: elle est fréquentée.

Maire, M. Compoint. — Adjoint, M. Delacroix. — Curé, M. Serreau. — Capitaine de la garde nationale, M. Vallet. — Médecin, M. Plauty. — Percepteur des contributions, M. César de Lafontaine. Jours de recette, le premier lundi de chaque mois.

Il faut adresser les lettres: *A Saint-Ouen-sur-Seine, banlieue de Paris*.

Pour les communications avec la capitale, on est obligé d'aller prendre les voitures de la Gare Saint-Ouen ou des Batignolles-Monceau.

STAINS.

Stains, à trois lieues nord-est de Paris, dans une belle vallée arrosée par le *Rouillon*, petite rivière qui se jette dans la Seine à Saint-Denis; canton, justice de paix et arrondissement de Saint-Denis, département de la Seine.

Cette commune est enclavée par celles de Pierrefitte, de Sarcelles, de Garges, de Dugny, de la Cour-Neuve, et de Saint-Denis.

La population est d'environ 1,000 ames. Elle donne une superbe compagnie de garde nationale, de 197 hommes, du 4e bataillon de la 1re légion de la banlieue.

La route de Saint-Denis à Gonesse passe à l'extrémité sud-ouest du village. On projette la construction d'une nouvelle route départementale qui, partant de la route de Gonesse, traverserait la commune et aboutirait à la route royale de Calais, au village de Pierrefitte.

L'air est salubre. Le pavé des rues est bien entretenu et dans un état constant de propreté. Les habitans sont doux et laborieux. Les loyers ne sont pas chers; mais les vivres sont à un prix qui se ressent du voisinage de Paris.

Stains possède une église, un presbytère et un cimetière qui n'ont rien de remarquable; deux belles fontaines au centre de la propriété de M. Baudouin; un magnifique château, bâti à la moderne, entouré d'un vaste parc, et appartenant à M. Hainguerlot; une superbe maison de campagne, propriété de M. Baudouin; une autre maison de plaisance fort jolie, à Mlle Brocart, etc.

Ce village offre aux amateurs un jeu de paume fort bien disposé.

Une seule école primaire est ouverte aux enfans des deux sexes. On peut mieux faire. Une maison de charité est occupée par quatre sœurs de Saint-Vincent-de-Paule.

Le sol de la commune est excellent. Il contient 1,400 arpens, et l'arpent vaut de 2 à 3,000 francs. Les cultures consistent en blé, en vignes et en légumes, dont les produits sont vendus dans le pays ou exportés pour Paris et les environs.

On ne trouve à Stains que deux fabriques. L'une, de toiles cirées; l'autre, de fécules. Il y a une blanchisserie de coton. Au midi de la commune et sur son territoire, le Rouillon met en mouvement deux moulins à farine; celui de Romaincourt appartient à M. Benoist ✻ (de Saint-Denis); l'autre à M. Porto, ancien agent de change à Paris.

La fête patronale est celle de l'Assomption de la Vierge, 15 août. Elle a lieu sur un très-bel emplacement en face du château et attire un grand concours de monde.

Maire, M. Baudouin. — Adjoint, M. Maréchal. — Desservant, M. Quedot. — Percepteur des contributions, M. Gauthier, qui reçoit le second vendredi de chaque mois. — Capitaine en premier de la garde nationale, M. Michonnet; capitaine en second, M. Bonnemain. — Principaux habitans: MM. Hainguerlot, Jacob, Laforêt, Moreau-Denis, Sivry, Boujeot, etc. — Médecin, M. Audé.

Il faut adresser les lettres : *A Stains, par Saint-Denis*.

Une voiture publique part chaque jour, à sept heures du matin, pour Paris, et revient le soir.

VILLETANEUSE.

Villetaneuse, à trois lieues nord de Paris, à l'entrée de la vallée de Montmorency; canton, justice de paix et arrondissement de Saint-Denis, département de la Seine.

Écarts: Temps-Perdu et Vert-Galant. Enclaves : Deuil, Montmagny, Pierrefitte, Saint-Denis et Épinay-sur-Seine.

La population n'est que de 400 ames, et cependant le village est riche et joli, grâce à l'industrie et au goût du travail répandus parmi ses habitans. Il fournit à la garde nationale une compagnie qui fait partie du 4e bataillon de la première légion de la banlieue.

Le sol de la commune est très-fertile; son aspect, varié et fort agréable. Il est traversé par un chemin pavé, qui conduit à Saint-Denis par la route de Pontoise, où il aboutit.

Villetaneuse a un château, appartenant à M. de Lignerolles; et deux belles maisons de campagne, à MM. Wattier et Bridier. L'air est sain. Les rues sont pavées, bien entretenues et propres. Les habitans, tout à leurs travaux, vivent en paix et en bonne intelligence entre eux. L'ordre et la sécurité règnent habituellement. Les loyers d'habitation sont modérés, ils varient de 100 à 150 francs par année. Les vivres sont plus chers et presque au taux de Paris, excepté le vin et les légumes, qui sont abondans. L'eau vive et courante, dont on se sert pour tous les usages domestiques, est remarquable par sa grande salubrité.

L'église et le presbytère n'appellent l'attention à aucun titre. La commune projette la construction d'une mairie et d'un corps-de-garde, convenables au moins à leur destination.

Villetaneuse n'a qu'une école primaire pour les enfans des deux sexes; quelque faible que soit sa population, c'est un inconvénient. L'aisance dont jouit la commune la met à même de le faire cesser, et c'est une des améliorations dont elle doit le plus promptement s'occuper.

L'agriculture est en progrès. Les principaux produits sont les céréales, le vin, les gros légumes et les fruits. L'arpent de terre coûte de 3 à 4,000 francs, suivant la qualité. Les propriétés sont très-divisées et exploitées avec beaucoup de soin, ce qui donne à la fois plus de valeur aux terres et plus de richesse aux habitans.

L'industrie compte plusieurs fabriques dans cette commune. Au premier rang est une grande féculerie, située au centre du village et appartenant à M. Ruelle. A Vert-Galant on trouve trois fabriques de colle-forte, de fécule et d'amidon. A Temps-Perdu est une autre fabrique de colle-forte. Paris et ses environs sont les débouchés habituels des produits territoriaux et commerciaux de Villetaneuse.

La fête patronale est célébrée le premier dimanche de juin.

Maire, M. Deulin. — Adjoint, M. Conty. — Curé, M. Holleta. — Capitaine de la garde nationale, M. Chardin. — Lieutenant, M. Emery. — Percepteur des contributions, M. Gauthier, dont la recette se fait le premier dimanche de chaque mois.

Il faut adresser les lettres: *A Villetaneuse, par Saint-Denis.*

Le village ne communique pas directement avec Paris; mais aisément par les voitures de Saint-Denis et de Montmorency.

CANTON DE PANTIN.

Pantin. — Bagnolet. — Baubigny. — Belleville. — Bondy. — Le Bourget. — Charonne. — Drancy. — Noisy-le-Sec. — Le Pré-Saint-Gervais. — Romainville. — La Villette.

PANTIN.

Pantin, à une lieue et demie est-nord-est de Paris, sur la route royale d'Allemagne; chef lieu de canton et de justice de paix, arrondissement de Saint-Denis, département de la Seine.

Annexes: quelques maisons au bois de Romainville et sur la route d'Allemagne. Enclaves: les communes d'Aubervilliers, de Baubigny, de Noisy-le-Sec, de Romainville, du Pré-Saint-Gervais et de la Villette.

La population est d'environ 2,000 ames. Elle fournit à la garde nationale deux compagnies de cent hommes chacune, qui font partie du 6e bataillon de la 1re légion de la banlieue. Pantin a une pompe à incendie et vingt-quatre sapeurs-pompiers.

Ce joli village est traversé par la route d'Allemagne et par une route départementale allant de Saint-Denis à Vincennes. Son territoire est arrosé par le canal de l'Ourcq, qui contourne le village à 100 mètres au nord. Les coteaux de Belleville, du Pré-Saint-Gervais, de Romainville et le bois de cette commune, donnent au pays l'aspect le plus riant, et présentent partout d'agréables promenades. Pantin est, d'ailleurs, embelli par 15 à 20 maisons de campagne fort élégantes, appartenant à MM. Lefebvre, Tellot, Poupinel, Delcambre, Toury, Meny, de Lafontrine, Maradan, Auger, etc. L'air est pur. Les rues, larges et belles, sont pavées, bien entretenues, propres et éclairées du premier octobre au premier avril. Les habitans sont affables et vivent en bonne intelligence. La sécurité publique est maintenue par une brigade de gendarmerie.

Le prix des terres s'élève de 2,000 jusqu'à 4,000 francs l'arpent, selon leur qualité. Les loyers sont assez chers. La viande coûte de 40 à 60 centimes. Les légumes sont à très-bon marché.

L'église et le presbytère n'ont rien de remarquable. La place publique est grande, mais sans ombrage; au milieu s'élève une espèce de regard, de construction massive, qui fournit de l'eau avec assez d'abondance. La commune se propose d'établir une seconde fontaine, plus commode, et de laquelle jaillirait l'eau de la Seine, amenée de Saint-Ouen, par une compagnie, rivale utile de celles qui, sur différens points, ont aussi doté les environs de Paris de l'eau dont ils manquaient.

Pantin n'a qu'une école primaire pour les enfans des deux sexes. Il est à désirer que l'instruction soit étendue et facilitée par une division, que réclament les progrès et les convenances.

Le territoire de cette commune est fertile. L'agriculture y prospère à un haut degré. Il produit surtout des céréales, des légumes et des fruits, pour la consommation de Paris.

L'industrie compte peu d'établissemens à Pantin. On y remarque seulement une fabrique de sucre indigène, qui a déjà pris un grand développement; elle appartient à M. Boucher.

L'une des principales sources de richesse pour le pays, est l'exploitation des carrières de pierre à plâtre, que l'on y trouve en grand nombre.

La fête patronale est célébrée le premier dimanche d'août. Elle attire beaucoup de monde.

Maire, M.   — Adjoint, M. Ourselle. — Juge de paix, M. Bert. — Substitut, M. Auger. — Huissier-audiencier, M. Weber. — Curé, M. Sarrazin. — Chef de bataillon de la garde nationale, M. Crosnier✠. — Capitaine, M. Robert. — Percepteur des contributions, M. Thiry; jours de recette, les samedis.

Il faut adresser les lettres : *A Pantin, banlieue de Paris*. Elles y sont distribuées et en partent deux fois par jour.

Les voitures de Paris, dites *les Dames Blanches*, font, par correspondance, le trajet de Pantin. D'autres voitures, spéciales à cette commune et appelées *Pantinoises*, font aussi un service régulier pour la capitale. On trouve, en outre, des occasions continuelles par le passage de voitures des communes plus éloignées.

BAGNOLET.

Bagnolet, à une lieue et quart est de Paris; canton et justice de paix de Pantin, arrondissement de Saint-Denis, département de la Seine.

Ses enclaves sont : Romainville, Montreuil, Charonne et Ménilmontant.

Situé dans une vallée, Bagnolet n'a qu'une rue, qui se développe dans toute sa longueur sur une route départementale allant de Charonne à la route d'Allemagne, sur laquelle elle s'embranche entre Pantin et Bondy, après avoir traversé Bagnolet et Noisy-le-Sec.

Les chemins vicinaux conduisant à Vincennes, au Pré-Saint-Gervais et à Montreuil, sont en fort mauvais état; ils n'ont pas été entretenus depuis quatre années.

Le territoire de Bagnolet produit de beaux fruits en espaliers et beaucoup de vignes. Il offre aussi, par sa position, un aspect fort agréable. Sa population s'élève à 1,090 habitans, fournissant à la garde nationale 250 hommes, divisés en deux compagnies, dont une de grenadiers, et l'autre de chasseurs; elles font partie du 5me bataillon de la 1re légion de la banlieue.

Les débris du château de Bagnolet et ses dépendances appartiennent aujourd'hui à diverses personnes. M. Pommerel est possesseur du pavillon dit de *l'Ermitage* et de quelques bosquets qu'il a conservés. M. Julien a fait construire près de *l'Ermitage* une jolie maison bourgeoise, qu'il a laissée entourée de quelques restes des anciens jardins. Le surplus des dépendances et du parc de cette grande propriété est livré à diverses cultures, exploitées par des habitans de Bagnolet. On remarque aussi dans ce village plusieurs autres maisons de campagne, parmi lesquelles on peut citer celle de M. le baron de Schœnen et celle de M. Lefort, dite la *maison de l'Étang*; mais la propriété la plus belle et la plus moderne de Bagnolet, est celle qui se trouve située sur la gauche de la route, à l'entrée du village; elle appartient à M. Viénot, maire. Pour le goût et la distribution, elle peut lutter avec les plus jolies maisons de la capitale; elle est surmontée d'un belvéder élégamment construit, d'où l'on découvre tout le littoral de la Marne.

Bagnolet jouit de l'air le plus sain. Le ruisseau, produit par une source située à l'extrémité supérieure du village, coule continuellement au milieu de la rue, et entretient la propreté.

Le service de la commune est fait par la gendarmerie en résidence à Belleville.

Les habitans de Bagnolet s'approvisionnent à Paris des subsistances qui leur sont nécessaires. Le prix des locations annuelles, pris au terme moyen, est de 250 fr.

Sur la place de la Garde-Nationale est une fontaine appartenant à M. Delobel; elle fournit aux besoins des habitans, moyennant une rétribution annuelle.

Les promenades des environs sont : le parc des Bruyères et le bois de Romainville.

L'église est d'une architecture fort simple, mais parfaitement distribuée et bien entretenue. Le curé est logé aux frais de la commune. Le cimetière, nouvellement établi à l'extérieur du village, est de la contenance de trois quarts d'arpent; il est entretenu avec le plus grand soin.

L'école primaire pour les jeunes garçons est sous la direction de M. Pignez; celle des jeunes filles est dirigée par madame Pignez.

La mairie est établie au haut du village; elle est attenante au corps-de-garde.

L'étendue du territoire est de 319 hectares, dont 108 produisent des pêches, des poires, des pommes et d'autres fruits de première qualité. Le prix moyen de ces arpens est de 10,000 fr., celui des terres en plaine est de 5,000 fr.

Bagnolet possède trois carrières à plâtre et à moellons assez estimés; leurs propriétaires sont : MM. Viénot, le comte Siméon, pair de France, et madame veuve Robineau. Toutes trois sont d'un rapport considérable, et servent à l'alimentation d'un grand nombre de chantiers de la capitale.

La fabrique de cartons de M. Pelissier, relieur, place Maubert, à Paris, est digne de quelque intérêt.

La fête patronale est célébrée le premier dimanche de septembre, sous l'invocation de saint Leu et de saint Gilles; elle se prolonge l'espace de trois jours, et attire un assez grand concours de monde des communes environnantes et même de la capitale.

Maire, M. Viénot. — Adjoint, M.... — Curé, M. Court. — Capitaine de la garde nationale, M. J.-P. Viénot; capitaine en second, M. Bourdin. — Secrétaire de la mairie, M. Pignez. — Percepteur des contributions, M. Gassion. Ses jours de recette sont les 5, 15 et 25 de chaque mois.

Il y a une boîte aux lettres; il faut adresser : *A Bagnolet, banlieue de Paris*.

Les communications avec Paris ne s'établissent qu'au moyen des voitures prises à la barrière de Charonne, ou au cimetière de l'Est, dit du Père-Lachaise.

BAUBIGNY.

Baubigny, à deux lieues et demie

nord-est de Paris, entre la route royale d'Allemagne et la route départementale, dite des Petits-Ponts, qui, de la route d'Allemagne, à la sortie de la petite Villette, se dirige sur la gauche de cette même route et la rejoint à peu de distance avant Meaux ; canton et justice de paix de Pantin, arrondissement de Saint-Denis, département de la Seine.

Annexes : La Folie et le Moulin.

Enclaves : les communes de Drancy, de Bondy, de Noisy-le-Sec et de Pantin.

La population de ce petit village est d'environ 300 ames. Sa garde nationale se compose de 45 hommes, dont plus de moitié habillés, commandés par un lieutenant, et faisant partie du 6me bataillon de la 1re légion de la banlieue.

Baubigny, situé entre deux routes, n'a que deux communications difficiles avec elles. Le chemin qui conduit de la route d'Allemagne à ce village est pavé ; mais dans un état de dégradation déplorable. Sa réparation est urgente. Celui qui mène à la route des Petits-Ponts n'est point pavé. Depuis dix-huit ans, on projette de le remplacer par une route pavée. Les habitans appellent de tous leurs vœux l'accomplissement de cette œuvre utile et si attendue! Le canal de l'Ourcq borde le territoire de la commune au midi.

L'air est sain ; et cependant les rues ne sont point pavées, et leur malpropreté est habituelle. Il n'y a qu'une école primaire pour tous les enfans, sans distinction de sexe. C'est un mal ; mais le peu d'aisance de la commune s'oppose à de promptes améliorations, et le temps seul amènera le succès des soins de l'autorité locale à cet égard.

Le prix des terres varie de 1,000 à 1,500 fr. l'arpent, suivant leur qualité. Les loyers sont à très-bon compte, la viande assez chère, les légumes et les fruits abondans et par conséquent à bon marché.

L'église, sous l'invocation de saint André, est fort ancienne. Il n'y a point de presbytère ; la commune donne au curé une indemnité de logement. Le cimetière est placé hors du village et convenablement entretenu. Il y a une fontaine sur la place, mais pas d'autres promenades que les plantations des berges du canal. Cependant Baubigny possède une maison de campagne, dans le parc, de laquelle jaillissent les trois belles sources du Rû ou *ruisseau de Montfort*, que grossissent, un peu plus loin, deux autres sources abondantes.

L'agriculture s'améliore de jour en jour dans cette commune. Ses principaux produits consistent en gros légumes, que les habitans portent à Paris. Il y a deux beaux troupeaux appartenant à MM. Delagarde et Delavau. L'industrie est nulle.

La fête patronale est celle de saint André, que l'église célèbre le 30 novembre.

Maire, M. Mongrolle. — Adjoint, M. Lemaître. — Lieutenant de la garde nationale, M. Mongrolle, frère du maire. — Curé, M.

Il faut adresser les lettres : *A Baubigny, par Bondy*.

Il n'y a pas de communications directes avec Paris. On est obligé d'aller prendre les voitures de Pantin, ou celles qui passent assez fréquemment sur les deux routes voisines.

BELLEVILLE.

Belleville, à l'est et aux portes de Paris ; canton et justice de paix de Pantin, arrondissement de Saint-Denis, département de la Seine.

Cette commune se divise en trois parties, connues sous les noms de *Belleville*, de *Ménilmontant* et de la *Courtille*. Elle est enclavée par la Villette, le Pré-Saint-Gervais, Romainville, Bagnolet, Charonne et Paris, depuis la barrière d'Aunay jusqu'à celle du faubourg Saint-Martin.

Son territoire est traversé par trois routes départementales : de Paris à Romainville, par Belleville; de Belleville à Charonne, par Ménilmontant; de Paris au clos Saint-Fargeau, par Ménilmontant. Les chemins communaux et vicinaux sont en assez bon état d'entretien et en partie pavés.

La population s'élève à 7,728 habitans. La garde nationale compose un bataillon de 620 hommes, divisés en sept compagnies, savoir : une de grenadiers, quatre de chasseurs et deux de voltigeurs. Ce bataillon est le 8me de la 1re légion de la banlieue. Il y a, en outre, une compagnie de sapeurs-pompiers pour le service des trois pompes à incendie, qui appartiennent à la commune. Un commissaire de police et une brigade de gendarmerie veillent au maintien du bon ordre et à la sécurité publique.

La commune couvre de ses habitations la chaîne de collines qui s'élève à l'est de Paris, à partir des buttes Saint-Chaumont jusqu'au cimetière du Père-Lachaise. *Belleville* s'étend de la barrière du faubourg du Temple, sur la partie occidentale de la commune et sur les deux côtés de la route départementale, qui forme sa grande rue, jusqu'aux accès du bois de Romainville. *Ménil-Montant* se développe sur la côte plus orientale, qui est en face de la barrière à laquelle il donne son nom ; sa principale rue est formée par la route départementale conduisant au clos Saint-Fargeau. *La Courtille* se compose de cette masse de maisons situées sur les boulevarts extérieurs, entre Belleville et Ménilmontant, et presque entièrement occupées par des guinguettes dont la réputation est partout répandue.

L'air est généralement salubre dans toute la commune; elle doit cet avantage à sa position élevée et favorablement orientée. La proximité de la grande voirie de Montfaucon trouble seule la pureté de l'air. Le vœu unanime des habitans sollicite depuis long-temps la suppression de ce foyer infect et dangereux, et tout porte à croire que ce vœu, conforme à celui des communes environnantes et de plusieurs arrondissemens de Paris, ne tardera plus à être exaucé.

Belleville et Ménilmontant renferment un grand nombre de maisons bourgeoises, d'un séjour élégant et agréable, mais qui, du reste, n'ont rien de remarquable sous les rapports de l'architecture et de l'étendue. On y voyait autrefois un beau château, entouré d'un grand parc. Le château a été détruit, et le parc, vendu par lambeaux et mis en culture, n'est plus connu que sous le nom de clos Saint-Fargeau. Le seul édifice particulier qui mérite de fixer un peu l'attention est le théâtre bâti par MM. Seveste frères, directeurs privilégiés de la banlieue. Il est situé à mi-côte, sur la droite de la grande rue de Belleville, isolé de toute part, et précédé d'une petite place entourée de jolies maisons. Il présente, dans son architecture extérieure et dans ses distributions intérieures, un goût et des soins qui en font le plus beau théâtre de la banlieue.

Une maison de Ménilmontant a fixé, il y a quelques années, l'attention publique : située sur le point le plus élevé de la colline, à gauche de la grande rue, elle était la propriété de M. Enfantin, chef des Saints-Simoniens, et fut, pendant quelque temps, le point de réunion et le chef-lieu des partisans de cette doctrine.

Toutes les rues sont pavées et entretenues avec soin et propreté. La commune se propose d'effectuer bientôt le percement d'une rue, au bas de la côte de Belleville, pour faciliter l'écoulement des eaux. Elle projette aussi la construction d'un abattoir public, qui contribuerait pour beaucoup à la salubrité générale. L'eau était rare ; une seule et faible source, entre Belleville et Ménilmontant, était loin de suffire aux besoins des habitans ; son insuffisance les forçait à se servir d'eau apportée de Paris à grands frais. La commune a dernièrement traité avec la compagnie de Charenton, qui lui fournit en abondance des eaux de *pure Seine*. Déjà les travaux, exécutés dans la grande rue de Belleville, ont permis l'établissement d'une belle fontaine et de dix bornes-fontaines. Avant peu, cet avantage s'étendra aux autres quartiers de la commune, et leur fournira un moyen constant de satisfaire aux usages domestiques aussi bien qu'à l'assainissement et à la propreté publique.

L'éclairage des rues était établi d'après le système de Bordier-Marcet ; depuis quelque temps, on a commencé à y substituer l'éclairage au gaz résineux.

La mairie occupe une maison particulière louée à cet effet ; elle est petite, mal distribuée et peu convenable à une commune de cette importance. La mairie possède une bibliothèque d'environ douze cents volumes, dont la plus grande partie consiste en livres classiques ; le reste se compose des œuvres diverses de nos célébrités anciennes et modernes.

Le prix des locations annuelles et celui des subsistances sont les mêmes qu'à Paris.

Les édifices et les établissemens publics sont les suivans :

1° L'église paroissiale nouvellement restaurée ; elle est petite, et n'a rien qui appelle l'attention, si ce n'est peut-être son buffet d'orgues. Autrefois simple chapelle d'une communauté, cet édifice n'a reçu depuis sa création aucune espèce d'amélioration.

2° Une succursale a été nouvellement bâtie près de la chaussée de Ménilmontant ; c'est aussi une simple chapelle desservie par le clergé de la paroisse.

3° Le cimetière est encore dans l'intérieur du village, et devrait être isolé des habitations.

4° Sur la petite place, devant l'église, est le corps-de-garde de la milice nationale ; on y a joint une salle de police : l'un et l'autre sont tenus dans une grande propreté.

5° Une prison temporaire, attenant à la gendarmerie, reçoit les malfaiteurs et les perturbateurs de l'ordre, dont le nombre est malheureusement trop considérable dans certaines guinguettes de la Courtille.

6° Une salle d'asile, disposée pour recevoir cent enfans, est placée sous la surveillance de M. Bolisseau.

La commune a deux écoles primaires, l'une pour les jeunes garçons, l'autre pour les jeunes filles ; elles sont séparées, dirigées et tenues avec soin : elles comptent ensemble quatre cent quarante-sept élèves.

Quatre pensionnats sont ouverts aux jeunes gens; les chefs de ces institutions sont : MM. Gillon, Chatin, Longepied et Laurent. Cinq autres pensionnats reçoivent des jeunes personnes; ils ont été établis par Mlles Landry et Mercier, et par Mmes Clause, Gillon et Lartet.

Le territoire de la commune est sablonneux; mais il est fertilisé par les engrais qui lui sont prodigués; cultivé comme un jardin, il produit du vin, des légumes et des fruits de toute espèce. Son étendue est d'environ 1,200 arpens; le terme moyen du prix de l'arpent est évalué à 3,000 francs. Tous les produits agricoles servent à l'approvisionnement de la capitale.

Belleville a reçu, depuis quelques années, de grands développemens dans son industrie. Des établissemens de la plus grande utilité s'y sont multipliés. Les principaux sont :

1° La fabrique de sel ammoniac, appartenant à M. Figuesa; 2° celle d'acier, de M. Mignard; 3° celle de MM. Barré frères, pour l'affinage de l'or et de l'argent; 4° celles de MM. Vadrin, Lauzin, Fontaine, Miront, pour le cuir verni; 5° celle de carton, de M. Gauthier; 6° celle de colle-forte, de M. Hernbel; 7° celle de parfumerie, de M. Barrelier; 8° celle d'appareils de gaze, de M. Lamb; 9° une fonderie de cloches, de M. Hildebrand; 10° une fonderie de cuivre, de M. Robert; 11° et enfin une brasserie, de M. Gauthier.

La fête patronale est celle de saint Jean-Baptiste; on la célèbre le dimanche suivant. La proximité de Belleville et de la capitale attire à cette fête une grande affluence de monde.

Maire, M. Pommier ❋. — Adjoints : MM. Marchand et Roche. — Curé, M. Longrais. — Vicaires : MM. Contantin, Depile et Leblond. — Chef de bataillon de la garde nationale, M. Boucher ❋, membre du conseil général du département. — Capitaine de grenadiers, M. Mercier. — Capitaine de voltigeurs, M. Chevalier. — Capitaine de sapeurs-pompiers, M. Fame. — Capitaine de la 1re compagnie de chasseurs, M. Gervais. — Capitaine de la 2me compagnie de chasseurs, M. Machard. — Capitaine de la 3me compagnie de chasseurs, M. Violet. — Secrétaire de la mairie, M. Letord. — Notaire, M. Picat. — Huissier, M. Weber. — Percepteur des contributions, M. Thiry; recette, tous les jours. — Receveur municipal, M. Ferraquix. — Directeur du domaine, M. Heninart. — Médecins : MM. Bellemain, Larté, Godefroy et Fabrige. — Maison de santé, M. Fabre. — Vétérinaires : MM. Capon et Lamy.

Il y a à Belleville un bureau de distribution des lettres, sous la direction de Mme Pechanier; on distribue deux fois par jour; trois boîtes, placées sur différens points de la commune, reçoivent les lettres.

Il faut adresser : *A Belleville, banlieue de Paris.*

Les communications avec la capitale s'établissent au moyen des voitures publiques, dites *Citadines*, partant de Belleville de demi-heure en demi-heure.

BONDY.

Bondy, à trois lieues nord-est de Paris; canton et justice de paix de Pantin, arrondissement de Saint-Denis, département de la Seine.

CANTON DE PANTIN.

Ses annexes sont : le château du Raincy, le Rendez-Vous, les Voiries, le Pont de la forêt et le Moulin à vent.

Ses enclaves : Noisy-le-Sec, Rasny, Villemonble, Livry, Baubigny, Pantin et Drancy.

Située au milieu d'une plaine, cette commune est de l'aspect le plus séduisant; de quelque côté que l'on se tourne, les sites et les points de vue les plus pittoresques se déroulent aux yeux charmés ; c'est, d'un côté, la butte de Romainville, et tout son paysage si varié ; de l'autre, le domaine du Raincy, dont le parc immense se dessine en amphithéâtre à environ un quart de lieue; ailleurs, la forêt de Bondy; enfin, à peu près à 50 toises au nord, passe le canal de l'Ourcq. Bondy est traversé par la route royale de Paris à Strasbourg.

Sa population est de 661 habitans, chiffre qui, dans la belle saison, se trouve considérablement augmenté par les émigrations parisiennes. Elle fournit à la garde nationale une compagnie composée de 100 hommes, appartenant au 9ᵉ bataillon de la 1ʳᵉ légion de la banlieue.

L'air de ce village est très-sain ; ses rues, larges et bien tracées, sont pavées pour la plupart, et entretenues avec le plus grand soin. Le pavage de la rue Saint-Médéric, l'une des plus belles, sera bientôt terminé.

Le prix des locations annuelles varie de 90 à 400 fr.; celui des subsistances est moins élevé qu'à Paris. La sécurité publique est assurée par une brigade de gendarmerie résidente.

Bondy est embelli par deux châteaux; l'un appartenant à Mme veuve Darnaud, et l'autre, connu sous le nom du *Château du Raincy*, appartenant au Roi.

Le Raincy est situé à trois quarts de lieue est du village, à droite de la route de Meaux ; il se compose de trois corps de logis, dont le plus grand est au milieu. Les combles et toutes les façades sont ornés de vases et de colonnades du style le plus élégant. Des deux ailes partent deux galeries, dans l'une desquelles se trouvent les offices et la cuisine, qui, par ses deux fontaines et par la beauté et la hardiesse de sa voûte, mérite de fixer l'attention. Au milieu de la basse-cour s'élève une fontaine, dont les quatre jets vont retomber dans un vaste bassin qui sert d'abreuvoir.

Les appartemens sont ornés de sculptures, de colonnes de la plus grande légèreté et de dorures. On remarque, sur les plafonds et sur les lambris, plusieurs tableaux et portraits du plus grand prix ; tous sont attribués à des maîtres estimés. En un mot, le luxe et l'élégance, qui ont présidé tant à la construction qu'à la décoration de ce château, en font une résidence toute royale. Il est bâti au milieu d'un parc de 1,400 arpens d'étendue, où se rencontrent des bassins, des fontaines, des cascades et de charmans points de vue, multipliés à l'infini.

L'église du village est assez jolie ; le cimetière est situé à l'extérieur et bien établi.

Une seule école primaire est destinée à l'éducation des enfans des deux sexes.

Cette commune possède des promenades charmantes, telle que le Raincy, la forêt de Bondy, etc.

On a le projet d'établir incessamment une mairie et un presbytère. Le seul établissement remarquable est une fabrique de fécule de pommes de terre, exploitée par M. Demolemberg.

L'agriculture est en pleine prospérité.

Les terres, fertiles et bien exposées, produisent du froment, du seigle, de l'avoine : une grande partie de ces grains est transportée à Paris pour y être vendue. Le prix de l'hectare varie de 4 à 10,000 fr. (1,500 à 3,500 fr. l'arpent). L'étendue du territoire est d'environ 370 hectares.

La fête patronale a lieu le premier lundi de Pâques.

Maire, M. Gatine. — Adjoint, M. Moreau. — Curé, M. Châalom. — Capitaine de la garde nationale, M. Fremin. — Percepteur des contributions, M. Gassion. Ses jours de recette sont le 4 de chaque mois. — Médecin, M. Fest. — Receveur de l'enregistrement, M. Taillet.

Bondy a un bureau de poste aux lettres et un relais de poste aux chevaux. Directeur de la poste aux lettres : M.... Il faut adresser directement *à Bondy*.

M. Fremin est le maître de la poste aux chevaux.

Les communications avec Paris sont faciles et nombreuses. La commune est, presque à tous les instans de la journée, sillonnée par une grande quantité de voitures publiques, venant de différens points, et se rendant à Paris.

LE BOURGET.

Le Bourget, à une lieue un quart nord-est de Paris ; canton et justice de paix de Pantin, arrondissement de Saint-Denis, département de la Seine.

Il a pour annexe : la Trinité ; et pour enclaves : Dugny, Drancy, la Cour-Neuve et le Blanc-Mesnil.

Le Bourget est situé sur la grande route de Paris à Senlis. Il est traversé par le rû ou ruisseau de Montfort. Plusieurs chemins vicinaux y aboutissent.

Cette commune offre une anomalie assez singulière. Son territoire se borne à l'emplacement occupé par ses bâtimens, ses cours et ses jardins ; les terres limitrophes appartiennent toutes aux communes environnantes.

Sa population s'élève à 617 habitans, donnant à la garde nationale une compagnie, qui fait partie du 9e bataillon de la 1re légion de la banlieue.

On remarque dans ce village quelques maisons bourgeoises assez bien tenues ; mais surtout la belle propriété de M. le comte de Danolstein.

L'air du Bourget est pur, les rues sont pavées et bien entretenues, et la sécurité publique maintenue par une brigade de gendarmerie. Le prix de location annuelle d'une maison ordinaire est de 250 à 300 fr. ; celui des subsistances est assez élevé.

L'église est d'une architecture fort simple ; elle n'offre rien de remarquable. N'ayant point de presbytère, les habitans logent le curé à leurs frais.

Le cimetière est situé à l'extérieur de la commune ; il est enclos d'un mur en bon état.

L'école primaire est fréquentée par quatre-vingts enfans des deux sexes.

Une salle de police a été établie à la caserne de la gendarmerie.

On projette l'établissement d'une mairie. Les travaux que nécessite ce bâtiment seront surveillés par l'autorité locale et conduits activement.

La place publique est assez belle ; elle est ornée d'une jolie fontaine, fournissant, avec abondance, aux besoins des habitans.

L'industrie du Bourget est assez florissante; on y trouve une belle manufacture de toile cirée, appartenant à M. Bourg; une autre, non moins considérable, de sucre de betteraves, dirigée par M. Sommier. Les produits de ces deux utiles manufactures sont exportés à Paris.

M. Dramard, maître de poste, possède deux superbes troupeaux de mérinos.

Il y avait autrefois deux fiefs dans ce village; l'un appelé fief des Couronnes, l'autre, fief de Portronville.

La fête patronale est célébrée le deuxième dimanche de juillet.

Maire, M. Bourg. — Adjoint, M. Dochault. — Curé, M. Tor. — Capitaine de la garde nationale, M. Brajoux. — Percepteur, M. Etenzel. Les jours de recette sont le premier mercredi de chaque mois. — Chirurgien, M. Commercy.

Le Bourget a un bureau de poste aux lettres. Directeur, M. Burgaud. Il faut adresser simplement, *au Bourget*.

Le Bourget possède un relais de poste aux chevaux, dirigé par M. Dramard.

Les communications s'établissent au moyen des voitures dites *Dames-Blanches*, qui vont jusqu'au Bourget.

CHARONNE.

Charonne, à une lieue et demie est de Paris; canton et justice de paix de Pantin, arrondissement de Saint-Denis, département de la Seine.

Ses annexes sont: le Petit-Charonne, le cimetière du Père-Lachaise, Fontarabie et une partie du quartier des Amandiers.

Ses enclaves: Ménilmontant, Bagnolet, Vincennes, Saint-Mandé et Paris, depuis la barrière des Amandiers jusqu'à celle du Trône, sur une ligne de 2,000 mètres.

Son territoire se divise en culture de légumes divers, de fruits et de vignes.

Quatre routes départementales traversent la commune, celle de Montreuil, de Saint-Mandé, de la barrière de l'Église et de Belleville.

Sa population s'élève à 3,682 habitans, fournissant à la garde nationale 400 hommes, répartis en trois compagnies faisant partie du 5me bataillon de la 1re légion de la banlieue.

En fait de maisons de campagne, une seule est remarquable; M. Pommerel, rentier, en est le propriétaire; elle est située sur la route de Bagnolet. Son immense jardin potager est peuplé de fruits de la plus rare beauté, il est fermé par un mur au milieu duquel se trouve une belle grille d'ouverture; la maison, construite en forme de rotonde, ne laisse rien à désirer sous le rapport du goût et de l'architecture. C'est un reste de l'ancien château de Bagnolet.

L'air de Charonne est salubre, toutes les rues sont pavées. L'enlèvement des boues est confié à M. Vitry, entrepreneur domicilié sur la route de Montreuil. L'arrosage de toutes les rues de la commune est confié à M. Sachet, entrepreneur. Toute la commune est éclairée par des réverbères fort rapprochés les uns des autres; cet éclairage est confié aux soins de MM. Campiche et Saget. La sécurité publique est souvent troublée par le voisinage de nombreuses guinguettes, où la police est souvent obligée d'intervenir. La brigade de gendarmerie de Belleville est appelée au maintien de l'ordre. Un commissaire de police a été récemment établi dans cette commune, où sa présence était devenue indispensable, à cause de la mauvaise population des cabarets.

Les subsistances et le vin sont moins chers qu'à Paris ; le bois seulement y est d'un prix plus élevé.

Les loyers d'habitations, pris au terme moyen, sont de 130 francs.

Charonne possède en lieux et monumens publics, savoir : 1° une église d'architecture gothique, sous l'invocation de Saint-Germain ; elle est bien distribuée.

2° Un presbytère attenant à l'église; il est d'une assez jolie apparence.

3° Un cimetière neuf et un autre ancien ; tous deux assez bien entretenus.

4° Une école primaire pour les garçons, sous la direction de M. Charpentier. Une seconde école primaire située au Petit-Charonne.

Les sœurs de charité dirigent, au Grand-Charonne, une école communale spécialement consacrée à l'éducation des filles de toute la commune.

5° Une école du commerce et des arts industriels, dirigée par M. Pinel-Granchamp. Elle mérite par son importance et les services sérieux qu'elle est appelée à rendre, d'une part aux familles, d'autre part, au commerce et à l'industrie, que l'on fasse connaître son heureuse organisation.

Le but que s'est proposé d'atteindre le directeur de cette école, c'est de joindre à l'instruction générale, que l'on reçoit dans les collèges, une instruction spéciale, propre à diriger les jeunes gens dans la carrière industrielle, qui offre des ressources que l'on rencontre difficilement dans les professions encombrées du barreau et de la médecine ; c'est de réunir tous les élémens d'une éducation *positive complète*, et nécessaire pour former des négocians, des manufacturiers, des fabricans, des architectes, et, en général, des hommes capables de se livrer avec succès à toutes les spéculations industrielles.

M. Pinel-Granchamp veut que l'éducation soit *positive* et *complète*. *Positive*, c'est-à-dire que, rattachant le plus promptement possible l'élève à quelque chose dans la vie, elle lui montre, dégagée de trompeuses illusions, la place qu'il pourra réellement occuper dans la société avec honneur et profit ; *complète*, c'est-à-dire qu'elle évite les dangers d'une demi-science, funeste pour ceux qu'elle jette hors des professions laborieuses, où ils trouveraient à vivre utilement, et qui ne sachant ni travailler de leurs mains, ni combiner fortement des idées, embarrassent la société et la chargent de médiocrités.

M. Pinel-Granchamp, convaincu que pour l'étude des arts mécaniques, il faut que la pratique vivifie la théorie, a mis au jour la plus heureuse innovation que l'on puisse citer. Une machine quelconque est-elle commandée à l'établissement, les élèves, dont les parens ont indiqué la branche d'industrie à laquelle chacun d'eux est spécialement destiné, dressent les plans et les dessins et établissent des devis qui leur apprennent nécessairement le prix des matières brutes et façonnées. Ils suivent la construction des modèles, l'ajustage des pièces fondues sur ces modèles ; puis, lorsque la machine est expédiée, même en province, deux ou trois élèves accompagnent le contre-maître, chargé de la mettre en place ; de telle sorte que ces élèves ont suivi la construction de cette machine depuis qu'elle est sortie du cerveau de l'ingénieur jusqu'au moment où elle fonctionne. Quelles théories, quels livres, quels maîtres, remplaccraient ces études pratiques? Quels sentimens d'un noble amour-propre n'animent pas ces jeunes gens, quand ils savent que leurs travaux ne sont ni des essais ni des jeux d'enfans, mais que leurs occupations sont graves, sérieuses et utiles? et ces assertions sont tellement incontestables, qu'il sort annuellement des ateliers de Charonne pour 150,000 fr. de machines. Ces ateliers sont à la veille de recevoir une grande extension, par l'adjonction d'une machine à vapeur.

Il serait à désirer pour la commune de Charonne, que ses habitans utilisassent la source qui se trouve près de l'église, derrière le corps-de-garde.

Les travaux projetés consistent : 1° en l'établissement d'un ouvroir, pour les jeunes filles de la commune, dans une maison que M. Fréchot, l'un des plus riches propriétaires, désire consacrer à cet usage.

2° L'agrandissement de la mairie sur la place de l'Église.

3° L'établissement d'une fontaine sur la place de l'Église, pour y utiliser une source; elle remplacerait le corps-de-garde.

Charonne jouit du grand avantage de posséder les eaux pures de la Seine. Une machine hydraulique les reçoit de la réserve établie à Charenton, pour les conduire ensuite à Belleville et aux environs.

Il possède en outre : une belle laiterie où l'on compte cinquante bonnes vaches; elle appartient à M. Delhoste, maire ;

Une fabrique de bougies de M. Boisset, rue Aumaire; une fabrique de produits chimiques, une autre de couleurs; et enfin une belle fonderie de fer.

Tous ces établissements ont leur débouché à Paris;

Deux fortes carrières à plâtre ; l'une appartient à M. Collet, rue de Paris; l'autre à M. Moruzzi, route de Bagnolet.

L'étendue du territoire de la commune est de 1,100 arpens environ.

La moitié du territoire est cultivée en vignes, dont les produits sont vendus sur les marchés de Paris ; des jardins nombreux, garnis d'espaliers à la Montreuil, fournissent des pêches, des poires et d'autres fruits de première qualité.

Les vœux des paisibles habitans de Charonne tendent à voir se réaliser l'entière expulsion de tous les gens sans aveu, qui infestent la commune; les carrières servent assez ordinairement de repaire à ces bandes d'hommes dépravés, qui errent dans le jour, et qui, n'existant que de rapines, cherchent pour la nuit quelque retraite assurée contre les poursuites de la justice. L'autorité ne saurait à ce sujet prêter une oreille trop attentive aux plaintes de ses administrés, ni mettre trop d'efforts à arrêter le cours des friponneries de ces ennemis de la sécurité publique.

Tant par ses nombreux marchands de vin, ses guinguettes, ses divers produits, que par sa belle position, le commerce de Charonne est on ne peut plus florissant.

Le cimetière de l'Est, communément désigné sous le nom du Père-Lachaise, comprend une étendue de 100 arpens environ.

La fête patronale a lieu sous l'invocation de saint Germain, le deuxième dimanche d'août. Parmi les nombreux amusemens de cette fête, on remarque le jeu de la *douche*, lequel consiste à promener le joueur dans un chariot; il est armé d'une grande lance, et si en tournant il n'atteint pas le point déterminé d'une cible, il est exposé à recevoir sur la tête trois ou quatre seaux d'eau.

Maire, M. Delhoste. — Adjoint, M. Rousseau. — Secrétaire, M. Dalbergue. — Commissaire de police, M. Teste. — Chef de bataillon de la garde nationale, M. Thouvenin. — Capitaine, M. Boisset. — *Id.* M. Lefort. — *Id.* M. Bourget. — Percepteur, M. Gassion. La perception des contributions se fait les 1er, 8, 16 et 24 de chaque mois. — Propriétaires, MM. Fréchot, Pommerel, et Lefort. — Médecin, M. Royer.

Une boîte aux lettres, rue de Paris, n° 17. Il faut adresser les lettres : *A Charonne, banlieue de Paris.*

Les communications avec la capitale ont lieu par les voitures prises à la barrière du *Père-Lachaise.*

DRANCY.

Drancy, à trois lieues nord-est de Paris, dans une belle plaine entre la route royale de Flandre et la route départementale des Petits-Ponts; canton et justice de paix de Pantin, arrondissement de Saint-Denis, département de la Seine.

Annexe : le petit Drancy, presque contigu au grand.

Enclaves : le Bourget, Aulnay-lez-Bondy, Bondy, Baubigny et la Cour-Neuve.

Population : environ 320 ames, qui fournissent 60 gardes nationaux, d'une tenue admirable, au 9e bataillon de la 1re légion de la banlieue.

Cette petite commune s'est agrandie d'un tiers depuis dix ans, et ses progrès **ne** s'arrêteront pas là. L'autorité locale est confiée à des mains, qui assurent sa prospérité.

Drancy est traversé par une route départementale, qui unit les deux autres routes entre lesquelles il est situé. Un petit ruisseau passe au nord du village.

L'air est très-vif et très-sain. Le choléra n'y a point paru. La grande rue est pavée et très-propre, on n'en peut pas dire autant des autres rues; mais on projette le pavage de deux d'entre elles, et probablement dans quelques années le village ne laissera rien à désirer sous ce rapport.

Drancy est embelli par un château, dont les bâtimens, les jardins et le parc sont remarquables. Il appartient à M. Ed. Thayer. Trois jolies maisons de campagne sont la propriété de MM. Frossard, Schaler et Vallelongue. Le village possède, en outre, une église, un presbytère, une place publique et une fontaine.

Les mœurs sont pures, les habitans, laborieux et paisibles ; mais il n'y a encore qu'une école primaire pour les enfans des deux sexes. Il est probable que cet inconvénient disparaîtra bientôt.

L'arpent de terre coûte de 1,500 à 2,000 francs ; la viande assez chère ; les légumes bon marché ; et les loyers à un prix modéré. On s'y procure aisément toutes les choses nécessaires à la vie.

Le territoire de la commune est sablonneux et d'un aspect uniforme. Cependant l'agriculture y prospère par les soins et l'intelligence. Ses produits sont principalement des céréales et des légumes excellens, consommés à Paris. Trois beaux troupeaux appartiennent à MM. Houdart, Caille et Lemaire.

La fête patronale est célébrée le premier dimanche d'août. Des divertissemens de toute espèce, la rendent très-agréable.

Maire, M. E. Thayer. — Adjoint, M. Levasseur. — Desservant, M. Charpentier. — Percepteur des contributions, M. Heuzel; jours de recette, le premier mardi de chaque mois.

Il faut adresser les lettres : *A Drancy, par le Bourget.*

Il n'y a pas de communications directes avec Paris; on est forcé d'aller prendre les voitures au Bourget, ou à Pantin.

NOISY-LE-SEC.

Noisy-le-Sec, à deux lieues nord-est de Paris, au nord et au bas du plateau de Romainville; canton et justice de paix de Pantin, arrondissement de Saint-Denis, département de la Seine.

Annexe : le hameau de Merlan; enclaves : Baubigny, Bondy, Rosny-sous-Bois et Romainville.

La population de cette commune est d'environ 1,800 ames, y compris le hameau de Merlan, qui compte à peu près 300 habitans; elle fournit trois compagnies de garde nationale, comptant environ 300 hommes et appartenant au 9e bataillon de la 1re légion de la banlieue.

Le territoire manque; d'eau c'est sans doute ce qui a fait donner au village l'épithète de *sec*, mais les soins et l'intelligence de la culture en rendent l'aspect riant et agréable. Son heureuse exposition lui vaut un air vif et pur. Ses rues sont pavées, bien entretenues et d'une grande propreté. Il est traversé par deux routes départementales; l'une s'embranche à la route d'Allemagne, non loin de Noisy; l'autre communique avec Villemomble.

L'église est moderne et jolie; mais le cimetière est encore dans l'intérieur du village. Noisy possède un presbytère, une place publique, une fontaine, précieuse à cause de la rareté de l'eau dans les environs, et un château d'architecture romaine, appartenant à M. Trippier ✲, avocat et pair de France. Mais Noisy n'a qu'une école primaire pour les enfans des deux sexes. Il est à désirer que l'on mette un terme à cette mauvaise coutume, encore répandue aujourd'hui dans un trop grand nombre de villages des environs de Paris. Les loyers d'habitations ne sont pas chers; le pain et la viande sont au même prix qu'à Paris, les légumes et le vin à meilleur marché. Les habitans sont de mœurs douces, gaies et affables. Il y a très-peu de cabarets dans ce village, et l'ordre y est rarement troublé.

Noisy-le-Sec n'a rien de remarquable sous le rapport de l'industrie proprement dite. Cette commune est toute agricole, et son commerce ne consiste que dans la vente de ses produits territoriaux. Le prix des terres est de 5 à 6,000 fr. l'hectare. La culture consiste en céréales, en vignes et en fruits, dont l'écoulement a lieu sur Paris.

La fête patronale est celle de saint Etienne; elle est célébrée le premier dimanche d'août.

Maire, M. Dumousseaux. — Adjoint, M. Blancheteau. — Curé, M. Châlons. — Notaire, M. Bizouard. — Chef de bataillon de la garde nationale, M. Trippier fils. — Percepteur, M. Gassion, dont les jours de recette sont les 3, 13 et 23 de chaque mois. — Médecins : MM. Résus et Dusautoy.

Il faut adresser les lettres : *A Noisy le-Sec, par Bondy.*

Les communications avec Paris ont régulièrement lieu, deux fois par jour, au moyen d'une voiture publique qui va jusqu'à Villemonble.

LE PRÉ-SAINT-GERVAIS.

Le Pré-Saint-Gervais, à une demi-lieue nord-est de Paris, sur la pente septentrionale du coteau de Belleville; canton et justice de paix de Pantin, arrondissement de Saint-Denis, département de la Seine.

Ses enclaves sont : La Villette, Pantin, Romainville et Belleville.

D'après le dernier recensement, la population est de 700 ames, réparties dans 140 maisons. Le territoire de la commune n'est que de 400 arpens, y compris le village. Le sol est très-fertile et presque entièrement couvert de plantes potagères. On y cultive aussi une grande quantité de groseilliers, beaucoup de noyers et quelques pommiers; le poirier n'y réussit pas. Un petit coteau, au levant, du côté de Romainville, est planté en vignes. Tous les produits agricoles sont envoyés à Paris.

Cette petite commune a été très-renommée et très-florissante par ses plantations de lilas, qui attiraient en foule les habitans de la capitale; mais en 1814, lors de l'invasion étrangère, elles ont été presque entièrement détruites. Depuis cette époque, les marchands de vin-traiteurs, principaux commerçans de l'endroit, ont éprouvé des pertes qui les ont forcés de quitter leurs établissemens, dont le nombre a considérablement diminué, et l'aisance de la commune s'en est ressentie.

Le village est un point important, comme position militaire pour la défense de Paris. Du sud-est au nord-ouest, il n'offre qu'une longue rue en pente, conduisant de la route de Flandre, près l'entrée de Pantin, au sommet du plateau de Belleville, et resserrée entre les buttes Saint-Chaumont et la côte de Romainville. C'est par ce défilé qu'en 1814 l'ennemi s'est approché de Paris.

On remarque dans cette rue un antique manoir qui appartint jadis à Gabrielle d'Estrées. Il y a quelques années, cette maison fut acquise par un fleuriste qui commença la destruction d'un séjour si intéressant par ses souvenirs et par les ornemens qu'il conservait encore depuis deux siècles et demi. Aujourd'hui cette habitation est tombée dans les mains d'un plâtrier, qui vient de démolir le corps-de-logis donnant sur la rue, pour en faire des écuries. Les pièces d'eau sont comblées; le parc est détruit en partie : dans l'espace de quelques mois il n'est rien resté de ces bâtimens autrefois embellis par le Béarnais.

Il est à désirer que parmi les habitations du Pré-Saint-Gervais, généralement bien construites et dont plusieurs sont même élégantes et de bon goût, on fasse bientôt disparaître quelques toitures de chaume et quelques murs en ruine, dont le contraste est au moins ridicule.

La rue de la Villette est étroite et non pavée. C'est le réceptacle où croupissent les eaux pluviales et ménagères de toute la commune; elle exhale les miasmes les plus pernicieux à la santé, surtout pendant les chaleurs de l'été. La rue de Pantin, qui conduit au cimetière, a le même inconvénient. La rue de Bagnolet aussi n'est point pavée. La loi sur les chemins vicinaux va, par ses salutaires prescriptions, délivrer les habi_ tans d'un foyer d'infection, et leur procurer une circulation facile, surtout dans la rue de Pantin, qui mène au cimetière, placé à une distance assez grande des habitations.

En 1822, la commune se trouvait sans ressources, et néanmoins dans la nécessité d'acquérir un terrain pour un nouveau cimetière; car à cette époque on inhumait encore autour de l'église. M. Simonnot, son maire actuel, la dota d'une pièce de terre, sans autre réserve que celle d'un emplacement pour sa sépulture particulière; de sorte qu'il n'est resté à la charge des habitans que la dépense d'un mur de clôture.

Le Pré-Saint-Gervais est malheureusement au nombre des communes qui souffrent horriblement du voisinage et du monstrueux accroissement du cloaque de *Montfaucon*. Sa funeste présence fait déserter les habitations bourgeoises. Elle repousse la population, anéantit le commerce et portera le dernier coup à ce village, d'ailleurs si agréable et si joli, à moins que l'autorité supérieure ne fasse enfin justice des obstacles que l'intérêt particulier oppose à ce grand acte de bien public.

Le Pré-Saint-Gervais souhaite d'autant plus cette immense amélioration, que, par sa proximité de Paris et la facilité de ses communications, il appelle naturellement l'industrie. Déjà, et malgré ce fatal inconvénient, il a vu, depuis quelques mois, s'établir dans son sein une fabrique de peaux marbrées, racinées et gaufrées, propres à toutes sortes d'ouvrages. MM. Albinolo et Cie en sont les propriétaires. Ils ont obtenu du roi des encouragemens flatteurs et une médaille d'argent de la Société de l'Industrie française. Ils se proposent de fabriquer des peaux qui remplaceront, avec élégance et supériorité, le bois de placage pour meubles, et qui seront d'un prix bien moins élevé.

Le Pré-Saint-Gervais forme une compagnie de 100 gardes nationaux, chasseurs; elle est la 5me du 6me bataillon de la 1re légion de la banlieue.

La grande rue est pavée, bien entretenue et d'une propreté d'autant plus grande qu'elle est favorisée par la pente du terrain. L'église, située dans cette rue, n'a rien qui la distingue. La place publique est petite, mais jolie et plantée d'arbres. A l'un de ses angles, on a construit une belle fontaine en pierres de taille; elle fournit une eau d'excellente qualité.

Le Pré-Saint-Gervais est abondant en sources, qui, réunies dans un aqueduc souterrain, vont alimenter plusieurs fontaines de Paris. On voit dans cette commune trois puits très-profonds, dits *puits sans fond*, dont l'eau est celle d'une nappe courante, si forte et si rapide, que tous les objets qu'on y jette sont entraînés à l'instant, et disparaissent pour toujours.

La commune possède une école primaire, mode d'enseignement mutuel; elle est fort bien dirigée par l'instituteur actuel, et ses élèves font de rapides progrès.

La fête patronale est celle de saint Gervais et de saint Protais, 19 juin; elle dure ordinairement quatre jours, à partir du dimanche suivant. Elle a lieu sur la place et dans les environs.

Maire, M. Simonnot, depuis 1830. — Adjoint, M. Boucot, depuis 17 ans. — Desservant de l'église, M. ... — Secrétaire et instituteur de la commune, M. André.

Il faut adresser les lettres : *Au Pré-Saint-Gervais, banlieue de Paris.*

Il y a une voiture *Omnibus*, à 30 c., les jours de la semaine ; à 50 c., les dimanches : elle part depuis huit heures du matin jusqu'à huit heures du soir. Les dimanches et fêtes, le dernier départ est à dix heures du soir. M. Lepeut est directeur de cet établissement, fondé à l'instigation de M. le maire et des principaux habitans. On trouve aussi d'autres voitures à volonté.

ROMAINVILLE.

Romainville, à une lieue nord-est de Paris ; canton et justice de paix de Pantin, arrondissement de Saint-Denis, département de la Seine.

Cette commune a pour annexe le bois qui porte son nom, et pour enclaves : Belleville, le Pré-Saint-Gervais, Pantin, Noisy-le-Sec, Rosny et Montreuil.

Son territoire est d'un aspect varié par les sites les plus rians et par le mélange agréable des bois et de la petite culture, qui le fait ressembler à un vaste parc semé de jardins. La route départementale, qui de Belleville conduit à Romainville en traversant le bois, est d'un beau tracé, d'environ 40 pieds de largeur. Elle est pavée, à l'exception d'un espace de 500 mètres. L'achèvement de cette lacune est d'autant plus urgent, qu'elle occupe toute la traversée du bois ; que le sable fin et mobile, dont elle est recouverte en assez grande épaisseur, la rend difficile à pratiquer, surtout pendant l'hiver, et que ce grave inconvénient compromet la sûreté des habitans, qui portent leurs denrées à Paris pendant la nuit. Il est également à désirer que les bords de cette route soient plantés en ormes ou en acacias. Les chemins vicinaux sont bien entretenus, surtout en été, au moyen de corvées que les habitans s'empressent d'exécuter, sous la surveillance de l'autorité locale, toutes les fois que des travaux de ce genre sont jugés nécessaires.

La population de la commune s'accroît beaucoup de jour en jour ; elle est maintenant d'environ 1,200 âmes. La garde nationale se compose de deux compagnies, l'une de grenadiers, l'autre de chasseurs, fortes de 100 à 110 hommes chacune. La *Compagnie d'assurances mutuelles* ayant offert de payer la moitié des frais que coûterait une pompe à incendie, cette proposition a été agréée par la commune ; elle a fait l'acquisition d'une pompe, et 25 sapeurs-pompiers sont chargés de l'entretenir en bon état et de la manœuvrer en cas de besoin. La garde nationale de Romainville fait partie du 6me bataillon de la 1re légion de la banlieue.

Le village, situé sur une des collines les plus élevées de la chaîne qui se déploie du nord-est au sud-est de Paris, jouit d'un air vif et pur. Les rues sont pavées ; mais les ruisseaux en occupent le milieu ; les habitans désirent beaucoup qu'elles soient pavées en chaussées, avec les ruisseaux sur les côtés ; ce qui faciliterait l'écoulement des immondices produites par la grande quantité de bestiaux qui restent constamment dans les étables, et ferait cesser à la fois la malpropreté et les odeurs fétides trop souvent occasionées par la stagnation de ces immondices. Les rues sont d'une largeur convenable à ce mode de pavage. Les habitans en ont adressé la demande à l'autorité supérieure, en s'engageant à fournir gratuitement le sable nécessaire et le transport de trente mille pavés.

Le progrès dans les constructions est remarquable : les maisons nouvellement bâties par les habitans sont des palais en comparaison de celles qu'occupaient leurs pères. Une place publique, grande, bien aérée et proprement tenue, s'ouvre devant l'église. L'entrée du château est sur cette place, à laquelle elle procure un point de vue charmant. La place sera bientôt embellie encore par un bâtiment qui en occupera toute la longueur. Cet édifice contiendra la mairie, l'école des garçons, la salle d'asile, la prison, le corps-de-garde, la chambre du conseil municipal, une salle pour les élections et un logement pour l'instituteur primaire. L'architecte du département est chargé de la rédaction des plans.

Romainville n'a point de fontaines; son territoire est cependant riche en sources qui alimentent les fontaines des communes voisines; mais le village étant situé au sommet de la colline, ne pourrait profiter de ces sources qu'à l'aide de travaux et de machines, dont les grandes dépenses ne permettent pas à la commune d'en entreprendre l'exécution. Les habitans sont donc obligés de se servir d'eau de puits; heureusement elle est très-bonne, et les puits n'ont généralement que 18 à 20 pieds de profondeur. La *Compagnie de Charenton*, qui déjà fournit de l'eau de *pure Seine* à Belleville, se propose de pousser ses travaux jusqu'à Romainville. Elle trouvera sans doute son avantage dans ce service important, rendu à une population qui le désire.

Les alentours de ce village présentent de fort jolies promenades. La plus renommée est celle du bois de Romainville; sa proximité de Paris et ses beaux ombrages y attirent, les dimanches et fêtes, une foule de promeneurs. Déjà soixante et quelques maisons peuplent les côtés de la route qui traverse le bois, et leur nombre augmente de jour en jour. Ce sont en partie des habitations bourgeoises, et en partie des lieux consacrés au plaisir, des restaurans, des cafés, des bals publics. Les courses à cheval et sur des ânes y sont aussi en grande faveur. Les jours de repos, le bois de Romainville réunit tous les amusemens d'une fête de village.

Romainville renferme six belles maisons de campagne. Le château, appartenant à M. le marquis de Noailles, est placé de la manière la plus heureuse pour jouir de l'un des plus magnifiques points de vue des environs de la capitale. De la terrasse du parc, on découvre le bassin de la Seine jusqu'aux coteaux de Sannoics et de Montmorency, la vallée de ce nom et Saint-Denis, Écouen, Dammartin, Clayes, etc. Cet immense panorama se développe sur une circonférence de plus de trente lieues. Dans le bois de Romainville, sur la lisière et près du village, est un autre château, propriété de M. le duc de Choiseul; il a été récemment bâti, dans le goût le plus moderne, à la place de l'ancien, qui tombait de vétusté. Dans une étendue de 40 arpens, il offre des promenades fort agréables et plusieurs points de vue habilement ménagés.

Les loyers d'habitations sont en général à très-bon marché. Une maison se loue de 150 à 250 francs, selon la grandeur et la convenance; mais les vivres, que l'on tire en grande partie de Paris, sont chers, comme dans la plupart des communes les plus voisines de la capitale.

L'église, bâtie il y a environ cinquante

ans, dans le style moderne, est grande, jolie, bien décorée et bien entretenue. Son portail s'élève sur la place publique, à l'embellissement de laquelle il concourt. Le cimetière est encore près de l'église; mais il est à l'exposition du nord, ce qui diminue l'inconvénient de sa proximité; il a été dernièrement agrandi, et tous les soins nécessaires sont donnés à son entretien.

Romainville a deux écoles primaires, une pour chaque sexe : elles comptent chacune quatre-vingts élèves, et sont placées sous la surveillance d'un comité spécial. Deux hommes bienfaisans ont acquis des droits à la reconnaissance des habitans : M. Bourdon a doté l'école des garçons de la propriété de 25 arpens de terre ; M. l'abbé Houel de la Chasserie, ancien curé de Romainville, mort à Florence, il y a neuf ans, a légué à cette commune une somme de 90,000 francs, dont la rente est employée comme il suit : 1,000 francs pour l'institution des jeunes filles, 200 francs pour habiller les pauvres enfans, 100 francs pour payer les contributions des habitans les plus nécessiteux, 100 francs pour les médicamens nécessaires aux indigens, 200 fr. pour les ornemens de l'église, 400 francs pour réparer le pavé des rues, etc.

Le territoire est sablonneux ; mais les engrais et une culture habile le fertilisent. Il produit des céréales, un peu de vin, des fruits rouges et surtout des gros légumes, qui y viennent très-bien et sont très-bons. Son étendue est de 388 hectares 44 ares. Le prix ordinaire de l'arpent varie de 2 à 3,000 francs ; le fermage est de 90 à 100 francs. Les produits agricoles sont tous employés à la consommation de la capitale.

Le principal commerce de la commune a le même débouché ; il consiste dans la vente du lait. Les habitans possédaient, il y a trois ans, environ dix-huit cents *vaches laitières* ; ce nombre est réduit à peu près à mille, par l'effet d'une épizootie qui règne, depuis ce temps, parmi cette espèce de bestiaux, et qui cause de grandes pertes aux nourrisseurs.

L'autorité locale appelle de tous ses vœux la réforme d'un abus qui devient de jour en jour plus nuisible et plus dangereux. Les dimanches et les fêtes, un grand nombre de jeunes gens de Paris, montés sur des chevaux de louage, qu'ils ne savent ni diriger ni gouverner, parcourent au grand galop la route et les avenues du bois, où leur imprudence et leur maladresse occasionent de fréquens accidens et troublent sans cesse la sécurité et le plaisir des promeneurs. Il serait à désirer que l'autorité supérieure ne permît la location des chevaux et ces courses périlleuses que dans une enceinte fermée ; on éviterait du moins les accidens aux promeneurs et même aux étourdis, qui sont trop souvent les premières victimes de leur imprévoyante et ridicule vanité.

La commune n'a point de médecin actuellement. Celui qui s'y établirait se ferait sans doute une bonne clientelle, tant dans le village que dans les villages adjacens.

La fête patronale est bien à la date du 1ᵉʳ août ; mais cette époque de l'année étant celle des moissons, l'autorité locale a, depuis trois ans, transféré la célébration de la fête au jeudi de l'Ascension. Elle se trouve ainsi dans la floraison des lilas, qui ajoute aux agrémens de toute espèce, dont la réunion attire beaucoup de monde.

Maire, M. Bernard. — Adjoint, M. Keller. — Curé, M. Arrighi. — Capitaines de la garde nationale: MM. Vollant et Doneau. — Percepteur des contributions, M. Gassion. Jours de recette, les 2 et 22 de chaque mois. — Membres du conseil municipal: MM. L. Ève, Ch. Lecouteux, L. Cornu, J. Ève. — Notables: MM. Holbocq, ancien chef de bataillon, membre du comité local d'instruction; Fleurat, rentier; Dargent, électeur; Pernet, dentiste.

La boîte aux lettres est desservie deux fois par jour, à onze heures du matin et à deux heures du soir. Il faut adresser: *A Romainville, banlieue de Paris.*

Les communications avec Paris sont faciles; mais il faut aller prendre à Belleville les *Citadines*, qui, par correspondance, conduisent les voyageurs dans tous les quartiers de Paris.

LA VILLETTE.

La Villette, au nord-est et aux portes de Paris. Cette commune se divise en deux parties, séparées par un vaste bassin qui porte son nom, et qui termine le canal de l'Ourcq du côté de Paris. *La Grande-Villette* est située à droite de ce bassin, sur la route royale de Flandre. *La Petite-Villette* est à gauche, sur la route royale d'Allemagne.

La commune est enclavée par celles de la Chapelle, d'Aubervilliers-les-Vertus, de Pantin, du Pré-Saint-Gervais, de Belleville; et par la capitale, dont elle borde les barrières du Combat, de la Boyauterie, de Pantin, de la Villette et des Vertus.

La Villette, canton et justice de paix de Pantin, arrondissement de Saint-Denis, département de la Seine. Sa population s'élève à 7,681 âmes, d'après le dernier recensement. Elle fournit à la garde nationale un bataillon de 600 hommes, le 7e de la 1re légion de la banlieue.

Outre les deux routes royales qui la traversent, la commune compte trois routes départementales. Deux de ces routes forment les quais du bassin de la Villette. La troisième unit les deux routes royales, en passant par la rue de Bordeaux, et sur le pont tournant placé à la tête du bassin.

Deux grandes voies de navigation parcourent aussi le territoire de cette commune; ce sont les canaux de l'Ourcq et de Saint-Denis. (Voir au chapitre des grands travaux publics.)

Toutes les rues sont pavées ou ferrées, et éclairées par des réverbères *Bordier-Marcet*. La propreté y est entretenue avec soin, et facilitée par des égouts couverts. Les habitations sont en général bien et commodément construites: un assez grand nombre d'entre elles sont remarquables par leur élégance; mais la commune est éminemment industrielle, on y voit partout le travail et l'activité. Les terrains sont trop précieux pour les abandonner au luxe; aussi ne trouve-t-on à la Villette aucune maison de plaisance; tout est consacré à l'utilité.

Le territoire comprend, en étendue, 800 hectares. Le prix de l'arpent en culture varie de 3 à 4,000 fr.; celui propre aux constructions se vend jusqu'à 100 fr. la toise, suivant les emplacemens.

Les subsistances sont moins chères qu'à Paris. L'octroi ne porte que sur les vins; il perçoit 1 fr. par hectolitre.

Le prix des locations annuelles est semblable à celui des beaux quartiers de Paris.

La sage prévoyance de l'autorité, en faisant distribuer des secours à domicile, aux pauvres et aux infirmes, a su faire disparaître de la voie publique ces promeneurs en haillons, qui affectent et viennent en foule étaler, aux yeux des industriels de toutes les classes, le hideux tableau de leur misère.

La Villette possède une église petite et insuffisante : elle est tellement en mauvais état, que l'autorité a cru devoir, pour la sûreté publique, en interdire l'entrée aux habitans. On veut en bâtir une incessamment, au centre de la commune, près le pont Tournant ; et d'après le plan sur lequel elle doit être construite, on peut la juger d'avance digne de la commune et du siècle.

Faute de presbytère, le curé reçoit une indemnité de logement.

Le cimetière est situé au nord-est de la commune ; il est vaste, clos de murs et bien entretenu. Une chapelle, d'un style moderne et de bon goût, y a été érigée lors de sa création, en 1829.

Plusieurs bonnes institutions viennent encore ajouter aux titres de cette commune, digne d'intérêt sous tant de rapports.

On place au premier rang le pensionnat de M. Lemaire, pour les jeunes gens, et celui de Mme veuve Chatin, pour les jeunes demoiselles.

Tous deux méritent l'attention des pères et des mères par leur bonne tenue et le mode d'instruction qu'ils ont adopté.

Outre ces deux établissemens, on compte encore sept écoles primaires, dont trois pour les garçons et quatre pour les filles.

Deux d'entre elles sont entièrement entretenues et surveillées par l'autorité de la commune ; on y compte deux cent cinquante enfans, instruits par le mode d'enseignement mutuel.

Les personnes attachées à la direction de ces différentes écoles se distinguent par leur zèle et leur activité, et les éloges qui leur sont adressés attestent de la rapidité des progrès des enfans confiés à leurs soins.

Une salle d'asile pour 100 petits enfans, de la classe ouvrière, s'organise en ce moment : elle ne tardera pas à s'ouvrir.

Le commerce de la Villette est un des plus florissans de toutes les communes avoisinant Paris ; on y remarque de nombreuses fabriques d'huile raffinée, de liqueurs, de noir animal ; quatre raffineries de sucre sont en pleine activité, plusieurs autres en construction.

La navigation du bassin est immense ; les denrées coloniales y viennent du Hâvre en dix jours au plus. Tous les charbons tirés des houillères du département du Nord et de la Belgique sont entreposés sur les bords du canal, et attirent chaque jour, sur le territoire, les nombreuses usines qui marchent à l'aide de ce précieux combustible.

Une fonderie en fer, dirigée par MM. Davidson et Richardson, ingénieurs-mécaniciens anglais, est renommée par la beauté et la précision des machines qui sortent de leurs ateliers.

Il existe encore sur les bords du canal de l'Ourcq, près du bassin, de beaux emplacemens où se forment continuellement de nouvelles branches d'industrie.

Un commerce de bois de charpente, de charronnage, de menuiserie, se fait aussi sur les bords du bassin, où il existe des dépôts considérables de sapins du Nord.

Enfin, la Villette est l'entrepôt général de toutes les marchandises qui arrivent des colonies par la mer ; de la Hollande, de la Belgique et des départemens si industrieux du nord de la France, par le canal de Saint-Quentin et par les routes de terre ; de l'Alsace et de la Lorraine, par la route d'Allemagne.

Cette heureuse position topographique, qui place la localité de la Villette entre la colline Montmartre et les buttes Saint-Chaumont et de Belleville, lui assure aussi le passage, et probablement le stationnement de tous les chemins de fer qui desserviront les routes d'Angleterre, de Belgique et de Hollande, ainsi que des beaux départemens de l'ancienne Flandre française, de la Picardie et de la Normandie.

Déjà toutes les huiles, les sucres de betteraves, et mille autres productions moins importantes, séjournent dans les nombreuses maisons de transit qui existent à la Villette depuis un grand nombre d'années; c'est là que les négocians de Paris envoient des ordres pour la destination définitive de ces nombreux chargemens qui voyagent souvent non-vendus.

Les mœurs des habitans de la Villette sont douces; ils sont tous actifs, laborieux et faciles à administrer.

La fête patronale a lieu au commencement du mois de juillet; elle se prolonge plusieurs jours, et attire une affluence considérable de personnes, tant de Paris que des environs; une longue série de divertissemens compose cette fête, et la rend une des plus agréables de toutes les communes voisines de la capitale.

Maire, M. Frémicourt ✻.—Adjoints: MM. Toutenot et Lebaudes. — Curé, M. Roussel. — Lieutenant-colonel de la 1re légion de la banlieue, M. Pavy ✻.— Chef de bataillon, M. Peyrau ✻.—Percepteur, M. Morizot. Jours de recette, mardis et vendredis. —Notaire, M. Ferrière. —Huissier, M. Weber.

Adresser les lettres : *A la Villette, banlieue de Paris.*

Les communications avec Paris s'établissent au moyen des voitures dites *Dames-Blanches, Dames-Françaises*, etc.

CANTON DE NEUILLY-SUR-SEINE.

Neuilly-sur-Seine. — Auteuil. — Les Batignolles-Monceau. — Boulogne. — Clichy-la-Garenne. — Montmartre. — Passy.

NEUILLY-SUR-SEINE.

Neuilly-sur-Seine, à une lieue et demie nord-ouest de Paris, sur la rive droite de la Seine; chef-lieu de canton et de justice de paix, arrondissement de Saint-Denis, département de la Seine.

Ses annexes sont : Villiers, les Ternes, Saint-James, Madrid, Sablonville, la porte Maillot et Bagatelle. Ses enclaves : la Seine, Clichy-la-Garenne, les Batignolles-Monceau, Paris, Passy et le bois de Boulogne.

On trouve sur son territoire, la route royale de Paris à Rouen, par Saint-Germain-en-Laie; la route départementale de la barrière du Roule à Neuilly ; la route départementale traversant Sablonville, et réunissant les deux précédentes ; la route départementale de *la Révolte*, de Versailles à Saint-Denis, par Neuilly ; enfin plusieurs chemins vicinaux: un de Neuilly à Boulogne, un autre de la même commune à Longchamp, et le dernier de Villiers à Clichy.

L'aspect du territoire présente partout les cultures séparées par de grandes masses de bois. Cette disposition est à la fois riche et agréable aux yeux; le terrain est d'ailleurs uniforme et sans accidens remarquables.

La population s'élève à 7,654 habitans, fournissant à la garde nationale un bataillon de 700 hommes, divisé en cinq compagnies, y compris une compagnie de sapeurs-pompiers pour le service des pompes à incendie, appartenant à la commune. Ce bataillon est le 7e de la 2e légion de la banlieue.

Depuis vingt ans, Neuilly s'est prodigieusement agrandi, tant du côté de Sablonville et de la route royale, que du côté des Ternes.

Toutes ces nouvelles constructions sont élégantes et commodes dans leur distribution. Cette commune a deux grandes sources de prospérité dans le séjour royal qu'elle renferme, et dans sa position sur le plus bel abord de la capitale.

Le château royal de Neuilly et son parc occupent une étendue de terrain de 600 arpens. Trois îles en dépendent. L'ancien château de Villiers y est réuni. La partie haute du parc est consacrée à des expériences agricoles : sous les yeux et d'après les conseils du roi, on y cultive le blé, l'orge, l'avoine, la vigne, les betteraves, etc.

Une magnifique machine à vapeur, vient d'être placée sous un pavillon, au bas du jardin anglais, près de la Seine du côté de la ruelle des Belles-Filles, pour alimenter d'eau le château et ses vastes jardins.

Cette pompe, dont la force est de dix chevaux, élève chaque jour une énorme masse d'eau qui entretient la verdure dans une fraîcheur admirable.

M. Aubert, régisseur du château, dirige également sous les yeux du roi, une superbe *magnonerie*, dont la création et le succès ont eu la plus heureuse influence sur l'établissement de cette sorte d'industrie dans les environs de Paris. Elle a servi de modèle et d'encouragement, et cet utile exemple compte déjà un assez grand nombre d'imitations pour faire espérer que, dans peu d'années, la production si importante de la soie sera généralement cultivée autour de la capitale.

Le château de *Bagatelle*, récemment acquis par lord Yarmouth, a été complètement restauré avec un goût et une recherche qui font l'éloge du nouveau propriétaire.

La Folie Saint-James appartient à M. Benazet; elle est citée pour la beauté de ses jardins.

On distingue à la porte Maillot la superbe propriété de Mme Ve Casimir-Périer.

Le château des *Ternes*, propriété du général Dupont, et celui du maréchal Saint-Cyr, à Villiers, sont aussi deux habitations remarquables.

Les restes du château de Madrid sont occupés par M. Borne, restaurateur.

Une nouvelle mairie a récemment été construite à Sablonville; elle renferme la justice de paix, et plusieurs autres parties de l'administration municipale. A Sablonville, rue de Seine, est établie la maison de santé de M. Hulet, aussi recherchée pour sa belle position que pour sa belle tenue.

Sur le bord de la Seine, près du pont, est la pompe à feu appartenant à MM. Dorival et Ce, et qui fournit de l'eau aux communes situées à l'ouest et au sud, autour de Paris.

Toutes les rues de Neuilly sont pavées; l'éclairage n'est encore composé que de soixante-quinze réverbères; on se propose de l'augmenter incessamment.

Une somme de 1,800 francs est consacrée, chaque année, à l'arrosement de la commune et de la route, jusqu'à la barrière de l'Étoile.

L'air est vif et très-sain, mais il y a un peu de négligence dans l'entretien de la propreté des rues. La sécurité publique est assurée par un commissariat de police et par une brigade de gendarmerie.

Neuilly possède un marché et deux belles halles; l'une pour les légumes, l'autre pour le poisson.

Une fontaine publique est projetée; elle doit être élevée entre les deux halles, à vingt mètres du conduit de la pompe à feu.

Les locations annuelles et les subsistances sont aussi chères qu'à Paris; ces dernières en viennent en grande partie.

La commune de Neuilly est une des plus riches en belles promenades: on en compte quatre principales qui sont 1° le bois de Boulogne, si connu par la réunion de la belle société; 2° les bords de la Seine, d'où l'on découvre de charmans points de vue; 3° l'avenue de la route royale, belle de régularité et d'étendue; 4° les promenades sur la Seine, attrayantes lors de la belle saison par les sites variés et délicieux qui bordent le fleuve.

Un établissement de bienfaisance a

été fondé par la Reine, en faveur des indigens de la commune. Il porte le nom d'Hospice de la Charité.

L'église, récemment bâtie, est plus remarquable par ses riches ornemens que par son architecture ; elle est desservie par un curé et deux vicaires.

Le cimetière, hors du village et à l'exposition du nord, contient environ trois arpens de terrain ; les soins qui sont apportés à son entretien méritent des éloges.

Dix écoles primaires sont ouvertes aux enfans des deux sexes, sous la surveillance de l'autorité.

Deux écoles d'enseignement mutuel, fondées par la Reine, se montrent dignes de la tendre sollicitude de leur auguste fondatrice ; l'une, pour les jeunes gens, est sous la direction de M. Jacquinot; l'autre, de jeunes filles, sous la direction de Mme Silly.

Un pensionnat de jeunes gens, établi par M. Cordier, offre aux parens toutes les garanties désirables.

Il y a aussi à Sablonville un fort beau pensionnat de jeunes gens, sous la direction de M. Chatelain.

L'agriculture a peu d'étendue; elle produit quelques céréales, des légumes et des fruits; toutes ces productions sont destinées pour Paris.

Le territoire contient 900 hectares. Le prix moyen de l'arpent de terre en culture est de 3,000 francs ; celui de l'arpent de terrain propre aux constructions s'élève, suivant la situation, depuis 10 jusqu'à 50,000 francs.

Il y a, au bois de Boulogne, porte Dauphine, un dépôt de remonte pour les haras. Le haras du duc d'Orléans est à Madrid.

Les Ternes font un commerce assez considérable, qui consiste dans l'entrepôt des vins, eaux-de-vie et vinaigres. On y trouve aussi une fabrique de produits chimiques, appartenant à M. Briantais ; elle occupe un grand nombre d'ouvriers. Le peu de commerce qui se fait à Neuilly a pour matières le bois de chauffage et le bois de bateau.

La fête patronale est celle de saint Jean-Baptiste, 24 juin. On la célèbre le dimanche suivant ; elle se prolonge l'espace de huit jours et attire beaucoup de monde.

La commune désire 1° l'établissement d'un abattoir, réservé exclusivement pour elle ; 2° la construction d'un aqueduc, qui conduirait les eaux de Neuilly à la Seine, avec des embranchemens pour les diverses rues ; 3° des salles d'asile pour les enfans de Neuilly et des Ternes ; 4° le cailloutage des accotemens du pavé de la route royale ; 5° le pavage complet de la route départementale traversant Sablonville, attendu qu'elle est devenue impraticable ; 6° l'établissement de quelques bornes-fontaines, pour l'assainissement des rues ; 7° le pavage complet des nouvelles rues de Sablonville, de Villiers et des Ternes, qui ne peuvent rester dans l'état où elles sont ; 8° et enfin la prolongation de la rue de l'Ancien-Pont jusqu'à la Seine; cette mesure est nécessaire à la salubrité de ce quartier et même de la commune entière.

Maire, M. Labie ✻. — Adjoints : MM. Brez et Thiry. — Secrétaire, M. Claudin. — Juge de paix, M. Chapelain. — 1er suppléant, M. Guibert ; 2e suppléant, M. Lecouturier. — Greffier, M. Demenil. — Commissaire de police, M. Lapie-Delafage. — Curé, M. Deleau. — Vicaires : MM. Fourrier et Blondeau. — Lieutenant-colonel de la 2e légion de la banlieue, M. Benazet père✳. — Chef de bataillon, M. Benazet fils. — Notaire, M. Ancelle. — Huissier, M. Montalent. — Médecins: MM. Chapein, Destouches et Gadier ; aux Ternes, M. Devaux. — Pharmacien, M. Thénin ; aux Ternes, M. Jourdain. — Imprimeur-lithographe, M. Deha. —Percepteur des contributions, M. Cachan ; ses jours de recette sont les mardis et vendredis de chaque semaine, de dix à trois heures de relevée, à la mairie.

Il y a un bureau de poste aux lettres, sous la direction de M. Dutacq, rue de Seine, n° 75. Deux bureaux de distribution sont établis aux Ternes et à Sablonville. Il faut adresser les lettres : *A Neuilly-sur-Seine. Aux Ternes, banlieue de Paris. A Sablonville, banlieue de Paris. A Villiers-la-Garenne, banlieue de Paris.*

Les communications avec la capitale ont lieu au moyen des voitures de Neuilly, partant tous les quarts d'heure, rue de Rivoli ; des Orléanaises, prises place du Coq, au Louvre et à la barrière de Bercy; enfin des Omnibus, desservant les boulevarts.

AUTEUIL.

Auteuil, à une lieue sud-ouest de Paris, sur la rive droite de la Seine, dont il n'est séparé que par la route royale de Versailles ; canton de Neuilly-sur-Seine, arrondissement de Saint-Denis, département de la Seine.

Auteuil a deux annexes ; le Point-du-Jour et Billancourt.

Il est enclavé par Passy, Boulogne, la Seine et le bois de Boulogne.

Le village est situé sur la pente d'une colline, d'où la vue s'étend sur le bassin de la Seine, à une grande distance. On y arrive par une belle avenue, ornée de jolies maisons de campagne, presque toutes construites à l'anglaise. En général, Auteuil se fait remarquer par de rapides progrès dans le goût et l'élégance de ses habitations et par les embellissemens publics qu'il doit aux soins persévérans de ses magistrats.

On sait qu'il fut illustré par le séjour de Molière, de Boileau, de J.-J. Rousseau, du chancelier d'Aguesseau, etc. Le nom de Boileau est resté à la rue que cet homme célèbre habita ; mais sa maison est aujourd'hui à peine reconnaissable à travers les changemens et les dégradations que lui ont fait subir l'intérêt et l'indifférence de ses divers propriétaires, peu soucieux des beaux-arts. La demeure de Molière a été plus heureuse. Mme la duchesse de Montmorency, propriétaire actuelle du terrain sur lequel était bâti le modeste asile du grand poète, l'a transformé en un séjour magnifique ; et, s'honorant elle-même d'un souvenir glorieux, elle a fait mettre sur la façade cette inscription, qui réveille un si puissant intérêt : *Ici fut la maison de Molière.* Le monument funéraire consacré à la mémoire de d'Aguesseau n'a pas été déplacé ; il se trouve maintenant sur la place publique, qui occupe l'enceinte où l'on voyait autrefois le cimetière de la commune. Outre le château de Mme de Montmorency, on distingue encore un ancien et joli manoir, qui a appartenu à Mme de Brienne.

Les belles promenades du bois de Boulogne prêtent un grand charme au séjour d'Auteuil. Le bal, dont l'emplacement est à la porte du bois donnant sur le village, est très-renommé et très-fréquenté par la meilleure compagnie de Paris et des environs. Les promenades sur ânes ont aussi une célébrité qui efface peut-être jusqu'à la réputation en ce genre des promenades de Montmorency. Les portes d'Auteuil et de Passy ont fixé la préférence des promeneurs du bois de Boulogne.

On jouit d'un air excellent à Auteuil. Il en est redevable à son heureuse situation, ainsi qu'à la propreté de ses rues, bien pavées et d'un écoulement facile. Il est à regretter qu'elles ne soient pas encore éclairées pendant l'obscurité. Le bâtiment de la mairie est simple, mais élégant; sa construction est récente. La place publique est grande, ornée d'une fontaine circulaire et plantée d'arbres; l'eau qui s'échappe continuellement de la fontaine avait autrefois une réputation sanitaire, dont on ne parle plus aujourd'hui, mais qui, du moins, atteste encore sa bonne qualité. Les loyers d'habitation et les vivres sont au même prix que dans la capitale, au voisinage de laquelle Auteuil doit ses avantages et ses inconvéniens.

Son église ne date que de 200 ans, à peu près; mais le portail et la tour sont d'un temps bien reculé; on les croit du douzième siècle. Le cimetière a été transféré hors du village; il est maintenant auprès du Point-du-Jour, à l'allée dite *des Acacias;* sa clôture, sa disposition intérieure et son entretien sont très-satisfaisans.

Auteuil possède une salle d'asile pour les petits enfans; mais il n'a qu'une école primaire pour les deux sexes, et cette fâcheuse coutume semble inexcusable dans une commune riche et si peu distante de Paris.

Le hameau du *Point-du-Jour* communique avec Auteuil par la rue Boileau; on y voit quelques maisons bourgeoises. Il est traversé par la route de Versailles, sur laquelle il s'étend de toute sa longueur, au point où cette route se divise en deux branches, conduisant à Sèvres et à Saint-Cloud.

Le hameau de *Billancourt* est situé à l'extrémité du cap formé par le détour de la Seine en face de Sèvres; il n'a rien d'intéressant.

La population fixe de la commune est de 3,230 habitans, d'après le recensement de 1836. La population mobile, en y comprenant les étrangers qui passent la belle saison dans ce village, est d'environ 2,000 personnes.

La garde nationale compte dans la commune 180 chasseurs et 25 sapeurs-pompiers, tous en uniforme. Ils appartiennent au 8ᵉ bataillon de la 2ᵉ légion de la banlieue. La commune possède une pompe à incendie.

Une autre pompe, mue par la vapeur a été construite sur la Seine, en bas d'Auteuil, par MM. Dorival et Cⁱᵉ. Elle fournit l'eau de cette rivière à plusieurs communes, tant de la rive droite que de la rive gauche.

Le territoire d'Auteuil comprend 539 hectares. Le prix moyen de l'arpent est d'environ 3,000 francs; le sol, cultivé avec l'intelligence et le soin communs aux campagnes qui environnent la capitale, produit du blé, du vin, des légumes, des fruits, etc., dont le principal débouché est à Paris; ses vignes avaient jadis quelque renommée; à présent, malgré leur exposition sur le penchant d'une colline au midi, elles ne sont pas plus estimées que toutes celles des alentours de la capitale.

Auteuil n'est pas une commune industrielle; on n'y voit aucun établissement remarquable sous ce rapport; à peine y compte-t-on quelques petites fabriques de toiles cirées, situées près de l'ancien pont de Sèvres. Le blanchissage du linge et la pêche alimentent un assez grand nombre de familles.

La fête patronale est celle de l'Assomption de la Vierge, 15 août; elle est célébrée ce jour et le dimanche suivant, sur la grande place, près de l'église. C'est l'une des jolies fêtes des environs de Paris.

Maire, M. Auvillain. — Adjoints : MM. Noblet et Tattin. — Curé, M. Pénix. — Vicaire, M. Bertin. — Médecin, M. Chardon. — Percepteur des contributions, M. Monteuffet.

Les lettres doivent être adressées: *A Auteuil, banlieue de Paris.*

Les communications avec Paris sont d'une extrême facilité, tant dans le village que sur la route de Versailles. Des voitures publiques de toute espèce s'offrent à chaque instant au désir et au besoin des habitans et des promeneurs.

LES BATIGNOLLES-MONCEAU.

Les *Batignolles-Monceau*, au nord et aux portes de Paris, entre Montmartre et l'ancienne route de Neuilly-sur-Seine; canton et justice de paix de Neuilly-sur-Seine, arrondissement de Saint-Denis, département de la Seine.

Il y a vingt ans à peine que les Batignolles et Monceau n'étaient encore que deux petits hameaux, isolés et distincts, l'un en face de la barrière de Clichy, l'autre à l'issue de la barrière qui porte son nom.

Vers 1820, des spéculateurs commencèrent à bâtir, aux Batignolles, des maisons destinées à recevoir les personnes que la modicité de leur fortune engage à chercher, hors de Paris, un loyer et des vivres moins chers que dans cette grande ville. Leur spéculation réussit au-delà de tout ce qu'on pouvait prévoir. Les habitations nouvelles se multiplièrent avec une étonnante rapidité. Bientôt un grand nombre de particuliers vinrent ajouter à l'activité de ces constructions, en élevant, pour leur propre usage, des maisons élégantes et commodes. Le terrain manquait d'eau et d'ombrage; mais aux portes de Paris, voisin du riche quartier de la Chaussée-d'Antin, il se couvrait de rues droites, pavées, éclairées pendant la nuit. Il s'embellissait d'une ville naissante, qui n'a pas cessé d'augmenter en étendue et en population. Un mouvement semblable avait lieu, en même temps, du côté de Monceau. Partant de ces deux points, les constructions tendaient à se rapprocher : elles ont maintenant opéré leur jonction. L'espace intermédiaire est rempli par elles; les deux hameaux ont uni leur nom et leur prospérité. Ils ne forment plus qu'une seule commune, qui compte déjà 11,000 habitans, et qui, dans peu d'années, en comptera beaucoup davantage.

Elle est enclavée, par les communes de Neuilly, à l'ouest; de Clichy, au nord-ouest; de Saint-Ouen, au nord, et de Montmartre, à l'est. Au midi, elle est bornée par les boulevarts extérieurs, depuis la barrière de Clichy jusqu'à celle de Monceau.

Elle est traversée par deux routes départementales, l'une de la barrière de Clichy à Saint-Ouen et à Saint-Denis; l'autre de la barrière de Monceau à Clichy. Elle espère obtenir une troisième route, qui serait royale, et qui, partant de cette dernière barrière, irait rejoindre la route de Paris à Rouen, par Pontoise, en passant par Clichy, Asnières-sur-Seine, Argenteuil, etc.

La commune manquait d'eau : une société par actions a été formée dans le but de lui en fournir. Une machine à vapeur, de la force de vingt chevaux, élève l'eau prise à Clichy, au milieu du lit de la Seine, la refoule dans des tuyaux de fonte et lui fait parcourir plus de 3,000 mètres pour la conduire dans des réservoirs, placés rue Capron, au point culminant de la commune, d'où elle est livrée aux porteurs d'eau et aux habitans, qui, moyennant un abonnement, veulent la faire arriver jusque chez eux par des tuyaux de dérivation. La commune a fait une concession de quatre-vingt-dix-neuf ans à cette belle et utile entreprise. Une ordonnance royale lui a donné le privilége de ce service sans concurrence pendant ce même temps. (Voir, pour plus de détails, le chapitre des distributions d'eau de Seine dans les communes des environs de Paris.)

Dans la rue de la Paix, on construit un marché pour toutes sortes de comestibles. On va commencer incessamment un abattoir, entre le chemin de fer et l'avenue de Clichy.

La commune a une église catholique et une église protestante. La première est sur une grande place, au centre des habitations ; la seconde est sur les boulevarts extérieurs. Il n'y a cependant pas encore de cure érigée aux Batignolles-Monceau. L'église catholique est desservie par un simple chapelain et deux vicaires.

Lorsque la place de l'église sera terminée, elle offrira une belle promenade ornée d'une fontaine.

Un théâtre particulier a été construit dans la rue Mercier. On n'y joue pas publiquement, parce qu'il n'appartient pas à MM. Sévestre frères, directeurs privilégiés de la banlieue. Il est bien à désirer que ce ridicule privilége finisse. Ce théâtre est petit, mais fort joli et bien distribué.

La commune fournit à la garde nationale un bataillon de 900 à 1,000 hommes, le 4me de la 2me légion de la banlieue. Elle a, en outre, une belle compagnie de 120 sapeurs-pompiers et deux pompes.

Un commissariat de police est établi aux Batignolles-Monceau, ainsi qu'une brigade de gendarmerie. On y trouve aussi un bureau de papier timbré.

L'air de la commune est excellent ; elle le doit à sa situation à l'entrée d'une vaste plaine. Ses loyers sont à meilleur compte que dans Paris, et, malgré l'octroi établi, les subsistances de toute espèce offrent le même avantage.

Deux écoles d'enseignement mutuel reçoivent, l'une 300 garçons, l'autre 200 filles. Parmi les pensionnats, qui sont en très-grand nombre, on distingue celui de M. Regnault, sur le boulevart de Monceau, et celui de Mlles Bénard-la-Carrière, tenu à l'instar de la maison royale de Saint-Denis.

Le territoire communal est d'environ 1,600 arpens, cultivés en blé et en gros légumes, qui servent à l'approvisionnement de Paris. Le prix des terres est le même que dans les communes environnantes, c'est-à-dire de 2,500 à 3,000 fr. l'arpent ; beaucoup plus cher pour les terrains où l'on peut bâtir avec avantage.

L'industrie et le commerce des Batignolles-Monceau sont encore tout de consommation, et par conséquent sans grande importance ; mais ils semblent appelés à prendre un développement prochain par la création du chemin de fer, qui, de la place de Londres à Paris, conduit à Saint-Germain-en-Laye par les Batignolles-Monceau, Clichy, Asnières-sur-Seine, etc. Ce chemin traverse la commune, sous une voûte souterraine depuis les boulevarts extérieurs jusqu'à la place de l'église, à gauche de laquelle il reparaît à ciel découvert, se dirigeant sur Clichy par une courbe très-développée à travers la plaine. Les habitans de la commune se promettent de nombreux avantages de l'exécution de ce grand travail, et leur attente ne sera probablement pas trompée, lorsque cette voie nouvelle sera livrée à une circulation active.

En attendant, on ne remarque aux Batignolles-Monceau que deux établissemens industriels.

L'un est une fabrique de poteries réfractaires, et surtout de creusets à l'usage des chimistes et des pharmaciens. Cet établissement, déjà considérable, et qui avant peu recevra encore de l'agrandissement, appartient à M. Ledreux, qui en a formé un dépôt à Paris, rue Saint-Germain-l'Auxerrois, 69.

La seconde usine importante est la brasserie de M. Van den Erghel, breveté du roi pour la fabrication de la bière blanche de Louvain.

La fête patronale des Batignolles-Monceau est l'Assomption, au 15 août. On la célèbre, pendant trois dimanches de suite, sur la place de l'église.

Maire, M. Jaiques. — 1er adjoint, M. le Bouteux. — 2me adjoint, M. Ledreux.—Chapelain, M. Heuqueville.—Chirurgien-major de la 2me légion de la banlieue, M. Rousseau. — Chirurgien-major du 4me bataillon et du bureau de bienfaisance, M. Jouy. — Commissaire de police, M. Clouet.—Notaire, M. Balagny. — Percepteur des contributions, M. César Delafontaine, dont les jours de recette sont les dimanches et les jeudis. — Chef de bataillon de la garde nationale, M. Capron. — Imprimeur-lithographe, M. Chausse-Blanche.

La commune a deux établissemens de voitures spéciales, au moyen desquelles elle entretient des relations continuelles avec Paris, indépendamment des voitures de place, que l'on trouve toujours à la barrière de Clichy. Les *Batignolaises* font le trajet des Batignolles-Monceau au cloître Saint-Honoré; les *Diligentes* vont dans toute la capitale par correspondance.

BOULOGNE-SUR-SEINE.

Boulogne, à deux lieues sud-ouest de Paris, en face de Saint-Cloud, dont il n'est séparé que par la Seine; canton et justice de paix de Neuilly-sur-Seine, arrondissement de Saint-Denis, département de la Seine.

Cette commune a pour annexes une portion de Billancourt et les Quatre-Cheminées.

Elle est enclavée par Auteuil, Saint-Cloud, Suresne et le bois qui porte son nom.

Sa belle situation entre le bois et la Seine, à proximité du parc de Saint-Cloud, lui attire continuellement un grand nombre de visiteurs. L'air y est excellent. Les rues sont pavées, en bon état et balayées trois fois chaque semaine par les pauvres valides de la commune. L'autorité alloue, pour cet ouvrage, une rétribution en vivres et en argent. Les pauvres infirmes reçoivent des secours à domicile. Par ces dispositions bienfaisantes, la mendicité a été extirpée, quoique la commune compte 80 pauvres admis à ces secours.

La population s'élève à 5,500 âmes.

Elle fournit à la garde nationale un bataillon d'environ 600 hommes (service ordinaire), divisés en cinq compagnies: c'est le 5me de la 2me légion de la banlieue.

La sûreté publique est maintenue par une brigade de gendarmerie.

La commune possède une pompe à incendie et deux bornes-fontaines.

Boulogne a deux églises. L'église catholique romaine atteste son ancienne origine par son portail et sa nef gothique; elle fut, dit-on, bâtie, en 1320, sur le modèle de celle de Boulogne-sur-Mer, et de là serait venu le nom actuel du village, qui s'appelait jadis: *Les Menus de Saint-Cloud*. Cette église a été récemment restaurée, ainsi que le presbytère qui appartient à la commune. L'église catholique française, située rue d'Aguesseau, a été fondée en 1831. Le cimetière est placé hors du village, bien enclos et bien tenu.

On remarque plusieurs belles maisons de campagne, et surtout celles qui se trouvent à l'entrée du village du côté du bois. L'une était occupée autrefois, dans la belle saison, par l'archi-chancelier de l'empire, de Cambacérès; elle appartient maintenant à M. Perrot. L'autre est la propriété de M. le baron de Rotschild.

Il y a deux écoles primaires, une pour les garçons, l'autre pour les filles. Une salle d'asile reçoit les petits enfans; établissement d'une grande utilité dans cette commune, où se trouvent tant d'ouvriers et de journaliers. Cette institution vraiment philanthropique a été fondée par M. de Rotschild; elle est dirigée par une sœur de charité.

On trouve à Boulogne un pensionnat de jeunes gens, dirigé par M. Utmin, et un pensionnat de jeunes demoiselles, tenu par Mme Barrois.

L'agriculture et l'industrie ont peu de développement dans cette commune; elle cultive cependant des céréales, un peu de vignes, des légumes et des fruits. Son territoire comprend 846 hectares. Le prix moyen de l'arpent est de 2,500 francs. On n'y compte que deux fabriques, l'une d'eau de javelle, l'autre de cire à cacheter. Tous ces produits s'écoulent à Paris. La principale industrie du pays consiste dans le blanchissage du linge de la capitale.

La situation riante de Boulogne, les belles promenades qui l'entourent, lui valent des hôtes nombreux, surtout pendant la belle saison. Les loyers d'habitation et les vivres, malgré leur abondance et la facilité à se les procurer, sont aussi chers qu'à Paris. Par la même raison, les terres, d'ailleurs fertiles et bien cultivées, coûtent un prix assez élevé.

La commune est traversée par la route départementale de Paris à Versailles; elle doit l'être aussi par le chemin de fer, projeté entre ces deux villes, sur la rive droite de la Seine.

La fête patronale est célébrée le premier dimanche de juillet, à l'entrée du bois: elle est fort belle et très-fréquentée.

Maire, M. Collas ✻. — Adjoints, MM. Lesquilliez et Vinois. — Curé, M. Duchesne. — Notaire, M. Formont. — Chef de bataillon de la garde nationale, M. Siard ✻.

Les lettres doivent être adressées: *A Boulogne-sur-Seine, banlieue de Paris*.

Il y a une voiture spéciale pour le service de la commune et un grand nombre de voitures à volonté ou de passage.

CLICHY-LA-GARENNE.

Clichy-la-Garenne, à une petite lieue nord-ouest de Paris: canton et justice de paix de Neuilly-sur-Seine, arrondissement de Saint-Denis, département de la Seine.

Ses annexes sont : la Planchette, le village Mayeux, une partie de Villiers et le pont d'Asnières.

Cette commune, autrefois très-importante par son territoire, qui s'étendait de la Seine jusque dans Paris, se trouve maintenant enclavée par Asnières-sur-Seine, Saint-Ouen, Montmartre, les Batignolles-Monceau, et Neuilly-sur-Seine.

Chichy est traversé par une route départementale, partant des Batignolles-Monceau et aboutissant au pont d'Asnières.

Situé dans une vaste plaine, ce village offre aux regards le plus riant aspect. Au nord, l'horizon est borné par les montagnes de Sannois; au nord-est, par la forêt de Montmorency; au midi, par le beau panorama de la butte Montmartre, cette immense carrière à plâtre couverte de maisons et de verdure. La Seine, les îles de Neuilly, de Robinson, de Saint-Ouen, complètent les sites pittoresques, dont cette commune est de toutes parts environnée. Les chemins vicinaux sont, pour la plupart, en bon état d'entretien; quelques-uns souffrent des travaux que l'on exécute en ce moment pour le chemin de fer de Paris à Saint-Germain-en-Laye.

Le territoire, avant la révolution de 89, n'offrait qu'une vaste plaine, coupée par quinze ou seize remises, et réservée aux plaisirs des grands seigneurs. La chasse y attirait la cour, et fort souvent les rois et les princes s'y donnaient rendez-vous. A cette époque, la valeur des terrains était nulle. Sans industrie, sans terres à cultiver, les habitans languissaient, pauvres et malheureux; quelques riches propriétaires se partageaient toute l'étendue du territoire. La population ne s'élevait qu'à quelques centaines d'ames. On en compte aujourd'hui 4,400, fournissant à la garde nationale cinq compagnies, y compris celle des sapeurs-pompiers, composées chacune de 100 hommes, et formant le 9e bataillon de la 2e légion de la banlieue.

Une pompe à incendie est toujours maintenue en état de manœuvrer en cas d'incendie.

Beaucoup d'améliorations ont eu lieu, surtout depuis 1835. Des dépenses considérables ont été faites, tant par le département que par la commune, pour en rendre le séjour à la fois plus agréable et plus sain. Des travaux de terrassement, des constructions d'égouts, ont été exécutés pour l'assainissement; aussi la population s'est-elle augmentée de près d'un quart dans ces derniers temps. Le maire actuel a donné la plus heureuse impulsion à tous les moyens de prospérité que possède la commune, et qui étaient restés sans développement; quelques années encore, et Clichy lui devra un changement aussi avantageux que complet. Les terrains, qui jadis étaient sans valeur, faute de culture, sont aujourd'hui divisés et productifs; chacun a son morceau de terre, sa maison et son industrie particulière. Les grands châteaux ont disparu, les parcs ont été défrichés, de belles constructions se sont élevées, des rues ont été tracées; et au lieu de trois rues existantes en 89, la commune en compte actuellement vingt-cinq, toutes alignées conformément aux plans tracés à cet effet.

Clichy jouit d'une température tellement saine, que jusqu'à ce jour il n'a été frappé d'aucune maladie épidémique. Toutes ses rues sont pavées et entretenues avec soin. L'éclairage y est complet, et s'effectue d'après le système Bordier-Marcet. La plus grande propreté règne dans cette commune; le balayage des rues et l'enlèvement des boues s'exécutent trois fois par semaine régulièrement, et à des heures indiquées.

On voyait encore, l'année dernière, une maison jadis habitée par le roi Dagobert. Elle a récemment été démolie pour faire place à une nouvelle et jolie construction; une autre, ayant appartenu au grand-prieur de Vendôme, lorsqu'il était seigneur de cet endroit, est remarquable par la richesse et l'élégance de ses nombreux ornemens; de beaux jardins, sur les dessins les plus modernes, ajoutent aux attraits de ce séjour.

Le prix des locations annuelles et celui des subsistances sont peu élevés. Une brigade de gendarmerie est chargée du maintien de l'ordre et de la sécurité publique. L'autorité, toujours attentive aux besoins de ses administrés, se propose d'établir une salle d'asile pour l'enfance. Les trois petites places publiques sont assez belles. La plus jolie promenade des environs est celle des bords de la Seine.

L'église paroissiale, située sur la place qui porte son nom, a été rétablie par saint Vincent-de-Paule, qui en devint le second patron; il préféra, dit-on, cette modeste cure aux postes les plus brillans qui lui furent proposés. Cet édifice n'a d'ailleurs de remarquable que quelques jolis tableaux, entre autres celui de saint Médard. Son étendue paraît insuffisante à la population actuelle de la commune.

L'église catholique française fut élevée à Clichy par des fidèles de ce culte; elle est d'une construction fort simple, et n'offre à l'extérieur, comme à l'intérieur, que l'aspect de la plus louable modestie. Près de l'église paroissiale est le presbytère, appartenant à la commune; il est vaste et commode : un jardin spacieux et bien dessiné en complète les agrémens. Le cimetière, situé hors du village, renferme quelques monumens fort remarquables. Son étendue est considérable; sa position préserve Clichy de toute exhalaison morbifique. Il est enclos d'un mur en fort bon état.

Sur une des trois places se trouvent la mairie et les deux écoles publiques; l'une destinée à recevoir cent garçons, l'autre un pareil nombre de filles. Clichy possède en outre quatre écoles primaires pour les garçons, et deux semblables pour les filles. Le pensionnat de jeunes demoiselles est dirigé par Mme Dumont. Chaque jour les habitans de Clichy sentent la nécessité d'un pensionnat de jeunes gens; cet établissement, si vivement désiré, manque à l'éducation des enfans des personnes aisées.

L'agriculture a fait à Clichy des progrès rapides. L'arpent de terres labourables vaut maintenant de 2 à 2,500 fr.; l'arpent de terres pour construction varie de 15 à 25,000 fr. On cultive beaucoup de betteraves et de pommes de terre, destinées à la nourriture des bestiaux. L'étendue du territoire comprend environ 500 hectares.

Des établissemens industriels considérables se sont élevés à Clichy; parmi eux figurent avec avantage la fabrique de produits chimiques de MM. Pluvinet et Pelletier; celle de blanc de céruse de M. Roard; celle de plomb laminé et en grain de M. Marty; les teintureries de MM. Bouquet et Monnier; la boyauterie de M. Bauger et compagnie. Le blanchissage du linge occupe journellement près de huit cents personnes. Il y a aussi dans ce village un bon nombre de nourrisseurs et de marchands de vins.

La proximité de l'eau, le voisinage de la ville, la facilité des communications, tout appelle à Clichy les industries les plus variés et les plus étendues. Le commerce s'accroît chaque jour, et procure à cette commune des richesses qui jusqu'alors y étaient inconnues.

La fête patronale est celle de saint Médard, 8 juin; elle a lieu le dimanche suivant.

Depuis 1835, l'autorité locale s'est tellement occupée de l'embellissement de cette fête, qu'en 1836 on a pu compter jusqu'à 20,000 étrangers venus de différens points, pour jouir de cette solennité.

Maire, M. Bourgeois. — 1er adjoint, M. Ranchon; 2e adjoint, M........ — Secrétaire, M. Ducoudray. — Chef de bataillon de la garde nationale, M. Pelletier ✻. — Percepteur des contributions, M. César Delafontaine. Jours de recettes, le premier samedi de chaque mois. — Notabilités: MM. Roard ✻; Marjolin, médecin; Quatremère-de-Quincy, de l'Institut; comte Roger, lieutenant-général; comte Béranger, pair de France.

Il y a un bureau de distribution des lettres: il se fait deux distributions par jour.

Il faut adresser: *A Clichy, banlieue de Paris.*

Les communications s'établissent avec la capitale, au moyen de voitures publiques dites *Omnibus*, partant toutes les vingt minutes des Batignolles et correspondant avec celles de Paris; elles sont spécialement destinées au service de la commune. Bientôt Clichy va posséder un chemin de fer allant à Saint-Germain; il est en cours d'exécution, et mettra désormais cette commune à cinq minutes de distance de la capitale.

MONTMARTRE.

Montmartre, au nord et aux portes de Paris, dont ce village n'est séparé que par les boulevarts extérieurs; canton et justice de paix de Neuilly-sur-Seine, arrondissement de Saint-Denis, département de la Seine.

Montmartre est bâti sur un mamelon isolé de toutes parts, qui s'élève à une hauteur considérable sur la limite méridionale de la plaine de Saint-Denis. Cette montagne est le point le plus septentrional de l'horizon de Paris. Le méridien de l'Observatoire, tracé par Cassini pour sa grande carte de France, passe sur le sommet, à l'endroit désigné par une pyramide, que la plupart des promeneurs remarquent sans connaître le motif scientifique et l'importance de ce modeste monument.

Les étymologistes se sont occupés du nom de Montmartre. Les uns prétendent que la montagne fut jadis couronnée d'un temple dédié à Mars, d'où elle fut appelée *mons Martis*. Les autres veulent que Saint-Denis et ses deux compagnons aient souffert leur martyr en ce lieu, qui aurait été dès lors nommé *mons Martyrum*, et *Montmartre* viendrait, par corruption, de l'une de ces deux désignations. Mais ces origines ne sont rien moins que prouvées, et les étymologistes semblent avoir inventé les traditions d'après le nom ; manière de procéder qui est assez dans leur habitude.

Montmartre a pour annexe le hameau de Clignancourt, qui est situé à l'est et au pied de la montagne.

Son territoire est entouré par ceux des Batignolles-Monceau, de Clichy-la-Garenne, de Saint-Ouen, et de la Chapelle. Au midi, il s'étend sur les boulevarts extérieurs de Paris, devant les barrières du faubourg Saint-Denis, Poissonnière, de Rochechouart, des Martyrs, Pigale, Blanche et de Clichy.

Le village est disséminé sur toute la montagne, mais principalement sur le sommet et sur la pente méridionale, jusqu'aux boulevarts extérieurs. Il n'est pas de commune, aux environs de Paris, qui offre plus de changemens et d'améliorations, qui atteste davantage le progrès en tout genre. L'administration locale, zélée pour le bien général, et persévérante à l'opérer, anime et féconde par ses soins paternels le mouvement de prospérité qui se répand aujourd'hui dans toute cette partie du voisinage de la capitale.

Le quartier de Montmartre, en face de l'abattoir de ce nom, s'appelle *village d'Orcel*, parce qu'il fut commencé, il y a environ cinquante ans, par un spéculateur qui se nommait *Orcel*, et qu'il était alors assez éloigné des autres habitations. Mais depuis il s'est considérablement agrandi, et maintenant il touche au centre de la commune.

Montmartre s'est non moins accru du côté des barrières Pigale, Blanche et de Clichy. Là, un vaste quartier s'est élevé depuis une dizaine d'années. Des rues ont été tracées dans tous les sens ; les abords en ont été facilités par l'applanissement et le remblai du terrain ; chaque jour elles acquièrent de nouvelles maisons et de nouveaux habitans, et la montagne, vue des boulevarts extérieurs, au lieu de l'aspect aride et sauvage qu'elle présentait autrefois, n'offre plus qu'un amphithéâtre habilement disposé en terrasses, qui seront bientôt couvertes d'élégantes constructions et de jardins. L'ancienne partie du village occupe le sommet de la montagne, et s'améliore aussi rapidement par les sages dispositions prises pour son embellissement.

Montmartre compte trois grandes voies de communication : la chaussée de Clignancourt, qui forme la rue de ce hameau, en contournant le pied de la montagne ; le chemin Vieux et le chemin Neuf, qui montent au sommet, en partant, l'un de la barrière des Martyrs, l'autre de la barrière Blanche. Ces communications, ainsi que toutes les autres rues sont pavées, en bon état et proprement entretenues. Leur éclairage a lieu d'après le système de Bordier-Marcet.

La population, tant fixe que mobile, monte journellement à 6,800 ames. On compte 1,850 feux. L'effectif de la garde nationale est de 800 hommes, répartis en 6 compagnies formant le 6ᵉ bataillon de la 2ᵉ légion de la banlieue ; il y a aussi une compagnie de pompiers avec une pompe à incendie.

Deux places publiques s'ouvrent, l'une au sommet, près de l'église, l'autre à mi-côte, près des restes de l'ancienne abbaye. La première s'appelle *place du Tertre*, la seconde, *place de l'Abbaye*. Sur l'un des côtés de celle-ci, le maire, secondé par le conseil municipal, a récemment fait élever la nouvelle mairie, bâtiment considérable, d'une belle apparence et commodément disposé pour recevoir l'administration, les écoles, les instituteurs des deux sexes, une salle d'asile avec préau, l'état-major de la garde nationale, un corps-de-garde permanent. La place sera, en outre, décorée par une plantation d'arbres et par une jolie fontaine.

La situation de Montmartre le privait naturellement d'eaux abondantes ; par conséquent, des avantages nombreux qui en résultent. Il possédait jadis plusieurs sources qui ont été successivement taries par l'exploitation des carrières. Quelques-unes existent encore sur le revers de la montagne, au nord, mais dans un tel état d'appauvrissement qu'elles ne sont plus d'aucune utilité. La compagnie Bourelly a rendu à la commune l'éminent service de lui procurer en abondance, jusque sur les points les plus élevés, les eaux salubres de la Seine, au moyen d'une pompe à feu établie près de Saint-Ouen. Un réservoir, qui reçoit ces eaux refoulées dans des tuyaux d'ascension, les distribue ensuite dans tous les quartiers, soit publiquement aux porteurs d'eau et aux particuliers, soit dans les maisons et à domicile par des concessions et abonnemens annuels d'un prix très-modéré. Montmartre n'a plus rien à désirer sous ce rapport.

Parmi les embellissemens nouveaux qui frappent partout les regards, on distingue, dans la rue des Dames, le *castel gothique*, et les élégantes serres chaudes que M. Ch. de l'Escalopier vient d'y faire construire. La façade du bâtiment, sur la cour, présente, à droite, une tour en saillie, crénelée à son sommet ; à gauche, un avant-corps carré, surmonté d'une terrasse et d'un balcon. Les formes, les ornemens de l'édifice sont dans le style du moyen-âge, vers 1460, époque du règne de Louis XI. Les cadres des portes et des fenêtres, l'entablement, le balcon, les clochetons et les culs-de-lampe, tout est d'un gothique plein de goût dans le choix, et de délicatesse dans l'exécution. L'encadrement d'une fenêtre, au rez-de-chaussée, est une copie fidèle de la porte de Jeanne d'Arc, à Domremy. Les serres sont contiguës au bâtiment et se déploient, à l'exposition de onze heures, sur une ligne de 120 pieds de longueur ; elles ont 12 pieds de large et sont construites en fer. Ornées de rochers et de bassins, elles sont les premières qui, en France, aient été chauffées à la vapeur, et renferment une collection remarquable des plantes à propriétés historiques, les plus précieuses et les plus rares. On y entre par le salon, dont la cheminée est faite de manière que la glace, sans tain, laisse jouir de la vue de ces belles serres, au centre desquelles un pavillon de 28 pieds de haut, dont les colonnes portent des chapiteaux dorés, est spécialement consacré à la culture des *bananiers*. On y remarque deux sujets du *musa sinensis*, qui donne, à une petite hauteur, des régimes abondans de fruits délicieux. Les serres contiennent, d'ailleurs, des bambous, des papayers, des arbres à pain, des pommes roses, des cocotiers ; tous ces végétaux sont en pleine terre. Dans la quatrième serre sont les plantes qui exigent le plus de chaleur ; de belles orchidées, le bois de sandal, le muscadier, le vrai cacaotier, le copayer, le vrai mangoustan, la vanille, le mancenilier, le guaco, etc. Le jardin n'est, en quelque sorte, qu'un appendice des serres ; il est parfaitement disposé pour seconder l'éducation des plantes. A l'une de ses extrémités, on voit des appareils d'exercices gymnastiques.

L'église de Montmartre est du douzième siècle ; elle conserve encore des traces de son origine, surtout dans quatre colonnes, qu'on a eu la maladresse de peindre au lieu de les laisser dans leur état naturel. Placée au lieu le plus élevé de la montagne, on l'aperçoit de loin, et de toutes parts. L'autorité supérieure a profité de cette situation favorable ; elle a fait construire, sur une partie de l'église, une tour et un télégraphe, qui, à cette hauteur, peut correspondre avec tous les points d'un immense horizon.

Deux cimetières sont établis dans la commune. L'ancien, situé près de l'église, est fermé depuis long-temps, excepté aux familles des concessionnaires à perpétuité. Le nouveau est ouvert, depuis quatre ans, sur le revers de la montagne, au nord ; il est clos de murs et tenu avec tout le soin que l'on peut désirer.

L'un des grands cimetières de Paris se trouve aussi dans la commune. Digne d'attention par la quantité et par la beauté de ses monumens funèbres, il vient d'être encore beaucoup agrandi. Il est principalement destiné aux cinq arrondissemens du nord de la capitale. M. le maire de Montmartre, pour en faciliter l'accès, a dernièrement obtenu du préfet de la Seine le pavage de la contre-allée des boulevarts extérieurs, depuis la barrière Blanche.

En 1804, M. Micoult de la Vieuville fonda, à Montmartre, un hospice, qui, sous le titre d'*asile royal de la Providence*, contient soixante vieillards des deux sexes. Ce beau monument de bienfaisance particulière a un administrateur en chef, un médecin, un aumônier. Il est, d'ailleurs, confié aux soins de sœurs hospitalières.

Le docteur Blanche a établi, dans une position très-agréable, une maison de santé, dont la bonne réputation est faite depuis long-temps, surtout sous le rapport des soins assidus que madame Blanche prodigue aux malades de son sexe.

Montmartre possède l'un des principaux théâtres de la banlieue de Paris. Il est situé au village d'Orcel, en face de l'abattoir, et dirigé par MM. Séveste frères. Ce théâtre, précédé d'une jolie place et d'une petite promenade où l'on a élevé un café, est construit avec intelligence, et bien accommodé à sa destination. Il contribue pour beaucoup à l'agrément du séjour de la commune, où il attire les habitans des quartiers de Paris les plus voisins et même des plus éloignés.

En général, Montmartre manque de promenades ; mais il en est dédommagé par la vue magnifique dont on jouit au sommet de la montagne. De tous côtés l'œil se promène sur la capitale, sur le bassin de la Seine et sur les collines qui l'enferment. On ne saurait assez bien dépeindre ce tableau, si imposant et si riche, de la grande cité et de ses environs.

L'air de Montmartre est excellent. Les loyers d'habitation y sont presque aussi chers qu'à Paris. Le prix du pain suit la taxe de la capitale. La viande de choix coûte 60 c. la livre. L'octroi sur le vin est peu de chose, et les autres vivres sont à assez bon compte.

La commune a trois écoles primaires bien tenues : deux pour les garçons, et une pour les filles. Un très-grand nombre d'enfans fréquente habituellement ces écoles.

Il y a, en outre, une école particulière d'enseignement mutuel, avantageusement connue; trois pensionnats pour jeunes garçons et autant pour jeunes demoiselles.

L'étendue du territoire communal est de 298 hectares, 10 ares et 48 centiares (environ 900 arpens). Les cultures sont les céréales, les betteraves, les pommes de terre et les gros légumes. On cultive aussi la vigne; mais le vin est mauvais. Le prix de l'arpent de terre cultivée, dans la plaine, coûte de 3,000 à 4,000 francs.

Une fabrique de pierres artificielles, établie près du grand cimetière, offre les plus grands avantages pour les arts. Elle est dirigée par M. Texier. Ces pierres, qui ont quelque analogie avec le ciment de Dihl, n'éprouvent ni retrait ni gonflement; elles sont propres surtout au moulage de statues et d'ornemens d'architecture.

On fabrique encore à Montmartre des toiles cirées, du taffetas gommé, une immense quantité de plâtre, etc. Les carrières qui fournissent cette matière sont renommées; leurs vastes exploitations sont un objet de curiosité sous le rapport de l'industrie qui en dirige les travaux; elles ont aussi fourni plus d'une observation intéressante à la géologie et à l'histoire naturelle pour la partie des fossiles.

Mais le principal commerce de Montmartre est celui de la consommation journalière qu'il doit au voisinage de Paris. On y compte jusqu'à 350 marchands de vin-traiteurs. Deux guinguettes y sont en grande renommée: l'*Ermitage*, tenu par M. Charton, et l'*Elysée-Montmartre*, par M. Serres. Dans ce dernier établissement, on trouve le beau tir de M. Plondeur, armurier, rue du faubourg Poissonnière, 5.

Clignancourt n'est qu'un prolongement, un quartier de Montmartre, sous un nom distinctif. Il n'offre rien qui le distingue et qui mérite de fixer l'attention.

Le *chemin des Bœufs* servait au passage de ces animaux, venant de Poissy et de Sceaux, avant que les abattoirs de Paris fussent construits. Un arrêté du conseil général du département de la Seine a récemment statué que ce chemin serait désormais de grande vicinalité, servant de communication de la route de la Révolte à La Chapelle, par Clignancourt.

La fête patronale de Montmartre est celle de saint Pierre, 29 juin; on la célèbre le dimanche suivant, sur le plateau de la terrasse qui est près de l'église. Les marchands forains s'y rendent en grand nombre; elle est assez fréquentée.

Maire, M. Vérou. — 1er adjoint, M. Picard. — 2e adjoint, M. Lécuyer. — Curé, M. Ottin. — Chef de bataillon de la garde nationale, M. Lambert ✳. — Percepteur des contributions, M. Morizot, qui perçoit les deux premiers mercredis de chaque mois.

Les lettres doivent être adressées: *A Montmartre, banlieue de Paris.*

On trouve, à toutes les barrières, des voitures *Omnibus*, et près de la barrière Blanche, les *Lutéciennes*, voitures de place nouvellement établies.

PASSY-LEZ-PARIS.

Passy, à l'ouest et aux portes de Paris, sur la rive droite de la Seine; canton et justice de paix de Neuilly-sur-Seine, arrondissement de Saint-Denis, département de la Seine.

Il s'étend en ligne droite de Paris au Bois-de-Boulogne, et pénètre dans ce bois jusqu'à la route des *Princes*.

Ses annexes sont : le Bois-de-Boulogne, Boulainvilliers, la barrière de Long-Champs, la butte de l'Etoile et le pont de Grenelle ; ses enclaves : Neuilly-sur-Seine, Auteuil, Boulogne, la Seine et Paris, de la barrière de Passy à celle de l'Étoile.

Passy laisse à sa gauche la route de Versailles, qui le sépare de la Seine. Son territoire s'étend, à droite, sur une longue plaine, qui suit les boulevarts extérieurs de Paris jusqu'à l'Arc de triomphe de l'Étoile, parcourt la partie gauche de la route de Neuilly jusqu'à la Porte-Maillot, et côtoye le mur du Bois-de-Boulogne jusqu'à la rue de la Pompe.

Cette plaine est coupée par une belle et large route, qui conduit de l'Arc de triomphe de l'Étoile à Saint-Cloud, en traversant le Bois-de-Boulogne.

Il y a deux sortes de population à Passy ; l'une passagère ou mobile, c'est-à-dire, qui vient y passer la belle saison, et l'autre domiciliée ou fixe, c'est-à-dire, qui y possède des propriétés, ou y demeure constamment.

D'après le dernier recensement, la population fixe est de 4,545 ames ; celle d'été, de 2,000 ; ce qui forme une population générale de 6,545 habitans.

La force armée se compose de la garde nationale et d'une brigade de gendarmerie, chargée à la fois de la sûreté de la commune et de la police du bois avec les gardes-forestiers. La garde nationale fait partie du 8e bataillon de la 2e légion de la banlieue ; elle compte trois compagnies de 100 hommes chacune, savoir :

une compagnie de grenadiers, une de voltigeurs et une de carabiniers, qui a remplacé celle des pompiers. Elle renferme dans son sein une section de trente hommes, chargée spécialement du service de la pompe, appartenant à la commune.

Les maisons sont généralement commodes et fort élégamment construites. M. le baron Delessert ✻ a su réunir, dans sa belle propriété, l'utile à l'agréable. Les eaux minérales de Passy, qui ont joui de la plus grande vogue et contribué puissamment à sa prospérité, font maintenant partie de ce beau domaine. Il renferme aussi de belles raffineries, où l'on a fabriqué le sucre de betteraves pendant toute la durée du blocus continental sous l'empire. Napoléon visita ces usines : et pour témoigner la satisfaction qu'il en éprouvait, il détacha la croix d'honneur qu'il portait, la plaça lui-même à la boutonnière de M. B. Delessert ✻, et le créa baron de l'empire. Les raffineries sont toujours en activité, et ne sont pas les seules choses dignes de remarque dans ce vaste établissement. On y voit encore un pont suspendu, le premier qui ait été fait en France, et qui, placé sur des vallées assez profondes, offre un coup-d'œil admirable ; à le considérer du fond de la vallée, on le croirait porté dans les airs, les points d'attache des chaînes qui le soutiennent étant cachés par les arbres. Les jardins représentent assez exactement, par leur pente et par le mouvement des terres, un paysage suisse.

On y trouve même un chalet, qui contient une fort belle laiterie rafraîchie par des eaux jaillissantes et les plans en relief des principaux sites des cantons suisses.

On rencontre, en outre, à chaque pas, dans ces jardins, une quantité d'arbres et de plantes exotiques et indigènes, et en général tout ce que des serres chaudes et une culture bien entendue peuvent produire de plus rare et de plus curieux.

Passy est d'un aspect très-agréable; les rues y sont belles, bien espacées et presques toutes pavées. On y respire un air pur; des eaux abondantes s'écoulent des bornes-fontaines, et entraînent avec elles les immondices des rues et des ruisseaux. Pendant la nuit, ce village est éclairé par des réverbères à réflecteurs.

La plupart des médecins de la capitale envoient à Passy leurs malades en convalescence; et c'est sans doute à l'influence de sa position sur une hauteur, à son air vivifiant et salubre, qu'il faut attribuer la longévité qu'on y remarque.

Il y a quelques années que Passy n'avait point encore d'eau; la compagnie Dorival a trouvé le moyen d'y faire arriver, par des canaux ou tuyaux souterrains, de l'eau puisée dans la Seine même. C'est la pompe à feu d'Auteuil qui approvisionne Passy et ses environs. Cette commune n'avait pas non plus d'édifice consacré à l'usage des bains. La compagnie des eaux de la Seine avait besoin d'un emplacement à Passy pour ses réservoirs; elle a profité de cette circonstance pour adjoindre, aux bâtimens de son administration, un corps de logis destiné aux bains publics. Ces bains, alimentés par des eaux abondantes, sont tenus avec autant de propreté que de décence. On rencontre dans cet établissement tous les avantages dont on jouit à Paris, dans les maisons de ce genre.

L'église de Passy est belle, régulière, assez grande pour la nombreuse population, et digne d'une commune si rapprochée de la capitale. Elle a été réédifiée en partie, et complétée depuis quelques années par les soins de M. l'abbé Garry, alors curé de Passy. On remarque, parmi les tableaux de cette église, une *Sainte-Famille* et un *Saint-Michel-Archange*: ce sont de fort belles copies d'après Raphaël. Le presbytère, qui appartient à la commune, est convenable sous tous les rapports, et a été réparé entièrement en même temps que l'église.

Le cimetière était autrefois rue de l'Église. Son ancien terrain sert maintenant aux sépultures de la famille Delessert. Un nouvel emplacement lui a été assigné, sur le boulevart extérieur, entre la barrière du *Trocadéro* ou de Sainte-Marie et la rue Franklin; il est bien entretenu, et les concessions à perpétuité y sont nombreuses. Un de ses monumens excite surtout la vénération; il a été élevé aux frais des habitans de Passy, comme un gage de reconnaissance et de regret pour l'abbé *Chauvet*, qui fut leur digne et bon pasteur durant les quarante années les plus orageuses de la révolution.

L'industrie principale consiste dans la location des maisons ou appartemens. Comme on ne vient guère à Passy que pour y passer la belle saison, les propriétaires ne louent qu'à l'année, c'est-à-dire, du 1er avril d'une année à pareille époque d'une année subséquente, afin de ne pas éprouver de non-valeurs. A l'égard des locations en garni, elles sont susceptibles de tous les arrangemens qu'arrêtent entre eux le logeur et le locataire: elles se font le plus ordinairement au mois ou à la quinzaine.

L'instruction, ce grand mobile de la

civilisation, ne manque point à Passy : on y compte plusieurs pensionnats, des écoles primaires, une école d'enseignement mutuel et une salle d'asile pour les petits enfans. Les pensionnats de jeunes gens, au nombre de quatre, sont ceux de MM. Melin, rue Basse; Marelle, successeur de M. Chevet, rue de la Pompe; Savary père et fils, au Bel-Air; Drouin frères, rue Franklin.

Les institutions de jeunes demoiselles, aussi au nombre de quatre, sont celles des dames Jovenet, sur l'emplacement de l'ancien château de Boulainvilliers; Rousset, rue Vineuse; Hutin, rue Neuve-de-l'Église; Théasse, maison attenante à l'église paroissiale. Tous ces pensionnats sont généralement bien dirigés. A ces utiles établissemens, il faut ajouter celui que MM. Prevaz et Guérin ont fondé, dans le château de la Muette, pour le traitement de la difformité de la taille et des membres.

Il y a encore à Passy un ouvroir, ou maison dite des Orphelines, placé sur le quai de Passy, près le pont de Grenelle. On y reçoit les petites filles dès l'âge de six à sept ans, moyennant une somme modique une fois payée et un trousseau, pourvu que les parens s'engagent à laisser l'enfant dans la maison jusqu'à dix-huit ans. On apprend aux élèves à lire, à écrire et à travailler; le prix de leur travail sert à leur nourriture, à leur entretien et aux frais de l'établissement.

Le territoire de Passy est presque étranger à l'agriculture; les habitations l'envahissent de toutes parts. Il est surtout occupé par deux vastes plans de constructions, qui doivent un jour former deux nouveaux quartiers, l'un sur l'emplacement de l'ancien château de Boulainvilliers, l'autre dans la plaine, entre Passy, la Muette et Chaillot. Sur le reste du terrain, on cultive un peu de céréales, des betteraves et principalement des petits-pois pour primeurs. Il est impossible de déterminer le prix de l'arpent de terre, parce que ce prix subit de trop grandes différences selon sa destination actuelle ou future; il y a tel terrain dont le propriétaire, spéculant sur le succès des constructions projetées, demande un prix exorbitant, sauf à revenir à un taux raisonnable, si ses espérances s'évanouissent.

On trouve à Passy de belles fabriques; des raffineries, des entrepôts de vins, d'huiles, d'alcools et de produits chimiques; des eaux minérales et un grand nombre de beaux hôtels et de maisons de campagne magnifiques; on y voit également de belles carrières, d'où l'on tire une grande quantité de pierres à bâtir; on les exploite avec succès.

L'autorité locale a déjà beaucoup fait pour la prospérité de la commune. Le presbytère tombait en ruines, il a été mis en état d'être occupé. L'église a été agrandie d'un chœur et de deux sacristies; la plupart des rues alignées et entièrement pavées; les moins fréquentées, ferrées et garnies de trottoirs; la rue des Bons-Hommes, où l'on ne passait qu'à pied, maintenant praticable pour les voitures suspendues; les marres desséchées, les moyens d'assainissement multipliés, l'acquisition d'un hôtel de mairie, l'agrandissement de la place publique et un éclairage complet, telles sont les améliorations effectuées jusqu'à ce jour; il en est d'autres encore attendues par les habitans: un portique et une place devant l'église, l'établissement d'abattoirs publics, celui d'un marché, l'élargissement de la rue de Seine et sa continuation jusqu'à la rue de l'Église, l'érection d'une fontaine monumentale au milieu de cette nouvelle communication : tels sont les vœux de la commune pour le complément de son embellissement.

La fête patronale est celle de l'Annonciation de la Vierge, 25 mars ; elle est remise au premier dimanche de mai, et on la célèbre sur la pelouse qui est en face de la Muette et du Ranelagh.

Le Ranelagh est un établissement consacré aux spectacles, à la musique, à la danse, aux fêtes de toute espèce ; il n'a point de rival dans les environs de Paris, et le propriétaire actuel, M. Gabriel Henri, n'épargne ni les soins ni la dépense pour l'embellir de plus en plus. La salle, dans toute sa partie supérieure, a été dernièrement reconstruite et décorée avec goût, sous la direction de M. Peyre. Cette salle est un vaste carré long, terminé à chaque extrémité par un hémicycle. Vingt pilastres d'albâtre supportent la première galerie ; à l'aplomb des pilastres, vingt colonnes de marbre de Sienne soutiennent le plafond, dont le milieu est peint en bannes de riches étoffes et les hémicycles en *vela* ornés de figures. Le vestibule, entouré de portiques, est recouvert en forme de tente ; au rez de chaussée, dans la salle, règne une galerie exhaussée de quelques pieds et construite en amphithéâtre. L'orchestre, placé au centre de cette galerie, fait à la fois le service du bal intérieur et de la danse dans le jardin. La salle de bal est transformée à volonté en salle de spectacle au moyen d'un théâtre portatif, dont l'avant-scène se raccorde avec le décor de la salle et forme un ensemble complet. La troupe de MM. Séveste frères, directeurs privilégiés de la banlieue, donne habituellement au Ranelagh des représentations composées des vaudevilles les plus nouveaux. Les bals d'abonnés ont lieu le samedi ; les bals publics, le dimanche ; les spectacles, le lundi ; et les concerts ou soirées musicales, le jeudi. Une belle salle de billard est tous les jours ouverte au public, ainsi qu'un café restaurant bien décoré. La grande et bonne renommée de cet établissement, justement acquise par les plaisirs qu'il réunit et par les soins avec lesquels il est dirigé, lui attire une affluence, dont le suffrage unanime assure sa prospérité.

Maire, M. F. Possoz, membre du conseil général du département. — Adjoints, MM. Anceaume et Gaspard. — Curé, M. Jousselin. — Chef de bataillon de la garde nationale, M. Guessard ✲. — Notaire, M. Triboulet. — Percepteur des contributions, M. Monteuffet ; ses jours de recette sont les mercredi et dimanche de chaque semaine, de neuf à trois heures. Passy est habité par un grand nombre de notabilités ; MM. B. et F. Delessert ✲, comte Portalis ✲, comte de Lascases ✲, Michaud ✲ (de l'Académie Française), etc.[1]

Il y a un bureau de distribution des lettres et deux levées par jour ; il faut adresser : *A Passy, banlieue de Paris*.

On y trouve, indépendamment des carrosses et des cabriolets de place stationnant à la barrière, deux services spéciaux pour le transport des personnes qui se rendent à Paris ; celui des *Accélérées*, au centre de la commune, et celui des *Omnibus*, au bas de la montagne et en deçà de la barrière. On y trouve encore des voitures à volonté et une calèche à l'heure pour Paris et les environs.

CANTON DE COURBEVOIE.

Courbevoie. — Asnières-sur-Seine. — Colombes. — Genevilliers. — Nanterre. — Puteaux. — Suresne.

COURBEVOIE.

Courbevoie, à une lieue et quart, ouest nord-ouest de Paris; chef-lieu de canton et de justice de paix, arrondissement de Saint-Denis, département de la Seine.

Ses annexes sont : Becon et la Tourelle. Ses enclaves : Colombes, Asnières, la Seine, Puteaux et Nanterre.

Assis sur les collines qui bordent la rive gauche de la Seine, en face de Neuilly, Courbevoie domine toutes les jolies propriétés qui l'environnent; il imprime sur elles les ombres variées de sa riante perspective.

La route royale de Paris à Rouen traverse la commune; les chemins vicinaux conduisant à Nanterre, à Colombes et à Argenteuil sont en bon état.

Sa population s'élève à 2,505 habitans, fournissant à la garde nationale environ 280 hommes, divisés en trois compagnies; elles appartiennent au 3ᵉ bataillon de la 2ᵉ légion de la banlieue.

Un nombre assez considérable de maisons se sont élevées récemment du côté de Saint-Germain-en-Laye; elles présentent un bel aspect; on en rencontre également de fort jolies dans l'intérieur de la commune; parmi elles on peut citer :

celle de M. Moreau, celle de M. Dupuytren, appartenant actuellement à M. le comte de Beaumont ✤; cette dernière est ornée de jardins délicieux. Sur la route d'Asnières est située l'ancienne maison de campagne de la belle Gabrielle d'Estrées; elle est environnée de riches dépendances; c'est aujourd'hui la propriété de M. Jacquinot de Pampelune ✤. Le château de Becon appartient à M. le comte d'Orsigny ✤.

Le village jouit d'un air très-sain, qu'il doit à sa position et à la propreté qui règne dans toute son étendue. L'enlèvement des boues s'effectue régulièrement par l'entreprise de M. Durand. Les rues sont en grande partie pavées, et neuf réverbères bien espacés éclairent la commune. La sécurité publique est assurée par la brigade de gendarmerie de Neuilly.

Les habitans ne peuvent se procurer les subsistances nécessaires que par le secours des *Regrattiers*, qui s'en approvisionnent à Paris; on les paie en conséquence plus chèrement que dans la capitale.

Les maisons rapportent trois et demi pour cent et le prix des locations annuelles est semblable à celui de Paris.

Courbevoie possède deux places publiques d'une belle étendue ; celle de la mairie et celle du port ; il y a aussi deux promenades très-fréquentées ; celle des bords de la Seine et celle des jolies avenues des casernes.

Sur le plateau dominant le village, s'élèvent ces magnifiques casernes construites sous le règne de Louis XV. Cet édifice est le plus remarquable de la commune ; il peut recevoir 2,200 hommes ; mais on en peut compter habituellement 1,500 présens.

L'église, d'un style fort simple, mais régulier, est parfaitement entretenue ; le presbytère est loué aux frais de la commune. Le cimetière est encore situé dans l'intérieur du village ; mais il est isolé de toute habitation.

Il y a, au centre de la commune, deux écoles primaires consacrées aux jeunes garçons ; l'une est dirigée par M. Grenet et l'autre par M. Rocourt. Deux écoles sont ouvertes pour les filles ; l'une est confiée aux sœurs de la Providence, l'autre est tenue par Mlle Dumesnil.

Le chemin de fer de Paris à Saint-Germain-en-Laye traverse la partie nord de la commune.

L'agriculture a fait quelques progrès. Le territoire se compose en partie de terres sablonneuses ; il produit dans son autre partie du seigle, des pommes de terre et principalement des légumes primeurs. Les côtes de Becon et de la caserne donnent de très-beaux raisins. L'étendue du terroir est de 397 hectares 75 ares. Le prix de l'arpent de terres labourables varie de 800 à 1,000 francs ; celui du terrain de construction varie de 5 à 7,000 francs.

On distingue, entre autres établissemens commerciaux, un bel entrepôt de vin et de vinaigre ; la fabrique de produits chimiques et de blanc de céruse, de M. Labrosse ; les deux fabriques de toiles peintes de MM. Chevalier et Dumesnil ; et enfin un nombre assez considérable de blanchisseries qui forment une des principales branches du commerce de la commune. Le port au bois et au charbon est très-fréquenté.

Les habitans de Courbevoie font des vœux pour l'achèvement du pavage des rues ; ce travail devient de jour en jour plus urgent pour la propreté et l'assainissement du village.

La fête patronale est sous l'invocation de saint Pierre et saint Paul, 29 juin ; on la célèbre les deux dimanches suivans.

Maire, M. Grébaut. — Adjoint, M. Chauvin. — Secrétaire, M. Hardy. — Juge de paix, M. Bordet. — 1er suppléant, M. Fournier. — Greffier, M. Gaubert. — Huissier, M. Mercier. — Chef de bataillon de la garde nationale, M. Maureng ✻. — Percepteur des contributions, M. Cachan. — Marchand de bois, M. Durand. — Receveur de l'enregistrement, M. Laucher. — Médecin, M. Robin. — Vétérinaire, M. Dreux fils.

A la demi-lune, sur la route royale, est le relai de la poste aux chevaux, tenu par M. Aureau, et composé de plus de 60 chevaux.

Il y a dans le village deux boîtes aux lettres ; l'une chez M. Boucher épicier, rue de Colombes ; l'autre chez l'épicier de la place du Port. Il faut adresser les lettres : *A Courbevoie, par Neuilly-sur-Seine*.

Les communications avec la capitale s'établissent au moyen des voitures dites *Courbevoisiennes*, prises à Paris, rue de Rivoli, n° 4, et à Courbevoie, rue de Paris. Il y a encore d'autres moyens de transport par les voitures dites *Orléanaises*, prises au pont de Neuilly.

ASNIÈRES-SUR-SEINE.

Asnières, à une lieue et demie nord-ouest de Paris, sur le bord de la Seine; canton et justice de paix de Courbevoie, arrondissement de Saint-Denis, département de la Seine.

Cette commune compte deux annexes: le moulin des Caillois et une maison appartenant à M. Barrez.

Ses enclaves sont: Courbevoie, Colombes, Génevilliers et la Seine.

Sa population est de 530 ames. Elle fournit à la garde nationale une compagnie de 84 chasseurs, faisant partie du 3e bataillon de la 2e légion de la banlieue.

Asnières est un joli village, dont l'aspect et la situation sont fort agréables. Une seule de ses rues est pavée; les autres sont ferrées, mais toutes sont entretenues avec une grande propreté. Deux places publiques s'ouvrent, l'une devant l'église, l'autre presque à l'entrée du village; cette dernière est remarquable par sa grandeur, sa plantation d'arbres et sa belle pelouse; peu de communes, dans les environs de Paris, possèdent un semblable ornement. Asnières manque de fontaines; les habitans sont obligés d'aller puiser l'eau de la Seine dans son lit. Un lavoir et un abreuvoir publics seraient aussi très-utiles à la commune, peuplée en grande partie de nourrisseurs et de blanchisseurs; il serait facile d'y amener avec abondance les eaux de la Seine, sur le bord de laquelle le village est assis, à peu de hauteur au-dessus du niveau de la rivière; la moindre machine hydraulique suffirait aux besoins des habitans. La commune elle-même devrait s'assurer cet avantage ou du moins inviter l'industrie particulière à le lui procurer.

Asnières renferme plusieurs maisons de campagne, parmi lesquelles on distingue celles de MM. de Prony, pair de France; Duchenay, négociant; Bapst, joaillier du roi; Rigaud, agent de change; de Courville et Privat. Elles sont fort belles, et quelques-unes ont des parcs très-étendus.

La grande place d'Asnières, la route de Courbevoie et les rives de la Seine, offrent des promenades aussi variées que commodes.

En face de l'entrée du village, est situé le pont qui porte le nom d'Asnières. Les piles sont en pierre et les arches en bois; il est sujet à un péage et dessert à la fois la nouvelle route départementale de Paris à Pontoise et celle de Paris à Génevilliers. De ce pont, l'œil découvre de tous côtés les plus rians paysages et l'horizon le plus étendu. C'est un des plus beaux panoramas des environs de Paris.

A cent pas au-dessus du pont d'Asnières, un autre pont traverse aussi la Seine; c'est celui qui fait partie du chemin de fer de Paris à Saint-Germain. Ses piles sont en pierre, et déjà élevées au-dessus du niveau des hautes eaux. Ce pont sera probablement terminé en 1837. Il est exclusivement réservé au service du chemin de fer et construit en conséquence de cette destination.

Les vivres sont aussi chers à Asnières que dans la capitale; ils sont d'ailleurs abondans, on se les procure sans peine. Les loyers d'habitation varient de 200 à 500 francs pour un ménage bourgeois; ils s'élèvent jusqu'à 2,000 francs pour une maison entière avec dépendances.

L'église est de construction moderne, d'une architecture simple; elle ne manque pas d'une certaine élégance et son intérieur est décoré de pilastres et d'un entablement, sur lesquels s'arrondit une voûte assez gracieuse ; elle est très-proprement entretenue et le service divin s'y fait avec décence. Le presbytère appartient à la commune ; mais il est vieux et réclame d'utiles réparations. Le cimetière est placé hors du village, clos de murs et convenablement disposé, mais trop petit ; on en désire l'agrandissement, qui sera bientôt indispensable.

Asnières possède deux écoles communales, une de garçons, et l'autre de filles. Elles sont dirigées par M. et Mme Huet, et fréquentées assez constamment par les enfans des deux sexes.

Il n'y a point de pensionnats pour les jeunes demoiselles, mais un des meilleurs pensionnats de jeunes garçons que l'on puisse trouver aux alentours de la capitale. Les élèves y reçoivent, non seulement une instruction morale et solide, mais encore les soins vraiment maternels de Mme Hervieu, dont le mari dirige cette institution, qui est en même temps sa propriété et son ouvrage.

Le territoire de la commune est sablonneux, excepté sur les bords de la Seine, où se trouvent de bonnes terres et de belles prairies ; il a 1,200 arpens d'étendue, cultivés en céréales et en légumes secs, mais surtout en pommes de terre et en betteraves pour la nourriture des vaches en hiver. L'arpent varie de prix, selon sa fertilité, depuis 800 jusqu'à 2,000 francs. Les produits agricoles qui ne sont pas consommés dans le pays, et principalement une grande quantité de lait, sont journellement portés et vendus à Paris.

L'industrie ne compte qu'une fabrique de tabletterie, appartenant à M. Maugis ; le commerce se borne à un chantier de bois à brûler, propriété de M. Lelarge.

La commune appelle de tous ses vœux l'éclairage des rues et la construction d'une mairie, qui contiendrait les écoles et un corps-de-garde pour la milice citoyenne. Elle attend aussi avec impatience la réalisation d'un projet de nouvelle route qui traverserait Clichy, Asnières, Argenteuil, etc., pour aller joindre la route de Rouen à Pontoise.

La fête patronale d'Asnières est celle de l'Assomption de la Vierge, 15 août. Elle dure deux jours, savoir : le 15 août et le dimanche le plus près du 15 ; elle a lieu sur la grande place et attire beaucoup de monde.

Maire, M. Hervieu. — Adjoint, M. Maugis. — Curé, M. Boni. — Capitaine de la garde nationale, M........ — Lieutenant, M. Rousselet. — Percepteur des contributions, M. Cachan ; jours de recette, le premier lundi de chaque mois.

Il faut adresser les lettres : *A Asnières-sur-Seine, par Neuilly-sur-Seine*.

Les communications avec Paris sont nombreuses. Les voitures de M. Dailly font, d'heure en heure, un service régulier entre Asnières et les Batignolles-Monceau, à raison de 25 centimes par place. Les voitures dites les *Clichiennes* font également un service continuel du pont d'Asnières aux Batignolles-Monceau. De ce dernier point, les *Diligentes* transportent, par elle-mêmes ou par correspondance, les voyageurs dans tout Paris.

COLOMBES.

Colombes, à deux lieues nord-ouest de Paris, canton et justice de paix de Courbevoie, arrondissement de Saint-Denis, département de la Seine.

Ses annexes sont : Le Petit-Colombes,

la garenne de Colombes, le moulin Clément, le moulin Bailly et le moulin Joly; ses enclaves : Gennevilliers, Asnières, Courbevoie et la Seine.

Le territoire de Colombes est en grande partie sablonneux; on y trouve aussi de la pierre coquillière. La commune est traversée par une route départementale allant à Courbevoie; on projette de l'étendre jusqu'à Argenteuil; les chemins vicinaux de Nanterre, Becon, Asnières et Génevilliers sont en assez bon état.

Les habitations situées sur les bords de la Seine, sujettes à être submergées par les débordemens du fleuve, ont nécessité l'établissement de plusieurs digues pour les garantir de ces ravages. Favorisées par le voisinage de la Seine, les terres acquièrent chaque jour de la fertilité.

La population de Colombes est de 1,704 habitans, fournissant à la garde nationale 280 hommes, divisés en quatre compagnies : une de grenadiers, une de voltigeurs et deux de chasseurs. Elles forment, avec la commune de Génevilliers, le 1er bataillon de la 2e légion de la banlieue.

Parmi quelques belles maisons de campagne, on distingue celle de Mme la baronne Tarondelet; elle est entourée d'un parc d'une très-grande étendue. Les délicieux jardins du moulin Joly, ainsi que le château habité autrefois par Henriette d'Angleterre, ont été entièrement détruits; acquis par des spéculateurs, tous leurs terrains de construction, ainsi que ceux de leurs dépendances, ont été morcelés et livrés à la culture.

L'air est excellent; toutes les rues sont pavées avec soin; l'enlèvement général des boues et matières qui pourraient embarrasser la voie publique est confié à M. Barbu, moyennant une somme annuelle. Il y a un commencement d'éclairage dans la Grande-Rue. Le prix des locations annuelles varie de 120 à 200 francs; celui des subsistances est peu élevé.

Le niveau du terrain de la place devant l'église a été baissé et ses pentes sont aujourd'hui raccordées avec les terrains environnans, de manière à rendre son accès doux et facile de toutes parts.

La route de Courbevoie est la seule promenade dont jouisse la commune.

L'église, d'une construction gothique, n'offre rien de remarquable; mais elle est entretenue avec le plus grand soin. Le presbytère, situé non loin de cet édifice, est d'un aspect agréable. L'autorité locale, ayant reconnu l'insuffisance de l'étendue du cimetière, vient tout récemment de le faire agrandir; elle surveille son entretien avec tout l'intérêt que doit inspirer la solennité d'un semblable lieu. Ce cimetière est situé à l'ouest de Colombes et enclos par un mur bien construit.

On compte, dans la commune, trois institutions primaires, deux de filles et une de garçons : les deux premières sont dirigées par Mmes Regnier et Gadoy, et la troisième par M. Delondre.

L'agriculture est très-florissante; ses produits principaux consistent en céréales et en légumes. Le territoire, composé de terres labourables, de prés, de vignes et de bois taillis, comprend en étendue 1,063 hectares 4 ares 70 centiares. Le prix de l'hectare varie de 3,000 à 5,500 francs, suivant la fertilité du sol. Les meilleures terres sont celles qui avoisinent la Seine; elles sont exposées, il est vrai, aux inondations, mais c'est peut-être à cette cause qu'elles doivent leur fécondité.

Les établissemens industriels de Colombes sont : une fabrique de colle forte, une d'huile de pied de bœuf, une de plaques de corne pour les peignes, une brasserie et une distillerie.

Le pèlerinage à sainte Julienne se perpétue avec ferveur; chaque année, le 24 août, les pèlerins font ce voyage avec autant de décence qu'il est possible d'en apporter dans ces sortes de déplacemens.

Les vœux des habitans de Colombes ont pour objet : la prolongation de la route de Courbevoie jusqu'au pont d'Argenteuil ; ce qui ouvrirait de grandes communications, tant avec la vallée de Montmorency qu'avec la route de la Normandie et celle de la Picardie, et rendrait le village l'un des mieux situés et des plus agréables des environs de Paris.

La fête patronale est celle de saint Pierre et de saint Paul, 29 juin ; elle se célèbre le dimanche suivant, et se prolonge pendant deux jours.

Maire, M. Bataille, notaire. — Adjoint, M. Leclerc. — Secrétaire, M. Ferraire. — Curé, M. Bonnet. — Percepteur des contributions, M. Lorrain ; ses jours de recette sont les samedis et les dimanches. — Chef de bataillon de la garde nationale, M. Benazet fils. — Capitaines, MM. Lorrain, Gillet, Tesson et Gonté. — Médecin, M. Giraud. — Sage-femme, Mlle Cousin.

Colombes a une boîte aux lettres. Il faut adresser : *A Colombes, par Neuilly-sur-Seine*.

Les communications avec Paris ont lieu au moyen de voitures dites *Courbe-voisiennes*. Elles effectuent deux voyages par jour.

GÉNEVILLIERS.

Génevilliers, à deux lieues nord-nord-ouest de Paris, dans une plaine d'alluvion formée par la Seine et environnée de trois côtés par cette rivière ; canton et justice de paix de Courbevoie, arrondissement de Saint-Denis, département de la Seine.

La commune a trois annexes : le hameau de *Villeneuve-la-Garenne*, composé de 35 maisons et de 117 habitans ; le moulin de *la Tour*, composé de 2 maisons, et de 6 habitans, et le *Petit-Génevilliers*, composé également de 2 maisons et de 6 habitans, elle confine aux territoires de Colombes et d'Asnières. La Seine forme ses limites pour le reste de sa circonscription.

Elle compte 246 maisons et 1,096 habitans, y compris ses annexes ; elle fournit 182 gardes nationaux actifs, et 58 de réserve, divisés en deux compagnies, une de grenadiers et une de voltigeurs ; plus 24 sapeurs-pompiers, qui font le service de la pompe appartenant à la commune. Cette force publique fait partie du 1er bataillon de la 2e légion de la banlieue. La gendarmerie de Clichy veille à la sécurité publique.

La plaine, dont Génevilliers occupe le centre, n'offre aucun accident de terrain ; son uniformité déplairait aux yeux, si la beauté des cultures qui la couvrent n'attestait sa fertilité ; mais les massifs d'arbres y sont rares ; les bords de la Seine et l'avenue du château, qui conduit à Asnières, sont les seules promenades qu'on puisse parcourir avec intérêt.

La plaine est coupée par la route départementale, qui de Génevilliers mène à Paris en passant par Asnières. Une route, récemment construite, conduit aussi d'Asnières à Argenteuil ; son niveau paraît trop bas de quelques pieds ; car, dans l'inondation de 1836, les eaux ont passé par-dessus.

Des chemins vicinaux en bon état conduisent à Argenteuil, à Colombes et à Villeneuve-la-Garenne. Il existe un projet de route militaire de Saint-Denis à Génevilliers, pour les garnisons de Courbevoie, de Rueil, de Saint-Germain, etc. On jetterait un pont sur la Seine à l'île Saint-Denis ; il est aussi question d'un autre pont à Villeneuve-la-Garenne.

L'air est bon ; mais la propreté des rues est un peu négligée. La Grande-Rue et la Rue-Neuve seulement sont pavées. La place publique, appelée *place de l'Église*, est belle et plantée d'arbres. Il y a dans le village un abreuvoir pour les chevaux, mais pas de fontaines.

L'ancien château se fait remarquer par la beauté de ses jardins, et surtout par un rocher factice, surmonté d'un très-joli belvéder. Le comte de Vaudreuil, qui l'a fait construire, y dépensa, dit-on, 500,000 fr. Ce château, successivement habité par feu M. le duc d'Orléans, par M. Portalis, ministre des cultes sous Napoléon, et par M. Jordis-Brentano, appartient aujourd'hui à M. le duc de Gaëte ✻, qui l'habite et l'entretient avec soin. M. Madol-Dugar possède aussi une fort jolie maison de campagne.

Les vivres sont aussi chers qu'à Paris, excepté le vin ; il n'est pas facile de se les procurer, à cause de la situation de Génevilliers, qui n'est encore sur aucune route de passage. Les maisons rapportent 3 pour 100, et les loyers varient de 100 à 150 fr.

L'église est de construction solide, en pierres de taille ; mais elle est mal entretenue et n'a rien d'ailleurs qui fixe l'attention.

Le presbytère, assez agréable, appartient à la commune ; et le cimetière, situé hors du village, à l'ouest, a été convenablement établi en 1815. Son étendue est de trois quarts d'arpent.

Génevilliers possède deux écoles communales, une pour chaque sexe. Elles sont confiées aux soins de M. et de madame Saenger.

L'agriculture est la richesse de Génevilliers. La fécondité du sol répond avec usure aux soins qu'on lui donne. Les céréales et les légumes réussissent également bien ; mais il y a peu de vin et peu de fruits.

L'étendue du territoire est de 6,000 arpens, et l'arpent varie de 8 à 1,600 francs. Les produits sont exportés pour Paris.

On compte dans la commune sept fermes, appartenant à MM. Gonin, Rouville, Royer, Picard, Guibault et Poisson. On distingue celle qui fut construite autrefois près de l'église pour les dames de Saint-Cyr.

Les habitans de Génevilliers demandent le pavage complet et l'éclairage des rues ; la prompte réparation de l'église, réparation urgente ; la construction d'une mairie, qui manque à la commune, ainsi que des écoles publiques. Les enfans sont entassés dans des chambres étroites au premier étage, et c'est le corps-de-garde qui sert de mairie.

Autrefois la plaine de Génevilliers était souvent couverte par les inondations ; un fossé, qu'on appelle *fossé de l'Au-*

mône, et qui traverse encore cette plaine, servait à l'écoulement des eaux. On a construit ensuite des digues en terre, de huit à dix pieds de haut, qui s'opposent à l'irruption des eaux; ces digues ont trois lieues de longueur.

La fête patronale est celle de sainte Madelaine, 22 juillet. Remise au dimanche suivant, elle dure deux ou trois jours.

Maire, M. Dejouy.— Adjoint, M. Ménage.— Secrétaire de la mairie, M. Saenger. — Curé, M. Martignac. — Percepteur des contributions, M. Lorrain; ses jours de recette sont les vendredis. — Médecin, M. Girault. — Sage-femme, madame veuve Sarrette.

Il faut adresser les lettres : *A Génevilliers, par Neuilly-sur-Seine.*

Il y a une voiture publique spécialement affectée au service de Génevilliers. Elle fait six fois par jour le trajet de ce village aux Batignolles-Monceau, où elle correspond avec les *Diligentes*, qui conduisent les voyageurs dans tout l'intérieur de Paris.

NANTERRE.

Nanterre, à trois lieues ouest de Paris; canton et justice de paix de Courbevoie, arrondissement de Saint-Denis, département de la Seine.

Ses annexes sont : le Moulin-des-Goulevents, la Folie, et le Mont-Valérien ou Calvaire; ses enclaves : la Seine, Courbevoie, Puteaux, Suresne et Rueil.

La commune de Nanterre, plus ancienne, dit-on, que Paris, était autrefois une des villes fortes de l'île de France; elle fut long-temps considérable; mais, déjà ravagée par les Normands, elle a été, en 1346, brûlée et détruite de fond en comble par Édouard III. Elle est située dans la plaine qui règne depuis le Mont-Valérien jusqu'aux rives de la Seine. Le Mont-Valérien, situé au midi de Nanterre, est aujourd'hui entouré de coteaux, couverts de vignobles; une vieille tradition attirait sur ce mont, le 3 mai et le 14 septembre de chaque année, une foule de pèlerins. Sur la cime était autrefois un ermitage habité par quelques vieux cénobites. Cet ermitage a été transformé, sous la restauration, en vastes bâtimens, qui ont coûté des millions à l'état, et sont aujourd'hui inhabités et prêts à tomber en ruine. Du haut de cette montagne, élevée de 420 pieds au-dessus du niveau de la Seine, le coup-d'œil s'étend à plus de quinze lieues de circonférence.

Le territoire est traversé par deux routes royales, celle de Bougival et celle de Chatou, et par plusieurs chemins vicinaux en bon état, tels que ceux de Rueil, de Colombes, de Suresne et de Puteaux. Le chemin de fer de Paris à Saint-Germain passe à Nanterre; cette voie de communication rapide ajoutera à la prospérité de sa population industrieuse.

Cette population est de 2,700 habitans, fournissant à la garde nationale quatre compagnies de 100 hommes chacune, qui font partie du 3e bataillon de la 2e légion de la banlieue; plus une compagnie de sapeurs-pompiers, pour le service de la pompe appartenant à la commune.

Malgré les améliorations et l'agrandissement qu'a reçu Nanterre depuis quelques années, il renferme peu de propriétés remarquables. Son ensemble est même parfois irrégulier, et contraste singulièrement avec le goût de notre époque. L'air y est très-sain; les rues sont en grande partie pavées et éclairées. Une brigade de gendarmerie à cheval est chargée du maintien de l'ordre public. Les seules maisons de quelque importance que l'on puisse citer sont celles de M. de Pongerville, de l'Institut de France; de M. Tattet, ancien agent de change; de MM. Saulieu, Nogaret, et de madame Laffitte. C'est dans la propriété contiguë à celle de M. de Pongerville que Delille a passé les deux dernières années de sa vie. Plusieurs autres hommes célèbres ont aussi habité Nanterre. Parmi eux on peut citer : Merlin de Thionville, MM. de Vatry et Hassenfratz. La place publique est d'une assez belle étendue; elle sert au stationnement des voitures qui se dirigent sur Paris. On y a également établi un bureau de relais pour les voitures de Saint-Germain. Trois fontaines, bien situées et alimentées par des sources abondantes, fournissent aux besoins des habitans. Nanterre ne peut offrir pour promenades que ses boulevarts extérieurs, qui sont très-beaux et toujours recherchés dans la belle saison.

L'église paroissiale est sous l'invocation de saint Maurice; elle date de l'an 1300; son portail seulement est d'un style assez moderne; il est orné de pilastres doriques, surmonté d'ioniques. Le presbytère est d'une assez belle apparence. La chapelle de Sainte-Geneviève est beaucoup plus ancienne que l'église. Sa construction date, dit-on, du onzième siècle. Si l'on en croit de vieilles traditions, elle doit être située sur l'emplacement de la maison qu'occupaient les père et mère de Geneviève. Hors de la commune, sur la route de Chatou, se trouvent encore les restes assez bien conservés d'une autre petite chapelle consacrée également à sainte Geneviève. C'est l'endroit, assure-t-on, où cette bergère gardait ses troupeaux. Le cimetière, situé au nord et à l'extérieur du village, est enclos d'un mur qui exige quelques réparations.

Non loin de Nanterre existe un abattoir à porcs, qui livre annuellement à Paris pour plus de quatre millions de charcuterie.

Le prix des subsistances diffère peu de celui de Paris, bien que les légumes et les fruits soient abondans, et qu'il y ait un marché régulièrement tenu tous les jeudis.

Les deux institutions primaires consacrées aux jeunes garçons sont dirigées par MM. Leclerc et Fillion. Deux écoles semblables pour les jeunes filles sont confiées aux soins de mesdames Leclerc et Fillion.

L'agriculture est considérable à Nanterre; on y récolte des céréales, des fruits, mais principalement du vin. L'étendue du territoire est de 4,000 arpens. Le prix de l'arpent de terre labourable, pris au terme moyen, est de 1,500 fr.; l'arpent de terrain propre à la construction varie de 7 à 8,000 fr.

Les établissemens industriels sont peu nombreux : on remarque pourtant une assez belle fabrique de produits chimiques; une autre de noir animal, appartenant à M. Nyon; celle de tuiles, de M. Quindry. L'exploitation de pierres à bâtir, de plâtre cuit et de chaux est dirigée par M. Chevreau.

La commune de Nanterre trouve des ressources abondantes dans son commerce de gâteaux et de charcuterie. Les gâteaux, colportés à Paris par des paysannes de l'endroit, trouvent, sur les places publiques de cette ville, d'avides et de nombreux consommateurs.

Tous les ans, le conseil municipal vote une somme prise sur le revenu communal pour doter la jeune fille la plus vertueuse de la classe indigente. Une personne, choisie parmi les habitans notables, lui pose une couronne sur le front et lui fait un présent; chaque rosière trouve presque toujours à se marier avantageusement; et, bien que cette coutume remonte à des temps fort éloignés, sa continuation produit encore d'heureux résultats.

La fête patronale est celle de saint Maurice, 22 septembre; elle n'est pas remise au dimanche suivant et ne dure qu'un jour.

Maire, M. de Pongerville ✠. — 1er adjoint, M. Delahaye. — 2e adjoint, M. Reinaud. — Secrétaire, M. Cor. — Notaire, M. Gauthier. — Curé, M. Colonna. — Capitaines de la garde nationale : M. Chauvicourt et M. Carthery. — Capitaine des pompiers, M. André. — Percepteur des contributions, M. Cachan. — Médecins, MM. Foucault, Rigal. — Sages-femmes, mesdames Nisse et Lesaq.

Il y a un bureau de la poste aux lettres, rue Royale; il faut donc simplement adresser : *A Nanterre*.

Les communications s'établissent avec Paris au moyen des voitures publiques de Saint-Germain-en-Laye; leur bureau est à Paris, rue de Rivoli, n° 4; elles effectuent trois voyages par jour.

PUTEAUX.

Puteaux, à deux lieues ouest de Paris, canton et justice de paix de Courbevoie, arrondissement de Saint-Denis, département de la Seine.

Cette commune a pour annexes : le moulin de Chantecoq, la Demi-Lune, sur la route de Saint-Germain; et pour enclaves : la Seine, Rueil, Courbevoie et Nanterre.

Puteaux est situé à l'issue du pont de Neuilly, sur la rive gauche de la Seine et sur le côté gauche de la route royale de Paris à Saint-Germain. Il est traversé par une route départementale allant de Neuilly à Saint-Cloud, et, en outre, par un chemin longeant la Seine, dit *chemin du hallage.*

Les bords de la Seine donnent à Puteaux le plus riant aspect; mais le côté opposé de ce village, donnant sur la côte de Chantecoq, n'est pas moins riche en vues agréables, qui, se déployant jusqu'à la hauteur de la Demi-Lune, embrassent un espace assez considérable, qu'embellissent des champs entièrement plantés de rosiers.

Les chemins vicinaux, conduisant à Suresnes, Rueil, Nanterre, Colombes et Courbevoie, sont en assez bon état. Le chemin de fer de Paris à Saint-Germain traverse la côte de Chantecoq, l'une des annexes du village.

La population de Puteaux est, d'après le dernier recensement, de 2,772 habitans, fournissant à la garde nationale 375 hommes, divisés en quatre compagnies : une de grenadiers, une de voltigeurs, une de chasseurs et une de sapeurs-pompiers. Ces quatre compagnies appartiennent au 2e bataillon de la 2e légion de la banlieue. La commune possède une pompe à incendie.

Il y a douze années environ que la commune de Puteaux n'était encore qu'un simple hameau; depuis cette époque, elle s'est agrandie d'un tiers en terrain et doublée en population; trois rues neuves ont été percées tout récemment; de belles et régulières constructions s'y sont élevées; en sorte que cette commune est aujourd'hui l'une des plus jolies et des plus considérables de celles qui entourent la capitale. Parmi les maisons de campagne qu'elle renferme, on remarque celle de M. le baron de Sellières ✻, située sur le bras de la Seine; sa position, la beauté de son architecture, ses dépendances, tout concourt à en faire un séjour des plus agréables. L'ancien château du duc de Feltre est aujourd'hui la propriété de M. Dentend, notaire à Paris; M. Depouilly, qui l'habite, y a établi une manufacture importante d'impressions sur étoffes; 400 ouvriers environ y sont occupés annuellement.

Puteaux jouit d'une température très-saine; ses rues sont pavées en grande partie, et leur propreté est assurée par une compagnie établie à cet effet.

Le prix des subsistances est peu élevé, la commune possédant tout ce qui est nécessaire à la vie. Celui des locations annuelles varie suivant la localité et la position; mais il est reconnu que le loyer d'un cultivateur ne dépasse pas 150 francs.

L'église, d'une architecture fort simple, mais bien entretenue, est desservie par le curé de Nanterre. Le presbytère est logeable; mais il n'offre pas un très-bel aspect. Le cimetière est encore situé dans l'intérieur du village, mais isolé de toute habitation. Sa contenance est de 120 perches; il est très-bien entretenu et enclos d'un mur en bon état de construction.

L'école primaire est consacrée aux enfans des deux sexes; elle est fréquentée par 80 garçons et 90 filles.

Les deux institutions, l'une de jeunes gens, l'autre de jeunes demoiselles, sont dirigées par M. Rablin et Mlle Ledépensier.

La pension de jeunes personnes, située à la Demi-Lune, sur la route de Saint-Germain, est tenue par Mlle Stephany.

Le village n'offre pour promenades, à ses habitans et à ses visiteurs, que les bords de la Seine.

La culture du territoire est très-variée; ce village est un de ceux qui produisent des primeurs en légumes, tels que pois, haricots verts, asperges, etc. Il cultive spécialement et avec le plus grand soin une espèce de rose, qui, soit par sa nature, soit par l'influence du sol, est la seule que les parfumeurs et les distillateurs de Paris puissent employer avec succès dans leurs fabrications diverses; il s'en fait annuellement un commerce de 20 à 30,000 fr. L'étendue du territoire est de 372 hectares; le prix de l'arpent de terre est de 1,000 fr., terme moyen.

L'industrie de Puteaux est dans un état de prospérité satisfaisant. Les établissemens les plus considérables sont : l'imprimerie sur indiennes, située dans l'île de Puteaux, et sous la direction de M. Raymond-Wals, son propriétaire; la fabrique de vernis, de M. Lorilleux, située au moulin de Chantecoq; les deux teintureries situées sur les bords de la Seine, appartenant l'une à M. Fromillon, l'autre à M. Vauquelin; et enfin les deux beaux entrepôts de vins de MM. Gérhard et Lutz.

Les vœux de la commune sont :

1° L'établissement d'un glacis le long du quai, avec des barrières nécessaires à la sûreté publique, et l'exhaussement de ce quai, afin d'éviter à l'avenir des inondations qui dernièrement encore ont submergé la rive du fleuve.

2° La route de Saint-Cloud n'ayant aucun moyen d'écoulement, les habitans de Puteaux demandent avec instance la construction d'un aqueduc qui les débarrasserait des eaux stagnantes, si nuisibles à la salubrité du village.

3° L'établissement, sur différens points de la commune, de bornes-fontaines, utiles à sa propreté et à son assainissement.

4° Enfin l'assistance d'une brigade de gendarmerie, que réclame parfois la sécurité publique.

La fête patronale est celle de Notre-Dame-de-Pitié; elle se célèbre le 2ᵉ dimanche de mai, et se prolonge l'espace de huit jours. Sa jolie situation sur les bords de la Seine lui attire un grand concours de monde de Paris et des environs.

Maire, M. Jullien. — Adjoint, M. Guignan. — Secrétaire, M. Roblin. — Chef de bataillon de la garde nationale, M. Langlacé ✻. — Percepteur des contributions, M. Cachan; ses jours de recette sont tous les dimanches, de dix à trois heures, à la mairie. — Médecins, MM. Perrault, Deschaume et Robert.

Il faut adresser les lettres : *A Puteaux, par Neuilly-sur-Seine.*

Les communications avec la capitale s'établissent au moyen des voitures publiques dites les *Courbevoisiennes*; leur bureau à Paris est établi rue de Rivoli, n° 4. Elles effectuent deux voyages par jour.

SURESNE.

Suresne, à deux lieues ouest de Paris, sur la rive gauche de la Seine, en face du bois de Boulogne; canton et justice de paix de Courbevoie, arrondissement de Saint-Denis, département de la Seine.

Cette commune a pour annexe : *la Tuilerie*. Elle est enclavée par Puteaux, Saint-Cloud, Rueil et la Seine.

Sa population, de 1,765 âmes, donne à la garde nationale 260 hommes, formant deux compagnies, l'une de grenadiers, l'autre de chasseurs, et faisant partie du 2ᵐᵉ bataillon de la 2ᵐᵉ légion de la banlieue. La commune possède une pompe à incendie; mais elle n'a pas de sapeurs-pompiers.

Le territoire est montagneux, diversifié dans ses aspects et riche de cultures et de promenades, qui plaisent aux yeux. Le choix hésite entre le bois de Boulogne dans sa partie la plus pittoresque; les bords de la Seine, si beaux de Suresne, Saint-Cloud; le Mont-Valérien, de la cime duquel on découvre de tous côtés un horizon sans limites, etc.

La route départementale du pont de Neuilly à Saint-Cloud traverse le village. Sur la rive de la Seine est le chemin qui sert au hallage de la navigation. Plusieurs autres chemins, en bon état, conduisent au Mont-Valérien, à Rueil et à Nanterre. Le chemin de fer de Paris à Versailles, par la rive gauche de la Seine, doit passer sur le territoire de la commune.

Beaucoup de maisons de campagne se déploient sur le bord de la Seine. On remarque celles de M. Pajès, ancien maire; de M. Wells, de M. Pépin, de M. Lefèvre, de Mᵐᵉ la marquise de Puivert, de M. Truelle ✻, receveur central des finances du département de la Seine; et surtout celle de M. le baron de Rotschild ✻, dont la charmante habitation est accompagnée de jardins, de serres chaudes et de dépendances, où tout rivalise de richesse et de goût.

Une autre maison attire aussi l'attention : c'est la *maison d'allaitement et de sevrage,* tenue par M. de Lagoutte ; établie depuis peu de temps, les succès qu'elle a déjà obtenus lui en promettent beaucoup pour l'avenir.

L'air de Suresne est très-sain. Les rues sont assez propres ; mais la chaussée de la route est seule pavée : le reste est en cailloutis. Il y a une place publique appelée *place de Henri IV,* parce que la tradition veut que ce prince ait habité une maison que l'on voit encore en ce lieu. Le village n'a point de fontaine publique, sans doute à cause de la proximité de la Seine ; il serait facile de lui procurer cet embellissement, et le voisinage de l'eau n'est pas une raison pour le négliger.

L'église est assez grande ; elle n'offre rien de remarquable, quoique sa construction soit supérieure à celle d'une église de village. Le presbytère est dans la mairie, qui appartient à la commune. Le cimetière, placé hors du village et clos de murs, a trois quarts d'arpent d'étendue.

Suresne possède une institution qui a pris quelque célébrité. Vers la fin du siècle dernier, M. Héliot y fonda le couronnement d'une rosière, qui avait lieu tous les ans le jour de l'Assomption de la Vierge. Les troubles de la révolution interrompirent cet usage, et probablement la dotation fut annulée ou détournée de sa destination. Lorsque l'ordre et la tranquillité commencèrent à se rétablir, Mme Desbassins fit revivre cette institution. Elle assura, à perpétuité, 300 francs de rentes, qui forment la dot de la rosière, et ne lui sont remis que le jour où elle se marie. Le couronnement a lieu maintenant, chaque année, le dimanche qui suit immédiatement le 21 août. Il est précédé des formalités suivantes. Le dernier dimanche de juillet, les électeurs, nommés par les habitans au scrutin et à la majorité absolue, se réunissent, avec les pères des rosières antérieurement couronnées, dans la salle de la mairie, sous la présidence de droit de M. le maire ; là ils désignent provisoirement trois prétendantes, ayant au moins dix-huit ans et pas plus de vingt-huit, à moins qu'une action éclatante de vertu ne détermine à une exception. Le premier dimanche d'août, le curé proclame, en chaire, les noms des trois jeunes filles. Le deuxième dimanche, une seconde assemblée des électeurs et des pères confirme ou modifie, s'il y a lieu, la liste des trois prétendantes. Il faut les quatre cinquièmes des voix pour éliminer une jeune fille déjà désignée. La fondatrice, ou son ayant-droit, choisit définitivement, parmi les trois candidats, la rosière, qui est couronnée à l'église ; une dame, invitée à cet effet par le maire, pose la couronne de fleurs sur le front de la jeune fille et lui offre un cadeau. Le prêtre officiant est également un ecclésiastique distingué, invité à cette cérémonie par le maire. Le couronnement se fait de deux à trois heures ; il attire habituellement une très-grande foule de spectateurs.

Deux écoles primaires sont établies par la commune. Celle des garçons est dirigée par M. Parent, celle des filles par Mme Pétry. Ces deux écoles sont habituellement fréquentées par cent soixante enfans des deux sexes. Il y a, en outre, un pensionnat de garçons tenu par M. Delaforce, et un pensionnat de jeunes demoiselles, dont l'institutrice est Mme Delahaye.

L'agriculture n'est pas en arrière des progrès qu'en général elle a faits aux environs de Paris. La commune récolte du blé et d'autres céréales ; mais elle cultive aussi beaucoup de roses et une très-grande quantité de vignes. Le vin de Suresne eut jadis une grande réputation de bonté; il en a aujourd'hui une toute contraire, sans qu'on puisse expliquer ou sa vogue passée ou sa mauvaise qualité actuelle. Les produits agricoles n'ont pas d'autre débouché que la consommation prodigieuse de la capitale, à laquelle ne suffisent pas même ses environs. L'étendue du territoire est d'environ 351 hectares. Le prix moyen de l'arpent est de 2,000 francs.

L'industrie et le commerce proprement dit sont nuls à Suresne; ils n'offrent rien qui mérite une mention particulière.

La commune forme plusieurs vœux, dont l'accomplissement améliorerait beaucoup sa condition : elle demande un pont sur la Seine, qui joindrait Suresne et Longchamp, l'éclairage et le pavage de toutes ses rues, et enfin une brigade de gendarmerie pour l'ordre et la sécurité.

Maire, M. Senton. — Adjoint, M. Mélin. — Secrétaire de la mairie, M. Leclerc.—Curé, M. Adam de Saint-Remi. — Notaire, M. Lallemans.— Capitaines de la garde nationale : MM. Pâté et Rongués. — Percepteur des contributions directes, M. Cachan. Jour de recette, les vendredis, de dix à trois heures. — Médecin, M. Goix. — Sage-femme, Mme Fouache.

La fête patronale est celle de saint Leufroy, 21 juin ; on la célèbre, sur la place de Henri IV, les deux dimanches suivans.

Il faut adresser les lettres : *A Suresne, par Neuilly-sur-Seine*.

Les communications avec Paris sont facilitées par le service régulier des voitures *Omnibus*, dont le bureau est à Paris, rue Montpensier, près la place du Carrousel.

ANNUAIRE

DE

PARIS ET DE SES ENVIRONS.

SECONDE PARTIE.

DÉPARTEMENT DE SEINE-ET-OISE.

Le département de Seine-et-Oise est composé d'une partie de l'ancienne province appelée *Ile-de-France*. Il environne de tous les côtés le département de la Seine ; ses autres limites sont les départemens de l'Oise, de Seine-et-Marne, du Loiret, d'Eure-et-Loir et de l'Eure.

Il se divise en six arrondissemens communaux, classés dans l'ordre suivant : 1° Versailles ; 2° Corbeil ; 3° Etampes ; 4° Mantes ; 5° Rambouillet ; 6° Pontoise.

Versailles est le siége de la préfecture. Les sous-préfectures ont pour chefs-lieux les villes dont les arrondissemens portent les noms.

La surface du territoire de ce département est évaluée à environ 560,000 hectares ; sa population a 450,000 habitans, répartis dans 36 cantons, renfermant 691 communes.

Le territoire est arrosé par trois grandes rivières, la Seine, la Marne et l'Oise, et par un grand nombre de petites rivières et de cours d'eau moins considérables encore.

26 routes royales, 48 routes départementales et environ 50 chemins de grande vicinalité, établissent dans tout le département la plus grande facilité pour les communications. Le canal de l'Ourcq traverse une partie du territoire, ainsi que le chemin de fer de Paris à Saint-Germain-en-Laye. Deux autres chemins de fer sont autorisés de Paris à Versailles par les deux rives de la Seine.

Tout ce que l'Annuaire a dit, en parlant du département de la Seine, au sujet du sol, de sa fertilité, de l'état actuel de l'agriculture, du commerce et de l'influence heureuse qu'exerce le voisinage de la capitale, toutes ces données générales peuvent s'appliquer au département de Seine-et-Oise. On s'abstiendra en conséquence de les répéter ici.

Ce département envoie sept représentans à la Chambre des députés. Ses députés actuels sont : MM. de Jouvencel ✻, Guy ✻, le baron Lepelletier-d'Aulnay ✻, Bouchard ✻, le comte Defitte, Hernoux ✻, le comte Alexandre de Laborde ✻.

Les autres détails qui entrent dans le plan de l'Annuaire se trouveront dans les descriptions des communes.

Ces descriptions n'embrassent aujourd'hui qu'une partie des arrondissemens de Versailles, de Corbeil et de Pontoise, seule partie qui soit comprise dans la circonférence, où l'on a dû inscrire, pour la première année, les limites d'une exploration que l'on veut rendre surtout consciencieuse et authentique.

L'arrondissement de Versailles contient 116 communes, environ 131,000 habitans, et 85,000 hectares, partagés en 10 cantons : *Argenteuil*, *Marly-le-Roi*, *Meulan*, *Palaiseau*, *Poissy*, *Saint-Germain-en-Laye*, *Sèvres*, *Versailles-nord*, *Versailles-sud*, et *Versailles-ouest*. De ces dix cantons, ceux de *Meulan*, de *Poissy* et de *Versailles-ouest* sont ajournés en totalité, et quelques-uns des autres seulement en partie.

L'arrondissement de Corbeil compte 94 communes, environ 57,000 habitans, et 65,000 hectares de terrain, répartis en 4 cantons : *Arpajon*, *Boissy-Saint-Léger*, *Corbeil* et *Longjumeau*. Le seul canton d'*Arpajon* est intact cette année ; les autres sont attaqués plus ou moins.

Enfin l'arrondissement de Pontoise renferme 165 communes, environ 93,000 habitans et 111,000 hectares de terrain, formant 7 cantons : *Écouen*, *Montmorency*, *Gonesse*, *l'Ile-Adam*, *Luzarche*, *Marine* et *Pontoise* ; sur lesquels *l'Ile-Adam*, *Luzarche*, *Marine*, et *Pontoise* sont réservés pour les années suivantes, et les trois autres entamés.

On concevra sans peine ce morcellement des cantons, si l'on considère que la division administrative ne repose pas sur les mêmes bases que la marche de l'Annuaire, dont la sphère d'action s'étend avec régularité sur des distances égales autour de Paris.

COMMUNES

DU

DÉPARTEMENT DE SEINE-ET-OISE.

ARRONDISSEMENT DE VERSAILLES.

VERSAILLES.

Versailles, à quatre lieues sud-ouest de Paris, sur la route royale de Paris à Rambouillet, Chartres, etc.; chef-lieu du département de Seine-et-Oise et de l'arrondissement qui porte son nom.

Cette ville, dont la population s'élève à environ 28,500 ames, a dans son ressort trois cantons : 1° Versailles-nord, 16,000 habitans ; 2° Versailles-sud, 13,500 habitans; 3° Versailles-ouest, 6,000 habitans.

Elle est le siége de la haute administration du département. Les principales autorités sont :

Préfet, M. Aubernon ✻, pair de France, conseiller d'état. — Secrétaire-général de la préfecture, M. Lemonnier ✻. — Maire, M. Hausman ✻. — Receveur-général des finances, M. Amé de Saint-Didier ✻. — Payeur-général, M. Guillon. — Directeur des domaines, M. Soulery ✻. — Conservateur des hypothèques, M. Chevalier. — Directeur des contributions directes, M. Hurtrelle ✻. — Directeur des contributions indirectes, M. Lherbette. — Ingénieur en chef des ponts-et-chaussées, M. d'Astier de la Vigerie ✻. — Tribunal de commerce : président, M. Marie de Boigueville, etc.

Versailles est une ville intéressante sous tous les rapports. Son existence, depuis le moment où elle a commencé à figurer dans l'histoire, c'est-à-dire depuis environ deux siècles, est intimement liée à celle de nos rois, dont elle fut le séjour à dater de Louis XIII. Son étendue, sa population et sa prospérité prirent sans cesse de l'accroissement, tant que la présence du souverain exerça sur elles une heureuse influence. La ville devint grande, belle, riche, et compta jusqu'à 70,000 habitans. Les événemens qui suivirent bientôt la révolution de 1789 lui portèrent un coup funeste. La source de son bonheur tarit tout-à-coup, et dix années d'un abandon complet et de spoliations en tous genres lui firent expier la faveur des rois. Il est difficile de se faire une juste idée de ce qu'elle eut à souffrir pendant cette longue période de réaction, et de bien peindre l'aspect affligeant que présentait cette grandeur en décadence, menacée d'une destruction totale. Napoléon, qui ranima tout en France, s'occupa de Versailles, commença à réparer ses pertes et lui prépara un heureux avenir. Sous son règne et sous *la restauration*, Versailles vit ses ruines réparées, ses monumens entretenus, et, s'il ne recouvra pas sa splendeur entière, il la reprit du moins assez pour justifier encore l'orgueil national et l'admiration des étrangers. La révolution de 1830 appela au trône le prince qui devait ouvrir, pour Versailles, une ère nouvelle de bien-être et de fortune. L'exécution du vaste plan conçu par Louis-Philippe, en rendant la vie et le mouvement au château royal, si long-temps désert, va changer totalement l'état actuel de Versailles. Déjà les travaux immenses qui ont eu lieu pour la réalisation de ce beau projet donnent la mesure des brillans résultats que la ville en doit recueillir.

Les changemens qu'ils opèrent et leur effet sur *l'état actuel* de Versailles sont d'une si grande conception et d'une telle importance, qu'on a cru devoir attendre, pour constater *cet état* dans l'Annuaire des environs de Paris, que ces travaux fussent terminés. On n'aurait pu, cette année, offrir au lecteur qu'une description incomplète et des changemens et de leur influence sur le sort futur de la ville. En publiant une notice insuffisante et prématurée, on aurait amoindri l'intérêt si vif qui s'attache naturellement au sujet. On s'est déterminé d'autant plus aisément à l'ajourner, qu'il sera bientôt possible de le traiter à fond et dans tous ses détails. Il est presque certain que l'année 1837 ne s'écoulera pas sans que le *Musée* du château de Versailles soit ouvert au public, et l'Annuaire de 1838 pourra satisfaire la juste curiosité qu'inspirent à la fois ce grand ouvrage et l'effet qu'on en attend en faveur de Versailles.

CANTON DE PALAISEAU.

Palaiseau. — Bièvre. — Igny. — Massy. — Verrières-le-Buisson.

PALAISEAU.

Palaiseau, à quatre lieues sud de Paris ; chef-lieu de canton et de justice de paix, arrondissement de Versailles, département de Seine-et-Oise.

Annexes : le hameau Lozère, la ferme Desgranges et Fourcherole. Enclaves : Massy, Champlan, Orsay et Vauhallan.

Le territoire se compose de quatre sortes de terres : franches, sablonneuses, argileuses et calcaires. Il réunit tous les genres de culture, labour, prairies, vignes, vergers, etc. Il est traversé par deux routes départementales, l'une de Paris à Chartres par Rochefort, l'autre de Lonjumeau à Igny. Les chemins communaux et vicinaux sont bien entretenus. La petite rivière de l'Yvette arrose et fertilise la commune.

Placé sur le versant méridional d'une colline qu'on appelle *le Rocher*, Palaiseau se divise en deux parties distinctes qui contrastent singulièrement l'une avec l'autre. La partie désignée sous le nom d'*Ancien-Bourg* justifie en effet de son antiquité, par ses maisons construites sans goût, sans régularité, et dont le plus grand nombre, élevé seulement d'un étage et d'un grenier, n'a pas encore d'autre couverture que le chaume. Cette toiture n'est pas seulement d'un triste aspect, elle offre encore à l'incendie le plus dangereux aliment. L'autorité devrait intervenir, à défaut de la raison, pour faire substituer à ce mode de toiture un genre de construction qui serait à la fois dans les intérêts bien entendus de la commune, et peut-être son principal embellissement.

L'autre partie du village dite le *Nouveau-Bourg* se fait remarquer par le bon goût et l'élégance de ses constructions ; elles se déploient sur les deux côtés de la route de Rochefort, et leur ensemble est du plus agréable effet. On compte dans ce village environ dix maisons bourgeoises d'une belle apparence.

Palaiseau renferme une population de 1,650 habitants. Sa garde nationale se compose de 300 hommes, divisés en trois compagnies, dont une de sapeurs-pompiers, chargée de la manœuvre d'une pompe à incendie appartenant à la commune. Palaiseau est chef-lieu d'un bataillon cantonal. La brigade de gendarmerie en résidence à Orsay est chargée du service de la commune.

L'air est parfaitement sain, les rues propres et bien pavées. Il y a deux places publiques assez belles ; quatre fontaines bien distribuées fournissent avec abondance l'eau nécessaire aux habitants, et à l'assainissement du village. Trois lavoirs sont ouverts au public. La mairie renferme la justice de paix ; la prison cantonale est à côté.

L'église, de style gothique, est remarquable par son porche ; l'intérieur en est spacieux et sa simplicité plaît aux yeux par son arrangement méthodique et les soins apportés à son entretien. Il n'y a point de presbytère, le logement du curé est aux frais des habitants. Le cimetière est encore dans l'intérieur et contigu à l'église, mais isolé de toute habitation.

Les environs du village offrent de jolies promenades et des points de vue intéressans.

Le prix des locations annuelles est peu élevé, ainsi que celui des vivres, dont l'abondance est grande.

Deux écoles primaires et communales sont consacrées à l'instruction des enfans. Les sexes sont séparés ; chacune d'elles reçoit habituellement environ cinquante élèves. Il y a, en outre, une école élémentaire qui n'est pas communale.

La surface du territoire est de 1,106 hectares. De nouvelles méthodes adoptées pour la culture des terres en ont beaucoup amélioré les produits ; ils consistent principalement en céréales, colza, betteraves, pommes de terre, vin, fourrage. Le prix de l'arpent varie de 12 à 1,800 francs, selon la fertilité.

Le commerce de Palaiseau est surtout agricole. Placé à l'entrée d'une vaste plaine, riche de moissons, ce village fut de tout temps le centre d'un grand trafic de blé et de farine. Il possède encore une autre source de richesse ; la colline appelée *le Rocher* est une carrière inépuisable de grès renommés pour leur bonne qualité ; ils sont employés au pavage des grandes routes et des rues de la capitale. L'exploitation de cette colline acquiert chaque jour une nouvelle extension.

Deux foires annuelles ont lieu à Palaiseau, l'une le 3 février, l'autre le 25 novembre ; on y vend des bestiaux, des chevaux, des porcs. Ces foires attirent un grand concours, et les affaires que l'on y traite sont considérables.

Les habitants de Palaiseau sollicitaient instamment auprès de l'autorité le rétablissement du marché de grains et de consommations, qui avait lieu depuis de longues années, et que des circonstances indépendantes de leur volonté avaient interrompu depuis quelque temps. L'autorisation nécessaire vient de leur être accordée, et sous peu, cet ancien marché sera fréquenté comme autrefois, et ajoutera aux moyens de prospérité du pays.

La fête patronale est celle de la translation de saint Martin, 4 juillet ; on la célèbre le premier dimanche de ce mois.

Maire, M. Pigeon. — Adjoint, M. Decazant. — Juge de paix, M. Bruyant. — Suppléans du juge de paix : MM. Pigeon et Millet. — Greffier, M. Regnier. — Notaire, M. Hamel. — Huissiers : MM. Duval et Ansème. — Curé, M. Hébert. — Capitaines de la garde nationale : MM. Vilaine et   — Capitaine des pompiers, M. Mangon. — Percepteur des contributions, M. Boubileau ; ses jours de recette sont les vendredis et samedis. — Directeur de l'enregistrement, M. Melliet. — Médecins: MM. Mazer et Gousey.

Palaiseau est bureau de poste aux lettres. Directrice, Mlle Aubertat. Il suffit d'adresser : *A Palaiseau*.

Les communications avec Paris sont établies au moyen de trois voitures spécialement consacrées au service de la commune. Il y a en outre beaucoup de voitures de passage.

BIÈVRE.

Bièvre, à trois lieues sud-ouest de Paris ; canton et justice de paix de Palaiseau, arrondissement de Versailles, département de Seine-et-Oise.

Vauboyeu et les Roches dépendent de cette commune, dont les enclaves sont : Verrières, Igny, Jouy et Velizy.

La population, composée de 1,198 ames, forme deux compagnies de garde nationale, montant ensemble à 170 hommes ; elles font partie du bataillon cantonal dont Palaiseau est le chef-lieu.

La situation de ce village est charmante ; placé sur le versant oriental d'une colline dont la petite rivière de Bièvre arrose le pied, il jouit de points de vue délicieux, et ses environs offrent des sites pittoresques que l'on se plaît toujours à parcourir.

Le territoire de Bièvre est traversé par deux routes départementales, celle de Versailles à Lonjumeau et celle de Chevreuse à Paris. Les chemins communaux et vicinaux sont en bon état.

Bièvre est embelli par un château de la plus jolie apparence ; il appartient à M. Villedot, qui apporte un soin tout particulier à l'entretien de son beau parc. On remarque encore dans ce village quelques propriétés bourgeoises assez élégantes. Il est en outre quelques progrès à signaler dans les constructions : toutes les maisons qui ont été élevées depuis peu sont bâties avec une certaine recherche qui annonce la propagation du goût.

L'air de Bièvre est sain ; ses rues sont en partie pavées et en partie cailloutées ; la sécurité publique est assurée par la brigade de gendarmerie en résidence à Orsay. Le prix des locations annuelles est, pour un cultivateur, de 100 à 200 fr. ; celui des subsistances est très-élevé.

Le point central du village est occupé par une petite place publique très-propre, non loin de laquelle sont situées deux belles fontaines servant en même temps à l'alimentation des maisons particuculières et à celle des deux lavoirs publics.

L'autorité vient de faire l'acquisition d'une maison jugée par elle assez vaste pour y établir une mairie, une salle d'asile et deux écoles communales.

L'église présente un bel ensemble, son portail est digne d'attention par son architecture gothique ; son intérieur est orné de quelques tableaux qui ne sont pas sans mérite, et les soins apportés à son entretien aident puissamment à la conservation de cet édifice qui paraît dater du quatorzième siècle. Le presbytère n'est pas moins bien entretenu que l'église ; mais il est d'une construction plus récente. La position du cimetière, sur une colline en dehors du village, prévient le danger des émanations méphitiques ; il renferme quelques beaux monumens ombragés de saules et d'autres arbustes ; il est en outre clos par un mur en bon état.

Il y a dans ce village deux écoles communales, l'une est fréquentée par 80 jeunes garçons ; l'autre, sous la direction des sœurs de la charité, reçoit journellement 70 jeunes filles.

Les progrès de l'agriculture sont remarquables ; les habitans de Bièvre, actifs et laborieux, cherchent continuellement à multiplier les produits de leurs terrains. L'étendue du territoire est de 1,000 arpens environ ; le prix de l'arpent varie de 1,000 à 1,200 francs.

Toute l'industrie de Bièvre consiste en une fabrique d'indiennes mue par la vapeur, elle appartient à MM. Dollfus et Bongarnen, tous deux résidant à Paris, rue du Sentier, n° 24. Ce bel établissement, dont l'importance s'accroît chaque jour, mérite à tous égards la réputation qui lui est acquise. 300 ouvriers de la commune sont journellement occupés dans cette fabrique dont les riches produits s'exportent en France et à l'étranger.

Le commerce de Bièvre n'aurait que fort peu d'extension, s'il n'y avait dans le cours de chaque année deux foires bien achalandées, qui établissent, entre ses habitans et ceux des communes environnantes, des relations productives ; elles ont lieu, l'une le 11 juin, l'autre le 6 décembre ; cette dernière est la plus importante.

La fête patronale est celle de la translation de saint Martin, 4 juillet ; on la célèbre huit jours après celle de Meudon.

Maire, M. Dollfus. — Adjoint, M. Menant. — Curé, M. Sauret. — Percepteur, M. Grascole ; ses jours de recette sont les mercredis et samedis. — Capitaine de la garde nationale, M. Degournet. — Capitaine en second, M. Provost. — Médecin, M. Carreau.

Bièvre a une boîte aux lettres. Il faut adresser : *A Bièvre, par Palaiseau.*

Les communications avec la capitale ont lieu au moyen des voitures publiques établies à cet effet dans la commune ; elles n'effectuent qu'un départ chaque jour.

IGNY.

Igny, à quatre lieues et demie sud-ouest de Paris, sur le versant occidental de la côte du bois de Verrières ; canton et justice de paix de Palaiseau, arrondissement de Versailles, département de Seine-et-Oise.

Igny n'a qu'une annexe appelée Gommonvilliers. Ses enclaves sont : Verrières, Palaiseau, Vauhallan et Bièvre.

La population n'est que de 700 ames, qui donnent à la garde nationale une compagnie de 100 hommes, faisant partie du bataillon cantonal dont Palaiseau est le chef-lieu.

Le village et ses environs n'offrent rien de remarquable ; le bois de Verrières et les bords de la petite rivière de Bièvre, qui coule non loin d'Igny, présentent quelques jolies promenades ; mais elles ne sont embellies par aucune habitation digne d'exciter la curiosité.

L'air est pur. Les rues ne sont que ferrées, mais bien entretenues ; une fontaine publique fournit une eau abondante et bonne ; elle est située à l'une des extrémités du village. Il serait à désirer, pour les habitans, que l'autorité locale en fît établir une seconde vers l'autre extrémité, ce qui est facile et peu dispendieux. La mairie appartient à la commune. Les vivres sont à bon marché, on se les procure aisément. Le prix moyen des loyers d'habitation est de 100 à 150 fr., par année.

La gendarmerie stationnée à Orçay fait le service d'Igny.

L'église est de style gothique et sa construction semble dater du douzième siècle ; elle est dans un état de dégradation qui appelle les plus prompts secours; la toiture surtout menace d'une chute tellement prochaine, que les habitans n'osent en braver le danger imminent. Cet édifice n'est d'ailleurs recommandable sous aucun rapport d'art. La commune ne possède point de presbytère; le curé reçoit une indemnité de logement. Le cimetière est à l'extérieur du village et en très-bon état.

L'école primaire est commune à tous les enfans; ils sont réunis dans la même classe, séparés seulement par une balustrade. Cette disposition est insuffisante; les enfans devraient être dans des classes différentes, afin de recevoir particulièrement l'éducation convenable à chaque sexe. L'école est fréquentée par 72 enfans. L'enseignement est simultané.

Le territoire de la commune a 700 arpens d'étendue; il est traversé par la route départementale de Versailles à Palaiseau. Les chemins communaux et vicinaux sont en bon état. L'agriculture a fait peu de progrès; ses produits consistent principalement en céréales, il y a d'ailleurs beaucoup de prairies naturelles et de bois. L'arpent de terre se vend de 15 à 1,600 francs.

Le commerce est tout agricole. L'industrie ne compte point d'établissement à Igny. Il y existe même une coutume extraordinaire dans les environs de Paris. Soit nécessité, soit usage hérité de leurs pères, une partie assez considérable des habitans quitte chaque année le village, à la belle saison, pour aller exercer son industrie dans d'autres pays; elle ne rentre dans ses foyers qu'aux approches de l'hiver.

La fête patronale est celle de saint Pierre et saint Paul, 29 juin; on la célèbre le dimanche suivant.

Maire, M. Formy. — Adjoint, M. Boulogne. — Curé, M. Gosselin. — Capitaine de la garde nationale, M. Marchand. — Percepteur des contributions, M. Grascole; jours de recette, le 1er jeudi de chaque mois.

Il faut adresser les lettres : *A Igny, par Palaiseau.*

Pour les relations personnelles avec Paris, on est obligé d'aller à Bièvre, où l'on trouve des voitures publiques qui font un service régulier entre cette dernière commune et la capitale.

MASSY.

Massy, à quatre lieues sud de Paris, dans un beau vallon, à une demi-lieue de Palaiseau, sur la route départementale de Chevreuse; canton et justice de paix de Palaiseau, arrondissement de Versailles, département de Seine-et-Oise.

Annexes : Vilaine et le Petit-Massy. Enclaves : Verrières, Vissous, Chilly-Mazarin, Champelan et Palaiseau.

La population est de 1,111 habitans; elle fournit une compagnie de garde nationale, qui se monte à 180 hommes, faisant partie du bataillon cantonal de Palaiseau.

La Bièvre coule entre Verrières et Massy; la route royale d'Orléans traverse le Petit-Massy.

Le village est en bon air; les rues ne sont point pavées. On se procure les vivres avec peu de facilité, parce qu'il n'y a point de marché, cependant ils sont à bon compte; la gendarmerie de Lonjumeau est chargée de veiller à la sûreté de la commune, qui réclame avec beaucoup d'instance une pompe à incendie. Il serait aussi à désirer que les chemins vicinaux fussent mieux entretenus.

L'église n'a rien de remarquable; elle est de construction gothique, comme le sont celles de beaucoup de petites communes. Le cimetière environne l'église; mais cette ancienne et mauvaise disposition doit être changée incessamment.

Massy possède une fontaine; l'autorité locale fait construire un lavoir public.

On remarque le château de M. Delorme, propriétaire du passage de ce nom à Paris; un très-beau parc en fait partie, c'est la seule habitation qui soit digne d'attention. Un ancien château, presque abandonné, est occupé en partie par des ouvriers, habitans de la commune.

Massy a deux écoles, l'une pour les garçons et l'autre pour les filles; exemple que devraient suivre les communes qui n'ont qu'une école pour les deux sexes.

Le territoire a 2,400 arpens d'étendue, compris les bois; l'arpent se vend depuis 800 jusqu'à 2,500 francs, selon la qualité et la situation de la terre que l'on achète. On y cultive, en général, les céréales et la vigne. Les prairies de la Bièvre produisent en abondance un fourrage très-estimé.

Massy a, pour toute industrie, une manufacture de tuiles et de carreaux, dont les produits sont exportés en grand dans la capitale, ainsi que les produits de l'agriculture.

La fête patronale est celle de sainte Marie-Madelaine, 22 juillet; célébrée le dimanche suivant, elle est fort jolie et très-fréquentée.

Maire, M. Maurice. — Adjoint, M. Brunet. — Curé, M. Gibouté. — Capitaine en 1er, M. Boucellet. — Capitaine en 2e, M. Charles Lecomte.

Il faut adresser les lettres : *A Massy, par Antony.*

Les communications avec Paris sont assez faciles; par les voitures de Palaiseau et d'Antony.

VERRIÈRES-LE-BUISSON.

Verrières, à trois lieues sud-ouest de Paris, dans une belle plaine et près du bois qui porte le nom de *Buisson-de-Verrières*, et qui a donné à ce village le surnom de *le Buisson*; canton et justice de paix de Palaiseau, arrondissement de Versailles, département de Seine-et-Oise.

Annexes : le hameau d'Amblainvilliers et le château de Mignaux. Enclaves : Châtenay, Antony, Massy, Igny et le bois de Verrières.

La population de cette commune est d'environ 1,040 habitans, qui fournissent à la garde nationale une compagnie de 150 hommes; il y a aussi une division de sapeurs-pompiers, en uniforme, pour le service de la pompe à incendie appartenant à la commune; le tout, du bataillon cantonal de Palaiseau.

La petite rivière de Bièvre arrose le territoire, qui est traversé par la route cantonale, débouchant sur l'ancienne route de Versailles.

Le village est situé en bon air; les rues sont pavées, mais dans un médiocre état d'entretien. On a dernièrement réparé la grande rue. L'eau de la fontaine publique est d'une excellente qualité. Les loyers des maisons sont de 50 à 60 francs par an. Les vivres sont également à bon marché.

L'église, qui est dans le style gothique, n'a rien de remarquable. Le cimetière est encore dans l'enceinte du village.

Le beau château de Mignaux appartient à M. Laffitte. Une tradition locale prétend qu'une maison, propriété de M. de Surleau, fut jadis habitée par la reine Blanche de Castille ; mais les traditions sur les séjours de cette princesse sont tellement multipliées dans les environs de Bourg-la-Reine, qu'il est impossible de leur donner aucune croyance.

Verrières possède deux écoles primaires, enseignement mutuel, pour garçons et filles ; elles sont encouragées par les dons bienveillans de M. Laffitte.

Le territoire de la commune contient 2,700 arpens, divisés en bois et en culture de blés, de vignes, de fruits et particulièrement de groseillers ; l'arpent se vend de 1,500 à 2,400 fr., suivant la qualité.

Verrières n'a pas d'autre industrie qu'une fabrique de carreaux en terre cuite ; trois moulins à farine, dont deux sont montés à l'anglaise ; une carrière de grès et une de pierre meulière, exploitées avec succès. Les produits de l'agriculture et de l'industrie sont portés à Paris.

La fête patronale est celle de sainte Anne, 28 juillet ; elle est célébrée le dimanche suivant.

Maire, M. Aragon. — Adjoint, M. Huet. — Secrétaire de la commune, M. Guichard. — Curé, M. Rasse.

Il faut adresser les lettres : *A Verrières, par Antony*.

Les communications avec Paris ne sont pas directes ; elles ont lieu par Antony, où l'on trouve, à cet égard, toutes les facilités désirables.

CANTON DE VERSAILLES.

Jouy-en-Josas. — Velizy. — Viroflay. — Le Chenay.

JOUY-EN-JOSAS.

Jouy, à trois lieues et demie sud-ouest de Paris ; canton et justice de paix de Versailles-sud, arrondissement de Versailles, département de Seine-et-Oise.

Annexes : le hameau de Saint-Marc, le Mé et le Petit-Jouy. Ce village est enclavé par Velizy, Bièvres, Vauhallan, Toussu, les Loges et Buc.

Jouy est situé dans une vallée de la Bièvre et traversé par cette petite rivière ; les bois qui l'entourent sont magnifiques : il est difficile de trouver de plus beaux sites que ceux de ses environs ; aussi sont-ils le sujet des études de nos plus habiles peintres de paysage. Ces bois sont ceux de Mé, des Gonards, des Bécasses, de Chauveau, de l'Homme-Mort et du parc de Jouy.

La population de la commune est de 1,338 ames ; elle fournit à la garde nationale une compagnie de 175 grenadiers, qui, par une singulière anomalie, n'est encadrée dans aucun bataillon cantonal.

L'air est pur, toutes les rues sont propres et bien pavées. Il y a une place publique et beaucoup de fontaines qui fournissent en abondance une eau excellente.

Là ne se bornent pas les embellissemens de la commune ; le château de Jouy, avec son beau parc, appartient à M. Lehon, ambassadeur de Belgique[; MM. Mallet frères possèdent aussi une fort jolie maison de campagne. Cependant on remarque en général peu de progrès dans la construction des maisons ; on suppose que cela provient de ce que la population a considérablement diminué depuis que, dans la célèbre manufacture qui a illustré ce village, on emploie des machines ingénieuses à des ouvrages autrefois exécutés à force de bras.

La route départementale de Versailles à Corbeil, par Orsay, passe dans la commune.

Les vivres sont à bon compte ; le loyer d'une habitation est de 4 à 500 fr., et pour un ménage de 150 à 200 fr.

La gendarmerie d'Orsay fait le service de la commune.

L'église est d'une belle construction, elle est surmontée d'une flèche qui est d'une légèreté et d'une hardiesse surprenantes ; son portail a bien le caractère de son antique origine ; elle renferme un tableau représentant saint Joseph en prière ; il est estimé par les connaisseurs à un prix très-élevé.

La commune a un presbytère. Le cimetière est en dehors du village et bien entretenu.

Deux écoles ont été instituées, l'une pour les garçons, et l'autre pour les filles ; l'instruction est simultanée et assez bien dirigée ; elles sont fréquentées par 125 enfans. Mme de Mallet, née Oberkampf, a fondé une salle d'asile. Les habitans y conduisent leurs enfans lorsqu'il vont à leurs travaux, et bénissent la bienfaisance de la généreuse fondatrice.

Le territoire a 2,373 arpens d'étendue, tant en bois qu'en terres et friches ; tous les chemins communaux et vicinaux sont en très-bon état. La commune sollicite avec instance que le département ouvre une route auxiliaire qui, partant de Versailles, passerait dans la commune et irait rejoindre la route d'Igny ; il est à désirer, pour le bien des habitans de Jouy, que leur demande soit accordée.

L'agriculture fait peu de progrès ; les habitans ont conservé l'ancienne routine pour la culture de leurs terres ; on récolte des céréales, mais en petite quantité. L'arpent se vend de 1,000 à 1,500 francs, selon sa qualité.

Jouy ne possède qu'un établissement d'industrie, mais un de ces établissemens dont la supériorité, l'étendue et le succès suffisent à la renommée et à la prospérité de tout un pays. *La belle manufacture de toiles peintes de Jouy* a été créée, il y a environ quatre-vingts ans, par M. Oberkampf. Elle est devenue, dans son genre, la plus considérable de France, et son excellente réputation s'est étendue dans tout le monde commercial. M. Barbet de Jouy, son propriétaire actuel, l'ayant acquise en 1822, l'a dotée de toutes les améliorations qu'il a pu obtenir des progrès de l'industrie. Parmi les innovations qu'il y a introduites, on peut citer, comme les plus remarquables, l'emploi d'une machine à vapeur de la force de cent vingt chevaux, servant à la fois de moteur et de moyen de chauffage ; un grand nombre d'autres machines ouvrières ; l'impression des *tissus de soie et de laine*, impression qui, pour ce dernier article surtout, a pris une extension importante. Depuis quelques années, M. Barbet de Jouy a élevé, près de la manufacture de toiles peintes, un établissement pour le blanchiment et l'apprêt des tissus de coton. L'habileté et les soins constans du propriétaire actuel accroissent ainsi de plus en plus la célébrité que cette grande manufacture s'est acquise à si juste titre. Il ne manque aujourd'hui à ces belles entreprises industrielles, en état de rivaliser avec celles des Anglais, qu'une législation commerciale, par laquelle elles soient placées dans les mêmes conditions que nos concurrens.

Le commerce ne consiste que dans la vente des produits agricoles et quelques entrepôts de bois de charpente et autres.

La fête patronale est celle de saint Roch, 16 août; elle est célébrée le dimanche suivant.

Maire, M. Barbet de Jouy. — Adjoint, M. Frédéric Perrier. — Curé, M. Choux. — Notaire, M. Loiseau. — Percepteur des contributions, M. Renaud; les jours de recette sont le jeudi et le vendredi de chaque semaine. — Médecin, M. Lemayne. — Capitaines de la garde nationale: en premier, M. Jules Mallet; en deuxième, M. Barbet jeune.

Il faut adresser les lettres : *A Jouy-en-Josas*, par *Versailles*.

Il est assez difficile de communiquer avec Paris. Il faut prendre les voitures de passage sur la route de Versailles, qui est peu fréquentée.

VELIZY.

Velizy, à trois lieues sud-ouest de Paris, entre le bois de Meudon et la route royale de Versailles à Choisy-le-Roi ; canton et justice de paix de Versailles-sud, arrondissement de Versailles, département de Seine-et-Oise.

Cette petite commune est enclavée par Viroflay, Châville, Bièvre et Jouy.

Velizy n'était autrefois qu'un faible hameau ; il fut agrandi sous le règne de Louis XIV, par le caprice du marquis de Louvois. Lorsque ce ministre fit bâtir son château de Châville, il lui plut d'avoir des étangs à la place du village *d'Ursines*, qui existait alors près de son parc. Il donna des ordres, et le village disparut. Les habitans allèrent s'établir à Velizy, qui depuis cette époque a pris le rang de commune. Louvois fit remplacer l'église d'Ursines par une nouvelle église élevée à Velizy : il paraît que l'on mit peu de soins dans cette construction ; car l'édifice, qui compte à peine 160 ans, est déjà tombé dans un tel état de vétusté, qu'il menace ruine, et que la sûreté des paroissiens est compromise quand ils le fréquentent.

On respire un air sain à Velizy ; toutes les rues sont pavées et très-propres. Les vivres sont à bon marché, ce qui atteste leur abondance. Le prix des loyers est peu élevé ; un cultivateur se loge pour 50 à 80 fr. par an. La gendarmerie de Meudon fait le service d'ordre et de sécurité.

Sa population est de 157 habitans ; elle fournit cependant à la garde nationale une section forte de 40 hommes, qui, par une singularité commune à quelques autres villages voisins, ne sont encadrés dans aucun bataillon cantonal.

La route royale de Versailles à Choisy-le-Roi traverse la commune ; son point de jonction avec la route de Fontainebleau est à peu de distance de Velizy. Les chemins communaux et vicinaux sont en bon état.

La richesse de Velizy consiste en trois

belles fermes, qui absorbent entre elles seules les trois quarts du territoire; elles sont d'un grand secours aux pauvres de la commune, qu'elles emploient tous à d'utiles travaux.

L'église est d'une architecture très-simple; elle est desservie par le curé de Viroflay, et si l'on tarde à faire les réparations nécessaires et si attendues par les habitants, Velizy se trouvera bientôt sans moyen d'exercer le culte religieux. Le cimetière est encore dans l'intérieur du village; ce qui est contraire aux réglemens.

L'école communale réunit les deux sexes dans la même classe; l'intérêt des enfans réclame leur séparation.

Velizy, par sa position, éprouve de grandes difficultés pour se procurer de l'eau; les habitans sont obligés de se servir des eaux pluviales : il n'y a même aucune maison bourgeoise qui possède un puits. Une mare est au milieu du village, elle sert à abreuver les animaux.

L'agriculture, qui est la seule industrie de la commune, a fait de grands progrès; on emploie une charrue d'un nouveau modèle; on récolte des céréales et de gros légumes. Le territoire embrasse une étendue d'environ 1,800 arpens; le prix de l'arpent est de 1,500 à 2,000 fr., selon la fertilité.

Le commerce consiste dans l'exportation de tous les produits de la terre, dont le principal débouché se fait à Paris.

La fête patronale est celle de saint Denis, 9 octobre; on la célèbre le dimanche suivant.

Maire, M. Pitrou. — Adjoint, M. Rabourdin. — Lieutenant de la garde nationale, M. Renaud. — Percepteur, M. Genard; ses jours de recette sont le deuxième dimanche de chaque mois.

Il faut adresser les lettres : *A Velizy, par Versailles.*

Pour communiquer avec Paris, on est obligé de prendre les voitures de Fontainebleau; il passe heureusement de nombreuses voitures publiques sur cette route.

VIROFLAY.

Viroflay, à quatre lieues sud-ouest de Paris, sur une hauteur; canton et justice de paix de Versailles-sud, arrondissement de Versailles, département de Seine-et-Oise.

Ce village est enclavé par Châville, le Petit-Montreuil, Velizy et les bois de Meudon.

La route royale de Paris à Versailles traverse la commune, dont les environs offrent les plus beaux sites pour promenades; plusieurs maisons de campagne fort jolies embellissent le village, et présentent beaucoup de variété dans les positions où elles se trouvent. Le cours d'eau appelé le *Ru-de-Marivelle* passe près de Viroflay.

L'air est très-sain; les rues sont propres et pavées. Le prix des loyers varie de 150 à 200 francs; celui des subsistances est assez élevé.

La population de Viroflay monte à 900 ames; il y a une compagnie de 140 gardes nationaux qui n'est encadrée dans aucun bataillon cantonal. La gendarmerie de Châville veille au repos des habitants.

Au centre du village est une petite place publique, elle n'a rien qui soit digne d'attention. Trois fontaines fournissent en abondance de l'eau d'une très-bonne qualité.

L'église, nouvellement bâtie, est surmontée d'un beau clocher; son intérieur est parfaitement distribué. Le presbytère appartient à la commune. Le cimetière est en dehors du village et clos de murs.

Viroflay a une mairie, mais il n'a qu'une seule école communale; les garçons et les filles sont dans des classes séparées; l'enseignement est simultané et assez bien dirigé; plus de 60 enfans fréquentent cette école.

L'agriculture fait peu de progrès; cependant on a commencé à planter du colza, et l'on récolte des céréales; plusieurs prairies naturelles et artificielles donnent de bons fourrages. Le territoire a 500 arpens d'étendue, on y voit un peu de bois. L'arpent de terre se vend de 1,500 à 2,000 francs, selon la qualité. Les chemins communaux et vicinaux sont en bon état, excepté celui qui conduit à la commune de Jouy; ce dernier a besoin de grandes et promptes réparations.

La fête patronale est celle de saint Eustache; on la célèbre le 1er dimanche d'août; elle dure trois jours.

Maire, M. Vaudron. — Adjoint, M. Ardillier. — Curé, M. Prévot. — Percepteur des contributions, M. Génard; ses jours de recette sont les 1er et 3e samedis de chaque mois. — Capitaine de la garde nationale, en 1er, M. Gros-jean; capitaine en 2e, M. Boucher.

Il faut adresser les lettres: *A Viroflay, par Versailles.*

Les communications avec Paris ont lieu par les voitures de passage qui sont très-nombreuses. Les voitures dites *Gondoles-Parisiennes* ont un relai établi dans la commune.

LE CHENAY.

Le Chenay, à trois lieues et demie ouest de Paris; canton et justice de paix de Versailles-nord, arrondissement de Versailles, département de Seine-et-Oise.

Il a pour annexes: le Petit-Chenay, le Grand et le Petit-Bel-Air, une partie du boulevart Saint-Antoine. Ses enclaves sont: la Celle-lez-Saint-Cloud, Vaucresson, Marues, Versailles et Roquancourt.

Placé dans un fond, non loin de la route de Versailles à Saint-Germain-en-Laye, le Chenay n'est pas favorisé par sa situation; son territoire présente aux regards, des bois, des terres arables, des marais et des prairies naturelles; il est traversé par la route départementale n° 25, qui passe également au Petit-Chenay et qui conduit, par la Celle-lez-Saint-Cloud, à la route royale de Paris à Saint-Germain-en-Laye. Les chemins communaux et vicinaux sont en bon état.

La population du village n'est que de 450 habitans; elle donne 60 gardes nationaux au bataillon cantonal de Saint-Cyr.

Malgré sa petitesse actuelle, le Chenay s'est considérablement accru depuis quelque temps en population et en habitations. De grands progrès ont eu lieu dans la manière de bâtir, et de faible hameau qu'il était jadis, il est devenu un village d'un aspect agréable et dont la prospérité augmente de jour en jour.

On y distingue un château élégamment construit, entouré de jardins charmans; il appartient à M. le baron Carruel. Les promenades des environs offrent une grande variété de jolis sites; elles sont très-fréquentées pendant la belle saison, surtout par les habitans de Versailles.

L'air est salubre; les rues ne sont que ferrées, mais d'une propreté et d'un entretien satisfaisans. Plusieurs puits fournissent de l'eau qui est potable. Une concession, faite par la liste civile en faveur du Chenay, amène en abondance dans le village, par des conduits souterrains, les eaux toujours limpides et saines de la machine de Marly; elles pourvoient amplement aux besoins et à l'assainissement de la commune. La place publique est assez grande.

L'église, d'une architecture simple, mais moderne, est desservie par un des vicaires de la cathédrale de Versailles; il n'y a point de presbytère. Le cimetière est encore voisin de l'église et de quelques habitations; c'est un grave inconvénient que devrait faire cesser l'intérêt bien entendu de la commune.

La mairie, assez bien distribuée, contient un corps-de-garde et une école pour les enfans des deux sexes; les élèves sont habituellement nombreux. Il y a une autre école pour les adultes; mais elle n'en admet que quinze simultanément. Le service de la commune est fait par la gendarmerie de Versailles.

Le prix des locations annuelles, pour un ménage, varie de 100 à 300 francs; celui des subsistances est assez élevé.

Le territoire de cette commune comprend une surface de 424 hectares 29 ares. L'agriculture est en progrès. Depuis une année environ, on a commencé la culture du colza; celle des *marais* est très-bien entendue. On récolte des céréales, des fourrages, etc. L'arpent de terre se vend, terme moyen, 2,500 fr.

Le commerce en général est agricole. Il y a quelques fours à plâtre et à chaux et beaucoup de guinguettes et de marchands de vins.

La fête patronale est celle de saint Germain, 28 mai; on la célèbre le dimanche suivant.

Maire, M. Brancard. — Adjoint, M. Rouzi. — Capitaine de la garde nationale, M. Gauthien. — Percepteur des contributions, M. Maguin; jours de recette, le 6 de chaque mois.

Il faut adresser les lettres: *Au Chenay, par Versailles.*

Les communications avec la capitale ont lieu par les voitures publiques de Versailles.

CANTON DE SÈVRES.

Sèvres. — Chaville. — Garches. — Marnes-lez-Saint-Cloud. — Meudon. — Saint-Cloud. — Vaucresson. — Ville-d'Avray.

SÈVRES.

Sèvres, à deux lieues et demie sud-ouest de Paris, dans une vallée, entre les coteaux de Meudon et de Saint-Cloud; chef-lieu de canton et de justice de paix, arrondissement de Versailles, département de Seine-et-Oise.

Cette commune n'a point d'annexes ; elle est enclavée par Saint-Cloud, Ville-d'Avray, Châville, Meudon et la Seine.

Une grande partie du territoire est boisée et couverte de carrières de pierres propres à la construction ; le reste des terres est livré à la petite culture. Sèvres est d'un riant aspect, il le doit aux coteaux et aux sites charmans qui l'environnent. Il est traversé par la route royale de Paris à Versailles, par la route départementale allant de Sèvres à Paris par Issy et Vaugirard, et par la route départementale conduisant à Versailles par Ville-d'Avray.

Cette commune a peu de chemins vicinaux ; ils sont entretenus avec soin ; celui de Sèvres à Meudon, par Bellevue, est surtout dans l'état le plus satisfaisant.

Un cours d'eau, *le Ru-de-Marivelle*, fait mouvoir un moulin à farine et une fabrique de menuiserie à la mécanique, dont M. Lemaître est le propriétaire.

La population de Sèvres est de 4,000 habitans, donnant à la garde nationale 600 hommes, divisés en 4 compagnies, une de grenadiers, une de voltigeurs et deux de chasseurs ; plus une division de sapeurs-pompiers, chargés de la manœuvre de la pompe, en cas d'incendie.

Bien qu'on voie s'élever continuellement à Sèvres de nouvelles habitations, il en est fort peu de remarquables.

L'air est sain ; les rues sont toutes pavées et bien entretenues. L'éclairage est établi d'après le système Bordier-Marcet. Une brigade de gendarmerie composée de 10 hommes est chargée d'assurer la sécurité des habitans ; la caserne de cavalerie est aujourd'hui occupée par le train des équipages militaires. Le prix des subsistances est semblable à celui de Paris ; celui des locations annuelles varie, pour un ménage, de 120 à 300 francs.

La place, située à l'extrémité du pont, est fort ordinaire. Les trois fontaines publiques, placées sur différens points de la commune, fournissent avec abondance aux besoins des habitans. Pour signaler la beauté des promenades qui de toutes parts environnent ce village, il suffit de citer celles du parc de Saint-Cloud, le bois et le parc de Meudon, le hameau de Bellevue, etc.

Le même bâtiment comprend la mairie, la salle de justice de paix, une salle d'asile, une école d'enseignement mutuel, fréquentée par 90 enfans, une école d'adultes pour 45 élèves, une prison cantonale et le poste de la gendarmerie.

L'église, dont la construction remonte à l'année 1477, n'offre rien de remarquable. Les caveaux de cet édifice sont depuis quelque temps remplis d'eau par le courant du ruisseau ; cet état d'inondation habituelle pourrait en détériorer les fondations et entraîner plus tard sa ruine complète, si l'autorité n'apporte pas les soins les plus prompts au nettoiement et à l'assainissement de ces caveaux. Le presbytère est bien entretenu. Le cimetière est situé à l'extérieur du village, bien exposé et enclos d'un beau mur.

Sèvres compte 8 écoles primaires, dont les principales sont dirigées par MM. Bertrand, Lafosse et Gauthier ; et un pensionnat de jeunes gens sous la direction de M. Chevet.

Au nord de ce village sont situées les anciennes caves du roi ; elles jouissent de la propriété de bonifier considérablement les vins qui y sont enfermés.

Le port de Sèvres est dans une heureuse activité, il sert à l'exportation des produits des manufactures, aux envois de vins et autres productions agricoles et industrielles.

L'autorité, toujours attentive aux besoins de la classe indigente, s'est réservé un jour de chaque semaine pour ses distributions à domicile; de sorte que la mendicité est sans excuse et interdite.

L'agriculture a fort peu de développement à Sèvres; l'étendue de son territoire est de 391 hectares 70 ares. Le prix de l'arpent varie de 1,500 à 1,600 francs.

L'industrie, au contraire, s'y montre avec tous ses avantages réunis; elle est pour la commune une source toujours croissante de prospérité. On y compte beaucoup de blanchisseries, de marchands de fer, de carrières à pierre bien exploitées, un atelier d'impressions pour les toiles peintes, douze marchands de vins en gros; une imprimerie en caractères, de MM. Pelletier et Langlumé; une fabrique de capsules à piston, de MM. Gabignas, Delion et compagnie; une fabrique de cristaux et d'émail, appartenant à MM. Bruière, Lambert et Gineston; deux chantiers de bois à brûler, appartenant à MM. Jouyeux et Douard; un établissement de bains publics, appartenant à M. Schneider; et une grande pépinière, appartenant à M. Caume.

Mais le plus bel établissement de Sèvres, le plus digne de l'attention du voyageur, est la manufacture de porcelaines; sa réputation date de sa fondation; elle s'accroît encore chaque jour, par la beauté des pâtes et par les nombreux chefs-d'œuvre de peinture qui sortent de ses ateliers; ses produits sont une des gloires des expositions du Louvre. Elle possède trois collections du plus grand prix : la première se compose de toutes les porcelaines étrangères, avec les matières premières qui entrent dans leur manipulation; la deuxième, de toutes les porcelaines et faïences de France; la troisième, de modèles de vases, de services, de statues, etc. M. Brongniard, son directeur actuel, soutient et éternise, pour ainsi dire, l'illustration artistique de ce magnifique établissement.

La fête patronale de Sèvres est celle de saint Romain; on la célèbre le premier dimanche après la Pentecôte; elle se prolonge jusqu'au dimanche suivant. Le principal attrait de cette fête est l'entrée accordée au public, pour le premier dimanche seulement, depuis midi jusqu'à quatre heures, dans la manufacture royale des porcelaines, où il peut voir tous les objets d'art et les peintures sur verre.

Maire, M. Demontmort, notaire honoraire. — Adjoints : MM. Perrin et Varet aîné. — Secrétaire de la mairie, M. Champion. — Juge de paix, M. Gallot. — Greffier, M. Bénard. — Juges suppléans : MM. Demontmort et Schneider. — Notaire, M. Ménager. — Huissiers : MM. Fleury et Bissonnier. — Curé, M. Banivel. — Vicaire, don Rodriguez. — Percepteur des contributions, M. Pellardy; ses jours de recette sont le mercredi et le jeudi de chaque semaine. — Receveur d'enregistrement, M. Petit. Commandant de la garde nationale, M. Dardel. — Capitaine de grenadiers, M. Jalabert. — Capitaines des chasseurs : MM. Landry et Fouché. — Capitaine des voltigeurs, M. Chaufour. — Négocians, MM. Collas frères. — Marchands de fers : MM. Gatine et Drouet. — Marchands de vins en gros : MM. Cazerres et

Valade, Dana, Duplessis, Sasle-Breton, Varet aîné, etc. — Médecins: MM. Bastier, Baduel et Vernay.

— Sage-femmes: MM^mes Rouget, Mary et Lambin.

Il y a à Sèvres un bureau de poste aux lettres, sous la direction de M. Leveau, directeur ; trois distributions ont lieu par jour ; il suffit d'adresser : *A Sèvres*. Il y a aussi un relai de poste aux chevaux. Le maître de poste est M. Collas.

Les communications avec Paris s'établissent au moyen des voitures de tous genres qui passent incessamment dans la commune et en font le service.

CHAVILLE.

Châville, à trois lieues et demie sudouest de Paris ; canton et justice de paix de Sèvres, arrondissement de Versailles, département de Seine-et-Oise.

Il a pour annexes : le domaine de Doizat, le Petit-Châville et la ferme ; et pour enclaves : Viroflay, Sèvres, Meudon et les bois qui portent ces deux derniers noms.

Le village est situé sur le penchant d'une colline, et presque environné par les bois de Sèvres et de Meudon. Le Petit-Châville est sur la route royale de Paris à Versailles. Le territoire de la commune est coupé par une route départementale, qui prend son embranchement au centre du village et va aboutir directement à Vaugirard. Plusieurs chemins communaux et vicinaux exigent de promptes réparations.

Châville est peuplé de 1,526 habitans, qui donnent à la garde nationale un bataillon composé de 330 hommes. Ce bataillon est divisé en quatre compagnies, savoir : une de grenadiers, deux de chasseurs et une de voltigeurs.

On remarque, dans le centre du village, quelques propriétés assez bien construites, mais fort simples ; le château seul mérite quelque attention. il est aujourd'hui en la possession de M. Bonneville.

L'air est sain, les rues sont toutes pavées et bien entretenues. Une brigade de gendarmerie est chargée d'assurer la sécurité des habitans. On peut se loger convenablement moyennant une somme annuelle de 250 francs ; mais le prix des subsistances est aussi élevé qu'à Paris.

L'église, d'une petite dimension, date d'une époque peu reculée ; elle est solidement construite, et présente dans son intérieur quelques ornemens de bon goût. On remarque, entre autres tableaux d'une belle exécution, celui qui représente une sainte famille ; il est digne d'arrêter les regards des véritables connaisseurs.

Le presbytère est en bon état et appartient à la commune. Le cimetière est encore contigu à l'église, mais isolé de toute habitation : on projette son agrandissement.

Une fontaine et un puits fournissent avec abondance aux besoins des habitans et à l'assainissement général.

La mairie renferme une salle de police pour les gardes nationaux, une prison temporaire pour les malfaiteurs arrêtés dans Châville et ses environs, et un corps-de-garde tenu avec une grande propreté.

Châville a deux écoles communales, séparément ouvertes aux enfans des deux sexes ; elles peuvent contenir jusqu'à cent élèves.

L'agriculture a peu d'améliorations à signaler ; les cultivateurs conservent, pour ainsi dire, religieusement toutes les anciennes routines. Les produits de la culture consistent principalement en céréales. L'étendue du territoire est de 2,000 arpens. Le prix de l'arpent varie de 1,500 à 1,600 francs.

La commune est bordée par un cours d'eau appelé le *Ru-de-Marivelle*, sur lequel se sont établies beaucoup de buanderies; cinq cents personnes environ sont employées annuellement dans ces établissemens. Châville renferme encore une fabrique de carton, appartenant à M. Valentin, et une briqueterie considérable, occupant beaucoup de monde. Les deux fours à chaux et les deux fours à plâtre sont la propriété de M. Panis; on exploite encore dans cette commune plusieurs carrières à moellons, dont les produits sont avantageusement exportés à Paris.

Châville demande la réparation de son horloge, ainsi que celle de ses chemins communaux et vicinaux; la nouvelle loi lui permettra d'effectuer cette amélioration.

La fête patronale est celle de l'Assomption de la Vierge, 15 août; elle est célébrée le même jour.

Maire, M. Lepine.—Adjoint, M......—Curé, M. Chazel. — Percepteur des contributions, M. Pellardy; ses jours de recette sont le premier mercredi de chaque mois. — Chef de bataillon, M. Aubry. — Capitaine des grenadiers, M. Moufle. — Capitaines des carabiniers : MM. Page et Carret.—Capitaine des voltigeurs, M. Drouard.

Il faut adresser les lettres : *A Châville, par Sèvres.*

Les communications avec la capitale s'établissent au moyen des voitures de passage, que l'on trouve en grande quantité au Petit-Châville.

GARCHES.

Garches, à deux lieues ouest de Paris ; canton et justice de paix de Sèvres, arrondissement de Versailles, département de Seine-et-Oise.

Annexes : Villeneuve-l'Étang et le Petit-l'Étang. Enclaves : Saint-Cloud, Marnes, Vaucresson, la Celle-lez-Saint-Cloud et Surêsne.

Cette commune se compose de deux parties : Garches, proprement dit, forme la première; le Petit-Garches et le hameau de Villeneuve-l'Étang constituent la seconde.

La route départementale n° 5 longe le territoire ; elle est connue sous le nom d'*ancienne route de Normandie*, et sert de communication, d'un côté avec la capitale, en passant par Saint-Cloud, et de l'autre avec Versailles, par Vaucresson. Le chemin de fer projeté de Paris à Versailles, par la rive droite de la Seine, doit passer à *la Porte-Jaune*, près de Garches.

La population s'élève à 900 habitans, qui donnent à la garde nationale une compagnie forte de 250 hommes, faisant partie du bataillon cantonal de Saint-Cloud.

Le hameau, dit *le Petit-l'Étang*, se composait naguère d'une simple maison bourgeoise, qui appartenait à M. Brézin, ancien fondeur de canons, riche propriétaire, décédé à Paris le 21 janvier 1828. Après avoir élevé, par de vastes entreprises, l'édifice de son immense fortune, M. Brézin n'oublia pas que ses ouvriers lui avaient été d'un grand secours. Il légua, en mourant, toute sa richesse, qui ne montait pas à moins de quatre millions, aux hospices de Paris, afin d'établir une maison de secours pour les ouvriers sexagénaires et sans fortune, de la profession de ceux qu'il occupait dans ses usines. Conformément aux intentions du testateur, l'administration des hospices fit disposer provisoirement la maison du Petit-l'Étang et les divers bâtimens qui en dépendent, de manière à recevoir le plus de personnes ayant droit aux bienfaits de M. Brézin. Cent cinquante ouvriers y sont admis en ce moment. Le nombre des admissions n'a été jusqu'ici restreint à cent cinquante, qu'à cause de l'exiguité des bâtimens provisoires. Mais M. Brézin ayant consacré toutes ses richesses (sauf quelques legs particuliers en viager) pour le soulagement des malheureux, l'administration fait construire actuelleent de plus vastes bâtimens, qui permettront de recevoir au moins trois cents personnes; et dès que les travaux seront terminés, les admissions se succéderont, jusqu'à l'épuisement des fonds destinés à cet effet. Par son testament, M. Brézin a ordonné que ce bel établissement fût nommé *Hospice de la Reconnaissance*, en témoignage de la gratitude dont il était pénétré pour les compagnons de ses travaux, au concours desquels il devait en partie sa fortune. Jamais un plus grand bienfait n'eut un motif plus juste et plus généreux.

La température de Garches est très-saine, toutes ses rues sont entretenues dans une grande propreté. Les deux fontaines placées aux extrémités du village donnent peu d'eau. Plusieurs jolies maisons de campagne et les promenades du bois de la Malmaison prêtent de l'attrait au séjour de la commune. Le prix des subsistances et celui des locations annuelles sont fort peu élevés. La sécurité publique est assurée par la brigade de gendarmerie de Saint-Cloud.

L'église, la première qui fut, dit-on, dédiée sous l'invocation de saint Louis, est d'une construction gothique, et d'une petite dimension, mais parfaitement entretenue. Son curé est logé aux frais de la commune, faute de presbytère. Le cimetière, situé à l'extérieur, est enclos d'un mur neuf; les soins les plus minutieux sont apportés à son entretien.

L'école primaire est séparée en deux classes bien distinctes : l'une est consacrée aux jeunes garçons, l'autre aux jeunes filles. Cette école est fréquentée par soixante-dix enfans.

L'agriculture est assez florissante; ses principaux produits consistent en vignes, en fruits et en légumes. L'étendue du territoire est de 200 hectares. Le prix de l'arpent varie de 1,300 à 1,600 francs.

On trouve à Garches quelques buanderies assez importantes, mais il n'y a encore ni commerce ni aucune branche d'industrie.

L'autorité locale a conçu un projet d'un intérêt général; il consiste dans l'établissement d'une grande route partant de Paris, traversant le bois de Boulogne, dans la direction de Surêsne, en face duquel un pont serait jeté sur la Seine; de ce pont, la route irait faire jonction à l'*ancienne route de Normandie*, qui longe le territoire de Garches. Par suite de l'exécution de cet utile projet, on éviterait la côte à pic de Saint-Cloud, et l'ancienne route de Normandie jouirait d'une fréquentation que lui enlève la montée de cette côte.

Il est deux points sur lesquels les habitans de Garches appellent l'attention de l'autorité supérieure. Ils demandent d'abord qu'on leur facilite les moyens de se procurer l'eau qui leur manque, et que les faibles revenus de la commune ne lui permettent pas d'acquérir ; ils désirent ensuite voir mettre un terme prompt aux graves accidens occasionés par la rapidité de la pente de la côte de Saint-Cloud, en adoucissant l'inclinaison du sol.

La fête patronale est celle de saint Louis, 25 août ; elle est célébrée le dimanche suivant.

Maire, M. Sevin.—Adjoint, M. Couturier. — Curé, M. Boutaud. — Commandant de la garde nationale, M. Rolle. —Percepteur des contributions, M. Hennissard. La perception se fait à Saint-Cloud, les premier et troisième jeudis du mois.

Il se fait régulièrement deux distributions de lettres par jour. Il faut adresser : *A Garches, par Sèvres.*

Les communications avec Paris s'établissent au moyen des voitures publiques de Saint-Cloud et de Sèvres.

MARNES-LEZ-SAINT-CLOUD.

Marnes, à trois lieues sud-ouest de Paris ; canton et justice de paix de Sèvres, arrondissement de Versailles, département de Seine-et-Oise.

Cette petite commune a trois écarts : Jardy, La Marche et Villeneuve-l'Étang. Elle est enclavée par Saint-Cloud, Vaucresson et Ville-d'Avray.

Le village, situé à mi-côte et à l'extrémité du parc de Saint-Cloud, est de toutes parts environné de sites variés et charmans ; indépendamment du parc royal de Saint-Cloud, on y trouve les promenades les plus agréables.

La commune est traversée par un chemin cantonal, allant de Sèvres à Vaucresson.

Le château de Saint-Cloud a une sortie directe sur Marnes, par un superbe chemin qui conduit immédiatement à Versailles à travers les bois.

La population n'est que de 271 habitans, qui donnent au bataillon cantonal de Saint-Cloud une subdivision de 20 gardes nationaux.

L'air est salubre ; les rues ne sont pavées qu'en partie, mais elles sont maintenues dans un état de propreté habituelle. Le village a une place publique, mais ni fontaine, ni église. Les habitans vont entendre le service divin à Ville-d'Avray, qui n'est séparé de Marnes que par une longue et belle avenue.

Le cimetière est encore dans l'intérieur du village ; son mur d'enceinte a besoin de réparations.

Le château de Villeneuve-l'Étang appartient à M. le vicomte de Cazes, ancien receveur-général. Le château de Marnes, autre belle propriété, est aujourd'hui aux héritiers de M. le chevalier Bourdois de La Motte, qui le posséda pendant 30 ans, et qui est mort en 1836.

La gendarmerie de Saint-Cloud fait le service de la commune de Marnes.

Le prix des locations annuelles est très-modéré, mais celui des subsistances est presque aussi élevé que dans Paris. Cela provient sans doute du peu de ressource que présente la petite population du village, et de sa situation qui est écartée des grandes et faciles communications.

Une seule école communale reçoit habituellement une trentaine d'enfans des deux sexes.

L'agriculture a peu d'étendue. Une très-grande partie du sol est occupée par des jardins d'agrément. On récolte néanmoins quelques céréales, de gros légumes et des fruits, qui sont portés à Paris et à Versailles. L'étendue du territoire est d'environ 200 hectares; le prix moyen de l'arpent de terre est de 2,000 fr.

L'industrie et le commerce sont nuls, ou plutôt se bornent aux soins et à la vente des produits de la culture. Il n'y a, du reste, aucun établissement étranger aux travaux agricoles.

Les habitans sollicitent avec instance, auprès de l'autorité, la construction d'une fontaine publique, nécessaire aux besoins journaliers et à l'assainissement du village.

La fête patronale est celle de la translation de saint Éloi, 30 juin; on la célèbre le dimanche suivant, sur la jolie place du village.

Maire, M. Collignon. — Adjoint, M. Cochet. — Percepteur des contributions directes, M. Hennissard. La recette se fait à Saint-Cloud, le dernier jeudi de chaque mois.

Le service de la poste aux lettres a lieu également à Saint-Cloud. Il faut adresser : *A Marnes-lez-Saint-Cloud, par Sèvres.*

Les communications avec la capitale ont lieu au moyen des voitures publiques de Saint-Cloud, de Sèvres et de Ville-d'Avray. Les relations avec Saint-Germain-en-Laye sont faciles par Roquencourt et Marly (route départementale n° 41).

MEUDON.

Meudon, à deux lieues et demie sud-ouest de Paris, sur une colline dont la Seine baigne le pied; canton et justice de paix de Sèvres, arrondissement de Versailles, département de Seine-et-Oise.

Annexes : le Bas-Meudon, Fleury-sous-Meudon, le Val-sous-Meudon, Bellevue. Écarts : Artelon, les Ruisseaux, le château de Meudon et ses dépendances. Enclaves : Issy, Clamart, Châtillon, Fontenay-aux-Roses, le Plessis-Piquet, Verrières, Velizy, Châville et Sèvres.

Le territoire de cette commune est montueux et couronné de belles forêts. La superficie du sol est richement cultivée. Le sol inférieur fournit du sable, de la pierre à bâtir, du plâtre et de la craie, dont on fait *le blanc d'Espagne*.

Aucune route royale ni départementale ne traverse la commune qui a cependant, à sa charge, six lieues de chemins de toute nature, difficiles à bien entretenir, à cause de l'escarpement du terrain, et indispensables pour lier au centre les diverses annexes et les écarts nombreux.

Le chemin de fer projeté de Paris à Versailles, par la rive gauche de la Seine, doit traverser Bellevue.

Meudon n'a point de cours d'eau, mais des sources abondantes, pures et salubres. Il est dans une position pittoresque avec des vues délicieuses sur la Seine, Saint-Cloud, Paris et tous les environs de la capitale. Il est au centre des plus belles promenades que l'on puisse désirer, les parcs de Meudon et de Saint-Cloud, les bois de Fleury et de Verrières, les bords de la Seine et les îles du Bas-Meudon, etc.; aussi le séjour de cette commune est-il recherché. Elle compte un grand nombre d'habitations riches et élégantes; le château royal, demeure assez habituelle du duc d'Orléans, pendant quelques mois de la belle saison; sa magnifique terrasse est préférée à celle de Saint-Germain-en-Laye, et son mobilier est devenu historique par les souvenirs que lui a imprimés Napoléon ; la maison de campagne du général Jacqueminot, dont la charité intelligente occupe constamment une grande quantité de pauvres ouvriers ; le château de Vilbon, situé au milieu des bois de Meudon, et appartenant à M. Trucy-Aubert ; les maisons de M. Séné, ancien notaire, sur l'avenue, près du château royal ; de Mme la marquise de Pastoret et de M. Pankoucke, à Fleury ; de M. Duret, au Val ; de M. Verdeau, aux Moulineaux ; de M. Scribe, au Montalais ; de Mme Paira, au Bas-Meudon ; de M. James-Odier, dite *la Tour*, à Bellevue, etc., etc. Enfin le magnifique hameau de Bellevue, création due à M. Guillaume, qui offre l'ensemble charmant de petites maisons aussi élégantes que commodes, entourées de jolis jardins.

La population est d'environ 3,500 ames en hiver, et d'environ 4,000 en été ; elle fournit à la garde nationale un bataillon de 600 hommes, divisés en quatre compagnies, savoir : une de grenadiers, 100 hommes ; deux de chasseurs, 400 hommes ; et une de voltigeurs, 100 hommes. La commune possède une pompe à incendie ; elle en aura bientôt une seconde, au moyen d'une souscription ouverte et remplie par les jeunes gens ; mais il n'y a pas encore de sapeurs-pompiers organisés.

Deux brigades de gendarmerie veillent à l'ordre et à la sûreté, qui ne laissent rien à désirer.

L'air de Meudon est vif, sain et recommandé aux malades. Les loyers sont à bon marché ; ce qui attire, en été, une forte émigration des habitans de la capitale. Point de halle ni de marché, cependant une grande facilité à se procurer toute sorte de subsistances, par les établissemens nombreux qui en fournissent, mais presque aussi chèrement qu'à Paris. Il y a peu d'établissemens publics ; aucun hospice, mais des sœurs de charité, qui soignent les malades ; des secours à domicile et point de mendians de profession.

L'église est moderne et richement pourvue ; elle renferme quelques tableaux précieux et un joli buffet d'orgues. Bellevue a une chapelle, et plusieurs habitations particulières en ont aussi.

Meudon possède deux écoles communales, assidument fréquentées par un grand nombre d'enfans des deux sexes. L'enseignement est simultané pour les filles et mutuel pour les garçons. Il y a, dans ce village, plusieurs institutions particulières, parmi lesquelles un pensionnat de garçons, tenu par M. Lemaître, et deux pensionnats de jeunes filles, dirigés par Mmes Lemaître et Durdent.

Le territoire est en grande partie couvert de bois. Le reste est bien cultivé et produit du vin et des légumes pour la consommation des habitans et des nombreux promeneurs attirés par les agrémens du pays ; on récolte environ 2,000 pièces de vin par année. Le prix des terres est au-dessous de leur valeur réelle à cause du mauvais entretien des chemins. Il y a, à Meudon, un haras dirigé par M. le comte de Cambis, où le Prince royal fait élever des chevaux de course qui rivalisent avec les plus beaux produits de la France et de l'Angleterre.

Meudon occupe un rang honorable dans l'industrie. On y compte de nombreuses fabriques de *blanc d'Espagne* ; il existe une grande féculerie aux Moulineaux, et une très-importante fabrique de *capsules fulminantes*, au Bas-Meudon ; le vaste établissement de M. Casadavant, à la verrerie du Bas-Meudon, *mal-à-propos* dite de Sèvres, fournit 1,500,000 bouteilles par année ; deux fours y sont consacrés à la fabrication des cristaux, dont la taille est opérée à l'aide d'une machine à vapeur. La beauté de ces produits est égale à celle des premiers établissemens de France, en ce genre. Trois cents ouvriers de toutes sortes sont constamment occupés par ces travaux.

Le commerce est tout de consommation intérieure. Il n'y a ni foires, ni exportations des produits agricoles, mais une grande exploitation des bois de la couronne, pour le chauffage et la charpente.

La commune a des archives qui remontent, sans lacune, jusqu'à 1400 ; d'après elles, rien ne prouve que Rabelais ait été curé de Meudon.

La fête patronale de ce village est celle de la translation de saint Martin ; on la célèbre le second dimanche de juillet et les deux dimanches suivans. La fête de sainte Anne a lieu dans les bois de Fleury, le 25 juillet ou le dimanche qui suit immédiatement. Bellevue a pour fête l'Assomption de la Vierge, 15 août.

La commune est trop pauvre pour se donner une salle d'asile, qui lui serait très-précieuse ; elle a trop de chemins à sa charge. Elle demande au conseil général du département la reprise, au compte de l'état ou du département, de la route des Moulineaux, créée en 1726, route royale pour l'accès de Paris au château de Meudon. La commune sollicite aussi de la liste civile la reprise de la route de Trivaux, qui est surtout pratiquée pour le transport des bois de la couronne.

Les autres améliorations sont difficiles et lentes, à cause du peu de revenus de la commune et de la nature du sol. Cependant, l'administration actuelle a adopté un plan dont l'exécution progressive doit produire d'heureux résultats.

Maire, M. Banie, propriétaire.— Adjoints, MM. Barbeau père et Langlois père.— Curé, M. Lévêque.— Vicaire, M. Salmon.— Notaire, M. Bouchet.— Commandant du bataillon de la garde nationale, M. Pankoucke fils.— Percepteur des contributions, M. Génart, dont le bureau de recette est ouvert tous les jours.— Buralistes du timbre: Mme Nampe, à Meudon ; M. Mésoignon, à Bellevue.— Imprimeur et libraire, M. de Lacour, à Meudon.— Médecins : MM. Obeuf et Babis, à Meudon ; Déramand, à Bellevue.— Artiste vétérinaire, M. Berthier père, à Meudon.

Le bureau de distribution et de départ des lettres pour la commune est à Meudon. Il faut adresser : *A Meudon, banlieue de Paris.*

Les relations avec Paris sont très-fréquentes par deux routes : 1° par Issy et Vaugirard ; 2° par Sèvres. Les *Omnibus* viennent de Paris jusqu'à Issy, et les voitures de Paris à Versailles montent par correspondance jusqu'à Bellevue.

SAINT-CLOUD.

Saint-Cloud, à deux lieues sud-ouest de Paris ; canton et justice de paix de Sèvres, arrondissement de Versailles, département de Seine-et-Oise.

Il a pour annexes : Montretout et la Porte-Jaune ; et pour enclaves : Suresnes, Garches, Marnes, Ville-d'Avray, Sèvres et la Seine.

Son territoire est en grande partie couvert de bois et de vignes. Les côteaux qui l'entourent de toutes parts, joints au reflet des eaux de la Seine, forment de près le plus joli paysage, et de loin la plus riche perspective.

Le chemin de fer projeté de Paris à Versailles, par la rive gauche du fleuve, doit passer à Saint-Cloud. La commune est traversée par la route départementale n° 5, connue sous le nom d'*ancienne route de Normandie*. Les chemins vicinaux sont assez bien entretenus.

Cette commune est peuplée de 2,300 habitans, fournissant à la garde nationale deux compagnies, l'une de grenadiers, l'autre de chasseurs. Elles sont composées chacune de 150 hommes, presque tous habillés, et font partie du bataillon cantonal dont Saint-Cloud est le chef-lieu.

Le château royal, dans la plus heureuse position, décoré de toutes les richesses de l'art et en possession de la plus belle cascade de l'Europe, attire une foule de curieux. Il a été construit sur les dessins de Lepautre, de Gérard et de J.-H. Mansard. Son parc a été planté sous les ordres du célèbre Lenôtre. L'entretien annuel de cette résidence s'élève à environ 114,000 francs. La *lanterne de Diogène*, élevée sous le règne de Napoléon, est un ouvrage de trois ouvriers italiens, les frères Trabuchi, qui, ayant trouvé le moyen de faire des poêles en terre d'une grande dimension, et voulant appliquer leur procédé à des objets plus importans, communiquèrent leur projet à MM. Percier, Legrand et Belloni. Ces artistes engagèrent les frères Trabuchi à exécuter en grand le monument antique d'Athènes, connu sous le nom de la lanterne de Diogène. Ils en firent une copie qui fut exposée, en 1800, dans la cour du Louvre. Plus tard, Napoléon la fit placer à Saint-Cloud. Il y fit ajouter un fanal, surmonté d'une pomme de pin. Saint-Cloud est, en outre, embelli par deux autres châteaux : l'un, connu sous le nom de *Montretout*, est la propriété de Mme la comtesse de Bruges ; l'autre, appelé la *Grande-Maison*, appartient à M. Lupin, fabricant de châles.

Saint-Cloud jouit d'un air très-sain ; son éclairage et le pavage de ses rues sont complets. Une brigade de gendarmerie est spécialement chargée du service de la commune. Le prix des locations annuelles et celui des subsistances sont aussi élevés qu'à Paris.

L'hospice de Saint-Cloud, fondé par Marie-Antoinette, est régi par cinq administrateurs et confié aux soins de trois sœurs de Saint-Vincent de Paule ; il contient quinze lits, et, en outre, une école pour les jeunes filles, dont le nombre n'est pas limité. Du jardin de cette maison, placé sur le haut de la colline, on découvre les plus beaux points de vue. Cet établissement possède, en rentes et en revenus fonciers, une somme annuelle de 10,000 francs ; sa fortune s'augmentera encore à l'expiration des baux emphythéotiques de terrains à lui appartenant, situés à Boulogne, et loués à condition que les constructions faites sur ces terrains appartiendront à l'hospice à la fin des baux.

L'église, actuellement en construction, promet un bel édifice de plus. Le presbytère est assez joli. Le cimetière est situé à l'extérieur du village ; on s'occupe activement de son agrandissement par voie d'expropriation pour utilité publique. Parmi plusieurs monumens remarquables, on distingue celui de la mère du poète Andrieux, celui d'une jeune fille et celui de Mme Jordan.

La maison d'arrêt, fort bien tenue, est défrayée par la préfecture de police de Paris.

Deux pensionnats appellent l'attention des parens : l'un, destiné aux jeunes gens, est dirigé par M. Régnier; l'autre est consacré aux jeunes demoiselles. Il existe, en outre, deux écoles de jeunes filles, sous une direction particulière, et une école communale pour les garçons, fréquentée par deux cents enfans environ. Les frères des écoles chrétiennes sont chargés de sa direction.

L'agriculture est dans un état aussi florissant que le permet la nature du sol. La culture des betteraves prend de jour en jour plus de développement. L'étendue du territoire est d'environ 250 hectares. Le prix de l'arpent, terme moyen, est de 1,600 francs.

Toute l'industrie de Saint-Cloud consiste en une belle imprimerie, qui occupe journellement une cinquantaine d'ouvriers, indépendamment d'une mécanique à bras. MM. Belin et Mandas, libraires à Paris, en sont les propriétaires.

La fête patronale est celle de la Nativité de Notre-Dame, 8 septembre; elle commence le premier dimanche suivant et se prolonge jusqu'à la fin du mois. Elle a lieu dans l'enceinte du parc, et elle est sans contredit la plus belle et la plus fréquentée des environs de Paris. Une foule innombrable de tous les rangs, de la capitale et des campagnes, s'y réunit principalement les trois dimanches.

Maire, M. Michaux. — Adjoint, M. ...... — Notaire, M. Hersent. — Curé, M. Sayles. — Commandant de la garde nationale et percepteur des contributions, M. Hennissard; ses jours de recette sont les mercredis et samedis. — Médecin, M. Pigache. —
Notabilités : Mme la comtesse de Bruges, M. Lupin, M. Gaillard, juge au tribunal de commerce; M. Tournel, ancien maire.

Il y a un bureau de distribution de lettres, où l'on affranchit pour toute la France. Mme Saint-Gilles en est la directrice. Il faut adresser : *A Saint-Cloud, par Sèvres.*

Les communications avec Paris s'établissent au moyen de plusieurs voitures, partant l'hiver toutes les demi-heures, et l'été, de vingt minutes en vingt minutes.

VAUCRESSON.

Vaucresson, à deux lieues et demie sud-ouest de Paris; canton et justice de paix de Sèvres, arrondissement de Versailles, département de Seine-et Oise.

Cette commune a pour annexes : le clos Toutin et la Folie; pour enclaves : Garches, la Celle-lez-Saint-Cloud, Roquencourt, Marnes et Versailles.

Situé au midi, sur la pente d'un coteau, à l'extrémité d'une belle plaine, ce village est d'un aspect agréable. Deux routes départementales y aboutissent; l'une conduit à Versailles, l'autre à Saint-Cloud.

Sa population n'est que de 286 habitans, fournissant à la garde nationale une subdivision de 25 hommes, du bataillon de Saint-Cloud.

Vaucresson renferme un nombre assez considérable de maisons d'agrément; mais aucune d'elle ne peut être comparée au château, récemment acheté par Mlle Grisi, célèbre cantatrice du Théâtre-Italien, à Paris. Elle en a pris possession en 1836 ; à cette occasion, elle a donné à l'église du village une sainte table et deux balustrades en fer pour les deux chapelles latérales.

La température de Vaucresson est douce et salubre ; toutes les rues sont pavées et bien entretenues. La sécurité des habitans est confiée à la brigade de gendarmerie, en résidence au clos Toutin. Le prix des locations annuelles et celui des subsistances sont très-modérés.

La construction de l'église est d'une date ancienne, d'un style fort simple, et n'a de remarquable que les soins apportés à son entretien. Le presbytère, qui est contigu à cet édifice, est très-logeable. Le cimetière, situé à l'extérieur du village, est enclos d'un mur qui ne date guère que de vingt ans.

La fontaine publique est bien placée, et fournit assez d'eau pour la consommation journalière et pour l'assainissement des rues.

L'école communale est séparée en deux classes ; l'une est consacrée aux garçons, l'autre aux filles ; le nombre d'élèves qui les fréquentent n'est pas encore limité.

L'agriculture a peu d'étendue ; la culture la plus productive est celle des groseillers. L'étendue du territoire est d'environ 230 hectares. Le prix de l'arpent de terre en culture varie ordinairement de 1,200 à 1,500 francs.

Vaucresson possède quelques laiteries et plusieurs buanderies. Ces établissemens forment tout le commerce de cette commune, dont les revenus sont insuffisans pour subvenir seulement à ses dépenses d'entretien ; sous ce rapport, elle a des titres à l'attention et à la bienveillance de l'autorité supérieure.

La fête patronale est celle de Saint-Leu et Saint-Gilles, 1er septembre ; elle est célébrée le dimanche suivant.

Maire, M. Delange. — Adjoint, M. Laurent. — Secrétaire, M. Demongeot. — Curé, M. Gauthier. — Percepteur des contributions, M. Hennissard ; ses jours de recette sont le deuxième jeudi de chaque mois.

Il faut adresser : *A Vaucresson, par Versailles.*

Les communications avec la capitale s'établissent au moyen des voitures de Saint-Cloud.

VILLE-D'AVRAY.

Ville-d'Avray, à trois lieues sud-ouest de Paris, dans un joli vallon au-dessous du parc de Saint-Cloud ; canton et justice de paix de Sèvres, arrondissement de Versailles, département de Seine-et-Oise.

Enclaves : Saint-Cloud, Sèvres, Versailles et Marnes.

Le nombre des habitans est de 767, sur lesquels 211 forment une compagnie de voltigeurs de la garde nationale, faisant partie du bataillon cantonal de Saint-Cloud.

Le territoire de la commune est montueux ; il offre partout des sites charmans et les plus belles promenades, telles que le parc de Saint-Cloud et les environs de Versailles. Les habitations sont construites avec soin et plusieurs maisons de campagne attirent les regards par le goût qui a présidé à leurs dispositions et à celles de leurs jardins. Le château, bâti à la moderne, est assez beau ; il appartient à M. Bar.

Les rues du village sont pavées et bien entretenues. La propreté est facilitée par la pente du terrain, aussi l'air y est-il fort sain. La fontaine, dite du Roi, est renommée par la limpidité et la salubrité de son eau, qui était autrefois la seule admise sur la table du roi. Les vivres sont abondans, mais assez chers, ainsi que les loyers d'habitation. Les mœurs des habitans sont douces et paisibles et la sécurité publique est assurée par le service actif que fait la brigade de gendarmerie en résidence à Saint-Cloud.

L'église est de construction moderne, elle n'a rien de remarquable. Le cimetière, placé hors du village, est clos de murs nouvellement construits; il a un demi arpent d'étendue et l'intérieur en est convenablement disposé et entretenu.

Ville-d'Avray n'a qu'une école primaire et une école particulière. On retrouve encore, dans cette pénurie d'instruction, l'inconvénient de la réunion des enfans des deux sexes.

Le territoire de la commune comprend environ 700 arpens, dont le prix varie de 1,500 jusqu'à 3,000 francs et plus. Une grande partie est plantée en bois, le reste est cultivé en fruits et en légumes, qui se vendent à Paris et à Versailles.

L'industrie de la commune se borne au blanchissage du linge de la capitale; il y a beaucoup de buanderies, mais point de manufactures.

La commune est traversée par une route allant de Saint-Cloud à Versailles. Le chemin de fer projeté de Paris à Versailles, par la rive gauche de la Seine, doit passer aussi par Ville-d'Avray.

La commune désire beaucoup l'établissement d'une pompe à incendie; cet utile secours devrait en effet se trouver partout où sa présence peut prévenir des malheurs souvent irréparables.

La fête patronale est celle de saint Nicolas, 6 décembre; mais attendu la rigueur de la saison, elle n'est pas célébrée à cette date, on l'a transférée au premier dimanche de juin; elle est fort belle et attire beaucoup de monde.

Maire, M. Desvalières. — Adjoint, M. Godefroy. — Secrétaire de la mairie, M. Dupuis. — Curé, M. Barbei. — Capitaine de la garde nationale, M. Camuzat. — Percepteur des contributions, M. Hennissard.

Il faut adresser les lettres : *A Ville-d'Avray, par Sèvres.*

Deux voitures publiques font régulièrement le service de Ville-d'Avray à Paris, trois fois par jour.

CANTON DE MARLY-LE-ROI.

Bougival. — La Celle-lez-Saint-Cloud. — Louveciennes. — Marly-le-Port. — Rueil.

BOUGIVAL.

Bougival, à trois lieues et demie ouest de Paris; canton et justice de paix de Marly-le-Roi, arrondissement de Versailles, département de Seine-et-Oise.

Ses annexes sont: la chaussée de Bougival, Saint-Michel-du-Houssay; et ses enclaves: Rueil, la Celle-lez-Saint-Cloud, Louveciennes et la Seine.

Assis au milieu d'un charmant vallon, sur la rive gauche de la Seine, Bougival offre au voyageur une agréable perspective; il est traversé par la route royale de Paris à Saint-Germain et par une route départementale prenant naissance à la route royale et conduisant en droite ligne à Versailles. Les chemins communaux et vicinaux sont en bon état. Le territoire se partage en petite culture, vignes, fruits, bois, prairies naturelles et artificielles, et en carrières de moellons et de craie.

La population de la commune s'élève à 1,050 habitans, fournissant à la garde nationale deux compagnies de chasseurs, composées chacune de 80 hommes, du bataillon de Rueil.

On remarque des progrès dans les constructions particulières; celles qui ont été élevées depuis quelques années sont tout-à-fait dans le goût actuel. Après avoir accordé quelque attention aux jolies maisons de campagne que renferme le village, les regards se reposent avec complaisance sur le château de *la Jonchère*; sa position, la plus belle de l'endroit, concourt à lui donner un attrait peu commun.

La température de Bougival est saine; toutes ses rues sont pavées et très-propres; la sécurité de ses habitans est assurée par la brigade de gendarmerie de Rueil. Le prix des locations annuelles, pour un cultivateur, varie de 80 à 100 f.; celui des subsistances est modéré. Le corps-de-garde est situé sur la place publique, cette dernière est ornée d'une assez belle plantation d'arbres. Les environs du village offrent aux amateurs de très-jolies promenades, qu'embellissent encore les bords de la Seine. Cinq belles fontaines publiques, dispersées dans l'étendue de la commune, fournissent abondamment aux besoins et à l'assainissement du pays. Quatre de ces fontaines sont accompagnées de lavoirs.

L'église est sous la double invocation de la Vierge et de saint Aventin, elle date du douzième siècle; quoique petite, elle n'est pas dépourvue de quelque beauté. Le maître-autel est décoré d'un tableau de l'école Italienne, représentant une descente de croix ; à l'extrémité occidentale de la nef, on voit l'épitaphe de *Rennequin-Sualem*, qui prouve que ce modeste artisan fut le seul inventeur de l'ancienne et fameuse machine de *Marly*. Long-temps et mal à propos, on attribua cette invention au chevalier Deville (voir l'article de la commune de Port-Marly). Les soins les plus minutieux sont apportés à l'entretien de cette église. Le presbytère est bien bâti et embelli par un joli jardin, qui atteste le goût du curé. Le cimetière est situé à l'extérieur du village. Quelques monumens remarquables attirent les regards des personnes qui le visitent ; il est enclos d'un mur en bon état.

Bougival n'a qu'une école pour les enfans des deux sexes ; mais elle est séparée en deux classes bien distinctes et fréquentée par 50 élèves.

On projette le pavage complet de la route départementale.

L'agriculture fait des progrès, tous ses produits sont exportés à Paris. L'étendue du territoire est de 650 arpens, dont le prix varie de 1,500 à 2,000 francs l'arpent.

L'industrie de la commune consiste dans la fabrique d'huile de colza de M. Sourdeaux ; la fabrique d'acier damassé de M. Sir Henry, dont les produits sont justement estimés ; dans la fabrication du blanc de céruse et dans l'exploitation de diverses carrières. On remarque aussi dans ce village beaucoup de blanchisseurs ; ces diverses industries répandent l'aisance dans la commune.

La fête patronale est celle de sainte Madelaine, 22 juillet. Elle est célébrée le deuxième dimanche d'août ; elle se tient sur les bords de la Seine, et, autant par la beauté de sa position que par les plaisirs qui s'y trouvent réunis, elle attire un grand concours de monde des communes environnantes et même de la capitale.

Les vœux des habitans de Bougival sont : l'établissement d'une mairie, à laquelle on joindrait une école et une salle d'asile pour l'enfance.

Maire, M. Biesta. — Adjoint, M. Beaumann. — Notaire, M. Donard. — Curé, M. Desmasières. — Capitaine en 1er de la garde nationale, M. Durand. — Capitaine en 2e, M. Levasseur.— Percepteur des contributions, M. Lelair ; ses jours de recette sont deux fois par mois.

La commune a deux boîtes aux lettres. Il faut adresser : *A Bougival*, *par Saint-Germain-en-Laye*.

Les communications avec Paris s'établissent facilement au moyen de diverses voitures de passage, traversant la commune à tout moment.

LA CELLE-LEZ-SAINT-CLOUD.

La Celle-lez-Saint-Cloud, à quatre lieues et demie ouest de Paris. Ce village est placé à mi-côte de l'une des gorges affluentes au vallon de la Seine, avant Marly-le-Port, en y arrivant de Paris. Il est exposé au nord-ouest, ayant pour perspective, à son horizon au couchant, l'aqueduc de Marly. Il est appuyé, au levant, sur les beaux et grands bois de la Malmaison. Son élévation barométrique est de 97 mètres (50 toises) au-dessus de l'étiage des basses-eaux de la Seine, au Pont-Neuf, à Paris.

On arrive de Paris à la Celle-Saint-Cloud, par la route de Saint-Germain-en-Laye, dite *de la Machine*, en quittant cette route, un peu avant la neuvième borne milliaire et en tournant à gauche par Bougival et la belle route départementale, qui va de Bougival à Versailles en traversant la Celle-Saint-Cloud. On peut y arriver aussi par la route pavée de Saint-Cloud à Roquencourt, ou enfin par Versailles.

La population de la Celle-Saint-Cloud est de 370 habitans, divisés en 106 feux; ce qui donne trois têtes et demie par feu ; on compte 173 hommes et 197 femmes. Sur cette population laborieuse, 280 personnes sont occupées à divers travaux ; 90 seulement sont inoccupées, soit à cause de leur enfance, soit à cause de leur extrême vieillesse ou de leurs infirmités. La population est constamment en progression croissante et dans un rapport très-élevé. On attribue cet heureux résultat, bien moins à l'acquisition de nouveaux habitans venus du dehors, qu'à la grande salubrité du pays et à la pureté des mœurs de ses indigènes. Pendant trente années d'observations, sur 259 naissances, il n'y en a eu que 13 d'illégitimes.

Des informations prises auprès des médecins et des chirurgiens qui depuis trente ans ont la clientèle de cette commune attestent que, pendant cette longue période de temps, les maladies secrètes ne s'y sont pas manifestées une seule fois.

Un fait non moins remarquable, c'est qu'il ne se commet ni crimes ni délits à la Celle-Saint-Cloud. Il n'y a même jamais de rixes graves parmi les habitans. Depuis trente ans, une seule accusation a eu lieu ; elle était pour vol et fut suivie d'acquittement.

Cette belle population fournit à la garde nationale 61 hommes, y compris les officiers et les sous-officiers; six seulement n'ont pas encore l'uniforme.

Le territoire de la commune contient 550 hectares, non compris les chemins. Il se divise comme suit : bâtimens, parcs et lieux clos : 108; bois, 141 ; prés, 24 ; terres labourables en grandes pièces, 72 ; châtaigneraies, vergers, pépinières et petite culture, 205 ; il est possédé savoir : domaine du château, 216 ; domaine de la Malmaison, 57 ; domaine du roi, 27 ; domaine de Beauregard, 96 ; propriétés des habitans, 145.

Le propriétaire actuel du domaine de l'ancien château afferme en détail les 60 hectares qu'il possède dans les cantons de petite culture; d'où il suit que ces 60 hectares, réunis aux 145 appartenant aux habitans dans ces mêmes cantons, donnent à ces derniers les moyens d'exercer sur 205 hectares l'industrie qui leur est propre.

Ces 205 hectares sont consacrés pour un dixième aux châtaigniers à fruits greffés et hâtifs ; pour deux dixièmes à la vigne, et pour sept dixièmes à de petites cultures variées, dont les produits sont destinés aux marchés de Paris et de Versailles. Ces produits consistent en fruits de toute nature et en légumes. Beaucoup de parcelles sont plantées en pépinières. Sur les à-dos des vignes, entre les groseillers, aux bordures des champs, tous les habitans plantent des pommes de terre et des choux, pour une forte partie de leur nourriture. Trente chevaux environ sont employés à transporter les denrées aux marchés de Paris et de Versailles. Les retours se font en deniers comptant, dont la somme réunie forme un capital considérable, auquel il faut ajouter les produits du vignoble et des pépinières. Le tout est plus que suffisant pour payer le travail du propriétaire, de sa famille et des ouvriers qu'il emploie. Trois hectares sont le *maximum* de ce qu'une famille ordinaire peut exploiter par elle-même ; quand elle a pu se procurer, comme propriétaire ou comme locataire, assez de parcelles pour former trois hectares, dans les cantons de petite culture, elle est au nombre des riches de la commune. Il faut ajouter à ces moyens d'existence et même d'aisance ce que produisent le commerce et le travail des marchands de vin, boulangers, maçons, blanchisseuses, laitières et ouvriers divers, qui sont au nombre des habitans de la commune.

Toutes ces industries, jointes au morcellement des terres, ont pour résultat de rendre presque toutes les familles propriétaires ; quatre à cinq seulement n'ont pas ce titre, mais elles fournissent aux autres des travailleurs, qui, toujours employés et bien payés, finissent par arriver aussi à la propriété.

La salubrité du pays et l'absence de toutes maladies ajoutent encore à cet état d'aisance. La salubrité est telle que depuis la fondation des sœurs de la Charité, en 1829, il n'est entré qu'un seul malade aux infirmeries, encore était-ce pour une luxation. Tout enfant étranger, qu'on amène malade à la Celle-Saint-Cloud, s'y rétablit certainement et en très peu de temps. En 1809, la France fut infestée de fièvres intermittentes ; il n'y en eut pas un accès à la Celle-Saint-Cloud, où ces fièvres sont inconnues. Le choléra n'y a point paru. On n'y meurt presque que de vieillesse.

Une bonne et complète instruction primaire donnée à tous les enfans, sans exception, contribue puissamment au bien-être général. Le propriétaire de l'ancien château avait d'abord établi l'enseignement mutuel, mais le trop petit nombre d'élèves, résultant de l'obligation de séparer les sexes, a rendu ce mode impraticable. L'instituteur actuel a suppléé en y amalgamant, avec autant de zèle que de talent, l'instruction simultanée. Ses succès ont été très-remarquables.

Les sœurs, chargées de l'instruction des filles, s'y livrent aussi avec zèle et succès.

Aucun habitant de la commune ne mendie ; un très-petit nombre de familles ont quelquefois besoin de secours. Le propriétaire de l'ancien château, en refusant toute espèce de secours aux familles dont un membre mendierait, a détruit entièrement la mendicité ; son expérience l'avait depuis long-temps convaincu que la famille du mendiant peut seule avoir action sur lui, et l'exerce toujours avec succès, quand elle le veut.

Il résulte de cet état prospère que les habitans, trouvant dans leur propre intérêt l'habitude du respect de la propriété, et dans l'emploi lucratif de leur temps un stimulant actif qui les écarte de la paresse et de l'inconduite, sont restés bons, tranquilles et satisfaits, sans que leurs relations avec la capitale aient altéré leur caractère et leurs mœurs.

Le village de la Celle-Saint-Cloud est orné par un très-beau château, qui depuis 1804 appartient à M. le vicomte de Morel-Vindé, pair de France et membre de l'Académie des Sciences. L'état actuel de cette commune se rattache, sur plusieurs points, à l'histoire des propriétaires successifs de ce château. Ainsi, en 1718, François-Gabriel Bachelier acheta la seigneurie de la Celle. Son épouse légua, par testament, une somme suffisante pour bâtir un petit hospice sur la place publique, et pour y fonder, en rentes sur l'état et à perpétuité, deux sœurs de la charité; ce qui ne fut réalisé qu'en 1760, par ses héritiers. La révolution de 1789 a confisqué la rente sur l'état, et le presbytère de la Celle ayant été vendu, on l'a remplacé en donnant l'hospice pour demeure au curé. On va voir comment ces pertes ont été réparées.

En 1748, le château fut acheté par Mme de Pompadour. Pour cette favorite, on créa rapidement le grand chemin pavé de Versailles à la Celle. On avait donné à cette route, pour motif d'utilité, la communication de Versailles avec la route de Saint-Germain-en-Laye. L'utilité était réelle; mais la route s'arrêta à la grille du château. C'est par les soins et, en forte partie, aux frais du propriétaire actuel, que cette route a été achevée depuis la Celle jusqu'à la chaussée de Bougival.

C'est à lui que sont dus aussi l'arrangement de la place et de la fontaine publique, l'augmentation du jardin du presbytère, la translation du cimetière hors de la commune et la construction d'une sacristie.

C'est lui qui a donné à cette commune des bâtimens suffisans : 1° pour le local de la mairie ; 2° pour des infirmeries contenant six lits en deux chambres particulières et deux chambres communes ; 3° pour recevoir deux sœurs de la charité et une école pour les filles ; 4° pour loger un instituteur et l'école des garçons ; 5° pour loger le médecin ; enfin, c'est cet homme bienfaisant qui a établi à perpétuité ces sœurs, ces écoles et leur maître ; qui a créé des prix pour les élèves des deux sexes ; qui a établi un fonds pour le paiement du médecin ; en donnant à la commune des rentes sur l'état, en quantité suffisante pour leur entretien et pour les mettre à même de fournir *gratuitement* instruction et secours à tous ceux des habitans que l'autorité municipale juge hors d'état de les payer.

La position à mi-côte du village de la Celle lui procure de petites sources dans la plupart des maisons. Plusieurs des trop pleins de ces petites sources, réunis dans les cours et jardins de l'ancien château, ont fourni à son propriétaire actuel le moyen de faire marcher utilement et sans interruption un bélier hydraulique. Ces mêmes sources ont aussi donné à mi-côte une fontaine publique et des lavoirs suffisans. Elles forment ensuite deux petits cours d'eau, qui serpentent au fond du vallon et se réunissent en ruisseau coulant dans Bougival.

Au nord-ouest et au bas du village, est une autre source de la force d'environ 15 pouces d'eau. A l'époque de la construction de la machine de Marly, on imagina de conduire les eaux de cette belle source dans le premier bassin de la machine. On fouilla la terre jusqu'à un gros rocher de grès, autour duquel jaillissent ces eaux par trois issues. On fit un caveau voûté, à l'ouest de ce rocher, puis on conduisit ces eaux par un aqueduc, que l'on fit tourner pendant une longueur d'environ 2,000 toises, à mi-hauteur du côteau qui borde la Seine de ce côté, jusqu'au premier bassin de la machine de Marly. Ce grand travail existe encore. Le rocher et la voûte de son caveau se trouvent sous le bas du parc du château. L'aqueduc, qui part de ce caveau, allait d'abord jusqu'au haut de Bougival. Il a été coupé à ce point, de sorte qu'il jette maintenant ses eaux dans le fond du vallon de Bougival, où il fait tourner plusieurs roues d'usines et de moulins. Au-delà, l'ancien aqueduc n'a plus d'utilité, et plusieurs particuliers en ont détruit quelques parties.

Outre cet ouvrage d'art, le territoire de la Celle est encore traversé, à son extrémité nord-ouest et dans une grande longueur, par l'aqueduc souterrain qui amène à Versailles les eaux de la pompe à feu, substituée à l'ancienne machine de Marly.

Le château de la Celle-Saint-Cloud, placé à mi-côte, a des jardins et un parc de 25 hectares, dessinés, vers la fin du siècle dernier, dans le genre anglais, par Morel, habile artiste en ce genre. Il jouit d'une vue très-étendue du côté du nord. A l'ouest, il a pour horizon les arcades de l'aqueduc de Marly.

Dans l'une des cours, on remarque une *grange sur poteaux à l'abri des souris*. Elle a été construite pour servir de modèle en ce genre.

L'église n'a rien qui mérite une attention particulière. Elle est sous l'invocation de saint Pierre. La fête patronale est une des plus agréables des environs de Paris. La beauté du pays, ses sites pittoresques, les bois admirablement percés et bordés de prairies, la nature même des cultures, tout ajoute à l'agrément de cette fête; elle dure le dimanche et le lundi après la saint Pierre, le propriétaire actuel du château ayant fondé des jeux publics pour le second jour.

Les écarts de la Celle-Saint-Cloud sont :

1° La belle maison de campagne, appelée Beauregard. Son nom lui vient du beau point de vue dont elle jouit sur toute la vallée de la Seine, jusqu'aux côteaux de Montmorency. Elle a été bâtie, vers 1690, par le père La Chaise, confesseur de Louis XIV. Elle n'est sortie de la famille de ce jésuite qu'en 1803, par la vente que M. de Montaigu en fit au général de Boignes. Elle appartint ensuite au prince Aldobrandini et à M. Anisson-Duperron; elle est aujourd'hui la propriété de M. Dumont, marquis de Lamberville.

2° La ferme de Béchevet; corruption de Beauchevet.

3° La ferme de Belébat.

4° Le hameau des Gressets, ainsi nommé à cause de la grande quantité de grès qui étaient jadis épars sur la côte qu'il occupe. Les ruines que l'on trouve en fouillant autour de ce hameau attestent l'importance qu'il dut avoir dans les anciens temps.

5° Le Butard : c'est un pavillon, rendez-vous de chasse bâti par Louis XV, vers le milieu du dernier siècle, et ainsi nommé de la butte élevée sur laquelle il est placé. Il domine sur un petit vallon que l'on avait coupé pour y former un étang, où le cerf pût venir se jeter et recevoir la mort du coup de carabine tiré par le roi, du pavillon même. L'étang était alimenté par des rigoles, qui y amenaient les eaux pluviales. Le temps et le défaut d'entretien ont desséché les rigoles et l'étang. Napoléon s'était réservé ce pavillon; avec des fossés et des palissades, il avait pratiqué alentour une garenne d'environ 25 hectares, où les lapins étaient si abondans que de la galerie du pavillon, et dans le peu de temps qu'il accordait par fois à cette boucherie, il en tuait huit ou dix douzaines, que des soldats de sa garde lui rabattaient, non sans risques pour eux-mêmes. Aujourd'hui, ce pavillon appartient encore à la liste civile; mais les fossés, les palissades et les lapins ont disparu, ce n'est plus qu'un rendez-vous de promenade très-agréable, où, par les soins du garde, les amateurs trouvent à se rafraîchir,

Maire de la Celle-lez-Saint-Cloud, M. Couturier.

Les lettres doivent être adressées: *A la Celle-lez-Saint-Cloud, par Versailles.*

LOUVECIENNES.

Louveciennes, à quatre lieues ouest de Paris; canton et justice de paix de Marly-le-Roi, arrondissement de Versailles, département de Seine-et-Oise.

Ses annexes sont: Maubuisson, Voisins, Cœur-Volant et le Bas-Prunay. Ses enclaves: Bougival, Roquencourt, Marly-le-Roi, et la Seine.

Situé sur le versant d'une colline, à peu de distance de la Seine et dominant une vaste plaine d'une grande étendue, Louveciennes offre un fort beau coup-d'œil. Il est traversé par une route départementale allant de la route de Versailles à celle de Saint-Germain. Ses chemins communaux et vicinaux sont en bon état.

Sa population s'élève à 715 habitans, fournissant à la garde nationale une compagnie de chasseurs composée de 80 hommes, qui font partie du bataillon cantonal de Marly-le-Roi.

Louveciennes est l'un des villages autour de Paris qui, depuis quelques années, ont vu s'élever dans leur enceinte le plus de constructions nouvelles. Elles sont, comme les autres maisons bourgeoises et d'agrément de la commune, bâties avec goût et régularité.

Le pavillon, élevé par Louis XV pour Mme Dubarry, est aujourd'hui le plus bel ornement de la propriété de M. Laffitte ✻. Le château, qui appartint autrefois à la princesse de Conti, présente encore actuellement un fort agréable aspect.

La position avantageuse de Louveciennes contribue pour beaucoup à la salubrité de l'air; toutes ses rues sont ferrées, désignées, numérotées, et parfaitement entretenues; on regrette seulement que l'éclairage n'y soit pas encore établi.

La brigade de gendarmerie de Rueil est chargée d'assurer la sécurité des habitans. Pour un ménage qui désire être logé convenablement, le prix d'une location annuelle varie de 400 à 500 francs. Les vivres sont aussi chers qu'à Paris.

La place publique est fort simple et très-propre. Six lavoirs sont établis sur différens points du village pour la commodité des habitans; deux puits et six fontaines fournissent de l'eau, non-seulement pour la consommation journalière, mais encore pour l'assainissement général. Il existe, en outre, dans divers endroits de la commune, des sources abondantes qui arrosent et fertilisent son territoire. Les promenades sont charmantes; on peut citer celles du bois de Marly et de la Celle-lez-Saint-Cloud.

L'église est belle et présente deux ordres d'architecture très-distincts; l'un paraît remonter au quatorzième siècle; l'autre est tout-à-fait moderne: le contraste, loin d'offrir quelque chose de désagréable à l'œil, plaît par sa singularité; les ornemens gothiques, mêlés à ceux de l'architecture régulière, produisent un effet original. Cet édifice est, du reste, fort bien distribué, et entretenu avec un soin tout particulier. Le presbytère est spacieux, bien orné et suivi d'un jardin d'une belle étendue. Le cimetière, situé à l'extérieur du village, renferme quelques monumens remarquables; le mur qui l'entoure est d'une construction solide et récente.

L'école communale est séparée en deux classes : l'une réservée aux garçons, l'autre aux filles. Environ soixante enfans des deux sexes la fréquentent habituellement.

Le maire préside, chaque année, au tirage d'une loterie, composée d'objets d'arts et d'ouvrages à l'aiguille ; la somme perçue dans ces occasions s'élève quelquefois à 800 francs, qui sont aussitôt répartis entre les plus nécessiteux du village. C'est à la sollicitude toute paternelle de M. Brunet, maire de Louveciennes, que l'on doit, en partie, l'extinction de la mendicité.

L'agriculture a fait, depuis quelques années, des progrès considérables. L'activité des habitans et les nombreux morcellemens qu'ils ont fait subir à la terre en sont les principales causes. Le territoire comporte en étendue 1,870 arpens ; le prix de l'arpent, terme moyen, est de 2,000 fr. Les terres sont livrées, en partie, à la petite culture de fruits et de vignes, en partie à celle des jardins d'agrément. Trois belles fermes bien exploitées viennent encore ajouter leurs produits à ceux de ce village, dont le commerce est tout-à-fait agricole.

On remarque avec intérêt, à peu de distance du village, un magnifique aquéduc, connu sous le nom d'*aquéduc de Marly*, et quelquefois sous celui d'*aquéduc de Louveciennes*. Les détails concernant ce beau monument se trouvent à l'article de la commune de *Port-Marly*.

La fête patronale est celle de la Translation de saint Martin, 4 juillet ; on la célèbre les deux dimanches et les deux lundis suivans : elle a lieu sur la pelouse qui borde la route, longeant l'aquéduc. Le second dimanche est le plus beau jour de cette fête.

Maire, M. Brunet. — Adjoint, M. Souvent. — Curé, M. Greny. — Capitaine de la garde nationale, M. Allivon. — Percepteur des contributions, M. Lelair ; il perçoit tous les quinze jours.

La commune a une boîte aux lettres. Il faut adresser : *A Louveciennes, par Saint-Germain-en-Laye*.

Les communications avec la capitale s'établissent au moyen d'une voiture passant tous les jours dans le village à des heures déterminées.

MARLY-LE-PORT.

Marly-le-Port, à quatre lieues ouest de Paris, sur la rive gauche de la Seine, au pied des collines qui s'étendent de Louveciennes à Saint-Germain-en-Laye ; canton et justice de paix de Marly-le-Roi, arrondissement de Versailles, département de Seine-et-Oise.

Marly-le-Port n'était, il y a cinquante ans, qu'un hameau dépendant de Marly-le-Roi ; il a successivement acquis assez de population et d'étendue pour être placé au rang des communes. Sa position est riante et favorable. Son quai, traversé par la route royale de Paris à Saint-Germain (rive gauche de la Seine), est animé par un mouvement de navigation assez considérable. Une route départementale passe à travers le village et conduit de Saint-Germain à Versailles par Marly-le-Roi. Les chemins vicinaux de la commune sont bien entretenus.

La population n'est que de 519 habitans ; ils forment une compagnie de garde nationale, composée d'environ 50 hommes, du bataillon cantonal de Marly-le-Roi.

La commune compte plusieurs jolies

maisons de plaisance, parmi lesquelles on distingue le château appartenant à M. Brunot.

L'air est bon, le pavé des rues entretenu avec soin et propreté, la place publique ornée d'une plantation d'arbres, et la fontaine abondante en eau directement tirée de la Seine. La gendarmerie de Saint-Germain fait le service de la commune.

Le prix annuel des locations ordinaires est de 50 à 100 francs. Les subsistances sont également à un taux modéré.

L'église, construite vers la fin du siècle dernier, est d'un style simple et fort bien entretenue. Marly-le-Port n'a pas de cure; l'église est desservie par le curé de Louveciennes. Le cimetière est encore dans l'intérieur du village, mais l'autorité s'occupe des mesures nécessaires pour le transférer à l'extérieur.

La maison communale est assez bien bâtie. Elle contient un corps-de-garde et une salle de police. Bien que Marly-le-Port ait un bureau de bienfaisance comme toutes les autres communes, on y voit habituellement des mendians; on ne sait à quelle cause attribuer leur présence affligeante.

L'école primaire des garçons est fréquentée par environ 25 enfans. Celle des filles compte une trentaine d'élèves; elles sont toutes deux bien tenues.

L'agriculture est peu florissante. L'étendue du territoire n'est que de 500 arpens, dont la valeur est de 1,500 à 2,000 francs, selon la fertilité.

La navigation emploie une grande partie des habitans au chargement et au déchargement des marchandises, c'est une grande ressource pour eux. Le commerce consiste principalement dans la vente du plâtre, dont la fabrication est considérable et dirigée avec habileté.

Le hameau de Marly-la-Machine, dépendance de Marly-le-Port, est situé sur la rive de la Seine, à peu de distance de la chaussée de Bougival, au pied du coteau de Louveciennes. C'est là qu'est établie la machine trop célèbre sous le nom de *Machine de Marly* pour ne pas en parler ici avec quelques détails.

Louis XIV avait fait bâtir Versailles et Marly. Ces magnifiques séjours exigeaient une immense quantité d'eau, que ne fournissaient pas leurs localités, et qu'il fallut y amener à grands frais de divers points éloignés. On exécuta, entre autres, une prise d'eau dans la Seine, au même endroit où elle existe encore aujourd'hui. La machine hydraulique qui fut établie à cet effet passa long-temps pour un chef-d'œuvre de mécanique; elle était du moins extraordinaire par la conception de ses détails et l'étendue de son ensemble. Elle fut inventée par *Rennequin-Sualem*, Liégeois de naissance, qui en commença les travaux en 1676; il employa six années et huit millions à la construire, sous l'inspection d'un ingénieur, nommé *le chevalier Deville*, qui s'attribua le mérite de l'invention. Il en recueillit la récompense, tandis que *Rennequin-Sualem*, dépouillé du fruit de ses talens, mourut oublié à Bougival, le 29 juillet 1708, à l'âge de 64 ans.

Un vaste bâtiment, construit sur le bras de la Seine, du côté de la rive gauche, contenait 14 roues à palettes, plongeant toutes dans le courant et portant environ 36 pieds de diamètre. Elles faisaient mouvoir 64 corps de pompes qui aspiraient l'eau de la rivière et la refoulaient ensuite, dans cinq tuyaux de 8 pouces, jusqu'aux deux puisards situés à mi-côte, à 100 toises de la rivière et à 140 pieds au-dessus du fond des coursières.

De ces deux puisards, l'eau était élevée, par 79 corps de pompes et dans 4 conduites de 8 pouces, jusqu'au puisard supérieur, à 324 toises de la rivière, à 300 pieds au-dessus du fond des coursières.

Du puisard supérieur, l'eau était élevée, par 82 corps de pompes et dans 6 conduites de 8 pouces, jusques en haut d'une tour bâtie au sommet de la colline, à 624 toises de la rivière, à 470 pieds au-dessus du fond des coursières.

De la tour, l'eau coulait dans l'aquéduc, dont le lit est placé à ce niveau, et qui est connu sous le nom d'*Aquéduc de Marly* ou *de Louveciennes*. A l'issue de l'aquéduc, l'eau était conduite par des tuyaux souterrains dans des réservoirs qui la distribuaient partie à Marly et partie à Versailles.

Lorsque les eaux de la Seine étaient à la hauteur convenable pour que la machine fonctionnât dans toute sa force, elle donnait en 24 heures environ 780 toises cubes d'eau ; quand les eaux étaient basses, le produit n'était guère que de 400 toises cubes.

Le temps et les nombreux défauts de cette immense machine altérèrent bientôt ses effets et sa solidité. On s'apercevait que son produit décroissait rapidement et que les frais de son entretien augmentaient à mesure qu'elle perdait de son utilité ; on songea enfin à la remplacer par une machine plus simple, plus régulière, et dans laquelle on pût mettre à profit les progrès faits par la science depuis le temps de *Rennequin-Sualem*.

Ce fut seulement sous Napoléon que ce projet reçut son exécution. Parmi les plans divers présentés à l'empereur et examinés par ses ordres, celui de MM. Cécile, architecte distingué, et Martin, mécanicien, obtint définitivement la préférence, et les travaux commencèrent en 1812 ; suspendus par les événemens de 1814 et de 1815, repris sans interruption dans les années suivantes, ils ont été terminés en 1826.

L'ancienne machine a complètement disparu. Le mécanisme actuel est d'une simplicité et d'un effet admirables. Huit corps de pompes aspirantes et foulantes, fonctionnent à l'aide d'une puissance de vapeur égale à la force de 64 chevaux. Les mouvemens de ces pompes ne sont pas simultanés, mais combinés au contraire de façon que les huit pompes aspirent l'eau et la foulent l'une après l'autre, dans un ordre invariable. Les coups de pompe sont tellement rapprochés et se succèdent avec tant de régularité, qu'ils ne forment plus qu'une action continue ; en sorte que l'eau affluant de toutes les pompes dans une conduite commune s'y introduit et y monte sans intermittences, sans secousses, par un mouvement égal et constant. La conduite commune se déploie sans interruption, sur toute la pente de la colline, depuis le bâtiment qui renferme la machine à vapeur jusqu'au sommet de la tour de l'aquéduc, dans lequel elle verse l'eau après l'avoir amenée d'une distance d'environ 700 toises, et l'avoir élevée d'un seul jet à une hauteur d'environ 500 pieds.

La machine à vapeur, très-remarquable par l'ingénieuse simplicité et la grande puissance de son mécanisme, ne l'est pas moins par la rare perfection avec laquelle toutes ses parties ont été exécutées d'après les plans et les dessins de M. Cécile. Son ensemble et la distribution de ses détails présentent un aspect architectural aussi imposant par sa masse qu'élégant par ses formes et durable par sa solidité. Tout est fer et pierre dans la machine et dans le joli pavillon qui la renferme. Cette machine est la première qui, en France et même en Angleterre, ait élevé, *d'un seul jet continu*, l'eau à 500 pieds de hauteur. Elle est aussi une des plus belles, des plus curieuses et des mieux entretenues que l'on puisse voir.

La fonte des différentes parties de cette belle machine, les travaux de terrassement et de construction que nécessitait son installation, devaient employer le cours de plusieurs années, pendant lesquelles il fallait pourvoir aux besoins de Versailles, compromis par l'état d'extrême dégradation où était tombée l'ancienne machine. Pour satisfaire à cette nécessité, MM. Cécile et Martin établirent, sur l'emplacement occupé jadis par le premier équipage de pompes de l'ancienne machine, quatre pompes seulement, disposées d'après le système de la machine à vapeur et mises en mouvement par deux roues à palettes plongeant dans la rivière. Une conduite commune et continue porta jusqu'à la tour de l'aqueduc l'eau refoulée *d'un seul jet* par les pompes. Cet ouvrage était, en quelque sorte, un essai du système de la machine à vapeur, et le succès le plus heureux couronna cette épreuve.

Lorsque la machine à vapeur fut mise en activité, on conserva la machine hydraulique, du service de laquelle on n'avait qu'à s'applaudir. L'établissement de Marly se compose donc aujourd'hui de ces deux machines, dont le concours semble indispensable ; car les deux machines sont sujettes à chômer, l'une par suite des nettoyages et des réparations inévitables, l'autre lorsque les eaux sont trop hautes ou trop basses ; de sages mesures sont prises pour que, durant le chômage de l'une des machines, l'autre fonctionne sans relâche ; ainsi le service n'est jamais interrompu.

Les deux machines fournissent par 24 heures environ 200 pouces d'eau. Cette quantité peut être aisément augmentée en ajoutant de nouvelles roues et de nouvelles conduites à la machine hydraulique. La dépense de cet accroissement serait peu considérable en comparaison de sa grande utilité.

On a vu que, du sommet de la tour, l'eau passe immédiatement dans l'aqueduc dit de Marly ou de Louveciennes. Cet aqueduc, ouvrage de J. H. Mansard, est le complément nécessaire des machines de Marly. Il est digne d'elles par sa construction solide, simple et majestueuse, à laquelle le goût et la science ont également présidé. Il date de 1680 ; il a 330 toises de longueur et se compose de 36 arcades en plein cintre, dont la plus élevée a 72 pieds de hauteur sous clef. Il traverse un petit vallon situé entre Marly-le-Roi et Louveciennes ; il porte les eaux dans trois réservoirs construits sur le point culminant du coteau de Marly-le-Roi, près la route de Saint-Germain à Versailles. La surface des réservoirs est d'environ cinq arpens. De là les eaux coulent, par des conduites souterraines, jusqu'à Versailles, où elles sont employées au service du château et de la ville.

Le bel établissement de *Marly-les-Machines* est, depuis sa seconde création, placé sous la direction de M. Cécile ✸, dont on vient de lire les titres à ces honorables fonctions.

La fête patronale de Marly-le-Port est celle de saint Louis, 25 août ; on la célèbre le dimanche suivant. Beaucoup de curieux de Paris, de Versailles et de Saint-Germain, profitent de ce jour d'amusement pour visiter les machines et l'aquéduc.

Maire, M. Berton.—Adjoint, M. Couturier. — Percepteur des contributions directes, M. Lelair ; les jours de recette sont le 1er jeudi de chaque mois. — Marchands plâtriers, MM. Vailly jeune et Hugot. — Marchands de bois, MM. Pelletier et Travet.

Marly-le-Port a une boîte aux lettres. Il faut adresser : *A Marly-le-Port, par Saint-Germain-en-Laye.*

Les communications avec la capitale sont faciles et commodes ; à chaque instant, de nombreuses voitures publiques traversent le village, allant de Saint-Germain à Paris. Les *Accélérées* font un service régulier de demi-heure en demi-heure. Leur bureau à Paris, est rue de Rivoli, n° 4.

RUEL OU RUEIL.

Ruel ou Rueil, à trois lieues ouest de Paris, sur la route de Paris à Rouen, par Saint-Germain-en-Laye ; canton et justice de paix de Marly-le-Roi, arrondissement de Versailles, département de Seine-et-Oise.

Ruel prend le titre de bourg ; il eut même, dit-on, celui de ville, sans doute lorsque le cardinal de Richelieu l'habitait. Ses dépendances sont nombreuses ; il compte le pont de Chatou, le moulin de l'Orme-Thibault (ainsi appelé d'un vieil orme qui portait ce nom), la chaussée de Bougival, les châteaux de la Malmaison, de Fouilleuse et de Busanval, la vacherie et la porte de Longboyau (maison de garde), etc. Il est enclavé par Nanterre, Putcaux, Suresne, Garches, la Celle-lez-Saint-Cloud, Bougival et la Seine.

Sa population s'élève à 3,400 ames, sa garde nationale à 520 hommes, divisés en cinq compagnies, dont une de 36 sapeurs-pompiers pour la manœuvre des deux pompes à incendie qui appartiennent à la commune ; une troisième pompe est à la caserne : on peut en disposer au besoin. Cette force publique fait partie du bataillon de Ruel, auquel Bougival fournit deux compagnies et la Celle-lez-Saint-Cloud une compagnie.

Le territoire est partie en plaine et partie en coteaux séparés par des vallons. La route royale de Paris à Rouen passe dans Ruel. Une route départementale, appelée le *chemin de l'Empereur,* conduit de Saint-Cloud à Ruel, par la Malmaison. Des chemins bien entretenus communiquent avec toutes les communes environnantes. Le Mont-Valérien et les boulevarts qui entourent Ruel sont les promenades les plus belles de la commune.

Des châteaux et des maisons de plaisance contribuent aussi à l'agrément de son séjour. On distingue, parmi les premiers, celui de Busanval, jadis fortifié et conservant encore ses larges fossés ; mais surtout celui de la Malmaison, si riche en souvenirs historiques, aussi nobles qu'intéressans. Il est aujourd'hui la propriété de M. Hagermann, banquier. Il a beaucoup perdu de sa splendeur ; mais, tant qu'il restera un vestige de cette habitation célèbre, il éveillera la curiosité et les réflexions du voyageur.

Depuis quinze ans, la plus grande partie des rues a été pavée. Elles sont éclairées par entreprise. Le nombre de réverbères est de trente. On compte jusqu'à quinze fontaines d'eau de source, venant du Mont-Valérien, et plus de cinquante conduits distribuant l'eau dans les principales maisons. La place publique est devant l'église. Les édifices les plus remarquables sont l'ancien château du cardinal de Richelieu, qui appartenait, il y a quelques années, au maréchal Masséna, duc de Rivoli, et la maison dite Boispréau, dont les jardins avaient autrefois une réputation de beauté bien méritée.

A l'entrée de Ruel, du côté de la route royale, sont de très-belles casernes, qui rivalisent avec celles de Courbevoie. Elles peuvent loger 1,800 hommes.

Ruel a un théâtre construit en 1829; on y joua pour la première fois le 9 janvier 1830. Depuis cette époque, il est ouvert aux troupes de comédiens ambulans, qui l'occupent de temps en temps. La salle est assez grande, bien aérée, avec une galerie appuyée sur des colonnes et tendue de draperies tombantes, plissées avec goût. Un joli lustre l'éclaire, et deux glaces scellées aux côtés de l'avant-scène reflètent la salle et en doublent l'effet.

Les subsistances sont abondantes et à meilleur compte qu'à Paris. Il y a un marché tous les samedis. Les loyers varient beaucoup, selon les rues et les étages qui sont occupés. Cependant les limites sont de 80 à 200 francs. Une maison entière avec jardin se loue de 3 à 600 francs et même au-dessous, selon son importance.

L'église paroissiale est fort jolie; la première pierre en fut posée, en 1584, par *Antoine I*er, roi titulaire de Portugal. Le portail actuel a été élevé, aux frais du cardinal de Richelieu, par l'architecte *le Mercier*. Il est décoré des ordres dorique et ionique, et de deux statues, ouvrage du célèbre Sarrazin. L'intérieur renferme deux monumens en marbre blanc; l'un est le tombeau de l'impératrice Joséphine, dont les cendres reposent en ce lieu; l'autre a été érigé, par cette princesse, à la mémoire du marquis de Tascher de la Pagerie. La statue de Joséphine, qui la représente à genoux, priant pour tout ce qu'elle avait de plus cher au monde, est d'une expression digne du sujet. Ce bel ouvrage fait le plus grand honneur au ciseau de Cartelier, qui l'exécuta en 1822.

La chapelle de Saint-Cucufat était autrefois un lieu de pélerinage. Les habitans des environs, qui appelaient le saint *Quiquenfat,* lui portaient une grande dévotion. Aujourd'hui la chapelle est presque en ruines.

Le presbytère de la commune est contigu à l'église. Le cimetière est isolé; situé au nord-est de Ruel, il est fermé de murs, bien tenu, et contient 175 perches.

Le service de la sécurité publique est fait par une brigade de gendarmerie.

Ruel possède plusieurs établissemens d'instruction publique. Trois écoles primaires sont ouvertes aux garçons, sous la direction de MM. Barbara, Cuculière et Lesage. Les filles n'ont qu'une école, confiée aux soins de Mlle Gervais.

M. Claudin a établi un pensionnat de jeunes garçons, Mlle Pérou un pensionnat de jeunes demoiselles.

Le territoire de la commune est généralement bon et fertilisé, en outre, par les soins d'une culture active et intelligente. On y récolte diverses céréales, des légumes et des fruits, surtout en primeurs; mais le plus grand produit est le vin. On en recueille jusqu'à trente mille pièces par année. Les débouchés de l'agriculture sont Paris et Saint-Germain-en-Laye. Le territoire a 4,200 arpens d'étendue. L'arpent de terre arable vaut, prix moyen, 1,000 francs; l'arpent de terre plantée en vignes s'élève de 1,500 à 2,000 francs. L'arpent de terrain pour constructions, 8,000 francs. Les maisons rapportent 4 pour 0/0.

L'industrie, et, par conséquent le commerce, ne sont pas étrangers à Ruel. On y trouve quatre usines, mises en mouvement par la vapeur; une fabrique de sirop de fécule, à Ruel : propriétaire, M. Labiche; une imprimerie sur étoffes, au pont de Chatou : M. Trotry-Latouche; une féculerie, à Boispréau : M. Lebègue; une fabrique de sucre de betteraves, à Fouilleuse : M. Barrault. Parmi les commerçans en vins et eaux-de-vie, on distingue MM. Bouyer et Raoul. Le blanchissage du linge de la capitale occupe beaucoup de bras.

Ruel désire surtout voir compléter le pavage de toutes ses rues.

La fête patronale est celle de saint Pierre et saint Paul, 29 juin. On la célèbre les deux dimanches qui suivent la Fête-Dieu.

Maire, M. Rotanger ✻. — Premier adjoint, M. Rufin.—Deuxième adjoint, M. Allély. — Secrétaire de la mairie, M. Peltier. — Curé, M. Martinet. — Vicaire, M. Jacquin. — Capitaines de la garde nationale : MM. Bouht, Gée, Cauchois, Bataille, Bescha et Gémeau. — Juge de paix du canton de Marly-le-Roi, M. Bouchard. — Notaire, M. Labiche. — Huissier, M. Chenet. — Directeur de l'enregistrement, M. Mortemer. — Percepteur des contributions directes, M. de Chilly. Jours de recette les lundis et mardis, de neuf à quatre heures. — Médecins : MM. Miller jeune et Guinis. — Officier de santé, M. Panoz. — Sages-femmes : Mlle Subtil et Mme Cuvilliers.—Libraire, M. Hénigue. — Bains : MM. Chalvet et Fallot.

Ruel a un bureau de distribution pour les lettres; directrice, Mme Campmas. Il faut adresser : *A Ruel, par Nanterre*.

Les communications avec Paris ont lieu principalement par les voitures de Paris à Saint-Germain; le bureau, dans la capitale, est rue de Rivoli, 4.

CANTON DE SAINT-GERMAIN-EN-LAYE.

Chatou. — Croissy-sur-Seine. — Maisons-sur-Seine. — Le Pecq.

CHATOU.

Chatou, à trois lieues et demie ouest de Paris; canton et justice de paix de Saint-Germain-en-Laye, arrondissement de Versailles, département de Seine-et-Oise.

Ses enclaves sont : Carrières-Saint-Denis, Nanterre, Croissy et Montesson.

Situé sur la rive droite de la Seine, à l'entrée du bois du Vésinet, Chatou, par sa belle position et par les sites qui l'environnent, est d'un charmant aspect.

La route royale de Paris à Saint-Germain, par Nanterre, passe à Chatou. Les chemins vicinaux sont en bon état d'entretien.

Peuplée de 1,027 habitans, cette commune fournit au bataillon cantonal de Saint-Germain-en-Laye 180 hommes, formant une compagnie de chasseurs et une subdivision de sapeurs-pompiers, pour la manœuvre de la pompe à incendie.

Chatou renferme huit maisons bourgeoises assez jolies. On remarque surtout celle de la *faisanderie;* sous le modeste dehors d'un ermitage, elle cache toute l'élégance d'une habitation recherchée. Le parc qui l'entoure est remarquable par le grand nombre d'arbres exotiques dont il est planté. Le château de M. Camille Perrier est d'une belle construction. Il y a dans le parc une terrasse qui borde la Seine et se prolonge sur une assez grande distance.

L'air de ce village est sain; toutes ses rues sont pavées et très-propres. La brigade de gendarmerie de Ruel maintient l'ordre et la sécurité. Le prix des locations annuelles varie de 100 à 160 francs. Les subsistances sont, en général, d'un prix élevé.

La place publique, devant l'église, n'a rien de remarquable. Un puits communal donne aux habitans de l'eau potable. Le bois du Vésinet et une allée de tilleuls d'une grande beauté sont les principales promenades de la commune.

L'église, sous l'invocation de la Vierge, ne présente à l'extérieur aucun caractère distinctif d'architecture. Le chœur et la chapelle latérale indiquent le treizième siècle comme date de leur construction; la tour du clocher paraît plus ancienne d'un siècle au moins. Le presbytère touche à l'église; il appartient à la commune. Le cimetière, fermé d'un mur en bon état, est situé à l'extérieur et entretenu avec soin.

Chatou possède deux écoles, l'une fréquentée par soixante jeunes garçons, l'autre par quarante jeunes filles. Cette dernière a été fondée par une dame de Pailly, avec une rente annuelle de 1,000 francs, tant pour l'entretien de l'école que pour les soins à donner, par les sœurs de Charité, aux malades indigens de la commune.

On projette d'établir incessamment une mairie contenant une école communale et un corps-de-garde.

Le pont de Chatou est divisé en deux parties par une île de la Seine. Sa longueur totale est considérable. Jadis un bac servait au passage de la rivière en cet endroit. Vers 1650, M. Portail, président au parlement de Paris, y fit bâtir un pont tout en bois; deux siècles d'existence avaient mis cet ouvrage dans un tel état de dégradation, qu'il a fallu songer à son remplacement. Un nouveau pont s'élève aujourd'hui dans l'alignement de la route et d'une rue du village. Les culées et les piles sont en pierre, les travées en bois. Déjà la partie entre la rive gauche et l'île est terminée et livrée au passage.

La seconde partie, entre l'île et Chatou, est en construction, et sera probablement achevée en 1838. La circulation dans cette partie est maintenue en attendant par l'ancien pont.

La culture des légumes fait beaucoup de progrès. L'étendue du territoire est de 1,500 arpens; le prix de l'arpent varie de 1,000 à 1,200 francs.

Les habitans demandent avec instance l'éclairage complet de la commune.

La fête patronale est celle de l'Assomption de la Vierge, 15 août; on la célèbre le même jour au Rond-Point dans le bois du Vésinet. Cet emplacement, tout près du village, est aussi joli que favorable aux dispositions d'une fête.

Maire, M. Camille Perrier.—Adjoint, M. Guyard. — Curé, M. Guyard. — Notaire, M. Delivret. — Percepteur des contributions. M. Vidot; ses jours de recette sont les deuxième et quatrième jeudis de chaque mois. — Capitaine de la garde nationale, M. Guichard. — Capitaine en second, M. Firmin. — Capitaine des pompiers, M. Desjardins.

Chatou a un bureau de poste aux lettres. Il suffit d'adresser : *A Chatou.*

Les communications avec Paris ont lieu au moyen d'une voiture établie à cet effet; elle effectue quatre départs par jour.

CROISSY-SUR-SEINE.

Croissy-sur-Seine, à quatre lieues ouest de Paris; canton et justice de paix de Saint-Germain-en-Laye, arrondissement de Versailles, département de Seine-et-Oise.

Ses annexes sont : les hameaux du *Faubourg* et du *Gabillon*. Ses enclaves : le Pecq, Chatou et la Seine.

Croissy occupe, sur la rive droite de la Seine, une des plus jolies positions que présentent les bords de ce fleuve aux environs de Saint-Germain.

Le territoire, sablonneux comme tous les terrains d'alluvion, est livré en très-grande partie à la culture des légumes.

L'aspect de ses nombreux marais plaît aux regards, non moins que celui des beaux points de vue au milieu desquels ce village est situé.

Cette commune est fermée de trois côtés par la Seine, sur laquelle il n'existe dans cette partie ni bacs ni ponts; aussi le territoire n'est-il coupé par aucune route, mais par des chemins vicinaux qui sont, en général, très-bien entretenus.

La population s'élève à 550 habitants, fournissant à la garde nationale une compagnie de chasseurs, composée de 110 hommes, du bataillon de Saint-Germain-en-Laye.

Chaque année voit s'opérer des améliorations dans l'embellissement du village ; les constructions qu'on y élève portent l'empreinte du goût. Parmi les jolies habitations de Croissy, on distingue particulièrement le château et le vaste parc de M. Clément Desormes ; la maison de plaisance de M. le marquis d'Aligre, pair de France, et celle de Mlle Foucault.

La température de ce village est douce et salubre. Les rues sont ferrées, mais très-propres. La sécurité publique est assurée par la brigade de gendarmerie de Saint-Germain-en-Laye. Le prix des locations annuelles pour un cultivateur varie de 200 à 250 francs, suivant l'emplacement ou l'importance de l'habitation. Le prix des subsistances est moins élevé qu'à Paris.

N'ayant point encore de fontaines, les habitans de Croissy se servent pour leur consommation journalière de l'eau des puits qui se trouvent dans les marais. Les environs du village sont riches en belles promenades.

L'église date d'une époque fort reculée ; elle n'est pas dépourvue d'élégance, sa distribution est bien ordonnée ; ses ornemens intérieurs sont d'un bon effet, et les soins convenables sont apportés à son entretien. Le curé est logé aux frais des habitans ; le cimetière, situé à l'extérieur, est enclos d'un mur solidement construit.

L'école communale est séparée en deux classes ; l'une est réservée aux garçons, l'autre aux filles. Environ soixante enfans des deux sexes fréquentent cette école. La mairie est belle et parfaitement disposée pour sa destination.

L'agriculture fait quelques progrès, notamment dans la culture des légumes ; l'étendue du territoire est de 800 arpens, le prix de l'arpent varie de 1,500 à 2,000 francs, selon la fertilité.

La fête patronale est celle de saint Fiacre, 30 août ; on la célèbre le dimanche suivant.

Maire, M. Soyer. — Adjoint, M. Artus. — Curé, M. Carles. — Capitaine de la garde nationale, M. Bonnet. — Percepteur des contributions, M. Vidot ; ses jours de recette sont le 1er jeudi de chaque mois.

La commune a une boîte aux lettres ; il faut adresser : *A Croissy-sur-Seine, par Chatou.*

Croissy n'a pas de communications directes avec Paris. Les habitans sont obligés de se rendre à Chatou, où l'on trouve aisément des voitures de toute espèce pour la capitale et pour Saint-Germain-en-Laye.

MAISONS-SUR-SEINE.

Maisons-sur-Seine, à quatre lieues nord-ouest de Paris ; canton et justice de paix de Saint-Germain-en-Laye, arrondissement de Versailles, département de Seine-et-Oise.

Annexe : Ménil-le-Roi. Enclaves : la forêt de Saint-Germain-en-Laye et la Seine.

Ce village, situé dans la troisième presqu'île formée par la Seine au-dessous de Paris, est bâti sur le penchant de la colline, dont le fleuve baigne le pied et que couronne la forêt de Saint-Germain. Son exposition au levant et son élévation au-dessus de la rive gauche de la Seine lui procurent un magnifique horizon, qui embrasse le vaste bassin au centre duquel Paris est placé. Nulle part une vue plus étendue, plus variée et plus riche ne saurait frapper les regards.

Le sol de cette commune, composé en partie de terres sablonneuses et en partie de terres franches, est couvert de petites cultures et de prairies naturelles.

Il est traversé par une route départementale, qui part de Bezons et aboutit à la route royale de Paris à Saint-Germain. La commune compte d'ailleurs un assez grand nombre de chemins vicinaux, qui sont tous entretenus avec le plus grand soin.

La population s'élève aujourd'hui à 1,100 habitans; elle donne à la garde nationale deux compagnies de chasseurs, fortes chacune de 135 hommes, et appartenant au bataillon cantonal de Saint-Germain.

Le château de Maisons, propriété de M. Laffitte, est aussi remarquable par la beauté de sa construction que par ses vastes dépendances. On le place, à juste titre, au premier rang parmi les châteaux qui avoisinent la capitale. Son architecture est de François Mansard, qui le bâtit pour le surintendant René de Longueil. Les jardins sont spacieux et embellis par le voisinage de la Seine, qui baigne l'extrémité du parterre. Le parc, dont l'étendue est de mille arpens, a été divisé et livré à la vente par portion d'un demi-arpent ou de 450 toises. Une réserve d'environ 500 arpens, partagée en bouquets de bois et de verdure, disséminés dans les parties mises en vente, offre aux acquéreurs de terrain des promenades variées, dont ils ont la libre jouissance à perpétuité, ainsi que celle des nombreuses avenues qui coupent le parc dans tous les sens. Le prix de la toise de terrain est fixé à 4 francs 50 cent., lorsque ce prix est payé comptant; mais on peut l'acquitter aussi par annuités de vingt ans, à raison de 202 francs 50 cent. par année pour chaque demi-arpent. Ces annuités sont rachetables à volonté, avec escompte des intérêts à raison de 4 p. 100. Chaque acquéreur de lots est tenu de faire construire une habitation dans le cours d'une année, à partir du jour de son acquisition. Le mode de paiement des constructions peut, jusqu'à concurrence de 10,000 francs, être le même que celui des terrains. Pour acheter et pour traiter, il faut s'adresser au bureau de *l'Édile de Paris*, rue et hôtel *Laffitte*. Telles sont les principales dispositions prises pour créer, dans le beau parc de Maisons, un ensemble de nombreuses et élégantes habitations, auquel on a donné le nom de *colonie Laffitte*. On ne saurait trouver des conditions plus favorables aux acheteurs, des facilités plus grandes pour les constructions, plus d'économie et d'avantages pour le placement des fonds. Beaucoup de personnes sont déjà devenues propriétaires. Dans quelques années, *la colonie Laffitte* sera l'un des plus rians et des plus pittoresques séjours des environs de Paris. Le plan général d'après lequel s'opèrent les ventes et les constructions donne l'idée la plus avantageuse de l'effet qu'il doit produire un jour. De jolies fontaines, destinées à porter sur tous les points des eaux salubres et abondantes, sont élevées à chaque rond-point des avenues, qui portent toutes des noms illustrés depuis un demi-siècle! Tout a été prévu pour ajouter encore aux charmes que possédait déjà ce lieu, renommé pour les agrémens de sa situation.

L'air que l'on respire à Maisons est excellent. Les rues sont toutes pavées et entretenues avec un grand soin de propreté. On y voit une assez belle place, plusieurs jolies fontaines, et d'agréables promenades sur le bord de la Seine et dans la forêt de Saint-Germain. La commune possède une mairie commode, une église de construction fort simple, propre et bien entretenue; un presbytère convenable et un cimetière hors du village. La gendarmerie de Saint-Germain fait le service d'ordre public.

Le prix des locations ordinaires varie de 150 à 200 fr. par année. Les vivres sont chers, malgré la facilité avec laquelle on se les procure.

Une école primaire donne l'instruction aux jeunes garçons : elle compte habituellement soixante élèves. Deux écoles de même degré sont ouvertes aux jeunes filles; le nombre des écolières varie beaucoup.

Un pensionnat de jeunes personnes, tenu par Mme Martin, mérite d'être favorablement cité.

L'autorité locale projette la construction d'une nouvelle école de jeunes garçons. Les travaux doivent commencer très-prochainement.

Le territoire de la commune se compose en partie de terres sablonneuses et en partie de terres franches. Son étendue est de 680 hectares, environ 2,000 arpens, du prix moyen de 1,200 francs l'arpent. L'agriculture fait peu de progrès, les habitans s'attachent surtout à la culture des légumes; aussi s'en fait-il un grand commerce, dont le principal débouché est Paris.

Cette commune n'a pas d'autre industrie que son agriculture. Il y a, sur le petit bras de la Seine, un beau moulin à farine, appartenant à M. Laffitte.

La fête patronale est celle de saint Henri, 15 juillet. On la célèbre le dimanche suivant.

Maire, M. Messager. — Adjoint, M. de la Perruque. — Secrétaire de la mairie, M. Gueudet.—Capitaines de la garde nationale : MM. Beauganot et Bertin. — Percepteur des contributions directes, M. Nicolle; jours de recette, le premier mercredi de chaque mois. — Curé, M. Desjardins. — Médecin, M. Emile Brou.

Maisons a un bureau de distribution des lettres. Il faut adresser : *A Maisons-sur-Seine, par Saint-Germain-en-Laye.*

Les communications avec Paris ont facilement lieu par une voiture établie à cet effet dans la commune. Elle opère quatre voyages par jour.

LE PECQ.

Le Pecq, à quatre lieues ouest de Paris; canton et justice de paix de Saint-Germain-en-Laye, arrondissement de Versailles, département de Seine-et-Oise.

Il a pour enclaves : Saint-Germain-en-Laye, Montesson, Chatou, Croissy-sur-Seine, et Marly-le-Port.

Situé sur le versant oriental de la colline de Saint-Germain, ce village jouit d'une fort belle vue sur le cours de la Seine et sur la plaine qui s'étend jusqu'à Paris et à Saint-Denis.

La route royale de Paris à Saint-Germain-en-Laye traverse entièrement son territoire. Les chemins vicinaux exigent des réparations que l'on se propose d'entreprendre cette année.

La population du Pecq s'élève à 922 habitans; elle fournit à la garde nationale une compagnie de chasseurs, composée de 150 hommes du bataillon cantonal de Saint-Germain-en-Laye.

Depuis un certain nombre d'années, le Pecq n'a pris que fort peu d'accroissement; les maisons de campagne y sont en petit nombre, les habitations bourgeoises n'ont de remarquable que leur bonne tenue.

Le Pecq jouit d'un air très-pur; presque toutes ses rues sont pavées et toujours très-propres. Le prix des locations annuelles pour un ménage varie de 60 à 100 francs, celui des vivres est peu élevé.

Les environs du village sont riches en sites agréables et en jolies promenades; la place publique est assez belle; la fontaine communale donne aux habitans de l'eau de Seine, non seulement pour leur consommation journalière, mais encore pour l'assainissement complet du pays.

Le pont du Pecq a été dernièrement reconstruit, non sur le même emplacement qu'il occupait, mais un peu plus en aval, sur l'alignement de la route royale venant de Chatou et en face du grand rond-point de la forêt du Vésinet. Il est composé de sept arches, culées et piles en pierres, travées en bois. Il est livré au passage public depuis environ vingt-mois. Sa position actuelle a permis de donner à la route des pentes plus développées et plus douces sur le flanc de la montagne, qu'elle parcourt avant de rejoindre l'autre route royale de Paris à Saint-Germain par la rive gauche de la Seine.

L'église, d'architecture moderne, est spacieuse et régulière; le presbytère, bien bâti, est orné d'une terrasse et d'un jardin. Le cimetière est encore contigu à l'église, mais sur un emplacement vaste et aéré, isolé d'ailleurs de toute habitation.

L'école communale ne forme deux classes qu'au moyen d'une simple balustrade. Elle reçoit environ soixante enfans des deux sexes.

Le bâtiment de la mairie a peu d'étendue; un corps-de-garde y est attenant. L'autorité a fixé un jour par semaine pour ses distributions de secours à domicile; cette sage mesure écarte du village le pénible aspect de la mendicité.

Il y a peu de progrès à signaler dans l'agriculture. Le territoire produit du vin et des céréales; il est couvert en partie de prairies naturelles et artificielles; son étendue est de 715 arpens. Le prix de l'arpent varie de 1,500 à 2,000 francs.

La fête patronale est celle de sainte Madelaine, 22 juillet; on la célèbre le dimanche suivant.

Maire, M..... — Adjoint, M. Dubray, maire par intérim. — Curé, M. Stoffer. — Capitaine de la garde nationale, M. Gaudin. — Percepteur des contributions, M. Penel; ses recettes ont lieu tous les jours.

La commune a une boîte aux lettres; il faut adresser: *Au Pecq, par Saint-Germain-en-Laye.*

Les communications avec Paris s'effectuent par les voitures établies dans le village et par celles de Saint-Germain-en-Laye.

CANTON D'ARGENTEUIL.

Argenteuil. — Bezons. — Carrières-Saint-Denis. — Cormeil-en-Parisis. — Houilles. — Montesson. — Sannois. — Sartrouville.

ARGENTEUIL.

Argenteuil, à deux lieues nord-ouest de Paris; chef-lieu de canton et de justice de paix, arrondissement de Versailles, département de Seine-et-Oise.

Cette commune est enclavée par Sannois, Génevilliers, Colombes, Bezons, Sartrouville et Cormeil.

Situé dans une belle plaine, sur la rive droite de la Seine, Argenteuil se montre avec avantage parmi les sites qui l'environnent; il est traversé par la route départementale n° 48, allant de Paris à Pontoise. Un chemin vicinal s'embranche, à Cormeil, avec la nouvelle route royale, allant également de Paris à Pontoise. Tous les autres chemins sont en bon état d'entretien.

La population de ce bourg s'élève à 4,500 habitans, fournissant à la garde nationale un bataillon de 750 hommes, divisé en quatre compagnies, dont une de sapeurs-pompiers, nécessaire à la manœuvre de la pompe en cas d'incendie.

De grandes améliorations ont eu lieu, depuis quelques années, dans l'intérieur d'Argenteuil, notamment dans les constructions qu'on y a élevées successivement : elles sont conformes au goût de l'époque. A peu de distance du bourg, on remarque un château qui présente aux regards l'aspect d'une habitation abandonnée; une grande partie du parc de cette propriété a été morcelée; le reste des terres est inculte.

La température d'Argenteuil serait constamment saine, si les brouillards de l'automne ne venaient parfois en atténuer la salubrité. Les rues sont en grande partie pavées et très-propres. La sécurité publique est assurée par une brigade de gendarmerie. Un ménage ordinaire se loge commodément moyennant une somme annuelle de 150 à 200 francs. Les subsistances s'acquièrent, à un prix modéré, dans un marché tenu régulièrement tous les vendredis.

La place publique est ornée de belles plantations; on y voit deux fontaines alimentées par les eaux de la Seine. Les environs d'Argenteuil offrent des promenades fort agréables; celles des bords de la Seine, ainsi que le boulevart établi sur l'emplacement qu'occupaient autrefois les murs d'enceinte, sont recherchées avec empressement pendant tout le cours de la belle saison. Le pont, nouvellement construit sur la Seine, ne laisse rien à désirer, tant par sa solidité que par son élégance.

La construction de l'église paraît remonter au septième siècle. Son buffet d'orgues est d'un bel effet. On remarque dans son intérieur quelques tombeaux antiques, dont on a peine à lire les inscriptions. Le curé est logé aux frais de la commune. Le cimetière, situé à l'extérieur, est d'une vaste étendue; il renferme quelques monumens dignes d'attention. Il est enclos d'un mur en bon état, et des soins tout particuliers sont apportés à son entretien.

L'autorité locale d'Argenteuil a fixé un jour de chaque semaine pour ses distributions de secours à domicile; cette sage mesure, tout en adoucissant les souffrances des pauvres, bannit l'aspect affligeant de la mendicité.

L'hospice de la commune contient dix-huit lits réservés aux vieillards et aux malades indigens. La tenue de cet établissement est digne des plus grands éloges. La mairie a été bien construite et sa distribution intérieure bien ordonnée. A peu de distance de ce bâtiment est une prison destinée à recevoir temporairement les malfaiteurs.

L'instruction est cultivée avec succès. On compte six établissemens consacrés à l'éducation de la jeunesse, savoir : deux écoles d'enseignement mutuel, l'une fréquentée par cent quarante jeunes garçons, l'autre par cent dix jeunes filles; deux écoles privées pour garçons et filles, dont le nombre d'élèves n'est pas limité; une école gratuite destinée à recevoir quarante jeunes filles seulement : cette dernière a été créée au moyen d'une donation faite par M. Colas; enfin un pensionnat de jeunes demoiselles, dirigé par Mme Guilmart : cette institution est recherchée avec empressement par les personnes aisées de l'endroit.

L'agriculture fait beaucoup de progrès en ce qui concerne les vignes et les figuiers. Les vins, autrefois très-renommés, occupent encore aujourd'hui le premier rang parmi ceux que fournissent les environs de Paris. Les figues ont une grande réputation, que leur bonne qualité justifie. L'étendue du territoire est de 1,500 hectares, ce qui donne à peu près 4,500 arpens; le prix de l'arpent, terme moyen, est de 1,500 francs. Les produits de l'agriculture sont exportés avantageusement à Paris.

La filature de MM. Christian frères est un des principaux établissemens industriels d'Argenteuil; cette filature, bien que mue par la vapeur, occupe encore cent ouvriers dans ses deux ateliers. La fabrique de souliers faits à la mécanique emploie une quarantaine d'ouvriers environ : elle est dirigée par M. Chauvet. Des carrières à plâtre, justement estimées pour leur bonté, concourent aussi à la richesse du pays.

La fête patronale a lieu le dimanche de la Pentecôte; elle se prolonge pendant trois jours.

Maire, M. Dubaut. — Adjoints : MM. Devaux et Boucher. — Secrétaire de la mairie, M. Lebourlier. — Notaires : MM. Bernier et Binard. — Huissiers : MM. Patou et Huard. — Curé, M. Dantan. — Vicaire, M. Sebile. — Juge de paix, M. Dalkac. — Greffier, M. Cressent. — Capitaine de la garde nationale, M. Dulong. — Chef de bataillon, M. Puiseux. — Capitaine de chasseurs, M. Tilly. — Capitaine des voltigeurs, M. Mothron. — Capitaine des sapeurs-pompiers, M. Girault. — Médecin, M. Grelot. — Vétérinaire,

M. Bertin. — Percepteur des contributions, M. Puiseux; ses jours de recette sont les mardis et vendredis. — Directeur de l'enregistrement et du timbre, M. Léger.

La commune a un bureau de poste, dont la directrice est Mlle Coyba-Villeneuve. Il suffit d'adresser : *A Argenteuil*.

Les communications avec Paris s'établissent facilement au moyen d'une voiture publique, prise rue du Port, en face de la poste, et à Paris, rue J.-J. Rousseau, 13. Trois départs ont lieu par jour.

BEZONS.

Bezons, à deux lieues nord-ouest de Paris; canton et justice de paix d'Argenteuil, arrondissement de Versailles, département de Seine-et-Oise.

Il est enclavé par Argenteuil, la Seine, Houilles et Sartrouville.

Sa position dans une belle plaine, sur les bords de la Seine, est agréable. Il est traversé par trois routes départementales : la première allant à Pontoise, par Lafrette, Montigny, etc; la seconde conduisant à Maisons, par Houilles, et la troisième se dirigeant sur Saint-Germain, par Montesson et la forêt du Vésinet. Le territoire de cette commune est sillonné par un grand nombre de chemins vicinaux tous en bon état; l'un d'eux conduit à Carrières-Saint-Denis, en suivant la rive du fleuve.

La population de Bezons, avant l'époque désastreuse du choléra, était d'un tiers plus élevée qu'elle ne l'est aujourd'hui; le passage de cette épidémie ne lui a laissé que 600 habitans, qui donnent à la garde nationale une compagnie de chasseurs composée de 90 hommes : elle fait partie du bataillon cantonal, dont Houilles est le chef-lieu.

Parmi quelques propriétés dignes d'attention, figurent avec avantage : le château de M. le maréchal duc de Bellune, dont le parc est dessiné avec goût; et la maison de campagne appartenant à M. Achille Lemaire.

La température du village est habituellement saine. La Grande-Rue seule est pavée; mais les autres, bien cailloutées, sont propres et parfaitement entretenues. Les vivres, quoique abondans, sont assez chers. Le prix des locations annuelles est peu élevé; un cultivateur peut se loger très-commodément pour 100 francs. La sécurité publique est assurée par la brigade de gendarmerie résidant à Argenteuil.

L'église est d'une architecture moderne, qui ne manque ni de goût ni d'élégance; ses ornemens intérieurs sont distribués avec goût, et son entretien ne laisse rien à désirer. Le presbytère appartient à la commune. Le cimetière, situé à l'extérieur, est enclos d'un mur solidement construit.

La place publique est petite et n'est ornée d'aucune fontaine. Les habitans se procurent à la Seine l'eau nécessaire à leurs besoins et à l'assainissement du village.

Les environs de Bezons sont riches en belles promenades et en sites gracieux. Le pont jeté sur la Seine est d'une construction récente. Les culées et les piles sont en pierre; les travées en bois : il est soumis à un droit de péage.

Deux écoles communales sont ouvertes aux enfans du village, l'une pour les garçons, l'autre pour les filles; elles sont fréquentées par soixante-dix élèves.

Les progrès peu sensibles de l'agriculture ne peuvent être attribués qu'à l'ancienne routine des habitans, en ce qui concerne la culture de leurs terres; il serait à désirer qu'ils adoptassent les nouvelles méthodes. Le territoire se divise en deux parties; l'une est sablonneuse, l'autre caillouteuse. Il produit beaucoup de céréales et un peu de vignes; on y trouve aussi plusieurs prairies artificielles. Son étendue est de 700 arpens, le prix de l'arpent varie de 600 à 700 francs.

Les habitans de Bezons demandent l'établissement de deux fontaines, dans le centre du village.

La fête patronale est celle de saint Fiacre, 3 août; elle a lieu le dimanche suivant, et se prolonge pendant trois jours. Autrefois, des cavalcades de masques y venaient de Paris pour danser et s'y faire remarquer de la foule qu'y rassemblaient à la fois la beauté du lieu et l'agrément de la saison. Une comédie, intitulée *la Foire de Bezons*, représentée sous le règne de Louis XV, donna quelque célébrité à cette foire, qui depuis long-temps a perdu beaucoup de sa renommée.

Maire, M. Borde.—Adjoint, M. Dappe. — Curé, M. Friche. — Percepteur des contributions, M. Puiseux; ses jours de recette sont le deuxième samedi de chaque mois. — Capitaine de la garde nationale, M. de Bellune fils.

Il faut adresser les lettres : *A Bezons, par Argenteuil*.

Les communications avec Paris ont lieu par les voitures d'Argenteuil qui traversent le village plusieurs fois par jour.

CARRIÈRES-SAINT-DENIS.

Carrières-Saint-Denis, à trois lieues nord-ouest de Paris; canton et justice de paix d'Argenteuil, arrondissement de Versailles, département de Seine-et-Oise.

Ses enclaves sont : Houilles, Montesson, Chatou, Nanterre et la Seine.

Situé sur la pente d'une des collines qui bordent la rive droite de la Seine, entre Bezons et Chatou, ce village jouit d'une vue aussi étendue que riche et variée. Tous ses chemins vicinaux sont en bon état d'entretien. Un chemin de grande vicinalité, conduisant d'un côté à Chatou, de l'autre à Bezons, traverse le territoire de la commune.

La population est de 1,053 habitans, fournissant à la garde nationale une compagnie de chasseurs, composée de 160 hommes, presque tous habillés; elle appartient au bataillon cantonal dont Houilles est le chef-lieu.

L'air est bon; la Seine qui serpente au bas du village contribue beaucoup à sa salubrité. Les rues, qui sont toutes cailloutées, exigeraient un meilleur entretien et une propreté plus grande.

Le prix des locations annuelles et celui des subsistances sont peu élevés. Le bon ordre est maintenu par la brigade de gendarmerie d'Argenteuil.

La construction de l'église date de 1670; elle est simple dans sa distribution et n'offre rien de remarquable dans son enceinte, qu'un tableau représentant la sainte Vierge; il est justement estimé. Le presbytère, attenant à l'église, appartient à la commune. Le cimetière, situé à l'extérieur du village, renferme quelques beaux monumens; il est bien entretenu et enclos par un mur en bon état.

Le bâtiment de la mairie est vaste et bien approprié à sa destination. La place publique est ornée de deux fontaines, alimentées par des sources d'eau vive, d'excellente qualité. On trouve, aux environs du village, des promenades assez agréables.

L'instruction est recherchée avec un louable empressement par les habitans de Carrières; aussi chacun d'eux est-il capable de tenir ses comptes et de diriger ses affaires sans le secours d'aucun étranger. Les enfans, envoyés assidument à l'école, imitent le bon exemple de leurs parens et profitent des leçons qu'ils reçoivent. Deux écoles d'enseignement mutuel leurs sont ouvertes, l'une compte 70 garçons, l'autre 50 filles.

Les habitans ont fait beaucoup de progrès dans la culture des vignes. Le vin de cette commune a acquis une certaine réputation parmi ceux des environs de Paris; il est exporté en grand dans cette capitale, ainsi que les produits des belles carrières de MM. Gauthier et Sarrazin. Le territoire n'a que 330 arpens d'étendue; le prix de l'arpent, terme moyen, est de 1,400 fr.

La fête patronale est celle de la saint Jean-Baptiste, 24 juin; on la célèbre le dimanche suivant.

Maire, M. Poissonnier. — Adjoint, M. Gauthier. — Secrétaire, M. Labbé. — Curé, M. Binder. — Percepteur des contributions, M. Nicolle; ses jours de recette sont le premier dimanche de chaque mois. — Chef de bataillon, M. Ract. — Capitaine en 1er, M. Gauthier. — Capitaine en 2e, M. Bulligny.

Il faut adresser les lettres : *A Carrières-Saint-Denis, par Chatou.*

Les communications avec Paris n'ont lieu qu'au moyen des voitures de Bezons ou de Chatou.

CORMEIL-EN-PARISIS.

Cormeil, à trois lieues et demie nord-ouest de Paris; canton et justice de paix d'Argenteuil, arrondissement de Versailles, département de Seine-et-Oise.

Ses enclaves sont : Franconville-la-Garenne, Sannois, Argenteuil, Sartrouville et Herblay.

Situé sur le versant méridional d'une colline à laquelle il donne son nom, ce village jouit d'une belle et vaste perspective. Il est traversé par la route royale de Paris à Pontoise; ses chemins vicinaux sont en bon état.

La population est de 1,250 habitans, fournissant à la garde nationale deux compagnies de chasseurs, composées chacune de 120 hommes et faisant partie du bataillon dont la commune est le chef-lieu.

Un grand nombre de maisons de campagne et de maisons bourgeoises rivalisent entre elles d'agrément, et leur ensemble est d'un aspect fort agréable.

La température de Cormeil est excellente. Toutes ses rues sont ferrées et très-proprement entretenues. La brigade de gendarmerie d'Argenteuil est chargée de maintenir le bon ordre et la sécurité.

Le prix des locations annuelles et celui des subsistances sont peu élevés. La petite place publique est ornée de deux fontaines, dont les eaux abondantes satisfont non seulement à la consommation journalière des habitans, mais alimentent en outre trois lavoirs et un abreuvoir public. Les environs offrent de belles promenades.

L'église, dont la construction date du quinzième siècle, est d'architecture gothique. Quelques tableaux la décorent, et de grands soins sont apportés à son entretien. Le presbytère, très-logeable, appartient à la commune. Le cimetière touche encore à l'église; mais il est bien aéré et surtout isolé de toute habitation.

Les deux écoles communales, l'une pour les garçons, l'autre pour les filles, sont fréquentées par 90 enfans des deux sexes. Il y a encore deux écoles d'enseignement mutuel, également pour garçons et filles, qui reçoivent habituellement 85 enfans.

Grâce aux soins et à la sollicitude de l'autorité locale, le paupérisme a tout à fait disparu de Cormeil. Depuis quelques années, on n'y rencontre plus de mendians.

Les anciennes méthodes pour la culture étant toujours suivies, l'agriculture a fort peu de progrès à signaler. Le sol est en général montagneux et fertile. On récolte beaucoup de légumes, de fruits et un peu de vin. L'étendue du territoire est de 2,000 arpens; le prix de l'arpent, terme moyen, est de 1,500 fr.

Le commerce du village se renferme dans l'exportation, à Paris et aux environs, des produits de l'agriculture. On remarque cependant au centre de Cormeil deux tuileries assez considérables; elles appartiennent à MM. Fortier et Lebert.

La fête patronale est celle de la Translation de saint Martin, 4 juillet; on la célèbre le dimanche suivant.

Maire, M. Foulon. — Adjoint, M. Delavallée. — Notaire, M. Avit. — Curé, M. Baucault. — Percepteur des contributions, M. Lafosse; ses jours de recette sont tous les mardis, mercredis et jeudis.

— Chef de bataillon, M. Lafosse. — Capitaine en premier, M. Joie. — Capitaine en second, M. Delavallée.

La commune a une boîte aux lettres. Il faut adresser: *A Cormeil-en-Parisis, par Franconville-la-Garenne.*

Les communications avec Paris ont lieu au moyen d'une voiture spécialement établie pour le service de la commune et par toutes les autres voitures de passage.

HOUILLES.

Houilles, à trois lieues nord-ouest de Paris; canton et justice de paix d'Argenteuil, arrondissement de Versailles, département de Seine-et-Oise.

Ses enclaves sont: Sartrouville, Bezons, Carrières-Saint-Denis, Montesson et la Seine.

Cette commune est située au centre de la troisième presqu'île formée par la Seine au-dessous de Paris. Son territoire est traversé par deux routes départementales; l'une de Bezons à Maisons, l'autre de Bezons à Saint-Germain; la première passe dans le village. Les chemins vicinaux sont assez bien entretenus.

Peuplé de 1,200 habitans, Houilles fournit à la garde nationale une compagnie composée d'environ 140 hommes, appartenant au bataillon cantonal dont la commune est le chef-lieu; plus une subdivision de sapeurs-pompiers, pour la manœuvre de la pompe à incendie.

Il y a beaucoup d'améliorations à signaler à Houilles, tant dans la construction des nouvelles maisons que dans le goût avec lequel elles ont été intérieurement distribuées. Parmi celles qui ornent en grand nombre le village, on en compte onze dignes d'éloges ; leurs propriétaires sont : MM. Guard, Lesueur, Bonaix, Dambry, Desmarres, Everard, Berton, Thomas, Berail, Devaignon et Mlle Pion.

La température est saine ; les rues sont cailloutées et bien entretenues, la police locale est exercée, d'après un règlement particulier, par l'adjoint au maire assisté du garde champêtre. Le prix des locations annuelles et celui des subsistances sont aussi élevés qu'à Paris. Il y a deux places publiques assez belles ; l'une plantée d'acacias, l'autre de tilleuls.

L'église est jolie, son clocher a plus d'une fois attiré les regards par la hardiesse de sa construction ; cet édifice est du reste entretenu avec soin. Le presbytère, propriété de la commune, est vaste et commode. Le cimetière, situé à l'extérieur du village, est enclos d'un mur solidement établi.

L'école communale est séparée en deux classes ; l'une pour les garçons, l'autre pour les filles ; 60 enfans des deux sexes la fréquentent habituellement. Il y a en outre deux écoles privées ; le nombre des élèves des deux sexes qui y sont admis est au moins aussi considérable que celui de l'école communale.

L'agriculture a fait quelques progrès, surtout dans le soin des vignes ; on récolte aussi des grains et des légumes, exportés en grande partie à Paris. L'étendue du territoire est d'environ 800 arpens, dont le prix moyen est de 1,200 f. Indépendamment des produits de l'agriculture, Houilles exporte encore à Paris et dans les environs, des pierres à bâtir tirées de six carrières, aussi remarquables par la facilité de leur exploitation, que par la qualité et la quantité des matériaux que l'on peut en extraire.

L'autorité locale projette l'établissement d'une mairie, qui renfermerait une école communale, une prison et un corps-de-garde.

Les habitans demandent avec instance le pavage complet des rues de la commune.

La fête patronale est celle de saint Nicolas, 6 décembre ; mais attendu la rigueur de la saison, elle a été transférée au printemps. On la célèbre ordinairement le second dimanche de mai.

Maire, M. Gillet. — Adjoint, M. Arnould. — Curé, M. Arthaud. — Capitaine de la garde nationale, en 1er, M. Gillet. — Capitaine en 2e, M. Bessin. — Percepteur des contributions, M. Nicolle ; ses jours de recette sont le premier jeudi de chaque mois. — Médecin, M. Hanriet.

La commune a une boîte aux lettres. Il faut adresser : *A Houilles, par Argenteuil.*

Les communications avec la capitale ont lieu au moyen des voitures de Maisons, qui traversent Houilles plusieurs fois par jour.

MONTESSON.

Montesson, à 3 lieues et demie ouest-nord-ouest de Paris ; canton et justice de paix d'Argenteuil, arrondissement de Versailles, département de Seine-et-Oise.

Il a pour annexe la ferme de la Borde ; et pour enclaves : Sartrouville, Houilles, Carrières-Saint-Denis, Chatou et la Seine.

Le territoire est en partie sablonneux et peu productif, en partie de meilleure qualité et cultivé en betteraves, en navets et en carottes, qui avec quelques vignes sont les principaux produits du sol.

Une route départementale, de Bezons au Pecq et à Saint-Germain, traverse le territoire de Montesson, dont les chemins vicinaux sont d'ailleurs, par la négligence des habitans, laissés en fort mauvais état d'entretien.

Le village, situé dans un fond, n'offre pas un aspect attrayant et n'est pas entouré de ces points de vue qui plaisent au voyageur. On croirait, à l'apparence, que le pays est stérile et abandonné. On a peine à se persuader qu'il est couvert d'une population assez considérable, dont les travaux et les soins pourraient, s'ils étaient bien dirigés, donner à cette contrée tout le charme de la culture et de l'industrie.

Montesson compte, en effet, 1,240 habitans, et fournit à la garde nationale deux compagnies de chasseurs, de 100 hommes chacune, du bataillon cantonal de Houilles.

Les rues ne sont que ferrées et mal entretenues. L'autorité locale se voit continuellement obligée d'intervenir pour contraindre les habitans à dégager leurs propriétés des boues et des immondices qui les encombrent; quelquefois même, elle est méconnue et forcée de recourir aux tribunaux. Une mare infectait la commune; le maire, dans l'intérêt de ses administrés, voulut la faire dessécher; ceux-ci s'y opposèrent, il fallut plaider. Le succès couronna les bonnes intentions de l'autorité; un jugement ordonna aux propriétaires de donner un écoulement aux eaux de cette mare, dans le plus bref délai. Mais il est déplorable de voir le sordide intérêt des particuliers lutter contre les sages dispositions de la loi pour maintenir un foyer de miasmes putrides, dangereux à tous.

Montesson n'a point de fontaines; mais les puits, qui sont en grand nombre, fournissent une eau salubre et assez abondante pour suffire aux besoins des habitans.

La sécurité publique est maintenue par la gendarmerie stationnée à Argenteuil.

Le prix commun des loyers d'habitation varie de 100 à 200 francs par année. Les subsistances sont à bon marché, et leur abondance facilite les moyens de se les procurer.

La maison communale est d'une structure fort simple, mais convenable. On peut en dire autant de l'église, dont l'architecture est moderne, et qui n'a d'ailleurs rien de remarquable. La commune ne possédant pas de presbytère, le curé reçoit une indemnité de logement. Le cimetière, hors du village, est établi d'une manière décente et conforme aux règlemens.

Une seule école primaire est ouverte aux enfans des deux sexes. Elle est peu fréquentée, souvent même elle est déserte, tant les pères et les mères de famille, dont la plupart ne savent pas même signer leur nom, mettent peu d'intérêt et de soin à l'instruction de leurs enfans. Il est pénible de rencontrer, si près de la capitale, une commune dans un tel état d'ignorance et obstinée à ne pas en sortir. Les louables efforts de l'autorité locale, pour vaincre cette funeste résistance et opérer des améliorations, ne sauraient être trop appréciés et encouragés. Ce sera du moins pour les hommes honorables qui les tentent un juste dédommagement, s'ils n'en obtiennent pas le succès.

L'agriculture doit ses progrès dans la commune à M. Guyon, maire actuel, qui a surtout perfectionné la culture des betteraves ; il en récolte qui pèsent jusqu'à 30 livres et qui fournissent beaucoup de sucre. Le territoire de la commune est de 3,000 arpens, dont le prix varie de 1,000 à 5,000 francs selon la qualité.

Le commerce est tout agricole. Une fabrique de sucre de betteraves a été dernièrement établie ; mais elle semble avoir été mal dirigée et l'on craint qu'elle ne soit forcée de suspendre, au moins momentanément, son exploitation.

La fête patronale de Montesson est celle de saint Côme et saint Damien, 28 septembre ; on la célèbre le dimanche suivant. Elle est peu fréquentée.

Maire, M. Guyon. — Adjoint, M. Marignier. — Curé, M. Goselin. — Percepteur des contributions directes, M. Nicolle ; jours de recettes, le premier et le dernier jeudi de chaque mois. — Capitaines de la garde nationale, MM. Visbé et Fleury.

Il faut adresser les lettres : *A Montesson, par Chatou.*

Les communications avec Paris n'ont pas lieu directement, mais au moyen des voitures qu'il faut aller prendre à Chatou ou à Bezons, car il n'en passe aucune dans Montesson.

SANNOIS.

Sannois, à quatre lieues nord-nord-ouest de Paris ; canton et justice de paix d'Argenteuil, arrondissement de Versailles, département de Seine-et-Oise.

Il est enclavé par Ermont, Saint-Gratien, Épinay, Argenteuil et Franconville.

Son territoire, couvert de vignes, de groseilles et de céréales, est traversé par la route royale de Paris à Rouen, ainsi que par une route départementale aboutissant à Argenteuil. Ses chemins vicinaux sont en bon état.

Encadré par des sites charmans, Sannois présente un aspect fort agréable ; sa population s'élève à 1,611 habitans, fournissant à la garde nationale deux compagnies de chasseurs, composée chacune de 150 hommes. Cette commune forme seule un bataillon cantonal.

Indépendamment de quelques jolies propriétés bourgeoises, Sannois compte deux châteaux. L'un connu sous le nom de *l'Ermitage*, appartient à M. Chazourne ; il justifie en effet ce titre par la simplicité et l'austérité de son architecture : un parc bien dessiné l'entoure. L'autre, situé dans une belle position, est la propriété de M. Magendy ; ce château est suivi d'un petit parc planté d'arbres français et étrangers d'une grande beauté ; il jouit en outre de la plus riante perspective.

La température du village est saine, toutes les rues sont pavées et entretenues avec soin. La brigade de gendarmerie d'Argenteuil est chargée du maintien de l'ordre public. Le prix des locations annuelles varie de 120 à 200 francs ; celui des subsistances est aussi élevé qu'à Paris.

Sannois possède une petite place publique, trois fontaines, insuffisantes aux besoins des habitans, qui sont souvent contraints d'employer l'eau de leurs puits, peu favorable à la santé. Il a aussi un abreuvoir public, qui est souvent à sec.

L'église, d'un style gothique, n'offre rien de remarquable ; le presbytère, également fort simple, appartient à la commune. Le cimetière, encore situé à l'intérieur, doit incessamment être transféré au dehors du village ; des mesures sont prises par l'autorité locale pour accélérer cette utile translation.

Deux écoles d'enseignement mutuel sont ouvertes, l'une aux garçons, l'autre aux filles ; elles reçoivent habituellement 200 enfans. Une salle d'asile est établie pour l'enfance.

L'autorité, dans l'intérêt général, projette l'établissement d'une mairie ; et, dans celui des malheureux de la commune, distribue toutes les semaines de nombreux secours à domicile.

Les habitans ont fait des progrès considérables dans la culture de la vigne ; on récolte d'assez bons vins, de beaux fruits et des céréales. L'étendue du territoire est de 1,800 arpens ; le prix de l'arpent est de 1,800 francs, terme moyen.

Sannois renferme une fabrique de jouets d'enfans assez considérable. Cinq fours à plâtre et une belle tuilerie appartiennent à M. Paulmier. Les produits de ces divers établissemens ainsi que ceux de la culture, exportés à Paris et aux environs avec avantage, composent tout le commerce du village.

La fête patronale est celle de saint Pierre, 29 août ; on la célèbre le dimanche suivant.

Maire, M. Montalent. — Adjoint, M. Duchaume. — Notaire, M. Aumont. — Curé, M. Fournier. — Capitaine de la garde nationale, en premier, M. Dumont. — Capitaine en second. M. Dumont (Claude). — Percepteur des contributions, M. Lafosse ; ses jours de recettes sont les 2ᵉ et 4ᵉ vendredis de chaque mois. — Médecin, M. Albourg.

Il faut adresser les lettres : *A Sannois, par Franconville-la-Garenne.*

Les communications avec Paris s'effectuent au moyen d'une voiture spéciale établie dans la commune ; elle part deux fois par jour.

SARTROUVILLE.

Sartrouville, à trois lieues et demie nord-ouest de Paris, sur le penchant d'une petite colline et sur la rive droite de la Seine, en face de Maisons ; canton et justice de paix d'Argenteuil, arrondissement de Versailles, département de Seine-et-Oise.

Annexes : Lavaudoire et le moulin de Larris. Enclaves : Lafrette, Cormeil-en-Parisis, Argenteuil, Bezons, Houilles et la Seine.

Le territoire est traversé par la route nouvelle de Paris à Pontoise ; il est coupé en tous sens par des chemins vicinaux très-bien entretenus.

La population s'élève à 1,676 habitans. Elle fournit à la garde nationale trois compagnies de chasseurs, composée chacune de 116 hommes ; la commune est autorisée à former elle seule un bataillon qui porte son nom. La gendarmerie d'Argenteuil maintient l'ordre et la sécurité publique.

Les environs de Sartrouville offrent sur différens points de très-beaux sites, et plusieurs maisons de campagne contribuent à leur embellissement.

L'air est bon, les rues ne sont que ferrées, et leur propreté est négligée ; mais l'autorité locale se propose d'améliorer cet état de choses, et de faire établir un ruisseau pavé, afin que les eaux ne restent plus stagnantes. Cet utile travail doit être incessamment mis en adjudication. La place publique n'a point de fontaine ; un grand nombre de puits, dont l'eau est de bonne qualité, diminuent cet inconvénient sans le fairedisparaître tout-à-fait. Les vivres sont à bon compte ; un marché a lieu tous les mardis. Le prix moyen des loyers est de 60 à 80 francs.

L'église, de style gothique, est surmontée d'un clocher en pierre, remarquable par son élévation et sa légèreté ; on reporte sa construction au quatorzième siècle ; elle est isolée de toute habitation, et la terrasse sur laquelle elle s'élève domine le village ; le presbytère appartient à la commune ; le cimetière touche à l'église, mais il est en dehors du village.

Sartrouville a trois écoles communales, deux pour les garçons, une pour les filles ; cent soixante enfans des deux sexes y puisent l'instruction primaire.

Le territoire est en général uni et sablonneux ; son étendue est de 3,000 arpens, dont le prix moyen est de 800 à 900 francs. L'agriculture a fait peu de progrès, ses principaux produits sont le vin et les légumes, surtout les asperges ; ces produits sont consommés à Paris.

Le commerce de cette commune est entièrement agricole. L'industrie n'y compte aucun établissement remarquable.

La fête patronale est celle de l'Assomption de la Vierge, 15 août. Elle dure trois jours, et a lieu sur les bords de la Seine, dans un emplacement fort agréable.

Maire, M. Guillon. — Adjoint, M. Fouvert. — Curé, M. Grimot. — Percepteur des contributions, M. Vicolle ; ses jours de recette sont tous les mardis et les vendredis. — Notaire, M. Leroy. — Capitaines de la garde nationale : M. Lelièvre, M. Leroux, M. Mollard.

Il faut adresser les lettres : *A Sartrouville, par Franconville-la-Garenne.*

Les communications avec Paris sont faciles par les voitures de passage, que l'on compte en grand nombre.

CANTON DE MONTMORENCY.

Montmorency. — Andilly. — Deuil. — Eaubonne. — Franconville-la-Garenne. — Groslay. — Margency. — Montlignon. — Montmagny. — Saint-Brice. — Saint-Gratien. — Saint-Leu-Taverny. — Soisy-sous-Montmorency.

MONTMORENCY.

Montmorency, à quatre lieues nord de Paris ; chef-lieu de canton et de justice de paix, arrondissement de Pontoise, département de Seine-et-Oise.

Autrefois, les lieux habités qui étaient fermés par un mur d'enceinte, prenaient le titre de ville, quelle que fût d'ailleurs la faiblesse de leur population ; Montmorency le possédait déjà, il y a plus de neuf siècles, et l'a conservé sans interruption jusqu'à ce jour.

Louis XIV, par lettres-patentes du mois de septembre 1689, données à la requête du prince de Condé, ordonna que *Montmorency* s'appellerait désormais *Enghien* ; mais l'usage est souvent plus puissant que les ordonnances royales. Montmorency a conservé son nom antique. La raison générale a repoussé un changement qui n'avait pas d'autre motif que la vanité.

Cette petite ville a pour annexes : l'Hermitage, illustré par le séjour qu'y fit J.-J. Rousseau ; la rue du Gallerand et la pointe de la Barre. Son territoire est enclavé par ceux de Saint-Brice, de Groslay, de Deuil, de Soisy et d'Andilly.

Elle est dans une belle position, sur une des collines qui ceignent la fertile et riche vallée à laquelle elle a donné son nom. Elle est de toutes parts environnée de campagnes, semées de sites et de points de vue charmans, cultivées avec autant d'intelligence que de soin, couvertes de produits aussi variés qu'abondans, et embellies par une multitude de villages et de maisons de plaisance, où la richesse du moins est exempte du contraste de la misère ; car le travail et l'industrie y répandent les moyens d'exister et d'acquérir une honnête aisance, dont on voit partout les signes et les heureux effets. Doublement favorisée par la nature et par le progrès en tous genres, la vallée de Montmorency plaît au philosophe autant qu'à l'artiste.

L'antiquité de Montmorency n'est pas contestée ; on la fait remonter aux temps les plus reculés. En 998, c'était une forteresse déjà importante par son étendue et sa situation. A cette date, le roi Robert la donna à *Bouchard-le-Barbu*, à condition que ce dernier et ses descendans ne reconstruiraient pas le château de l'île Saint-Denis, que le roi venait de faire démolir, parce que *Bouchard*, qui en était le propriétaire, ravageait continuellement les terres de l'abbaye de Saint-Denis. *Bouchard*, en conséquence, transféra sa résidence à Montmorency; il en prit et en transmit le nom à sa famille, qui l'a conservé et illustré. On voit encore une grande partie des murs d'enceinte de la ville, construits en pierre de meulière et en plâtre : ils avaient 10 pieds d'épaisseur et 25 d'élévation. Une porte, qui faisait partie de cette enceinte, existe encore sous le nom de *la Poterne*.

Le territoire de la commune est traversé par une route départementale, qui se dirige sur Saint-Leu-Taverny, Méry, etc., et par la route auxiliaire n° 15, qui lie la route de Paris à Pontoise avec la route de Paris à Beaumont-sur-Oise. Un chemin de grande vicinalité conduit de Montmorency à Franconville, en passant par Soisy-sous-Montmorency.

La population de cette commune s'élève à 1,870 habitans. Sa garde nationale se compose de 350 hommes, presque tous en uniforme, divisés en quatre compagnies et faisant partie du bataillon cantonal dont Montmorency est le chef-lieu. Les communes qui forment le complément de ce bataillon sont Margency, Andilly, Soisy, Eaubonne, Saint-Gratien et Montlignon.

La construction des maisons a fait, depuis quelques années, de grands progrès. Les habitations ont pris plus d'étendue; leur distribution intérieure est devenue plus commode et mieux entendue, leur extérieur plus élégant et de bon goût. Un grand nombre de jolies maisons de plaisance contribuent à l'embellissement de la ville. De l'ancien château, qui appartenait aux Montmorency, il ne reste plus que l'orangerie, élevée, au commencement du dernier siècle, sur les dessins d'*Oppenord*. Ce bâtiment, de forme circulaire, orné d'arcades à bandes et de figures, avec une portion de terrain de vingt arpens, est aujourd'hui la propriété de M. Darale. A la place du château, détruit pendant la révolution, Mme Véry a fait élever une belle maison, entourée d'un parc très-étendu. Deux autres châteaux décorent aussi la commune. L'un est situé au nord de Montmorency, dans la partie la plus élevée, appelée *Jaigny*, au faubourg Saint-Jacques; bâti, il y a environ cinquante ans, par M. Goix, il a été possédé par M. Versepuy; son propriétaire actuel est M. de Mora. L'autre, dont l'architecture et les jardins attirent l'attention, porte le nom de *La Grange-Chambellan*. Situé dans le faubourg *Saint-Valery*, il a appartenu au sieur Kesner, ex-caissier en chef du trésor public, devenu célèbre par sa fuite et le déficit considérable qu'il a causé aux finances de l'état. Son possesseur est aujourd'hui M. de Berteux.

La position élevée de Montmorency lui procure un air excellent. Beaucoup de malades convalescens viennent y affermir leur santé. Le voisinage d'*Enghien-les-Bains* y attire aussi une grande partie des personnes qui vont prendre les eaux, attendu que le séjour d'Enghien étant dispendieux, celui de Montmorency convient mieux aux malades dont la fortune est médiocre.

Toutes les rues sont pavées et très-proprement entretenues. On regrette que l'éclairage n'y soit pas encore établi. La place publique est assez grande et ornée de fontaines. Deux autres fontaines sont accompagnées de lavoirs publics.

Les alentours de la ville offrent, de tous les côtés, les plus jolies promenades. Celles *des Champeaux* et de la forêt sont très-fréquentées. Auprès de l'Hermitage, pendant la belle saison, a lieu, les dimanches et fêtes, un bal champêtre justement renommé, tant pour la beauté de son emplacement que pour la brillante et bonne compagnie qui s'y réunit avec empressement de Montmorency, des environs et même en grand nombre de Paris. Parmi les amusemens de toute espèce qui s'y joignent au plaisir de la danse, on doit citer les courses sur des chevaux et des ânes de louage, à l'aide desquels on peut parcourir les jolis sites de la forêt. Le bal de Montmorency n'a de rivaux que dans les bals de Sceaux, d'Auteuil et du Ranelagh de Passy.

Un commissaire de police et une brigade de gendarmerie sont chargés du maintien de l'ordre et de la sécurité.

Les loyers d'habitations varient de 100 à 300 francs, selon l'importance du logement loué. Le prix habituel des subsistances est très-modéré.

L'église paroissiale est sous l'invocation de saint Martin. L'édifice actuel a été construit, en 1525, par les ordres et aux frais du duc Guillaume de Montmorency, qui fut chambellan des rois Charles VIII, Louis XII et François Ier. Il mourut en 1531. Son portrait et son tombeau se voyaient dans l'église, ainsi que le magnifique mausolée élevé par *Madelaine de Savoie-Teude* à son époux, le fameux connétable *Anne de Montmorency*. Ce beau morceau était l'ouvrage de l'architecte *Bullant* et du sculpteur *le Prieur*. Dans les troubles révolutionnaires, l'église fut dépouillée de ses monumens, et le mausolée du connétable transporté au Musée des Monumens français. Les quatre colonnes de marbre vert antique qui en faisaient partie sont aujourd'hui placées dans la salle des antiques du Musée du Louvre, et l'église n'a plus rien des Montmorency que les cendres de quelques membres de cette noble famille, déposées sans faste dans le caveau, que rien ne décore maintenant. La principale façade de l'édifice offre, dans sa perfection, le gothique le plus élégant des commencemens du seizième siècle. L'architecture et les sculptures étaient certainement des plus belles de ce temps. Les vitraux peints qui sont au pourtour du maître-autel font regretter vivement la perte de ceux qui ornaient les autres croisées. L'église est d'ailleurs en très-bon état d'entretien.

La ville ne possède point de presbytère. Elle acquitte les frais du logement de son curé.

Le cimetière est établi à l'extérieur et convenablement situé sous tous les rapports.

Un hospice contient douze lits réservés aux malades les plus nécessiteux. Son administrateur, qui est en même temps chef du bureau de bienfaisance, fait, pendant la saison rigoureuse, des distributions de secours à domicile. Le zèle de cet administrateur est à juste titre apprécié par les familles indigentes de la commune.

Deux écoles communales répandent l'instruction élémentaire ; l'une est réservée aux garçons, l'autre aux filles. Deux cents enfans les fréquentent habituellement.

Il y a, en outre, dans la ville, trois institutions particulières, l'une de jeunes gens, dirigée par M. Léger, et deux de jeunes demoiselles, tenues par Mmes Capy et Hubert.

L'agriculture fait de grands progrès dans la commune. Les terres, en partie sablonneuses et en partie franches, sont généralement fertiles. Elles sont encore fécondées par d'habiles travaux et une étude éclairée et constante. Elles conviennent parfaitement à la culture des vignes, des légumes et des fruits de toute espèce. On y récolte, comme dans toute la vallée, une immense quantité de cerises, à bon droit estimées pour leur beauté et leur bonté ; on recherche surtout la cerise à courte queue, vulgairement appelée *gobet* de Montmorency. Tous les produits agricoles sont exportés à Paris et dans les environs.

L'étendue du territoire, y compris la forêt, est de 1,900 arpens. Le prix d'un arpent, terme moyen, s'élève jusqu'à 1,500 francs.

La culture des terres et la vente de leurs produits composent presque toute l'industrie et le commerce de Montmorency. La forêt et quelques autres parties du sol sont plantées d'une grande quantité de châtaigniers, dont les branches, converties en cerceaux, sont vendues en France et à l'étranger.

La ville possède deux halles : l'une est réservée aux farines, dont la vente en détail a lieu tous les mercredis ; l'autre sert au marché général, qui se tient aussi les mercredis. Ce marché, que l'on peut considérer comme une foire, tant par le nombre que par la variété des objets qu'on y débite, attire constamment un grand concours d'acheteurs, et devient un lieu de rendez-vous pour tous les habitants des communes environnantes.

L'autorité locale a tiré de cette dernière halle un parti à la fois agréable et productif. Sans rien ôter à l'emplacement du marché, elle a fait établir un grand café, dont la concession a été louée pour cinquante ans.

Les habitans demandent la construction d'un presbytère et l'agrandissement de l'école des garçons, qui, depuis quelque temps, ne suffit plus au nombre des enfans. Ils désirent aussi que la route auxiliaire n° 15 soit classée parmi les routes départementales. Autrefois cette route, importante par la communication qu'elle établit entre deux grandes voies principales, était au rang de route royale de première classe. Son utilité est restée la même. A ce titre, la réclamation des habitans de Montmorency est appuyée par le vœu des autres communes que cette route traverse.

La fête patronale est celle de saint Jacques-le-Mineur, 25 juillet ; on la célèbre le dimanche suivant. Elle est fort belle par son emplacement et ses détails ; aussi est-elle très-fréquentée.

Maire, M. Carré. — Adjoint, M. Flan. — Juge de paix, M. Laporte. — Curé, M. Meunier. — Vicaire, M. Maître. — Notaires : MM. Robillard et Prouharan. — Huissiers : MM. Vagon et Leblanc. — Chef de bataillon de la garde nationale, M. Léger. — Percepteur des contributions, M. Chernuel ; il perçoit les mardis et les mercredis. — Buraliste de l'enregistrement et du timbre, M. Monnelier. — Commissaire de police, M. Dardare. — Médecins : MM. Damiens, Pérochet et Lèthe.

Montmorency a un bureau de la poste aux lettres, qui fait quatre distributions par jour. M. Sagny en est le directeur. Il suffit d'adresser : *A Montmorency*.

Les communications avec Paris sont faciles et continuelles. Outre les voitures publiques, que l'on peut prendre à volonté et que l'on trouve, dans la capitale, au faubourg Saint-Denis, il y a un service spécial et régulier fait par les voitures du *passage du bois de Boulogne*, situé dans le même faubourg ; elles opèrent six départs chaque jour.

ANDILLY.

Andilly, à quatre lieues nord de Paris ; canton et justice de paix de Montmorency, arrondissement de Pontoise, département de Seine-et-Oise.

Les enclaves sont : Soisy, Montmorency et Margency.

Situé sur la pente d'une colline, dans la belle vallée de Montmorency, ce village offre un aspect aussi varié que pittoresque.

Le chemin communal, partant du centre d'Andilly, va rejoindre la route départementale qui traverse toute la vallée. Les chemins vicinaux sont entretenus avec soin.

La population d'Andilly s'élève à 373 habitans; elle fournit à la garde nationale une compagnie de 85 hommes, faisant partie du bataillon de Montmorency.

On compte dans ce village une assez grande quantité de maisons de campagne. Les plus remarquables appartiennent à MM. Lestapy, le général Valazé, le comte Delatour, Donnet, Bernard, Marcel de Brébant, Bouchet, et à Mme Gervais Bonchira. M. Bouchet se livre exclusivement à la culture des arbres fruitiers. Ses plantations, composées d'arbres aussi rares que variés, sont d'un fort bon rapport.

La température d'Andilly est saine, ses rues sont toutes cailloutées et très-propres. Un ménage peut s'y loger convenablement, moyennant un loyer annuel de 100 à 120 fr. ; mais les habitans, obligés de s'approvisionner à Montmorency des subsistances qui leur sont nécessaires, les paient un prix fort élevé.

Au centre du village est une petite place ornée de deux fontaines, dont l'eau surtout est excellente; elles fournissent aux besoins des habitans et alimentent un lavoir public qui aurait besoin de quelques réparations. Andilly attire un grand concours de monde de Paris et des environs, tant par sa belle position que par les promenades charmantes qui l'entourent. Le service d'ordre et de sécurité dans la commune est fait par la brigade de gendarmerie stationnée à Montmorency.

L'église, commencée en 1640, paraît n'avoir été terminée qu'à différentes reprises ; le peu d'uniformité de son architecture ne laisse guères de doute à cet égard. Elle vient d'être restaurée avec soin. Le presbytère, appartenant à la commune, est tout près de cet édifice. Le cimetière, contrairement aux règlemens, entoure encore l'église ; mais il est assez isolé des habitations.

L'école communale est fréquentée par 65 enfans des deux sexes, y compris ceux du village de Margency, attendu que ce dernier, n'ayant point d'école, s'est empressé d'accepter l'offre qui lui a été faite par l'autorité locale d'Andilly, d'ouvrir son école aux enfans de ses voisins.

L'agriculture fait des progrès. Ses produits consistent en vins, céréales, légumes et fruits excellens, exportés en grande partie à Paris. Son territoire, qui se divise en terre argileuse, glaiseuse et sablonneuse, est d'une étendue de 800 arpens. Le prix de l'arpent varie de 2,000 à 2,500 fr.

La fête patronale est celle de saint Médard, 8 juin; on la célèbre le dimanche suivant.

Maire, M. Edy. — Adjoint, M. Juventin. — Curé, M. Toupigny. — Capitaine de la garde nationale, M. Charpentier. — Secrétaire de la mairie et instituteur, M. Langumier.

Il y a une boîte aux lettres. Il faut adresser : *A Andilly, par Montmorency*.

Les communications avec Paris ont lieu au moyen des voitures publiques d'Eaubonne ou de Montmorency.

DEUIL.

Deuil, à quatre lieues nord de Paris; canton et justice de paix de Montmorency, arrondissement de Pontoise, département de Seine-et-Oise.

Il a pour annexes : Labarre, Ormesson et une partie d'Enghien-les-Bains. Il est enclavé par Montmorency, Epinay-sur-Seine, Montmagny et Soisy-sous-Montmorency.

Situé dans une plaine dominée par la colline de Montmorency, Deuil est dans l'exposition la plus agréable et la plus variée. Il est traversé par une route départementale faisant jonction avec celle de Pontoise, à Vert-Galant, et par plusieurs chemins communaux et vicinaux en bon état.

Sa population est de 1,365 habitans, donnant à la garde nationale 321 hommes, divisés en trois compagnies, du bataillon cantonal de Groslay.

Parmi les belles habitations que renferme le village, on distingue le château de Labarre, entouré d'un joli parc; il **appartient à M. Leroux.** Depuis quelques années, Deuil a reçu de grandes améliorations; non seulement il s'est de beaucoup agrandi, mais un goût plus recherché a présidé aux constructions nouvelles qui y ont été élevées.

L'air est tellement sain et en même temps si doux, qu'il est recherché avec empressement par les malades, principalement par ceux qui ont la poitrine faible. La grande rue seule est pavée, les autres sont cailloutées et entretenues avec soin. Toutes les aisances de la vie s'y trouvent réunies; les vivres sont à bon compte; un ménage peut se loger fort convenablement moyennant un loyer de 100 à 150 fr.

La brigade de gendarmerie de Montmorency fait le service de la commune.

Les environs de Deuil offrent de tous côtés des promenades délicieuses. Les deux places publiques sont d'une belle étendue, l'une d'elles est plantée d'arbres. Cette commune ne possède point de fontaine, les habitans sont contraints de faire usage de l'eau des puits, dont la crudité est désagréable et parfois nuisible à la santé. Le lavoir public se trouve dans un état de dégradation tel, qu'il est presque impossible de s'en servir. Le bâtiment de la mairie et le corps-de-garde, qui y est attenant, sont en assez bon état.

L'église est située au centre du village, sa construction date du règne de Charles VI. En admettant ce fait, il en faut conclure qu'elle a été rebâtie en partie à une époque bien plus récente; car deux styles d'architecture bien distincts sont employés dans sa construction; la nef est d'un gothique pur, et le chœur d'une architecture romane. Cet édifice a du reste besoin de grandes réparations. La commune ne possédant point encore de presbytère, le curé reçoit une indemnité de logement. Le cimetière est situé à l'extérieur du village; parmi plusieurs monumens remarquables, il en renferme un digne d'une attention toute particulière : il est le tribut du respect et de la reconnaissance des habitans de Deuil pour leur ancien curé, M. Huret. Ce vertueux pasteur, qui avait acquis en médecine des connaissances peu communes, prodiguait tous ses soins aux malades indigens de la commune, et non seulement il leur consacrait ses travaux et ses veilles, mais encore une forte partie des revenus de sa cure et de son faible patrimoine.

Deux écoles publiques sont ouvertes pour l'instruction de l'enfance ; elles reçoivent environ 160 élèves des deux sexes.

On projette l'établissement d'une route départementale qui prendrait naissance au centre du chemin neuf d'Argenteuil, passerait par Montmagny et irait ensuite rejoindre la route royale, à Saint-Brice.

Depuis quelques années, l'agriculture a fait des progrès remarquables; les récoltes ont été plus belles et plus productives ; de nouvelles plantations ont été introduites, elles ont réussi au-delà des vœux des innovateurs. Les principales cultures sont la vigne, les légumes, les arbres à fruits, etc. L'étendue du territoire est de 1,600 arpens; le prix de l'arpent varie de 3,000 à 5,000 fr.

Le commerce de Deuil, bien qu'il soit tout agricole, n'en procure pas moins à ses habitans une certaine aisance, qu'il serait à désirer de voir régner partout.

La commune demande le pavage des rues et l'établissement de quelques fontaines, ou d'un puits artésien, pour diminuer la disette d'eau.

La fête patronale est celle de la Nativité de la Vierge, 8 septembre ; on la célèbre le dimanche suivant. A cette époque, les habitans notables du village donnent un exemple qui déjà devrait avoir trouvé des imitateurs. Une souscription est ouverte par eux au profit des indigens de la commune ; son produit est parfois très-considérable, et c'est ainsi que chaque année, grâce à cet adoucissement de leur misère, ils prennent part à l'allégresse générale.

Enghien-les-Bains, dont une partie est de la dépendance de Deuil, est situé sur l'étang et près de Saint-Gratien. Ce lieu est devenu célèbre par les eaux sulfureuses qu'on y trouve en abondance. Elles furent découvertes, en 1776, par le savant père *Cotte*, prêtre de la maison de l'*Oratoire*, qui desservait alors l'église paroissiale de Montmorency. Elles furent négligées et restèrent dans l'obscurité pendant de longues années. Enfin, vers le commencement de ce siècle, on spécula sur les chances de succès que le voisinage de la capitale semblait assurer à l'exploitation de ces eaux médicinales. On construisit des bains et les autres bâtimens nécessaires. Plus tard, *M. Pelligot* donna une grande extension à cette entreprise ; il y joignit le château, le parc et l'étang de Saint-Gratien, d'historique mémoire. Il y établit de belles promenades sur terre et sur l'eau. Il paraît que tant d'efforts et de soins ne furent pas couronnés des fruits qu'on en attendait; ce qui le fait croire, c'est le nom du possesseur actuel. Les bains d'Enghien appartiennent aujourd'hui *à la caisse hypothécaire* ! ils sont néanmoins fréquentés par des malades et par des gens qui se portent bien ; les uns y cherchent la santé, les autres les plaisirs. Le séjour d'Enghien ressemble à celui de toutes les eaux minérales. A ceux qui le visitent, le droit de décider s'il tient mieux que les autres ce qu'il promet.

Maire, M. Cauchois. — Adjoint, M. Langlois ✻. — Curé, M. Julien Lecomte. — Notaire, M. Desessarts. — Huissier, M. Brunel. — Médecin, M. Martin. — Chef de bataillon de la garde nationale, M. Rivière aîné. — Capitaine de la 1re compagnie, M. Rivière jeune. — Capitaine de la 2e compagnie, M. Joret ✻. — Capitaine de la 3e compagnie, M. Bastien. — Percepteur des contributions, M. Cherruel.

Il faut adresser les lettres : *A Deuil, par Montmorency*.

Les communications avec Paris s'établissent au moyen des voitures de Montmorency et de Saint-Leu.

EAUBONNE.

Eaubonne, à quatre lieues nord de Paris; canton et justice de paix de Montmorency, arrondissement de Pontoise, département de Seine-et-Oise.

Cette commune est enclavée par Margency, Ermont, le Plessis-Bouchard et Franconville-la-Garenne.

Le village est un des plus jolis des environs de Paris, par la régularité des maisons qui le composent et par son sol divisé en beaux jardins. La proximité de la forêt de Montmorency lui attire un grand nombre de visiteurs, composés de l'élite parisienne, qui s'y livrent à tous les plaisirs champêtres. L'air y est salubre, les rues pavées, la propreté maintenue avec une sévère attention par l'autorité du lieu. De nouvelles habitations s'élèvent chaque jour avec élégance sur tous les points de la commune.

La population monte à 360 ames; elle fournit à la garde nationale une compagnie de chasseurs, composée de 80 hommes, appartenant au bataillon cantonal de Montmorency.

La sûreté publique est assurée par la brigade de gendarmerie du chef-lieu de canton. On n'a pas d'exemple d'un seul vol dans la commune depuis quarante ans.

Eaubonne a une église d'une architecture gothique, surmontée d'une flèche qui en fait la beauté; elle est desservie par le curé de Soisy-sous-Montmorency. Le cimetière est placé hors du village, bien enclos et bien tenu : on y distingue quelques tombeaux.

Le village est embelli par plusieurs châteaux. On y remarque celui de madame veuve de Pérignon, dont l'architecture est digne d'éloges et doit attirer l'attention des hommes de l'art; celui de M. le baron Merlin ✻, dans le parc duquel se trouve une magnifique pièce d'eau; la belle habitation de M. Davillier ✻, pair de France et gouverneur honoraire de la banque de France; elle attire l'attention des connaisseurs par la distribution de son parc; la propriété de M. le comte d'Argens ✻ doit aussi être mise au premier rang parmi celles qui l'avoisinent.

La situation riante du village et les belles promenades qui l'entourent lui valent des hôtes nombreux, surtout pendant la belle saison. Nos célébrités littéraires s'y plaisaient beaucoup. Saint-Lambert y avait son séjour habituel; Lalande et l'abbé Delille y faisaient de fréquentes incursions; les ouvrages de J.-J. Rousseau attestent qu'il s'y plaisait. M. Gohier, président du Directoire exécutif, a été membre du conseil municipal de cette commune, immédiatement après sa sortie du Directoire.

L'école primaire communale est fréquentée par 40 enfans des deux sexes. Elle est sous la surveillance d'un comité nommé par l'autorité supérieure. Il y a en outre une école pour les adultes.

La commune possède deux fontaines publiques, un beau lavoir couvert et une jolie place avec plantation d'arbres.

Le caractère des habitans est doux et se sent de l'heureuse influence qu'exerce l'autorité paternelle, sage et éclairée qui les régit; habile administrateur, ancien juge du tribunal de Versailles et membre de la Légion-d'Honneur, M. Arnous est maire de la commune depuis trente-quatre ans, et se trouve aujourd'hui le doyen des maires de toute la vallée.

L'étendue du territoire est de 1,800 arpens, dont le prix varie de 1,500 à 4,000 fr., selon la situation et la fertilité.

L'agriculture a fait des progrès. Le desséchement de plusieurs marais a donné un nouveau développement à cette branche importante. Ils sont remplacés maintenant par de nombreuses pépinières et par de belles cressonnières, qu'arrosent les eaux des *puits artésiens*. La commune cultive beaucoup de vignes et de fruits de toute espèce, des légumes et un peu de céréales. Tous ces produits s'écoulent à Paris. On y voit une belle scierie de pierres de taille, appartenant à M. Clément.

Les loyers d'habitation sont assez chers et recherchés dans la belle saison par les habitans de Paris. Les vivres, malgré leur abondance et la facilité à se les procurer, ne sont pas à bon marché, et par la même raison, les terres, d'ailleurs fertiles et bien cultivées, coûtent un prix assez élevé.

La commune est traversée par un chemin communal et une route de grande vicinalité aboutissant à la route de Pontoise.

La fête patronale est célébrée le premier dimanche après l'Assomption, sur la place publique de la commune; elle est fort belle et très-fréquentée.

Maire, M. Arnous ✻. — Adjoint, M. Mouilleron. — Capitaine de la garde nationale, M. Vigniard. — Percepteur des contributions directes, M. Vallet.

Il faut adresser les lettres : *A Eaubonne, par Montmorency*.

Les communications avec Paris sont directes : il y a des voitures publiques pour le service spécial de la commune.

FRANCONVILLE-LA-GARENNE.

Franconville, à cinq lieues nord-ouest de Paris; canton et justice de paix de Montmorency, arrondissement de Pontoise, département de Seine-et-Oise.

Il a pour annexe : le moulin de Franconville; et pour enclaves : le Plessis-Bouchard, Ermont, Sannois et Cormeil-en-Parisis.

Ce bourg est situé sur le versant de la colline de Cormeil; il jouit d'une fort jolie perspective; il est traversé par la route royale de Paris à Pontoise par Saint-Denis; ses cinq chemins vicinaux sont en bon état de viabilité.

On compte à Franconville neuf maisons de campagne et de plaisance assez remarquables. M. Passy, ancien ministre, y possède un château, environné d'un beau parc dessiné par le célèbre Lenostre; on rencontre dans ce parc des pièces d'eau magnifiques.

La population est de 1,193 habitans; elle fournit à la garde nationale une compagnie de chasseurs, composée

200 hommes, et une subdivision de sapeurs-pompiers pour la manœuvre de la pompe à incendie appartenant à la commune.

La température est douce et saine; toutes les rues, pavées avec soin, sont entretenues dans une grande propreté. Une brigade de gendarmerie, établie dans la commune, y maintient le bon ordre et la sécurité des habitans. Le prix des loyers varie de 120 à 150 francs; celui des subsistances est aussi élevé qu'à Paris.

La place publique, petite, mais bien tenue, est ornée de deux fontaines, qui donnent avec abondance de l'eau pour la consommation des habitans et pour l'assainissement complet du pays; elles alimentent également deux grands lavoirs publics en bon état.

La construction de l'église date de 1773; son architecture, fort simple, n'offre rien de remarquable. Indépendamment de cette église, à l'extérieur du village, on remarque une petite chapelle, connue sous le nom de *Saint-Marc*. Le presbytère est d'une belle apparence, il appartient à la commune. Le cimetière, situé en dehors du bourg, renferme quelques monumens dignes d'attention; ce lieu, entretenu avec un soin tout particulier, est enclos par un mur d'une belle et solide construction.

Deux écoles primaires sont ouvertes, l'une pour les garçons, l'autre pour les filles; elles sont habituellement fréquentées par 150 enfans. On projette l'établissement d'une nouvelle classe pour les jeunes garçons.

Chaque semaine, l'autorité locale fait des distributions de secours à domicile; aussi Franconville n'offre-t-il pas au voyageur l'aspect affligeant de la mendicité.

L'agriculture a fait fort peu de progrès. Le territoire, sablonneux et argileux, produit des légumes, beaucoup de fruits rouges et du vin. Il compte en bois, une étendue de 500 arpens, et en totalité 1,763. Le prix de l'arpent, terme moyen, est de 1,500 francs.

Le commerce est entièrement agricole et de consommation locale. Il y a un transit considérable de marchandises, et par conséquent un grand nombre d'auberges.

La fête patronale est celle de sainte Madelaine, 22 juillet; on la célèbre le dimanche suivant.

Maire, M. Jugier. — Adjoint, M. Guérin. — Notaire, M. Bougie. — Curé, M. Guillemin. — Instituteur, M. Lefebvre. — Capitaine en 1er de la garde nationale, M. Depertuy. — Capitaine en 2e, M. Jacquin. — Percepteur des contributions, M. Mallet; son jour de recette est le mardi de chaque semaine. — Médecin, M. Alline.

Il y a un bureau de poste aux lettres dont Mme Chéret est la directrice. Il suffit d'adresser: *A Franconville-la-Garenne*.

Une voiture publique, spécialement établie pour la commune, en fait le service régulier; elle effectue deux voyages par jour, à des heures fixes.

GROSLAY.

Groslay, à quatre lieues nord de Paris, sur la gauche de la route de Calais, par Beaumont-sur-Oise; canton et justice de paix de Montmorency, arrondissement de Pontoise, département de Seine-et-Oise.

Ce village est situé au milieu de Saint-Brice, de Sarcelles, de Montmagny et de Montmorency.

La population est de 1,200 ames. Elle

fournit deux compagnies de garde nationale, de 100 hommes chacune, appartenant au bataillon cantonal dont Groslay est le chef-lieu.

Ce village est bâti sur le versant oriental de la vallée de Montmorency, dans une jolie position pour l'étendue et la variété des points de vue; il est traversé par une route départementale en bon état. Les chemins de la commune sont aussi entretenus avec beaucoup de soin.

La situation de Groslay, son air pur, ses rues pavées et propres, l'aspect agréable qu'il présente dans son ensemble, lui attirent de riches habitans. On y voit beaucoup de maisons de plaisance, et un ancien château avec parc, mais qui n'a rien de remarquable. La place publique est petite et la fontaine ne donne qu'une eau peu abondante. Le lavoir qu'elle alimente est souvent à sec. Les environs du village offrent les sites et les promenades les plus agréables.

Les loyers ordinaires sont de 120 à 150 francs pour un ménage; les vivres, d'ailleurs abondans et de bonne qualité, sont chers, comme dans tous les environs de Paris.

L'église a été construite à deux époques, toutes deux appartenant au moyen-âge; elle conserve encore de fort beaux vitraux. Le presbytère est à la commune. Le cimetière, transféré hors du village, est établi d'une manière satisfaisante.

Groslay possède une mairie et deux écoles primaires, l'une pour les garçons, l'autre pour les filles. L'enseignement est mutuel et suivi assidument par environ 150 enfans.

La commune a très-peu de pauvres; des secours à domicile sont distribués par des dames de charité, qui subviennent aux besoins des indigens.

Le territoire a 856 arpens d'étendue; il est divisé en grande culture de vignes et en petite culture de légumes, etc. Les terres sont fertiles et le prix moyen de l'arpent s'élève à 3,000 francs. Les produits en vins et en fruits sont portés à Paris.

L'industrie s'exerce presque exclusivement sur la broderie et la dentelle pour les lingères de la capitale. Il y a en exploitation une carrière à plâtre.

La commune demande instamment la réparation urgente de son presbytère; celle de la mairie, non moins pressante; et la conversion de l'ancien cimetière en une place publique, qui contribuerait beaucoup à l'embellissement du village.

La fête patronale est celle de la translation de saint Martin, 4 juillet; on la célèbre le dimanche suivant.

Maire, M. Comartin (maire depuis 20 ans). — Adjoint, M. Gérard. — Curé, M. Leclerc. — Percepteur des contributions, M. Cherruel; jours de recette, ... — Capitaines de la garde nationale, MM. Tétart. — Vétérinaire, M. Censier.

Groslay a une boîte aux lettres avec un facteur spécial. Il faut adresser : *A Groslay, par Montmorency*.

Les relations avec Paris sont commodes et faciles. Une voiture du pays fait le service régulier de la commune.

MARGENCY.

Margency, à quatre lieues nord de Paris, dans la vallée de Montmorency; canton et justice de paix de Montmorency, arrondissement de Pontoise, département de Seine-et-Oise.

Cette petite commune est enclavée par Montlignon, Andilly, Montmagny et

Eaubonne. Sa population n'est que de 169 habitans ; mais elle s'accroît de jour en jour, et depuis quelques années, le village a pris beaucoup d'extension. Il fournit à la garde nationale une section de 32 hommes, comprise dans le bataillon dont Montmorency est le chef-lieu.

L'aspect général du pays est agréable ; il y a de jolies promenades, surtout du côté d'Eaubonne. Plusieurs maisons de campagne et le château appartenant à Mme la comtesse de Rochefort embellissent encore la commune. Les rues ne sont que ferrées, mais très-bien et très-proprement entretenues. On y trouve une petite place, deux fontaines et un lavoir, couvert d'une toiture et alimenté par l'une des fontaines. La sécurité publique est assurée par la gendarmerie de Montmorency. Les vivres sont assez chers, on les tire de Montmorency et d'Eaubonne. Le prix des loyers d'habitation varie de 50 à 110 francs.

L'église date du moyen-âge ; elle a subi beaucoup de changemens. Entretenue aujourd'hui en assez bon état, elle n'a d'ailleurs rien de remarquable. Il n'y a point de presbytère, le logement du curé est aux frais de la commune. Le cimetière est contigu à l'église et doit être transféré hors du village.

L'instruction publique n'a point d'établissement dans Margency, il manque même d'écoles communales. Les habitans qui veulent donner à leurs enfans les premiers élémens de l'instruction sont obligés de les envoyer à Andilly, commune voisine. Ce défaut de tout enseignement est déplorable, et s'il se prolongeait, il nuirait certainement à la prospérité de la commune ; elle ne saurait le faire cesser trop vite, et les sacrifices d'argent ne doivent pas être calculés en pareil cas.

Le territoire, qui a 2,000 arpens d'étendue, est traversé par un chemin communal, qui aboutit à la route départementale de la vallée de Montmorency. L'agriculture a fait beaucoup de progrès. On récolte des céréales, des légumes et des fruits. Le prix de l'arpent de terre varie de 1,200 à 1,800 francs, selon la qualité. Margency n'a pas d'autre fabrique que la belle briqueterie appartenant à M. Beaumont. Ses produits et ceux de l'agriculture sont vendus à Paris et aux environs.

La fête patronale est celle de la Nativité de la Vierge, 8 septembre ; elle est célébrée le dimanche suivant.

Maire, M. Lefranc. — Adjoint, M. Dubosc. — Desservant, M. Coupigny. La perception des contributions se fait à Andilly.

Il faut adresser les lettres : *A Margency, par Montmorency*.

Pour les communications avec Paris, on prend les voitures d'Andilly.

MONTLIGNON.

Montlignon, à quatre lieues et demie nord-nord-ouest de Paris ; canton et justice de paix de Montmorency, arrondissement de Pontoise, département de Seine-et-Oise.

Il est enclavé par Andilly, Margency, le Plessis-Bouchard et Saint-Prix.

Ce petit village est situé entre deux collines ; les sites qui l'entourent sont remarquables par leur variété. Il est traversé par un chemin communale qui va rejoindre la route départementale de Saint-Leu. Il possède beaucoup de chemins vicinaux, qui ont tous besoin d'entretien.

Montlignon est peuplé de 340 habitans, fournissant à la garde nationale une compagnie composée de 73 hommes, faisant partie du bataillon dont Montmorency est le chef-lieu.

Depuis quelques années, la commune a reçu plusieurs améliorations ; six ou sept habitations bourgeoises y ont été élevées ; elles contrastent singulièrement par leur belle construction avec les anciennes maisons du village, qui ne présentent dans leur ensemble qu'un fort triste aspect. On voit aussi à Montlignon deux châteaux ; l'un, assez bien construit et suivi d'un parc d'une vaste étendue, appartient à Mme veuve Guidée ; l'autre, d'une architecture plus élégante et mieux ordonnée, également entouré d'un parc, où des eaux vives serpentent au milieu de fort belles plantations, est la propriété de M. Donis.

L'air est sain, mais un peu humide ; la position du village entre deux collines, entièrement dominée par la forêt de Montmorency, est peut-être la cause de cet inconvénient. Une partie des rues est ferrée, mais elles sont généralement malpropres. Le prix des locations annuelles varie de 80 à 150 fr. pour un ménage ; celui des subsistances est assez élevé. La brigade de gendarmerie de Franconville fait le service de la commune.

La place publique est ornée d'une plantation d'arbres. La commune, n'ayant point de fontaines, n'est fournie d'eau que par un ruisseau qui la traverse et qui porte le nom de *Ru de Corbon*. Les environs sont riches en promenades : on cite principalement celle qui porte le nom de promenade du *Château de la Chasse*.

La construction de l'église date du moyen-âge ; elle n'offre rien de remarquable, et demande quelques réparations. Elle est desservie par le curé de Saint-Prix. Le cimetière, situé à l'extérieur, est enclos d'un mur en bon état.

L'école communale reçoit ensemble les filles et les garçons ; le nombre ne s'élève pas au-delà de 60 enfans.

Les travaux projetés consistent dans la réparation des chemins vicinaux et du chemin communal, et dans la construction d'une mairie, à laquelle on joindrait une école.

L'agriculture fait beaucoup de progrès ; ils sont dus en partie à la fertilité des terres, et en partie à l'activité et à la bonne méthode des habitans, en ce qui concerne la culture. Les produits agricoles se composent de légumes, de fruits et de céréales, qu'on exporte avantageusement à Paris. L'étendue du territoire est de 800 arpens ; le prix de l'arpent varie de 1,500 à 2,500 fr.

La fête patronale est celle de saint André, 12 juillet ; on la célèbre le dimanche suivant.

Maire, M. de Bouteiller. — Adjoint, M. Monneau. — Capitaine de la garde nationale, M. Rousselet. — Percepteur des contributions directes, M. Vallet.

La commune a une boîte aux lettres. Il faut adresser : *A Montlignon, par Montmorency*.

Les communications avec Paris sont assez difficiles, attendu que les habitans sont obligés d'aller jusqu'à Eaubonne pour trouver des voitures.

MONTMAGNY.

Montmagny, à trois lieues nord de Paris ; canton et justice de paix de Montmorency, arrondissement de Pontoise, département de Seine-et-Oise.

Il est enclavé par Villetaneuse, Pierrefitte, Groslay, Montmorency et Deuil.

Montmagny est situé à l'entrée de la vallée de Montmorency; son territoire est à la fois beau et productif. Les terres, divisées en diverses petites cultures, donnent des légumes, des céréales et de bons fruits en abondance. Le point de vue, pris du sommet de la côte de Richebourg, est l'un des plus riches des environs de Paris. Le village est traversé par un chemin bien pavé, qui conduit en ligne directe à la grande route de Paris à Beaumont-sur-Oise.

La population n'est que de 600 habitans; elle fournit cependant à la garde nationale deux compagnies composées de 60 hommes chacune, du bataillon cantonal de Deuil.

De nombreuses améliorations ont eu lieu tout récemment; elles sont dues en partie à la générosité du maire actuel, et en partie à cinq années de sacrifices et de travaux pénibles de la part des courageux habitans de Montmagny. Ces louables coopérations ont amené pour résultat : 1° le pavage complet des quatre quartiers composant la commune; 2° le rapprochement des eaux de la fontaine *Isambard*, située au bas de la côte de Richebourg, et par conséquent trop éloignée du centre de la population. Depuis 1833, ces eaux ont été amenées, par une conduite souterraine, jusque dans une jolie fontaine, qui fournit aux besoins des habitans et alimente un lavoir et un abreuvoir publics; une belle allée plantée de tilleuls y conduit. 3° Une masure délabrée, et chèrement louée aux frais de la commune, servait de mairie et d'école; le maire, appréciant le besoin et l'urgence de la remplacer, a fait don d'un terrain suffisant et d'une somme de 2,000 fr. pour les premiers frais de construction d'une nouvelle mairie, qui contiendra l'école. Le gouvernement et les habitans ont complété les fonds nécessaires, et bientôt un vaste bâtiment a été élevé; sa beauté répond aux nobles sentimens qui ont présidé à son érection.

Le village est embelli par six maisons bourgeoises; leurs propriétaires sont : MM. Blondin, Toussaint, Tastin, Delens, Émery et Morestin. L'habitation de ce dernier mérite une attention toute particulière par la beauté de son architecture. Il y avait autrefois à Montmagny un château très-remarquable, appartenant à Mme la comtesse de la Rochefoucault. Une grande partie du territoire actuel formait son domaine. Le peu d'habitans que comptait alors ce village était misérable, et les récoltes devenaient la proie du gibier, auquel un bois épais servait de retraite. Aujourd'hui, ce bois est remplacé par de belles habitations et des plantations productives et bien cultivées.

L'air est très-sain, les rues propres et bien entretenues; le prix des locations annuelles et celui des subsistances sont peu élevés.

L'église est d'un style moderne, mais très-simple; elle est vaste, bien distribuée et parfaitement entretenue. Le presbytère appartient à la commune. Le cimetière, contrairement à la nouvelle loi, est encore situé dans l'enceinte du village. Des contestations élevées entre les habitans et l'autorité locale ont été jusqu'à ce jour un empêchement à sa translation à l'extérieur. Les premiers établissent leur droit à le maintenir près de l'église, sur le respect que l'on doit aux cendres de leurs ancêtres; l'autorité s'appuie de la loi, et il serait à désirer, dans l'intérêt général, qu'elle l'emportât sur des scrupules mal fondés.

Montmagny possède deux écoles, l'une de filles, l'autre de garçons. Elles reçoivent ensemble une soixantaine d'élèves; mais il est une remarque pénible à faire, c'est qu'elles ne sont fréquentées par les enfans que pendant la mauvaise saison, en sorte qu'ils oublient en huit mois ce qu'ils ont pu apprendre en quatre. La modique rétribution de quelques francs par mois paraît être le seul obstacle qui prive l'enfance de l'instruction primaire, si éminemment utile à toutes les classes de la société; et, par une singularité peu commune de nos jours, autant la science est négligée dans cette commune, autant le luxe et la coquetterie y trouvent de partisans. Il n'est pas un jeune homme qui ne veuille suivre fidèlement les modes de la capitale; elles font un plaisant contraste avec son langage et ses manières empruntées. Les jeunes filles suivent avec empressement cet exemple. Pour compléter leur toilette, déjà fort recherchée, elles portent des montres, des chaînes d'or, des boucles d'oreilles, des écharpes même; le chapeau seul n'a pas encore remplacé sur leur tête le bonnet à petits plis de la paysanne. Un mariage a-t-il lieu dans la commune? on est d'abord frappé de la mise élégante des jeunes époux; mais les accompagne-t-on à la signature du contrat, on les voit prendre gauchement la plume comme un objet qui leur est totalement inconnu, et parer d'une énorme croix l'acte qui les unit. Loin de rougir de leur ignorance, cela leur paraît très-naturel.

Il faut espérer que les habitans de Montmagny comprendront enfin tous les avantages qu'ils pourraient retirer d'une instruction ordinaire, et que des personnes éclairées parviendront à leur faire aimer, dans leurs enfans, les connaissances qu'ils ont négligé d'acquérir eux-mêmes.

Il est encore un usage funeste à signaler dans ce village. Lorsque la vieillesse ou les infirmités atteignent un père de famille, et que la charrue lui échappe pour ainsi dire des mains, il pense à la retraite, et fait complaisamment, en faveur de ses enfans, un égal partage de tous ses biens, sous la condition d'un logement et d'une pension viagère. Que résulte-t-il de cet abandon? que le vieillard devient à charge à ses enfans; que ses jours sont comptés par ces derniers; que les égards et les soins, auxquels il a le droit de prétendre, sont remplacés par la plus cruelle indifférence; tandis qu'en dérogeant à cette coutume imprévoyante et dangereuse, les plus tendres prévenances accompagneraient ses dernières années.

L'agriculture fait quelques progrès; tous ses produits sont avantageusement exportés à Paris.

L'étendue du territoire est de 900 arpens. Le prix de l'arpent varie de 1,500 à 3,000 fr.

Toute l'industrie de la commune consiste en une fabrique de chapeaux qui occupe un grand nombre d'ouvriers.

Les vœux des habitans appellent la prompte restauration des chemins qui unissent à Montmagny les communes de Villetaneuse, de Saint-Denis et de Groslay; ces travaux sont d'autant plus utiles, qu'une fois ces chemins rétablis, les voitures publiques de Montmorency pourraient y passer, ce qui raccourcirait de beaucoup la distance qu'elles parcourent, et faciliterait en même temps la location de fort jolies propriétés, qui, privées de cet avantage, restent inhabitées et sans valeur.

La fête patronale est celle de saint Thomas d'Aquin, 7 juillet; on la célèbre le dimanche suivant.

Maire, M. Morestin. — Adjoint, M. Donard-Aubin. — Curé, M. Chevallier. — Capitaine de la garde nationale, M. Monsallier. — Percepteur des contributions, M. Cherruel.

Il faut adresser les lettres : *A Montmagny, par Montmorency*.

Il n'y a pas de voitures spéciales pour le village; mais on en trouve dans toutes les communes environnantes. Montmagny jouira du même avantage aussitôt que ses chemins, rendus praticables, lui permettront d'établir un service de ce genre.

SAINT-BRICE.

Saint-Brice, à quatre lieues au nord de Paris, sur la route royale de Calais, par Beaumont-sur-Oise; canton et justice de paix de Montmorency, arrondissement de Pontoise, département de Seine-et-Oise.

Ce village est enclavé par Piscop, Écouen, Villiers-le-Bel, Sarcelles, Groslay et Montmorency.

Sa population s'élève à 885 habitans. Elle forme une compagnie de 120 chasseurs gardes-nationaux, appartenant au bataillon cantonal dont Sarcelles est le chef-lieu.

La commune compte beaucoup de chemins vicinaux, tous en très-bon état de viabilité. Les environs du village offrent des sites dignes d'attention par leur beauté et des promenades très-agréables. La salubrité de l'air ajoute à ces avantages. Aussi voit-on à Saint-Brice un grand nombre de maisons de plaisance. On en compte jusqu'à vingt-quatre, qui donnent au village l'aspect le plus riant. Toutes les rues sont bien pavées et fort propres. Deux lavoirs publics sont disposés avec intelligence; mais la fontaine, qui devrait être un des ornemens du village, manque souvent d'eau, à cause du mauvais état d'entretien où l'autorité laisse les conduites qui l'alimentent. Cette insouciance pour l'un des premiers besoins de la vie ne saurait être excusée, même par la considération de la dépense. La plus utile, la plus nécessaire est celle qui pourvoit à la santé, au bien-être de tous. Une commune sans eau est une commune sans espoir de prospérité.

Les loyers des maisons ne sont pas d'un prix élevé. Un ménage peut se loger fort bien pour 100 à 200 francs par année. Mais les subsistances, quoique abondantes en tout genre, sont assez chères.

Le service de la sécurité publique est fait par la gendarmerie stationnée à Écouen.

L'église a un beau portail d'architecture moderne. Le reste de l'édifice est de style gothique. Le presbytère, qui en est voisin, appartient à la commune; le cimetière a été transféré hors de l'enceinte du village; il est fermé de murs et entretenu avec le soin convenable.

Saint-Brice a deux écoles communales, l'une fréquentée par environ 50 jeunes garçons, l'autre par autant de jeunes filles. Celle-ci est dirigée par des sœurs de la Charité.

La mairie est un beau bâtiment qui

mérite d'être remarqué. Il renferme les écoles et toutes les autres dépendances de l'administration.

Le territoire de la commune n'est pas d'une seule nature. On y voit des terres calcaires, sablonneuses, franches et argileuses. Leur culture est surtout en grains de toutes espèces. On y trouve un peu de vignes et de bois. L'étendue de la commune est d'environ 2,000 arpens. Le prix moyen de l'arpent est de 2,000 francs. Les habitans sont excellens cultivateurs, et l'agriculture est en plein progrès.

Il n'en est pas de même de l'industrie. Saint-Brice ne possède qu'une fabrique d'allumettes phosphoriques et deux fabriques de blondes de peu d'importance. Son commerce est tout agricole et avec Paris. Deux carrières à plâtre y sont exploitées avec assez d'étendue et de succès.

La fête patronale est celle de saint Brice ; on la célèbre le jour de la Trinité.

Maire, M. Beuzart. — Adjoint, M. Beaurain.—Curé, M. Masson. — Capitaine de la garde nationale, M. Leleu.— Secrétaire de la mairie, M. Maillot. — Percepteur des contributions, M. Leleu; jours de recette, tous les jeudis.—Médecin, M. Bazin.

Saint-Brice a une boîte aux lettres. Il faut adresser : *A Saint-Brice, par Montmorency*.

Une voiture spéciale pour la commune fait un service régulier entre Paris et Saint-Brice.

SAINT-GRATIEN.

Saint-Gratien, à quatre lieues nord de Paris ; canton et justice de paix de Montmorency, arrondissement de Pontoise, département de Seine-et-Oise.

Il est enclavé par Ermont, Soisy-sous-Montmorency, Deuil, Épinay-sur-Seine et Sannois.

Situé dans une plaine fertile, ce village est d'un aspect aussi varié qu'agréable. Il est traversé par une route communale, faisant jonction à celle de Pontoise à Paris.

Sa population est de 487 habitans, donnant à la garde nationale une compagnie composée de 90 hommes, du bataillon cantonal de Montmorency.

Depuis peu de temps, de grandes améliorations ont eu lieu dans les constructions. Les habitations qui se sont élevées répondent au goût de l'époque. Le château de M. de Custine, situé au milieu d'un beau parc, est d'une architecture élégante. Non loin de cette demeure, on remarque les ruines du château qui appartint autrefois au maréchal de Catinat ; au milieu de l'une des cours, on voit encore un marronier, mort depuis plusieurs années, mais que les habitans conservent avec une religieuse vénération.

L'air est sain, les rues sont toutes pavées avec soin et très-propres. Le bon ordre est maintenu par la brigade de gendarmerie de Franconville. Le prix des loyers, ainsi que celui des subsistances, est fort peu élevé. La place du village est petite, les promenades des environs sont charmantes. Jusqu'à ce jour les habitans ont été contraints de se servir, pour leur usage particulier, de l'eau des puits qui existent en assez grand nombre dans la commune, et dont la crudité est aussi désagréable au goût que nuisible à la santé. Pour obvier à cet inconvénient, ils recueillent avec soin les eaux pluviales.

L'église, dont la construction remonte au moins à trois cents ans, n'est remarquable que par le tombeau du maréchal de Catinat; il est placé dans la la chapelle, à gauche du chœur. Au dessus d'un sarcophage de marbre noir sont les figures de la religion et d'un génie. La religion tient un médaillon, sur lequel est sculpté, en bas-relief, le buste de Catinat. Les ornemens sont en bronze. Sur une table de marbre blanc, accompagnée de deux génies en pleurs, est gravée une épitaphe à sa louange. Cet ouvrage est de F. Hurtrelle, sculpteur distingué.

Le presbytère appartient à la commune. Le cimetière, situé à l'extérieur, est entouré d'un mur de solide construction.

L'école communale est fréquentée par environ 80 enfans des deux sexes.

On projette d'établir incessamment une mairie et une fontaine publique. Cette dernière est de la plus urgente nécessité, et depuis long-temps le vœu unanime des habitans.

L'agriculture fait quelques progrès dans les soins de la vigne et des fruits. L'étendue du territoire est de 900 arpens. Le prix de l'arpent varie de 1,000 à 3,000 fr. Le commerce du village est entièrement agricole.

La fête patronale a lieu le lundi de la Pentecôte.

Maire, M. Denon. — Adjoint, M. Chevillard. — Secrétaire, M. Cheroy. — Curé, M. Suard. — Capitaine de la garde nationale, M. Duvivier. — Percepteur des contributions directes, M. Mallet.

Il faut adresser les lettres : *A Saint-Gratien, par Montmorency.*

Les communications avec Paris s'établissent au moyen de voitures publiques, effectuant plusieurs départs par jour.

SAINT-LEU-TAVERNY.

Saint-Leu, à cinq lieues nord-ouest de Paris; canton et justice de paix de Montmorency, arrondissement de Pontoise, département de Seine-et-Oise.

Il est enclavé par Pierrelaye, Taverny, Saint-Prix et le Plessis-Bouchard.

Situé dans la belle vallée de Montmorency, Saint-Leu est dominé, dans toute sa longueur, par la forêt, qui n'en est éloignée que de quelques pas. Il offre de tous côtés des points de vue et des sites charmans, sur lesquels jettent un intérêt puissant la variété et le soin extrême donnés aux cultures. Le village est sur la route départementale qui traverse toute la vallée jusqu'à l'Oise, où elle aboutit au pont suspendu d'Auvers.

Saint-Leu compte 1,200 habitans. Il fournit à la garde nationale une compagnie composée de 130 hommes, et une subdivision de sapeurs-pompiers, pour le service des deux pompes à incendie dont la commune est propriétaire. Cette force publique fait partie du bataillon cantonal qui a Saint-Leu même pour chef-lieu.

Le village est dans un état réel de prospérité. Toutes les propriétés qui le composent ont un aspect qui flatte les yeux. Parmi elles on remarque surtout un château de la plus élégante architecture. Le roi Louis-Philippe y passa les premiers jours de son enfance. Plus tard, il appartint au prince Louis Bonaparte, qui l'embellit beaucoup. Le dernier prince de Condé le posséda ensuite. Il y termina sa carrière, et le légua, par son testament, à Mme la baronne de Feuchères, qui en est la propriétaire actuelle. Les dépendances de cette habitation ne comprennent pas moins de 260 arpens de terrain. Son parc magnifique présente, au nombre de ses ornemens, des grottes, des sources d'eau vive, une rivière, un lac et des plantations de la plus rare beauté.

L'air est sain; toutes les rues sont pavées et entretenues avec soin. Le prix des locations annuelles et celui des subsistances sont peu élevés. La brigade de gendarmerie de Franconville fait le service de la commune.

Au centre du village, se trouve une belle place publique. Des sources abondantes, qui ne tarissent jamais, alimentent quatre fontaines, accompagnées de bassins et dispersées dans le village. Elles entretiennent, en outre, trois grands lavoirs couverts. Les environs offrent dans toutes les directions des promenades charmantes.

L'église est d'une architecture simple et de bon goût; son intérieur est décoré avec élégance. Au centre du chœur s'élève un monument, servant d'entrée à un caveau dans lequel sont déposées les cendres du père de l'empereur Napoléon, ainsi que celles du prince Napoléon, fils de Louis Bonaparte. Sur un autre point de l'édifice se trouve une chapelle dans laquelle la duchesse de Saint-Leu, épouse de Louis Bonaparte, a fait construire un mausolée pour y déposer le corps de la baronne de Broc, une de ses dames d'honneur, après l'avoir fait retirer d'un précipice où cette dame avait trouvé la mort, en voyageant en Savoie, avec la duchesse. Le presbytère appartient à la commune. Le cimetière, situé à l'extérieur, renferme quelques beaux monumens; il est bien entretenu et enclos d'un mur en bon état.

Saint-Leu est doté de deux écoles primaires; l'une reçoit les garçons, l'autre les filles. Il y a en outre un externat particulier pour les jeunes filles.

L'agriculture fait quelques progrès. Le territoire de cette commune convient surtout à la culture des vignes, des arbres fruitiers et des légumes de toute espèce. Son étendue est d'environ 1,500 arpens. Le prix de l'arpent est de 2,400 fr., terme moyen. Tous les produits agricoles sont avantageusement exportés à Paris. Ils forment seuls tout le commerce du village.

Maire, M. Léguillier. — Adjoint, M. Bontemps. — Curé, M. Déchard.

Saint-Leu possède une boîte aux lettres. Il faut adresser: *A Saint-Leu-Taverny, par Franconville-la-Garenne.*

Les communications avec Paris sont directes, au moyen d'un grand nombre de voitures partant du village matin et soir. Il y a en outre beaucoup de cabriolets à volonté.

SOISY-SOUS-MONTMORENCY.

Soisy sous Montmorency, à quatre lieues nord de Paris; canton et justice de paix de Montmorency, arrondissement de Pontoise, département de Seine-et-Oise.

Ce village a pour annexe une partie du hameau d'Enghien-les-Bains. Son territoire est environné par ceux des communes d'Andilly, de Montmorency, de Deuil, de Saint-Gratien et d'Eaubonne.

Placé au centre de la vallée de Montmorency, Soisy en occupe la plus riante position. Ses alentours présentent les sites et les points de vue les plus variés, les plus étendus et les plus beaux, tant par leurs accidens naturels que par la richesse des cultures, qui forment de tout l'horizon un jardin immense, couvert d'habitations et d'une population nombreuse, dont le travail, l'industrie et l'aisance ajoutent chaque jour au charme de ce magnifique tableau.

On trouve de tous côtés les promenades les plus agréables : la forêt de Montmorency, qui descend sur une pente douce jusqu'à Soisy ; les bords du lac d'Enghien, récemment embellis par l'établissement des eaux thermales ; les prairies et les champs mêmes, si fertiles et d'aspects si divers ; enfin, et plus spécialement pour Soisy, le bois *Jacques*, dont le nom est historique. Le roi Jacques, forcé de quitter le trône d'Angleterre et de chercher une retraite en France, habitait, pendant son exil, tantôt Saint-Germain-en-Laye et tantôt Soisy-sous-Montmorency. Il fit, dit-on, planter le bois, auquel il donna son nom. L'âge des vieux chênes que l'on y voit s'accorde avec la date de cette origine. Le bois *Jacques* était une des dépendances de l'ancien château de Soisy ; mais le château a été démoli et ses dépendances vendues partiellement. M. Théodore Davillier, fils de M. Davillier, pair de France et gouverneur honoraire de la Banque de France, a sauvé ce bois de la destruction qui le menaçait. Depuis l'acquisition qu'il en a faite, de belles allées ont été percées, et des améliorations bien entendues, dirigées avec goût, l'ont transformé en promenade charmante.

Soisy est encore embelli par plusieurs maisons de plaisance dignes d'être citées, entre autres par celle de M. Davillier, située à mi-côte sur le chemin et près de Montmorency, et par celle de Mme Javon, dont le mari, long-temps maire de la commune et trop promptement enlevé au pays, a fait établir, sous son administration, le chemin pavé qui conduit de Soisy à Montmorency, et contribué à remettre en bon état une grande partie des routes qui aboutissent à Soisy, notamment celle qui passant par Eaubonne, Ermont et Franconville, joint la route départementale à la route royale, et sert de communication entre le chef-lieu d'arrondissement et le chef-lieu de canton.

Mais la propriété qui fait surtout l'ornement et du village et de la vallée est celle de M. Théodore Davillier. La maison d'habitation ou plutôt le château, placé entre une cour d'honneur et un parc dessiné avec goût, planté avec art et entretenu avec soin, est précédé d'une longue et belle avenue de tilleuls séculaires ; cette avenue, plantée au milieu des plus riantes prairies et close, jusqu'à la route, par de jolies haies d'épines, offre un aspect à la fois gracieux et grandiose, qui ne manque jamais d'exciter l'admiration des voyageurs. Par l'adjonction du bois *Jacques*, qui longe le parc dans toute son étendue, par celle des prés et des terres contiguës, le domaine de M. Théodore Davillier est aujourd'hui l'un des plus importans et des plus beaux de la contrée. Le charme que d'ailleurs ses possesseurs savent répandre sur leur hospitalité a fait de cet heureux séjour un rendez-vous de société, recherché de tous les habitans de cette vallée si justement célèbre.

La population de la commune est de 375 âmes. La garde nationale compose une compagnie de 50 chasseurs, dont le capitaine est M. Bouresche. Elle fait partie du bataillon cantonal de Montmorency.

Soisy est sur la route départementale qui traverse la vallée et qui aboutit au pont suspendu d'Auvers, sur l'Oise, en passant par Eaubonne, Saint-Leu-Taverny, Bazancourt et Méry.

Toutes les rues de Soisy sont pavées et très-proprement tenues, grâce au legs de 500 francs de rentes fait et destiné à cet entretien par M. Lamarre, qui a de plus laissé à l'hospice de Montmorency la propriété qu'il habitait, à la charge de veiller sur les tombeaux qu'elle renferme.

Les habitations sont construites avec soin et simplicité. Le prix du loyer, pour un ménage, est de 100 à 200 francs par année. Les vivres sont abondans et à bon marché. L'ordre public est respecté et la sécurité parfaitement maintenue par le service de la brigade de gendarmerie résidant à Montmorency.

Soisy a trois places publiques et un beau lavoir couvert, dont l'eau est courante.

L'église date de 1754 ; elle a été dernièrement restaurée presque en entier. Son architecture est simple et son intérieur a beaucoup de régularité. La commune ne possède point de presbytère; elle acquitte les frais du logement de son curé. Le cimetière est encore dans l'enceinte du village.

Une seule école primaire est ouverte aux enfans des deux sexes, qui la fréquentent au nombre de 40 environ. L'enseignement est simultané. L'école est surveillée par un comité spécial, et la bienfaisante influence de Mme Théodore Davillier tend surtout à propager l'amour et les moyens de l'instruction.

Le territoire de la commune est en général sablonneux avec quelques parties tourbeuses ; mais il est de bonne qualité et très-propre surtout à la culture des arbres fruitiers. Son étendue est de 1,200 arpens. Ses cultures consistent en céréales, en vignes, en légumes et en fruits. L'agriculture y est portée à un haut degré de perfection. L'arpent de terre arable varie de 1,500 à 3,000 fr., suivant la fertilité. Il y a des prairies naturelles et des prairies artificielles. Tous les produits de l'agriculture sont portés et vendus à Paris.

Soisy est une commune agricole et vinicole. L'industrie, proprement dite, n'y compte aucun établissement. Beaucoup de carrières à plâtre y sont exploitées avec succès, et les femmes exécutent des ouvrages de broderie à la main pour les lingères de Paris.

Soisy s'accroît et s'embellit de plus en plus. Le travail et l'aisance y règnent ; la mendicité y est inconnue. Elle offre en tout un exemple qui mérite d'être suivi. Le démembrement et la vente des biens et du parc de l'ancien château, qui, dans ce moment, tombe sous le marteau des démolisseurs, ne peuvent manquer d'augmenter sensiblement, et avant peu d'années, la population et la richesse de cette commune.

La fête patronale est celle de saint Germain, 31 juillet; on la célèbre le dimanche suivant. Elle n'offre rien de particulier et ressemble à toutes les fêtes des communes qui entourent Paris.

Maire, M. Théodore Davillier. — Adjoint, M. Vallet. — Curé, M. Pergent. — Percepteur des contributions directes, M. Vallet.

Les lettres doivent être adressées : *A Soisy-sous-Montmorency, par Montmo-*

rency. Cette indication est indispensable. Sans elle, les lettres vont aux autres villages qui portent le nom de *Soisy* et même à *Choisy*, et n'arrivent alors à leur véritable destination que huit ou dix jours après leur départ.

La commune n'a point de voiture spéciale faisant un service régulier entre elle et Paris ; mais les moyens de communiquer avec la capitale sont aussi faciles que nombreux par la grande quantité de voitures publiques venant de Saint-Leu-Taverny et traversant le village à chaque instant. Ces voitures se prennent, à Paris, rue Neuve-Saint-Denis ou faubourg Saint-Denis, 17.

CANTON D'ÉCOUEN.

Sarcelles. — Villiers-le-Bel.

SARCELLES.

Sarcelles, à quatre lieues nord de Paris, sur la route de Chantilly, au point où elle se sépare de la route de Senlis; canton et justice de paix d'Écouen, arrondissement de Pontoise, département de Seine-et-Oise

Ce village a pour annexes : trois moulins situés sur le petit ruisseau *le Rhône*, qui traverse la commune. Il est enclavé par Villiers-le-Bel, Arnouville, Montmagny, Groslay et Saint-Brice.

Sa population est de 1,609 âmes. Sa garde nationale forme deux compagnies de chasseurs, composées de 240 hommes; il a en outre une subdivision de 35 sapeurs-pompiers pour la manœuvre de la pompe à incendie. Sarcelles est le chef-lieu d'un bataillon cantonal.

Le village, situé dans une plaine, sur *le Rhône*, qui vient de Moisselles et d'Ezanville, jouit d'un air pur et vif. Ses rues sont pavées, bien entretenues et fort propres. Il est embelli par une place publique et trois fontaines, dont l'une est remarquable par l'abondance de ses eaux ; il a un lavoir et un abreuvoir publics, plusieurs maisons de plaisance et de jolies promenades dans ses alentours. L'ordre et la sécurité sont assurés par la brigade de gendarmerie d'Écouen.

Les loyers d'habitation, pour un cultivateur, varient de 100 à 300 francs. Les loyers de plaisance sont fort chers, et les vivres, comme dans les villages voisins, ne sont pas à bon marché, malgré la facilité de s'en procurer de toute espèce.

L'église, de style gothique, date du treizième siècle; son portail est curieux par les statues qui le décorent; son intérieur est spacieux, régulier et bien disposé. Elle est surmontée d'un clocher tout en pierre. Le presbytère appartient à la commune. Le cimetière a été transféré hors du village, clos de murs et convenablement établi.

Sarcelles a une mairie et un corps-de-garde pour le service ordinaire de la milice nationale.

Deux écoles publiques sont ouvertes aux enfans des deux sexes et fréquentées par 200 d'entre eux. Les sexes sont séparés. Deux pensionnats sont aussi consacrés à l'instruction publique; l'un, pour les garçons, est dirigée par M. Alphonse Turé; l'autre, pour les jeunes demoiselles, appartient à Mlle Lecrosnier.

Sarcelles a aussi une salle d'asile pour les enfans des habitans que leurs travaux retiennent hors de chez eux pendant la journée.

Le territoire est mêlé d'argile et de terre franche. On cultive des céréales, beaucoup de vignes, des légumes et des fruits. La pomme de terre y est plantée en grand et passe pour y être d'une excellente qualité. Les habitans sont laborieux et intelligens, et l'agriculture prospère. L'étendue de la commune est d'environ 2,000 arpens, et l'arpent vaut de 1,500 à 2,000 et 2,400 francs, suivant la qualité et la convenance.

Sarcelles compte quatre belles briqueteries dont les produits sont distingués par leur dureté et leur durée. Ces fabriques appartiennent à Mme veuve Vaudin, à M. Denis Vaudin et à Mme veuve Maraiste; la quatrième n'est pas en activité maintenant.

Le commerce agricole et industriel de Sarcelles se fait tout avec la capitale.

Les habitans sollicitent le pavage de deux rues. Le projet en est dressé et recevra bientôt son exécution.

La fête patronale est celle de saint Pierre, 29 juin; elle a lieu le premier dimanche suivant.

Maire, M. de Laruelle. — Adjoint, M. Bethmont.—Curé, M. Thuillier.—Notaire, M. de Surville. — Huissier, M. Lafaye. — Capitaine de la 1re compagnie, M. Lafaye.—Capitaine de la 2e compagnie, M. de Montfleury.—Lieutenant des sapeurs-pompiers, M. Brot. — Secrétaire de la mairie, M. Thoury. — Médecins : MM. Déniau et Maire. — Négocians : M. Calon, laveur de laines; M. Dubois. Ce dernier occupe un grand nombre d'ouvriers de la commune. — Percepteur des contributions, M. Louvet; ses jours de recette, les mercredis.

Sarcelles a un bureau de distribution pour les lettres. Il faut adresser : *A Sarcelles, par Écouen.*

Les communications avec Paris sont facilitées par une voiture qui fait, quatre fois par jour, le service de la commune.

VILLIERS-LE-BEL.

Villiers-le-Bel, à quatre lieues et demie nord de Paris, dans une belle situation, dernier prolongement de la vallée de Montmorency, sur la route de Senlis, près celle de Chantilly; canton et justice de paix d'Écouen, arrondissement de Pontoise, département de Seine-et-Oise.

Enclaves : Écouen, Bouqueval, Gonesse et Sarcelles.

La population est de 1,322 habitans ; elle fournit à la garde nationale deux compagnies de chasseurs, composées chacune de 100 hommes; elles appartiennent au bataillon dont Sarcelles est le chef-lieu.

Les environs de Villiers-le-Bel offrent de très-beaux sites; les promenades sont charmantes, surtout celle qu'on nomme le Boulevart et qui conduit à Sarcelles. L'air est très-bon ; ce village compte jusqu'à cent maisons bourgeoises ; elles sont habitées en été par leurs propriétaires.

Toutes les rues sont pavées, bien entretenues et toujours très-propres. Deux places publiques embellissent le village; mais il n'a pas de fontaine et les habitans sont obligés de ne se servir que d'eau de puits.

Le prix des vivres est le même que celui de Paris; on se les procure assez facilement. Le loyer d'un ménage s'élève de 100 à 300 francs. La commune jouit d'une tranquillité parfaite ; la gendarmerie d'Écouen veille à ce qu'elle ne soit jamais troublée.

Le territoire est coupé par la route royale n° 4, par quatre chemins communaux et plusieurs chemins vicinaux mal entretenus. Il est d'une nature sablonneuse ; on récolte beaucoup de pommes de terre et des céréales de toute espèce, que l'on exporte en grand pour Paris.

L'étendue du territoire est de 704 hectares 32 ares (environ 2,200 arpens). Le prix de l'arpent, terme moyen, s'élève à 1,800 francs. L'agriculture a fait beaucoup de progrès, les habitans ont tiré tout le parti possible de leurs terres; ils font usage d'une nouvelle charrue plus avantageuse que l'ancienne.

L'église est de construction gothique, spacieuse et bien distribuée; le cimetière est encore dans l'intérieur de la commune.

L'instruction a beaucoup d'étendue ; deux écoles publiques reçoivent les enfans des deux sexes et sont fréquentées par plus de 80 élèves. Elles ne laissent rien à désirer, tant pour leur bonne tenue que pour la manière dont l'enseignement est dirigé. M. Pauxe est l'instituteur des garçons, Mlle Catineau l'institutrice des filles.

Il y a cinq pensionnats, dont deux de garçons, dirigés par MM. Bonnaterre et Marelle ; et trois de demoiselles tenus par MM^{lles} Rey-Cousin, Distains et Delacour.

L'industrie n'est pas aussi répandue que l'instruction ; elle ne consiste que dans une fabrique de serrures, système nouveau de M. Hudde.

La commune de Villiers-le-Bel a le projet d'établir une route départementale, qui du village irait aboutir à la route de Gonesse ; elle a aussi le projet de faire construire un marché, qui donnerait aux habitans le moyen de se procurer les vivres avec beaucoup de facilité.

Villiers-le-Bel possède un hospice. Le corps-de-garde est attenant à la mairie. Une prison temporaire reçoit les malfaiteurs de la commune et des environs.

La fête patronale est celle de saint Didier, 23 mai ; on la célèbre le dimanche suivant.

Maire, M. Vivien.—Adjoint, M. Bonnaterre. — Curé, M. Bleu. — Percepteur des contributions, M. Louvet; ses jours de recette, tous les lundis. — Notaire, M. Lechat. — Médecin, M. Rampont.

Il faut adresser les lettres : *A Villiers-le-Bel, par Écouen.*

Une voiture spécialement établie pour la commune fait chaque jour un service régulier entre elle et Paris.

CANTON DE GONESSE.

Gonesse. — Arnouville. — Aulnay-lez-Bondy.— Le Blanc-Mesnil. — Bonneuil-en-France. — Clichy-en-Lannois. — Garges. — Gournay-sur-Marne. — Livry. — Montfermeil, — Neuilly-sur-Marne. — Noisy-le-Grand. — Sevran. — Villepinte. — Villiers-sur-Marne.

GONESSE.

Gonesse, à quatre lieues nord-nord-est de Paris ; chef-lieu de canton et de justice de paix, arrondissement de Pontoise, département de Seine-et-Oise.

Gonesse fut jadis la capitale du Gonessais, avec le titre de *ville*. Plus tard, il fut classé parmi les *bourgs* de l'Ile-de-France. Il est encore qualifié de cette dernière désignation.

Philippe-Auguste y naquit le 21 août 1615, dans la ferme qui est située ruelle de la Geole, et qui appartient aujourd'hui aux hospices de Paris.

On sait que François Ier, écrivant à l'empereur Charles-Quint, se qualifiait : roi de France, et *premier bourgeois de Gonesse*.

Le bourg a pour annexes : l'auberge dite de la *Patte-d'Oie*, la ferme la Malmaison, trois moulins à vent et deux moulins à eau. Ses enclaves sont : le Thillay, Roissy-en-France, Bonneuil-en-France, Arnouville et Villiers-le-Bel.

L'aspect du pays plaît aux regards. Le territoire se couvre annuellement de riches moissons, partie en céréales, partie en plantes potagères.

La petite rivière du Croult traverse Gonesse dans toute sa longueur et le partage en deux quartiers inégaux, l'un appelé Saint-Pierre et l'autre Saint-Nicolas. Elle fait tourner sur le territoire cinq moulins, dont trois fonctionnent par des procédés nouveaux.

La population s'élève à 2,200 habitans. La garde nationale se compose de deux compagnies, ensemble 190 hommes en service ordinaire ; de 20 sapeurs-pompiers pour la manœuvre de la pompe à incendie appartenant à la commune, et de 200 hommes de réserve. Le bataillon dont Gonesse est le chef-lieu se complète par le concours des communes de Garges, d'Arnouville, de Bonneuil, du Thillay, de Goussainville, de Vanderland et de Roissy. A cette force publique, Gonesse joint une brigade de gendarmerie.

Depuis quelques années, d'heureux changemens s'opèrent dans les constructions. Les nouvelles maisons bourgeoises, qu'on y voit en grand nombre, sont à la fois bâties avec goût et d'un bon rapport. L'air est salubre ; les rues sont bien pavées et propres ; l'enlèvement des boues est effectué régulièrement deux fois par semaine. Le bourg est orné d'une grande place, d'une belle promenade et de deux jolies fontaines, qui fournissent en abondance des eaux saines et limpides, propres à tous les usages.

L'hôtel de ville a été rebâti en 1832, il est d'un style moderne et de bon goût ; on y a réuni la justice de paix, le corps-de-garde, l'école primaire communale, le logement de l'instituteur et la pompe à incendie.

Le prix des locations annuelles est très-modéré ; celui des subsistances est moins cher qu'à Paris.

Gonesse avait autrefois deux paroisses ; mais l'église de Saint-Nicolas a été démolie, comme beaucoup d'autres, lors de la révolution ; celle de Saint-Pierre ayant été jugée suffisante pour la population actuelle.

Cette dernière église est remarquable par son étendue et son architecture. Elle date du commencement du quinzième siècle, époque à laquelle la démence de Charles VI permit aux Anglais un règne éphémère en France. Elle est de style gothique, ainsi que la tour sur laquelle s'élève un clocher couvert en ardoises. L'église a intérieurement 150 pieds de longueur sur 48 de largeur. Les bas-côtés, en forme de galerie tournant autour du chœur, ont 12 pieds de largeur. Le sanctuaire, orné de 8 colonnes en pierre, est d'un très-bel effet. Le maître-autel est en marbre ; le chœur est aussi décoré de 8 colonnes et la nef supportée par 12. Une galerie haute permet de tourner autour de l'édifice. L'architecture de cette galerie est extrêmement délicate et découpée en forme ogive laissant pénétrer le jour dans le monument. Le pavé du sanctuaire est en carreaux de marbre blanc et de couleur. L'orgue mérite de fixer l'attention ; la tradition porte qu'il fut donné à l'église par la reine Blanche, mère de saint Louis ; il a été augmenté dans un temps moins reculé, ainsi que l'indiquent les peintures qui sont au bas du buffet et qui appartiennent évidemment à une époque plus moderne. On conserve avec le plus grand soin dans cette église deux ornemens précieux, l'un de velours cramoisi, l'autre de soie fond blanc, tous deux relevés en or. La tradition dit encore qu'ils sont un don de la reine Blanche. La situation de cet édifice sur une éminence qui semble lui servir de soubassement, fait valoir tous ses avantages, qui le placent sans contredit au premier rang parmi les églises des environs de Paris.

Le presbytère a été entièrement restauré en 1832. Il appartient à la commune.

Le cimetière, à l'extérieur du bourg, est d'une belle étendue, bien entretenu et clos par un mur en bon état.

Gonesse a un Hôtel-Dieu construit en 1208, aux frais de *Pierre du Thillay*, qui lui légua tous ses biens. Plusieurs donations successives l'ont enrichi. Son revenu s'élève actuellement à 23,000 fr. Il contient 20 lits pour les malades, qui sont soignés par des sœurs de Saint-Vincent-de-Paule. A cet établissement est attachée une école gratuite pour les jeunes filles, dirigée par les sœurs du même ordre. On a le projet de reconstruire très-prochainement cet Hôtel-Dieu sur un plan plus vaste et sur un autre emplacement plus convenable.

L'école primaire communale, créée depuis quatre ans par M. Laverne, maire actuel, reçoit gratuitement 120 garçons de six à douze ans. Les soins tout particuliers apportés à cette école par la sollicitude éclairée de M. le maire ; la bonne instruction donnée aux enfans par l'instituteur; les encouragemens de toute espèce qui leur sont prodigués; tout fait de cette institution une école modèle où les enfans, animés d'un zèle malheureusement trop peu commun ailleurs, font de rapides progrès. Honneur aux magistrats qui s'emploient ainsi à l'instruction des malheureux ! Cette belle amélioration n'est pas la seule que les habitans de Gonesse doivent aux soins paternels de leur maire. L'*Annuaire* aura souvent à le citer comme exemple de tout le bien que peut faire un administrateur éclairé et généreux.

Parmi les pensionnats de garçons et de demoiselles établis dans ce bourg, on distingue ceux de M. Plé et de Mlles Plé, situés en bon air, dans des bâtimens bien convenables et parfaitement dirigés. Les prix de pension sont modérés.

Le territoire de Gonesse est fertile en blé et en légumes de toute espèce, on y voit peu de prés. Son étendue est de 1,922 hectares 16 centiares ; le prix de l'arpent de terre varie de 1,200 à 1,500 fr.

Il y a deux marchés par semaine ; celui du lundi est pour la vente des grains; celui du vendredi pour les légumes, les fruits, le beurre, les œufs et la volaille. Quelques marchands forains étalent au marché du vendredi.

Deux foires ont lieu par année ; l'une le 2 février, l'autre le 16 juillet. Elles sont toutes deux consacrées à la vente des chevaux et des bestiaux Celle de juillet est la plus importante. Plusieurs auberges et de grandes écuries offrent toutes les convenances désirables aux marchands et aux visiteurs. Une très-belle place, plantée d'arbres et ornée d'un bâtiment, a été disposée à l'entrée de la commune, pour y recevoir les parcs des moutons qui arrivent des environs en grande quantité.

Gonesse a des marchands de toutes professions ; mais le commerce, à l'exception du blé et de la farine, est peu considérable. Ce bourg eut pendant long-temps pour la manipulation du pain une renommée qu'il a perdue par des causes dont on ne rend pas bien compte. Il possède plusieurs fabriques de bonneterie et une blanchisserie de coton avec machine à la vapeur, qui occupent beaucoup d'ouvriers. Les habitans sont plus actifs et plus industrieux que jamais.

La fête patronale, qui a lieu à la Pentecôte, est une des plus brillantes des environs de Paris et attire beaucoup de monde. Elle dure trois jours.

Maire, M. Laverne. — Adjoint, M. Laugier. — Curé, M. . . . . . . — Commandant du bataillon cantonal, M. Regnault. — Juge de paix, M. Poiret père. — Notaire, M. Poiret fils. — Huissiers : MM. Vigneron et Camus. — Receveur de l'enregistrement, M. Fouacier. — Percepteur des contributions directes, M. Sebillotte ; ses jours de recette sont les lundis, mardis, vendredis et samedis. — Directeur des contributions indirectes, M. Gamard. — Chirurgiens : MM. Liénard et Castres. — Pharmacien, M. Roblin. — Artiste-vétérinaire, M. Borgnon. — Maître de pension, M. Plé. — Maîtresses de pension, Mlles Plé. — Fariniers-meuniers: MM. Destors, Gavignot, Fossey, Regnault, etc. — Fabricans de bonneterie : MM. Libert, Destors et Favrot.

Gonesse a un bureau de poste aux lettres. M. . . . . . en est le directeur. La distribution se fait deux fois par jour.

Deux voitures publiques font régulièrement le service de la commune et de Paris. Tous les matins, celle de Gonesse part à 7 heures, celle de Paris à 9 heures. Le soir, toutes deux partent à 6 heures. Bureau à Paris, rue du Faubourg-Saint-Denis, n° 51.

ARNOUVILLE.

Arnouville, à quatre lieues nord de Paris ; canton et justice de paix de Gonesse, arrondissement de Pontoise, département de Seine-et-Oise.

Ses enclaves sont : Gonesse, Bonneuil-en-France, Garges et Sarcelles.

Il est situé sur une éminence au bord de la petite rivière du Croult, à l'endroit où elle reçoit le ruisseau nommé le *Rhône ;* et traversé par la route départementale qui de Saint-Denis se dirige sur Gonesse, et de là va joindre la route royale de Senlis, au lieu appelé la *Patte-d'Oie.*

Arnouville est un joli petit village bâti sur un plan régulier. Au centre et sur la route s'ouvre une place circulaire et spacieuse à laquelle aboutissent toutes les rues. Au milieu de la place, sous un bouquet d'arbres touffus, s'élève une fontaine élégante dont les dessins furent autrefois donnés par *Aubry*. Malheureusement, le temps, ou toute autre cause, a dégradé ce monument et rompu les tuyaux souterrains qui amenaient l'eau ; en sorte que les arbres, les sculptures et les bassins n'offrent plus que l'aspect d'une ruine aride. Soit indifférence, soit défaut de fonds, l'autorité locale ne prend aucune mesure pour restaurer cette fontaine. Si c'est négligence, elle est bien coupable ; si c'est pénurie, elle est bien affligeante ; car le village est privé de son plus utile et de son plus bel ornement.

Mme de Choiseul est aujourd'hui propriétaire du château d'Arnouville, aussi remarquable par son architecture que par ses jardins, ouvrages de *Coutaut* et de *Chevotet*. Une machine hydraulique, inventée par *M. de Parcieux*, élève les eaux à cinquante pieds pour le service et l'embellissement de ce séjour. Il est, dit-on, menacé du fatal morcellement qui a déjà fait disparaître, autour de Paris, tant de grandes propriétés, aussi précieuses par des souvenirs historiques que par les productions des beaux-arts.

Mme veuve de Chiffreville possède dans le village une charmante maison de campagne.

La population d'Arnouville n'est que de 300 âmes ; elle donne à la garde nationale une compagnie de 60 hommes, du bataillon dont Gonesse est le chef-lieu. La gendarmerie de cette dernière commune veille au maintien de la sécurité publique.

L'air est salubre ; les rues sont pavées, entretenues et nettoyées avec soin ; le prix des vivres est modéré, celui des locations varie de 100 à 200 francs.

L'église est petite, mais d'une architecture moderne assez élégante ; son portail forme point-de-vue à l'une des rues qui donnent sur la place ; l'intérieur n'a rien qui attire l'attention. Le presbytère est voisin de l'église, et le cimetière, porté à l'extérieur du village, est enclos et bien tenu.

L'école communale, surveillée avec soin par l'autorité du lieu, reçoit habituellement une quarantaine d'enfans des deux sexes.

Le terroir de la commune est d'une grande fécondité. Son aspect est riche et varié. Il compte environ 300 hectares d'étendue. Le prix de l'arpent de terre varie de 1,500 à 3,000 fr., selon la qualité. L'agriculture est en progrès; on récolte beaucoup de céréales et de légumes. Il y a une grande quantité d'arbres de haute futaie et de bons pâturages, mais peu de vignes, parce que la nature et l'exposition du sol ne conviennent pas à cette culture, la couche de terre végétale ayant plusieurs pieds d'épaisseur. Il serait à désirer que le colza et l'œillette, qui réussissent très-bien à Bonneuil, dans le voisinage, fussent introduits dans les champs d'Arnouville. Les cultivateurs trouveraient sûrement dans cette innovation une source de richesse pour eux et un avantage important pour la capitale, où les huiles communes de la Flandre et de l'Artois sont à des prix si élevés.

L'industrie de ce village se borne à une manufacture d'horlogerie, qui appartient à M. Paul Casetti.

La fête patronale est celle de saint Jean-Baptiste, 24 juin; on la célèbre le dimanche suivant.

Maire, M. Rémond.—Adjoint, M. Hédelin.—Curé, M. Dussieux.—Percepteur des contributions directes, M. Sebillotte; la recette se fait une fois tous les mois.—Capitaine de la garde nationale, M. Bénard.

Il faut adresser les lettres : *A Arnouville, par Gonesse.*

Les communications avec Paris ont lieu par les voitures de Gonesse, qui traversent Arnouville le matin et le soir.

AULNAY-LEZ-BONDY.

Aulnay-lez-Bondy, à trois lieues et demie nord-est de Paris, dans une plaine contiguë à la forêt de Bondy et sur la route de Paris à Meaux, dite la rue *des Petits-Ponts*; canton et justice de paix de Gonesse, arrondissement de Pontoise, département de Seine-et-Oise.

Les annexes de ce village sont : les fermes de Savigny et de Noueville; le hameau de Haut-Gallis, le Moulin-Neuf, et une auberge sur la route *des Petits-Ponts*. Il a pour enclaves : Villepinte, Sevran, la forêt de Bondy, le Bourget et le Blanc-Mesnil.

Sa population n'est que de 584 habitans; elle fournit néanmoins une compagnie de 100 gardes nationaux au bataillon cantonal de Livry.

Le territoire est peu varié. La route départementale des Petits-Ponts le traverse à l'est. Plusieurs chemins vicinaux, assez bien entretenus, aboutissent à cette route. Cette partie de la commune est boisée et arrosée par un ruisseau appelé *la Morée*.

L'air est assez pur. Les rues du village sont larges, surtout la principale; mais elles sont mal pavées et malpropres. Cependant, depuis quelques années, Aulnay s'est beaucoup embelli. Le château, appartenant à M. de Gourgues, est de construction antique et digne d'attention. Il est entouré d'un parc de 8 hectares. Dans le village, on voit une petite place publique et trois fontaines, dont deux à une extrémité, et la troisième du côté opposé; elles fournissent de l'eau en abondance.

L'église est assez grande et en bon état; elle est au centre du village, et commune aux habitans du Blanc-Mesnil.

L'ancien cimetière en était voisin; un nouveau champ de repos, inauguré le 25 septembre 1836, a été établi à l'extérieur du village, avec toutes les dispositions convenables. Le presbytère et son jardin, attenant à l'église, appartiennent à la commune.

Les vivres sont à bon marché et abondans. Le prix des locations à l'année varie, terme moyen, de 80 à 120 fr.

L'ordre et la sécurité sont confiés à la gendarmerie en résidence à Gonesse.

L'école primaire est bien tenue; elle est habituellement fréquentée par une quarantaine d'enfans des deux sexes.

L'agriculture fait des progrès; mais le sol est d'une médiocre fertilité. Il produit surtout des céréales. Son étendue est d'environ 400 hectares; l'arpent de terre se vend de 1,300 à 2,000 fr. et au-dessus, selon la position et la qualité.

L'industrie et le commerce d'Aulnay sont entièrement agricoles. Leur principal débouché est Paris.

La fête patronale est celle de saint Pierre, 29 juin. On la célèbre le dimanche suivant.

Maire, M. Coquart. — Adjoint, M. Langlois. — Curé, M. Plé. — Percepteur des contributions directes, M. Samson; la recette a lieu le 3 de chaque mois. — Capitaine de la garde nationale, M. Derleux. — Lieutenant, M. Coquart fils.

Il faut adresser les lettres : *A Aulnay-lez-Bondy, par le Bourget.*

Pour communiquer avec Paris, il faut prendre les voitures du Bourget, ou celles qui passent assez fréquemment sur la route des Petits-Ponts.

LE BLANC-MESNIL.

Le Blanc-Mesnil, à quatre lieues nord-ouest de Paris; canton et justice de paix de Gonesse, arrondissement de Pontoise, département de Seine-et-Oise.

Il a pour annexes : Groslay, quatre fermes et plusieurs maisons situées près du Bourget. Ses enclaves sont: Villepinte, Aulnay-lez-Bondy, le Bourget, Dugny et Bonneuil-en-France.

Le sol de cette commune est fertile, les terres bien cultivées, le pays plat et uniforme, comme tous ceux de plaine. Le Blanc-Mesnil est traversé par un chemin pavé, allant joindre la route royale de Flandre au Bourget, et par un ruisseau nommé *rivière d'Aulnay*, qui fait tourner deux moulins à farine.

Sa population s'élève à peine à 110 habitans, fournissant à la garde nationale 15 hommes, qui font partie du bataillon de Livry.

Le village renferme quelques maisons de campagne assez élégantes. Le château de M. Delagarde est d'une belle architecture, son parc d'une vaste étendue et parfaitement dessiné. Sa position, la plus élevée et la plus agréable de l'endroit, le dote d'une perspective aussi riche que variée.

La température de ce petit village est douce et saine; ses deux rues sont pavées et tenues très-propres. La fontaine publique est située à l'extrémité de la rue principale. Le prix des locations annuelles varie de 50 à 120 francs; les vivres, excepté les légumes dont les habitans sont fournis en abondance, sont aussi chers qu'à Paris. La brigade de gendarmerie de Gonesse fait le service de la sûreté publique.

La commune n'a ni église, ni presbytère, ni cimetière, ni école. Les habitans vont à Aulnay pour entendre la messe. Les enfans sont reçus dans l'école de ce dernier village, dont le cimetière est également commun aux deux populations.

L'agriculture a fait quelques progrès. Ses produits, qui consistent en céréales et en betteraves, sont exportés à Paris. L'étendue du territoire est d'environ 450 hectares. Le prix de l'arpent de terre varie de 1,400 à 1,500 francs.

Les trois beaux troupeaux de MM. Renard père et fils comprennent ensemble onze cents moutons.

La fête patronale n'a plus lieu depuis environ quatorze années, époque à laquelle l'église a été démolie.

Maire, M. Renaud. — Adjoint, M. ...... — Commandant de la garde nationale, M. Michel. — Percepteur des contributions, M. Bienvenu Samson; ses jours de recette sont le 1er et le 3 de chaque mois.

Il faut adresser les lettres : *Au Blanc-Mesnil, par le Bourget.*

Ses communications avec Paris s'établissent au moyen des voitures stationnant au Bourget.

BONNEUIL-EN-FRANCE.

Bonneuil, à trois lieues et demie nord-est de Paris; canton et justice de paix de Pontoise, arrondissement de Gonesse, département de Seine-et-Oise.

Ses enclaves sont : Arnouville, Gonesse, le Blanc-Mesnil, Aulnay, Dugny et Garges.

Ce village est situé à droite de la route de Saint-Denis à Gonesse, sur la pente d'une colline, au bas de laquelle coule la petite rivière du Croult. Un chemin pavé partant de la commune va rejoindre la route départementale à Arnouville.

Bonneuil est peuplé de 482 habitans; il fournit une compagnie de garde nationale, composée de 83 hommes, faisant partie du bataillon de Gonesse.

L'ancien château seigneurial a été transformé en une ferme d'une belle apparence. On remarque à Bonneuil quelques maisons bourgeoises bien tenues.

L'air est sain; les rues sont pavées et toujours très-propres. La gendarmerie de Gonesse fait le service de la commune. Le prix des subsistances et celui des locations annuelles sont assez élevés.

L'église n'a rien de remarquable; elle a été réparée tout récemment. Le curé est logé aux frais de la commune. Le cimetière, situé à l'extérieur du village, est entretenu avec soin et clos par un mur en bon état.

L'école primaire est fréquentée par environ soixante enfans des deux sexes.

L'agriculture prospère. Ses produits principaux sont des céréales, des graines grasses, des légumes divers, etc. L'étendue du territoire est d'environ 300 hectares; le prix de l'arpent varie de 1,000 à 3,000 francs.

Le commerce est entièrement agricole. Ses débouchés sont Paris. Bonneuil ne compte qu'une fabrique d'instrumens mécaniques, tels que rouages, vis, etc., etc.

La fête patronale est celle de la translation de saint Martin, 4 juillet; on la célèbre le dimanche suivant.

Maire, M. Poiret. — Adjoint, M. Gonflet. — Curé, M. Bavelot. — Percepteur des contributions, M. Sebillotte; ses jours de recette sont le premier jeudi de chaque mois. — Capitaine de la garde nationale, M. Hoëhennen.—Lieutenant, M. Rabigot.

Il faut adresser les lettres : *A Bonneuil-en-France, par Gonesse.*

Les communications avec Paris s'établissent au moyen des voitures de Gonesse.

CLICHY-EN-LANNOIS.

Clichy-en-Lannois, à quatre lieues nord-est de Paris ; canton et justice de paix de Gonesse, arrondissement de Pontoise, département de Seine-et-Oise.

Il est enclavé par Montfermeil, Livry, Coubron et le château du Raincy.

Ce village est entouré, vers Livry, de côtes et de vallons, et entièrement dominé par la forêt de Bondy ; il doit à cette position l'aspect le plus agréable.

Il est traversé par une route départementale, n° 28, communiquant d'un côté à la route royale de Livry, et de l'autre à celle de Lagny.

Il ne compte que 160 habitans. Il fournit à la garde nationale un peloton de 25 hommes, faisant partie du bataillon de Livry.

Depuis quelques années, la commune a reçu de nombreuses améliorations. Là, où l'on ne voyait naguère que quelques masures délabrées et misérables, figurent aujourd'hui plusieurs propriétés élégantes et de bon goût. Parmi elles on distingue la maison de Mlle Barmont. Elle fut, dit-on, bâtie, par les ordres de Henri IV, pour Gabrielle d'Estrées. Le parc de cette habitation, qui est d'une vaste étendue, contient une pièce d'eau de 4 à 5 arpens ; l'eau qui l'alimente sort d'un rocher artificiel.

L'air de Clichy est très-sain ; ses rues sont propres et toutes pavées. A l'angle de la petite place publique est une fontaine, qui fournit une eau salubre pour les besoins des habitans. Le prix des locations annuelles varie de 100 à 200 fr. ; celui des subsistances est moins élevé qu'à Paris. La gendarmerie de Gonesse fait le service de cette commune.

Les environs du village sont riches en belles promenades ; on peut citer entre autres celle de la forêt comme la plus recherchée dans la saison d'été.

L'église n'a rien de remarquable ; sa toiture exige de grandes réparations. La chapelle, dédiée à *Notre-Dame-des-Anges*, a été récemment rebâtie : elle est d'une élégante simplicité. Le desservant est logé aux frais de la commune. Le cimetière est encore attenant à l'église.

L'école communale, ouverte aux enfans des deux sexes, est fréquentée par une trentaine d'élèves.

L'agriculture est dans un état de prospérité satisfaisant. Ses principaux produits, exportés assez avantageusement à Paris, consistent en céréales et en légumes. L'étendue du territoire est d'environ 300 arpens ; le prix de l'arpent varie de 1,000 à 2,000 francs.

La fête patronale est celle de saint Denis, 9 octobre ; on la célèbre le dimanche suivant.

Maire, M. Pètre Lacave. — Adjoint, M. Palade. — Desservant, M. Saunier. — Percepteur des contributions, M. Laforty ; ses jours de recette sont le premier lundi de chaque mois. — Sous-lieutenant de la garde nationale, M. Coton.

Il faut adresser les lettres : *A Clichy-en-Lannois, par Livry.*

Les communications avec Paris s'établissent facilement par la multiplicité des voitures publiques qui traversent la commune.

GARGES.

Garges, à trois lieues et demie nord-est de Paris; canton et justice de paix de Gonesse, arrondissement de Pontoise, département de Seine-et-Oise.

Garges est enclavé par Bonneuil, Arnouville, Dugny, Stains et Sarcelles.

Ce village, situé sur un terrain inégal, offre de fort jolis bosquets, d'agréables prairies et d'utiles potagers. Il est traversé par la route départementale de Saint-Denis à Gonesse.

Sa population n'est que de 500 habitans, fournissant à la garde nationale une compagnie composée de 80 hommes. Elle fait partie du bataillon cantonal de Gonesse.

Indépendamment de quelques maisons bourgeoises assez élégantes, Garges renferme encore un château d'une belle structure et dont les dépendances sont remarquables par leur étendue.

La température est saine; les rues, bien pavées, sont toujours très-propres. La brigade de gendarmerie de Gonesse fait le service de la commune. Le prix des locations annuelles varie de 100 à 300 francs; celui des subsistances est moins élevé qu'à Paris.

L'église est d'une architecture fort simple; son intérieur est décoré avec goût. Son presbytère y est attenant; il appartient à la commune. Le cimetière, entretenu avec soin, est clos par un mur solidement construit.

L'école primaire est fréquentée par environ soixante enfans des deux sexes. L'autorité locale la surveille avec attention.

Le sol de Garges est fertile, et l'agriculture y fait des progrès assez considérables; ses produits principaux consistent en céréales, vignes et légumes; ils sont exportés avec avantage à Paris. Une partie des terres est couverte de bons pâturages. L'étendue du territoire est d'environ 200 hectares; le prix de l'arpent de terre varie de 1,000 à 2,000 f. selon la qualité.

La fête patronale est celle de la translation de saint Martin, 4 juillet; on la célèbre le dimanche suivant.

Maire, M. Duvivier. — Adjoint, M. Henriette. — Curé, M. Buvelot. — Percepteur des contributions, M. Sebillotte; il fait sa recette le premier mercredi de chaque mois. — Capitaine de la garde nationale, M. Tonnelier. — Lieutenant, M. Janin. — Notables: MM. Boulay de la Meurthe, ancien député; Bonnelier père, ancien payeur général à l'armée d'Espagne; Caseneuve, etc.

Il faut adresser les lettres: *A Garges, par Gonesse.*

Les communications avec Paris s'effectuent au moyen des voitures publiques de Gonesse, qui traversent la commune deux fois par jour.

GOURNAY-SUR-MARNE.

Gournay, à quatre lieues est de Paris; canton et justice de paix de Gonesse, arrondissement de Pontoise, département de Seine-et-Oise.

Ses enclaves sont: Chelles, Noisiel, Champs et Noisy-le-Grand.

Le village, situé sur la Marne, a sur cette rivière un pont d'ancienne construction; une route départementale le traverse et s'embranche avec la route de Lagny. Sept chemins vicinaux y aboutissent, ils sont en très-bon état. Le territoire se compose de terres de diverses natures, légères, sablonneuses, franches; on y voit des prairies artificielles.

Gournay ne compte que 140 habitans; il donne à la garde nationale une subdivision de chasseurs, composée de 24 hommes, faisant partie du bataillon cantonal de Gagny.

Parmi quelques maisons bourgeoises d'assez belle apparence, on distingue deux châteaux. L'un, sous le nom de *Château-Rouge*, fut construit, dit-on, par la nourrice de Louis XIV; il est aujourd'hui la propriété de M. Nast jeune; l'autre, sous le titre d'*Ancien prieuré de Gournay*, joint à ses beautés architecturales celles de ses jardins dessinés par le célèbre Lenostre.

Les brouillards occasionnés par le voisinage de la Marne altèrent la pureté de l'air. Toutes les rues sont pavées et très-propres. Le repos public est assuré par la brigade de gendarmerie de Livry. Le prix des locations annuelles varie de 60 à 100 francs; celui des subsistances est assez élevé.

La place publique est ornée d'une plantation d'arbres; un puits communal fournit aux besoins des habitans; on trouve de très-belles promenades dans les environs.

L'église, fort simple, n'est pas érigée en cure, elle est desservie par le curé de Gagny. Le cimetière est encore contigu à l'église.

Il est pénible de voir que, ne possédant ni salle d'asile ni école, les habitans de Gournay laissent leurs enfans abandonnés à eux-mêmes; il résulte de cet état des choses que ces enfans se livrent à la dissipation et à la fainéantise. Il serait vivement à désirer que l'autorité supérieure prît cette remarque en considération et vînt mettre un terme à cette ignorance honteuse, surtout de nos jours.

L'agriculture fait peu de progrès; le prix de l'arpent de terre varie de 1,000 à 1,200 francs. Le territoire comprend une étendue de 365 arpens.

Le commerce est principalement agricole; cependant il se fait, sur la Marne, des chargemens de plâtre provenant des carrières de Chelles et de Gagny.

La fête patronale est celle de saint Arnould; on la célèbre le troisième dimanche de juillet.

Maire, M. Vaquez.—Adjoint, M. Bannier.—Lieutenant de la garde nationale, M. Pascal.—Percepteur des contributions, M. Fessard; sa recette a lieu le premier mardi de chaque mois.

Il faut adresser les lettres *à Gournay-sur-Marne, banlieue de Paris*.

La voiture de Torcy à Paris fait le service de la commune.

LIVRY.

Livry, joli village situé à quatre lieues nord-est de Paris; canton et justice de paix de Gonesse, arrondissement de Pontoise, département de Seine-et-Oise.

Ses annexes sont : le Raincy et l'ancienne abbaye de Livry; ses enclaves : Clichy, Sevran, Vaujour, Montfermeil, Coubron.

Situé à mi-côte, Livry présente un sol varié de collines et de vallons, dessinant aux yeux la plus riante perspective.

Il est traversé par la route royale n° 3, par la route départementale conduisant à Clichy, en passant à la barrière de Livry, et enfin par celle communiquant de Clichy à Sevran.

Le canal de l'Ourcq passe à un quart de lieue de la commune.

La population de Livry s'élève à 1,013 habitants, fournissant à la garde nationale 175 hommes, plus une subdivision de sapeurs-pompiers, composée de 34 hommes, pour la manœuvre de la pompe à incendie appartenant à la commune, qui est chef-lieu de bataillon. Depuis dix ans environ, la commune a éprouvé de grandes améliorations ; sur le terrain inculte et négligé d'un ancien parc se sont élevées de belles propriétés bourgeoises, parmi lesquelles on peut citer celles de MM. Delambre, Benoît, Trabuchi, de Champarnois, de Petit-Ville, Lubin et Lejeune.

L'air de ce village est tellement sain, que, dans son invasion aux environs de Paris, le choléra n'y a point paru.

Une partie des rues seulement est pavée ; mais elles sont toutes larges et maintenues dans la plus grande propreté. La sécurité publique y est assurée par une brigade de gendarmerie établie dans la commune.

Le prix des locations annuelles varie de 100 à 200 fr. Celui des subsistances est aussi élevé qu'à Paris.

La place publique est ornée d'une élégante fontaine, fournissant assez abondamment aux besoins des habitants et à l'assainissement du pays.

Les promenades des environs font les délices des habitans ; elles sont en effet dignes de captiver l'attention par leur beauté.

L'église, d'un style moderne, est fort simple, mais très-bien. Le presbytère, situé près l'église, est très-logeable. Le cimetière, à une petite distance du village, est bien exposé. On y distingue quelques monuments d'un assez bon goût ;

il est en outre clos par un mur en bon état. Il est fâcheux de ne rencontrer dans une commune dont la population est assez considérable, qu'une seule école primaire, où sont confondus les garçons et les filles. Il faut espérer que l'autorité fera cesser incessamment ce grave inconvénient. Deux institutions sont ouvertes, l'une aux jeunes gens, l'autre aux jeunes demoiselles : le nombre d'élèves n'est point limité.

L'agriculture fait chaque année de nouveaux progrès. Ses principaux produits consistent en céréales, fruits, vignes, exportés avantageusement à Paris.

On trouve à Livry plusieurs exploitations de plâtre très-estimé, et un grand nombre de bonnes carrières.

Au résumé, son commerce est florissant, et peut accroître encore le bien-être des habitants.

La fête patronale est celle de l'Assomption de la Vierge, 15 août. On la célèbre le même jour.

Maire, M. Pelletin. - Adjoint, M. Barat. — Notaire, M. Turlin. — Huissier-priseur, M. Barat. — Curé, M. Leroi. — Percepteur, M. Laforty ; il perçoit tous les dimanches. — Commandant du bataillon cantonal, M. Lefèvre, agent de change. — Capitaines : MM. Bernard et Trotart. — Lieutenans : MM. Olin et François. — Sous-lieutenans : MM. Tuseni et Offerte. — Commandant des sapeurs-pompiers, M. Lelong. — Lieutenant, M. Grunelle. — Directrice de la poste aux lettres, Mlle Moreau. — Médecins : MM. Davau, Croffan et Bernard. — Pharmacien, M. Chega.

Livry a un bureau de la poste aux lettres, il suffit d'adresser : *A Livry, banlieue de Paris*.

Deux voitures publiques font le service

de la commune, du matin au soir; d'autres voitures passagères aident ces dernières dans la communication.

MONTFERMEIL.

Montfermeil, à quatre lieues est de Paris, sur un plateau assez élevé, à l'extrémité orientale de la haute forêt de Bondy; canton et justice de paix de Gonesse, arrondissement de Pontoise, département de Seine-et-Oise.

Les enclaves sont : Coubron, Chelles et la forêt de Bondy.

Son territoire est en grande partie couvert de bois appartenant à l'état et à divers particuliers. La partie méridionale est seule livrée à la culture. Le sol en est fertile et varié. Entrecoupé de collines et de vallons, il présente à la vue le plus agréable aspect.

Une route départementale traverse le village et communique d'une part à Chelles, avec la route royale de Paris à Strasbourg par Lagny, et, d'autre part, à Livry, avec la route royale de Paris à Meaux. Un grand nombre de chemins vicinaux, assez bien entretenus, aboutissent de toutes parts à cette route.

Le sommet de l'une des collines situées au sud de la commune porte le nom de *Bellevue*. De ce point élevé, on découvre, dans le sud-ouest, la *tour de Montlhéry*, éloignée de dix à douze lieues : à l'est, la vue s'étend sur des coteaux charmans, jusqu'à deux et trois lieues de distance.

La population se compose de 905 habitans, fournissant à la garde nationale une compagnie de 130 hommes, du bataillon de Gagny; et, en outre, 50 sapeurs-pompiers pour la manœuvre de la pompe à incendie, dont la commune est propriétaire.

De nombreuses améliorations ont été, depuis vingt-cinq ans, opérées à Montfermeil. Il s'est embelli de plusieurs habitations bourgeoises dignes de remarque. Le château, qui appartient à M. le comte de Fougières, est construit dans le goût le plus moderne; son parc et ses jardins sont vastes et bien plantés; une belle grille décore sa principale entrée; non loin de là on voit un groupe de jolies maisons de campagne, parmi lesquelles on distingue celles de Mme la comtesse de Fleurieu, de M. le chevalier du Plessis, de Mme la marquise de Brou, etc.

L'air de Montfermeil est vif et pur. Les rues sont pavées et proprement entretenues : il y a deux places publiques; l'une, appelée la *Place d'Armes*, est assez grande; l'autre, nommée la *Place de la Halle*, a trente mètres en carré, elle est plantée de beaux tilleuls.

L'église est petite. Elle a été bâtie en 1818, dans un style simple et très-convenable. On l'entretient avec soin. Le presbytère appartient à la commune. Le cimetière touche l'église, et son mur d'enceinte est bien vieux. Il doit être transféré hors du village, qu'il dépare à double titre.

Le prix des locations annuelles ne s'élève guère au-dessus de 150 francs. Les vivres, d'ailleurs abondans, sont à moins bon marché.

Une seule école primaire est ouverte à quatre-vingts enfans des deux sexes, qui la fréquentent assidument, surtout pendant la mauvaise saison.

L'agriculture fait chaque jour des progrès. Elle produit des céréales, des légumes, des fruits destinés à la consommation de Paris. Le territoire a environ 360 hectares d'étendue. L'arpent de terre se vend de 800 à 2,000 fr., d'après sa qualité.

Les principales branches du commerce sont la vannerie et la taillanderie.

La prospérité de ce grand et beau village s'accroît incessamment. Une foire a lieu chaque année, le quatrième dimanche du mois de septembre. Elle dure deux jours et attire une grande affluence de marchands et d'acheteurs. Les ventes consistent surtout en objets de vannerie, de taillanderie, de mercerie, etc.; on y amène aussi des porcs, des bêtes à cornes, etc.

La fête patronale est celle de saint Pierre, 29 juin; on la célèbre le dimanche suivant.

Maire, M. Troquet ✻. — Adjoint, M. Pasquet ✻. — Curé, M. Tessier. — Percepteur des contributions directes, M. Laforty; ses jours de recette sont le 1ᵉʳ jeudi de chaque mois. — Capitaine de la garde nationale, M. Viaux. — Lieutenans: MM. Barbé, Michel et Tissieu. — Lieutenant des sapeurs-pompiers, M. Obry. — Médecin, M. Royer, membre d'une société médicale de Paris.

Il faut adresser les lettres: *A Montfermeil, par Livry.*

Quatre voitures publiques partent tous les jours de Montfermeil pour Paris. Il y a en outre plusieurs autres voitures qui font le service casuel les samedis, les dimanches et les lundis.

NEUILLY-SUR-MARNE.

Neuilly-sur-Marne, à trois lieues est de Paris; canton et justice de paix de Gonesse, arrondissement de Pontoise, département de Seine-et-Oise.

Ce village a un annexe: Ville-Evrard.

Ses enclaves sont: Rosny, Chelles, Gournay-sur-Marne, Noisy-le-Grand et Fontenay-sous-Bois.

Situé sur la rive droite et à peu de distance de la Marne, dans une belle plaine, Neuilly offre aux yeux un frais et attrayant paysage.

La nature de son territoire se divise en deux parties; l'une sablonneuse, l'autre de terres fortes.

La commune est traversée par la route royale nº 34, de Paris à Strasbourg par Lagny, etc. Une partie des chemins vicinaux est mal entretenue; la nouvelle loi, remédiant à ce grave inconvénient, va lever toutes les difficultés qui s'opposaient à la réparation de ces chemins.

La population de Neuilly s'élève à 940 habitants, fournissant à la garde nationale deux compagnies de chasseurs, composées chacune de 80 hommes, et du bataillon cantonal de Gagny.

Le peu de propriétés bourgeoises que l'on voit à Neuilly sont de bon goût et dans des positions bien choisies.

L'air y est sain; les rues, toutes pavées et assez propres, vont être incessamment éclairées.

La sécurité publique est assurée par la brigade de gendarmerie résidente à Livry.

Le prix des locations annuelles varie de 100 à 150 francs par ménage. Les subsistances sont peu chères, et il y a grande facilité à se les procurer.

On trouve à Neuilly: 1º Une petite place très-simple. Les habitants sont obligés de se servir pour leur usage de l'eau de puits; ils n'ont point de fontaine.

2º Une église, dont la distribution intérieure ne laisse rien à désirer; les piliers qui supportent la voûte sont curieux par les figures informes et bizarres qui les décorent; ils attestent bien leur antiquité. S'il fallait en croire la tradition, cet édifice serait du sixième siècle.

3° Le cimetière, situé près de l'église, occasionne quelques plaintes de la part des habitans voisins, à cause des miasmes putrides qu'il exhale, surtout pendant la saison des grandes chaleurs.

4° Un presbytère appartenant à la commune. Le curé y est très-convenablement logé.

5° Deux écoles communales recevant en hiver, l'une 65 garçons, l'autre 40 filles; mais en été beaucoup moins à cause des travaux de la campagne.

L'agriculture fait beaucoup de progrès; presque tous les habitans sont des cultivateurs éclairés.

L'étendue du territoire comprend 2,000 arpens, dont le prix varie de 1,400 à 2,000 francs.

Le commerce est tout-à-fait agricole et se fait en grand.

La fête patronale est celle de saint Baudrille; on la célèbre le dimanche suivant.

Maire, M. Samson. — Adjoint, M. Cornu. — Secrétaire, M. Mortier. — Capitaines de la garde nationale: MM. Renaud et Lamant.—Percepteur, M. Fessard; ses jours de recette, les 1er et 3e jeudis de chaque mois. — Médecin, M. Peneau.

Il faut adresser les lettres: *A Neuilly-sur-Marne, banlieue de Paris.*

Neuilly a un relai de poste aux chevaux; maître de poste, M. Samson, maire.

Les communications avec Paris ont lieu au moyen de voitures publiques établies pour le service de la commune.

NOISY-LE-GRAND.

Noisy-le-Grand, à quatre lieues est de Paris, sur le bord de la Marne et sur une hauteur qui domine cette rivière d'environ 250 pieds; canton et justice de paix de Gonesse, arrondissement de Pontoise, département de Seine-et-Oise.

Cette commune a pour enclaves: Gournay-sur-Marne, Bry-sur-Marne et la Marne. Sa population est de 1,170 habitans; elle fournit 240 gardes nationaux au bataillon de Gagny.

Le territoire offre un aspect varié et agréable; il est coupé de vallées fertiles et bien cultivées. Une route départementale le traverse et conduit à Saint-Maur. Plusieurs chemins vicinaux aboutissent à la commune.

On remarque, dans les environs de Noisy-le-Grand, quatre châteaux d'une architecture moderne. Parmi eux se trouve celui de M. Ruffin, dans lequel l'impératrice *Joséphine* épousa le comte de Beauharnais, son premier mari. Les autres châteaux appartiennent à Mme la comtesse d'Augier, à M. Buisson et à Mme la comtesse veuve Grundler. Plusieurs autres maisons de campagne se font distinguer par leur belle position et leur élégante structure. L'air est pur; les rues sont toutes pavées, propres et bien entretenues. Les vivres ne coûtent pas cher; on se les procure facilement. Le prix des loyers s'élève, terme moyen, à 250 francs. La gendarmerie de Gonesse fait le service de la commune. Une petite place, ornée d'une fontaine, est située au centre du village.

L'église est d'une construction très-ancienne et a besoin de grandes réparations; la commune se propose de les faire incessamment. Le cimetière est encore derrière l'église, emplacement qui offre plus d'un inconvénient. N'ayant point de presbytère, la commune paie le logement du curé.

Noisy-le-Grand n'a qu'une école primaire pour les deux sexes; et deux institutions libres, une pour les garçons et l'autre pour les demoiselles.

L'agriculture est florissante; ses principaux produits sont en vins et céréales, dont le débouché est Paris, avec lequel la commune établit ses relations par la route départementale qui va rejoindre celle de Saint-Maur. L'étendue du territoire embrasse environ 300 hectares. L'arpent de terre se vend de 1,000 à 2,000 francs, suivant la qualité.

L'industrie n'a rien qui mérite d'être mentionné.

La fête patronale a lieu le 15 août, fête de l'Assomption de la Vierge.

Maire, M. Ruffin. — Adjoint, M. Ferri. — Curé, M. Gosselin. — Percepteur des contributions, M. Fessard; ses jours de recette sont le premier et le troisième vendredi de chaque mois. — Capitaine de la garde nationale, M. Xavier.

Il faut adresser les lettres: *A Noisy-le-Grand, banlieue de Paris.*

Il est facile de communiquer avec Paris; la voiture de Torcy passe tous les jours dans la commune.

SEVRAN.

Sevran, à quatre lieues nord-est de Paris, situé en rase campagne, près de la forêt de Bondy; canton et justice de paix de Gonesse, arrondissement de Pontoise, département de Seine-et-Oise.

Annexes: les fermes de Montceleux, de Fort-à-Faire, de Fontenay et de Rougemont. Enclaves: Villepinte, Vaujour, Livry et Aulnay-lez-Bondy.

La population n'est que de 318 habitans: elle fournit 54 gardes nationaux au bataillon cantonal de Livry.

Le village, dans sa situation, n'a rien que l'on puisse citer; la campagne qui l'environne est uniforme. La forêt de Bondy couvre une partie du territoire, celle qui est la plus près de Sevran.

L'air est bon; les rues sont ferrées en cailloux; le pavage de la Grande-Rue est mieux entretenu que celui des rues adjacentes. Le prix des loyers s'élève depuis 50 jusqu'à 150 francs. Les vivres sont de bonne qualité et à bon compte; on se les procure facilement dans le pays. Les habitans sont d'un caractère doux et affable; jamais le repos public n'est troublé. La gendarmerie qui est à Gonesse veille à la sécurité de la commune.

Le village possède une place belle et spacieuse, qui est entourée de tilleuls. Une fontaine contribue à son embellissement; elle est alimentée par les eaux du canal de l'Ourcq. Plusieurs maisons bourgeoises ornent la commune, parmi lesquelles se fait remarquer, par l'élégance de sa construction moderne, celle qui appartient aux héritiers de M. Touchard, ancien administrateur des Messageries royales; les autres sont la propriété de MM. Pourcelt, Mannoury, Porché et de Mme veuve Guyot.

La sécurité de la commune est quelquefois troublée par des affaissemens de terrain. On remarque celui qui est survenu en 1814; il a 7 à 8 mètres de largeur, sur 5 à 6 de profondeur. Il en est sorti une source d'eau qui va se jeter dans le ruisseau d'Aulnay-lez-Bondy.

Le canal de l'Ourcq traverse le territoire de la commune et passe auprès de Sevran. Une route départementale communique de ce village à la route royale à Livry, et un chemin vicinal à Aulnay-lez-Bondy.

L'église est moderne et en bon état; mais il n'y a point de presbytère. Le cimetière est encore attenant à l'église, inconvénient qu'il faudrait faire cesser pour la salubrité de la commune.

Le sol est d'une fertilité médiocre ; cependant l'agriculture a fait des progrès : ses principaux produits sont en céréales. Le territoire est d'une étendue d'environ 500 hectares. L'arpent se vend de 1,800 à 3,000 francs.

Sevran n'a d'autre industrie que l'agriculture et le soin de plusieurs troupeaux de moutons.

La commune possède une école primaire bien tenue ; elle est fréquentée par une quarantaine d'enfans des deux sexes.

La fête patronale est celle de la translation de saint Martin, 4 juillet; on la célèbre le dimanche suivant.

Maire, M. ...... — Adjoint, M. Pivot. — Curé, M. Plé. — Percepteur des contributions, M. Samson. La recette a lieu le 1er de chaque mois. — Capitaine de la garde nationale, M. Chartier. — Lieutenant, M. Chevalier.

Il faut adresser les lettres : *A Sevran, par Livry*.

Pour les relations avec Paris, on se sert des nombreuses voitures qui passent à Livry.

VILLEPINTE.

Villepinte, à quatre lieues et demie nord-est de Paris ; canton et justice de paix de Gonesse, arrondissement de Pontoise, département de Seine-et-Oise.

Il a pour annexe le Mesnil, ferme appartenant à M. Emery ; et pour enclaves : Tremblay, Sevran, Aulnay-lez-Bondy, Le Blanc-Mesnil et Roissy-en-France.

Le sol de cette commune est peu fertile et le pays découvert et uniforme. Il est traversé par une route départementale rejoignant celle de Tremblay, et par une autre route partant du village et allant rejoindre la route départementale. Enfin la route des *Petits-Ponts* s'embranche à la route royale de Paris à Meaux. Le ruisseau appelé de *la Saussaye* parcourt aussi Villepinte et va se jeter dans celui d'Aulnay-lez-Bondy.

Sa population est d'environ 200 habitans, donnant à la garde nationale une subdivision de 30 hommes qui font partie du bataillon de Livry.

On remarque dans ce village trois jolies propriétés bourgeoises ; l'une appartient à M. le comte Dumas, la seconde au général Roussel et la troisième aux héritiers Lavallette.

L'air de Villepinte est très-sain ; la rue où passe la route départementale est parfaitement entretenue, les autres sont un peu négligées. Le prix des locations annuelles varie de 60 à 110 francs. Celui des subsistances est presque aussi élevé qu'à Paris. La place publique est petite, mais elle est ornée de deux fontaines bien construites, qui fournissent avec abondance aux besoins de la population et à l'assainissement du pays.

L'église, bien que d'un style moderne, n'offre rien de remarquable. Son intérieur est même fort simple ; mais elle est bien entretenue. Le presbytère est loué aux frais des habitans. Le cimetière est encore contigu à l'église, mais assez éloigné pourtant des habitations.

L'école primaire reçoit les enfans des deux sexes. Elle est habituellement fréquentée par une trentaine d'élèves.

L'agriculture fait des progrès satisfaisans. Ses principaux produits consistent en céréales et en légumes divers. L'étendue du territoire est d'environ 1,500 arpens. Le prix de l'arpent varie de 600 à 1,000 francs.

La fête patronale tombe par sa date le 10 septembre; on la célèbre le dimanche suivant.

Maire, M. Masson. —Adjoint, M. Redand. — Curé, M..... — Percepteur des contributions, M. Samson ; la recette se fait le 2 de chaque mois.— Lieutenant de la garde nationale, M. Émery fils.

Il faut adresser les lettres : *A Villepinte, par Livry*.

La voiture publique de Tremblay passe tous les jours dans la commune pour se rendre à Paris.

VILLIERS-SUR-MARNE.

Villiers-sur-Marne, à quatre lieues et à l'est de Paris, à une demi-lieue de la Marne, sur un plateau qui domine cette rivière ; canton et justice de paix de Gonesse, arrondissement de Pontoise, département de Seine-et-Oise.

Annexes: un moulin sur le territoire de Noisy-le-Grand et le château de la Lande, appartenant à la veuve du maréchal duc de Trévise.

Enclaves : Bry-sur-Marne, Combault, Champigny et la Marne.

La population est de 700 habitans, qui fournissent 130 hommes au bataillon de garde nationale, dont Chennevières est le chef-lieu.

L'air est bon ; les rues sont pavées en cailloux, propres et bien entretenues ; le village a deux petites places, dont une plantée de deux rangs de peupliers, avec une fontaine et un puits public. On y vit à bon compte, les subsistances sont faciles à se procurer ; les logemens ne sont pas chers.

Le territoire est d'un aspect uniforme au nord et très-varié au couchant ; de ce côté, il est coupé par plusieurs vallées. La route départementale de Malnoue traverse la commune et va s'embrancher à celle du pont de Saint-Maur. Plusieurs autres chemins aboutissent également au village.

Depuis quelques années, Villiers s'est beaucoup agrandi. Plusieurs habitations se font remarquer dans la commune, surtout le château de M. de Saint-Martin, ancien munitionnaire, et celui de M. Coulomb, banquier. On distingue aussi la jolie maison de campagne du général Neigre, pair de France, auquel la commune a plus d'une obligation.

L'église est fort ancienne, elle a besoin de grandes réparations, l'autorité se propose de les faire bientôt exécuter. Le nouveau cimetière est à l'extérieur du village ; le soin avec lequel il est disposé et entretenu fait l'éloge des habitans.

La commune n'a qu'une école primaire assez bien tenue ; il est vrai, mais ayant toujours l'inconvénient de la réunion des deux sexes, que réprouvent à la fois la décence et la différence d'éducation à donner à chacun d'eux. L'agriculture fait assez de progrès, mais le sol est d'une médiocre fertilité. Les produits consistent en céréales, en vins et en fourrages que l'on exporte à Paris. L'étendue du territoire est d'environ 400 hectares. Le prix de l'arpent est de 800 à 2,000 francs, suivant la qualité du terrain. M. Chatard possède un très-beau troupeau de moutons; un autre appartient à M. Carrouge.

Villiers n'a pas d'autre industrie que la fabrication de très-bonne chaux, qu'il doit au calcaire siliceux que renferme son territoire. Du reste, tout son commerce est agricole et se fait avec la capitale.

Maire, M. Chatard. — Adjoint, M. Guérin. — Curé, M. Guilliard. — Percepteur des contributions, M. Lefebvre; les jours de recette sont le 1er et le 6 de chaque mois. — Capitaine de la garde nationale, M. Devinante. — Lieutenans : MM. Guillemin et Drancy. — Médecin, M. Bayard.

La fête patronale est celle de saint Jacques, 25 juillet; elle est célébrée le dimanche suivant.

Il faut adresser les lettres : *A Villiers-sur-Marne, banlieue de Paris.*

Pour communiquer avec Paris, il faut prendre les voitures de Bry-sur-Marne ou même de Saint-Maur.

CANTON DE BOISSY-SAINT-LÉGER.

Boissy-Saint-Léger. — Chennevières-sur-Marne. — Limeil. — Valenton. — Villeneuve-Saint-Georges.

BOISSY-SAINT-LÉGER.

Boissy-Saint-Léger, à quatre lieues et demie sud-est de Paris, chef lieu de canton et de justice de paix, arrondissement de Corbeil, département de Seine-et-Oise.

Ce bourg a pour annexe : Gros-Bois; et pour enclaves, Bonneuil-sur-Marne, Sucy, Marolle, Villecrène et Limeil.

Situé sur la pente de la colline demi-circulaire, qui s'étend de la Marne à la Seine, Boissy se trouve encadré à droite, par le village de Sucy, à gauche par Valenton, et à son horizon par les hauteurs de Chennevières, de Belleville et de la rive gauche de la Seine, jusqu'à Orly.

Sa population s'élève à 640 habitans, fournissant à la garde nationale une compagnie composée de 90 hommes et faisant partie du bataillon dont Boissy est le chef-lieu.

Le coteau de Boissy est entièrement garni de vignes : la plaine du bas est sablonneuse, et s'étend jusqu'au fond de Bonneuil; celle du haut l'est moins, elle est resserrée par des bois et plantée d'avenues qui y conduisent. Boissy est traversé dans toute sa longueur par la route royale de Paris à Troyes.

Ce bourg, comme tous les endroits avoisinant Paris, voit s'élever chaque année de nouvelles maisons; mais son agrandissement est borné par deux importantes propriétés, *le Piple* et *Grosbois*.

Le Piple, au nord-est, touche Boissy par quatre rangées d'ormes formant avenue; son architecture est belle et régulière; son parc, orné de bois, de lacs et d'étangs, est dessiné à l'anglaise. Il comporte une étendue d'environ 110 arpens. Son propriétaire actuel est M. le baron Hottinger. Zélé partisan de toute honnête industrie, bienveillant et généreux, M. le baron Hottinger, non seulement permet aux habitans de Boissy l'entrée de ses propriétés, mais il offre, avec empressement, à tous les malheureux[1], secours et protection.

Le château de Gros-Bois, au sud-est, s'élève au milieu d'un parc d'une étendue semblable à celle du bois de Boulogne; il appartient à M. le prince de Wagram. Sa restauration, commencée en 1823, par la princesse douairière de Wagram, vient d'être achevée par les soins du prince son fils, qui a su conserver à cet édifice le style de sa première origine. Il est entouré de fossés et se compose de trois corps de logis; celui du fond est en forme de demi-cercle, les deux autres à droite et à gauche, sont terminés par des pavillons. Son intérieur répond parfaitement à l'extérieur par son élégance et sa belle distribution. On y remarque une galerie de tableaux formée sous l'empire par le vice-connétable; *C. Vernet*, *Gros*, *Vincent*, *Tonnay*, *Roën*, l'ont enrichie de batailles, qui rappellent notre gloire militaire de cette époque. Le buste de Napoléon, par *Canova*, et ceux des maréchaux de l'empire, accompagnent ces précieux souvenirs; au fond de la galerie est une salle de spectacle; dans d'autres pièces on remarque les portraits de Napoléon peints par *Gérard*, *Robert* et *Lefevre*; ceux des cheiks d'Égypte, et des armures d'un grand prix, en raison de la célébrité des personnages auxquels elles ont appartenu. Enfin le prince actuel de Wagram a réuni dans le château tout ce qu'il a pu des trophées de son père. Le parc, *trop giboyeux*, conserve avec raison le nom de Gros-Bois; il a de belles futaies, et, de plus, des eaux abondantes, qui serpentent dans un vallon par une pente légèrement sentie; ces mêmes eaux, toujours limpides et pures, se perdent dans des bosquets odoriférans, au-delà desquels la vue se repose délicieusement sur plusieurs jolis villages des environs. Ce parc est plutôt un vaste et beau pays bien cultivé qu'un jardin anglais; car on n'y rencontre ni gazon ni corbeilles de fleurs, mais des massifs d'arbres et d'arbustes indigènes de la plus rare beauté, des prairies où paissent de nombreux troupeaux, où les faisans et les chevreuils paraissent et disparaissent bientôt pour fuir dans des grottes ombragées de verdure, qui leur servent de retraite. Le prince de Wagram met tous ses soins à faire de cette habitation un séjour à la fois utile et agréable. Ce château et celui du Piple possèdent chacun une pompe à incendie, qu'ils mettraient à la disposition de la commune, si le cas l'exigeait.

La température de Boissy est très-saine; il est même à remarquer que les orages, venant ordinairement de Paris, suivent la vallée de la Marne, la forêt d'Armainvilliers, la vallée de la Seine, ou la forêt de Sénart, et que la commune de Saint-Léger en est rarement frappée.

Les deux rues principales, seulement, sont pavées, mais toutes sont entretenues avec un soin particulier. Le conseil municipal de Boissy vient de voter une somme pour l'éclairage qui doit y être incessamment établi. La sécurité publique est assurée par une brigade de gendarmerie. Les locations annuelles variant beaucoup, il est difficile d'en déterminer au juste le prix. Boissy possède les principales choses nécessaires à la vie, ce qui fait que le prix n'en est pas élevé. Le lavoir public est construit depuis peu d'années ; il reçoit les eaux d'une source partant du haut du village. Deux fontaines, situées à l'opposé, fournissent aux besoins des habitans et à l'assainissement complet du pays.

Plusieurs maisons possèdent des sources particulières, et toutes les eaux de ces sources sont excellentes. Les promenades sont très-étendues, dans de beaux bois agréablement percés ; elles conduisent d'un côté à la vallée d'Yères, de l'autre à la forêt de *Notre-Dame*.

L'église n'a rien de remarquable dans sa construction, mais elle est entretenue avec soin. Le curé est logé aux frais des habitans. Le cimetière, situé à l'extérieur de la commune, est enclos d'un mur en bon état ; sa contenance est d'un demi-arpent ; on y distingue quelques beaux monumens.

Boissy possède une école primaire pour garçons et filles ; elle est fréquentée par un nombre assez considérable d'élèves.

L'agriculture ne fait pas de grands progrès ; le territoire comprend une étendue de 900 hectares. Le prix de l'arpent de terre s'élève, terme moyen, à 1,200 francs.

La fête patronale a pour date le 10 septembre. On la célèbre le dimanche suivant ; établie depuis peu d'années, elle n'est guère fréquentée.

Maire, M. Marc, colonel en retraite. — Adjoint, M. Rochas. — Curé, M. Ducorps. — Juge de paix, M. Rossignol. — Greffier, M. Chabert. — Notaire, M. Chapelain. — Huissier, M. Gourgeois. — Chef de bataillon de la garde nationale, le prince de Wagram. — Capitaine, M. le comte de Plaisance. — Lieutenant, M. Revillon. — Sous-lieutenans : MM. Auroy et Gobert. — Capitaine rapporteur, M. Marcuse. — Sous-lieutenant secrétaire, M. Chopin. — Percepteur des contributions, M. Helle ; ses jours de recette sont tous les jeudis. — Employé à l'enregistrement des domaines, M. Carré. — Officier de santé. M. Collot. — Employés des contributions indirectes : MM. Comte et Velu.

Boissy a un bureau de poste aux lettres ; Mme Sionest en est la directrice. Les distributions se font deux fois par jour ; la première à deux heures de l'après-midi, la seconde à huit heures du soir. Il faut adresser directement : *A Boissy-Saint-Léger*.

Un relais de la poste aux chevaux se trouve à Gros-Bois, à une demi-lieue de Boissy.

Deux voitures spécialement établies pour le service de la commune partent tous les jours de Boissy pour Paris. La voiture de Brie et celle de Melun passent tous les matins et reviennent tous les soirs ; deux autres grandes voitures font le service de la banlieue et passent, l'une à une heure et demie, l'autre à deux heures.

CHENNEVIÈRES-SUR-MARNE.

Chennevières-sur-Marne, à trois lieues et demie et à l'est de Paris, sur la rive gauche de la Marne, en face de la presqu'île de Saint-Maur-les-Fossés, sur un coteau qui domine au loin le cours de la rivière ; canton de Boissy-Saint-Léger, arrondissement de Corbeil, département de Seine-et-Oise.

La ferme des Bordes est un écart de cette commune.

Les enclaves de Chennevières sont : Champigny, Ormesson-Noiseau, Sussy et Saint-Maur-les-Fossés.

La population de Chennevières s'élève à environ 700 ames. Elle fournit à la garde nationale une compagnie de chasseurs, composée de 120 hommes, avec une subdivision de sapeurs-pompiers pour la manœuvre de la pompe à incendie appartenant à la commune.

La position du village en assure la salubrité. La beauté de ses points de vue et des promenades qui l'environnent en rend le séjour fort agréable. Aussi reçoit-il chaque jour de l'accroissement par de nouvelles constructions. Il est traversé par la route départementale de Paris à Tournans ; et ses autres chemins de communication avec ses alentours sont en bon état de viabilité. On y voit six maisons de campagne assez remarquables par leur étendue. Les rues sont pavées et proprement tenues. Des deux places publiques, l'une est plantée d'arbres ; mais il n'y a pas de fontaine, et l'on ne peut y trouver que de l'eau de puits. On s'étonne de l'insouciance des habitans à se procurer une eau plus abondante et plus saine. Un puits artésien suffirait pour cela, et ses avantages dédommageraient amplement de sa dépense.

Les loyers des logemens sont de 100 à 200 francs, et les vivres aussi chers qu'à Paris, malgré leur abondance.

L'église, qui est du moyen âge, n'a rien qui mérite une attention particulière. Elle manque de presbytère, et le curé est logé aux dépens de la commune.

Le cimetière n'est plus dans l'enceinte du village. Il est bien enclos et décemment entretenu.

La commune n'a encore qu'une école, où les enfans des deux sexes, au nombre d'environ cinquante, sont confondus, contre toute idée de bienséance. L'enseignement est simultané.

Chennevières a besoin d'une mairie qui contienne les emplacemens nécessaires à des écoles et aux diverses améliorations que réclame son état actuel sous plus d'un rapport.

Le territoire renferme 1,400 arpens. Il est, en général, mélangé de terres argileuses et sablonneuses. Ses cultures sont les grains de différente espèce, la vigne, les fruits et les légumes. Les habitans déploient beaucoup d'intelligence dans leurs travaux et l'agriculture a fait des progrès parmi eux. Le terme moyen du prix de l'arpent est de 1,600 francs.

Le commerce est tout agricole et se fait avec Paris et les environs.

La fête patronale est celle de l'Ascension. Elle dure trois jours et attire beaucoup de monde.

Maire, M. Éloi. — Adjoint, M. Bourguignon. — Curé, M. Ledéchaux. — Percepteur des contributions, M. Lefèvre ; jours de recette, le 2 et le 7 de chaque mois. — Capitaine de la garde nationale, M. Bonnetain.

Il faut adresser les lettres : *A Chennevières-sur-Marne*, banlieue de Paris.

Les communications avec Paris ont lieu par Champagny, dont les voitures font, tous les jours, deux fois le trajet, et deux fois le retour.

LIMEIL.

Limeil, à quatre lieues sud-est de Paris, canton et justice de paix de

Boissy-Saint-Léger, arrondissement de Corbeil, département de Seine-et-Oise. Son annexe est Brevanne; ses enclaves sont : Valenton, Boissy-Saint-Léger et Villeneuve-Saint-Georges.

Le territoire se compose de terres labourables et de petite culture; on y trouve aussi des prairies artificielles et des vignes.

Le territoire est entièrement traversé par la route départementale allant à Brie-Comte-Robert.

Les chemins communaux et vicinaux sont parfaitement entretenus.

La commune de Limeil est située sur une hauteur dominant le village de Valenton; sa belle position séduit l'œil par une variété de verdure et d'arbustes divers; les eaux de la Seine, à l'horizon, viennent compléter le tableau, qui offre à la vue un des plus beaux panoramas des environs de Paris.

Sa population s'élève à 500 habitans environ, fournissant à la garde nationale une compagnie de 80 hommes, dont le chef-lieu de bataillon est Boissy-Saint-Léger.

Limeil possède un château d'une riche et élégante construction, appartenant à M. de Clermont.

Parmi les belles maisons de campagne qui enrichissent la commune, on distingue avec raison celle de M. de Sessac, ministre de la guerre sous l'empire. Cette habitation joint à la beauté de l'architecture la régularité de la distribution. Un parc tracé sur les plus gracieux dessins vient compléter les agrémens de ce délicieux séjour.

L'air est vif et la température saine; les rues, quoique toutes ferrées, demanderaient plus de soin.

La sécurité publique est assurée par la brigade de gendarmerie de Boissy-Saint-Léger.

Le prix des locations annuelles varie de 80 à 100 francs.

La facilité de se procurer des subsistances en fait supporter le prix, qui se trouve un peu cher.

Limeil possède :

Une petite place publique;

Une fontaine fournissant avec abondance aux besoins des habitans;

Un lavoir public alimenté par la fontaine.

L'église est d'une architecture moderne, gracieuse à l'extérieur, riche d'ornemens à l'intérieur; elle offre une régularité parfaite; on doit applaudir au soin avec lequel est entretenu ce monument.

Outre cette église, il y a à Brevanne une chapelle d'un style gothique, mais simple dans sa distribution; elle est desservie par le curé de Limeil. Le presbytère attenant à l'église est d'un aspect fort agréable.

Le cimetière touche l'église; on y trouve quelques monumens remarquables; il est enclos d'un beau mur, mais entouré de nombreuses habitations. Le besoin de sa translation devient chaque jour plus urgent, et ne tardera pas à être satisfait.

Une école publique, pour les deux sexes, reçoit chaque jour environ trente enfans.

Les travaux projetés consistent en la réparation du presbytère; son état de détérioration complète réclamait depuis long-temps l'attention de la commune.

Les habitans de Limeil, partisans des anciennes routines, font très-peu de progrès dans la culture de leurs terres.

Le prix de l'arpent, terme moyen,

est de 1,500 fr., et l'étendue du territoire de 3,000 arpens.

Le commerce, qui est tout-à-fait agricole, contribue à assurer la prospérité du pays.

Les habitans de Limeil forment avec instance des vœux pour la construction d'une mairie qui comprendrait aussi deux écoles communales, l'une pour les filles et la seconde pour les garçons.

L'autorité locale a compris toute l'utilité de ces vœux exprimés dans l'intérêt général; elle unit les siens à ceux de ses administrés.

La fête patronale est celle de la Translation de saint Martin, 4 juillet. On la célèbre le dimanche suivant.

La variété des plaisirs, l'ordre et la joie qui président aux divertissemens, attirent à la fête tous les habitans des communes voisines.

Maire, M. Marie.— Adjoint, M. Garnier.—Curé... (On attend la nomination d'un nouveau.) — Percepteur, M. Helle; ses jours de recette sont le premier mercredi de chaque mois.

Limeil possède une boîte aux lettres.

Il faut adresser : *A Limeil, par Boissy-Saint-Léger.*

Les communications avec Paris s'établissent au moyen d'une voiture spécialement établie pour le service de la commune. Elle effectue deux départs par jour.

VALENTON.

Valenton, à quatre lieues sud-est de Paris; canton et justice de paix de Boissy-Saint-Léger, arrondissement de Corbeil, département de Seine-et-Oise.

Les enclaves sont : Creteil, Bonneuil, Boissy-Saint-Léger, Limeil et la Seine.

Ce village est bordé par deux routes royales, l'une allant de Paris à Melun, l'autre de Paris à Troyes, et il est traversé par une route départementale, n° 33, servant de communication aux deux routes royales. Son territoire se divise en deux parties; l'une est composée de terres labourables, l'autre de terres calcaires.

Situé sur un sommet, Valenton jouit d'une fort belle perspective.

La population s'élève à 600 habitans, fournissant à la garde nationale 96 hommes, dont 50 sont habillés. Le chef-lieu du bataillon est à Villeneuve-Saint-Georges.

Valenton renferme huit maisons bourgeoises, parmi lesquelles il en est trois fort remarquables; la première, dite le Château, appartient à M. Boullenois, receveur particulier des contributions à Paris; la seconde, dite *le Plaisir*, appartient à M. Brocard, maire; la troisième, située sur le haut de la colline, dans une position fort avantageuse, appartient à M. Piot, notaire à Paris.

L'air est tellement pur à Valenton, que bien des personnes y viennent recouvrer la santé, et on ne se rappelle même pas qu'aucune épidémie soit venue frapper la commune. Toutes les rues sont pavées en blocage, et entretenues aux frais du département. Les chemins vicinaux sont en bon état. La sécurité publique est maintenue par la brigade de gendarmerie de Montgeron.

Deux fois par semaine, sur la route royale de Paris à Melun, et à l'embranchement de la route départementale traversant la commune, il se tient un marché où les habitans trouvent à s'approvisionner de tous les vivres qui leur sont nécessaires, à un prix modéré.

Les locations annuelles sont en général peu chères.

L'église a été reconstruite en 1780, en belles pierres de taille, aux frais des économats. Cet édifice est élevé dans de belles proportions, et entretenu avec le plus grand soin.

Le curé est logé aux frais des habitans, dans une maison particulière, moyennant 200 fr. par an. Le cimetière est situé hors de la commune, et clos par un mur en bon état.

L'agriculture fait des progrès peu sensibles. Le territoire de Valenton est exploité en partie par quatre vastes fermes, ayant chacune un beau troupeau.

L'autre partie produit de la vigne, des légumes secs, dont une portion sert à la consommation des habitans ; le surplus est porté, avec les denrées des fermiers, au marché de Brie, dans le département de Seine-et-Marne.

L'étendue du territoire est de 514 hectares. L'arpent, de la contenance de 900 toises, vaut terme moyen, 700 fr.

La fête patronale est celle de saint Léger, le 24 avril. On la célèbre le dimanche suivant.

Maire, M. Brocard.—Adjoint, M. Dogrois. — Curé, M. Soyan. — Percepteur des contributions, M. Helle ; ses jours de recette sont le premier mardi de chaque mois.

Il y a, à une demi-lieue de Valenton, deux bureaux de poste, l'un à Villeneuve-Saint-Georges, l'autre à Boissy-Saint-Léger ; c'est ce dernier qui fait le service régulier de la commune, deux fois par jour, le matin et le soir.

Il faut adresser les lettres : *A Valenton, par Boissy-Saint-Léger.*

Les communications avec Paris s'établissent au moyen d'une voiture partant tous les matins, et revenant tous les soirs.

VILLENEUVE-SAINT-GEORGES.

Villeneuve-Saint-Georges, à quatre lieues et demie sud-est de Paris, sur la rive droite de la Seine, au point où ce fleuve reçoit les eaux de la petite rivière d'Hyères ; canton et justice de paix de Boissy-Saint-Léger, arrondissement de Corbeil, département de Seine-et-Oise.

Annexe : le Moulin du Roi, sur l'Hyères. Enclaves : Limeil, Crôsne et la Seine.

La population s'élève à 1,200 ames. Elle fournit à la garde nationale une compagnie de 120 hommes, du bataillon dont Villeneuve-Saint-Georges est le chef-lieu.

Cette commune est à l'entrée de la vallée de l'Hyères. Baignée d'un côté par cette rivière, de l'autre par la Seine, elle offre dans ses environs des sites et des promenades remarquables par leur beauté, surtout dans la vallée et sur les rives du fleuve. Le bourg est lui-même embelli par douze maisons de campagne ; l'une des plus considérables est le château de Beauregard, appartenant à M. Tranchant, négociant à Paris ; un autre château, sur le bord de l'Hyères, est à M. Bouriat. M. Walkenaer, membre de l'Institut, possède une fort jolie maison.

Cependant l'aspect général des habitations n'est pas satisfaisant ; elles sont loin de ce qu'elles pourraient et par conséquent de ce qu'elles devraient être ; le goût des améliorations n'a pas encore pris de développement dans ce bourg, on dirait qu'il est condamné à ne recevoir ni agrandissement ni changement heureux. On conçoit que sa situation lui oppose des obstacles du côté de l'Hyères et de la Seine ; mais des côtés opposés rien n'empêche les nouvelles constructions, rien surtout ne défend que les vieilles et laides maisons ne fassent place à des édifices plus en rapport avec les progrès des arts et de la civilisation. Les propriétaires et la commune gagneraient également à ces utiles travaux.

L'air est très-bon ; les rues sont bien pavées et entretenues dans une grande propreté. La place publique est assez grande : la fontaine porte le nom de *Fontaine des Bretons ;* son eau est excellente. Les subsistances sont chères, ainsi que les loyers d'habitation. Ces derniers, pour un petit ménage, vont de 100 à 200 fr.

La brigade de gendarmerie de Montgeron fait le service de la commune.

L'église, sous l'invocation de saint Georges, est de style gothique : on fait remonter sa construction au onzième siècle ; elle est fort ordinaire. La commune possède un presbytère ; le cimetière, hors du bourg, est enclos de murs et convenablement disposé.

M. Rey, ancien officier de cavalerie, qui habitait cette commune, mourut en avril 1815, et, par son testament, voulant laisser aux habitans un témoignage de son estime et de son affection, il légua à la commune une rente annuelle de 150 francs, que le maire, assisté du curé et de quatre notables, doit attribuer chaque année à une jeune fille honnête, et en même temps, s'il se peut, la plus pauvre. Cette somme lui est remise à titre de récompense et d'encouragement, au nom du fondateur, sur sa tombe même, le 1er juin. Dans le cas où il n'y aurait pas de filles à doter, la somme donnée doit être consacrée à faire apprendre un métier à un orphelin ou à l'aîné des enfans de gens pauvres et d'une probité reconnue.

Par actes des 19 septembre 1672 et 27 mai 1673, M. Jean Bachelier et Geneviève Marcadé, sa femme, propriétaires, demeurant à Villeneuve-St-Georges, avaient légué deux maisons à la commune, et 1,350 fr. de rentes perpétuelles affectées aux écoles. L'école des garçons était tenue par un chapelain, et l'école des filles par des sœurs grises, qui devaient aussi consacrer leurs soins aux malheureux malades. En 1792, le gouvernement s'empara des biens des hôpitaux, et les deux maisons furent vendues comme biens nationaux ; mais il reste encore près de 1,000 francs de rente, qui ont été restitués par les hôpitaux de Paris. Cette somme sert à payer l'instituteur et l'institutrice primaires ; 150 francs sont employés, conformément aux vœux des testateurs, à doter chaque année une jeune fille ; et le surplus entre dans la caisse du bureau de bienfaisance.

La commune a donc deux dots annuelles de 150 francs chacune à donner à deux jeunes filles, qui doivent se marier dans le cours de l'année. Jusqu'ici, les maires de Villeneuve avaient donné beaucoup d'éclat à la distribution de ces dots. M. Maignan, maire actuel, a remarqué que les jeunes personnes et leurs familles n'aimaient pas à se donner en spectacle, et que c'était pour elles un motif de s'éloigner d'une récompense qu'il fallait acheter par des cérémonies dans lesquelles elles figuraient au premier rang. La distribution se fait maintenant en famille ; la commune seule apprécie le choix que font les personnes appelées à prononcer. De cette manière on évite les plaisanteries auxquelles donne souvent lieu le couronnement des rosières.

M. Gabriel Cotheau, que la mort vient d'enlever à ses nombreux amis, était né à Villeneuve-Saint-Georges; il avait succédé à son père dans la direction d'une fabrique de sucre; il n'a pu réaliser tout le bien qu'il se proposait de faire. Par son testament, il a légué à la commune une somme de 40,000 fr. affectée à l'acquisition d'une maison dite *de Charité*. Trois lits sont destinés à recevoir les malheureux malades, qui doivent être soignés par deux sœurs spécialement attachées à cette maison. La commune n'attend plus que l'autorisation royale pour recevoir ce legs et l'employer conformément aux intentions du testateur.

Villeneuve-Saint-Georges a deux écoles publiques, une pour chaque sexe; elles sont établies dans le même bâtiment, mais séparées; l'instruction y est simultanée, et cent dix-huit enfans les fréquentent habituellement.

Le territoire de la commune est traversé par la route royale de Paris à Melun, qui forme la principale rue du bourg, et par une route départementale qui va de Villeneuve-Saint-Georges à Brunoy. Les chemins communaux et vicinaux sont généralement en mauvais état. La nouvelle loi remédiera sans doute à ce désordre.

Le territoire a environ 2,200 arpens d'étendue. L'arpent vaut 1,000 fr., terme moyen. L'agriculture fait beaucoup de progrès: on cultive les céréales, les betteraves en grand, les prairies artificielles et la vigne. Il y a aussi des parties de bois assez considérables.

L'industrie est nulle, et le commerce tout agricole. Villeneuve-Saint-Georges est un centre de consommation pour les communes environnantes. Le contre-hallage des bateaux descendant à Paris, occupe une partie de la population, dont une autre partie est livrée à la culture des vignes.

Plusieurs vœux de la commune sont, par les soins du maire, sur le point d'être exaucés. Le pont sur l'Hyères sera prochainement reconstruit sur un plan en harmonie avec la belle route qu'il dessert. L'éclairage public doit être établi. Le maire s'occupe activement de toutes les mesures nécessaires pour atteindre ce louable but. Le bourg enfin subira un changement aussi avantageux que notable. On va démolir un groupe de maisons, pour donner l'alignement à la route qui doit passer sur leur terrain.

La fête patronale est celle de saint Georges, 24 avril. On la célèbre le jour même lorsqu'elle tombe un dimanche; on la reporte au dimanche suivant lorsque sa date arrive un des jours de la semaine.

Maire, M. Magnant, notaire. — Adjoint, M. Lefèvre. — Capitaine en premier de la garde nationale, M. Matar; capitaine en second, M. Daricourt. — Curé, M. Laurin. — Vicaire, M. Joly. — Notaire, M. Thireau. — Huissier, M.... — Médecin, M. Cretet. — Percepteur des contributions, M. Souchard. La recette a lieu tous les jours.

Villeneuve-Saint-Georges a un bureau de poste aux lettres, dont Mme Rossignol est directrice. Il suffit donc d'adresser: *A Villeneuve-Saint-Georges*.

Il y a aussi un relais de poste aux chevaux; M. Matar est le maître de poste.

Les communications avec Paris ont lieu par les bateaux à vapeur de Corbeil et de Melun, qui passent à différentes heures, et par les voitures publiques, faisant le service de la commune et partant à toute heure.

CANTON DE LONJUMEAU.

Lonjumeau. — Ablon. — Athis-Mons. — Champlan. — Chilly. — Morangis. — Parey. — Villeneuve-le-Roi. — Wissous.

LONJUMEAU.

Lonjumeau, à quatre lieues et demie sud de Paris; chef-lieu de canton et de justice de paix, arrondissement de Corbeil, département de Seine-et-Oise.

Ses annexes sont Balisis et Gravigny; ses enclaves, Champlan, Chilly, Balainvilliers et Saulx-les-Chartreux.

Ce village est situé entre deux collines, sur les rives de la petite rivière d'Yvette. Il est traversé par la route royale de Paris à Orléans et par la route départementale de Versailles à Corbeil.

Les chemins vicinaux sont en bon état d'entretien.

Le sol est divisé en terres labourables, en prairies naturelles et artificielles et en vignes; il y a peu de bois.

L'Yvette arrose et fertilise toute l'étendue du territoire de cette commune.

La population s'élève à 2,100 habitans, fournissant à la garde nationale 250 hommes divisés en deux compagnies, l'une de grenadiers et l'autre de chasseurs, plus une subdivision de sapeurs-pompiers pour la manœuvre d'une pompe à incendie appartenant à la commune; cette force publique fait partie du bataillon cantonal dont Lonjumeau est le chef-lieu.

Beaucoup de constructions ont été élevées depuis peu dans ce village; mais les nouvelles maisons, comme les anciennes, n'ont rien de remarquable: leur bonne tenue et leur utile distribution en font toute la valeur.

La température est assez saine; les rues, toutes pavées, sont tenues très-proprement. L'éclairage y est complet. Un commissaire de police, secondé par une brigade de gendarmerie, maintient l'ordre public et la sécurité des habitans. La location annuelle pour un ménage varie, suivant la position, de 50 à 100 fr.; le prix des subsistances est semblable à celui de Paris.

Quatre foires ont lieu dans le cours de l'année; elles sont ainsi réparties: la première, dans le courant du mois de mars, est consacrée spécialement au commerce des œufs et ustensiles de ménage; la seconde, dite de la Saint-Jean, au 24 juin, est d'une plus grande importance: on y fait des achats de chevaux, de bestiaux, d'ustensiles divers, un grand nombre de fripiers et tailleurs y étalent des vêtemens neufs et d'occasion; beaucoup de cultivateurs profitent de cette foire, la plus belle de toutes, pour s'habiller à peu de frais; la troisième, dite de Saint-Michel, ainsi que la quatrième, dite de Saint-

Thomas, 21 décembre, ne sont que des diminutifs de celle de Saint-Jean. Tous les dimanches, un petit marché a lieu sur la place de l'église; il n'est destiné qu'au commerce des légumes et des fruits.

La fontaine, située vis-à-vis de l'église, est fort belle; elle est accompagnée d'un abreuvoir. Une seconde fontaine est placée tout-à-fait à l'extrémité du village; toutes deux fournissent avec abondance aux besoins journaliers des habitans.

L'autorité locale, désirant l'extinction de la mendicité et le soulagement de la classe malheureuse, a fixé des jours particuliers pour ses distributions de secours à domicile. Elle a un médecin et une garde-malade, à ses frais pour donner leurs soins aux malades indigens du village.

L'église est spacieuse; sa distribution est bien ordonnée. Son maître-autel est décoré de quatre belles colonnes d'ordre corinthien très-élégamment sculptées; on y remarque aussi une jolie tribune exécutée avec soin. Le portail de cet édifice offre, dans son ensemble, quelque chose d'original qui n'exclut pas la noblesse et le goût du travail. Cette église est située sur une légère éminence qui lui procure un fort agréable aspect. Le presbytère, d'une construction récente, est situé tout près de l'église; il est accompagné d'un petit jardin bien planté.

Le cimetière est encore dans l'intérieur du village; mais un terrain, situé à l'extérieur, de la contenance d'un arpent et demi, est disposé pour le remplacer.

Deux écoles primaires reçoivent l'une les garçons, l'autre les filles. Le bâtiment où se tient cette dernière est loué aux frais du bureau de bienfaisance. Ces deux écoles sont fréquentées par deux cent cinquante enfans.

La mairie est vaste, belle et solidement construite; elle renferme une vaste salle de réunion où se donnent quelquefois des bals au profit des indigens de la commune, une justice de paix, une prison temporaire, le logement de la gendarmerie, et enfin un endroit où l'on remise la pompe à incendie.

Un propriétaire de ce village a fait construire un joli petit théâtre qui peut contenir environ quatre cents personnes; la troupe ambulante de M. Génard y vient donner quelques représentations de drames et de vaudevilles.

L'agriculture fait des progrès; on récolte des fourrages, du vin, des légumes, des fruits. Les produits sont principalement exportés à Paris. L'étendue du territoire est de 1,200 arpens; le prix de l'arpent, terme moyen, est de 1,500 f.

L'industrie de Longjumeau consiste en plusieurs tanneries et quelques mégisseries; on y compte encore un grand nombre de détaillans divers.

Le commerce principal de cette commune est celui des chandelles; elles sont en grande réputation; aussi s'en fait-il chaque année de grandes exportations pour tous les pays.

La fête patronale est la Translation de saint Martin, 4 juillet; on la célèbre le dimanche et le lundi suivans, ainsi que le dimanche d'octave. On s'y rend avec empressement des communes environnantes et de Paris.

Les habitans font des vœux pour l'établissement de plusieurs institutions privées. Ces vœux sont d'un intérêt trop général pour ne pas être bientôt compris et exaucés.

Ils demandent également que les boues

soient enlevées journellement, comme à Paris, dans toute l'étendue du village.

Maire, M. Letourneur. — Adjoint, M. Érouard. — Secrétaire, M. Dubac. — Juge de paix, M. Bénard. — Juge suppléant, M. Marcagnet. — Greffier, M. Larrieux. — Notaire, M. Robert. — Huissiers : MM. Vétellard et Lanfroy. — Chef de bataillon, M. Louis. — Capitaines de grenadiers, M. Robine; de chasseurs, M. Bonneau. — Curé, M. Muret. — Percepteur des contributions directes, M. Villeneuve; les jours de recette sont les mercredis et les dimanches. — Receveur de l'enregistrement, M. Brisset. — Médecins : MM. Rossy et Guinet. — Vétérinaire, M. Rousseau fils.

Il y a un bureau de la poste aux lettres; tenu par M. Boulaguet.

Il faut adresser directement : *A Lonjumeau.*

Il y a aussi un relais de la poste aux chevaux : M. Dubourg est le maître de poste.

Les communications avec la capitale s'effectuent au moyen de deux voitures publiques et de quatre cabriolets spécialement établis à cet effet.

ABLON.

Ablon, à quatre lieues sud-est de Paris, sur la rive gauche de la Seine, presque en face de Villeneuve-Saint-Georges; canton et justice de paix de Lonjumeau, arrondissement de Corbeil, département de Seine-et-Oise.

Ablon a pour enclaves : Villeneuve-le-Roi, la Seine, Athis-Mons et Parey.

Sa population n'est que de 300 ames; cependant elle donne à la garde nationale une compagnie de 60 hommes, faisant partie du bataillon d'Athis-Mons.

Rien n'est plus riant que l'aspect de ce petit village dans la belle saison. Les points de vue qu'il présente de tous côtés sont variés par les plaines de la rive gauche, les coteaux de la rive droite et le cours de la Seine, au bord de laquelle il est situé. Les promenades les plus agréables forment ses environs, telles que la vallée de l'Hyères, la forêt de Senart, la belle vallée du fleuve jusqu'à Corbeil, etc. Vingt-six maisons bourgeoises embellissent son intérieur. Ses rues sont ou pavées ou ferrées, entretenues avec le plus grand soin et d'une propreté extrême. Le devant des maisons est en grande partie orné de petits jardins couverts de fleurs. M. Chollet, un des notables propriétaires d'Ablon, l'a récemment doté d'un corps-de-garde et d'une belle place publique, dont il a gratuitement concédé le terrain situé devant l'église. Elle est entourée de bornes, liées par des chaînes. La juste reconnaissance des habitans désigne cette place sous le nom du généreux donataire, qui en a fait tous les frais. Il n'y a pas de fontaine. Les habitans vont puiser à la Seine l'eau dont ils ont besoin.

Parmi les maisons bourgeoises, on distingue celle qui appartient à M. Geuffron, ancien avoué, maire actuel d'Ablon. Elle est bâtie à l'italienne, et remarquable par sa construction élégante, ses jardins, ses eaux et sa terrasse, qui se déploie sur la rive de la Seine, avec la plus belle vue dont on puisse jouir.

A l'extrémité opposée du village, en descendant le fleuve, les regards s'arrêtent encore sur la maison de M. le Grand, ancien maire de la commune. La propriété de M. Chollet est digne aussi de fixer l'attention.

L'église, dont l'architecture est fort simple, a servi jadis au culte protestant, avant que le temple de Charenton-Saint-Maurice eût été bâti. Convertie en chapelle catholique, elle fut unie au prieuré-cure d'Athis en 1683. Depuis cette époque, elle est desservie par le curé d'Athis-Mons ; mais elle doit être incessamment érigée en cure, la commune d'Ablon ayant pris toutes les mesures nécessaires à cet effet.

Le cimetière est encore dans l'intérieur du village. Les dispositions sont faites pour le remplacer par un nouveau, situé à l'extérieur.

La gendarmerie de Ris est chargée du maintien de l'ordre et de la sécurité publics dans la commune.

Les subsistances et les loyers d'habitation ne sont pas chers.

Une seule école publique reçoit habituellement trente enfans des deux sexes ; une autre école est ouverte et réservée aux adultes.

L'agriculture est stationnaire. L'ancienne routine est encore suivie. Le territoire, coupé de nombreux chemins bien entretenus, est fertile et couvert de moissons, de vignes et de prairies naturelles. Il a 300 arpens d'étendue. Le prix de l'arpent varie de 1,500 à 3,000 fr., suivant sa qualité et la culture à laquelle il est propre. On compte dans la commune trois fermes considérables.

Outre son commerce agricole, Ablon a plusieurs entrepôts de vins, que favorisent les vastes et belles caves que l'on voit en grand nombre dans ce village. M. Chollet possède un très-bel établissement de ce genre. Une bonne réputation lui est acquise depuis long-temps.

C'est aussi dans Ablon qu'est située la fabrique de *vermillon français*, établie, il y a plusieurs années, par feu M. Desmoulin, et appartenant aujourd'hui à son successeur, M. Lemaire.

Le hallage des bateaux sur la Seine occupe beaucoup de personnes et emploie beaucoup de chevaux de la commune. Les *mariniers* pratiquent encore à Ablon un vieil usage, qui est à la navigation de la Seine ce qu'est à la navigation de l'Océan *le baptême de la ligne*. Dans le village est une antique maison, propriété actuelle de M. Bourdeau. Cette maison a conservé une tourelle, sur laquelle s'élevait jadis une statue en plomb, représentant un guerrier de six pieds de hauteur, et vulgairement appelé *le Petit-Bonhomme d'Ablon*. En passant devant cette statue, les mariniers ne manquaient pas de la saluer par de nombreuses acclamations. Elle n'existe plus ; mais la cérémonie burlesque, dont la coutume lui réservait l'hommage, et à laquelle elle semblait présider, a continué d'avoir lieu devant la tourelle. Lorsqu'un apprenti marinier descend ou remonte la Seine pour la première fois, on s'arrête, on l'affuble grotesquement avec les agrès du bateau, on le couronne de mousse, et, dans cet état, on lui verse sur la tête de l'eau du fleuve. Par cette joyeuse initiation, il acquiert les droits du métier et celui de la faire subir aux autres novices.

Un bac sur la Seine est le seul moyen de communication entre Ablon et Villeneuve-Saint-Georges, c'est-à-dire entre les deux rives du fleuve. Mais un projet important est soumis, depuis quelque temps, à l'autorité supérieure, et tout en fait espérer l'exécution. Il s'agit de la construction d'un pont en pierre sur la Seine, à Ablon, avec deux routes d'embranchement sur les routes royales de

Paris à Fontainebleau et de Paris à Melun. Il suffirait, pour ce dernier point : 1° de convertir en route un chemin, de 8 mètres de largeur, qui part du bac d'Ablon, sur la rive droite, et va aboutir à la route de Melun, au bas de Montgeron, à l'angle du cimetière de cette commune. Ce trajet n'est que de 1,415 mètres. 2° De paver 2,575 mètres de longueur d'une route de plus de 12 mètres de largeur, qui va de Villeneuve-le-Roi à la vieille poste sur la route de Fontainebleau. La dépense de ces travaux est évaluée à environ 667,000 fr. Les produits du péage sur le pont indemniseraient aisément de cette dépense. Quant à l'utilité publique, elle est évidente, et d'autant plus incontestable, qu'elle n'exige aucune cession de terrains de la part des riverains. Par l'exécution de ce projet, les routes royales de Provins, de Melun, de Fontainebleau et de Versailles, ainsi que les routes départementales de Corbeil et d'Orly, seraient liées entre elles. Toutes y gagneraient de grandes facilités de communications, et quelques-unes un raccourcissement considérable des distances à parcourir. On croit que l'ordonnance royale qui doit autoriser cette belle entreprise sera prochainement rendue, et l'adjudication des travaux suivra immédiatement.

La fête patronale d'Ablon est celle de l'Assomption de la Vierge. On la célèbre, le même jour et le lendemain, sur la place devant l'église. Elle est très-fréquentée.

Maire, M. Geuffron. — Adjoint, M. Simon. — Capitaine de la garde nationale, M. Crécy. — Entrepositaire de vins, M. Chollet. — Fabricant de *vermillon français*, M. Lemaire (dont le dépôt est à Paris, rue Saint-Martin, n°   ). — Percepteur des contributions directes, M. Girard ; jours de recette tous les dimanches.

Il faut adresser les lettres : *A Ablon, banlieue de Paris*.

Les communications avec Paris sont également faciles, par eau, à l'aide des bateaux à vapeur de Corbeil et de Melun, qui passent à différentes heures ; par terre, au moyen des voitures de Villeneuve-Saint-Georges et de Villeneuve-le-Roi.

ATHIS-MONS.

Athis-Mons, à trois lieues et demie sud de Paris ; canton et justice de paix de Lonjumeau, arrondissement de Corbeil, département de Seine-et-Oise.

Annexe : le petit Mons ; enclaves : Parey, Ablon, Juvisy, Morangis et la Seine.

Athis est situé sur une hauteur qui domine la rive gauche de la Seine. La petite rivière d'Orge serpente au pied de la commune, non loin de laquelle elle se jette dans le fleuve. La position du village est des plus pittoresques et les sites qui l'environnent des plus variés que l'on puisse rencontrer ; le chemin communal qui le traverse et les chemins vicinaux de la commune sont en bon état.

Athis compte une population de 724 habitans, fournissant à la garde nationale une compagnie de chasseurs, composée de 145 hommes. La commune est le chef-lieu du bataillon.

La propriété de M. Roussel est aussi remarquable par l'élégance des constructions que par l'étendue et la beauté de ses dépendances. L'habitation de M. de Lafosse est aussi l'un des ornemens du pays. Plusieurs jolies maisons bourgeoises encadrent agréablement celles dont on vient de parler.

Mons, petit endroit qui a été réuni à Athis, n'offre rien de remarquable qu'une maison en forme de pavillon, où se sont retirés deux vieillards recommandables, M. et Mme Malo. Les portraits historiques et les tableaux curieusement allégoriques qu'on y trouve engagent les amateurs instruits à visiter ce séjour.

La température d'Athis est vive et saine à la fois; toutes les rues, bien ferrées, sont entretenues avec soin ; la sécurité publique y est maintenue par la brigade de gendarmerie de Ris. Les loyers d'habitation pour un ménage varient de 80 à 100 francs. Le prix des subsistances y est modéré. Près de la place publique se trouve une fontaine qui fournit avec abondance aux besoins des habitans. Les environs offrent de charmantes promenades, on peut citer comme une des plus attrayantes celle des bords de la Seine.

On fait remonter la construction de l'église au commencement du treizième siècle; la flèche du clocher, toute en pierre de taille, est d'une grande hardiesse; l'ancienneté et les ravages y avaient laissé de profondes marques de dévastation. Un écroulement menaçait d'un moment à l'autre; M. le sous-préfet de Corbeil a chargé un architecte de remédier à cet état de délabrement, et cette flèche sera conservée à l'admiration des curieux. L'église offre un contraste assez frappant : le maître-autel est d'un style moyen âge et le portique d'un style moderne. Ce mélange, la régularité et la distribution parfaite de son intérieur, et la flèche qui, s'élevant au-dessus de la cime des arbres, se trouve comme un jalon planté entre les routes de Melun et de Fontainebleau, font de cette église un monument digne de l'attention des voyageurs. N'ayant pas encore de presbytère, la commune loge à ses frais son curé. Elle possède un vaste cimetière situé à l'extérieur, et enclos d'un mur parfaitement entretenu.

La commune n'a qu'une école publique ; elle reçoit environ 60 enfans des deux sexes; mais il est fortement question d'établir une mairie, à laquelle on joindra une seconde école et un corps-de-garde.

Les progrès de l'agriculture sont assez satisfaisans; on récolte des céréales, de très-bons légumes et des fourrages. Les vignes d'Athis et de Mons produisent des vins légers et agréables, préférables à ceux des endroits environnans. L'étendue du territoire est de 1,600 arpens ; le prix de l'arpent de terre est de 700 à 1,000 francs.

Un télégraphe est établi sur le territoire de la commune.

Au bas d'Athis, sur la rivière d'Orge, se trouve placée, sous les eaux d'un moulin à farine, la scierie créée par feu M. Burm ; cette usine appartient maintenant à M. Baudry; elle occupe journellement 20 ouvriers. La qualité de ses fers, l'excellence de ses aciers la font avantageusement connaître.

La fête patronale est celle de saint Denis, 9 octobre; on la célèbre le dimanche suivant.

Maire, M. Pony. — Adjoint, M. Roux. — Curé, M. Boné. — Capitaine de la garde nationale, M. Fournier. — Percepteur des contributions, M. Giroux; ses jours de recette sont le 1er dimanche de chaque mois.

Il y a une boîte aux lettres. Il faut adresser : *A Athis-Mons, par Fromenteau.*

Les communications avec Paris ne s'établissent qu'au moyen des voitures de Villeneuve-le-Roi, à une demi-lieue d'Athis, ou par le bateau à vapeur pris à Ablon.

CHAMPLAN.

Champlan, à quatre lieues sud de Paris, à droite de la route d'Orléans; canton et justice de paix de Lonjumeau, arrondissement de Corbeil, département de Seine-et-Oise.

Ce village n'a qu'une annexe: le moulin de la Breteche; il est enclavé par Massy, Chilly, Lonjumeau et Palaiseau.

La petite rivière d'*Yvette* parcourt le territoire au midi. La route départementale de Versailles à Lonjumeau traverse le village. Les chemins vicinaux de la commune sont très-bien entretenus.

La population est de 553 habitans; elle donne à la garde nationale une compagnie de chasseurs, composée de 100 hommes, faisant partie du bataillon cantonal de Lonjumeau.

Champlan s'est beaucoup embelli depuis quelques années. Les maisons nouvellement construites attestent le progrès du goût et l'amélioration des usages domestiques. Le château, dont le parc est d'une grande étendue, appartient à M. Baradère.

L'air du village est salubre; les rues sont en partie pavées, en partie ferrées; leur propreté est maintenue avec soin.

La gendarmerie de Lonjumeau fait le service d'ordre dans la commune.

La place publique est pourvue de trois bornes-fontaines, qui satisfont abondamment aux besoins des habitans.

L'église est spacieuse; son style gothique date du milieu du quinzième siècle; son intérieur est d'une belle simplicité. Le maître-autel, de construction moderne, ne manque pas de goût. Il n'y a point de presbytère, le curé reçoit une indemnité de logement. Le cimetière est encore contigu à l'église; il ne tardera pas à être transféré à l'extérieur du village.

Champlan a deux écoles primaires, une pour chaque sexe; elles reçoivent habituellement 60 enfans.

La commune se propose de faire bâtir incessamment une mairie et un presbytère.

Le territoire de Champlan se compose de terres sablonneuses, de terres fortes et de terres franches, livrées à la grande culture. Ennemis des innovations, par insouciance ou par routine, les habitants ont fait peu de progrès en agriculture. Il y a dans cette commune plusieurs fermes, petites, il est vrai, mais de bon rapport. L'étendue du territoire est de 1,000 arpens; il produit des céréales, des fruits et peu de vin. L'arpent de terre se vend de 1,800 à 2,000 francs.

Le commerce est entièrement agricole et son débouché principal est Paris. L'industrie ne compte encore aucun établissement dans cette commune, dont la position et les avantages semblent néanmoins l'appeler et lui assurer des succès.

Champlan offre le rare et touchant spectacle de toute une population unie comme une seule famille, ayant les mêmes travaux, les mêmes habitudes et les mêmes plaisirs, pris en commun avec une cordialité, un abandon et une harmonie qui font le plus grand éloge des habitants. La mendicité n'est pas connue; un seul homme implorait la commisération; la commune s'est empressée de le secourir; elle lui a donné un logement et l'occupe à l'entretien des chemins, au nettoiement des fossés, travail qui lui procure une existence certaine et dont il n'a pas du moins à rougir.

La fête patronale est celle de saint Germain, 31 juillet ; on la célèbre le dimanche suivant.

Maire, M. Meunier. — Adjoint, M. B. Meunier. — Curé, M. Lemercier. — Capitaine de la garde nationale, M. C. Meunier. — Percepteur des contributions, M. Brunet ; son jour de recette est, le 1er mardi de chaque mois.

Il y a une boîte aux lettres. Il faut adresser : *A Champlan, par Lonjumeau.*

Pour communiquer avec la capitale, on est obligé d'attendre quelque voiture de passage, ou d'aller à Lonjumeau, afin d'y prendre les voitures publiques spécialement affectées au service de cette commune.

CHILLY.

Chilly, à quatre lieues sud de Paris, à gauche de la route d'Orléans ; canton et justice de paix de Lonjumeau, arrondissement de Corbeil, département de Seine-et-Oise.

Ce village est enclavé par Wissous, Parey, Morangis et la route d'Orléans.

La route départementale n° 20, de Lonjumeau à Corbeil, traverse une partie du territoire. Un beau chemin, établi, pavé et bien entretenu aux frais de la commune, aboutit à la route départementale n° 35, qui parcourt une autre partie du territoire. Les chemins vicinaux sont en bon état d'entretien.

Chilly, par son heureuse position dans une belle plaine, offre le plus agréable aspect.

Sa population n'est que de 350 habitans ; elle fournit à la garde nationale une division de 50 hommes, du bataillon cantonal de Lonjumeau. Le service de la sécurité publique est fait par la gendarmerie de cette dernière commune.

Chilly conserve quelques restes de sa splendeur aux temps du maréchal d'Effiat, du cardinal Mazarin et des héritiers de celui-ci. Au milieu de ses maisons, moitié pierre et moitié brique, qui portent un cachet historique, s'élève le château bâti par l'architecte *Metezeaux*, pour le maréchal sur-intendant des finances. Ce palais, qui offre des beautés d'architecture de premier ordre, devint la propriété du cardinal, premier ministre de Louis XIV ; et après lui, de la duchesse de Mazarin, une de ses nièces. Le village s'appela long-temps Chilly-Mazarin. Le château appartient aujourd'hui à M. le baron de Nougaret.

Le poète *Chapelle* avait fait bâtir à Chilly une maison dans laquelle il se retira en 1680.

L'air de ce village est vif et sain. Les rues sont bien alignées, bien pavées et proprement entretenues. La place publique est jolie et plantée d'arbres. Trois puits publics, dont l'eau est assez bonne, suffisent à peine aux besoins des habitans, et le lavoir commun est souvent à sec ; car la commune manque de sources et de tout autre moyen de se procurer de l'eau avec abondance. Les environs du village sont rians et présentent d'agréables promenades.

Le prix des locations annuelles varie de 50 à 80 francs ; celui des subsistances est modéré.

L'église, dont la construction est fort ancienne, a un bel aspect extérieur. Elle contient plusieurs objets remarquables ; entre autres des tombeaux en marbre, parmi lesquels on distingue celui de M. de Beaulieu, qui y est représenté agenouillé et en prières; cette figure est sculptée avec talent. Le maître-autel, en marbre blanc, est d'une élégante exécution. Le clocher était autrefois très-élevé; soit importunité du bruit des cloches, soit caprice, Mme la duchesse de Mazarin le fit abattre. Le presbytère, nouvellement construit, est simple, mais commode. Le cimetière a été établi hors du village, et enclos d'un mur bien entretenu.

L'école primaire est commune aux garçons et aux filles; les deux classes ne sont séparées que par une balustrade; 40 enfans la fréquentent habituellement.

L'agriculture est en progrès. Les habitans actifs et industrieux ne négligent rien pour fertiliser leurs terres. Le sol est en général composé de terres franches; il produit des céréales et des fourrages de bonne qualité. Son étendue est de 1,500 arpens, dont le prix moyen s'élève à 2,000 francs.

L'industrie est encore nulle et le commerce se borne à la vente des produits agricoles.

La fête patronale est celle de saint Étienne, 4 août; on la célèbre le dimanche suivant.

Maire, M. Roinville. — Adjoint, M. . — Curé, M. Portier. — Capitaine de la garde nationale, M. Frontentin. — Percepteur des contributions, M. Villeneuve; son jour de recette est le 1er jeudi de chaque mois.

Il y a une boîte aux lettres. Il faut adresser : *A Chilly, par Lonjumeau.*

On communique avec Paris au moyen d'une voiture publique spécialement affectée au service de la commune. Elle fait, chaque jour, un voyage et le retour à heures fixes.

MORANGIS.

Morangis, à quatre lieues sud de Paris; canton et justice de paix de Lonjumeau, arrondissement de Corbeil, département de Seine-et-Oise.

Ses enclaves sont : Parey, Athis, Juvisy et Chilly.

Situé à l'extrémité de la plaine de Villejuif, ce village unit agréablement la variété de ses sites avec celle des paysages environnans. Son territoire est traversé par la route départementale n° 35, de Lonjumeau à Corbeil. Ses chemins vicinaux sont en bon état.

Peuplé de 232 habitans, il fournit à la garde nationale une subdivision de 30 hommes, qui, réunie à celle de Chilly, forme une compagnie du bataillon dont Lonjumeau est le chef-lieu.

Depuis un certain nombre d'années, Morangis a reçu peu d'agrandissemens et d'embellissemens. Il ne compte que trois ou quatre maisons bourgeoises. Le château de Mme Riellet, assez élégamment construit, était dernièrement mis en vente ainsi que ses vastes dépendances.

L'air de cette commune est sain; ses rues sont pavées et bien entretenues; le bon ordre est assuré par la brigade de gendarmerie de Lonjumeau. Le prix des locations annuelles varie de 50 à 80 francs; celui des vivres est fort peu élevé.

L'église est d'un style gothique; son portail seul indique une architecture plus récente; ses ornemens intérieurs sont distribués avec goût, et son ensemble est d'un bon effet. Le presbytère, comme l'église, est d'une construction ancienne, mais solide. Le cimetière est encore situé à l'intérieur du village, ce qui occasione de la part des habitans de pressantes réclamations, attendu que les miasmes putrides qui s'échappent de cet endroit nuisent à la salubrité de l'air et à la santé des personnes, dont les habitations en sont peu distantes.

L'école publique est commune aux deux sexes; elle est ordinairement fréquentée par une quarantaine d'élèves.

Les progrès de l'agriculture sont considérables; les terres subissent des morcellemens continuels, qui, tout en servant les intérêts particuliers, procurent à la masse des cultivateurs d'immenses ressources. L'étendue du territoire est de 1,300 arpens, dont le prix moyen s'élève à 2,000 francs. Le commerce de Morangis, purement agricole, a son débouché principal à Paris.

La fête patronale est celle de saint Michel, 29 septembre; on la célèbre le dimanche suivant.

Maire, M. Dolimier. — Adjoint, M......... — Curé, M. Postel. — Lieutenant de la garde nationale, M. Caramiga. — Percepteur des contributions, M. Rameau; son jour de recette est le 1er dimanche de chaque mois.

La commune a une boîte aux lettres. Il faut adresser : *A Morangis, par Lonjumeau.*

Les communications avec Paris s'établissent au moyen des voitures publiques de Chilly.

PAREY.

Parey, à trois lieues et demie sud de Paris; canton et justice de paix de Lonjumeau, arrondissement de Corbeil, département de Seine-et-Oise.

Annexes : la Vieille-Poste et la ferme Contin; enclaves : Wissous, Villeneuve-le-Roi, Athis-Mons et Morangis.

Situé dans une vaste plaine, à droite de la route royale de Fontainebleau, Parey se dessine agréablement dans une fort belle perspective.

78 habitans composent sa population, qui fournit à la garde nationale une subdivision composée de 19 hommes, se réunissant à la compagnie de Wissous; Athis-Mons est le chef-lieu du bataillon cantonal.

Les maisons bourgeoises élevées jusqu'à ce jour sont toutes d'une construction simple et bien ordonnée; celle de M. Gonzale se fait remarquer par son élégance.

La température de ce village est saine, toutes ses rues sont pavées et propres. La sécurité publique y est assurée par la brigade de gendarmerie de Lonjumeau.

On se procure des subsistances à très-bon marché.

Un puits dont l'eau est potable fournit aux besoins des habitans et à l'assainissement du village.

La plaine environnante et un petit quinconce forment une promenade assez jolie.

Deux graves inconvéniens sont à signaler; le temps et les soins de l'autorité y apporteront remède. Privés d'école et d'église, les habitans, pour implorer les secours de la religion et les lumières d'une instruction primaire, sont obligés d'aller au village voisin, à Morangis, qui est situé à une demi-lieue de Parey; ce trajet n'est possible pour les enfans que dans la belle saison; de sorte qu'ils oublient pendant l'hiver ce qu'ils ont appris pendant l'été. Cette remarque est d'autant plus affligeante, que les habitans, presque tous fermiers ou propriétaires, pourraient, sans s'imposer de grandes privations, au moyen d'une louable coopération, fonder une petite école et donner au moins à leurs enfans une première instruction. Cette œuvre, qui renferme en elle tant d'avantages, n'aura pas besoin, on ose l'espérer, d'un second appel pour recevoir son exécution.

L'agriculture de Parey prend de jour en jour de larges développemens : de grandes plantations de betteraves ont été faites, et réalisent les espérances des cultivateurs. Ces produits vont alimenter plusieurs fabriques considérables de sucre indigène ; les céréales et les terres de petite culture y sont aussi exploitées avec succès.

Le territoire comprend une étendue de 1,400 arpens, dont le prix est, terme moyen, de 1,500 fr.

Le commerce, quoique seulement agricole, suffit au bien-être des habitans.

La fête patronale est celle de saint Vincent, 19 juillet ; on la célèbre le dimanche suivant.

Maire, M. Godefroy. — Adjoint, M. Leroy. — Lieutenant de la garde nationale, M. Godefroy aîné. — Percepteur des contributions, M. Rameau ; son jour de recette est le 1er mardi de chaque mois.

Il y a dans le village une boîte aux lettres. Il faut adresser : *A Parey, par Antony*.

Les communications avec Paris ne s'établissent qu'au moyen de diverses voitures de passage.

VILLENEUVE-LE-ROI.

Villeneuve-le-Roi, à trois lieues et demie sud-est de Paris, sur la rive gauche et sur une hauteur qui domine au loin le cours de la Seine ; canton et justice de paix de Lonjumeau, arrondissement de Corbeil, département de Seine-et-Oise.

Enclaves : Orly, Parey, Athis-Mons.

La population de cette commune est de 440 ames ; elle forme une compagnie de chasseurs de la garde nationale, composée de 65 hommes, et appartenant au bataillon d'Athis-Mons.

La commune est traversée par deux routes, qui conduisent de Villeneuve-le-Roi à Orly et à Ablon ; une troisième route mène de Villeneuve-le-Roi à la Vieille-Poste, sur la route de Fontainebleau. Cette troisième route n'est pas fréquentée, et semble tomber en désuétude ; mais elle est destinée à devenir importante et recherchée lorsque le pont projeté à Ablon sera exécuté.

Les chemins communaux et vicinaux ont besoin de grandes réparations ; c'est un mal commun aux environs mêmes de Paris. La nouvelle loi sur cette matière le fera sans doute cesser.

La situation de Villeneuve, sur une colline assez élevée, lui procure une vue étendue sur les deux rives de la Seine, si belles et si riches de Paris à Corbeil.

La construction des habitations a fait des progrès dans ce village. On y compte neuf maisons de campagne fort jolies. L'ancien et magnifique château n'existe plus ; il n'en reste qu'un pavillon ; mais le parc a été respecté. M. Alexandre Delessert habitait naguère cette propriété. Quelque temps avant sa mort, qui a causé tant de regrets à tous ceux qui connaissaient sa bienfaisance, il vendit ce domaine à M. Michel Férou, possesseur actuel.

L'air est salubre, mais un peu vif

toutes les rues ont été pavées par les soins de M. Hutin, aujourd'hui maire de la commune, aidé du concours des habitans. Honorable exemple, que devraient s'empresser de suivre toutes les communes qui ne jouissent pas de cet avantage. Villeneuve-le-Roi possède une fontaine publique, avec distribution d'eau dans les maisons, et un beau lavoir qui peut contenir trente personnes, et qui a été couvert aux frais de M. Hutin.

Les subsistances sont à un prix modéré, et les loyers d'habitation vont de 50 à 100 fr. par année.

La commune a quelques pauvres qui sont secourus à domicile. Un médecin de Choisy-le-Roi est attaché au service des malades indigens, auxquels la généreuse bonté de M. Alexandre Delessert a assuré cette précieuse ressource par une fondation à perpétuité.

L'église, rebâtie vers la fin du dix-septième siècle, est fort belle; le maître-autel offre une rareté singulière; il est tout en bois de chêne, sculpté avec art et entretenu avec beaucoup de soin. Le curé est logé aux frais de la commune, faute de presbytère.

Le cimetière a été transféré hors du village et clos de murs. Le terrain est une concession gratuite du digne maire, qui depuis vingt ans administre et améliore la commune.

Villeneuve-le-Roi compte deux écoles publiques pour les enfans, l'une de garçons, l'autre de filles : quarante-deux élèves les fréquentent assidument. Deux autres écoles sont ouvertes aux adultes : les sexes y sont également séparés. Les écoles sont bien tenues, et l'enseignement bien dirigé.

L'agriculture fait de grands progrès dans la commune, qui contient quatre grandes fermes. M. Alexandre Godefroy, propriétaire de l'une de ces fermes, s'est acquis, à juste titre, une belle réputation d'habileté dans la culture des terres : il a obtenu le grand prix pour celle du blé de Turquie.

Le territoire de la commune produit beaucoup de céréales et de betteraves; on y voit aussi des prairies artificielles et un peu de vignes. Son étendue est de 1,800 arpens; l'arpent vaut de 1,000 à 1,200 fr.

L'industrie ne compte aucun établissement remarquable, et le commerce, tout agricole, a pour débouchés Paris et ses environs.

La fête patronale est celle de saint Pierre, 29 juin; on la célèbre le dimanche suivant.

Maire, M. Hutin ✻. — Adjoint, M. Marient. — Curé, M. Batane. — Capitaine de la garde nationale, M. Godefroy. — Percepteur des contributions directes, M. Giraud; jour de recette, le dernier de chaque mois. — Médecin du service de bienfaisance, M. Carrère. — Artiste vétérinaire, M. Legendre.

Il faut adresser les lettres : *A Villeneuve-le-Roi, banlieue de Paris.*

Pour communiquer personnellement avec Paris, on est obligé d'aller prendre à Choisy-le-Roi les voitures qui font un service régulier entre cette dernière commune et la capitale.

WISSOUS.

Wissous, à trois lieues et demie de Paris, situé dans une belle plaine, entre les routes royales de Fontainebleau et d'Orléans; canton et justice de paix de Lonjumeau, arrondissement de Corbeil, département de Seine-et-Oise.

Le hameau de Monjean est une annexe de cette commune, qui a pour enclaves : Fresnes-lez-Rungis, Rungis, Parey, Morangis et Massy.

La population s'élève à 900 habitans ; elle fournit au bataillon cantonal une compagnie de chasseurs, composée de 120 hommes, en grande partie habillés.

A Wissous, on respire un bon air; toutes les rues sont ferrées et bien entretenues; cependant quelques-unes ont besoin de réparations; les subsistances sont à bon compte et on se les procure facilement. Le prix des loyers pour un cultivateur dépend de la quantité du terrain qu'il cultive ; pour 15 à 20 hectares, il ne peut être logé à moins de 3 à 350 francs.

La gendarmerie de Lonjumeau fait le service de la commune, au milieu de laquelle est une petite place avec une belle fontaine, qui est alimentée par une source d'eau vive et abondante.

Les seules habitations qui soient dignes de remarque sont le château de Monjean, qui appartient à M. Darblay; et une jolie maison bourgeoise, avec un beau parc et une belle pièce d'eau, propre au service d'une usine.

Plusieurs chemins vicinaux coupent la commune ; ils sont généralement mal tenus ; mais elle fait de grands sacrifices et beaucoup d'efforts pour mettre en bon état de chaussée pavée le chemin communal qui va aboutir à la route d'Orléans. L'église, surmontée d'une belle tour, est d'un style gothique ; sa construction date du quatorzième siècle. Le presbytère, situé en face de l'église, appartient à la commune.

Le cimetière est encore dans le village ; sa translation au dehors devrait déjà être opérée.

Deux écoles primaires pour les deux sexes, fréquentées par 100 enfans, ne laissent rien à désirer sur la manière dont elles sont dirigées.

Le territoire a 2,400 arpens d'étendue ; l'arpent, de 32,000 pieds carrés, se vend de 1,000 à 2,000 francs, soit 3,000 à 6,000 l'hectare. La culture est bien entendue ; on récolte des céréales qui sont exportées pour Paris.

La fête patronale est celle de saint Denis, 9 octobre ; elle est célébrée le dimanche suivant.

Maire, M. Piot. — Adjoint, M. Delanoue. — Curé, M. Mournand. — Percepteur des contributions, M. Petit; son jour de recette est le premier de chaque mois.

Il faut adresser les lettres : *A Wissous, par Antony*.

On communique facilement avec Paris, par les voitures de Lonjumeau et d'Antony.

APPENDICE AU DÉPARTEMENT DE LA SEINE.

INSTRUCTION PRIMAIRE DANS LES COMMUNES RURALES.

La loi du 28 juin 1833 oblige le département à venir au secours des communes qui ne peuvent pas subvenir à leurs dépenses d'instruction primaire; aussi des subventions départementales leur ont été allouées : pour procurer des livres d'étude aux élèves indigens ; pour concourir aux distributions de prix ; pour aider à l'entretien des classes d'adultes et des salles d'asile existantes.

Des encouragemens personnels ont été accordés aux instituteurs et institutrices les plus méritans.

Mais l'un des objets les plus importans dont l'administration ait eu à s'occuper était le soin de pourvoir à l'accomplissement de la disposition de l'ordonnance royale du 16 juin 1833, qui veut que les communes prennent les mesures nécessaires pour se procurer, dans l'espace de six années, des maisons d'école qui soient leur propriété; car, pour avoir part aux secours fixés par la loi, il faut, comme première condition et sauf le cas d'impossibilité absolue, que les communes fassent un premier sacrifice, et votent une partie de la dépense pour obtenir le concours du département et celui de l'État.

De grands résultats ont déjà été obtenus.

Le nombre des communes rurales de la Seine est de quatre-vingts.

En 1833, il n'y avait que dix-huit communes en possession de maisons d'école; depuis cette époque, trente-huit en ont été pourvues; de sorte qu'il n'en reste plus que vingt-quatre à pourvoir.

Le nombre des établissemens dans la banlieue est de 267, contenant 12,218 enfans.

Recette des succursales de la caisse d'épargne pendant l'année 1836.

	Francs.
Saint-Denis, à la mairie.	248,741
Neuilly-sur-Seine	221,315
Choisy-le-Roi	114,888
Belleville, pendant le mois de décembre, cette succursale n'ayant ouvert que le 11.	3,441

ANNUAIRE

DE

PARIS ET DE SES ENVIRONS.

TROISIÈME PARTIE.

ARTICLES GÉNÉRAUX.

TRAVAUX PUBLICS.

Les grands travaux publics sont à la fois, par une réaction constante, la cause et l'effet de la civilisation d'un peuple. Sans travaux publics, une nation ne peut sortir de l'ignorance et de la barbarie. Pour être civilisée, il ne suffit pas qu'elle possède un gouvernement éclairé, quelques classes instruites, et même des institutions sages et libérales. Il faut que le goût de l'instruction et l'amour de ces institutions descendent sur la masse entière de la population et la pénètrent de toutes parts. Alors seulement la civilisation est réelle. Or, pour qu'un peuple arrive à ce degré de perfection et qu'il en recueille les avantages moraux et les fruits matériels, deux grandes sortes de travaux publics sont indispensables, *les communications et les monumens*. Les chemins et les canaux lient entre elles toutes les parties du territoire, toutes les populations qui le couvrent, et portent sur tous les points les lumières, l'industrie et le commerce. Les édifices pourvoient à des besoins non moins essentiels au bien-être général. Ils assainissent, ils décorent, ils rendent plus commode et plus doux le séjour de la patrie. Le concours de ces travaux constitue la gloire et la prospérité d'un peuple. Ils exercent la plus heureuse influence sur les sciences, les arts, les mœurs, les intérêts de tous genres de la société, et pour comble d'avantages, leurs dépenses sont des dépenses productives qui, bien loin d'appauvrir, enrichissent au contraire l'État et les particuliers.

Le compte-rendu de l'administration

du département de la Seine, pendant l'année 1836, est une nouvelle preuve des vérités qui viennent d'être sommairement énoncées. En voyant, dans ce tableau véridique, le choix utile, la marche rapide et la belle exécution des travaux publics, on doit espérer que, dans peu d'années, ce département jouira d'immenses améliorations dues à une habilité administrative, à une sollicitude éclairée, dont le juste éloge se partage entre le préfet et les conseils qui l'assistent dans ses hautes fonctions.

ROUTES ROYALES.

En 1836, les travaux ordinaires des routes royales traversant le département de la Seine ont donné lieu, pour la partie de ces routes situées à l'extérieur de la capitale, à une dépense de 323,000 francs. Outre ces dépenses, qui sont à peu près les mêmes chaque année, l'administration a consacré quelques fonds à des ouvrages d'amélioration. Ainsi, l'élargissement des chaussées de plusieurs routes a été continué, différens passages difficiles et même dangereux ont été rectifiés, et l'on peut citer parmi ces derniers ouvrages l'abaissement du sol et l'amélioration des pentes de la route royale n° 20, dans la traverse du village de Bourg-la-Reine, où cette route franchit une côte rapide.

On citera encore les travaux exécutés sur la route n° 34, au territoire de la commune de Nogent-sur-Marne, travaux qui ont amené le remplacement d'une mauvaise chaussée de blocage par une chaussée en partie pavée et en partie établie suivant le système de Mac-Adam.

Enfin, des travaux assez considérables ont été exécutés sur la route royale n° 13 (avenue de Neuilly), pour niveler et régler les abords de l'arc de triomphe de l'Étoile. Les dispositions faites sur ce point satisfont à toutes les exigences du goût et sont en parfaite harmonie avec l'aspect grandiose du monument. La dépense de cette opération s'est élevée à plus de 75,000 francs.

ROUTES DÉPARTEMENTALES.

Outre les sommes considérables dépensées pour l'entretien et les grosses réparations des routes départementales, des crédits spéciaux ont été affectés à des ouvrages extraordinaires entièrement neufs ou d'amélioration.

L'opération du redressement et du pavage de la route départementale n° 65, entre Gentilly et Arcueil, commencée en 1835, a été achevée et complétée, en 1836, par l'élargissement de cette route dans la traverse de Gentilly, où des murs anciennement construits formaient sur la voie publique une saillie de plusieurs mètres et rendaient le passage des voitures difficile et périlleux. La route départementale n° 74, entre Montrouge et Vanves, offrait une lacune dont le pavage, commencé en 1836, sera terminé en 1837; l'achèvement de cette route établira une voie de communication qui manquait et qui était depuis long-temps désirée entre plusieurs communes importantes du centre et des extrémités de l'arrondissement de Sceaux. Il aura aussi pour résultat l'assainissement du Grand-Montrouge, où les eaux ménagères et pluviales restaient stagnantes dans les fossés des routes et chemins qui traversent cette commune. La dépense à faire est estimée en totalité 70,000 francs.

D'autres travaux d'amélioration moins considérables ont été exécutés dans diverses localités; leur dépense totale s'est élevée à 137,500 francs.

Ces travaux consistent principalement:

1° Dans la réfection et l'élargissement du pavage de la route départementale n° 13, à Saint-Ouen.

2° Dans une opération de même nature, sur une partie de la route départementale n° 14, à Clichy.

3° Dans l'élargissement de la route départementale n° 42, à la sortie du pont de Saint-Maur.

4° En divers pavages exécutés sur la route n° 26, à Belleville; sur la route n° 43, à Fontenay-sous-Bois; et sur la route n° 77, à Villemomble, pour supprimer de mauvaises chaussées d'empierrement.

5° Dans la reconstruction d'un pont établi sur la rivière de Bièvre, à Gentilly, et qui dépend de la route départementale n° 65.

6° Enfin, dans la modification des pentes d'une partie de la route départementale n° 75, à la Villette, modification qui assure l'écoulement des eaux de cette route et qui a permis de supprimer un puisard vers lequel ces eaux se rendaient, mais qui était insuffisant pour les absorber.

Le conseil a voté, au budget départemental de 1837, des fonds pour la réparation du pont de Saint-Cloud, sur la route départementale n° 1, et l'élargissement de la route départementale n° 42, à l'entrée du pont de Saint-Maur.

CHEMINS DE CEINTURE DU DÉPARTEMENT.

Suivant le vœu qu'en avait exprimé le conseil général dans sa session de 1835, les ingénieurs des ponts et chaussées ont étudié le plan de plusieurs chemins de ceinture du département, et l'ont produit à l'administration, avec une estimation de la dépense à faire pour l'exécution de ce projet, dépense qui s'élève, par aperçu, à plus de 2,300,000 francs.

Les divers chemins, dont ce plan offre le tracé, forment plusieurs lignes transversales de circulation, qui s'étendent sur tout le territoire du département, et qui se rattachent à toutes les routes de rayon, de manière à établir presque directement la communication des communes, soit entre elles, soit avec les chefs-lieux d'arrondissement, soit enfin avec les départemens voisins.

Aucun projet ne pouvait être conçu plus heureusement pour le département de la Seine, qui possède un grand nombre de routes royales et départementales dirigées du centre vers la circonférence, mais qui manque encore d'une partie des chemins nécessaires pour relier ces routes et former un système complet de voies de circulation dans tous les sens. Le conseil général a reconnu tout ce qu'un tel projet offrait d'avantages pour le service des communes et pour le département, et il a admis les propositions qui lui ont été faites pour en assurer l'exécution.

A cet effet, les chemins de ceinture ont été considérés comme devant être classés parmi les chemins vicinaux de grande communication, dont la dernière loi sur les chemins vicinaux autorise la création; et en vertu de la même loi, une sur-imposition spéciale de trois centimes additionnels aux contributions directes a été votée pour subvenir, en grande partie, aux dépenses de ces importans travaux.

D'un autre côté, des mesures ont été

prises pour appeler les communes intéressées à contribuer aux mêmes dépenses, dans la proportion des ressources dont elles peuvent disposer; et si, comme cela n'est pas douteux, elles unissent leurs efforts à ceux du département, l'exécution des travaux pourra commencer en 1837. La somme qu'on y emploiera, dès cette première année, peut être évaluée à environ 600,000 francs, dont 500,000 proviendront de la surimposition.

Il résulte donc des dispositions faites en 1836, pour l'opération dont il s'agit, que l'administration a préparé, et l'on peut dire, assuré les moyens d'exécuter en cinq ou six ans, pour environ 2,500,000 francs de travaux, et de créer un système de chemins qui formeront plusieurs grandes lignes de circulation, échelonnées depuis la capitale jusqu'à la lisière du département, et qui ouvriront sur tous les points une nouvelle source de prospérité.

Le développement total de ces chemins sera de 51,000 mètres, ou près de 13 lieues.

CHEMINS DE FER.

Après de longues discussions, l'utilité des *chemins de fer* est aujourd'hui généralement appréciée; ils sont jusqu'à présent le seul moyen d'appliquer, avec succès, aux transports par terre la force prodigieuse de la vapeur; application à laquelle nos routes et nos chemins ordinaires opposent des difficultés que l'on n'a pu vaincre encore. L'extrême puissance du moteur, la vitesse étonnante qu'il imprime aux masses énormes dont il opère la translation, sont deux causes de grande économie dans les frais de voyage des personnes et des marchandises. Il est vrai que la navigation à la vapeur est plus facile et moins dispendieuse encore; mais elle ne peut être établie partout, ses avantages sont réservés aux lieux favorisés de cours d'eau assez considérables pour qu'elle puisse les sillonner. Tous les lieux, au contraire, peuvent être parcourus par les *chemins de fer;* les terrains les plus difficiles, les eaux, les vallées, les montagnes, ne leurs présentent point d'obstacles qu'ils ne sachent surmonter.

Sans doute leur exécution exige de nombreux capitaux; mais c'est encore là un de leurs bienfaits; car la mise en circulation de grandes masses d'argent est un avantge immense pour les particuliers comme pour l'État. Voilà pourquoi les grands travaux publics sont toujours bien accueillis par la société et protégés par le gouvernement. La France a d'ailleurs des capitaux pour toutes les bonnes entreprises; la preuve en est dans la multiplicité des demandes formées en autorisation de créer des chemins de fer. Les plus importantes sont:

1° Le chemin de Paris à Rouen et à la mer, partant des terrains du nouveau quartier Poissonnière; ce projet est soumis à l'enquête;

2° Le chemin de Paris à Lille, avec embranchemens sur Boulogne, Calais, Dunkerque et Valenciennes; le point de départ serait sur le boulevart extérieur, entre la barrière de la Villette et celle des Vertus; projet soumis à l'enquête;

3° Chemin de Paris à Strasbourg, avec embranchemens sur Metz et sur la Saône; il partirait du boulevart extérieur près de la barrière de la Gare;

4° Chemin de Paris à Lyon et à Marseille, partant aussi du boulevart extérieur près de la Gare;

5° Chemin de Paris à Orléans, Tours et Bordeaux, départ de l'esplanade du quai d'Orsay; projet soumis à l'enquête;

6° Chemin de Paris à Saint-Germain-en-Laye, autorisé et concédé à *M. Emile Pereire*, par une loi du 9 juillet 1835;

7° Deux chemins de Paris à Versailles, l'un par la rive droite et l'autre par la rive gauche de la Seine, autorisés par une loi du 9 juillet 1836. Seize projets sont présentés pour les deux directions, et soumis à l'enquête.

De tous ces chemins, un seul est en exécution, c'est celui de Paris à Saint-Germain. L'un des points les plus importans, le premier qui devait se présenter à l'examen, était celui du point de départ. La place de la Madelaine et la place de l'Europe se disputaient la préférence. Si le chemin partait de la place de la Madelaine, un vaste pont, construit en forme d'aqueduc, s'élevait et passait au-dessus des maisons du quartier Saint-Lazare. De nombreuses et vives réclamations eurent lieu; les propriétaires des terrains et des maisons firent entendre des plaintes; les travaux pressaient d'ailleurs, il fallait commencer; la place de l'Europe fut choisie pour point de départ. Le nom pompeux de place de l'Europe est donné à un vaste terrain désert, où viennent aboutir les nouvelles rues du quartier de Tivoli. Non loin de là, rue de Tivoli n° 16, la société a établi ses bureaux, sa caisse et l'atelier des dessinateurs. La direction de l'entreprise a été confiée à M. Lebeau.

Du point de départ à la place d'Europe, une vaste galerie souterraine, de 1,100 à 1,200 mètres de longueur, passe sous l'aqueduc du canal de l'Ourcq, sous le mur d'enceinte de Paris, sous une partie des habitations des Batignoles-Monceau, et aboutit, presque en face de l'église, à une tranchée profonde, à partir de laquelle le chemin continue à ciel ouvert. De là, il se dirige sur Asnières, où il passe la Seine sur un pont spécialement affecté à son service, et en laissant le village à peu de distance sur sa droite. D'Asnières, il va passer au nord de Courbevoie et de Nanterre; il franchit une seconde fois la Seine, un peu au-dessous du pont de Chatou, et finit sur la rive droite de la Seine, au pont du Pecq, où doit être établi un port.

Le tracé du chemin exige des remblais nombreux et considérables, et plusieurs ouvrages d'art. Les plus importans, après la galerie souterraine, sont les ponts d'Asnières et de Chatou; les autres consistent surtout en un grand nombre de ponceaux, construits sur les routes et les chemins, dont la circulation doit rester libre. A la fin de 1836, les tranchées et le *tunnel* de la place de l'Europe étaient presque achevés; la maçonnerie était terminée; les terres qui les remplissaient enlevées et transportées dans la plaine pour faire les remblais. Les douaniers avaient établi leurs postes à l'ouverture de la route et à son débouché dans Paris; la plaine des Batignoles était près d'être remblayée; les piles et les culées du pont d'Asnières s'élevaient au-dessus des plus grandes eaux; le pont de Chatou était moins avancé; les ponceaux étaient presque tous construits, de Courbevoie à Chatou; mais de Chatou au Pecq, les travaux, quoique commencés, n'offraient pas la même activité. Quinze cents ouvriers étaient occupés journellement sur la ligne générale des travaux; on estimait que tous les travaux d'art seraient terminés dans le cours de l'année 1837 ; resteraient donc les travaux accessoires, les remblais, la pose des dés et des rails définitifs, la construction des gares, les établissemens d'entrepôts et bureaux. Il est probable que l'année 1838 verra achever ce beau travail, et que les habitans de la capitale, curieux des grandes et nouvelles choses, pourront voyager sur un magnifique chemin de fer, destiné à servir de modèle à tous ceux que l'on construira par la suite.

Outre la grande extension que l'on peut donner à ce chemin de fer, l'administration a reçu, en 1836, un projet de chemin de fer de Paris à Poissy, par embranchement sur le chemin de Paris à Saint-Germain. Ce projet a subi avec avantage l'enquête, et toute les autres formalités de l'instruction préalable que prescrit la loi de 1833, sur l'expropriation pour cause d'utilité publique. On peut donc espérer que la concession en sera prononcée en 1837, et que les travaux pourront être entrepris dans la même campagne.

Les chambres, dans le cours de leur dernière session, ont rendu une loi qui autorise l'établissement de deux chemins de fer entre Paris et Versailles, l'un placé, en partant de la capitale, sur la rive droite de la Seine, et l'autre sur la rive gauche. On a soumis aux conseils municipaux des deux villes intéressées les projets présentés : le conseil municipal de Versailles en a déjà délibéré ; on attend, d'un instant à l'autre, la décision du conseil municipal de Paris; dans un court délai, le gouvernement pourra se prononcer définitivement sur le choix des projets à exécuter. On pense que l'année 1837 verra commencer les travaux de l'un ou même de ces deux chemins de fer de Paris à Versailles.

Quant aux grandes lignes de Paris à la mer par Rouen, le Hâvre et Dieppe, de Paris à Lille, de Paris à Orléans et à Tours, l'instruction de leurs projets est définitivement complète aujourd'hui, et il n'est pas douteux que des lois ne soient présentées aux chambres à ce sujet, dans le cours de la session qui vient de s'ouvrir.

AMÉLIORATIONS DANS LES COMMUNES.

Églises.

Les églises des communes de Fontenay-aux-Roses et de Bourg-la-Reine ont été reconstruites, et il a été pourvu à la restauration des églises de huit autres communes : Belleville, Charonne, Clichy, Passy, Charenton-Saint-Maurice, Chevilly, Maisons-Alfort et Saint-Mandé.

Les secours accordés pour ces travaux, soit par le ministère des cultes, soit sur les produits de l'octroi de banlieue et des amendes de police municipale, se sont élevés à 67,050 francs.

Cimetières.

Les cimetières de Bagnolet et de Champigny, qui étaient situés au centre de ces villages, ont été transférés à l'extérieur. Les cimetières de cinq autres communes, Colombes, Courbevoie, la Cour-Neuve, Montrouge et Passy, ont été agrandis. 20,700 francs ont été prélevés sur les produits de l'octroi de banlieue ou des amendes de police municipale, pour aider les communes qui n'ont pu faire face à cette dépense avec leurs ressources.

Maisons communes.

Seize communes, Clichy, Épinay, la Villette, l'Ile Saint-Denis, Montmartre, Neuilly, Noisy, Pantin, Passy, Antony, Choisy, le Plessis-Piquet, Maisons-Alfort, Orly, Vanves et Vaugirard, ont été pourvues de maisons communes.

Maisons d'école.

Vingt-quatre communes ont été dotées de maisons d'école, au moyen, soit d'acquisitions, soit de constructions qui sont achevées ou en cours d'exécution ; ces communes sont : Aubervilliers, Belleville, Boulogne, Clichy, Colombes, Courbevoie, Epinay, la Villette, l'Ile Saint-Denis, Montmartre, Pantin, Pierrefitte, Puteaux, Antony, Brie-sur-Marne, Chatenay, Choisy, Fontenay-aux-Roses, Grenelle, le Plessis-Piquet, Maisons-Alfort, Orly, Vanves et Vaugirard.

Corps-de-garde.

Il a été pourvu à la construction de corps-de-garde dans dix-neuf communes, savoir : Clichy, Colombes, Dugny, Épinay, la Villette, l'Ile Saint-Denis, Montmartre, Neuilly, Pantin, Passy, Antony, Bonneuil, Brie-sur-Marne, Choisy, le Plessis-Piquet, Maisons-Alfort, Orly, Vanves et Vaugirard.

Outre les sacrifices que les localités se sont imposés pour l'établissement des seize maisons communes, des vingt-quatre maisons d'école et des dix-neuf corps-de-garde, l'administration a fourni sur les produits de l'octroi de la banlieue et de amendes de police correctionnelle une somme de 189,738 francs 40 cent., répartie sur plusieurs exercices.

Marchés.

Deux communes, celles des Batignolles-Monceau et de Nanterre, ont obtenu l'autorisation d'établir sur leur territoire des marchés de comestibles. L'administration instruit en ce moment les demandes de plusieurs autres communes, relatives à la création d'établissemens du même genre.

Pavage. Assainissement.

Des travaux de pavage et d'assainissement ont été entrepris ou sont sur le point de l'être dans trente deux communes, savoir : Aubervilliers, Bagnolet, Batignolles-Monceau, Belleville, Baubigny, Bondy, Charonne, Drancy, Dugny, la Chapelle, Montmartre, Noisy-le-Sec, Passy, Saint-Denis, Stains, Villetaneuse, Arcueil, Bonneuil, Bercy, Chatenay, Chevilly, Choisy, Fontenay-sous-Bois, Gentilly, Grenelle, Ivry, Montreuil, Montrouge, Saint-Mandé, Sceaux, Vanves et Vaugirard. Il a été imputé pour ces travaux, sur l'octroi de banlieue et sur les amendes de police correctionnelle, la somme de 97,875 francs.

Eaux.

Des traités ont été conclus avec des compagnies particulières pour la vente et la distribution des eaux dans l'intérieur de huit communes, savoir : les Batignolles, Belleville, Charonne, Montmartre, Fontenay-sous-Bois, Nogent, Saint-Mandé et Vincennes. Des projets semblables pour plusieurs autres localités sont en ce moment en instruction. Une fontaine publique, pour la création de laquelle il a été accordé sur l'octroi de la banlieue un secours de 12,000 fr., a été établie à Villejuif. Enfin, un puits artésien a été creusé à Saint-Denis.

Formation de places publiques.

Des terrains ont été achetés pour former des places publiques dans trois communes, celle des Batignolles-Monceau, de Belleville et de la Villette.

Chemins communaux.

Il a été pourvu au moyen de prestations à la réparation et à l'entretien des chemins de seize communes : celles de Boulogne, Clichy, Courbevoie, Nanterre, Pierrefitte, Antony, Bagneux, Châtillon, Clamart, Fontenay-aux-Roses, Fontenay-sous-Bois, l'Hay, le Plessis-Piquet, Montreuil, Rosny et Vincennes. Des travaux plus importans encore vont être entrepris sur tous les points du département.

Pompes à incendie.

Des pompes à incendie ont été acquises par les communes de Montmartre et de Romainville.

AQUEDUC D'ARCUEIL.

L'aqueduc d'Arcueil, cette importante dépendance du service des eaux de Paris, était tombé depuis long-temps dans un tel état de dégradation qu'il était menacé d'une ruine complète. Dans les parties souterraines, le caniveau présentait des ruptures considérables et multipliées ; il était engravelé dans toute sa longueur ; les banquettes étaient disjointes, les piédroits et la voûte sillonnés de lézardes profondes, de sorte que d'une part les eaux de l'aqueduc allaient se perdre dans les carrières et les catacombes, où elles formaient de vastes mares, tandis que d'un autre côté les eaux pluviales et les eaux ménagères des terres et des villages riverains s'infiltraient au travers des parois et se mêlaient aux eaux de l'aqueduc. Sur toute cette ligne, et principalement au côteau de Cachan, les fondations étaient profondément excavées, l'aqueduc entier avait tassé sur de grandes longueurs, au point qu'on avait dû étayer la voûte, et que l'écroulement en était imminent. Le pont-aqueduc, à Arcueil, était dans le même état de dégradation ; il était hérissé de plantes parasites et d'arbustes dont les racines avaient pénétré dans les joints des maçonneries ; les quatre éperons latéraux de l'arche principale étaient sur le point de tomber sous l'effort de cette végétation. Des constructions particulières adossées à ce monument, des plantations, des espaliers établis le long des murs, devaient encore être signalés comme une cause perpétuelle de ruine.

Il fallait nécessairement de grands travaux pour remédier à un semblable état de choses.

Ils ont été entrepris par l'administration, poursuivis avec persévérance et activité. On va exposer les résultats obtenus et ceux qui restent à obtenir.

Dans la partie entre Paris et Arcueil, on a refait tous les joints, réparé les banquettes, dégravelé le caniveau sur une longueur de 6,200 mètres, repris les ruptures avec du ciment romain, opéré les relancis de moellons et réparé les lézardes des piédroits et de la voûte ; réparé ou reconstruit tous les regards, ouvert de nouvelles cheminées fermées de dalles neuves scellées avec soin. Dans la rue des Catacombes, où les eaux de

Montrouge s'écoulaient et pénétraient dans l'aqueduc, on a couvert la voûte d'une chappe imperméable, et construit un ruisseau pavé avec du mortier hydraulique. Enfin, sur toute cette ligne, on a complété et rectifié le bornage à la surface du sol, et arraché autant que possible les arbres dont les racines pénétraient dans les constructions.

Sur toute l'étendue du pont-aqueduc, les arbustes et plantes parasites ont été arrachés avec précaution, les joints refaits en mortier hydraulique ; les dalles de la cimaise remplacées en partie et régularisées par un dérasement général, les fondations reprises en sous-œuvre, les deux angles et corniches de l'extrémité amont, les quatre éperons de l'arche principale, les voussoirs de cette arche reconstruits à neuf ; enfin quatre portes ont été ouvertes dans les côtés du pont-aqueduc, deux lignes de rails ont été posées sur la cimaise et des galets ont été ajustés au-dessous d'un grand échafaud mobile, qui servira à l'entretien journalier de cette partie du monument.

Au côteau de Cachan, les excavations sous fondations étaient si profondes, qu'on a dû y établir un massif de maçonnerie de moellons et chaux hydraulique de deux mètres d'épaisseur. Les réparations des joints du caniveau ont été pareillement exécutées ; le regard de Cachan, dit la fontaine Pesée, a été reconstruit à neuf et le bornage extérieur continué jusqu'à l'Hay. Le radier de l'aqueduc de Parcy, au-delà de Rungis, a été dégravelé et convenablement nivelé.

Voici maintenant les travaux qui restent à exécuter :

La réparation du château d'eau de l'Observatoire ; celle du regard du Bon-Pasteur, n° 26 ; celle des regards 22, 10 et 9 ; celle des voûtes de l'aqueduc dans la traversée d'Arcueil et dans une partie du pont-aqueduc ; celle d'une partie du radier et de la couverture du même pont ; celle des banquettes, des voûtes, des pieds-droits de l'aqueduc de Parey, du grand carré de Rungis, du puits et du regard de la Pirouette ; le dégravellement du caniveau de Cachan à Fresnes. Il y a encore des excavations à combler, des lézardes à reprendre, des fondations à visiter et réparer dans les parties comprises entre les regards 11 et 6 ; les pierrées par lesquelles l'eau arrive à l'aqueduc d'Arcueil ont besoin d'être remaniées, et les bâtimens situés à Rungis, appartenant à la ville de Paris, demandent des réparations considérables. Il est en outre nécessaire de s'occuper de la continuation du bornage extérieur de l'aqueduc, arrêté à l'Hay ; de celle du plan cadastral ; du jaugeage, du produit des pierrées et puits, et du nivellement général de l'aqueduc.

La conservation de l'aqueduc d'Arcueil est d'une grande importance pour la capitale ; ses eaux alimentent en effet les quartiers les plus élevés, où ni celles des machines hydrauliques, ni celles de l'Ourcq ne peuvent parvenir, et qui se trouveraient ainsi privées de cette indispensable ressource. Aujourd'hui, grâce aux mesures qui ont été prises par l'administration, non seulement sa conservation est assurée, mais il doit encore recevoir de notables améliorations.

Les travaux les plus importans et les plus urgens sont faits, mais tout n'est pas terminé. Trois années seront encore probablement nécessaires pour remettre l'aqueduc en bon état et lui rendre la totalité des eaux qu'il peut amener dans la capitale.

Le montant de la dépense totale ne peut être exactement déterminé, puisqu'il s'agit en partie de travaux présumés sous des fondations souterraines; mais les ingénieurs du service des eaux croient pouvoir l'évaluer, d'après l'expérience des années précédentes, à 20,000 francs par exercice.

CANAUX.

CANAL DE L'OURCQ.

Les eaux fournies par les sources de Belleville et du Pré-Saint-Gervais, par l'aqueduc d'Arcueil et par les différentes machines hydrauliques construites sur la Seine, ne suffisaient plus depuis long-temps aux besoins de la capitale, lorsqu'en 1769 on songea au moyen d'y suppléer en amenant, sur l'une des collines qui entourent Paris, une ou plusieurs des petites rivières qui coulent dans ses environs, pour en distribuer les eaux dans ses divers quartiers avec l'abondance que réclamaient son étendue, sa population et son embellissement.

Il fut question alors de conduire sur le plateau de Montrouge les eaux de l'Yvette petite rivière qui prend sa source au village de ce nom, passe à Chevreuse, traverse la route d'Orléans à Longjumeau et se jette dans l'Orge, près de Savigny. Ce projet, qui obtint assez de faveur pour qu'on s'en occupât sérieusement, n'avait cependant pour objet spécial que la distribution de ces eaux dans les quartiers situés au midi et sur la rive gauche de la Seine. Les quartiers situés au nord, sur la rive droite du fleuve, réclamaient le même bienfait. On rechercha bientôt les moyens de le leur procurer.

Des circonstances qu'il serait inutile de rapporter ici ont empêché jusqu'à présent l'exécution du projet de la dérivation de l'Yvette. L'intention et les soins du gouvernement ont eu des résultats plus heureux pour la partie nord de la capitale.

Il fut d'abord question d'amener à la barrière Saint-Martin le produit des sources de Tillaye, de Goussainville et de Nantouillet, qui devaient fournir ensemble environ 40,000 kilolitres par vingt-quatre heures (1).

A ce projet succéda celui d'amener au même point une partie des eaux de la Beuvronne, petite rivière qui se jette dans la Marne et dont le volume est d'environ 35,000 kilolitres. On ne se proposait pas seulement d'employer les eaux de cette dérivation à des distributions dans Paris; on les destinait principalement à alimenter un canal de navigation

---

(1) Le *pouce d'eau*, dont le volume équivaut à 14 pintes, est l'unité de mesure à laquelle les fontainiers rapportent communément le produit d'une source ou d'un réservoir pendant une minute. Le *pouce d'eau* fournit, en 24 heures, environ 19 1/2 kilolitres ou mètres cubes d'eau.

de la Seine à l'Oise, et afin de pouvoir disposer d'un plus grand volume d'eau au point de partage, que l'on fixait entre la Chapelle et la Villette, on faisait remonter la rigole destinée à entretenir ce bassin, jusqu'au-delà de Meaux, pour prendre une partie de la rivière d'Ourcq (1).

Le 30 janvier 1791, l'assemblée constituante autorisa, par une loi, l'exécution de ce projet; mais les événemens qui survinrent bientôt, et qui durèrent pendant plusieurs années, ne permirent pas de l'effectuer.

Néanmoins il ne fut pas oublié, et des temps plus heureux ayant enfin succédé à l'anarchie de 1793, on songea de nouveau à réaliser cette utile et belle entreprise.

Le 29 floréal an x, Napoléon, alors premier consul, fit adopter la loi qui portait : « Il sera ouvert un canal de dé-
» rivation de la rivière d'Ourcq ; elle sera
» amenée à Paris dans un bassin près
» de la Villette. Il sera, en outre, ou-
» vert un canal de navigation, qui par-
» tira de la Seine au-dessous du bastion
» de l'Arsenal, se rendra dans le bassin
» de partage de la Villette, et continuera
» par Saint-Denis et par la vallée de
» Montmorency, pour aboutir à l'Oise,
» près de Pontoise. »

Le 25 thermidor de la même année, Napoléon décida « que les travaux de
» dérivation de l'Ourcq seraient com-
» mencés le 1er vendémiaire an xi, et
» dirigés de manière que les eaux fussent
» arrivées à la Villette à la fin de l'an xiii.»

Enfin, le 28 fructidor suivant, M. Girard, ingénieur en chef des Ponts et Chaussées, fut chargé de ces travaux, qui ont été exécutés, sous sa direction et d'après ses plans, sans avoir éprouvé aucune interruption.

La prise des eaux de l'Ourcq a lieu dans le bief supérieur du moulin de Marcil, près de la Ferté-Milon, à vingt lieues environ de Paris. Le canal passe successivement par Neufchelles, où il reçoit le ruisseau de *Collinance*; Beauval, Vaurinfroy, la ferme de Gesvres, près de laquelle il reçoit le ruisseau de *la Gorgogne*; Marnou-la-Poterie, Vernelles, le ravin d'Échampeu, qu'il traverse sur un aqueduc ; Lizy, à la sortie duquel se trouve une gare ; Cougis, où il prend la *Terrouenne*; la Fontaine-l'Évêque, au-delà de laquelle il franchit, sur un aqueduc, un ravin profond ; il coupe ensuite la route de Meaux à la Ferté-Milon, enveloppe le village de Vareddes, et passe une seconde fois sous la grande route, pour arriver à Poincy ; il traverse la plaine de Trilport, en coupant deux fois la route d'Allemagne et une fois celle de Vareddes. Il contourne le côteau de Grégy, entre dans l'enclos d'une ancienne abbaye, où il recueille l'eau de diverses sources, et pénètre dans Meaux par le faubourg Saint-Remy. A la sortie de Meaux, le canal passe sous la chaussée de Paris, se développe dans la plaine de Villenoy, franchit sur un aqueduc la gorge de Rutel, et après avoir contourné la plaine de Vignely, il gagne le village de Trilbardon, la gorge du Bel-Air ;

---

(1) L'Ourcq prend sa source dans le département de l'Aisne, à 30 kilomètres environ de Soissons. Elle coule à peu près de l'est à l'ouest, jusqu'à la Ferté-Milon. Elle est grossie de plusieurs ruisseaux depuis sa source jusqu'à son entrée dans cette ville. A partir de ce point, elle s'incline vers le sud, reçoit de nouveaux affluens et se jette dans la Marne, à peu de distance au-dessous de Lizy, après un cours d'environ 60 kilomètres.

Charmentré, Précy et Fresnes-sur-Marne. Ensuite il traverse trois fois la route de Paris à Meaux, passe près de Claye, remonte le vallon de la *Beuvronne*, et arrive au moulin sous Gressy, où il reçoit cette petite rivière, ainsi que le ruisseau de l'*Arneuse*. Il entame enfin le seuil qui sépare le bassin de la Marne de celui de la Seine, traverse le bois de Saint-Denis, la plaine de Sevran, s'approche de Bondy et de Pantin, entre dans la plaine Saint-Denis, où il fournit ses eaux pour le service du canal qui porte ce nom, et se termine au bassin de la Villette, entre les routes royales de Flandre et d'Allemagne.

L'Ourcq fournit au canal environ 10,000 pouces d'eau ou 190,468 kilolitres par vingt-quatre heures. En ajoutant à cette quantité celle des autres eaux que le canal reçoit dans son cours, on peut compter qu'il donne environ 13,500 pouces d'eau ou 260,820 kilolitres par vingt-quatre heures.

Le canal de l'Ourcq ne pouvait être, et n'est en effet qu'un canal de petite navigation. Ses dimensions ont été calculées en conséquence et proportionnellement au volume d'eau qu'il devait recevoir. Il a trois mètres et demi de largeur au fond, huit mètres à la surface de l'eau et onze mètres entre les arêtes des berges. Ses chemins de halage ont trois mètres de largeur. Sa longueur totale, avec toutes ses sinuosités, est de 96,000 mètres.

Une grande partie des eaux dérivées de l'Ourcq étant destinée aux besoins et à l'embellissement de la capitale, il fallait que le canal les amenât salubres et propres à ces usages. Or on ne pouvait les obtenir telles qu'en leur imprimant un mouvement continuel et d'une vitesse assez grande pour les empêcher de contracter, pendant la durée de leur trajet, les mauvaises qualités auxquelles les eaux stagnantes sont sujettes. Cette condition excluait l'emploi des écluses et des biefs, qui facilitent l'exécution des canaux ordinaires. Il s'agissait de créer une *rivière artificielle*, ayant un cours réglé, partout le même, sans barrage et favorable à la salubrité de l'eau, sans être trop contraire à la navigation ascendante. On a heureusement résolu ce problème. Le point de prise d'eau, dans le bief supérieur du moulin de Mareil, est élevé de 10 mètres 14 centimètres au-dessus du bassin de la Villette. Cette différence de niveau a été répartie sur toute la longueur du canal, non pas uniformément et de manière à lui donner une pente partout égale, ce qui aurait nécessairement accéléré, outre mesure, la vitesse de l'eau dans la partie inférieure du canal, mais, au contraire, d'après une combinaison nouvelle et ingénieuse, qui, compensant les forces accélératrices et retardatrices, maintient sur toute l'étendue de la dérivation une vitesse égale et constante de 35 centimètres par seconde, 1,260 mètres par heure.

Le bassin de la Villette est rectangulaire. Il a 80 mètres de largeur sur une longueur de 800 mètres, perpendiculaire à la façade de la rotonde qui se trouve entre les barrières de la Villette et de Pantin. Il est bordé de quais, qui servent au déchargement et à l'entrepôt des marchandises qui y sont amenées. Sur le côté le plus voisin des barrières s'ouvrent les deux embranchemens, dont l'un est la prise d'eau du canal Saint-Martin, et l'autre, le commencement de cette longue suite de travaux qui distribue les eaux de l'Ourcq dans tous les quartiers de la capitale jusqu'à la Seine et même au-delà.

La navigation du canal de l'Ourcq, quoique utile au pays qu'il traverse, n'est pas considérable. Aussi n'est-elle pas le motif qui a déterminé l'exécution de ce grand ouvrage, aussi dispendieux que difficile. Deux considérations d'un ordre bien autrement élevé lui ont donné naissance. La première était l'urgente nécessité de subvenir aux besoins de la capitale par une eau salubre et abondante, dont elle ne pouvait plus se passer; la seconde était la création d'un canal de grande navigation de la Seine à l'Oise, partant de Paris, passant par Saint-Denis et la vallée de Montmorency, et aboutissant près de Pontoise; création d'une haute utilité et depuis long-temps désirée.

Maintenant, il est évident qu'en effet les territoires riverains du canal de l'Ourcq ont acquis une voie facile et commode pour leurs relations avec Paris; que la capitale s'est non seulement embellie d'une propreté et d'une salubrité, mais encore décorée de monumens qui lui manquaient autrefois; qu'enfin la navigation et le commerce de la Seine et de la Marne doivent à cette dérivation d'une rivière lointaine, les eaux du canal Saint-Martin et du canal Saint-Denis, c'est-à-dire la moitié la plus difficile et la plus coûteuse d'un projet en leur faveur, qui recevra tôt ou tard son complément d'exécution. On se convaincra donc des titres qui placent le canal de l'Ourcq au rang des ouvrages les plus utiles et les plus beaux, dont le génie de Napoléon a doté en si grand nombre la capitale de la France.

Les travaux du canal de l'Ourcq ont occasionné, aux abords des barrières de Pantin et de la Villette, plusieurs mares d'eau sans écoulement et par conséquent infecte; l'administration départementale a cru d'abord remédier à cet inconvénient en construisant, en divers endroits, des puits absorbans. Cet essai n'ayant pas réussi, elle a résolu de faire construire un caniveau contournant le canal et emmenant, dans son cours, l'eau des mares jusqu'à l'aqueduc souterrain établi dans la plaine Saint-Denis.

CANAL DE SAINT-DENIS.

Ce canal fait partie du projet de jonction de la Seine à l'Oise. Il communique avec le canal Saint-Martin par le bassin de la Villette, qui est le point de partage des eaux de cette navigation. Il devait, d'après le premier plan, se diriger sur la vallée de Montmorency, la traverser dans toute sa longueur, et aboutir directement à l'Oise; mais, soit que les obstacles opposés par le terrain à parcourir aient été jugés insurmontables ou du moins trop coûteux à vaincre, soit que d'autres considérations puissantes aient déterminé le parti que l'on a suivi, le canal s'embouche aujourd'hui dans la Seine, et la navigation de l'Oise n'y parvient qu'après avoir parcouru, en remontant le cours de l'eau et à grands frais de temps et d'argent, les longs et nombreux détours que forme la Seine depuis Saint-Denis jusqu'à l'embouchure de l'Oise dans cette rivière, près de Conflans-Sainte-Honorine.

Malgré ce grave inconvénient, qu'aurait évité la jonction directe par la vallée de Montmorency, le canal de Saint-Denis est d'une grande utilité à la navigation de la Seine, et par conséquent de l'Oise et aux quartiers septentrionaux de Paris. A l'une, il évite encore de grands détours et le passage des ponts de la capitale ; aux autres, il procure le voisinage d'un entrepôt de marchandises de première nécessité, qu'il leur fallait autrefois aller chercher fort loin.

La prise d'eau du canal de Saint-Denis est établie sur le canal de l'Ourcq, dont les eaux l'alimentent, à quelques centaines de mètres au-dessus du bassin de la Villette. De ce point assez élevé, il descend dans la plaine de Saint-Denis par une suite d'écluses qui s'étend jusqu'à la route de Flandre ; il traverse ensuite la plaine en ligne droite, son axe dirigé sur la flèche de la cathédrale, en sorte que l'amphithéâtre des écluses de la prise d'eau et le jet hardi des clochers de Saint-Denis donnent, aux deux extrémités de cette longue perspective, des points de vue également agréables et intéressans. Aux abords de Saint-Denis, le canal contourne cette ville au midi, et va déboucher à l'ouest dans la Seine, près du hameau de la Briche.

Le canal a 7,000 mètres de longueur sur 18 mètres de largeur ; ses bords sont plantés et formés de magnifiques allées, favorables à la promenade. La pente du sol, depuis la prise d'eau jusqu'à la Seine, est rachetée par treize écluses, dont les sas ont 7 mètres 60 centimètres de large sur 44 mètres de long. Une de ces écluses, située en face du village d'Aubervilliers, a un pont à bascule pour le service de cette commune. Les trois routes de Flandre, de Calais et de la Révolte, passent le canal sur de beaux ponceaux, et deux gares ont été ménagées pour la navigation ; l'une entre la route de Flandres et la prise d'eau, l'autre à l'entrée de Saint-Denis, entre les routes de Calais et de la Révolte.

Les chutes d'eau des écluses sont utilisées par l'industrie ; déjà plusieurs fabriques se servent de cette force motrice. Parmi elles, on remarque une papeterie presque à l'embouchure du canal ; un moulin à farine aux abords de Saint-Denis, et une scierie mécanique au pont d'Aubervilliers. Ces sortes d'établissemens se multiplieront avec promptitude, autant qu'il est possible.

Le canal de Saint-Denis est, comme le canal de l'Ourcq et le canal Saint-Martin, concédé à M. Roman-Vassal et compagnie ; il est régi, depuis la mort de ce dernier, par M. Hainguerlot.

Le canal de Saint-Denis est une voie de grande navigation. Ses proportions ont été déterminées en conséquence ; il reçoit les grands bateaux qui, du Havre et de Rouen, remontent la Seine en destination pour Paris, et les bateaux non moins volumineux qui, par le canal de Saint-Quentin, l'Oise et la Seine, apportent dans la capitale les charbons de terre du département du Nord et de la Belgique. Le bassin de la Villette est devenu un entrepôt considérable de cette marchandise si nécessaire. Le canal de Saint-Denis a porté, dans tous les lieux adjacens à son cours, une activité commerciale et un développement d'industrie, heureux résultat des entreprises de ce genre, partout où elles sont complétement exécutées.

CANAL DE SAINT-MAUR.

Ce canal, de grande navigation, coupe, dans toute sa largeur, l'isthme de la presqu'île que la Marne forme autour de la commune de Saint-Maur-les-Fossés. Il va de la Marne à la Marne, c'est une coupure de cette rivière. Il a sa prise d'eau presque immédiatement au-dessous du pont de Saint-Maur. Sa longueur totale est de 1,150 mètres, qui remplacent 12,500 mètres d'une navigation aussi difficile que dangereuse. Il rachète, par une seule écluse, la pente de 3 mètres 50 centimètres que présente le lit de la rivière, d'une extrémité à l'autre de sa dérivation.

On doit la construction de ce canal à Napoléon, qui en ordonna et en fit commencer les travaux, sur le projet de M. Bruyère, alors directeur-général des Ponts et Chaussées; M. Emmery, ingénieur du même corps, a exécuté ce bel ouvrage.

Le canal se divise en deux parties, l'une souterraine, l'autre à ciel ouvert.

La partie souterraine a 597 mètres 50 centimètres de longueur; elle est couverte par une voûte en plein cintre, du plus bel effet. De cette voûte, 60 mètres seulement sont établis sur des pieds-droits en maçonnerie, élevés de fond; le reste est fondé sur la masse calcaire de la colline que traverse la voûte. Toute l'habileté de l'art a été employée à la construction de cette partie du canal; elle a été exécutée en trois années, et terminée le 19 septembre 1813. Ces travaux avaient présenté non seulement de grandes difficultés, mais encore de graves dangers. La vaste tranchée ouverte dans la colline, pour la construction de la voûte, entraînait des éboulemens auxquels il fallut obvier par des *étrésillans* d'une force remarquable; car des pièces de bois de 50 centimètres d'écarrissage étaient pliées et refoulées en double courbure, comme la baguette la plus flexible, sous l'énorme pression des berges de la tranchée. D'un autre côté, les carrières, exploitées autrefois dans la masse de la colline, occasionaient des *fontis*, auxquels on n'avait mis un terme qu'en étayant les ciels de ces carrières par des piliers ou des murs, et en remblayant les espaces vides. De là, pendant trois ans, des accidens journaliers et souvent déplorables, tels que celui du 10 juillet 1811, où après avoir retiré vivans deux hommes engloutis à 60 pieds de profondeur, par un éboulement des carrières, M. Emmery, qui avait été sur le point d'être enseveli avec quinze travailleurs, vit onze de ces ouvriers grièvement blessés autour de lui. En visitant un de ces dangereux ateliers, M. de Montalivet, alors ministre de l'intérieur, frappé du péril continuel que présentaient ces grands travaux, disait, en 1812, à M. de Cessac, ministre-gouverneur de l'École Polytechnique: *Monsieur le comte, je suis heureux de vous avoir montré comment vos anciens élèves savent rester à froid sur la brèche.*

A la sortie de la partie souterraine, le canal continue, en ligne droite et à ciel découvert sur une longueur de 597 mètres 50 centimètres, jusqu'à son point de jonction avec la Marne-Inférieure. Là se trouve la seule écluse qui rachète la différence de niveau, et qui fournit une chute de 3 mètres 50 centimètres. Les mesures nécessaires pour utiliser cette belle chute sont entrées dans le plan du canal; en conséquence, sur chacune de ses rives, à l'issue de la voûte, des dérivations ont été pratiquées; elles alimentent les fabriques que l'industrie a déjà commencé, et continuera, sans aucun doute, à établir sur leurs bords. On peut voir dans l'Annuaire (à l'article Charenton-Saint-Maurice) les beaux établissemens qui existent aujourd'hui sur ces dérivations.

Il est impossible de se procurer, dans

les environs de Paris, une chute d'eau plus élevée, plus puissante et plus à proximité de la capitale. Tant d'avantages réunis n'échapperont pas à la sagacité de nos industriels, et l'impulsion donnée par plusieurs d'entre eux doit être nécessairement suivie par d'autres en plus grand nombre. Ainsi, l'exécution du canal de Saint-Maur aura pour effet, non seulement l'abréviation d'un long trajet et la suppression d'une navigation périlleuse, mais encore la création d'un centre d'industrie, dont la circonférence peut s'étendre dans des limites assez développées, pour le rendre un jour de la plus haute importance commerciale.

DISTRIBUTION DES EAUX DE LA SEINE

DANS LES COMMUNES DES ENVIRONS DE PARIS.

Toutes les populations attachent la plus grande importance à la possession d'eaux abondantes et saines. L'eau est en effet indispensable aux besoins de la vie, nécessaire à la salubrité publique, utile à l'industrie. Elle concourt puissamment à la beauté des communes et des habitations particulières. Par elle, les rues sont désinfectées et propres; les égouts nettoyés n'exhalent plus de miasmes dangereux; des fontaines jaillissantes décorent les places publiques et entretiennent la fraîcheur de leurs plantations; des bains publics offrent leur secours sanitaire; un service toujours prêt s'oppose aux ravages de l'incendie; l'économie domestique s'enrichit de lavoirs et d'abreuvoirs publics, de moyens faciles pour tous les usages habituels de la vie et pour l'irrigation des jardins; enfin, l'industrie naît et se développe là où l'on ne soupçonnait pas qu'elle pût exister. Ainsi, dans tout et partout, la présence d'eaux volumineuses et sans cesse renouvelées est un bienfait.

Les communes les plus voisines de la capitale, situées sur les collines qui encadrent le bassin de la Seine, éprouvent une grande disette d'eau. Ce grave inconvénient est dû à leur position élevée et à la nature de leur territoire, qui n'est sillonné par aucun cours d'eau. Ces riches et populeuses communes appelaient de tous leurs vœux le secours de l'industrie pour remédier au mal qui les tourmentait au sein même de leur prospérité. L'industrie a répondu à leur appel.

Des compagnies commerciales se sont formées dans le but de leur fournir abondamment des eaux de Seine, pures et dans toute leur salubrité. Quatre de ces compagnies remplissent déjà les engagemens pris par elles à cet égard. D'autres encore marchent sur leurs traces et préparent leurs moyens d'exécution. Bientôt, toutes les communes qui forment la ceinture de Paris pourront jouir des avantages que leur assurent ces belles entreprises.

Compagnie d'Orival.

Bureaux de l'administration, rue des Champs-Élysées, n° 4, à Paris.

Cette compagnie distribue l'eau de la Seine, dans les communes de Neuilly-sur-Seine, de Passy, de Boulogne, d'Auteuil, de Grenelle, de Vaugirard, d'Issy, et environs.

Les eaux de la Seine sont élevées au moyen de trois pompes à feu, placées sur le bord de cette rivière, savoir : deux à Auteuil, presque en face de l'entrée du village, et la troisième à Neuilly, près du pont. Ces machines ont ensemble une force de plus de cinquante chevaux. De ces trois points, les eaux sont conduites par des tuyaux en fonte, dans de vastes bassins qui contiennent environ 1,800,000 litres et qui sont établis en maçonnerie, les uns dans la plaine de Passy, et les autres dans le bois de Boulogne près du rond de Mortemart, sur les hauteurs de la plaine de Vaugirard, et enfin sur la colline de Montrouge.

De ces réservoirs, les eaux sont distribuées, jour et nuit, aux communes et aux concessionnaires particuliers.

Tous les travaux de cette grande entreprise ont été exécutés sur les plans et sous la direction de M. Vergnaud, architecte de la société, demeurant à Paris, rue Michel-le-Comte, n° 21.

Le Roi a bien voulu accorder à la société le droit de passage de ses tuyaux dans le bois de Boulogne, et de plus un arpent de terrain, près du rond de Mortemart, pour l'emplacement des réservoirs.

La société des pont et gare de Grenelle a également donné le droit de poser les tuyaux sur le pont de Grenelle, où l'on a pris toutes les précautions nécessaires contre la gelée, afin que le service ne soit jamais interrompu.

La compagnie, d'ailleurs, possède en double tout ce qui est nécessaire à son service ; de telle sorte qu'en cas d'accident, il ne peut être interrompu qu'un jour, pendant lequel les concessionnaires sont alimentés par l'eau mise en réserve dans les bassins.

Pour que les eaux ne puissent geler, on a fait placer tous les conduits à quatre pieds et demi de profondeur en terre. On recommande la même précaution aux concessionnaires qui font eux-mêmes placer leurs conduits, afin que la distribution puisse en tout temps se faire avec exactitude.

La compagnie ne dispose ses tuyaux que dans les rues où il y a pour elle une indemnité suffisante, assurée par plusieurs concessionnaires ; mais chaque propriétaire éloigné peut faire à ses frais une conduite, pour se procurer des eaux de la Seine.

Afin de mettre les propriétaires et les industriels à même d'employer ces eaux en grande quantité et à un prix modéré, la société a établi pour toutes ses communes le tarif suivant :

Le 1er muid d'eau...	70 fr. par an.
Le 2me........	70
Le 3me........	65
Le 4me........	60
Le 5me........	55
Le 6me jusqu'au 10me.	50
Chaque muid en sus.	45

Le muid d'eau contient 8 pieds cubes ou 28 seaux de porteurs d'eau. Le muid est toujours fourni en vingt-quatre heures, l'eau coulant constamment.

Après avoir déterminé la quantité d'eau qui lui est nécessaire, le concessionnaire peut s'adresser :

A l'administration, rue des Champs-Élysées, à Paris.

Au bureau de la société, rue Neuve-de-l'Église, aux bains, à Passy.

Chez M. Triboulot, notaire, à Passy.

Chez M. Vieillard, notaire, à Vaugirard.

Chez M. Pinel, notaire, à Boulogne.

Chez M. Ancelle, notaire, à Neuilly.

Il souscrira avec la société l'engagement synallagmatique, qui contient le prix et les conditions de la concession. Le prix doit être acquitté tous les trois mois, sur une quittance de la société, signée : *Dorival et compagnie*. Les concessionnaires sont priés de ne payer que sur de telles quittances, imprimées et revêtues du cachet social.

COMPAGNIE

pour la distribution d'eau de pure Seine dans les communes d'Alfort-Maisons, Charenton-le-Pont, Vincennes, Saint-Mandé, Charonne, Belleville, etc.

Bureaux de l'administration, rue de l'Arcade, n° 23, quartier de la Madelaine, à Paris.

Cette compagnie a été formée pour distribuer, dans les communes ci-dessus désignées, l'eau de la Seine prise avant son mélange avec celle de la Marne. La prise d'eau, en conséquence, a été faite un peu au-dessus du confluent de ces deux rivières, près et au-dessous du pont d'Ivry. Une pompe à feu, de la force de 16 chevaux, établie à la Bosse-de-Marne, commune d'Alfort, refoule l'eau dans des tuyaux de fonte et la force à s'élever jusqu'aux réservoirs de Charenton, placés sur la colline à gauche de la route, qui conduit de Charenton à Saint-Mandé. De là, elle est dirigée par Saint-Mandé, d'un côté sur Vincennes, de l'autre sur Charonne. Dans chacune de ces localités, on a construit des réservoirs, d'où partent les tuyaux de distribution pour toutes les rues.

A côté du réservoir de Charonne est une seconde machine à vapeur, de la force de 25 chevaux, qui élève jusqu'à Belleville les eaux amenées à Charonne.

Elles sont reçues dans un bassin placé au point culminant de Ménilmontant. De ce bassin, elles se distribuent partout, jusqu'aux boulevarts extérieurs de Paris.

Ce dernier réservoir a une capacité de 700 mètres cubes. Il est à plus de 100 mètres au-dessus du niveau de la Seine, et à 4,245 mètres (plus de 2 lieues) de la première prise d'eau. La distance qui le sépare de la machine de Charonne est de 3,000 mètres, et la différence de niveau de 75 mètres. C'est ce qui fait que cette machine est plus forte que celle de la Bosse-de-Marne, qui n'élève l'eau qu'à 25 mètres.

Pour éviter l'effet des secousses immanquables dans une colonne de refoulement aussi longue, MM. Thomas et Laurent, ingénieurs de la compagnie, sur les plans desquels cette dernière pompe à feu a été construite, ont adopté un système qui n'avait pas encore été employé, du moins en France. Les pompes sont mues directement sans l'intermédiaire d'aucun engrenage ; de sorte que les chocs se reportent sur la vapeur même, où ils se détruisent sans produire d'ébranlement.

La quantité d'eau que les deux machines peuvent fournir est de 1,100,000 litres par jour, ce qui suffit, et au-delà, aux besoins de la population actuelle. S'ils augmentaient, la compagnie est en mesure pour établir de nouvelles pompes.

16,000 mètres de tuyaux (4 lieues) sont déjà employés, tant pour les conduites principales que pour les embranchemens ; et cependant cette entreprise est loin d'avoir tout le développement qu'elle doit obtenir ; car des demandes d'eau lui sont faites par plusieurs communes environnantes, et il sera facile de leur en procurer, puisque le réservoir de Ménilmontant est d'une élévation supérieure.

L'avantage que la compagnie présente aux communes qu'elle peut alimenter des eaux de la Seine ne consiste pas seulement dans la bonne qualité et l'abondante quantité de ces eaux, mais encore dans la modicité du prix qu'elle y met. Ce prix est réellement de beaucoup au-dessous de ce que coûte aux habitans l'eau bien moins salubre dont ils sont forcés de faire usage. Cette économie est surtout un objet de considération pour les personnes qui emploient beaucoup d'eau. Elle est telle que *la voie* de ce fluide ne revient qu'à un centime à ceux qui en consomment 1,500 litres par jour ; et cette quantité n'est pas extraordinaire, surtout pour les propriétaires d'usines et de jardins.

La compagnie a déterminé le tarif suivant pour ses concessions :

1 muid par 24 heures.	.	75 fr. par an.
2	Id. . .	70
3	Id. . .	65
4	Id. . .	60
5	Id. . .	55
9	Id. et au-dessus.	50.

Il y a quatre bureaux de distribution situés à Charenton-le-Pont, à Saint-Mandé, à Vincennes et à Belleville. L'eau y est vendue aux porteurs d'eau à raison de dix centimes l'hectolitre.

Le muid d'eau contient 250 hectolitres.

Il est stipulé dans les actes de concessions : 1° que les eaux seront prises au moyen d'un embranchement fait aux frais de l'abonné, sur le tuyau de conduite passant devant sa propriété, et conduites, aussi à ses frais, par des tuyaux garnis de robinets, dans sa maison; 2° que les travaux de premier établissement et d'entretien qui doivent avoir lieu sur la voie publique, et ceux depuis la prise d'eau jusqu'à l'arrivée dans la maison, sont exécutés aux frais de l'abonné par les ouvriers attachés au service des eaux.

3° Que les travaux de l'intérieur sont exécutés par qui l'abonné le trouve convenable, sous l'inspection des agens du service des eaux.

4° Que l'abonné s'interdit la faculté de pouvoir disposer, soit gratuitement, soit à prix d'argent, sous peine d'amende, d'une partie du volume d'eau concédé.

5° Que le concessionnaire consent à ne réclamer aucune indemnité pour les interruptions de service, pourvu qu'elles n'excèdent pas cinq jours.

A défaut d'avertissement par l'abonné, six mois avant l'expiration du bail, la concession continue de droit.

Il est utile d'observer ici que ces conditions sont, en général, les mêmes que celles adoptées par toutes les compagnies qui ont entrepris des distributions d'eau.

Le siège de la société est, rue de l'Arcade, n° 23 ; son gérant est M. Félix Audiffret. La société est en commandite, par actions de 1,000 francs chacune, transmissibles par endossement. On peut s'adresser au gérant pour la communication de tous les documens nécessaires, en cas de traité de concession.

COMPAGNIE
des eaux de Montmartre.

Parmi les communes qui entourent la capitale, Montmartre est une de celles qui prennent le plus de développement sa population augmente chaque jour, et des établissemens industriels s'y forment de toutes parts.

Mais Montmartre manquait d'eau. Quelques puits d'une immense profondeur ne suffisaient pas à ses besoins. Le puisage en est très-dispendieux, et souvent, dans les années de chaleur et de sécheresse, les sources de ces puits tarissent. Les frais des établissemens industriels se ressentaient de cette pénurie d'eau, et la culture des jardins en était bien moins riante et moins productive.

M. Bernard Bourelly, propriétaire et fondateur gérant de la compagnie, animé du louable désir de faire cesser d'aussi graves inconvéniens, conçut le projet d'amener à Montmartre l'eau bienfaisante de la Seine, et d'y établir un service régulier de distribution publique et particulière.

Sa proposition à cet égard fut accueillie avec empressement par le maire et par le conseil municipal, qui lui accordèrent le droit de former son établissement, avec une jouissance exclusive de quatre-vingt-dix-neuf ans. Une ordonnance du roi, du 8 juin 1834, a confirmé cette concession, et les travaux ont été exécutés sans retard.

La prise d'eau est établie au bord de la Seine, sur la rive droite, près de la gare de Saint-Ouen. L'établissement est composé d'une machine hydraulique à quatre corps de pompe horizontaux, système de Richard Franklin, mais modifié. Cette machine est mue par une machine à vapeur, à haute pression, de la force de vingt chevaux, alimentée alternativement par deux chaudières. L'eau est refoulée dans des tuyaux de fonte de fer, et conduite par l'avenue où se trouve l'établissement, en longeant le bassin de la gare de Saint-Ouen et par la plaine dite *la Fosse-aux-Chiens* ; elle entre ensuite sur le territoire de Montmartre, et suit les chemins vicinaux du Poteau, des Ruisseaux, de la Fontaine et la rue de la Fontaine. Elle traverse le jardin de la maison de santé du docteur Blanche, et arrive au réservoir situé sur la Grande-Place, en face de cette maison de santé. Ce trajet ascensionnel, qui est de 3,708 mètres, élève l'eau, *d'un seul jet*, à la hauteur de 336 pieds au-dessus du niveau de la Seine, à la prise d'eau.

La compagnie a fait construire une seconde machine hydraulique, dans l'emplacement où est la première, afin de suppléer, au besoin, à l'intermittence de celle-ci. Cette dernière machine est d'un nouveau système, très-simple et d'une très-grande puissance.

Du réservoir culminant de Montmartre, l'eau se distribue sur toutes les places, dans toutes les rues et les maisons jusqu'au bas de la montagne et dans les environs. Elle alimente trois fontaines de distribution publique. Il est décidé que la compagnie fera construire un vaste réservoir sur le point le plus élevé de la chaussée de Clignancourt, pour fournir les quartiers environnans. Le réservoir qui est au sommet de Montmartre mérite d'être cité. Il est de forme octogone, architecture et sculpture du style de la renaissance. Il est construit en pierre meulière et en pierre de taille de Vergelet. Il est surmonté d'une immense cuve placée dans le comble.

L'entreprise des eaux de Montmartre peut fournir de 20 à 25,000 litres d'eau par heure.

M. Bourelly en a fait l'objet d'une société en commandite, par actions de

1,000 francs chacune, nominatives et transférables par voie d'endossement. M. Bourelly est le fondateur-gérant de cette société. Ses bureaux sont établis à Montmartre, place du Théâtre, 35, ou rue des Acacias, 29. On peut y prendre connaissance de tout ce qui concerne, soit la société, soit les prix et les conditions des abonnemens et des concessions, dont on voudrait traiter avec elle.

COMPAGNIE
des eaux de la Seine pour le service des Batignolles-Monceau.

Les mêmes motifs qui ont amené la formation des compagnies dont il vient d'être parlé ont déterminé aussi l'entreprise des eaux des Batignolles-Monceau. Elle a fait cesser la pénurie dont les habitans souffraient et qu'ils n'ont plus à redouter.

Une machine à vapeur, de la force de vingt chevaux, élève l'eau prise au milieu de la Seine, près de Saint-Ouen, la refoule dans des tuyaux de fonte de fer, et lui fait parcourir plus de 3,000 mètres pour la conduire dans de vastes réservoirs, placés au point culminant de la commune des Batignolles-Monceau, dans la rue Capron. De là, elle est livrée aux porteurs d'eau ou aux habitans qui, moyennant un abonnement, veulent la faire arriver, par des tuyaux de dérivation, jusque dans leurs habitations.

La commune a fait à cette utile entreprise une concession de 99 années de jouissance exclusive, confirmée par une ordonnance royale.

La durée de la société est aussi de 99 ans. Les actions sont de 1,000 francs, au porteur, et transmissibles par voie d'endossement.

Le prix des concessions est fixé à 30 fr. par an pour cent litres ou cinq *voies* d'eau par jour, et progressivement jusqu'à 300 francs pour un kilolitre ou quatre muids environ par jour. Si la concession est de plus d'un kilolitre par jour, il est fait au concessionnaire une remise de cinq pour cent sur le prix de l'abonnement.

Le prix des travaux extérieurs de concession et fournitures est fixé à 70 francs. Ils se composent des fouilles, remblais, blocage, pavage, percement de la conduite, collier à lunette avec boulons et écrous, robinet de service et une buche à clef garnie de ses tampons.

La fourniture des tuyaux de plomb se paie en sus et de gré à gré.

La société est autorisée à desservir les boulevarts extérieurs et la commune de la Chapelle.

Elle se propose d'établir une seconde machine à vapeur, tant pour assurer que pour augmenter son service.

Ses bureaux sont aux Batignolles-Monceau, dans son établissement, rue Capron. C'est là que les demandes d'abonnemens et de concessions sont reçues, et que l'on doit s'adresser pour tous les renseignemens que l'on veut obtenir sur la société et son service.

PROJETS
d'autres distributions d'eau dans les communes des environs de Paris.

Outre les entreprises ci-dessus mentionnées, qui sont en pleine activité et qui remplissent avec succès les engagemens pris par elles, il en est plusieurs autres qui se disposent à les imiter et même à rivaliser avec elles.

L'une de ces nouvelles compagnies se propose de prendre les eaux de la Marne au village de Nogent, de les élever, à l'aide d'une machine hydraulique, jusqu'au sommet de la côte et de les distribuer aux communes de Montreuil, de Nogent, de Fontenay-sous-Bois, etc. Les travaux de cette entreprise ont eu un commencement d'exécution en avril 1835. Il est bien à souhaiter pour ces communes qu'ils soient promptement portés à leur perfection, et qu'elles puissent jouir des avantages qu'ils leur promettent.

Une autre compagnie a formé le dessein d'un établissement semblable pour les eaux de la Seine prises à Saint-Ouen, élevées par les mêmes moyens au-dessus du niveau de la plaine Saint-Denis, et distribuées, tant à Saint-Ouen que dans les communes environnantes, comme la Chapelle, la Villette, Aubervilliers, Pantin, etc. Cette compagnie n'a pas encore commencé ses travaux.

De quelque succès que soient couronnées ces diverses entreprises, le bien-être et la prospérité des communes qui en sont l'objet, demandent vivement qu'elles se multiplient; car l'abondance d'une eau salubre est un des premiers besoins de toute population. Mais, si des réunions d'hommes instruits, industrieux et actifs consacrent leurs pensées, leurs soins et leurs capitaux à procurer aux communes cet avantage inappréciable, il est juste que les communes encouragent et rémunèrent ces utiles et grands travaux, en s'empressant de jouir du bienfait qu'ils leur apportent. Or, tel n'est pas toujours en réalité le résultat de ces entreprises. Les autorités locales accueillent bien avec empressement un changement dont elles sentent tout le prix; mais les habitans ne sont pas tous disposés à l'adopter. Chez les uns, l'esprit de routine et d'habitude; chez les autres, une économie sordide et mal entendue, font qu'un mauvais état de choses l'emporte de fait sur le meilleur que l'on puisse désirer. On se refuse aux plus heureuses innovations. L'espoir légitime des entrepreneurs est trompé. L'indifférence ou l'avarice les prive du juste prix qu'ils avaient droit d'attendre de leurs efforts. L'ingratitude les décourage. Ils s'arrêtent au moins, s'ils ne détruisent pas eux-mêmes leur ouvrage. D'autres n'osent plus marcher sur leurs traces. Le bien fuit et le mal reste. Ainsi, par leur aveuglement, les particuliers repoussent l'œuvre que l'autorité avait favorisée, et se privent des avantages immenses qu'ils étaient appelés à acquérir. Puissent ces réflexions les ramener à des sentimens plus éclairés et plus honorables! Alors, ils verront se développer à la fois, dans leur existence un nouveau bien-être, dans leurs richesses une nouvelle prospérité.

TABLEAU GÉNÉRAL

DES

COMMUNES DU DÉPARTEMENT DE LA SEINE

ET DU DÉPARTEMENT DE SEINE-ET-OISE,

DÉCRITES DANS L'ANNUAIRE DE PARIS ET DE SES ENVIRONS, POUR L'ANNÉE 1837.

DÉPARTEMENT DE LA SEINE.

ARRONDISSEMENT DE SCEAUX.

CANTON DE SCEAUX.

Noms des Communes.	Noms des Maires.
Antony.	MM. Dupin.
Bagneux.	Bazin.
Bourg-la-Reine.	Desroches.
Châtenay.	Griois.
Châtillon-sous-Bagneux.	Robineau.
Clamart-sous-Meudon.	Gogue.
Fontenay-aux-Roses.	Levasseur.
Grenelle.	Juge.
Issy.	Dumez.
Montrouge.	Morère.
Plessis-Piquet (Le).	Frotté.
Sceaux.	Garnon.
Vanves.	Voisin.
Vaugirard.	Pernot.

CANTON DE VILLEJUIF.

Noms des Communes.	Noms des Maires.
Arcueil.	MM. Cousté.
Chevilly.	Ausource.
Choisy-le-Roi.	Boivin.
Fresnes-lez-Rungis.	Savouré.
Gentilly.	Duvergier.
Ivry-sur-Seine.	Picard (par intér.).
L'Hay.	Bronzac.
Orly.	Leroi de la Brière.
Rungis.	Coquillar.
Thias.	Dupressoir.
Villejuif.	Péron.
Vitry.	Lamoureux.

CANTON DE CHARENTON-LE-PONT.

Noms des Communes.	Noms des Maires.
Alfort-Maisons.	MM. Dodun (le marq.).
Bercy.	Libert (fils aîné)
Bonneuil-sur-Marne.	Personne Desbrières.
Bry-sur-Marne.	Georges.
Champigny.	Destors.
Charenton-le-Pont.	Santallier-Thétu.
Charenton-St.-Maurice.	Finot.
Creteil.	Lecouteux-Simon.
Joinville-le-Pont.	Pinson.

Noms des Communes.	Noms des Maires.
Nogent-sur-Marne.	De Perreuse (marq.)
Saint-Maur-les-Fossés.	Barré.

CANTON DE VINCENNES.

Noms des Communes.	Noms des Maires.
Fontenay-sous-Bois.	MM. Vitry.
Montreuil-sous-Bois.	Lebour.
Rosny-sous-Bois.	Bonnet-Cibié.
Saint-Mandé.	Chevreau.
Villemomble.	Delepine (par int.).
Vincennes.	Lejemptel.

ARRONDISSEMENT DE SAINT-DENIS.

CANTON DE SAINT-DENIS.

Noms des Communes.	Noms des Maires.
Aubervilliers-les-Vertus.	MM. Lemoine.
Chapelle (la).	L. Cottin.
Cour-Neuve (la)	Béjot.
Dugny.	Le ch. Sommeillier.
Épinay-sur-Seine.	Gorion (par intér.).
Pierrefitte.	Lejeune.
Saint-Denis.	Boyé
Saint-Ouen.	Compoint.
Stains.	Baudouin.
Villetaneuse.	Deulin.

CANTON DE PANTIN.

Noms des Communes.	Noms des Maires.
Bagnolet.	MM. Viennot.
Baubigny.	Mongrolle.
Belleville.	Pommier.
Bondy.	Gatine.
Bourget (le).	Bourg.
Charonne.	Delhoste.
Drancy.	Thayer.
Noisy-le-Sec.	Dumousseaux.
Pantin.	Ourcelle (par int.).
Pré-Saint-Gervais (le).	Simonnot.

Noms des Communes.	Noms des Maires.
Romainville.	Bernard.
Villette (la).	Frémicourt.

CANTON DE NEUILLY-SUR-SEINE.

Noms des Communes.	Noms des Maires.
Auteuil.	MM. Auvillain.
Batignolles-Monceau.	Jaique.
Boulogne-sur-Seine.	Collas.
Clichy-la-Garenne.	Bourgeois.
Montmartre.	Véron.
Neuilly.	Labie.
Passy-lez-Paris.	Possoz.

CANTON DE COURBEVOIE.

Noms des Communes.	Noms des Maires.
Asnières-sur-Seine.	MM. Maugis (par inter.).
Colombes.	Bataille.
Courbevoie.	Guibau.
Genevilliers.	Dejouy.
Nanterre.	De Pongerville.
Puteaux.	Jullien.
Suresne.	Sauton.

DÉPARTEMENT DE SEINE-ET-OISE.

ARRONDISSEMENT DE VERSAILLES.

CANTON DE PALAISEAU.

Noms des Communes.	Noms des Maires.
Bièvre.	MM. Dolfus.
Igny.	Formy.
Massy.	Maurice.
Palaiseau.	Pigeon.
Verrières.	Aragon.

CANTON DE MARLY-LE-ROI.

Noms des Communes.	Noms des Maires.
Bougival.	MM. Biesta.
Celle-lez-St-Cloud (la).	Couturier.
Louveciennes.	Bonnet.
Marly-le-Port.	Berton.
Ruel.	Rotanger.

CANTON DE VERSAILLES.

Noms des Communes.	Noms des Maires.
Chenay (le).	MM. Brancard.
Jouy-en-Josas.	Barbet de Jouy.
Velizy.	Pitron.
Viroflay.	Vaudron.

CANTON DE SAINT-GERMAIN-EN-LAYE.

Noms des Communes.	Noms des Maires.
Chatou.	MM. Perier (Camille).
Croissy-sur-Seine.	Soyer.
Maisons-sur-Seine.	Messager.
Pecq (le).	Dubray (par intér.).

CANTON DE SÈVRES.

Noms des Communes.	Noms des Maires.
Chaville.	MM. Lépine.
Garches.	Sevin.
Marnes-lez-Saint-Cloud.	Collignon.
Meudon.	Banès.
Saint-Cloud.	Michaux.
Sèvres.	Demontmort.
Vaucresson.	Delange.
Ville-d'Avray.	Desvallières.

CANTON D'ARGENTEUIL.

Noms des Communes.	Noms des Maires.
Argenteuil.	MM. Dubaut.
Bezons.	Borde.
Carrières-Saint-Denis.	Poissonnier.
Cormeil-en-Parisis.	Foulon.
Houilles.	Gillet.
Montesson.	Guyon.
Sannois.	Montalant.
Sartrouville.	Guillon.

ARRONDISSEMENT DE PONTOISE.

CANTON DE MONTMORENCY.

Noms des Communes.	Noms des Maires.
Andilly.	MM. Édy.
Deuil.	MM. Cauchoix.
Eaubonne.	Arnous.
Franconville-la-Garenne.	Jugier.

TABLEAU DES COMMUNES DU DÉPARTEMENT DE SEINE-ET-OISE.

Noms des Communes.	Noms des Maires.
Groslay.	MM. Comartin.
Margancy.	Lefranc.
Montlignon.	Debouteillier.
Montmagny.	Morestin.
Montmorency.	Carré.
Saint-Brice.	Beuzart.
Saint-Gratien.	Donon.
Saint-Leu-Taverny.	Leguilier.
Soisy-sous-Montmorency	Davillier (Théodore)

CANTON D'ÉCOUEN.

Noms des Communes.	Noms des Maires.
Sarcelles.	MM. Delaruelle.
Villiers-le-Bel.	Vivien.

CANTON DE GONESSE.

Noms des Communes.	Noms des Maires.
Arnouville.	MM. Remon.
Aulnay-lez-Bondy.	MM. Coquart.
Blanc-Menil (le).	Renard.
Bonneuil-en-France.	Poiret.
Clichy-en-Lannois.	Pétre Lacave.
Garges.	Duvivier.
Gonesse.	Laverne.
Gournay-sur-Marne.	Vaquez.
Livry.	Pelletin.
Montfermeil.	Trocquet.
Neuilly-sur-Marne.	Samson.
Noisy-le-Grand.	Ruffin.
Sevran.	Picot (par intérim).
Villepinte.	Masson.
Villiers-sur-Marne.	Chatard.

ARRONDISSEMENT DE CORBEIL.

CANTON DE BOISSY-SAINT-LÉGER.

Noms des Communes.	Noms des Maires.
Boissy-Saint-Léger.	MM. Marc.
Chennevières-sur-Marne.	Éloi.
Limeil.	Marie.
Valenton.	Brocard.
Villeneuve-St-Georges.	Magnan.

CANTON DE LONJUMEAU.

Noms des Communes.	Noms des Maires.
Ablon.	MM. Geuffron.
Athis-Mons.	MM. Pony.
Champlan.	Meunier.
Chilly.	Roinville.
Loujumeau.	Letourneur.
Morangis.	Dolimier.
Parcy.	Godefroy.
Villeneuve-le-Roi.	Hutin.
Wissous.	Piot.

GARDE NATIONALE DE LA BANLIEUE DE PARIS.

Des inexactitudes s'étant glissées dans la copie des manuscrits et dans l'impression, au sujet du classement des communes, dans les divers bataillons de la 3me légion de la banlieue de Paris, on donne ici le tableau exact de ce classement, et l'on y joint celui des trois autres légions.

1re LÉGION.

1er bataillon : Saint-Denis.
2me d° : la Chapelle. — Saint-Ouen.
3me d° : Aubervillers-les-Vertus. — La Cour-Neuve. — Dugny.
4me d° : Épinay-sur-Seine. — Pierrefitte. — Stains. — Villetaneuse.
5me d° : Bagnolet. — Charonne.
6me d° : Pantin. — Baubigny. — Le Pré-Saint-Gervais. — Romainville.
7me d° : la Villette.
8me d° : Belleville.
9me d° : Bondy. — Le Bourget. — Drancy. — Noisy-le-Sec.

2me LÉGION.

1er bataillon : Colombes. — Genevilliers.
2me d° : Puteaux. — Suresne.
3me d° : Courbevoie. — Asnières. — Nanterre.
4me d° : les Batignolles-Monceau.
5me d° : Boulogne-sur-Seine.
6me d° : Montmartre.
7me d° : Neuilly-sur-Seine.
8me d° : Auteuil. — Passy.
9me d° : Clichy-la-Garenne.

3me LÉGION.

1er bataillon : Gentilly. — Arcueil. Villejuif. — L'hay. — Chevilly.
2me d° : Montrouge. — Vanves. — Clamart. — Le Plessis-Piquet.
3me d° : Ivry. — Vitry.
4me d° : Sceaux. — Bourg-la-Reine. — Chatenay. — Antony. — Bagueux. — Fontenay-aux-Roses. — Châtillon.
5me d° : Choisy-le-Roi. — Thiais. — Orly. — Fresnes. — Rungis.
6me d° : Vaugirard. — Issy. — Grenelle.

4me LÉGION.

1er bataillon : Montreuil.
2me d° : Fontenay-sous-Bois. — Rosny. — Villemonble.
3me d° : Nogent-sur-Marne. — Petit-Bry. — Saint-Maur. — Joinville-le-Pont. — Champigny.
4me d° : Bercy.
5me d° : Charenton-le-Pont. — Charenton-Saint-Maurice. — Alfort-Maisons. — Creteil. — Bonneuil.
6me d° : Vincennes. — Saint-Mandé

PETITES MESSAGERIES ROYALES

POUR LES DÉMÉNAGEMENS,

A PARIS, RUE FEYDEAU, N° 5.

Ce fut en 1824 que M. Vallier conçut et mit à exécution le projet de son établissement de déménagemens. Une semblable entreprise manquait à Paris, et cependant personne, avant cet habile administrateur, n'en avait eu l'utile pensée. Son juste succès n'a pas été douteux ; il est bien démontré aujourd'hui que ce mode de transport est le seul que l'on emploie pour les déménagemens dans Paris, la campagne et les départemens.

Autrefois il était très-difficile de meubler les maisons de campagne. Les tapissiers étaient bien chargés de ce soin, mais ils étaient seuls, et avaient si peu de voitures que le travail se faisait lentement, à plusieurs reprises et à des prix fort élevés.

D'un autre côté, les mobiliers à faire transporter dans les départemens ou des départemens à Paris ne pouvaient l'être que par la voie du roulage ; ce qui exigeait des frais énormes d'encaissage et d'emballage. Il fallait toujours plusieurs jours pour encaisser seulement ; et, cette opération faite, les caisses arrivées à leur destination, plusieurs autres journées devenaient nécessaires pour déballer les meubles et effets. Tout n'était pas terminé, car, s'il se trouvait des objets cassés ou froissés, le roulier se rejetait sur l'emballeur, et celui-ci sur le roulier : de là mille contestations au préjudice des propriétaires, tandis que, par l'entreprise Vallier et compagnie, trois heures suffisent pour l'emballage et le chargement, et à l'arrivée du mobilier, deux heures seulement pour la mise en place ; de sorte qu'à une distance quelconque, le jour de l'arrivée des meubles, leurs propriétaires peuvent dîner et coucher dans leurs nouveaux appartemens comme s'ils les occupaient depuis long-temps. Cela se fait avec une régularité parfaite et à des prix fort modérés ; il ne peut pas y avoir de contestations, puisque tout est vérifié en présence des employés, qui ne sont payés qu'après cette vérification. Les déménagemens dans Paris s'effectuent avec beaucoup de soin et d'exactitude. Des inspecteurs de l'établissement sont spécialement chargés de surveiller les déménagemens et les emménagemens. Tous les employés de cette entreprise sont cautionnés et attachés à ce service depuis douze ans. Dans tous les cas, l'établissement répond de tout ce qui lui est confié, c'est-à-dire, qu'il s'engage à le rendre dans le même état qu'il l'a reçu. Il fournit tout ce qui est nécessaire pour l'emballage des cristaux, pendules, vases, livres, verreries, bouteilles pleines et vides, etc. Pour traiter des déménagemens dans Paris, et de ceux de Paris dans les départemens, il suffit d'adresser, de vive voix ou par écrit, un avis *rue Feydeau*, et un des inspecteurs se rend sur les lieux le jour et à l'heure indiqués; là, il traite, soit à forfait, soit par voiture, de l'enlèvement, du transport et de la mise en place de tous les effets mobiliers. Quant au transport des départemens à Paris, on adresse une note détaillée des objets à transporter, et le directeur, en réponse, fait connaître le cours du transport et le temps qu'il nécessite.

Pour la commodité du public parisien, des succursales sont établies dans les différens quartiers de la capitale; mais, comme il faut que ces succursales en réfèrent à l'administration centrale, il en résulte quelque retard : on est donc toujours sûr d'être plus promptement servi en s'adressant directement à MM. Vallier et compagnie, brevetés du roi, chargés des transports du matériel des maisons et châteaux royaux, à la direction générale des déménagemens, rue Feydeau, 5, à Paris.

AVIS TARDIFS ET CHANGEMENS

SURVENUS PENDANT L'IMPRESSION.

Article : département de la Seine, page 3.

M. Girard, membre du conseil du département, a été remplacé, le 8 janvier 1837, par M. Mortimer Ternaux.

Article : Paris-administration, p. 18.

Neuvième arrondissement, adjoints au maire : M. Beau (aîné) a succédé à M. Lesecq.

Article : Paris-commerce, § Banque de France, page 100.

Les bureaux sont ouverts de 9 à 4 heures, les dimanches et jours fériés exceptés. Les bureaux des garçons de caisse, pour les paiemens en retard, sont ouverts à 7 heures.

Article : Paris-commerce, § Bourse de commerce, page 102.

Le tribunal est composé d'un président, huit juges et seize juges-suppléans, renouvelés par moitié, tous les ans, dans une assemblée où sont appelés huit cents des plus notables commerçans du département de la Seine. Le président est renouvelé tous les deux ans.

Membres en exercice depuis le 24 août 1836 : Président, M. Aubé. — Juges : MM. Say, Lebobe, Beau, Martignon, Ferron, Prévost, Pierrugues, Levaigneux. — Juges-suppléans : MM. Hennequin, Carrez, Desnières, Guilleton, Godard, Bourget fils, Renouard, Bertrand, Buisson-Pezé, Gaillard, Ouvré, Journet, Leroy, Chauviteau, Moreau, Desportes.

Article : Paris-agriculture, pages 190 et 195, § améliorations *à désirer*, lisez : améliorations *désirées*.

Article : canton de Villejuif, § Gentilly, page 240.

Ce n'est pas M. Roclin qui a été chargé des travaux pour la construction du bâtiment de l'infirmerie, mais MM. les architectes de l'hospice.

Article : canton de Charenton, § Bercy, page 262, première colonne, ligne 39, lisez : M. *Renet*, banquier.

Article : canton de Vincennes, § Saint-Mandé, page 281. M. le baron Desgenettes est décédé.

Même article, même paragraphe.

M. Sirot, percepteur des contributions ; jours de recette, les lundis.

Article : canton de Courbevoie, Asnières-sur-Seine, page 353.

M. Hervieu, maire, est décédé.

Page 466 : au canton de Boissy-Saint-Léger commence l'arrondissement de Corbeil.

Page 425 : au canton de Montmorency commence l'arrondissement de Pontoise.

Page 480, 2ᵉ colonne, ligne 24, lisez : *l'aciérie*, au lieu de *la scierie*.

TABLE DES MATIÈRES

CONTENUES DANS CE VOLUME.

Nota. L'initiale P indique les articles relatifs à Paris.

A.

	Pag.
Abattoirs ....(P.)	21
Ablon	477
Accoucheurs-médecins ....(P.)	183
Académie de l'industrie française .....(P.)	109
d'horticulture ... .(P.)	196
Acier poli.........................(P.)	109
Administration ....(P.)	17
Administration départementale, noms des fonctionnaires ....(P.)	3
Administration municipale, noms des Maires, adjoints, etc ....(P.)	17
Agens-de-change................... (P.)	183
Agréés au tribunal de commerce......(P.)	183
Agriculture, horticulture............(P.)	189
Alfort-Maisons	257
Améliorations dans les communes.......	494
Andilly	429
Antony	205
Appendice..........................	488
Aqueduc d'Arcueil....................	496
Arbitres et experts de commerce.....(P.)	184
Architectes........................(P.)	184
Arcs de triomphe..................(P.)	22
Arcueil	231
Argenteuil...........................	414
Armes ....(P.)	120
Arnouville	452
Arrondissement de Corbeil.............	466
de Pontoise.............	425
de Saint-Denis	287
de Sceaux...............	199
de Versailles	367
Asile royal de la Providence.........(P.)	65
Asnières-sur-Seine	352
Association pour l'instruction des jeunes Savoyards............................(P.)	73

	Pag.
Athis-Mons..........................	479
Aubervilliers-les-Vertus	296
Aulnay-lez-Bondy....................	453
Auteuil	333
Avocats..........................(P.)	184
Avoués ....(P.)	185

B.

	Pag.
Bagneux	206
Bagnolet............................	309
Bains publics, écoles de natation......(P.)	121
Banque de France..... ....(P.) 24 et	100
Banque de prévoyance de l'agence générale et placemens sur les fonds publics..(P.)	107
Banque immobilière de survivance.....(P.)	107
Banques et caisses particulières.......(P.)	107
Banquiers.........................(P.)	121
Barrières ....(P.)	24
Batignolles-Monceau	335
Batistes, linons, tulles..............(P.)	122
Baubigny	310
Bazar Boufflers....................(P.)	111
Bazar de l'industrie française........(P.)	111
Bazars et galeries..................(P.)	111
Belleville............................	311
Bercy	259
Bezons	416
Bibliothèques......................(P.)	24
Bièvre	371
Bijouterie, joaillerie, orfèvrerie......(P.)	122
Billards...........................(P.)	123
Bitume ....(P.)	123
Blanchisserie de toiles..............(P.)	123
Blanc-Mesnil (le)....................	454
Bois. ....(P.)	123

TABLE DES MATIÈRES.

	Pag.
Boissy-Saint-Léger	466
Bondy	314
Bonneterie	(P.) 125
Bonneuil-en-France	455
Bonneuil-sur-Marne	263
Bottiers et cordonniers	(P.) 125
Boucheries	(P.) 127
Bougival	394
Boulangeries	(P.) 128
Boulevarts et Champs-Élysées	(P.) 25
Boulogne-sur-Seine	337
Bourget (le)	316
Bourg-la-Reine	206
Bourse du commerce	(P.) 102
Brasserie	(P.) 129
Bronze et dorure	(P.) 129
Bry-sur-Marne	264

C.

	Pag.
Caisse d'amortissement et des dépôts et consignations	(P.) 104
— d'effets à domicile et de comptes courans	(P.) 107
— d'épargne et de prévoyance	(P.) 105
— de prévoyance pour les porteurs de reconnaissances du Mont-de-Piété	(P.) 107
— de recouvremens et payemens à domicile	(P.) 107
— hypothécaire	(P.) 107
Canal de l'Ourcq	498
— Saint-Denis	501
— Saint-Maur	502
Canton d'Argenteuil	414
— de Boissy-Saint-Léger	466
— de Charenton-le-Pont	253
— de Courbevoie	350
— d'Écouen	446
— de Gonesse	449
— de Longjumeau	475
— de Marly-le-Roi	394
— de Montmorency	425
— de Neuilly-sur-Seine	330
— de Palaiseau	369
— de Pantin	308
— de Saint-Denis	288
— de Saint-Germain-en-Laye	408
— de Sceaux	200
— de Sèvres	380

	Pag.
Canton de Versailles	367
— de Villejuif	228
— de Vincennes	276
Carrières-Saint-Denis	417
Casernes	(P.) 26
Catacombes	(P.) 28
Celle-lez-Saint-Cloud (la)	395
Cercles divers	(P.) 110
Châles, cachemires, mérinos	(P.) 131
Chambre du commerce	(P.) 104
Champigny-sur-Marne	265
Champlan	481
Chapeaux	(P.) 132
Chapelle (la)	297
Charenton-le-Pont	253
Charenton-Saint-Maurice	266
Charpenterie	(P.) 135
Charronnage, sellerie, carrosserie	(P.) 135
Charonne	317
Chatenay	208
Châtillon-sous-Bagneux	210
Chatou	408
Chaville	383
Chemins de ceinture du département	491
Chemins de fer	492
Chenay (le)	379
Chennevières-sur-Marne	468
Chevilly	233
Chilly	482
Chirurgiens	(P.) 186
Choisy-le-Roi	234
Cimetières	(P.) 28
Cire à cacheter	(P.) 136
Ciriers et fabricans de bougies	(P.) 137
Clamart-sous-Meudon	211
Clichy-en-Lannois	456
Clichy-la-Garenne	(P.) 140
Coiffure	137
Collèges royaux et autres	(P.) 29
Colombes	353
Comestibles	(P.) 138
Commerce et industrie	(P.) 97
Commissaires-priseurs	(P.) 186
Compagnies d'assurances	(P.) 113
— contre l'incendie	(P.) 113
— de recrutement	(P.) 113
— maritimes	(P.) 114
— diverses	(P.) 114
Compagnie générale d'assurance	(P.) 113

TABLE DES MATIÈRES.

	Pag.
Compagnies diverses	(P.) 115
Confiseurs	(P.) 139
Conservatoire de l'industrie	(P.) 112
des arts et métiers	(P.) 108
Cordes	(P.) 139
Cormeil-en-Parisis	418
Corroyeurs	(P.) 140
Coton	(P.) 140
Couleurs et vernis	(P.) 141
Courbevoie	350
Cour des comptes	(P.) 83
Cour-Neuve (la)	290
Cours de la banque, des changes, des bourses et des actions industrielles	(P.) 111
Cours général de la Bourse de Paris	111
Coutellerie	(P.) 141
Couturières	(P.) 142
Creteil	269
Cristaux et verreries	(P.) 142
Croissy-sur-Seine	409

D.

Dentistes	(P.) 186
Département de la Seine	(P.) 1
Département de Seine-et-Oise	365
Députés du département de la Seine	(P.) 3
Deuil	430
Direction générale des nourrices	(P.) 61
Distribution des eaux de Seine dans les communes	504
Drancy	320
Draperie	(P.) 142
Dugny	300

E.

Eaubonne	432
Eaux-de-vie, liqueurs	(P.) 178
Eaux minérales	(P.) 144
Ébénisterie	(P.) 144
École centrale des arts et manufactures	(P.) 109
École de commerce	(P.) 108
École militaire et Champ-de-Mars	(P.) 31
École normale	(P.) 31
École royale des mines	(P.) 30
des ponts-et-chaussées	(P.) 30
polytechnique	(P.) 30
École spéciale du commerce	(P.) 109

	Pag.
École spéciale du commerce français	(P.) 108
Écouen	446
Églises	(P.) 32
Entreprises diverses	(P.) 116
Entrepôt général du vin	(P.) 41
Épicerie	(P.) 145
Épinay-sur-Seine	302
Estampes et dessins	(P.) 146
Établissement en faveur des blessés indigens	(P.) 72
État de l'horticulture dans le département de la Seine	(P.) 195

F.

Faculté de droit	(P.) 31
de médecine	(P.) 31
Faïence	(P.) 146
Fer, fonderies et forges	(P.) 147
Ferblantiers, lampistes	(P.) 148
Filature en faveur des indigens	(P.) 68
Fonderie de suif	(P.) 147
Fontaines	(P.) 39
Fontenay-aux-Roses	(P.) 212
Fontenay-sous-Bois	(P.) 277
Forges	(P.) 147
Fourrures et pelleteries	(P.) 149
Franconville-la-Garenne	433
Fresnes-lez-Rungis	237

G.

Galerie des antiquités	(P.) 76
des dessins	(P.) 76
de la sculpture française	(P.) 76
navale	(P.) 76
de tableaux	(P.) 76
du Palais-Royal	(P.) 111
Galeries ou passages	(P.) 111
Garches	384
Garde nationale de la banlieue de Paris	515
Garges	457
Genevilliers	355
Gentilly	288
Glaces et miroirs	(P.) 149
Gonesse	449
Gournay-sur-Marne	457
Grainetiers-fleuristes	(P.) 197
Grenelle	214
Greniers d'abondance	(P.) 194
Groslay	434

H.

Halle aux toiles et aux draps......(P.)	41
Halles et marchés ....(P.)	40
Halles et marchés ....(P.)	190
Herboristes ....(P.)	150
Histoire ....(P.)	5
Hôpital Beaujon.................(P.)	49
clinique de l'École de médecine.(P.)	53
Cochin ....(P.)	48
de la Charité................(P.)	47
de la Pitié..................(P.)	47
de Necker...................(P.)	49
de l'Oursine.................(P.)	52
des Enfans..................(P.)	49
du Midi.....................(P.)	51
royal des Quinze-Vingts......(P.)	63
Saint-Antoine................(P.)	48
Saint-Louis..................(P.)	50
Hôpitaux et hospices............(P.)	41
Hôpitaux militaires..............(P.)	65
Horticulture....................(P.)	194
Hospice d'Enghien..............(P.)	65
de la Paroisse Saint-Méry.....(P.)	65
de la Vieillesse............... P.	53
de la Reconnaissance.........(P.)	62
de La Rochefoucault.........(P.)	58
des Incurables (hommes).....(P.)	56
des Incurables (femmes)......(P.)	57
des Ménages................ (P.)	59
des Orphelins...............(P.)	58
Devillas ....(P.)	62
Leprince ....(P.)	68
Saint-Michel................(P.)	61
Hôtel de Cluny..................(P.)	75
des Monnaies................(P.)	74
-de-Ville ....(P.)	74
-Dieu....................... (P.)	45
royal des Invalides............(P.)	74
Hôtels garnis et auberges..........(P.)	151
Houilles	419
Huiles........................(P.)	179

I.

Igny..........................	372
Imprimeurs....................(P.)	152
Infirmerie de Marie-Thérèse......(P.)	65
Institution de Sainte-Périne......(P.)	60
Institution des jeunes aveugles......(P.)	63
pour les jeunes filles délaissées............................(P.)	73
Institutions et établissemens spéciaux à l'agriculture......................(P.)	191
Institutions et établissemens spéciaux à l'horticulture......................(P.)	196
Institutions et pensionnats........(P.)	153
Introduction....................	1
Issy...........................	217
Ivry-sur-Seine..................	243

J.

Jardiniers-pépiniéristes..........(P.)	197
Joinville-le-Pont	271
Journaux d'agriculture...........(P.)	192
Journaux d'horticulture..........(P.)	196
Journaux et recueils périodiques, annonces et affiches...................(P.)	111
Jouy-en-Josas	375
Justices de paix................(P.)	80
Jury assermenté pour l'examen des marchandises prohibées...............(P.)	26

L.

Laines ....(P.)	155
Layetiers et emballeurs..........(P.)	156
L'Haï	245
Librairie......................(P.)	156
Limonadiers et cafetiers.........(P.)	157
Lingerie......................(P.)	168
Limeil........................	469
Livry.........................	458
Lonjumeau....................	475
Louveciennes ou Luciennes......	400

M.

Magasins généraux.............(P.)	175
Maisons d'accouchemens........(P.)	52
Maison de refuge et de travail pour l'extinction de la mendicité..............(P.)	68
Maison royale de Charenton, pour le traitement des aliénés................ P.	62
Maisons-sur-Seine..............	410
Marchands de chevaux..........(P.)	182

TABLE DES MATIÈRES.

	Pag.
Marché du Temple........(P.)	41
Marchés divers (voyez halles et marchés)(P.)	190
Margency.............	435
Marly-le-Port...........	401
Marnes-lez-Saint-Cloud	386
Massy.............	373
Médecins...........(P.)	186
Meudon.............	387
Ministère du commerce.......(P.)	99
Montesson.............	420
Montfermeil............	460
Montlignon............	436
Montmagny............	437
Montmartre............	341
Montmorency...........	425
Montreuil-sous-Bois........	270
Montrouge............	219
Morangis.............	483
Musées.............(P.)	75
Musée d'artillerie........(P.)	77
d'histoire naturelle......(P.)	77
du Palais-Royal......(P.)	77
Dupuytren........(P.)	77
royal du Louvre.....(P.)	76
royal du Luxembourg.....(P.)	77
Musique............(P.)	158

N.

Nanterre............	357
Neuilly-sur-Seine.........	330
Neuilly-sur-Marne........	461
Nogent-sur-Marne........	272
Noisy-le-Grand.........	462
Noisy-le-Sec..........	321
Notaires...........(P.)	187
Nouveautés..........(P.)	159

O.

Opéra ou Académie royale de musique.(P.)	96
Optique...........(P.)	159
Orly.............	247

P.

Palais............(P.)	78
Palais-Bourbon.........(P.)	78
de la Bourse et du Tribunal de commerce............(P.)	78

	Pag.
Palais-de-Justice........(P.)	79
de la Chambre des Députés...(P.)	78
de la Chambre des Pairs....(P.)	85
de la Légion-d'Honneur....(P.)	84
de la Sorbonne........(P.)	86
de l'Élysée-Bourbon......(P.)	79
de l'Institut.........(P.)	79
des Thermes........(P.)	87
des Tuileries........(P.)	87
du Louvre.........(P.)	85
du Temple.........(P.)	87
-Royal..........(P.)	86
Palaiseau............	369
Panthéon...........(P.)	88
Pantin.............	308
Papeterie..........(P.)	160
Parapluies..........(P.)	161
Parcy.............	484
Parfumerie..........(P.)	162
Passementerie, broderie.....(P.)	162
Passy-lez-Paris..........	345
Pâtisserie............	163
Peaux, gantiers, culotiers et guêtriers.(P.)	163
Pecq (le)............	412
Peintres...........(P.)	187
Peintres en bâtimens........(P.)	164
Petites Messageries royales pour les déménagemens dans les environs de Paris....	516
Petit-Pont..........(P.)	92
Pharmaciens.........(P.)	164
Pierrefitte...........	303
Places publiques.......(P.)	88
Plessis-Piquet (le)........	222
Ponts............(P.)	91
Porcelaines..........(P.)	165
Ports............(P.)	176
Pré-Saint-Gervais (le).......	322
Prisons...........(P.)	93
Prix courant des marchandises en gros(P.)	111
Professeurs.........(P.)	187
Professions diverses.......(P.)	183
Professions industrielles et commerciales...........(P.)	117
Plumassiers-fleuristes......(P.)	164
Poteaux............	359

Q.

Quincaillerie.........(P.)	165

R.

Raffineries.........(P.)	166

TABLE DES MATIÈRES.

Relieurs . . . .(P.) 166
Restaurans. . . . .(P.) 167
Résumé de l'article Paris. . . . . . .(P.) 197
Romainville 324
Rosny-sous-Bois. 281
Rouenneries . . . .(P.) 167
Roulage . . . .(P.) 180
Routes départementales 490
Routes royales 490
Rungis. 249
Ruel ou Rueil 405

S.

Sages-femmes . . . .(P.) 189
Saint-Brice. 440
Saint-Cloud 389
Saint-Denis 288
Saint-Gratien 441
Saint-Leu-Taverny. 442
Saint-Ouen. 304
Saint-Mandé 282
Saint-Maur-les-Fossés 274
Sannois. 422
Sarcelles. 446
Sartrouville 423
Sceaux 200
Secours à domicile. . . . .(P.) 68
Sevran. 463
Sèvres 380
Sociétés diverses. . . . .(P.) 70 et 110
Soies. . . . .(P.) 168
Soisy-sous-Montmorency. 443
Stains 305
Suresne 361

T.

Tableau général des communes par départemens, arrondissemens et cantons, avec les noms des maires 511
Tabletterie. . . . .(P.) 168
Taillandiers . . . .(P.) 197
Tailleurs. . . . .(P.) 169
Tapisserie . . . .(P.) 170
Teinturiers-dégraisseurs. . . . .(P.) 171
   en gros . . . .(P.) 171
Théâtres . . . .(P.) 96
Thés et chocolats. . . . .(P.) 171
Thiais 250
Toiles . . . .(P.) 172
Tourneurs . . . .(P.) 173
Travaux publics. 409
Tribunaux (voyez Palais-de-Justice) . . . 79
Tribunal de commerce . . . .(P.) 103

V.

Valenton 471
Vanves ou Vauvres. 293
Vaucresson. 391
Vaugirard. 224
Velizy 377
Vermicelles et pâtes . . . .(P.) 174
Verrières. 374
Versailles 367
Ville-d'Avray 392
Villejuif 228
Villemonble 284
Villeneuve-Saint-Georges 472
Villeneuve-le-Roi. 485
Villepinte 464
Villetaneuse 306
Villette (la) 327
Villiers-le-Bel. 447
Villiers-sur-Marne 465
Vincennes. 276
Vins. . . . .(P.) 177
Vins, eaux-de-vie, huile, entrepôts et succursales. . . . .(P.) 175
Viroflay 378
Vitry. 251
Voitures, messageries . . . .(P.) 179
Voitures dans Paris. . . . .(P.) 180
Voitures des environs de Paris . . . .(P.) 180
Wissous 486

www.ingramcontent.com/pod-product-compliance
Lightning Source LLC
Chambersburg PA
CBHW051355230426
43669CB00011B/1651